Vorurteile

Vorurteile

Ursprünge, Formen, Bedeutung

Herausgegeben von
Anton Pelinka

Im Auftrag des
Sir Peter Ustinov Instituts zur Erforschung
und Bekämpfung von Vorurteilen, Wien

De Gruyter

Dieses Buch wurde ermöglicht durch die voestalpine AG,
die Sir Peter Ustinov Stiftung Frankfurt und die Sir Peter Ustinov Stiftung Genf.

ISBN 978-3-11-026839-3
e-ISBN 978-3-11-026719-8

Überarbeitete deutsche Ausgabe von: „ Handbook of Prejudice". Edited by Anton Pelinka, Karin Bischof, and Karin Stögner, erschienen bei Cambria Press, New York 2009

Mitarbeit an der deutschen Ausgabe: Birgitt Haller

Übersetzung: Karin Bischof (Beitrag Fiske/Norris); Erika Obermayer / Persson Perry Baumgartinger (Beitrag Sassen); Josef Berghold (Beitrag Turner/Hewstone)

Umschlagmotiv: Digital Vision/Photodisc/Thinkstock

Library of Congress Cataloging-in-Publication Data

Handbook of prejudice. German.
  Vorurteile : Ursprünge, Formen, Bedeutung / herausgegeben von Anton Pelinka ; im Auftrag des Sir Peter Ustinov Instituts zur Erforschung und Bekämpfung von Vorurteilen, Wien.
    p. cm.
  ISBN 978-3-11-026839-3
  1. Prejudices. 2. Social psychology. I. Pelinka, Anton, 1941- II. Title.
  HM1091.H3615 2011
  303.3'85--dc23
                                              2011035458

Bibliografische Information der Deutschen Nationalbibliothek
Die Deutsche Nationalbibliothek verzeichnet diese Publikation
in der Deutschen Nationalbibliografie; detaillierte bibliografische Daten
sind im Internet über http://dnb.d-nb.de abrufbar.

© 2012 Walter de Gruyter GmbH & Co. KG, Berlin/Boston

Druck: Hubert & Co. GmbH & Co. KG, Göttingen
∞ Gedruckt auf säurefreiem Papier

Printed in Germany

www.degruyter.com

Geleitwort

Liebe Leserinnen und Leser!

„Ein Vorurteil ist schwerer zu spalten als ein Atom." Mit dieser Erkenntnis Albert Einsteins leitete mein Vater seine 2003 erschienenen Erinnerungen ein. Persönliche Erfahrungen haben meinen Vater Toleranz und Respekt gelehrt: „Der andere konnte ich selber sein. Nur ein Zufall, nichts als ein Zufall, hat es anders gewollt."

Ausgrenzung, Diskriminierung, Verfolgung, ja Vernichtung – diese leidvollen Schicksale erfahren Betroffene bis zum heutigen Tag. Deshalb ist die Wissenschaft aufgerufen, menschliches (Fehl)Verhalten zu analysieren und durch Aufklärung die Lösung von Konflikten voranzutreiben. Die Menschenrechte gelten für jeden, welcher Herkunft, Hautfarbe, Religion er auch immer sei.

Unter den vielen wertvollen Publikationen des Sir Peter Ustinov Instituts zur Erforschung und Bekämpfung von Vorurteilen, Wien, nimmt das vorliegende Werk „Vorurteile: Ursprünge, Formen, Bedeutung" einen besonderen Stellenwert ein. Ein friedliches Zusammenleben aller unterschiedlichen Gruppen in einer demokratischen Gesellschaft ist unser aller Ziel. Die Autoren dieses Buches haben dazu einen wertvollen Beitrag geleistet. Dafür sei Ihnen Dank und Anerkennung ausgesprochen.

Igor Ustinov

Inhalt

Geleitwort von Igor Ustinov V

Abbildungsverzeichnis IX

Vorwort: Leben mit Vorurteilen
Anton Pelinka XI

Einführung
Aleida Assmann 1

I. Vorurteilskategorien

Antisemitismus
Werner Bergmann 33

Sexismus und Heterosexismus
Susan T. Fiske und *Alyssa L. Norris* 69

Krank, alt, behindert – nutzlos oder kostbar für die Gesellschaft?
Dietlinde Gipser 115

Religiöses Vorurteil
Rainer Kampling 147

Rassismus
Klaus Ottomeyer 169

Vorurteile gegen Muslime – Feindbild Islam
Wolfgang Benz 205

Antiziganismus
Wolfgang Benz 221

Wenn Globalisierung und Immigration Klassengewalt verstärken: Ausbeutung und Widerstand
Saskia Sassen 235

II. Disziplinen

Vorurteile aus geschichts- und kunstwissenschaftlicher Perspektive
Wolfgang Benz und *Peter Widmann* 263

Vorurteile als Elemente Gruppenbezogener Menschenfeindlichkeit –
eine Sichtung der Vorurteilsforschung und ein theoretischer Entwurf
Wilhelm Heitmeyer, *Andreas Zick* und *Beate Küpper* 287

Die Sozialpsychologie des Vorurteils
Rhiannon N. Turner und *Miles Hewstone* 317

Wissenschaft im Banne des Vorurteils?
Überlegungen am Beispiel der Biowissenschaften
Dietmar Mieth 365

Der Beitrag der Rechtsordnung zum Abbau von Vorurteilen
Marta Hodasz, *Manfred Nowak* und *Constanze Pritz-Blazek* 395

Vorurteil, Rassismus und Diskurs
Ruth Wodak 423

Verzeichnis der Autorinnen und Autoren 455

Register 463

Abbildungsverzeichnis

Abb. 1: Der fremde Untermensch und die Idee der Gleichheit.
http://www.ostara.org/images/ape20.jpg (16.11. 2002) 177
Abb. 2: Container für den seelischen Müll.
http://www.ostara.org (01.03.2003) 189
Abb. 3: Die Verspottung des Über-Ich, das die Anerkennung des Holocaust verlangt.
Journal Gäck 1995............................. 192
Abb. 4: Unser Schatten – orale Gier und Konsumismus.
Journal Gäck 1995............................. 193
Abb. 5: Das Stereotyp des Kannibalismus.
Journal Gäck 1995............................. 194
Abb. 6: Der Fremde wird mit tierischen Körperflüssigkeiten und Exkrementen assoziiert.
Flugblatt „Wittenberger Judensau" 1596. In: Schreckenberg, Heinz: Die Juden in der Kunst Europas: Ein historischer Bildatlas. Göttingen: Vandenhoeck und Ruprecht 1996 195
Abb. 7: Rassismus als Aufforderung zur Hygiene.
http://www.ostara.org/images/kopfwa.jpg (13.10.2002).... 196
Abb. 8: Der jüdische Arzt als Verführer.
http://www.us-israel.org/jsource/images/Holocaust/toad10a.jpg (2.3.2003)......................... 197
Abb. 9 und 10: Die lustvolle Kastration des fremden Mannes.
http://www.sos-racaille.org/ (24.4. 2002);
http://www.ostara.org (13.12.2002) 198
Abb. 11: Der Fremde als Vergewaltiger
Überparteiliches Komitee Gegenentwurf Nein,
Postfach 852 Bern, info@kriminelle.ch............... 199
Abb. 12: Stärke und Schwäche.
Zeichnung in Besitz des Autors 199

Leben mit Vorurteilen
Vorwort des Herausgebers

Anton Pelinka

„Prejudice is one of the problems of our times for which everyone has a theory, but no one an answer."

(Max Horkheimer)[1]

Das Handbuch ist die deutsche Ausgabe des 2009 im Verlag Cambria Press, New York, erschienenen „Handbook of Prejudice". Die für die US-Ausgabe durchwegs in englischer Sprache geschriebenen Beiträge wurden für die deutsche Ausgabe übersetzt und punktuell überarbeitet. Das gilt auch für das Vorwort, das die erweiterte Version des Vorwortes von 2009 ist.

Wer mit Sozialwissenschaften vertraut ist, weiß um Existenz und Folgen von Vorurteilen. Wir wissen um die große Bandbreite von Gesellschaften und sozialen Milieus, von politischen Bewerbungen und Vorhaben – alle definiert von Vorurteilen. Vorurteile haben kein Monopol bei der Bestimmung von Gesellschaft und Politik. Aber Vorurteile waren und sind (und werden das auch in Zukunft sein) ein bestimmender Faktor, dem Gesellschaft und Politik nicht entkommen können.

Es geht politisch nicht darum, eine Gesellschaft ohne Vorurteile zu errichten, sondern eine Gesellschaft ohne die explosivsten, grausamsten, besonders zerstörerischen Formen von Vorurteilen. Wir können nicht all die Bilder zum Verschwinden bringen, die sich Menschen von der weiblichen (oder männlichen) Rolle in der Gesellschaft machen. Wir können keine Gesellschaft schaffen, die gegenüber der sichtbaren Verschiedenheit der Menschen völlig blind ist. Wir können nicht erreichen, dass alle Religionen und Glaubensrichtungen ihre Unterschiede vergessen. Wir können uns keine Gesellschaft vorstellen, in der die Individuen völlig losgelöst von ihren jeweiligen Wurzeln gesehen werden. Aber wir können die realistische Vision

---

1 Horkheimer, Max u. Samuel Flowerman: Foreword to Studies in Prejudice. A Study of the Techniques of the American Agitator. In: Prophets of Deceit. Hrsg. von Leo Loewenthal u. Norbert Gutermann. New York: Harper 1949.

einer Gesellschaft haben, in der Unterschiede innerhalb der Bandbreite der universellen Menschenrechte akzeptiert sind. Wir können uns eine Gesellschaft vorstellen, in der alle respektiert werden – unabhängig von Religion und Ethnizität, von Geschlecht und sexueller Präferenz, von sozialem Status und Lebensform. Wir können an einer Gesellschaft in der Balance von Verschiedenheit und Gleichheit arbeiten.

Vorurteile existieren nicht nur in einer negativen Form. Menschen sind auch von positiven Vorurteilen geprägt, insbesondere gegenüber den Mitgliedern der eigenen Gruppe: ihres Landes oder ihrer politischen Partei, ihrer Glaubensgemeinschaft oder ihres Fan-Klubs, ihres Berufsstandes oder ihres Freundeskreises. Das positive Vorurteil ist nur die andere Seite der Medaille – des Phänomens, dass Menschen ohne tiefere Kenntnis nach ihrer Gruppenzugehörigkeit beurteilt werden. Vorurteile sind Bestandteil des Prozesses der Identitätsbildung. Feste Identitäten bauen üblicherweise auf positive Stereotypien der *in-group*. Das schließt das Vorhandensein negativer Stereotypien ein, die Menschen betreffen, welche nicht zu „uns" gehören – die *out-group*.

Wir wissen, wer wir sind, weil wir wissen, wer wir nicht sind – oder besser: Wir glauben es zu wissen. Wir sind „wir", weil wir nicht „die anderen" sind. Wir wissen über „uns", weil wir bestimmte (Vor-)Urteile über „die anderen" haben. Die in unserer Einbildung vorhandenen Gemeinschaften[2] bauen auf einem Verständnis von Differenz auf. Indem Vorurteile uns helfen, die Unterschiede zwischen „uns" und „den anderen" zu definieren, kommt ihnen eine signifikante Rolle bei der Schaffung von Nationen, von Bewegungen, von Gemeinschaften zu.

Besonders der philosophische, der epistemologische Zugang hilft uns, über einfaches Moralisieren hinauszugehen. Zuallererst: Vorurteile sind nicht einfach nur „schlecht" – sie existieren. Sie können beeinflusst und in manchen Fällen auch zum Verschwinden gebracht werden – aber als allgemeines Phänomen hören sie nicht auf, Teil der Gesellschaft zu sein. Sobald Vorstellungen „der anderen" entstehen, werden bestimmte Bilder verfestigt und zu Stereotypien. Da wir mit den komplexen Realitäten der Gesellschaft zu Rande kommen müssen, neigen wir dazu, nach Erklärungen für das Ausschau zu halten, was so schwierig zu verstehen ist.

Die epistemologische Perspektive neigt dazu, Vorurteile innerhalb des Phänomens eines „A-priori-Wissens" zu sehen; als ein Wissen, das in jeder denkbaren Weise kritisch zu betrachten ist, das aber (nicht so verschieden von einer plausiblen Hypothese) nicht negativ an sich ist – weder aus dem Blickwinkel universeller Menschenrechte noch aus der positiven Erkenntnis,

---

2   Anderson, Benedict: Imagined Communities. Reflections on the Origin and Spread of Nationalism. London: Verso 2006.

solange sie offen für Überprüfungen anhand der Wirklichkeit ist.[3] Abermals: Vorurteile können verändert, sie können auch umgekehrt werden – aber wir können nicht ohne Vorurteile leben.

Vorurteile sind nicht einfach „böse" – aber unter bestimmten Umständen haben sie negative Auswirkungen auf die Gesellschaft. In den Sozialwissenschaften kann die Neigung, „die anderen" negativ und (eingebildete oder wirkliche) Differenzen als Möglichkeit zu sehen, unsere eigene Stellung zu verbessern, nicht so ohne weiteres mit dem Verständnis von Menschenrechten und dem Satz „Alle Menschen sind gleich geboren" in Einklang gebracht werden. „Die anderen" werden nur allzu häufig negativ gesehen; mit geringerem Wert, als wir uns selbst zuzugestehen geneigt sind.

Erziehung kann die negative Seite von Vorurteilen verringern – und/ oder positive Vorurteile schaffen. Indigene Völker wie die „Indianer" Nordamerikas wurden – nach Jahrhunderten, in denen sie mit mehr oder weniger negativen Attributen versehen wurden – das Objekt positiver Vorurteile. Negative und positive Vorurteile konkurrierten im europäischen Kolonialismus von Anfang an. Negative Stereotypien forderten positive heraus. Der grausame und „unzivilisierte" Heide auf der einen, der „edle Wilde" auf der anderen Seite: Diese Gegenläufigkeit mag als wichtige Chance gesehen werden, Vorurteile mit dem Konzept der Menschenrechte zu versöhnen. Intellektuell freilich müssen auch positive Stereotypien als Vorurteil gesehen werden, weil sie nicht empirisches Wissen, sondern ideologische Voreingenommenheit zur Grundlage haben; weil wir ein Individuum nicht nach dessen Verdiensten, sondern nach der Zugehörigkeit zu einem Kollektiv beurteilen. Das positive Vorurteil ist eben nur die Kehrseite des negativen.

Das ist nur ein Beispiel, das unterstreicht, dass Vorurteil nicht Vorurteil ist. Jede Art von Vorurteil ist das Resultat einer Flucht vor der Komplexität. Der Grund, warum Menschen einander als Angehörige einer Gruppe umarmen; und der Grund, warum diese Menschen Angehörige anderer Gruppen oft hasserfüllt ablehnen, ist – vom methodischen Standpunkt aus – identisch: Menschen haben bestimmte Bilder in ihren Köpfen, Bilder, die eine verkürzte Form komplexer Realität ausdrücken. In Zygmunt Baumans Worten: Es ist das „Verlangen nach Ordnung", das uns dazu bringt, in vereinfachten Bildern zu denken – weil wir ohne Vorurteile ein derartiges Maß an Komplexität berücksichtigen müssten, dass das Leben selbst zu komplex würde.[4]

Zygmunt Bauman sieht dieses „Verlangen nach Ordnung" als ein besonderes Produkt, das von der Moderne hervorgebracht wurde. Die Moderne

---
3 Szabo, Tamar (Hrsg.): Oxford Studies in Epistemology, Bd. 1. Oxford: Oxford University Press 2005.
4 Bauman, Zygmunt: Modernity and Ambivalence. Cambridge, UK: Polity Press 1993, insbes. S. 1–17.

hat das Bedürfnis nach Mustern verstärkt, die in der Lage sind, das zu erklären, was nicht verstanden wird. Aber es ist dieselbe Tendenz, die wir bei den Hexenjagden jedweden Typs schon aus der Zeit vor der Moderne kennen, vor den Folgen der Aufklärung. Die „Konstruktion von Idealtypen" – ein wesentlicher Aspekt der Debatte über Stereotypien[5] – hat schon vor der Moderne existiert, wie es etwa in der Geschichte des vormodernen Antisemitismus gesehen werden kann.[6] Stereotypien in Form von „Idealtypen" wurden immer verwendet, um eine Art von Ordnung in eine Gesellschaft zu bringen, die so schwer zu verstehen ist.

Natürlich ist die Unfähigkeit, mit all den ambivalenten Realitäten zu leben, nicht gleich verteilt. Erziehung ist ein Instrument, das uns die Komplexitäten des Lebens und der Gesellschaft zu verstehen hilft. Erziehung hilft bei der Reduktion von Vorurteilen. Erziehung macht es möglich, den sozialen Frieden trotz der Existenz von Vorurteilen aufrechtzuerhalten. Erziehung kann negative in positive Vorurteile verwandeln. Aber Erziehung wird niemals Vorurteile insgesamt auflösen.

Es gibt Vorurteile und Vorurteile: Das Vorurteil, das von der Annahme ausgeht, eine bestimmte Gruppe von Menschen bestehe aus Parasiten, die – um des Gemeinwohls willen – auszurotten seien, unterscheidet sich in seiner mörderischen Intensität von einem Vorurteil, das einer bestimmten Gruppe ein besonderes Talent für Musik und Unterhaltung, nicht aber für harte Arbeit zuschreibt. Sexisten erklären oft Frauen ihrer „Natur" nach als unterlegen und deshalb nicht fähig, eine öffentliche soziale Funktion jenseits der privaten Sphäre wahrzunehmen, die für Frauen reserviert ist. Ein solches Vorurteil unterscheidet sich von jenem, Frauen seien weniger für Natur- und mehr für Geisteswissenschaften befähigt.

Die wissenschaftliche Literatur über Vorurteile unterstreicht die Notwendigkeit einer komplexen Typologie. Manche Vorurteile „produzieren Ausschließung und Gewalt" – während andere stärker durch subtilere Formen von Kontrolle und Ausbeutung charakterisiert sind (z. B. paternalistische Zuneigung).[7] Vorurteile richten sich oft gegen Menschen, von denen man glaubt, sie zu mögen – was von besonderer Bedeutung etwa im Bereich der Vorurteile zwischen Geschlechtern ist. Und jedes Vorurteil kann sich in eine – scheinbar – positive Richtung kehren, wie etwa Philosemitismus das Resultat von Antisemitismus und des Lernens zwischen den Generationen sein

---

5 Young-Bruehl, Elisabeth: The Anatomy of Prejudices. Cambridge, MA: Harvard University Press 1996, S. 386–411.
6 Poliakov, Léon: The History of Antisemitism. From the Time of Christ to the Court Jews. New York: Schocken Books 1974.
7 Dovidio, John F., Peter Glick u. Laurie A. Rudman (Hrsg.): On the Nature of Prejudice. Fifty Years after Allport. Malden, MA: Blackwell 2005, S. 10.

kann: Wenn eine Generation nach dem Holocaust gelernt hat, jede Form antijüdischer Gefühle strikt abzulehnen, so kann dies zur Tendenz führen, alles Jüdische a priori positiv zu sehen.

Aber auch der Philosemitismus ist eine Sichtweise, die auf Vorurteilen beruht: Juden sind anders als die anderen, Juden werden als eine besondere Gruppe (Volk, Nation, Religion) gesehen. Und Philosemitismus kann sich wiederum in Antisemitismus verkehren, wenn die Wirklichkeit zeigt, dass Juden nicht von vornherein „gut" sind. Da weder der Anti- noch der Philosemitismus das Ergebnis eines spezifisch jüdischen Verhaltens sind, sind beide das Ergebnis eines bestimmten Bedürfnisses, Juden zu konstruieren. Der Philosemitismus dekonstruiert nicht „den Juden", wie er vom Antisemitismus definiert ist, sondern baut auf einer Gemeinsamkeit auf: Antisemitismus und Philosemitismus sagen sehr viel über Anti- und Philosemiten aus, aber nichts über Juden. Das bedeutet natürlich nicht, dass der Philosemitismus in seiner Konsequenz wie der Antisemitismus zu beurteilen wäre: Was die Konsequenz betrifft, stehen die beiden einander natürlich unversöhnlich gegenüber. Aber die Mechanismen hinter den negativen und positiven Vorurteilen müssen als Parallelen erkannt werden.

Vorurteile gehen von einer – scheinbar – eindeutigen Trennung von Rollen aus: Es gibt TäterInnen und es gibt Opfer. In vielen Fällen freilich übernehmen die Opfer das spezifische Vorurteil, das sie zum Opfer macht, und reproduzieren dieses Vorurteil. Das kann in Form des Selbsthasses geschehen – wie der jüdische Selbsthass Otto Weiningers zeigt.[8] In vielen Fällen akzeptieren die Opfer die gegebene Sozialstruktur, auf der ein spezifisches Vorurteil beruht. Nicht Zwang, sondern Unterwerfung mag entscheidend dafür sein, dass Opfer ihre Rolle akzeptieren.

Jahrtausende hindurch waren Frauen davon überzeugt, Männer wären die „natürlichen" Herrscher der Welt; Männer wären zuständig, die Gesellschaft zu bestimmen. Meistens mussten die Frauen nicht dazu gezwungen werden, männliche Dominanz zu akzeptieren – sie unterwarfen sich, sie hatten ihre Rolle als Opfer internalisiert, oft ohne zu realisieren, dass sie Opfer einer von der Kultur und nicht der Natur geschriebenen Rolle waren. Die männliche Dominanz wurde akzeptiert – nicht als freie Entscheidung, sondern als Erdulden eines als unvermeidlich erscheinenden Schicksals. Plötzlich fast begannen Frauen aber zu rebellieren – nicht nur in individuellen Fällen, sondern in einer Massenbewegung. Von der Unterwerfung zur Rebellion – das war nicht das Ergebnis einer Erleuchtung von oben oder des Auftretens einer messianischen Gestalt. Es war die Folge gesellschaftlichen Wandels – in diesem Fall von Moderne und Post-Moderne. Der Aufstieg

---

8 Weininger, Otto: Geschlecht und Charakter. 22. Aufl. Wien: Braumüller 1921.

eines politischen Megatrends wie des Feminismus war die Konsequenz eines tiefen sozialen Wandels – gefolgt vom Zusammenbruch einer Ordnung, die auf Vorurteilen basierte.[9]

Vorurteile sind das Produkt einer bestehenden Gesellschaft. Alle Gesellschaften produzieren Vorurteile. Verschiedene Gesellschaften freilich produzieren unterschiedliche Vorurteile. In der Studie über die „Autoritäre Persönlichkeit" wurde die US-Gesellschaft der Mitte des 20. Jahrhunderts als Schöpferin von Vorurteilen ausgemacht.[10] Es ist die strukturelle Ungleichheit jeder Gesellschaft, von der Richtung und Intensität der Vorurteile abhängen. In der industriellen und speziell in der post-industriellen Gesellschaft mag „Klasse" an Bedeutung für die Bestimmung von Objekten der Vorurteile verloren haben. Aber „Klasse" schafft Vorurteile, die sich gegen Gruppen richten, die – auf den ersten Blick – nicht als Klasse verstanden werden können: Frauen und Juden, Afro-Amerikaner und *Hispanics* werden sehr unterschiedlich wahrgenommen – je nachdem, welchen sozialen (kulturellen und wirtschaftlichen) Status eine bestimmte Person hat. Vorurteile, die sich auf Ethnizität, Religion, Geschlecht beziehen, sind deutlich mit sozialer Differenz korreliert.

Der spezifische Charakter sozialer Ungleichheit ist ständig im Wandel. Aber es gab immer Ungleichheit: wirtschaftlich, kulturell, sozial. Ungleichheit produziert das Bedürfnis, soziale Differenzen zu verstehen – und sei es durch den Blick auf vereinfachende Angebote. Dann kann alles auf „Rasse" oder Religion oder Geschlecht oder Region oder Generation zurückgeführt werden: Alle diese identitätsstiftenden Faktoren schaffen auch Vorurteile. Solange man „weiß", dass Protestanten die besseren Unternehmer und Frauen die besseren Krankenpfleger sind, kann man sich selbst davon überzeugen, über das für das Verstehen der Gesellschaft notwendige Wissen zu verfügen – den vielen gegenläufigen Informationen zum Trotz.

Ungleichheit und Verschiedenheit überlappen einander, sind aber nicht deckungsgleich. Der Slogan „Wir sind alle verschieden – wir sind alle gleich", formuliert bei der Europäischen Union, unterstreicht die Notwendigkeit zur Unterscheidung. Behandelt man ungleiche Menschen gleich, ohne ihren unterschiedlichen Status in der Gesellschaft zu berücksichtigen, verstärkt man die Ungleichheit. Das Konzept der *affirmative action* (oder *reversed discrimination*) baut auf dem Verständnis auf, dass Verschiedenheit

---

9 Inglehart, Ronald: Modernization and Postmodernization. Cultural, Economic, and Political Change in 43 Societies. Princeton, NJ: Princeton University Press 1997, S. 237–266.
10 Adorno, T.W., Else Frenkel-Brunswik, Daniel J. Levinson u. R. Nevitt Sanford: The Authoritarian Personality. New York: A.W.Norton & Company 1982.

nicht nur zu respektieren, sondern auch Grund für die bevorzugte Behandlung derer ist, die Opfer von Vorurteilen sind.[11]

Vorurteil ist nicht Vorurteil. Wir können zwischen Vorurteilen unterscheiden, die das Ergebnis von Gruppenprozessen sind; und solchen, die auf individueller Ebene entstehen.[12] Diese Unterscheidung ist keine prinzipielle: Vorurteile auf der Ebene von Gruppen und individuell begründete Vorurteile überlappen einander – und beide beeinflussen Identitäten. Gruppen-Identitäten (auf der Grundlage nationaler, ethnischer, religiöser, geschlechtsspezifischer, regionaler, klassenbezogener oder ideologischer Faktoren) sind das Produkt integrierter individueller Identitäten – und individuelle Identitäten können nicht von kollektiven völlig losgelöst werden. Ein niederländischer Protestant, eine niederländische Protestantin ist in seiner bzw. ihrer individuellen Identität durch das Protestantisch-Sein beeinflusst – und beeinflusst wiederum die kollektive protestantische Identität in den Niederlanden. Was er oder sie über Nicht-Protestanten denkt – ausgedrückt in einer mehr oder weniger freundlichen, mehr oder weniger feindseligen Form –, schließt immer auch Elemente von Vorurteilen mit ein. Individuelle und kollektive Erfahrung, individuelle und kollektive Vorurteile formen Identitäten sowohl auf persönlicher Ebene als auch auf der Ebene von Gruppen.

Paul Lazarsfeld, Bernard Berelson und Hazel Gaudet erforschten das Phänomen von *cross-pressures*. In ihrem Wahlverhalten (und ihrem politischen Verhalten generell) handeln Menschen, die mit mehreren unterschiedlichen, gegensätzlichen Milieus verbunden sind, anders als Menschen, die von einem einzigen Milieu geprägt sind. Menschen, die stark unter *cross-pressures* stehen, wechseln ihre politischen Loyalitäten eher und leichter als andere. *Cross-pressures* sind positiv mit Nicht-Wählen und späten Wahlentscheidungen korreliert.[13] Da *cross-pressures* das Resultat sowohl horizontaler als auch vertikaler Mobilität sind – und da Mobilität als Folge der Moderne wie auch der Postmoderne zunimmt –, sind die Folgen von *cross-pressures* immer stärker zu spüren.

Das wiederum hängt mit dem Aufbrechen einfacher Vorurteile zusammen. Mobile Gesellschaften tendieren dazu, allzu einfache Wahrnehmungen von Welt und Gesellschaft an den Rand zu drängen. Am Beginn des 21. Jahrhunderts glauben viele (die meisten?) Menschen in westlichen Gesellschaften nicht mehr an Verschwörungstheorien wie an die „Protokolle der Weisen

---

11 Sowell, Thomas: Affirmative Action Around the World. An Empirical Study. New Haven, CT: Yale University Press 2004.
12 Dovidio/Glick/Rudman, Nature of Prejudice, S. 13 f.
13 Lazarsfeld, Paul, Bernard Berelson u. Hazel Gaudet: The People's Choice. How the Voter Makes Up his Mind in a Presidential Campaign. New York: Columbia University Press 1948.

von Zion". Menschen glauben immer weniger an die Unterlegenheit von Frauen gegenüber Männern. „Rasse" verliert allmählich die Rolle, den sozialen Status jeder Person zu definieren. Vorurteile, die „gut" und „böse" in Weiß und Schwarz zeichnen, gehen zurück – wegen der wachsenden Bedeutung der Farbe Grau. Die Grautöne, die gesellschaftlich an Bedeutung gewinnen, sind die Konsequenz von Mobilität.

Das bedeutet nicht, dass Vorurteile ihre Definitionsmacht verlieren. Im Gegenteil – sie werden wichtiger, weil sie komplexer werden. Dank ihrer wachsenden Komplexität werden Vorurteile immer weniger sichtbar. Am Beispiel des „Neuen Antisemitismus": In westlichen Gesellschaften ist es nahezu unmöglich geworden – inakzeptabel, undenkbar –, „die Juden" zu hassen. Die „neuen" Antisemiten sind nicht philosemitisch, aber sie verweisen gerne etwa auf jüdische Freunde (oder auch Verwandte) – und beurteilen Jüdinnen und Juden anhand von Kriterien, die besonders für Juden oder den jüdischen Staat gelten.[14] „Neue" Antisemiten sind empört über Menschenrechtsverletzungen, die von Juden begangen werden – und sind viel weniger geneigt, dieselbe Empörung über Menschenrechtsverletzungen durch Nicht-Juden zu äußern. Der „neue" Antisemit leugnet energisch, Antisemit zu sein; und glaubt auch selbst an diese seine Abgrenzung. Offener Judenhass existiert – aber mehr und mehr in nicht-westlichen und immer weniger in westlichen Gesellschaften.

Viele Vorurteile verstecken sich. Sie können weniger leicht ausgemacht werden als in der Vergangenheit. Deshalb ist es wichtiger denn je, sie zu studieren. Es genügt nicht, die Botschaft der Befreiung der Menschen von den dunklen Zeiten einer vorurteilsbehafteten Gesellschaft zu predigen und diese aufzuklären, wie sehr negative Vorurteile moralisch zu verurteilen sind. Da Menschen mit Vorurteilen nicht gerne dabei ertappt werden, welche zu hegen, muss jedes Bemühen, die Folgen von Vorurteilen zu reduzieren, einen komplexeren Zugang wählen – jenseits von Gut und Böse, von Weiß und Schwarz.

Die wichtigste Aufgabe der wissenschaftlichen Vorurteilsforschung ist es, die Gründe für die sich ständig wandelnde Existenz von Vorurteilen herauszufinden. Um Vorurteile zu verstehen, müssen viele Fragen gestellt werden – ohne die Erwartung, eine einzige „richtige" Antwort zu erhalten, aber in der realistischen Hoffnung, mehr und mehr Antworten zu bekommen.

Die Idee, ein „Handbuch der Vorurteile" herauszugeben, war eben nicht von der Suche nach der einen und einzigen Antwort bestimmt. Es gibt keine Antwort – es gibt nur eine Vielzahl von vielen, einander oft widersprechenden Antworten. Das Handbuch selbst ist auch nicht so sehr um Antworten bemüht, sondern um den Blick hinter scheinbar überzeugende

---

14 Harrington, Bernard: The Resurgence of Antisemitism. Jews, Israel, and Liberal Opinion. Lanham, MD: Rowman & Littlefield 2006.

Antworten; es ist darum bemüht, bestimmte Interpretationen von Vorurteilen zu eliminieren, weil sie selbst auf Vorurteilen aufbauen.

Das Handbuch geht von der Annahme aus, dass nur ein interdisziplinärer Zugang die notwendige tiefe Reflexion über den Stand der Forschung erreichen kann. Es gibt nicht eine Disziplin, die dazu in der Lage wäre, ihr spezieller Zugang wäre dem aller anderen Disziplinen übergeordnet. Der wissenschaftliche Diskurs sollte daher für alle Bereiche des wissenschaftlichen Milieus zugänglich sein.

Vorurteile existieren und werden weiter existieren. Die Gesellschaft hat nicht die Wahl, Vorurteile generell zu beseitigen. Sehr wohl aber hat die Gesellschaft die Option, Wege zu finden, mit Vorurteilen umzugehen; sie zu reduzieren und ihre explosiven, ihre mörderischen Potenziale zu kontrollieren – durch die Dekonstruktion der Konstruktionen hinter bestimmten Vorurteilen.

Vorurteile sind das Resultat der Sozialisation. Daher ist Erziehung das am besten geeignete Instrument, um mit Vorurteilen umzugehen. Erziehung bedeutet, Menschen zu befähigen, sich in einem bestimmten sozialen Umfeld zurechtzufinden. Erziehung ist die wichtigste, die logische Konsequenz eines jeden Programms, das sich dem „Kampf gegen Vorurteile" verschreibt.

Das Buch „Vorurteile. Ursprünge, Formen, Bedeutung" ist freilich nicht eines über die besten Techniken (*best practices*) in der Erziehung. Es präsentiert eine Summe von Einsichten, von Erklärungen, von Theorien, die für die Entwicklung von *best practices* genützt werden können. Dieses Handbuch versteht sich als Beitrag zur Wissenschaft – und nicht zur Verbesserung von Erziehungsprogrammen. Aber es erlaubt denen, die an Erziehungsprogrammen besonders interessiert sind, den Blick auf notwendige analytische Instrumente.

Das Wiener Sir Peter Ustinov Institut zur Erforschung und Bekämpfung von Vorurteilen hat den Kampf gegen die negativen Konsequenzen von Vorurteilen zum Inhalt. Wenn etwas zu bekämpfen ist, dann muss man es kennen – so weit wie möglich. Die Überzeugung, dass ein bestimmtes Vorurteil „böse" ist, reicht nicht, wenn es darum geht, dagegen anzugehen. Der politische (erzieherische, soziale, kulturelle) Kampf gegen bestehende Vorurteile muss auf vertiefte Einsichten in die Ursachen hinter dem Defizit an Vernunft und in die Strukturen und Funktionen des Phänomens Vorurteil bauen.

Diese Motivation muss in Zusammenhang mit den Widersprüchen wissenschaftlicher Forschung gesehen werden – wie in diesem Handbuch ersichtlich: Vorurteile existieren nicht nur in negativer Form; sie haben nicht nur eine negative Funktion – nicht im Sinne der Schaffung von Idealtypen, sondern zur Vereinfachung sozialer Kommunikation auf der Grundlage der Menschenrechte.

Das Konzept dieses Handbuches wurde mit der Intention entwickelt, die Summe des Wissensstandes zum Thema Vorurteile zu vermitteln. Der

Rahmen für das Handbuch wurde in Zusammenarbeit mit dem Institut für Konfliktforschung in Wien erarbeitet.

Die Grundidee war, international renommierte Wissenschafterinnen und Wissenschafter über den Forschungsstand schreiben zu lassen – sechs größere Gruppen von Vorurteilen und sechs wissenschaftliche Disziplinen betreffend. So entstand die Struktur des Handbuches: zwölf Essays und eine umfassende Einleitung. Es war Aufgabe der Herausgeber, in Zusammenarbeit mit dem wissenschaftlichen Beirat des Sir Peter Ustinov Instituts über die Disziplinen und die Vorurteilsgruppen zu entscheiden. In allen diesen Fällen wären andere Lösungen vorstellbar gewesen: Warum nicht ein Essay über Philosophie? Warum nicht ein Essay über Vorurteile gegenüber dem Christentum?

Letztlich mussten Prioritäten gesetzt werden – bei gleichzeitiger Garantie, dass alle wesentlichen Facetten des generellen Phänomens Vorurteile in diesem Buch diskutiert werden. Philosophie, um bei diesem Beispiel zu bleiben, wird in den verschiedensten Beiträgen diskutiert – wenn auch nicht in Form eines eigenen Kapitels. Und Bezüge zu Vorurteilen gegenüber dem Christentum finden sich vor allem im Zusammenhang mit religiös motivierten Vorurteilen generell.

Dieses Buch ist nicht unmittelbar auf aktuelle Anlässe bezogen. Mittelbar können aber Erkenntnisse aus ihm gewonnen werden, die Aktuelles besser verstehen helfen: von der deutschen Sarrazin-Debatte bis zur französischen Diskussion über das Kopftuch-Verbot; von den Implikationen der Migration nach Europa bis zu dem Spannungsfeld zwischen nationaler Identität und europäischer Integration. Der gewaltbereite Rassismus in der Russischen Föderation kann durch das in diesem Buch manifest gemachte Wissen ebenso besser verstanden werden wie die Konflikte zwischen islamisch und christlich geprägten Staaten im Bundesstaat Nigeria.

Wir können nicht beanspruchen, dass die Entscheidung, welche Vorurteile ausdrücklich in Form spezieller Artikel berücksichtigt werden, jenseits der Kritisierbarkeit wäre. Aber wir können beanspruchen, die Prioritäten konsistent gesetzt zu haben. Da der Antisemitismus direkt mit dem Horror des Holocaust in Verbindung steht, wurde der Antisemitismus explizit herausgegriffen. Vorurteile gegen Christen (oder Jesuiten), gegen Chinesen (oder Japaner) sind – wenn auch nicht explizit durch spezielle Beiträge hervorgehoben – als Teil der Gesamtanalyse behandelt. Nach unserem Verständnis bedeutet das Lernen über Strukturen und Funktionen eines bestimmten Vorurteils auch ein Lernen über Vorurteile generell und damit über andere besondere Vorurteile.

Wir können auch nicht beanspruchen, dass die Ein- oder Ausschließung einer bestimmten akademischen Disziplin in Form spezieller Essays die einzig denkbare, die einzig mögliche Variante wäre. Es kann argumentiert werden, dass Philosophie als die Mutterdisziplin der Geisteswissenschaften nicht nur indirekt in verschiedenen Kapiteln, sondern in einem eigenen, speziellen Beitrag zu behandeln gewesen wäre. Es kann ebenfalls argumentiert werden, dass die Integration verschiedener Disziplinen in ein Kapitel über Wissenschaften mit „normativem" Verständnis die spezifischen Unterschiede vernachlässigt. Es war aber eben unsere Aufgabe, die verschiedenen Fächer und Disziplinen im Interesse eines generellen Diskurses zu integrieren.

Auch wenn die Aufgabe des Handbuches nicht die Vermittlung von tagespolitisch unmittelbar nutzbarem Wissen ist, beansprucht es dennoch eine politische Verwertbarkeit. Im Sinne einer Übersetzbarkeit wissenschaftlicher Erkenntnisse in konkrete Vorhaben – im Bereich der Erziehung etwa – kann und soll das Handbuch dazu beitragen, gegen die sich immer wieder neu formierenden, aus Vorurteilen entstehenden Aggressionspotenziale Maßnahmen zu entwickeln.

Um die bestmögliche Auswahl von Autorinnen und Autoren zu gewährleisten, wurde nach der *peer-review*-Methode vorgegangen: Personen verschiedener Disziplinen, dem Herausgeberteam durch ihre wissenschaftliche Expertise in verschiedenen Forschungsfeldern bekannt, wurden gebeten, eine Gruppe von besonders qualifizierten und international bekannten Wissenschafterinnen und Wissenschaftern zu nennen, die für die einzelnen Kapitel eingeladen werden sollten. Die genannten Namen wurden in eine Reihung gebracht – nach der Häufigkeit der Nennungen. Nach dieser Reihung wurden dann die Einladungen zur Mitarbeit ausgesprochen.

Es war nicht immer möglich, die Person zu gewinnen, die als Erste für einen bestimmten Beitrag gereiht war. Aber jede Autorin, jeder Autor dieses Handbuches war auf der Liste der *peers*. Die Auswahl war somit nicht die Konsequenz bestimmter Präferenzen des Herausgeberteams. Auch wenn so eine objektivierte Auswahl aus einem breiten Pool von Autorinnen und Autoren möglich war, kann dem Auswahlergebnis Einseitigkeit vorgehalten werden. Die Dominanz von Autoren aus der englisch- und aus der deutschsprachigen Wissenschaftswelt ist deutlich. Das reflektiert die beherrschende Rolle der englischen Sprache in allen Formen transnationaler Diskurse: Was nicht in Englisch publiziert wird, reicht kaum über den Bereich einer regionalen Sprache hinaus – und die einzige globale Sprache ist eben das Englische. Dass relativ viele deutschsprachige Autorinnen und Autoren aufscheinen, kann mit dem Standort Wien des Sir Peter Ustinov Instituts und des Instituts für Konfliktforschung erklärt werden.

Die Entwicklung der konkret messbaren, sich politisch auswirkenden Vorurteile steht nicht still. Diese – deutschsprachige – Ausgabe des Handbuchs enthält daher gegenüber der englischsprachigen US-amerikanischen Ausgabe zwei zusätzliche Beiträge von Wolfgang Benz zu Islamophobie und Antiziganismus. Dadurch wird unterstrichen, dass wissenschaftlich gestütztes Wissen um Vorurteile sich mit ständig aktualisierten Ausdrucksformen von Vorurteilen zu beschäftigen hat.

Diese beiden Beiträge, die auch speziell auf den deutschen Buch- und Wissenschaftsmarkt zugeschnitten sind, passen zwar nicht in die Systematik, die dem Handbuch zugrunde liegt – sie sind nicht Ergebnis des *peer-review*-Verfahrens, und sie sprengen auch die ursprünglich bewusst angelegte Balance zwischen Beiträgen, die sich auf Typen von Vorurteilen beziehen, und solchen, die eine wissenschaftliche Disziplin (oder ein Disziplinenbündel) zum Gegenstand haben. Ihre Aufnahme ist auf das spezielle Interesse des Sir Peter Ustinov-Instituts zurückzuführen, das Buch möglichst konkret und aktuell zu gestalten. Wegen des durch die Aufnahme dieser beiden Beiträge veränderten Charakters des Buches sind die beiden im US-Original aufscheinenden Mit-Herausgeberinnen Karin Bischof und Karin Stögner nun nicht mehr im Herausgeberteam genannt.

Alle Beiträge – mit Ausnahme der beiden zusätzlichen Beiträge von Wolfgang Benz – wurden ursprünglich für die US-amerikanische Ausgabe in englischer Sprache geschrieben und dann für die deutsche Ausgabe übersetzt.

Ich danke den Kolleginnen und Kollegen des Beirates, die uns bei der Rekrutierung nach dem *peer-review*-Verfahren unterstützt haben. Ich danke allen Autorinnen und Autoren – die Zusammenarbeit war intellektuell stimulierend und von kollegialer Einfachheit. Ich danke Fritz Gehart, der das Sir Peter Ustinov Institut repräsentiert, für die gute Kooperation mit dem Institut für Konfliktforschung – und auch dafür, dass er nach dem Erscheinen des Buches in englischer Sprache die Publikation einer deutschen Ausgabe so hartnäckig und mit Erfolg betrieben hat.

Wir alle danken der voestalpine dafür, dass sie uns die entsprechenden finanziellen Mittel zur Verfügung gestellt hat: Es ist bemerkenswert, dass ein international erfolgreiches Unternehmen Interesse daran hat, ein solches Projekt finanziell zu unterstützen.

Persönlich danke ich ganz besonders meinen Kolleginnen vom Institut für Konfliktforschung – Karin Bischof, Karin Stögner, Birgitt Haller – für die jahrelange Zusammenarbeit bei der Herausgabe der US-amerikanischen wie auch der deutschen Ausgabe.

Budapest und Wien, August 2011
Anton Pelinka

Bibliographie

Adorno, T.W., Else Frenkel-Brunswik, Daniel J. Levinson u. R. Nevitt Sanford: The Authoritarian Personality. New York: A.W. Norton & Company 1982.

Anderson, Benedict: Imagined Communities. Reflections on the Origin and Spread of Nationalism. London: Verso 2006.

Bauman, Zygmunt: Modernity and Ambivalence. Cambridge, UK: Polity Press 1993.

Dovidio, John F., Peter Glick u. Laurie A. Rudman (Hrsg.): On the Nature of Prejudice. Fifty Years after Allport. Malden, MA: Blackwell 2005.

Harrington, Bernard: The Resurgence of Antisemitism. Jews, Israel, and Liberal Opinion. Lanham, MD: Rowman & Littlefield 2006.

Horkheimer, Max u. Samuel Flowerman: Foreword to Studies in Prejudice. A Study of the Techniques of the American Agitator. In: Prophets of Deceit. Hrsg. von Leo Loewenthal u. Norbert Gutermann. New York: Harper 1949.

Inglehart, Ronald: Modernization and Postmodernization. Cultural, Economic, and Political Change in 43 Societies. Princeton, NJ: Princeton University Press 1997.

Lazarsfeld, Paul, Bernard Berelson u. Hazel Gaudet: The People's Choice. How the Voter Makes Up his Mind in a Presidential Campaign. New York: Columbia University Press 1948.

Poliakov, Léon: The History of Antisemitism. From the Time of Christ to the Court Jews. New York: Schocken Books 1974.

Sowell, Thomas: Affirmative Action Around the World. An Empirical Study. New Haven, CT: Yale University Press 2004.

Szabo, Tamar (Hrsg.): Oxford Studies in Epistemology, Bd. 1. Oxford: Oxford University Press 2005.

Weininger, Otto: Geschlecht und Charakter. 22. Aufl. Wien: Braumüller 1921.

Young-Bruehl, Elisabeth: The Anatomy of Prejudices. Cambridge, MA: Harvard University Press 1996.

Einführung

Aleida Assmann

Die Vorurteilsforschung reicht bis zum Beginn des 20. Jahrhunderts zurück. 1904 veröffentlichte William Graham Sumner ein Buch mit dem Titel „Folkways" [Volksbräuche], in dem er den Begriff „Ethnozentrismus" einführte. 1924 prägte Walter Lippmann in „Public Opinion" [Die öffentliche Meinung] den Begriff „Stereotyp". Ein durchgängiger Diskurs zum Thema Vorurteil begann jedoch erst nach dem Zweiten Weltkrieg, angeregt durch WissenschaftlerInnen, denen unmittelbare Erfahrungen mit ihrem Forschungsgegenstand entweder direkt vor Augen standen oder in den Knochen steckten: Gordon W. Allport schrieb Mitte der 1950er Jahre in den Vereinigten Staaten, in einer Gesellschaft, in der Rassentrennung herrschte, Henri Tajfel war ein Überlebender des Holocaust, der sich eine eindringliche Sensibilität für Ausgrenzungsstrategien und Diskriminierungen bewahrte. Das Thema Vorurteil, das die wissenschaftlichen Diskurse des gesamten 20. Jahrhunderts bewegte, hat im 21. Jahrhundert nichts von seiner Brisanz verloren. Zwar gibt es ein wachsendes Bewusstsein dafür, dass viele frühere Grenzen der ethnischen Herkunft oder des Geschlechts durchlässiger geworden oder ganz verschwunden sind, andererseits jedoch werden andere, etwa jene zwischen Nationen oder Religionen, wieder verstärkt oder neu aufgebaut.

Der wissenschaftliche Diskurs zum Vorurteil wird hauptsächlich von den Sozialwissenschaften, insbesondere der Sozialpsychologie betrieben. Das Thema ist jedoch keineswegs nur in einer Disziplin beheimatet. Um das Verständnis und die Analyse seiner Mechanismen im gesellschaftlichen und historischen Kontext zu verbessern, braucht es einen Schulterschluss unterschiedlicher Fächer wie Politikwissenschaften, Geschichte, Pädagogik, Literatur-, Kunst- sowie Medienwissenschaften. In den Kulturwissenschaften besitzt das Thema Vorurteil große Relevanz und erfordert schon deshalb einen integrierten, multidisziplinären Ansatz. Mein Beitrag zu diesem Band soll einen Überblick über das Thema geben, der unterschiedliche disziplinäre Standpunkte verbindet, wobei gerade auch auf literarische AutorInnen und philosophische Werke verwiesen wird.

Vorurteil ist eine kognitive und emotive Disposition mit verschiedenen Vorstadien, Vorläufern und Nebenformen. Um seine *differentia specifica* als gefährliche Entwicklung und Verfestigung grundlegender psychischer Funktionen besser zu verstehen, werde ich diesen Begriff hier im Kontext anderer Termini wie Stereotyp, Schema, Rahmen, Voreingenommenheit und Ideologie diskutieren, die zum unverzichtbaren Rüstzeug der menschlichen Psyche gehören und den Grundstein für die Strukturierung von Wahrnehmungen und Informationsverarbeitung legen.

1. Stereotyp, Schema

Die Begriffe Stereotyp und Schema wurden in die kognitive Psychologie eingeführt, um grundlegende Aktivitäten der Kategoriebildung zu bezeichnen. Eine primäre Tätigkeit des Gehirns besteht darin, Kategorien zu schaffen, die uns helfen, relevante Gegenstände zu identifizieren und damit die Komplexität der Welt zu redzieren. Stereotype schaffen die elementaren Kategorien, mithilfe derer wir uns in der Welt bewegen und sie begreifen; sie gehören zu den ersten Dingen, die Kinder erlernen oder unbewusst aufnehmen, während sie aufwachsen und mit ihrer Umgebung in Beziehung treten. Was in diesem frühen Stadium gelernt wird, wird zur Leitlinie der Reaktionen und Reflexe unseres weiteren Lebens. Diese Kategorien schaffen elementare Abgrenzungen in der Phänomenwelt, die unmittelbare, spontane Reaktionen und Handlungen stützrn. Sie zerlegen die Welt in Gegensatzpaare wie: Belebt oder unbelebt? Mann oder Frau? Freund oder Feind? Vertraut oder fremd? Alt oder jung? Schön oder hässlich? und so weiter. Selbst ein ausgereiftes Gehirn kann sich diesen elementaren Abgrenzungen nicht entziehen und ist irritiert oder sogar verstört, wenn das beruhigende Entweder-oder nicht funktioniert (wie bei transsexuellen Menschen, Zombies oder allgemein im Falle des Unheimlichen).

Stereotype oder Schemata verwandeln eine verwirrende Masse von Sinneswahrnehmungen in typische, das heißt identifizierbare, Personen, Handlungen, Situationen und Objekte. Sie bilden allgemeine Kategorien, die konkrete Phänomene einordnen und ihnen Bedeutungen zuweisen. Indem sie Ordnung und Sinn herstellen, liefern Stereotype jene Orientierung, die das Überleben in der Gesellschaft erst möglich macht. Das Erlernen einer Sprache muss mit diesem Prozess der Kategoriebildung einhergehen, um einen Zugang zu Gefühlen und Handlungen anderer zu ermöglichen. Mit diesen Grundunterscheidungen ist der Mensch geistig ausgestattet, um sein Universum verlässlich strukturieren zu können. Mit dem Erwerb dieser grundlegenden Fähigkeiten wachsen Menschen in eine Gesellschaft hinein und finden ihren Platz innerhalb einer Sprache, einer Tradition und einer Kultur.

„Schema" ist der Begriff, den der Psychologe Frederic C. Bartlett in seinem Buch „Remembering"[1] verwendet. Wie Bartlett zeigt, sind Schemata

---

1 Bartlett, Frederic C.: Remembering: A study in experimental and social psychology. Cambridge (Engl.) 1932. Zum Thema Kategoriebildung siehe auch Förster, Jan:

nicht nur Muster, die in den tieferen Schichten des semantischen Langzeitgedächtnisses gespeichert sind, sondern auch das Format, in dem Erfahrungen, Bilder, Geschichten usw. erinnert werden.² Sie speichern Ereignisse nicht nur im Gedächtnis ab, sondern geben ihnen auch anhand erkennbarer Muster Form. Diese Schemata werden nicht vom Individuum produziert. Sie sind den Mitgliedern einer Kultur gemein und zirkulieren in deren Kommunikation, sie knüpfen ein Band gegenseitigen Verstehens zwischen den Mitgliedern einer Gruppe. Sowohl Stereotyp als auch Schema sind generative Konzepte, die es der Psyche ermöglichen, die Erscheinungswelt zu verarbeiten und Repräsentationen zu erzeugen, die auch für andere erkennbar und sinnvoll sind. Beide spielen eine wichtige Rolle bei der „Sozialisierung der Psyche", die mit der Sprache zusammengeht.

Die Prozesse der kognitiven Kategoriebildung und der Herausbildung psychischer Strukturen betreffen jene Bereiche der Psyche, die für gewöhnlich außerhalb der Aufmerksamkeitsspanne liegen und auf einer Ebene jenseits bewusster Reflexion verbleiben. Wie die Grammatik einer gesprochenen Sprache unterliegt, so fungieren Stereotype und Schemata hinter den Kulissen als unbewusste Faktoren der Kommunikation und des Verstehens. Sie wirken als Faktoren, die hinter unserem Rücken unser Denken, Sprechen und Erinnern beeinflussen. Der Soziologe Maurice Halbwachs entdeckte, dass „soziale Rahmen" (*cadres sociaux*), wie er sie nannte, unsere Erinnerungen auswählen, formen und stabilisieren. Nach Halbwachs bilden diese Rahmen, obgleich uneingestanden und unbewusst, Gesetze, die regeln, was und in welcher Form etwas thematisiert, einbezogen oder ausgegrenzt, erinnert oder vergessen wird. Vor Halbwachs hatte man diese gesellschaftlich und historisch konditionierten kollektiven Rahmen als ‚Zeitgeist' bezeichnet. Halbwachs zeigte, dass Menschen unwissentlich diesen Rahmen entsprechen; noch in ihren persönlichsten und verborgensten Erinnerungen werden sie somit durch das Diktat der Gesellschaft geleitet. Er zeigte ebenfalls, dass diese gemeinsamen gesellschaftlichen Rahmen, die tief in der individuellen Psyche verwurzelt sind, historischem Wandel unterliegen. Rahmen werden sichtbar, sobald sie ihre Selbstverständlichkeit verlieren; sie steigen ins Bewusste auf, sobald sie zerfallen. Anders als die Stereotype und Schemata, die sich verändernde, anpassungsfähige Requisiten des individuellen psychischen Wachstumsprozesses sind, haben Rahmen einen Zeitindex,

---

Kleine Einführung in das Schubladendenken. Vom Nutzen und Nachteil des Vorurteils. München: Deutsche Verlags-Anstalt, 2007.
2   Peter Burke nennt einige interessante Beispiele für die Verwendung von Schemata in historischen Narrativen und Erinnerungen in: Butler, Thomas (Hrsg.): History as Social Memory. In: Memory: History, culture and the mind. New York: Basil Blackwell Limited, 1989.

ein klares Verfallsdatum; sie werden nicht veränderten sozialen Bedingungen angepasst, sondern durch neue Rahmen ausgetauscht. In ihrem Zeitgeist-Charakter und ihrer historischen Dimension stehen sie den „Paradigmen" Thomas S. Kuhns nahe. Ein Paradigma „ist historisch konditioniert, tendiert aber dazu, die Wahrnehmung der Bedingungen, die seine Existenz regulieren, zu unterdrücken".[3] Diese Voraussetzungen treten in dem Moment an die Oberfläche und werden sichtbar, in dem das Paradigma an Überzeugungskraft verliert und nicht mehr greift.

Begriffe wie Stereotyp, Schema und Rahmen bringen uns in die nichtbewussten Gebiete der Psyche, die nicht mit dem von der Psychoanalyse beschriebenen Unbewussten verwechselt werden dürfen. Diese nicht- oder vor-bewussten Gebiete faszinieren PsychologInnen und PhilosophInnen aus drei Gründen: Sie sind erstens der Boden, in dem unser Wissen über die Welt verankert ist, sie bilden zweitens die Ebene der Überzeugungen und Werte, an denen wir uns orientieren und nach denen wir handeln, und sie bilden drittens den Bereich, in dem Überzeugungen und Werte fixiert und vor kritischer Reflexion abgeschirmt sind. Ein Großteil der Stereotypentheorie beschäftigt sich mit kognitiver Kategorienbildung und steht daher mit dem ersten Punkt in Verbindung. Die Vorurteilsforschung dagegen steht augenscheinlich mit dem dritten Punkt in Beziehung. Häufig übersehen wird hingegen der zweite Punkt, der mit dem nicht-bewussten Charakter unserer zentralen Wertorientierungen zu tun hat. Bevor ich das Thema Vorurteile anspreche, werde ich kurz diese am meisten vernachlässigte Kategorie unter dem Begriff der ‚Voreingenommenheit' untersuchen.

2. (Vor)eingenommenheit (*bias*)

Voreingenommenheit ist ein Wort, das selten positiv oder mit Zustimmung verwendet wird. Meistens bezieht es sich auf etwas, gegen das man vorgibt, immun zu sein. Der Schiedsrichter im Fußball muss ebenso frei davon sein wie der Richter bei einer Gerichtsverhandlung oder die Wissenschaftlerin bei ihren Untersuchungen. Unparteilichkeit ist in vielen Bereichen professionelle Norm, und für Regierende und Machthaber ist sie ein unerlässliches Erfordernis, um faire Entscheidungen jeder Art zu treffen. In anderer Hinsicht jedoch ist der Mensch kein objektives Wesen. Er kann nicht anders, als bestimmten Normen und Werten verschrieben zu sein. Ich werde hier

---

[3] „A paradim is historically conditioned, but tends to suppress awareness of the conditions governing its existence." Zitiert nach: Pocock, J.G.A.: The Reconstruction of Discourse. Towards the Historiography of Political Thought. In: MLN, 96 (1981). S. 959-980 hier S. 965 (Zitat auf Dt. – Original engl.!).

auf normative und orientierende Wertbindungen unter dem positiven Begriff Voreingenommenheit (*bias*) eingehen. Dieser bezieht sich auf tiefere Bindungen, die rational nicht erklärt werden können. Positive Voreingenommenheit bewirkt beispielsweise, dass Partner an ihrer Ehe festhalten, statt sie für scheinbar aufregendere und erfreulichere Alternativen aufzulösen. Positive Voreingenommenheit beschränkt sich jedoch nicht nur auf die Bestätigung individueller und kollektiver Bindungen, sie ermöglicht auch, einen Status quo zu konsolidieren und kognitive Dissonanz zu verhindern. Man höre nur wenig über Vorurteile dieser Art, schreibt Allport, weil Liebe und Loyalität an sich noch „keine gesellschaftlichen Probleme" schaffen würden.[4] Doch halten wir einen Augenblick inne, um einige kurze Überlegungen über die Natur des positiven Vorurteils anzustellen.

Der menschliche Hang, dem eigenen Standort verschrieben und tief in ihm verankert zu sein, wird üblicherweise als „Ethnozentrismus" bezeichnet. Voreingenommenheit wird hier als eher allgemeiner Begriff für diese universelle Veranlagung von Einzelnen und Gruppen verwendet. Er enthält ein Bekenntnis zum perspektivischen Charakter menschlichen Denkens und Verhaltens, der auf unterschiedliche Kulturen, Sprachen, politische Systeme und geographische Regionen zurückzuführen ist. Johann Gottfried Herder und Friedrich Nietzsche waren die philosophischen Vertreter dieses Perspektivismus und fochten damit die Behauptungen des Universalismus und Objektivismus an. Sie bestanden auf Unterschieden und Eigentümlichkeiten und betonten dadurch die unüberwindlichen Schranken menschlicher Wahrnehmung, Gefühle und Werte, ohne dabei automatisch abzuwerten oder zu verurteilten, was nicht die eigene und eigentliche Abstammung, Tradition oder der eigene Stil war.[5] Sie bestanden nur darauf, sich diese Wurzel zum Ausgangspunkt zu nehmen und an ihr festzuhalten, indem sie das Potenzial dieser Bindung weiter ausbauten. Indem sie Voreingenommenheit mit Respekt ergänzten, schufen sie eine Möglichkeit, sich selbst zu verstehen und andere näher kennenzulernen.

Voreingenommenheit zeigt eine ganz grundlegende Tatsache auf: Der Mensch steht niemals auf neutralem Grund; seine Haltung und sein Denken sind immer schon durch einen bestimmten Standort innerhalb einer Kultur, einer Gesellschaft, einer Epoche oder einer größeren oder kleineren Personengruppe geprägt. Völlige Objektivität mag als theoretische und methodologische Prämisse in den Naturwissenschaften funktionieren, in den Geistes-

---

4 Allport 2000, 30.
5 Tajfel, Henri: Gruppenkonflikt und Vorurteil. Entstehung und Funktion sozialer Stereotypen, Bern/Stuttgart/Wien: Huber 1982, S. 179 zur Bedeutung kultureller Symbole als Identitäts- und Differenzmerkmale ethnischer Minderheiten im hegemonialen Kontext.

wissenschaften hingegen bleibt sie ein „nobler Traum"[6]. Hans-Georg Gadamer hat daher in seinem Buch *Wahrheit und Methode* die These aufgestellt, dass Vorurteil nicht nur eine negative, sondern auch eine positive Seite hat. Als Hermeneutiker spricht er von der „wesenhaften Vorurteilshaftigkeit alles Verstehens" und behauptet, dass uns gar nichts anderes übrig bleibt, als in bestimmten Traditionen und Lesarten von Texten verfangen zu sein.[7] Da wir existenziell durch die Zeit geprägt und daher immer das Produkt früherer Epochen sind, haben wir niemals Anspruch auf die Tabula rasa, das „von Grund auf" eines radikalen Neubeginns. Als historische Wesen beginnen die Menschen niemals von null, sondern sind, so Gadamer, auf ein kulturelles Erbe angewiesen, das in der Geschichte immer wieder umgeschrieben und weiter ausgebaut wird. Das spezifische kulturelle Vermächtnis, die Tradition, in die man hineingeboren wird, ist für Gadamer ein existenzieller Faktor. Eine Tradition wiederherzustellen, wieder zu beanspruchen und sich wieder anzueignen ist der geeignete Weg, sie zu verändern und lebendig zu halten. Es ist auch der geeignete Weg, eine kulturelle Identität zu entwickeln. Das eigene kulturelle Erbe einzufordern, in Besitz zu nehmen und zu entwickeln, ist eine Möglichkeit, eine Tradition in eine dialogische und stärkende Komponente der Gegenwart zu verwandeln und zu verhindern, dass sie hinfällig, starr oder fremd wird. Wir können Gadamers positiven Gebrauch des Wortes Vorurteil mit dem Begriff Voreingenommenheit zusammenführen; sein Anliegen ist, wie man sich die eigene Voreingenommenheit im Bezug auf Tradition und Vermächtnis als reiches Potenzial für eine historisch reflexive, kulturelle Identität erschließen kann.

Weitere interessante Möglichkeiten, sich diesem Phänomen zu nähern, bieten die Theorien des Philosophen Michel Polanyi, der den Begriff „implizites Wissen" prägte, und des Therapeuten und Theologen Dietrich Ritschl, der von „impliziten Axiomen" spricht, die unsere Handlungen und unser Verstehen leiten, ohne dabei selbst Mittelpunkt der Aufmerksamkeit und der Überlegung zu werden.[8] Bereits viel früher, zu Beginn des 19. Jahrhunderts, entwickelte der romantische Dichter William Wordsworth eine Theorie der gesellschaftlichen und emotionalen „Gewohnheiten", die er im Menschen verwurzeln wollte, um in einem Zeitalter des mechanischen Kapitalismus menschliche Werte zu bewahren und zu überliefern. All diese Konzepte stützen sich auf die Tatsache, dass wichtige Funktionen, die unsere Wahr-

---

6   Novick, Peter: The Noble Dream. The „objectivity question" and the American historical profession. Cambridge: Cambridge University Press 1988.

7   Hans-Georg Gadamer, Wahrheit und Methode. Grundzüge einer philosophischen Hermeneutik, Tübingen 1960, 254.

8   Assmann, Aleida: Nietzsche versus Ritschl. Zwei Theorien impliziter Axiome. In: Implizite Axiome. Tiefenstruktur des Denkens und Handelns. Hrsg. von Wolfgang Huber, E. Petzold u. Th. Sundermeier. München: Kaiser 1990. S. 246–262.

nehmungen in bestimmte Bahnen lenken, unsere Impulse steuern und unsere Reaktionen ausrichten, nur realisiert werden können, wenn sie eine konkrete Form erhalten und *nicht* Teil unseres aktiven Bewusstseins sind.

Um zusammenzufassen: Voreingenommenheit steht hier für zwei verschiedene universelle Prinzipien, die oft mit dem Vorurteil verschmolzen werden, obwohl sie sich klar davon unterscheiden. Das erste besagt, dass Menschen AnhängerInnen ihrer jeweiligen Herkunft, ihres Hintergrunds, ihrer Traditionen sind. Da es keine neutrale Grundhaltung gibt, sind wir, ob wir es zugeben oder nicht, immer bereits durch unseren Hintergrund, unsere Zugehörigkeit zu bestimmten Gruppen bzw. Kategorien wie Geschlecht, Rasse, Klasse und Nation vorbestimmt. Wir sind alle Beteiligte, Mitglieder bestimmter Gruppen und TrägerInnen erklärter oder versteckter Zugehörigkeiten. „Als Parteigänger unseres eigenen Lebens können wir nicht anders als parteiisch zu denken. […] Ein derartiges parteiisches Denken ist gänzlich natürlich, denn unsere Aufgabe in dieser Welt ist es, integriert zu leben, als Wertesuchende."[9] Was das Stereotyp für die menschliche Wahrnehmung ist, ist die Voreingenommenheit für die menschlichen Gefühle und die Grundlagen gesellschaftlicher Orientierung. Das zweite universelle Prinzip, das in der Voreingenommenheit wirksam ist, hat mit dem Aufbau von Kontinuität zu tun. Menschen verlassen sich in ihrer Entscheidungsfindung auf ganz bestimmte Pfade; sie halten an vormals getroffenen Entscheidungen fest und neigen dazu, weiter in frühere Investitionen zu investieren.[10] Wenn Voreingenommenheit über diese Kontexte hinaus verstärkt wird, kann sie zur Grundlage von etwas äußerst Einschränkendem, Verzerrendem, Heimtückischem und Gefährlichem werden. Daher müssen wir nun von Stereotyp und Voreingenommenheit zum Vorurteil übergehen.

3. Vorurteil

Wie wir gesehen haben, stellen Stereotype ein wesentliches Stratum unserer Psyche/unseres Gehirns dar, das als Grundlage späterer Entwicklungen eine

---

9 „As partisans of our life we cannot help thinking in a partisan manner. (...) Such partisan thinking is entirely natural, for our job in this world is to live in an integrated way as valueseekers." Allport, Gordon W.: The Nature of Prejudice. In: Stereotypes and Prejudice: Essential Readings. Hrsg. von Charles Stangor. Ann Arbor: Edwards Brothers, 2000. S. 20–48, hier S. 30. Alle Zitate beziehen sich auf diese Ausgabe. Ursprüngliche Veröffentlichung: Allport, Gordon W.: The Nature of Prejudice. Cambridge MA: Addison-Wesley 1954.
10 An dieser Stelle eröffnet sich ein völlig neues Forschungsfeld zur (Ir)rationalität menschlicher Entscheidungsfindung. Siehe dazu die Arbeiten der Entscheidungstheoretiker Leon Festinger, Jon Elster und Edna Ullmann-Margalit.

unverzichtbare Grundvoraussetzung bildet. Stereotype erfüllen wichtige kognitive Funktionen und fungieren als elementare Werkzeuge im psychischen Wachstumsprozess des Menschen. Im Verlauf dieses Wachstumsprozesses werden sie jedoch automatisch durch immer feinere Unterscheidungen, psychische Bilder und raffiniertere Stereotype ersetzt oder ergänzt. Obwohl sie tief verwurzelt sind, sind sie doch Bausteine der Veränderung, die die Anpassung an immer komplexere Umfelder unterstützen. Piaget hat die wichtige Unterscheidung zwischen Assimilation und Akkommodation getroffen, die in diesem Kontext von Bedeutung ist. Er verwendete den Begriff „Assimilation", um die Anpassung der Erfahrung an ein bestimmtes Schema zu beschreiben, sprach aber von „Akkommodation", um andererseits die Neugestaltung des Schemas unter dem Druck widersprüchlicher, unpassender und widersächlicher Erfahrungen zu beschreiben.[11] Die Psyche reift durch eine ergebnisoffene Interaktion zwischen Stereotyp und Erfahrung: Das eine bestätigt und festigt das andere, fordert es aber auch heraus und erschüttert es. Stereotype bilden sich, weil die Psyche die kreative Fähigkeit besitzt, deutlich Sichtbares zu ignorieren. Deutlich Sichtbares zu ignorieren kann sich jedoch auch zu einer gefährlichen psychischen Gewohnheit auswachsen.

Wir überschreiten die Schattenlinie zwischen Stereotyp und Vorurteil, wenn kognitive Werkzeuge in psychische Waffen umgemünzt werden. Dies geschieht, wenn Stereotype mit spezifischen, zu Glaubensstatus überhöhten Emotionen aufgeladen werden. „Der Glaube", schreibt E.M. Forster, „ist ein Versteifungsvorgang, eine Art psychischer Wäschestärke, die so sparsam wie möglich eingearbeitet werden sollte."[12] Der Prozess des psychischen Wachstums, der auf Stereotype angewiesen ist, kommt durch die psychische Wäschestärke des Vorurteils zum Erliegen. Ewig währender Fortschritt ist gewiss eher unrealistisch und mag in vielen, eher praktischen Bereichen des Lebens kein universelles Ziel sein. Somit existieren verschiedene legitime Arten, an Stereotypen, Werten, Gefühlen oder einem Wissensschatz wie Liebe, Loyalität, Verpflichtung, Verehrung und Bewunderung festzuhalten. Diese sollten nicht automatisch als Vorurteile identifiziert werden, weswegen ich die Unterscheidung zwischen Voreingenommenheit als unverzichtbarer Bestandteil der Identitätsbildung und dem Streben nach Werteverbindlichkeit und Vorurteil als Instrument, nicht der Identitätsbildung, sondern der Identitätspolitik, eingeführt habe. Frei von Vorurteilen zu

---

11   Piaget, Jean: La Naissance de l'Intelligence chez l'Enfant. Neuchatel: Delchaux et Niestl 1959.
12   „Faith is a stiffening process, a sort of mental starch, which ought to be applied as sparingly as possible". Forster, E. M.: What I Believe. In: Two Cheers for Democracy. London: Cox and Wyman 1965. S 75–84, hier S. 75. (Zitat auf Dt. – Original engl.!).

sein, kann nicht bedeuten, frei von Werteverbindlichkeit zu sein; ihnen zu widerstehen, kann nicht bedeuten, lange gewachsene Empfindungen, Grundüberzeugungen oder tiefe Intuitionen aufzugeben, die integraler Bestandteil menschlicher Persönlichkeitsentwicklung sind.

Ziel der Vorurteilsforschung ist nicht, Voreingenommenheit, Präferenzen und Wertebekundungen per se zu zerstören, was bedeuten würde, Identitäten und Persönlichkeiten mitzuzerstören, sondern die Abträglichkeit jener spezifischen Heterostereotype hervorzuheben, die sowohl jenen schaden, die durch sie definiert werden, als auch jenen, die sie erzeugen. Vorurteilsforschung ist daher die Erforschung kognitiv reduzierter und emotional verstärkter Verhaltensmuster im Kontext gesellschaftlicher und kultureller Konflikte. Wir wissen, dass gemäß dem Mechanismus des Identitätsaufbaus das Bild einer *in-group* („wir") meist in Zusammenhang mit dem Bild einer signifikanten *out-group* („sie") steht; beide Bilder sind so unmittelbar miteinander verflochten, dass das Selbstbild der *in-group* ohne das Nebenprodukt und Mitkonstrukt des *out-group*-Bildes nicht aufrechterhalten werden kann. Problematisch ist nicht die Beziehung zwischen dem Selbst und dem anderen als solche, sondern eher die spezifische Form der Instrumentalisierung dieser Beziehung mit dem Ziel, die *out-group* zu verunglimpfen und zu unterdrücken. Während bei G.H. Mead mithilfe des „signifikanten Anderen" die dialogische Identität des „ich" konstruiert wird, ist der durch das Vorurteil konstruierte signifikante Andere die negative Kontrastfigur, von denen sich die positiven Eigenschaften des gemeinsamen Selbstbildes abheben. Eben dieser nicht-dialogische, negative und unterdrückte andere wird zum Objekt des destruktiven „Othering" und beraubt dadurch die jeweilige *out-group* ihres Status, ihrer Errungenschaften und ihres Wertes. Diese enge Wechselbeziehung zwischen den Bildern der *in-* und der *out-group* legt den parasitären Charakter des Heterostereotyps offen; sein Antrieb besteht einzig im schieren Verlangen, dem eigenen Bild Profil, Wert, Prominenz und Macht zu verleihen. Die destruktive Darstellung des anderen unterstreicht das Selbstbild und verleiht ihm positiven Wert, Glanz und Unantastbarkeit.

Obwohl gewisse Überschneidungen mit Stereotyp und Voreingenommenheit bestehen, darf das Vorurteil nicht mit diesen anderen Formen der psychischen Orientierung und Werteverbindlichkeit verwechselt werden. Vorurteil kann, im Gegensatz zum Stereotyp, nicht allein auf kognitiver Basis erklärt werden, ist es doch aufgeladen mit kollektiven Emotionen sowie Normen, die sich hinter Werten und Tabus verstecken. Es fungiert nicht als Werkzeug zum Verständnis der Welt, sondern als Waffe in der Macht- und Identitätspolitik. Daraus erklärt sich ein Merkmal des Vorurteils: Es ist nicht korrigierbar. Es kann, ganz im Gegenteil, als psychische Strategie definiert werden, die den Prozess der Akkommodation blockiert, der doch die fortlaufende Neuabgleichung und -gestaltung des Stereotyps im Lichte neuer Erfahrungen und Informationen erfordert. Anstatt das Stereotyp umzubauen und bei veränderter Beweislage entsprechende Anpassungen vorzunehmen, wird das Vorurteil stark gemacht, um Indizien zurückzudrängen und zu zerstören. Während das Stereotyp an die Welt angepasst wird, schafft sich das Vorurteil eine passende Welt. Tatsächlich kann das Vorurteil – wenn es sich um das Vorurteil der MachthaberInnen oder der Massen handelt – sowohl die Welt als auch andere Menschen nach seinen Vorstellungen formen und eine phantasmatische Fiktion in grausame Realität verwandeln.[13]

Das Vorurteil unterscheidet sich in zwei Punkten deutlich vom Stereotyp: Es ist keiner Entwicklung zugänglich, sondern festgefahren und unveränderlich und es ist eher explizit und bewusst als automatisch und nicht bewusst. Es ist ein Urteil, eine Aussage, eine Überzeugung in Gestalt eines Arguments; es wird gegenüber KritikerInnen erbittert verteidigt und noch angesichts entgegengesetzter Indizien aufrechterhalten. Wir können hier fragen: Wo liegt der Unterschied zwischen Vorurteil und Ideologie? Ideologie, könnte man anführen, ist ganz einfach eine weitere Manifestation des Vorurteils in Form einer mehr oder weniger systematischen Weltsicht. Faschismus oder Kommunismus sind Ideologien, die auf rassischen und gesellschaftlichen, Genozid und Demozid rechtfertigenden Vorurteilen aufbauen und von ihnen durchtränkt sind. Jedoch ist auch der Kapitalismus eine Ideologie, die gesellschaftliche Hierarchien schafft und auf der Ausbeutung der Armen gründet. Ökologie wird von manchen als wissenschaftliche Tatsachenbeschreibung, von anderen als Ideologie bezeichnet. Wenn heute der Begriff „Ideologie" mehr oder weniger ungebräuchlich ist, dann deshalb, weil er gemeinhin eher als polemisches denn als deskriptives Mittel verwendet wird, um eine bestimmte Gruppe und deren Weltsicht als falsch oder heimtückisch zu verleumden. Ideologie ist immer, was die anderen denken, und niemals eine Beschreibung des eigenen Standpunktes. Als Sacvan Bercovitch den Begriff in den 1980ern verwendete, achtete er sorgfältig darauf, eine rein deskriptive Definition zu wählen:

> Ich verstehe unter Ideologie die Grundlage und die Textur des Konsenses. In seinem engsten Sinn kann das ein Konsens einer Randgruppe oder einer Gruppe von Einzelgängern sein. Im weiteren Sinn, wie ich den Begriff verwende […], ist Ideologie das System von miteinander verbundenen Ideen, Symbolen und Ansichten, durch das eine Kultur – jede Kultur – sich zu rechtfertigen und fortzusetzen sucht; das Geflecht der Rhetorik, des Rituals und der These, durch das die Gesellschaft Zwang ausübt, überredet und Zusammenhalt schafft.[14]

---

13 Tajfel, Gruppenkonflikt, S. 96.
14 „I mean by ideology the ground and texture of consensus. In its narrowest sense, this may be a consensus of a marginal or maverick group. In the broad sense in which I

Bercovitch bewegt sich hier von einer exklusiven Theorie der Ideologie (die kritisiert, was „sie" tun) zu einer inklusiven Theorie der Ideologie (der Beschreibung, was „wir" tun). Während der Begriff Ideologie mehr oder weniger aus dem kritisch-analytischen Wortschatz verschwunden ist, scheint das Vorurteil dessen Platz eingenommen zu haben. Um ein Beispiel zu nennen: PolitikerInnen, die die „Zerstörung" landschaftlicher Schönheit durch die Errichtung von Windgeneratoren verabscheuen, diffamieren diese Entwicklung mit der Behauptung, sie beruhe auf einem „ökologischen Vorurteil". Wo immer es zu einer Kollision von Ansichten und Behauptungen kommt, ist es höchst wahrscheinlich, dass das Argument des Gegners als irrationales Vorurteil abgestempelt wird. Basierend auf der Annahme, dass alle philosophischen Auffassungen und politischen Systeme „kulturell konstruiert" sind, wurde im kritischen Diskurs der Begriff Ideologie und die Frage nach „wahr" oder „falsch" ausgesetzt. Wir müssen jedoch dieses kritische Paradigma wieder einführen, wenn wir uns den abträglichen und verheerenden Auswirkungen gegenübersehen, die einige dieser Konstruktionen auf andere haben. Hier tritt der Begriff Vorurteil in den kritischen Diskurs ein als Generator von Heterostereotypen, die repressive gesellschaftliche Praktiken von Diskriminierung über Ausbeutung und Ausgrenzung bis hin zum Genozid erzeugen. Diese Heterostereotypen werden von Vorstellungen legitimiert und aufrechterhalten, die den Unterschied zwischen dem Selbst und dem anderen überdramatisieren und dabei das Selbstbild auf- bzw. das Bild der anderen oder der *out-group* abwerten. Diese Vorstellungen haben somit die Funktion, ungleiche Machtverhältnisse zu zementieren und jenen Hass zu schüren, dessen es bedarf, um Kriege vorzubereiten oder zu erklären.

Verschiedene Merkmale von Vorurteilen sind noch zu diskutieren. Zwei wurden bereits erwähnt: ihre instrumentale Funktion bei der Schaffung ungleicher Machstrukturen und ihre Unverbesserlichkeit. Drei weitere sind hier noch anzuführen: ihr Hang zur Übertreibung, ihre massenhafte Verbreitung und ihre Unauslöschlichkeit. Es ist allgemein anerkannt, dass *Übertreibung* ein wichtiger Aspekt des Vorurteils ist. Übertreibung oder „Überakzentuierung" (Tajfel) ist ein charakteristisches Merkmal des nichtdialogischen, polemischen Bildes des Anderen. Dieses Heterostereotyp ist eine Form der Karikatur. Karikatur ist eine Repräsentation, die auf dem stilistischen Mittel der Übertreibung und der radikalen Reduktion von Charakterzügen basiert; sie wird in der expressionistischen Kunst, der Komödie,

---

use the term…, ideology is the system of interlinked ideas, symbols, and beliefs by which a culture – any culture – seeks to justify and perpetuate itself; the web of rhetoric, ritual, and assumption through which society coerces, persuades, and coheres." Bercovitch, Sacvan: The Problem of Ideology in American Literary History. In: Critical Inquiry, 12 (Sommer 1986). S. 631–653, hier S. 635.

Satire und politischen Propaganda verwendet. Karikatur wird oft in korrektiver Absicht im Kontext einer *in-group* verwendet, um gesellschaftliche Konflikte hervorzuheben und ihnen Luft zu machen. Witze, die satirische Stereotype von bestimmten Berufsgruppen schaffen und aufrechterhalten, kommen in allen Gesellschaften vor. Im Mittelalter war der Beruf des Müllers das beliebte Ziel des Volkszorns, weil er stets unter dem Verdacht stand, bei der Rückgabe des Mehls nach dem Mahlen zu schwindeln. Jede Nation sucht sich innerhalb ihrer selbst oder bei ihren Nachbarn die aus ihrer Sicht rückständigste Gruppe und macht sie zur Zielscheibe des Spotts; diese Rolle wird den Belgiern von Franzosen, den Ostfriesen von Deutschen zugewiesen. Unter den europäischen Nationen besteht eine lange Tradition der Inter-Stereotypisierung, die eine eigene Form der Kommunikation darstellt. In Grenzgebieten kommt es zu einer regelrechten Vervielfachung von Witzen, die bestimmte Eigenschaften der jeweiligen *out-group* herausheben. So machen etwa Deutsche Witze über diebische Polen; diese haben sich in jüngster Zeit zu einem produktiven Genre entwickelt und werden meist in einer Serie von fünf oder mehr erzählt, alle sind Variationen zum selben Thema. Indem man Einzelpersonen oder Gruppen mit einigen wenigen Charaktermerkmalen gleichsetzt, werden sie zu standardisierten Witzfiguren reduziert. Solche Witze erzeugen Feindseligkeit und das Gefühl von Überlegenheit, aber nicht notwendigerweise Hass. Ihre Funktion ist es, Dinge zur Sprache zu bringen und damit innerhalb eines gemeinsamen gesellschaftlichen und politischen Rahmens Spannungen abzubauen. Witze und Karikaturen fungieren als Mittel der *in-group*-Kritik. Der Ethnologe Radcliffe-Brown beschreibt dieses Phänomen mit dem Begriff *joking relations*. Auf ähnliche Weise wie Faschingstraditionen mildern die Praktiken einer *joking relation* Spannungen, entschärfen Konflikte und leisten damit einen Beitrag zur Stärkung gesellschaftlicher Bindungen.

Diese Praxis gewinnt jedoch eine vollständig andere Funktion, wenn sie absichtlich angewandt wird, um einen Konflikt zwischen bestimmten Gruppen aufzuschaukeln. Die in der dänischen Zeitung „Jülandposten" veröffentlichten Mohammed-Karikaturen sind ein Beispiel dafür, wie eine *joking relation* zum Instrument politischer Propaganda umfunktioniert werden kann.[15] Karikaturen dieser Art haben eine Tradition in Vorkriegs- und Kriegssituationen, wo sie als politische Propaganda gegen einen äußeren

---

15 Der apokryphe, unter dem Titel „Sapientia Salomonis" verbreitete Text bildet ein weiteres Beispiel für die Verwandlung von Gelächter in Hass und den Missbrauch einer joking culture als politische Waffe im Konflikt religiöser Ideologien. Siehe dazu Barash, Moshe: Icon. New York/London: New York University Press 1992, S. 23–48 und Assmann, Jan: Moses the Egyptian. Cambridge: Harvard University Press 1997.

Feind eingesetzt werden. Ein typisches Beispiel sind die Churchill-Karikaturen auf deutschen Aschenbechern der Kriegszeit mit der Beischrift „Spucke dem elenden Wicht Feuer und Asche ins Gesicht!". Die Mohammed-Karikaturen, vervielfacht und global quer durch die Medienkanäle verbreitet, wurden nicht als kulturinterne Kommunikation rezipiert, sondern als ein Bilderkrieg, der als ein *clash of cultures* ausgetragen wurde. Ob nun beabsichtigt oder nicht, die dänischen Karikaturen intensivierten den Hass auf beiden Seiten und formten ein Milieu, in dem der Schritt von Empörung zu Wut, Aggression und Gewalt praktisch vorgegeben war.[16] In einem solchen Fall verschlimmert und verstärkt das Vorurteil die Kluft zwischen *in-* und *out-group*, die auf diese Weise in einen unüberwindlichen Abgrund verwandelt wird. Die Karikaturen funktionieren dann nicht mehr kritisch (wie in der Satire oder Komödie) als Korrektiv für eine gemeinsame Norm, sondern als Instrument in einem interkulturellen Konflikt. Im Kontext von Konflikten zwischen Gruppen wird die Karikatur zur politischen Waffe und zur Strategie, um in einem in den Massenmedien ausgetragenen Bilderkrieg radikale Emotionen zu mobilisieren.

Dies führt uns zum zweiten Aspekt, der *massenhaften Verbreitung*. Vorurteile sind harmlos, solange sie eine Eigenschaft Einzelner sind. Persönliche Vorurteile zu hegen, bedeutet einzig, sich selbst zu schaden. Man verbaut sich selbst den Weg zu neuen Wahlmöglichkeiten, Erfahrungen, Vorlieben und Entdeckungen. Ein vorurteilsbehafteter Mensch lebt in einer engen, eingezäunten Welt, was aber nicht unbedingt für das Leben anderer von Nachteil ist. Individuelle Vorurteile sind, ebenso wie individuelle Eigenarten, von untergeordneter Bedeutung und allerhöchstens ein Fall für die Therapie. Sie werden erst dann gefährlich, wenn sie von einem Großteil der Gesellschaft und von den MachthaberInnen geteilt werden, die mit ihrem Einfluss an wichtigen Entscheidungen beteiligt sind. Was Vorurteile so beunruhigend und gefährlich macht, ist ihre Tendenz zur massenhaften Verbreitung und jene unausrottbare Hartnäckigkeit, die ihr immer neues Wiederaufleben erlaubt.

Die zügige und massenhafte Vermehrung von Vorurteilen ist ein Merkmal, das in allen Studien zu diesem Thema unterstrichen wird. Vorurteile verbreiten sich wie Gerüchte und Tumorzellen; wie eine Seuche setzen sie sich mühelos und doch hartnäckig in der Psyche fest. Wodurch werden sie für ansonsten reife und überlegte Menschen akzeptabel? Wie kommt es,

---

16 Es ist zu wenig bekannt, dass die dänische Zeitung die provokative Kampagne startete, um reaktionäre Gegenreaktionen zu provozieren. Dies führte nicht nur zu Hass, Agression und gewaltsamen Todesfällen, sondern auch zur gesteigerten Unterstützung einer Partei der politischen Rechten, die eine ethnische Form der Nationalpolitik propagierte.

dass sie so leicht und dauerhaft haften bleiben? Um diese Frage beantworten zu können, müssen wir ihre Funktion bedenken. Die Funktion von Stereotypen liegt in der Legitimierung und Stärkung einer politischen Haltung und der Aufrechterhaltung einer Position, die einer bestimmten Vorgehensweise zuträglich ist. Vorurteile tragen zur Unterstützung einer spezifischen Machtstruktur bei, die Ungleichheit aufrechterhält und zur Herabsetzung, Abwertung und Ausbeutung einer Gruppe durch eine andere führt. Die Anziehungskraft von Vorurteilen hat mit dem Erhalt von Hierachien zu tun und mit dem zutiefst befriedigenden Gefühl, im Recht zu sein und über eine bruchsichere Legitimation für ein strategisches Verhalten zu verfügen. Wenn sie in konfliktgeladenen Stresssituationen zum Ausdruck kommen, tragen Vorurteile zur Eskalation und zur weiteren Fortsetzung des Konflikts bei. Sie gedeihen und verbreiten sich in Konfliktzeiten, wenn feinere Abstufungen und Unterscheidungen plötzlich weggeschwemmt und radikale Entweder-oder-Alternativen gefragt sind. In einer solchen Situation erzwingen sie die Einstimmigkeit der Massen und eine klare Ausrichtung, die weniger eine Reaktion auf die Krise als ein Symptom der Krise selbst ist.

4. Vorurteil und Gedächtnis

4.1 Meme

Um erklären zu können, warum sich Vorurteile ausbreiten, haften bleiben und bewahrt werden, mag es hilfreich sein, sie in Verbindung mit dem Gedächtnis zu betrachten. Soweit ich sehen kann, gibt es bisher wenig systematische Forschung über die wichtige Verbindung zwischen Vorurteil und Gedächtnis, in der die Ansätze von Sozialpsychologie und Gedächtnisforschung kombiniert werden. Wir sind bereits auf Gebiete gestoßen, in denen sich Vorurteils- und Gedächtnisforschung überschneiden: im Kontext von gesellschaftlichen Rahmen wie bei Maurice Halbwachs oder in der Theorie der Ideologie als Konsens in Form eines gemeinsamen Schatzes an Bildern, Ideen und Erinnerungen wie bei Sacvan Bercovitch – den man auch als kollektives Gedächtnis bezeichnen könnte. Ich möchte hier einen etwas marginalen Ansatz der Gedächtnisforschung vorstellen, der im letzten Viertel des 20. Jahrhunderts von Richard Dawkins vorgeschlagen wurde. 1976 verwendete er zum ersten Mal den Begriff „Mem" in Analogie zu „Gen". Was Gene für körperliche Organismen sind, sind Meme für das Gedächtnis.[17] Während Gene die Träger biologischer Erbinformation sind,

---

17 Dawkins, Richard: The Selfish Gene, 2. Aufl. Oxford: Oxford University Press 1989; Dennett, Daniel C.: Consciousness Explained. Boston: Little Brown 1991;

werden Meme bei Dawkins als Einheiten kultureller Vererbung definiert als etwas, „das sich von Gehirn zu Gehirn durch verbindliche und unbewusste Prozesse der Mimese fortpflanzt"[18]. Wir fangen uns Meme ganz ähnlich wie eine Erkältung oder einen Virus ein. Tatsächlich dienen Viren oder Bakterien als Vorlage für das Mem. Dawkins übersetzt den Prozess der kulturellen Übertragung systematisch in die Sprache der Evolutionsbiologie und darüber hinaus in die Sprache der Ansteckung. „Alles, was sich durch Nachahmung verbreitet, wie Gene sich durch körperliche Fortpflanzung oder Virusinfektion verbreiten, ist ein Mem."[19] Das Mem entspricht bei ihm einem Virus oder einem Parasiten, der sich im Gehirn einnistet und von dort aus verbreitet. Dawkins nennt mehrere Beispiele für Meme, wie etwa das Mem der politischen Paranoia (Verschwörungstheorie), das Mem, klassische Musik zu hören, oder das Mem, in die Kirche zu gehen. (Meiner Meinung nach wäre hier unbedingt zwischen automatischen Reflexen und bewusst gepflegten komplexen Handlungen zu unterscheiden, die ‚kulturellen Mustern' folgen). Sein bevorzugtes Beispiel ist jedoch der Ohrwurm – eine Melodie oder Phrase, die sich, einmal aufgeschnappt, im Kopf festsetzt und nicht mehr willkürlich abschalten lässt.

Als Evolutionsbiologe interessierte sich Dawkins für die Beziehung zwischen Wirtsorganismus und Memen. Er wollte herausfinden, welche Chancen und Hemmnisse für die Ausbreitung bestimmter Meme bestehen. Dawkins vertritt die These, dass die Fortpflanzungs- und Ausbreitungsmechanismen von Memen analog zu den Darwin"schen Gesetzen zur Verbreitung von Genen verlaufen; auch bei der Ausbreitung von Memen spielen Konkurrenz, Auswahl und Abweichung eine entscheidende Rolle. Nach Dawkins sind Meme in Gruppen angeordnet; er nennt sie Memkartelle oder „Memplexe", die je nach ihrer Zusammensetzung die Aufnahme anderer Meme begünstigen oder erschweren. Die allgemeine Ökologie der Meme folgt dem Prinzip der Pfadabhängigkeit, das sich mit den Worten des heiligen Matthäus zusammenfassen lässt: „Wer hat, dem wird gegeben."

Dawkins These zufolge entspricht der Fortpflanzungstrieb in der Natur dem Nachahmungstrieb (Mimesis) in der Kultur. Der Nachahmungstrieb ist

---

Blackmore, Susan: The Meme Machine. Oxford 1999. Im Bereich der Kulturwissenschaften wird der 'memetische Diskurs' der Evolutionsbiologie bisher kaum beachtet oder rezipiert. Eine Ausnahme bildet vielleicht der Diskurs zum Thema cyber fiction: VNS Matrix: Nothing is certain. Flesh, the postbody and cyberfeminism. In: Memesis – The future of evolution. ars electronica Linz. Hrsg. von Gerfried Stocker u. Christine Schoepf. Wien: Springer 1996. S. 180–189.

18 Dawkins, Richard: Unweaving the Rainbow. Science, Delusion and the Appetite for Wonder. Houghton Mifflin: Boston, New York 1998, S. 302. (Zitat auf Dt. – Original engl.!)

19 Ebd., S. 304. (Zitat auf Dt. – Original engl.!)

der Impuls, das Verhalten eines signifikanten Anderen zu übernehmen, und bildet somit die Wurzel allen Lernens. So wie Gene durch Fortpflanzung übertragen werden, übertragen sich Meme durch Nachahmung. Jedes Mem enthält ein Kopier-mich-Programm, und aufgrund jenes unwiderstehlichen Drangs zur Nachahmung besteht auch eine reelle Chance, dass es tatsächlich kopiert wird. Der Mensch teilt diese mimetische Disposition mit anderen Tieren, insbesondere mit Säugetieren, die, wenn auch in geringerem Ausmaß, ebenfalls in der Lage sind, Meme zu übertragen und zu entwickeln. Diese genetisch tief verankerte Neigung, andere zu imitieren, liegt auch an den Wurzeln der Kultur.

Obwohl Dawkins diesen Punkt nicht weiter ausgearbeitet hat, beleuchtet seine Forschung zum Thema Meme auch viele auffällige Merkmale von Vorurteilen: ihre massenhafte Ausbreitung, ihre Hartnäckigkeit, ihren irrationalen Charakter. Bei der Übertragung von Vorurteilen ist offenbar ein stark mimetischer Faktor im Spiel. Einer der Gründe für den Erfolg von Vorurteilen ist ihr kumulativer Effekt: Sie werden akzeptiert, weil sie schon weithin akzeptiert sind. Ein anderer Grund für ihre Zählebigkeit ist ihre Einbettung in Gebilde aus Haltungen, Praktiken, Gewohnheiten und Orientierungen. Kulturelle Muster, die weit über Dawkins' Konzept von Memen hinausgehen wie klassische Musik zu hören oder in die Kirche zu gehen, sind wesentlicher Bestandteil eines bestimmten Lebensstils oder einer Identitätsstruktur. Sie können nicht einfach korrigiert oder verändert werden, weil sie nicht isoliert und entfernt werden können. Als Teil eines kognitiven Systems sind sie eng mit persönlichen oder kollektiven Identitätsstrukturen verwoben.

4.2 Resonanz

Ein weiteres Rätsel im Zusammenhang mit Vorurteilen ist ihre Langlebigkeit. Abhängig vom intellektuellen Klima können sie in den Hintergrund treten oder beinah in Vergessenheit geraten, lassen sich jedoch bei veränderter Situation leicht wiederbeleben. Antisemitismus beispielsweise ist ein Vorurteil, das durch historisches Wissen und historische Erfahrungen drastisch widerlegt wurde. Heute wird es weitgehend durch die Norm der *political correctness* in Schach gehalten. Das „Mem" des Antisemitismus ist jedoch nicht ausgestorben, nicht einmal in Deutschland. Es kann mitsamt seinen uralten Bildern, Rhetoriken und Rationalisierungsmustern leicht reaktiviert und wiederhergestellt werden. Die Geschichte des Antisemitismus scheint so alt wie die Geschichte des hebräischen Volkes selbst. Die allererste Erwähnung einer Gruppe namens „Israel" in der Geschichte findet sich auf der ägyptischen Stele des Pharaos Meremptah (19. Dynastie, Ende des 13. Jahrhunderts vor Christus), wo von der erfolgreichen Vernichtung feindlicher Stämme berichtet wird. Die Diskursgeschichte des Vorurteils dagegen beginnt mit Josephus Flavius' Pamphlet Contra Apionem viele Beispiele antijüdischer hellenstischer Geschichtsschreibung zusammengestellt hat.[20] In Form eines Antijudaismus wurde der Antisemitismus durch die christliche Kirche neu geschürt und im säkularen 19. Jahrhundert in die pseudowissenschaftliche Doktrin des Rassismus umgewandelt. Mit anderen Worten: Dasselbe Vorurteil, dieselbe Abwertung einer ethnischen Gruppe und dieselbe Feindseligkeit gegenüber dieser Gruppe und ihrer Tradition hat durch ständige Anpassung an die aggressiven Paradigmen der aktuellen historischen Situation viele Jahrhunderte lang überlebt. Einer der Gründe für die Beständigkeit von Vorurteilen kann somit in ihrer Anpassungsfähigkeit gesehen werden.

Diese historischen Verweise beschreiben aber nur das *Wie* der Dauer, nicht das *Warum*. Um eine Antwort auf die viel schwierigere Frage nach dem Warum wagen zu können, müssen wir ein weiteres Mal auf die Gedächtnisfrage zurückgreifen. Wie bereits erwähnt, werden einige der durch Stereotype erzeugten kategorischen Unterscheidungsmerkmale in einem frühen Alter erlernt und lange vor der Ausreifung der rationalen Psyche verinnerlicht. Meine These ist, dass die Grundvoraussetzungen für unsere Vorurteile zusammen mit unseren frühesten und grundlegendsten Kategorien zum Verstehen der Welt entstehen, wenn nicht sogar schon früher. Säuglinge und Kinder, so hat man beobachtet, leiden nicht vor dem fünften Lebensjahr an Vorurteilen, wenn sie beginnen, bewusste Gruppenloyalitäten zu entwickeln und Anhänger von Konzepten zu werden, die ihnen weitgehend undurchsichtig bleiben. Wir können vielleicht annehmen, dass, obgleich das konkrete Vorurteil sich erst viel später entwickelt, bereits eine sehr allgemeine Kategorie für die Unterscheidung zwischen *in-* und *outgroup* in der Psyche festsitzt, begleitet durch die Unterstützung bestimmter Wertgewichtungen. In diesem Fall müssen wir zwischen der psychisch-emotionalen *Veranlagung* zum Vorurteil unterscheiden, die tief in unserem neurologischen System verwurzelt ist, und der konkreten *Gestalt*, die das Vorurteil in einem historisch spezifischen Diskurs annimmt. Diese archaische Verwurzelung im Aufbau unserer Psyche verleiht dem Vorurteil nicht nur den Charakter eines Stereotyps, sondern eines Archetyps: Seine Gestalt ist austauschbar, die Veranlagung jedoch permanent und kulturunabhängig. Die Dauerhaftigkeit dieser Veranlagung sorgt dafür, dass sich ein Vorurteil, selbst nach langer Unterbrechung, so schnell reaktivieren lässt und sein emotionaler Druck reaktiviert werden kann.

---

20 S. hierzu J. Assmann, Moses the Egyptian, 2. Kapitel.

Die Bereitwilligkeit, mit der das Vorurteil reaktiviert wird, kann im Sinne einer „Resonanztheorie" erklärt werden. Resonanz ist keineswegs etwas Rätselhaftes, sondern eine tief emotionale Reaktion, die erfasst und sogar gemessen werden kann. Rätselhaft bleibt jedoch die Frage, warum einige Dinge tief in uns eine Saite zum Klingen bringen und tief beeindrucken, während andere uns mehr oder weniger kalt lassen. Natürlich schaffen lebenslange individuelle Sozialisation und kollektive Enkulturation die Grundlagen für Resonanz; diese Prägungen allein scheinen jedoch nicht zu genügen, um das Phänomen ausreichend zu erklären. C.G. Jung entwickelte seine Archetypentheorie auf Grundlage einer Studie über bestimmte Erzählungen und Bilder verschiedener Epochen und Kulturen, die sowohl transhistorisch als auch transkulturell zu beobachten waren. Er beschrieb verschiedene archetypische Konstellationen wie etwa das Bild der großen Mutter oder den Kampf verfeindeter Brüder als kulturtranszendente, universelle Archetypen, die Teil eines gemeinsamen menschlichen Erbes sind. Während Jung seine Archetypentheorie entwickelte, befassten sich andere Wissenschaftler mit ähnlichen Projekten. Sigmund Freud verwies in seinem Essay über „Der Mann Moses und die monotheistische Religion" auf ein „archaisches Erbe", das er jedoch nicht als eine universelle, sondern als ethnische Veranlagung begriff, die nicht die Orientierung der Menschheit, sondern der Juden als auserwähltes Volk über Generationen hinweg bestimmt. Der Kunsthistoriker Aby Warburg untersuchte die kulturelle Übertragung von Affekt-Energie an Bildern im Allgemeinen und bestimmten Bildmotiven im Besonderen. Er selbst sprach in diesem Zusammenhang von „Pathosformeln". Als ein Beispiel dafür nannte er die „Nympha", eine junge Frauengestalt mit schwingendem Schleier, die unvermittelt aus antiken Bildnissen in den christlichen Bilderzyklus eintritt. Ein weiteres Beispiel wäre die Pathosformel der „Pietà", die als eine Art „Energiekonserve" einen Affektgehalt über Jahrhunderte hinweg festhält, der in immer neuen Fassungen reaktiviert wird. Obwohl keiner von ihnen diesen Begriff verwendet, können die Theorien von Jung, Freud und Warburg, die alle um 1900 entwickelt wurden, als Beiträge zu einer größeren Resonanztheorie verstanden werden, die auch die anhaltende Macht von Vorurteilen mit untersuchen müsste.

Das Problem, mit dem man sich bei einem derartigen Forschungsprojekt beschäftigen müsste, betrifft einerseits den Unterschied zwischen individuellen, kollektiven und universellen Resonanzmustern, andererseits die Verbesserung unseres Wissens über den Aufbau unserer kognitiv-emotionalen Matrix, die die Grundvoraussetzung für eine besondere Empfänglichkeit gegenüber späteren Erfahrungen, späterem Verstehen und späterer Orientierung bildet. Die Neurowissenschaftler gehen davon aus, dass es gewisse basale Imperative gibt, die in die tiefste Schicht unseres Gedächtnisses, das limbische System, eingebaut sind, das mit der Identitätsbildung in Zusammenhang steht. Diese Prägungen sind Teil unserer Erbinformation und unterscheiden sich von den Archetypen Jungs darin, dass sie keine inhaltliche Bestimmung haben. Es sind psychische Überbleibsel, eine bloße Anlage, die, je nach Situation, genutzt oder nicht genutzt werden kann. Wir sind uns dieser Anlage erst in den letzten zwei Jahrzehnten bewusst geworden, als sich die moderne normative Fixierung auf das Individuum lockerte und SozialpsychologInnen und PolitikwissenschaftlerInnen damit begannen, universelle Mechanismen der Identitätsbildung zu rekonstruieren. Diese Mechanismen, einschließlich des Gebrauchs und der Wiederholung von Stereotypen, konnten hirnphysiologisch mit einer tieferen Schicht unseres Gedächtnisses in Verbindung gebracht werden, in der wir Relikte unserer anthropologischen Geschichte aufbewahren. Die Empfänglichkeit für die Mitgliedschaft in einer bestimmten Gruppe oder die Ausbildung einer bestimmten Gruppenidentität könnte tief in diese Schichten eingegraben sein und deshalb weiter in uns Nachhall finden und einige unserer Vorurteile mit immer neuer Energie versorgen. Es gibt allerdings noch eine andere Möglichkeit, die Unveränderbarkeit tief verwurzelter Vorurteile zu erklären, ohne dabei auf Archetypen oder das lymbische System zu rekurrieren. Hier ist George Orwells oder Mario Erdheims Theorie zur Erzeugung eines kollektiven Unbewussten zu nennen. Die paradoxe Erkenntnis dieser Theorie ist, dass etwas mittels verschiedener Strategien, Praktiken und Rituale zum Unbewussten gemacht werden kann.[21] Der erste Schritt, diese tief verwurzelten Reaktionen zu überwinden, bestünde dann darin, sie wieder ins Bewusstsein zu heben. Die Literatur bildet einen privilegierten Diskurs, in dem Stereotype und Vorurteile reflektiert werden können. Dies führt mich zu meinem letzten Abschnitt.

5. Stereotypien und Vorurteile in der Literatur

Ebenso wie die Beziehung zwischen Vorurteil und Gedächtnis verdient auch die Beziehung zwischen Vorurteil und Literatur eine genauere Untersuchung. Ein oft zitiertes Beispiel ist die Beschreibung des Juden und Bankiers Shylock in Shakespeares Drama „Der Kaufmann von Venedig".[22]

---

21 Orwell, George: 1984. Berlin: Ullstein 1984; Erdheim, Mario: Die gesellschaftliche Produktion von Unbewusstheit. Eine Einführung in den ethnopsychoanalytischen Prozess. Frankfurt a.M.: Suhrkamp 1982. Siehe auch Assmann, Aleida: The Sun at Midnight. The Concept of Counter-memory and Its Changes. In: Commitment in Reflection. Essays in Literature and Moral Philosophy. Hrsg. von Leona Toker. New York/London 1994. S. 223–244.
22 Shakespeare, William: The Merchant of Venice. New York: Washington Square Press 1992.

In seiner Darstellung versammelt Shakespeare alle gängigen judenfeindlichen Stereotype seiner Zeit: Shylock ist reich, geldgierig, hartnäckig, nicht bereit, mit Nichtjuden zu essen und zu trinken, hat ein Herz aus Stein und ist auf akkurate und grausame Rache erpicht. Shakespeares Stück ist jedoch nicht nur eine Wiederholung und Wiederaufbereitung, sondern auch eine selbstreflexive Darstellung dieser Vorurteile. Zwar beschreibt er Shylock im Lichte dieser traditionellen Sichtweise, analysiert jedoch auch ganz klar die Ausgrenzungsmechanismen, die gegen diese Figur eingesetzt werden. Und noch etwas anderes bietet die Literatur: Shakespeare gibt Shylock einen Monolog, der dem Publikum, wenn auch nur für einen kurzen Augenblick, die Möglichkeit eröffnet, diesen vollständig Anderen als einen Gleichen zu sehen:

> Ich bin ein Jude. Hat nicht ein Jude Augen? Hat nicht ein Jude Hände, Gliedmaßen, Werkzeuge, Sinne, Neigungen, Leidenschaften? Mit derselben Speise genährt, mit denselben Waffen verletzt, denselben Krankheiten unterworfen, mit denselben Mitteln geheilt, gewärmt und gekältet von eben dem Winter und Sommer als ein Christ? Wenn ihr uns stecht, bluten wir nicht? Wenn ihr uns kitzelt, lachen wir nicht? Wenn ihr uns vergiftet, sterben wir nicht?[23]

Dieser Teil seiner Rede, der bei Aufführungen im nationalsozialistischen Deutschland regelmäßig ausgelassen wurde, erzeugt Empathie auf der Grundlage der übergeordneten und allumfassenden *in-group*, der Menschheit. Mithilfe von Erzählung, Handlung und handelnden Personen zeigt die Literatur Menschen nicht nur als VertreterInnen bestimmter Gruppen, sondern auch als Individuen. In der literarischen Darstellung vollziehen sich ständige Grenzüberschreitungen zwischen Gruppenzugehörigkeit und individuellem Menschsein. Das Auseinanderklaffen von Kategorie und konkreter Erfahrung eröffnet der Empathie, der Phantasie und der Möglichkeit neuer kognitiver und emotionaler Erfahrungen einen kreativen Raum. Der türkische Schriftsteller und Nobelpreisträger Orhan Pamuk hat den Roman als größte Erfindung der westlichen Welt gepriesen, die mit Mobilität, Neugier und Wandel bei der Überschreitung und Neugestaltung von Grenzen in engem Zusammenhang steht. Der Roman erzeugt eine Entfremdung vom Selbst und eine Gewöhnung an das Fremde, indem er die Möglichkeit schafft, „unsere Geschichte als die eines anderen zu erzählen und sie der ganzen Welt zum Geschenk zu machen".[24] Die Literatur, wie Martha Nussbaum so überzeugend gezeigt hat, ist ein wirksames Medium für Empathie, das in der

---

23 Ebd., III. i., 49–57. (Zitat auf Dt. – Original engl.!)
24 Pamuk, Orhan: „Frieden oder Nationalismus", Rede anlässlich des Friedenspreis des deutschen Buchhandels 2005 in der St.-Pauls-Kirche in Frankfurt. In: FAZ vom 24. Oktober 2005, Nr. 247, S. 8.

Phantasie zu Grenzüberschreitungen einlädt, die in der Realität selten möglich oder verfügbar sind.[25] Diesen Grenzüberschreitungen in der Phatasie ist es zu verdanken, dass Beziehungen zwischen *in-* und *out-group* neu verhandelt werden können. Ein deutliches Beispiel dafür ist die amerikanische Fernsehserie „Holocaust", die am Beispiel zweier Familien, einer deutschen und einer jüdischen, die Geschichte des Holocaust erzählte. Unabhängig von ihrer künstlerischen Qualität hinterließ die Serie beim deutschen Publikum einen überwältigenden Eindruck und überwand damit eine emotionale Barriere und psychische Taubheit, die Alexander und Margarete Mitscherlich 1967 als „die Unfähigkeit, zu trauern" auf Seiten der Deutschen beschrieben hatten.

Die Wechselbeziehung von Literatur und Vorurteil beschränkt sich aber keineswegs nur auf die Rolle des Shylock. Ich möchte hier drei SchriftstellerInnen erwähnen, die wahrhaft künstlerische Strategien entwickelt haben, um sich kritisch zu Stereotypen und Vorurteilen zu äußern: Oscar Wilde, Virginia Woolf und Ralph Ellison. Oscar Wilde nutzte das Genre der „Sittenkomödie", um (wie es in Shakespeares „Hamlet" heißt) der viktorianischen Gesellschaft „einen Spiegel vorzuhalten" und ihre Stereotypen bloßzustellen. Im Genre der Komödie geschrieben, waren seine Stücke Teil einer *joking relation*, in der Übertreibung ein beliebtes Instrument war, um pointierte Kritik auszudrücken. Wildes literarische Strategie war ganz einfach: Er thematisierte Normen und Werten auf indirekte Weise, indem er implizite Wertannahmen auf den Kopf stellte. Dies zeigen einige Beispiele aus seinem Stück „Bunbury, oder die Bedeutung, Ernst zu sein".[26] Die Frage nach Aufrichtigkeit oder Unaufrichtigkeit wird im folgenden Kommentar zum Thema Ehe durchgespielt: „Ich sah mich verpflichtet, die liebe Lady Harbury zu besuchen. Ich war seit dem Tode ihres armen Mannes nicht dort gewesen. Ich habe niemals eine Frau veränderter gesehen. Sie sah zwanzig Jahre *jünger* aus."[27] Auf ähnliche Weise stellt Wilde die typischen Vorstellungen des viktorianischen Menschenbildes im Allgemeinen in Frage. So bemerkt etwa Cecily: „Es sind nur die oberflächlichen Eigenschaften, die bleiben. Die tiefere Natur des Menschen ist bald entdeckt."[28] Gwendolen, die andere Heldin des Stücks, äußert die interessante Beobachtung: „Das Heim scheint mir der richtige Ort für einen Mann."[29] Während jüngere Generationen heute

---

25 Nussbaum, Martha C.: Poetic Justice. The Literary Imagination and Public Life. Boston, Mass.: Beacon Press 1995. Von derselben Autorin: Love's Knowledge. Essays on Philosophy and Literature. New York: Oxford University Press 1990.
26 Wilde, Oscar: The Importance of Being Earnest. A Trivial Comedy for Serious People. Hrsg. von Torquil John Macleod. London: Samuel French 1956.
27 Ebd., I. ii., 13. (Zitat auf Dt. – Original engl.!)
28 Ebd., III., 63. (Zitat auf Dt. – Original engl.!)
29 Ebd., III., 74. (Zitat auf Dt. – Original engl.!)

nichts Falsches oder Komisches mehr an dieser Aussage finden mögen, muss das viktorianische Publikum, das mit Coventry Patmores normativem Mythos aufgewachsen war, eben das als höchst paradox belächelt haben.

Eine Generation später setzte sich Virginia Woolf sehr viel direkter mit den Vorurteilen einer patriarchalischen Gesellschaft auseinander. Ihr berühmter Essay „Ein Zimmer für sich allein" (1929) enthält eine brillante Analyse des Vorurteils, die es wert ist, auch nicht-literarischen LeserInnen nahegebracht zu werden. Woolf beginnt diesen bahnbrechenden Text über Gender-Stereotypen[30] mit den Auswirkungen der Diskriminierung, die sie selbst als Frau beim Besuch einer traditionellen englischen Universität buchstäblich am eigenen Leib erfuhr. Von einem strengen Pedell wurde sie vom ‚heiligen' Rasen vertrieben und anschliessend durch einen Wächter am Betreten einer Bibliothek gehindert. Sie reagierte mit Zorn auf diese wiederholten Demütigungen und Zurückweisungen. Um mehr über den Platz herauszufinden, den Männer Frauen in der Gesellschaft zuweisen, betrat sie eine andere Bibliothek und begann mit ihren Recherchen. Beim Lesen verschiedener Bücher machte sie eine Reihe interessanter Entdeckungen. Zunächst fiel ihr eine offensichtliche Asymmetrie auf: Sie fand viele Bücher von Männern über Frauen, aber keine Bücher von Frauen über Männer. Männer hatten das Recht, Frauen zu definieren und zu interpretieren, aber nicht umgekehrt. Ihre zweite Entdeckung war, dass die Schriften von Gelehrten, die sich über die Minderwertigkeit von Frauen ausließen, von einem tiefen Zorn koloriert waren. Es war jedoch kein einfacher und offenkundiger Zorn, so schreibt sie, sondern einer „der in den Untergrund gegangen war und sich mit allen möglichen anderen Emotionen vermischt hatte"[31]. Drittens entdeckte sie, dass dieser Zorn des Autors mit der Besorgnis um seinen eigenen Status zu tun hatte. „Als der Professor ein wenig zu emphatisch auf die Minderwertigkeit von Frauen bestand, machte er sich nicht um ihre Minderwertigkeit Sorgen, sondern um seine eigene Überlegenheit. Das war, was er eher hitzköpfig und mit zu viel Emphase schützte, weil es für ihn ein Kleinod höchster Güte"[32] war. Anschließend beschreibt Woolf die Konstruktion von männlichem Selbstbewusstsein und Überlegenheit durch die Erfindung eines anderen Geschlechts, dem diese Vorzüge konstitutiv verwehrt sind.

> Wie können wir diese unberechenbare Eigenschaft, die doch von so unschätzbarem Wert ist, am schnellsten entwickeln? Indem wir denken, dass andere uns unterlegen sind. Indem wir fühlen, dass wir eine angeborene Überlegenheit über andere Men-

---

30 Woolf, Virginia: A Room of One's Own. Harmondsworth: Penguin 2004.
31 Ebd., S. 38f. (Zitat auf Dt. – Original engl.!)
32 Ebd., S. 40. (Zitat auf Dt. – Original engl.!)

schen haben – sei es Reichtum oder Rang, eine gerade Nase oder das Portrait eines Großvaters von Romney –, denn die überspannten Kunstgriffe der menschlichen Phantasie sind endlos. Daher kommt die enorme Bedeutung des Gefühls für den Patriarchen, der erobern, herrschen muss, dass ihm eine große Zahl von Menschen, ja sogar die halbe menschliche Rasse, von Natur aus unterlegen sind. Das muss in der Tat eine der Hauptquellen seiner Macht sein.[33]

Dieselbe Anatomie des Vorurteils, die Woolf für die genderspezifischen Machtbeziehungen des Patriarchats diagnostizierte, trifft auch auf die Beziehung zwischen den britischen Kolonialherren und den von ihnen Kolonisierten zu. Das Thema ihres Buchs ist zwar die Unterdrückung in Geschlechterbeziehungen, doch kann diese Strategie der Grenzziehung durch Abwertung und Hierarchiebildung leicht auf Fälle von Rassismus übertragen werden.

Mein drittes Beispiel ist ein literarischer Autor, dessen Thema der Rassismus ist. Ralph Ellison war ein afroamerikanischer Schriftsteller, der sich in seinem berühmten Roman „Der Unsichtbare Mann" (1952)[34] mit Rassismus beschäftigte, kurz bevor Allport sein wegweisendes Buch „Die Natur des Vorurteils" (1954) veröffentlichte. Als Schriftsteller war sich Ellison der Tatsache bewusst, dass Sprache, genauso wie Kunst, Sprichwörter oder Mythen, als mächtiges Werkzeug für Stereotype und Vorurteile dienen kann, das unmoralische Praktiken tarnt, verbirgt, was man nicht sehen möchte, und gesellschaftliche Hierarchien zementiert. In einem 1946 verfassten und 1953 veröffentlichten Essay schreibt er: „Denn wenn das Wort die Macht, uns wiederzubeleben und zu befreien hat, so hat es auch die Macht, zu blenden, gefangenzusetzen und zu zerstören."[35] So wie Virginia Woolf in der British Library in den von männlichen Professoren geschriebenen Büchern über Frauen blätterte, studierte Ellison das Bild des Schwarzen in den Romanen weißer Amerikaner. Was er entdeckte, war „ein Bild, aus dem alle Menschlichkeit getilgt war"[36]. Er fand nur einseitige, reduzierte und verzerrte Bilder, mit anderen Worten, Karikaturen und Stereotype:

---

33 Ebd., S. 40–41. (Zitat auf Dt. – Original engl.!)
34 Dieser Roman bezeugt eine Erfahrung, die auch das Thema eines weiteren afroamerikanischen Romans aus den 50er Jahren bildet: „Dass Neger sein genau das bedeutete, dass man niemals angesehen wurde, sondern auf Gedeih und Verderb den Reflexen ausgeliefert war, die die eigene Hautfarbe bei anderen Menschen hervorrief." Baldwin, James: Notes of a Native Son. Boston: Beacon Press 1955, S. 9. (Zitat auf Dt. – Original engl.!)
35 Ellison, Ralph: Twentieth Century Fiction and the Black Mask of Humanity. In: Ders.: Shadow and Act. New York: Random House 1953. S. 24–44, hier S. 24. (Zitat auf Dt. – Original engl.!)
36 Ebd., S. 25 (Zitat auf Dt. – Original engl.!)

> Zu oft erweist sich das, was als der amerikanische Neger dargestellt wird, als ein allzu sehr vereinfachter Clown, ein wildes Tier oder ein Engel. Selten wird er in weißen amerikanischen Romanen als ein sensibler Prozess von Gegensätzen, von Gut und Böse, von Instinkt und Intellekt, von Leidenschaft und Spiritualität, wie die große literarische Kunst das Bild des Menschen entworfen hat, dargestellt.[37]

Und wie Virginia Woolf machte sich Ellison Gedanken über den Antrieb, der hinter diesen Heterostereotypen steckt. In den widersprüchlichen Stereotypen über Schwarze sah er nicht nur ein Mittel, bestimmte emotionale und wirtschaftliche Bedürfnisse zu rechtfertigen, sondern auch

> […] einen magischen Ritus, durch den der weiße Amerikaner das Dilemma, das zwischen seinen demokratischen Ansichten und bestimmten anti-demokratischen Praktiken, zwischen seiner Akzeptanz des heiligen demokratischen Glaubens, dass alle Menschen gleich erschaffen sind und seines Verhaltens gegenüber jedem zehnten Menschen, als ob er das nicht wäre, zu lösen versucht.[38]

Er kam zu dem Schluss, dass „der Zweck des Stereotyps weniger die Vernichtung des Negers als die Tröstung des weißen Menschen sei"[39], und er war davon überzeugt, dass der Gebrauch von Stereoptypen „den Weißen nicht weniger schade als Schwarzen"[40]. Eine wichtige Erkenntnis Ellisons, ähnlich der Virginia Woolfs, war, dass schwarze SchriftstellerInnen und SchriftstellerInnen anderer Minderheiten weißen amerikanischen SchriftstellerInnen nicht die Definitionsmacht überlassen dürften, sondern die Erfahrungen ihrer eigenen Bevölkerungsgruppe selbst beschreiben müssten. „Ein Volk muss sich selbst definieren, und Minderheiten haben die Verantwortung dafür, dass ihre Ideale und Bilder als Teil des Gesamtbildes, das das des sich noch immer im Aufbau befindlichen amerikanischen Volkes ist, anerkannt werden."[41]

6. Interaktion zwischen Personen und Gruppen

PsychosoziologInnen zufolge setzt ein Bewusstsein für Gruppenzugehörigkeit und die damit verbundene Bereitschaft zu ethnischer Identifikation und *in-group*-Loyalität im Alter von fünf Jahren ein.[42] Eine *in-group* wird als

---

37 Ebd., S. 26. (Zitat auf Dt. – Original engl.!)
38 Ebd., S. 28. (Zitat auf Dt. – Original engl.!)
39 Ebd., S. 41. (Zitat auf Dt. – Original engl.!)
40 Ebd., S. 42. (Zitat auf Dt. – Original engl.!)
41 Ebd., S. 44. (Zitat auf Dt. – Original engl.!)
42 (Allport 2000, 31) Diese Beobachtung findet in der folgenden Bemerkung des afroamerikanischen Schriftstellers James Baldwin zur Erfahrung eines schwarzen Kindes

eine Gruppe von Menschen definiert, die das Pronomen „wir" mit identischem Bezug verwenden. Es ist allerdings zu betonen, dass Individuen stets mehr als einer *in-group* angehören, was unter anderem die Familie, die Wohngegend, die Gemeinde, die Stadt oder Region mit ihrer Landschaft und ihrem Dialekt, die *peer group*, die Generation, das Geschlecht, den Verein, die Berufsgruppe und deren Organisationen, die gesellschaftlichen Klasse, die Kirche, die politische Partei oder die Nation einschließt. Diese *in-groups* sind nicht notwendigerweise fein säuberlich in konzentrischen Kreisen angeordnet, mit „engen" Face-to-face-Beziehungen in der Mitte und „loseren", abstrakteren Zugehörigkeiten in den äußeren Kreisen. Ich habe beispielsweise selbst eine überraschende *in-group*-Erfahrung inmitten einer *out-group* gemacht. Eines späten Sonntagmorgens stand ich am Eingang einer Kirche in Tromsö im äußersten Norden Norwegens und hörte dem Ende des Gottesdienstes zu. Auf Grund meiner Vertrautheit mit der protestantischen Liturgie konnte ich die Wörter verstehen und die Melodien voraussahnen, die von der Kirchengemeinde am Schluss des Gottesdienstes gesungen wurden. Religion überschreitet Sprach- und Landesgrenzen und dasselbe gilt für die Kunst; neben Arbeiten aus der Region zeigte das Museum in Tromsö auch Werke des europäischen Kanons (obwohl Norwegen kein Mitglied der EU ist). Das Prinzip der „multiplen Zugehörigkeit" schafft jenes dynamische Gleichgewicht zwischen Kollektivismus und Individualismus, worin auch das normative Wertesystem einer Demokratie besteht.[43] Diese freie und zwanglose Wahl zwischen miteinander verträglichen *in-group*-Zugehörigkeiten kann jedoch ein abruptes Ende finden, wenn die gesellschaftlichen und politischen Rahmenbedingungen unter Druck geraten. In Krisenzeiten schwindet ein solch eklektischer Individualismus ebenso schnell wie der Toleranzspielraum gegenüber Unterschieden. Mit der Verschärfung der Außengrenze der *in-group* entstehen kollektive Zwangsverpflichtungen. Stresssituationen stärken die Gruppenidentität und zwingen Individuen, sich gruppenkonform zu verhalten. Als sich Frankreich 2002 entschied, sich nicht an der US-Allianz im Krieg gegen den Irak zu beteiligen, wurden in den USA französischsprachige Personen gezwungen, in New York einen Bus zu verlassen, französischer Wein wurde in den Ausguss

---

in den USA eine weitere Bestätigung: „Mit großem Schock stellt man im Alter von fünf, sechs, sieben Jahren fest, dass die Flagge, der man wie alle anderen die Treue geschworen hat, einem selbst umgekehrt nicht ebenso die Treue geschworen hat." Baldwin, James: The American Dream and the American Negro. In: Collected Essays: Hrsg. von Toni Morrison. New York: Penguin Putnam 1998, S. 714. (Zitat Dt. – Original engl.)
43 Sen, Amartya K.: Die Identitätsfalle. Warum es keinen Krieg der Kulturen gibt. München: Beck 2007.

geschüttet und Pommes frites – *french fries* – wurden in *freedom fries* umbenannt. Kollektivismus ist nicht nur ein Phänomen totalitärer Herrschaft, sondern kann in Krisen- und Kriegszeiten auch in einer Demokratie bedrohliche Formen annehmen.

Als Allport vor einem halben Jahrhundert den Diskurs über das Vorurteil einleitete, schrieb er: „Dieser Band hält fest, dass Vorurteil letztlich ein Problem der Persönlichkeitsbildung und -entwicklung ist".[44] Diese Forschungsrichtung wurde in den 1950ern von der Adorno-Schule in ihren Untersuchungen zum „autoritären Charakter" weiter geführt. Heute bildet das (gesellschaftlich eingebettete) Individuum nicht mehr den selbstverständlichen Ausgangspunkt der Forschung. In jüngster Zeit wurde der von liberalen SozialpsychologInnen lange gemiedene Begriff des „Kollektivismus" wieder aufgenommen.[45] Dabei bezieht sich die Fragestellung der Vorurteilsforschung heute weniger auf „Persönlichkeitsbildung und -entwicklung", als auf Identitätsbildung und die Dynamik von Identitätspolitik. Neue Konflikte entstehen nicht nur auf der Bühne gesellschaftlicher oder internationaler Konflikte, sondern inzwischen immer stärker vor dem Hintergrund einer global entschränkten Welt, die durch neue Kommunikationskanäle verbunden und dabei gleichzeitig durch neue tödliche Spaltungen zerissen ist. In den 1950er Jahren herrschte noch die Vorstellung, kleinere Kreise könnten durch größere Kreise ergänzt und *in-group*-Loyalität durch Erziehungsmaßnahmen über die Einflusssphäre der Familie und der Nation hinaus in Richtung auf „Eine Welt" erweitert werden. Heute wissen wir, dass ein solcher fortschreitender Integrationsprozess eine utopische Vorstellung ist. Anders gesagt: Diese Art von Forschung war an starke individualistische Prämissen, Voreingenommenheiten und Vorurteile gebunden, deren Geltung heute an kulturelle Schranken stößt. Aus methodischen Gründen unterscheidet Tajfel zwischen Verhalten, das ausschließlich zwischen Einzelpersonen stattfindet, und Verhalten, das ausschließlich zwischen Gruppen stattfindet. Der englische Schriftsteller E.M. Forster hat gezeigt, wie diese abstrakte theoretische Alternative in bestimmten historischen Situationen selbst zum Gegenstand zutiefst persönlicher Entscheidungen werden kann. 1939, am Vorabend des Zweiten Weltkrieges, schrieb er: „Wenn ich die Wahl zwischen Verrat an meinem Land und Verrat an meinem Freund hätte, hoffe ich, dass ich den Mumm hätte, mein Land zu verraten."[46] Als liberaler Intellektueller schrieb er nicht nur gegen die kollektivistischen Ideologien

---

44 Allport, Gordon W.: The Nature of Prejudice. In: Stereotypes and Prejudice: Essential Readings. Hrsg. von Charles Stangor. Ann Arbor: Edwards Brothers, 2000. S. 20–48, hier S. 36. (Zitat auf Dt. – Original engl.!)
45 Sherif, M. u. C.W Sherif: Groups in Harmony and Tension. New York: Harper 1953.
46 Forster, Believe, S. 76. (Zitat auf Dt. – Original engl.!)

des Faschismus und des Kommunismus, sondern nahm auch eine entschieden persönliche Haltung gegen nationalistische/patriotische Voreingenommenheit ein. Wie Forsters Aussagen zeigen, gibt es Zeiten, in denen es schwierig wird, sich dem allgemeinen Drang zum Kollektivismus zu widersetzen. Die Welt des Kalten Krieges war klar in zwei Blöcke geteilt, den kommunistischen Osten und den kapitalistischen Westen. Im intellektuellen und politischen Klima einer Zwangs-Gruppenloyalität machte diese unüberwindliche Trennlinie die interpersonelle Interaktion zwischen den beiden Welten unmöglich. Interaktion zwischen Gruppen bedeutet immer auch eine Entpersonalisierung der jeweiligen *out-group*.[47] Nach dem Ende von Kommunismus und Kolonialismus spaltet heute die Trennlinie der Religion unsere Welt. Einmal mehr befinden wir uns in einer Situation, in der interpersonelle Interaktion von der Interaktion zwischen Gruppen überlagert wird. Unter diesen Rahmenbedingungen ist der oder die Einzelne nicht mehr HerrIn seiner oder ihrer Gruppenzugehörigkeiten, sondern erstarrt zum typischen Vertreter oder zur typischen Vertreterin eines eindeutigen *in-group*-Kollektivs, das gleichzeitig als *out-group* zur Zielscheibe einer anderen *in-group* wird. In Zeiten kompakter Gruppenkonfrontation wird das Band der Zugehörigkeit ebenso gestärkt wie die gemeinsame (emotionale) Interpretation der Beziehung zwischen *in-* und *out-group*.[48] „Ich misstraue großen Männern", gestand E.M. Forster, „sie erzeugen eine Wüste der Gleichförmigkeit um sich herum und oft gleich dazu eine Blutlache."[49] Das Gleiche gilt für die verhärteten Fronten zwischen Gruppen.

Wir haben feststellen können, dass Vorurteile die Konturen unserer Welt verändern, indem sie in die psychische Landkarte unüberwindliche Grenzen und gefährliche Abgründe einzeichnen. Wie kann nun dieses nachteilige Bild der Welt wieder verändert, überarbeitet oder korrigiert werden? Die große Herausforderung und Notwendigkeit besteht heute darin, von der Einbahnstraße der Gruppenidentitäten und ihren erstarrten Interaktionsmechanismen abzubiegen und wieder Wege zurück zu den Möglichkeiten interpersoneller Interaktion zu bahnen. Für Tajfel, der zwischen den 1960er und 1980er Jahren schrieb, lag die Hoffnung, die Macht der Gruppenidentität zu überwinden, in der Modernisierung; man vertraute auf die Verlockungen gesellschaftlicher Mobilität und Karrierechancen als ein produktives und unfehlbares Heilmittel gegen Traditionalismus und Kollektivverhalten. Heute werden Individualismus und Fortschritt nicht mehr als universelle Werte, sondern als Bestandteil jenes „Partikularismus" gesehen, der als „das Weltbild des Westens" dem religiösen Fundamentalismus

---

47 Tajfel, Gruppenkonflikt, S. 85.
48 Ebd., S. 87.
49 Forster, Believe, S. 80. (Zitat auf Dt. – Original engl.!)

entgegengesetzt ist. Etliche Lektionen waren in den letzten zwanzig Jahren zu lernen: dass kultureller Identität und Differenz eine bedeutende Rolle zukommt, dass Minderheiten bestrebt sind, eine ethnische und kulturelle Identität zu erlangen und zu bewahren, und dass Religion in einem modernen, säkularen Zeitalter kein Zeichen von Rückständigkeit ist. Alle diese Erkenntnisse rütteln an Vorurteilen und Voreingenommenheiten. Während Voreingenommenheit im Bezug auf *in-group*-Zugehörigkeit und -Loyalität anerkannt und respektiert werden muss, gilt es anderseits, das destruktive Vorurteil, das den Menschen mit einer Mauer aggressiver Auto- und Heterostereotype umgibt, zu destabilisieren, zu dekonstruieren und zu demontieren.

Das ist natürlich leichter gesagt als getan. Problematisch ist, dass viele Maßnahmen gegen Vorurteile, einschließlich des kritischen Unterrichts und des Dialogs zwischen Glaubensrichtungen, weitgehend auf sprachliche Auseinandersetzung und kognitive Strukturen ausgerichtet sind und dabei nüchterne und pragmatische Interaktionen tendenziell vernachlässigen. Eine wichtige Voraussetzung für das Einschreiten gegen Vorurteile ist die Überzeugung, dass die Trennwand, die militante Formen der Gruppenloyalität erzeugt hat, keineswegs undurchdringlich ist und dass weder *in*- noch *out-group* jemals vollständig homogen sind. Eine sehr vielversprechende Strategie, um aggressives Verhalten zwischen Gruppen stellenweise zu unterlaufen, ist die Errichtung gemeinsamer, geschützter Interaktionsräume, in denen der oder die Einzelne zählt und mit anderen auf Augenhöhe agiert. Wichtige Vorbilder für solche Schutzräume liefern etwa Kunst und Sport. Das von Daniel Barenboim und Edward Said gegründete West-Eastern Diwan Orchestra, das sich aus MusikerInnen aus Israel und dem Nahen Osten zusammensetzt, ist ein beeindruckendes Beispiel hierfür.[50] Ein anderes Beispiel ist der Fußball, der innerhalb der Regeln des Fairplays den Nationalstolz gleichzeitig anfeuert und zähmt und sogar islamischen Frauen einen Einblick in die aktive Teilhabe an der Einen Welt gewährt.[51] Auch wenn die größeren Rahmenbedingungen schwer zu verändern sind, können derartige Maßnahmen dennoch in kleinerem Maßstab einiges erreichen: inmitten festgefahrener Gruppenbeziehungen eine Wende einzuleiten, die individuelle

---

50 1999 gründeten der jüdische Pianist und Dirigent Daniel Barenboim und der 2003 verstorbene, palästinensische Intellektuelle Edward Said den „West-Eastern Divan Workshop", der jeden Sommer junge Musiker aus Israel und dem Mittleren Osten in einem Orchester zusammenführt und zur Tournee einlädt. Im August 2007 fand das Orchester bei den Salzburger Festspielen großen Beifall.

51 Der Dokumentarfilm „Football under Cover" (2007) beschreibt die Planung und Organisation eines Frauenfußballspiels, das 2006 in Teheran zwischen einer multikulturellen Mannschaft aus Berlin-Kreuzberg und der iranischen Frauen-Nationalmannschaft stattfand.

Perspektiven wiederherstellt, zwischenmenschliche Verbundenheit erneuert und individuelle Wahlmöglichkeiten und Chancen wiederaufbaut.

Bibliographie

Allport, Gordon W.: The Nature of Prejudice. Cambridge MA: Addison-Wesley 1954.
Allport, Gordon W.: The Nature of Prejudice. In: Stereotypes and Prejudice: Essential Readings. Hrsg. von Charles Stangor. Ann Arbor: Edwards Brothers, 2000. S. 20–48.
Assmann, Aleida: Nietzsche versus Ritschl. Zwei Theorien impliziter Axiome. In: Implizite Axiome. Tiefenstruktur des Denkens und Handelns. Hrsg. von Wolfgang Huber, E. Petzold u. Th. Sundermeier. München: Kaiser 1990. S. 246–262.
Assmann, Aleida: The Sun at Midnight. The Concept of Counter-memory and Its Changes. In: Commitment in Reflection. Essays in Literature and Moral Philosophy. Hrsg. von Leona Toker. New York/London 1994. S. 223–244.
Assmann, Jan: Moses the Egyptian. Cambridge: Harvard University Press 1997.
Baldwin, James: Notes of a Native Son. Boston: Beacon Press 1955.
Baldwin, James: The American Dream and the American Negro. In: Collected Essays: Hrsg. von Toni Morrison. New York: Penguin Putnam 1998.
Barash, Moshe: Icon. New York/London: New York University Press 1992.
Bartlett, Frederic C.: Remembering: A study in experimental and social psychology. Cambridge (Engl.), 1932.
Bercovitch, Sacvan: The Problem of Ideology in American Literary History. In: Critical Inquiry, 12 (Summer 1986). S. 631–653.
Blackmore, Susan: The Meme Machine. Oxford 1999.
Butler, Thomas (Hrsg.): History as Social Memory. In: Memory: History, culture and the mind. New York: Basil Blackwell Limited, 1989.
Dawkins, Richard: The Selfish Gene, 2. Aufl. Oxford: Oxford University Press 1989
Dawkins, Richard: Unweaving the Rainbow. Science, Delusion and the Appetite for Wonder. Houghton Mifflin: Boston, New York 1998.
Dennett, Daniel C.: Consciousness Explained. Boston: Little Brown 1991.
Ellison, Ralph: Twentieth Century Fiction and the Black Mask of Humanity. In: Ders.: Shadow and Act. New York: Random House 1953. S. 24–44.
Erdheim, Mario: Die gesellschaftliche Produktion von Unbewusstheit. Eine Einführung in den ethnopsychoanalytischen Prozess. Frankfurt a.M.: Suhrkamp 1982.
Forster, E. M.: What I Believe. In: Two Cheers for Democracy. London: Cox and Wyman 1965. S 75–84.
Förster, Jan: Kleine Einführung in das Schubladendenken. Vom Nutzen und Nachteil des Vorurteils. München: Deutsche Verlags-Anstalt 2007.
Gadamer, Hans-Georg: Wahrheit und Methode. Grundzüge einer philosophischen Hermeneutik. Tübingen, 1960.
Novick, Peter: The Noble Dream. The „objectivity question" and the American historical profession. Cambridge: Cambridge University Press 1988.
Nussbaum, Martha C.: Love's Knowledge. Essays on Philosophy and Literature. New York: Oxford University Press 1990.
Nussbaum, Martha C.: Poetic Justice. The Literary Imagination and Public Life. Boston, Mass.: Beacon Press 1995.

Orwell, George: 1984. Berlin: Ullstein 1984.
Pamuk, Orhan: „Frieden oder Nationalismus", Rede anlässlich des Friedenspreis des deutschen Buchhandels 2005 in der St.-Pauls-Kirche in Frankfurt. In: FAZ vom 24. Oktober 2005, Nr. 247, S. 8.
Piaget, Jean: La Naissance de l'Intelligence chez l'Enfant. Neuchatel: Delchaux et Niestl 1959.
Pocock, J.G.A.: The Reconstruction of Discourse. Towards the Historiography of Political Thought. In: MLN, 96 (1981). S. 959-980.
Sen, Amartya K.: Die Identitätsfalle. Warum es keinen Krieg der Kulturen gibt. München: Beck 2007.
Shakespeare, William: The Merchant of Venice. New York: Washington Square Press 1992.
Sherif, M. u. C.W. Sherif: Groups in Harmony and Tension. New York: Harper 1953. .
Tajfel, Henri: Gruppenkonflikt und Vorurteil. Entstehung und Funktion sozialer Stereotypen, Bern/Stuttgart/Wien: Huber, 1982.
VNS Matrix: Nothing is certain. Flesh, the postbody and cyberfeminism. In: Memesis – The future of evolution. ars electronica Linz. Hrsg. von Gerfried Stocker u. Christine Schoepf. Wien: Springer 1996. S. 180–189.
Wilde, Oscar: The Importance of Being Earnest. A Trivial Comedy for Serious People. Hrsg. von Torquil John Macleod. London: Samuel French 1956.
Woolf, Virginia: A Room of One's Own. Harmondsworth: Penguin 2004.

I. Vorurteilskategorien

Antisemitismus

Werner Bergmann

1. Einführung

Judenfeindschaft ist ein historisches Phänomen von langer Dauer, das man bis in die vorchristliche Antike zurückverfolgen kann. Demgegenüber wurde der engere Begriff des Antisemitismus erst 1879 im deutschen Kaiserreich geprägt, um die neue Form einer sich wissenschaftlich verstehenden und völkisch-rassistisch begründeten Feindschaft zu bezeichnen, in der sich die Vorstellung der AntisemitInnen vom „Juden" immer mehr von den realen geschichtlichen Gegebenheiten ablöste, sodass schließlich die „vorgefasste Idee vom Juden als das Wesentliche" erschien.[1] Der neue Begriff verbreitete sich schnell über ganz Europa und wurde bald auch rückwirkend auf frühere Epochen der Judenfeindschaft angewandt. In dieser Wortneuschöpfung findet der im frühen 19. Jahrhundert einsetzende Wandel in der Position und in der Wahrnehmung von Juden seinen Ausdruck, die nun angesichts des sich entwickelnden Nationalismus nicht mehr primär über ihre Religion definiert wurden, sondern als Volk, Nation oder Rasse. Die Wortbildung Antisemitismus greift auf die sprachwissenschaftliche und völkerkundliche Differenzierung von semitischen und indogermanischen Sprachfamilien im ausgehenden 18. Jahrhundert zurück. Der Begriff des Semitismus sollte dabei neben der Sprache auch den „Geist" der semitischen Völker im Unterschied zu dem der Indogermanen erfassen. Von den beiden Sprachfamilien schloss man auf die Existenz entsprechender Rassen zurück, wobei sich dabei eine Begriffsverengung auf die Juden einerseits und die Germanen andererseits beobachten lässt.[2]

Der Begriff des Antisemitismus hat als Oberbegriff andere Termini wie „Judenfeindschaft" oder „Judenhass" abgelöst, da diese offenbar als zu unspezifisch erschienen, um die historischen Wandlungen und das Besondere

---

[1] Sartre, Jean-Paul: Betrachtungen zur Judenfrage. Zürich 1948 (franz. zuerst Paris 1946), S. 13.

[2] Bergmann, Werner: Geschichte des Antisemitismus. München: Beck 2002, S. 6. Insofern geht der oft zu hörende Einwand, es könne per definitionem keinen arabisch-islamischen Antisemitismus geben, da die Araber selber Semiten seien, an der Sache vorbei, da der Begriff Antisemitismus ausschließlich Formen der Judenfeindschaft bezeichnet.

der modernen antijüdischen Ressentiments abzubilden. Er bezeichnet heute jede Form von Judenfeindschaft und man behilft sich für die historischen Unterscheidungen mit Beifügungen wie antiker, christlicher, völkischer, rassistischer, latenter, islamischer oder antizionistischer Antisemitismus. Dieser Begriffsgebrauch ist problematisch, da er die scheinbare Allgegenwart und historische Unwandelbarkeit der Judenfeindschaft suggeriert und durch die Rückprojektion einer modernen Form in die Vergangenheit die Beziehungen der Juden zu anderen Völkern auf eine reine Verfolgungsgeschichte reduziert.[3] Die These vom „ewigen Antisemitismus" haben AutorInnen wie etwa Hannah Arendt[4] schon früh zurückgewiesen.

Man trifft in der Antisemitismusforschung zwei Richtungen an, die von gegensätzlichen Grundannahmen ausgehen: einen „funktionalistisch" und einen „essenzialistisch" argumentierenden Ansatz. Dieser essenzialistische Ansatz sucht bis in die antike Geschichte zurück nach einer grundlegenden einheitlichen Erklärung für die von seinen Vertretern und Vertreterinnen als wesentlich unveränderlich angesehene Judenfeindschaft, die sie in den Besonderheiten des jüdischen Lebens zu finden glauben: Der strikte Monotheismus und die damit verbundenen Lebensformen, die Enthaltung vom Schweinefleisch, die Beschneidung sowie die Einhaltung des Sabbath führen zu einem Separatismus der Juden[5] und zu entsprechenden negativen Reaktionen ihrer Umwelt. Für die essenzialistische Erklärung vor allem der antiken Judenfeindschaft, aber auch der mittelalterlichen[6] und der modernen, stellt sich immer „the problem of Jewish ‚responsibility', if not out-right ‚guilt'"[7] für den Antisemitismus. Die AntisemitInnen bündeln diese postulierte Unveränderlichkeit im Bild vom „Ewigen Juden", die EssenzialistInnen sehen die sich verändernden Formen der Judenfeindschaft als bloße Oberflächenphänomene. Die essenzialistische Auffassung beruht, wie Gavin I. Langmuir argumentiert, auf der unbewiesenen Annahme, dass „for centuries, and despite innumerable changes on both sides, there has been a distinctive kind of reaction of non-Jews directed only to Jews that corresponds to the

---

3 Bergmann, Geschichte.
4 Arendt, Hannah: Elemente und Ursprünge totalitärer Herrschaft. Antisemitismus, Imperialismus, totale Herrschaft. München: Piper 1986, S. 19f. (engl. Ausgabe zuerst 1951, deutsche Erstausgabe 1955).
5 Schäfer, Peter: Judenhass und Judenfurcht: Die Entstehung des Antisemitismus in der Antike. Frankfurt a. M.: Verlag der Weltreligionen bei Insel 2010 (engl. Ausgabe 1997).
6 Yuval, Israel Jacob: Vengeance and Damnation, Blood and Defamation: From Jewish Martyrdom to Blood Libel Accusations. In: Zion 58 (1993). S. 33–90.
7 Volkov, Shulamit: Anti-Semitism. In: International Encyclopedia of the Social and Behavioral Sciences. Hrsg. von Neil J. Smelser u. Paul B. Baltes. Amsterdam: Elsevier 2001. S. 542–549, hier S. 546.

concept presently evoked by the word ‚antisemitism'"[8]. Der funktionalistische Ansatz lehnt die Suche nach einer singulären Erklärung ab und sieht die Ursachen der Judenfeindschaft primär nicht in den Besonderheiten der jüdischen Minderheit, sondern in inneren, sich verändernden Problemen der nicht-jüdischen Mehrheit bzw. in den spezifischen historischen Beziehungskonstellationen zwischen Juden und ihrer nichtjüdischen Umwelt, bis sich die Vorstellung vom „Juden" im modernen Antisemitismus ganz und gar von real existierenden Juden ablöst. VertreterInnen des funktionalistischen Ansatzes, dem heute die Mehrheit der HistorikerInnen und SozialwissenschaftlerInnen folgt, setzen die Zäsuren in der Geschichte des Antisemitismus zwar ganz unterschiedlich: Langmuir etwa sieht den wichtigsten Umbruch in der Zeit der Kreuzzüge, Reinhard Rürup[9] oder Hannah Arendt[10] machen eine grundsätzliche Unterscheidung zwischen der Judenfeindschaft bis zur Judenemanzipation und dem folgenden postemanzipatorischen modernen Antisemitismus. Doch den funktionalen Definitionen ist gemeinsam, dass sie dem Verhalten und der Position der jüdischen Minderheit nur eine geringe Bedeutung zumessen und vielmehr die konkreten gesellschaftlichen Konfliktlagen und Interessen heranziehen, um die beobachtbaren Veränderungen in den Ursachen, Zielen und Inhalten von Judenfeindschaft zu erklären, ohne dass sie die historischen Kontinuitäten und die Wirkung eines sich aufschichtenden antijüdischen Motivvorrats aus den Augen verlieren.

2. Zum Begriff des Antisemitismus

Eine allgemein verbindliche Definition von Antisemitismus existiert nicht. Antisemitismus kann eine persönliche Einstellung (Vorurteil), kulturelle Vorstellungen und eine soziale Praxis bezeichnen. Entsprechend kann man ihn mit Helen Fein hinsichtlich seiner Erscheinungsformen und Ziele so definieren: Antisemitismus

> is a persisting latent structure of hostile beliefs toward Jews as a collectivity manifested in individuals as attitudes, and in culture as myth, ideology, folklore, and imagery, and in actions – social or legal discrimination, political mobilization against the Jews, and collective or state violence –, which results in and/or is designed to distance, displace, or destroy Jews as Jews, […] not distinguishing whether the

---

8   Langmuir, Gavin I.: Towards a Definition of Antisemitism. Los Angeles: University of California Press 1990, S. 90.
9   Rürup, Reinhard: Emanzipation und Antisemitismus. Göttingen: Vandenhoeck & Ruprecht 1975.
10 Arendt, Elemente.

ideological justification of attack is anti-Judaic, anti-capitalist, or anti-Semitic by its own profession.[11]

Das Office for Democratic Institutions and Human Rights der OSCE und das European Monitoring Center on Racism and Xenophobia (EUMC, heute European Union Agency for Fundamental Rights, FRA) haben 2005 im Anschluss an Helen Fein eine „Working Definition of Anti-Semitism" vorgeschlagen, die Antisemitismus formal definiert als „eine bestimmte Wahrnehmung von Juden, die sich als Hass gegenüber Juden ausdrücken kann", und als eine Erscheinung, die sich „in Wort oder Tat gegen jüdische oder nicht-jüdische Einzelpersonen und/oder deren Eigentum sowie gegen jüdische Gemeindeinstitutionen oder religiöse Einrichtungen" richtet. Darüber hinaus kann nach dieser Arbeitsdefinition „auch der Staat Israel, der dabei als jüdisches Kollektiv verstanden wird, Ziel solcher Angriffe sein".[12]

Mit dieser Bestimmung der psychischen, kulturellen und sozialen Ausprägungen sind zwar Erscheinungsformen des Antisemitismus, aber noch nicht sein spezifischer Gehalt im Vergleich zu anderen Formen von feindseligen Überzeugungen bestimmt. Nun kann man natürlich nicht behaupten, dass „es einen Unterschied in der sozialen und psychischen Dynamik der Stereotypisierung und Vorurteilsgenese sowie der Feindseligkeit gegenüber Juden oder anderen gibt", doch verlangt nach Meinung Helen Feins „the recurrence and continuity of hostility toward Jews, the interaction of its causes, and the recurring use of attitudes, accusation and myths justifying or reinforcing hostility toward Jews as Jews as grounds for political mobilization against Jews a specific explanation"[13]. Antisemitismus unterscheidet sich von Vorurteilen gegenüber *out-groups*, die Gruppen einzelne negative Züge zuschreiben bzw. ihnen gegenüber soziale Distanz ausdrücken, dadurch, dass sich für den Antisemiten in der „Judenfrage" eine Vielzahl von Problemen bündelt, deren Verbindung zu „den Juden" nicht ohne Weiteres erkennbar ist. Langmuir hat deshalb von „chimeric assertions"[14] gesprochen, d. h., Juden werden nicht generalisierend einzelne negative Züge zugeschrieben,

---

11 Fein, Helen: Dimensions of Antisemitism: Attitudes, Collective Accusations and Actions. In: The Persisting Question. Sociological Perspectives and Social Contexts of Modern Antisemitism. Hrsg. von H. Fein. Berlin/New York: de Gruyter 1987. S. 67–85, hier S. 67, 69.
12 Working Definition of Anti-Semitism. In: Education on the Holocaust and on Anti-Semitism. An Overview and Analysis of Educational Approaches. Hrsg. von der OSCE. Office for Democratic Institutions and Human Rights (ODIHR). Warschau 2006, S. 19 (dt.: Arbeitsdefinition „Antisemitismus" vom European Forum on Antisemitism. Berlin).
13 Fein, Dimensions, S. 68.
14 Langmuir, Definition, S. 334–340.

sondern sie gelten für das christliche Mittelalter als „Feinde des Christentums" und später als ein die Nationen ökonomisch, geistig und rassisch gefährdendes Element.[15] Es handelt sich beim Antisemitismus also nicht allein um Xenophobie oder um religiöse und soziale Vorurteile, die es gegenüber Juden auch gibt, sondern um eine Weltanschauung, um eine „Idee, die man sich vom Juden macht"[16], wie Jean-Paul Sartre es formuliert hat. Der neu geprägte Begriff Antisemitismus „made it possible to regard Jew-hating as a full-fledged ideology, presumably like Liberalism and Conservatism. Those who made it the focus of their overall social thought tried to explain it by both their own particular misfortunes and all evil in the world at large."[17]

Der spezifische Charakter der antisemitischen Einstellung kann wie folgt definiert werden:

> Dem Antisemiten gelten Juden ihrer gesamten Natur nach als schlecht und in ihren negativen Eigenschaften als unverbesserlich. Wegen dieser notwendig anwesenden Charaktermerkmale sind Juden immer als Kollektiv zu betrachten, das den Gesellschaften, in denen es lebt, wesensfremd bleibt und einen verdeckten destruktiven Einfluss auf das „Gastvolk" oder die gesamte Welt ausübt. Dieser negative Einfluss und die faktische Fremdheit müssen entlarvt werden, um das wahre, unveränderliche Wesen der Juden hervortreten zu lassen.[18]

Der Schaden, den Juden in ihren „Gastgesellschaften" anrichten sollen, betrifft verschiedene gesellschaftliche Bereiche:[19]

a) In religiös-kultureller Hinsicht etwa durch Säkularisierung, d. h. durch das Herauslösen von Gruppen aus den religiösen und kirchlichen

---

15 Auch die Gründung Israels als ein jüdischer Nationalstaat hat an dieser ambivalenten Position nicht viel geändert. Zwar werden die Juden in den europäischen Ländern vielfach als „Israelis" identifiziert, was sie selbst für sich ablehnen, doch die alte Identifikation der Juden mit internationaler Finanzmacht und Weltherrschaftsphantasien bleibt erhalten. Dies gilt auch für den alten Vorwurf der doppelten Loyalität, die jetzt z. T. in der engen Verbindung mit Israel gesehen wird.
16 Sartre, Betrachtungen, S. 13.
17 Volkov, Anti-Semitism, S. 542.
18 Bering, Dietz: Gutachten über den antisemitischen Charakter einer namenpolemischen Passage aus der Rede Jörg Haiders, 28.2.2001. In: „Dreck am Stecken" – Politik der Ausgrenzung. Hrsg. von Anton Pelinka und Ruth Wodak. Wien: Czernin Verlag 2002. S. 173–186, hier S. 174. Die oben zitierte „Working Definition of Antisemitism" nimmt eine ähnliche Bestimmung vor: „Antisemitism frequently charges Jews with conspiring to harm humanity, and it is often used to blame Jews for why things go wrong."
19 Holz, Klaus: Die Gegenwart des Antisemitismus. Hamburg: Hamburger Edition 2005.

Bindungen und durch die Gefährdung der nationalen Kultur durch Einführung universalistischer Werte. Juden gelten als Vertreter des Abstrakt-Gesellschaftlichen, von universalen Prinzipien, von Geldwirtschaft, eigennützigem Materialismus, Atheismus, schrankenloser Sexualität. Damit stehen sie im Widerspruch zur nationalen Gemeinschaft, deren vertraute, traditionelle und harmonische Lebensformen sie auf diese Weise zerstören. Dabei kann der Antisemitismus sich mit Antiamerikanismus, für den Amerika das Symbol der die eigene Kultur bedrohenden Moderne ist, und mit Antikommunismus, für den der internationale Kommunismus die nationale Gemeinschaft zerstört, verbinden.

b) In ökonomischer Hinsicht fungieren Juden hier durch finanzielle Ausbeutung (Wucher), internationale Finanzmanipulationen, Vorantreiben der Globalisierung usw. als Personifikation von Macht. Als Beherrscher der Massenmedien und Finanzmärkte, wie sich das in Begriffen wie „Pressejuden", „Finanz- oder Börsenjuden" niedergeschlagen hat, werden sie für ein verschwörungstheoretisches Denken zu den UrheberInnen krisenhafter Entwicklungen, die sie skrupellos nutzen. Das moderne Wirtschaftsleben (Kapitalismus) erscheint geradezu als Ausdruck „jüdischen Geistes".

c) In politischer Hinsicht gelten Juden als „Störenfriede" und sind für die Konflikte in und zwischen den Nationen verantwortlich, sei es durch Verrat an äußere Feinde, als revolutionäre Kraft im Innern oder indem sie Unfrieden unter den Völkern stiften. Sie nehmen hier die „Figur des Dritten" ein, der die nationale Ordnung der Welt sprengt und sich nicht eindeutig als Nation, Volk, Rasse oder Religion definieren lässt, sondern eine weltumspannende Gruppe darstellt.

d) In moralischer Hinsicht gelten sie als schädlich, weil sie moderne, die nationale Kultur und Moral der Eigengruppe zersetzende Entwicklungen vorantreiben: Dies können neue Musik- und Kunstrichtungen sein (wie Jazz oder abstrakte Malerei), dies können aber auch Phänomene wie Gleichstellung der Geschlechter, sexuelle Freizügigkeit, Prostitution, Urbanisierung oder die Kommerzialisierung des Lebens betreffen. Hier ist die projektive Phantasie der Antisemiten sehr flexibel. Nach dem Holocaust wird den Juden vorgeworfen, ihre Rolle als Opfer von Verfolgung und Diskriminierung zu nutzen, um andere Nationen zu diskreditieren, um Entschädigungsforderungen zu erheben oder um Regierungen unter Druck zu setzen. Das Argumentationsmuster der Täter-Opfer-Umkehr dient jedoch nicht erst seit dem Holocaust dazu, Schuldgefühle abzuwehren, die eigenen Verbrechen zu relativieren, die Juden als die Aggressoren zu kennzeichnen und Antisemitismus als Notwehrreaktion zu legitimieren.

Da diese „Machenschaften" der Juden nach Meinung der Antisemiten verdeckt geschehen, gehört der Gestus des Entlarvens zum Kern antisemitischer Kommunikation, die sich dabei selbst häufig in die Form von Codes,

Chiffren, Anspielungen, Mutmaßungen und Gerüchten kleidet (Theodor W. Adorno hat den Antisemitismus als das „Gerücht über die Juden"[20] bezeichnet), um nicht mit der angeblichen jüdischen Macht zu kollidieren. Wie andere Formen verschwörungstheoretischen Denkens, das Fakten nur selektiv als Bestätigung für bestehende Überzeugungen und Gefühle heranzieht, sperrt sich auch das antisemitische gegen Widerlegungen, da diese die zukünftige Richtigkeit des Verschwörungsvorwurfs nicht ausschließen können. Haben Vorurteile gegen Juden den Charakter eines antisemitischen Weltbildes angenommen, so verschließen sie sich hermetisch gegenüber realen Erfahrungen, ja gegen Erfahrung überhaupt, und sind daher gegenüber jeglichen Gegenargumenten immun.

3. Zur Geschichte des Antisemitismus

Will man den gegenwärtigen Antisemitismus in seinen Erscheinungsformen verstehen, muss man auf die Geschichte der Judenfeindschaft zurückblicken, in der ein negatives Bild des Juden geprägt wurde, das mehrere Schichten besitzt.[21] Dabei werden die älteren Vorurteilsschichten in der nächsten Phase nicht „vergessen", sondern von neuen überlagert, umgebildet und funktional an die neue Situation angepasst.

3.1 Vorchristliche Judenfeindschaft

Dem konfliktreichen Ablösungsprozess der frühen Christen vom Judentum wird heute in der Wissenschaft zentrale Bedeutung für die Entstehung der abendländischen Judenfeindschaft zugeschrieben. Weniger einhellig ist die Beurteilung der heidnischen Antike. Die Auffassungen darüber, ob man für die vorchristliche Zeit von einer spezifischen Judenfeindschaft sprechen kann oder ob man es mit einer xenophobischen, „antibarbarischen" Einstellung zu tun hat, wie es sie in gleicher Weise gegenüber anderen Völkern gab,[22] gehen auseinander. Diejenigen, die gestützt auf literarische Quellen einen spezifisch antiken Antisemitismus erkennen, heben hervor, dass besonders den Juden von ägyptischen und griechischen Autoren allgemeine Misanthropie und Xenophobie sowie Un- oder Aberglauben vorgeworfen

---

20 Adorno, Theodor W.: Minima Moralia. Reflexionen aus dem beschädigten Leben. Frankfurt a. M. 1951, S. 125
21 Bergmann, Geschichte, S. 7f.
22 Yavetz, Zvi: Judenfeindschaft in der Antike. München 1997, S. 33ff.

wurde: Sie seien der „Hass des Menschengeschlechts" (*odium humani generis*), doch gab es solche Vorwürfe auch gegenüber anderen Völkern, etwa den Kelten. Die wichtigsten Themen dieser antijüdischen literarischen Polemik waren die Herkunft der Juden aus Ägypten, deren Abwanderung nach Palästina als Verstoßung von Aussätzigen interpretiert wurde, ihre besonderen religiösen Vorstellungen und ihre Lebensweise „nach dem Gesetz" (Monotheismus, Speisegesetze, Sabbath, Beschneidung), die ihre „hochmütige" Absonderung von der heidnischen Umwelt zur Folge hatten (Juden seien „den Göttern verhasst", schrieb Tacitus, Historien 5,3). Der Althistoriker Zvi Yavetz verwirft deshalb die These von der Judenfeindschaft als eine Form des „Antibarbarismus", da den Juden etwa ihre Speisegesetze oder die Beschneidung stärker vorgehalten worden seien als anderen Völkern und ihnen der Respekt für militärischen Mut sowie die in der Antike übliche Bewunderung als „altes Volk" vorenthalten worden sei. Demgegenüber verweisen die KritikerInnen dieser Position darauf, dass antike Autoren Juden in ihren philosophischen oder ethnografischen Betrachtungen positiv dargestellt und oft geradezu idealisiert hätten und dass sie von Griechen und Römern überwiegend geachtet und ihre religiösen Gebräuche respektiert wurden. Louis Feldman kommt bei der Auszählung der von Menachem Stern zusammengestellten grundlegenden Sammlung antiker Texte zu einem Verhältnis von 18 Prozent positiven, 59 Prozent neutralen und nur 23 Prozent negativen Stellungnahmen.[23]

Es hat in der antiken Welt im Wesentlichen drei Konfliktherde zwischen Juden und ihrer heidnischen Umwelt gegeben: 1) Juden waren als Hilfstruppen Repräsentanten einer verhassten Fremdherrschaft (Ägypten) oder befanden sich als Bevölkerungsgruppe in einigen hellenistischen Städten in Statuskonkurrenz zu den griechischen und einheimischen BewohnerInnen. 2) Es gab zwischenstaatliche Konflikte mit den Seleukiden und später mit Rom, die zu entsprechenden negativen Einschätzungen führten. 3) Juden erschienen heidnischen Eliten als religiöse Konkurrenz, da die jüdische Religion auf manche Römer anziehend wirkte und man den Juden die Anwerbung von Proselyten vorwarf. Es handelte sich also eher um reale Intergruppenkonflikte, wobei je nach Konfliktlage jeweils spezifische Motive dazu führten, Juden als Bedrohung zu empfinden oder sie abzulehnen. Ägypter, Griechen und in geringerem Maße auch Römer mögen Juden als Bedrohung wahrgenommen haben, doch sie haben nicht dieselben Eigenschaften als bedrohlich empfunden, sodass man zwar von einer xenophobischen Judenfeindschaft im Sinne Langmuirs[24], die sich nicht von der gegen andere

---

23 Feldman, Louis: Jew and Gentile in the Ancient World. Attitudes and Interactions from Alexander to Justinian. Princeton, N.J.: Princeton UP 1993, S. 124.
24 Langmuir, Definition, S. 116.

Gruppen gerichteten Xenophobie unterscheidet, aber nicht von Antisemitismus im engeren Sinn sprechen kann.

3.2 Christliche Judenfeindschaft

Viele ForscherInnen sehen eine klare Zäsur zwischen der heidnischen und der christlichen Judenfeindschaft.[25] Die religiös motivierte Ablehnung der Juden durch die Christen, einer selbst aus dem Judentum hervorgegangenen Gruppierung, bildet die Basis der abendländischen Judenfeindschaft. Zur Unterscheidung vom modernen Antisemitismus spricht man wegen der primär religiösen Motive von christlichem Antijudaismus.

Während die frühe Jesusbewegung nur aus Juden bestand, kamen allmählich auch Nichtjuden hinzu und es entwickelte sich eine Distanz und ein Konkurrenzverhältnis zum Judentum. Aus dieser ambivalenten Situation von Nachfolge und Bruch entstand eine antijüdische Tradition, die bereits in Teilen des Neuen Testaments, insbesondere im Johannes-Evangelium, spürbar ist. Die Christen sahen sich als „neuer Bund" und „wahres Israel", schlossen die Juden als Volk des „alten Bundes" aus dem neuen Gottesbund aus (Galater 4,21–31; Markus 12,9–12) und überbetonten den jüdischen Anteil an der Passion Jesu (Matthäus 27,25; Markus 15,6–15; Lukas 23,13–15). Innerjüdische Konflikte, über die das Neue Testament berichtet, wurden nachträglich als Auseinandersetzungen zwischen Judentum und Christentum interpretiert. Den Kern des christlichen Judenhasses bildete der sogenannte Gottesmordvorwurf („Welche auch den Herrn Jesum getötet haben, und ihre eigenen Propheten, und haben uns verfolgt" 1. Thessalonicher 2,15). Die Juden werden als Kinder des Teufels hingestellt („Ihr seid aus eurem Vater, dem Teufel." Joh. 8,44). In polemischen Bibelauslegungen, in Predigten, in der christlichen Geschichtsschreibung sowie unter den Gläubigen entwickelte sich seit dem frühen zweiten Jahrhundert eine judenfeindliche Haltung, die auch Argumente der antiken Judenfeindschaft nutzte. Aus dieser Haltung heraus leitete man die Forderung ab, den Juden dürfe nur ein niedriger sozialer Status eingeräumt werden, was als Beweis für die Strafe Gottes aufgrund ihrer religiösen Halsstarrigkeit gelten sollte. Andererseits aber waren sie als Volk des Alten Bundes die Zeugen für das hohe Alter und die Wahrheit der Bibel, dem im Neuen Testament auch die Aussicht auf die endzeitliche Bekehrung und Errettung eines „Restes" (Römer 11)

---

25 Ruether, Rosemary: Nächstenliebe und Brudermord. Die theologischen Wurzeln des Antijudaismus. München 1978; Gager, John: The Origins of Anti-Semitism: Attitudes Toward Jews in Pagan and Christian Antiquity, New York 1983.

eröffnet wird. Die Theologie verwarf damit Zwangsbekehrung und Ausrottung als zulässige Maßnahmen und die jüdische Religion wie auch die Gemeinden genossen einen gewissen rechtlichen Schutz (Versammlungsfreiheit, Schutz vor Zwangstaufen, Recht, das Leben nach den eigenen Gesetzen zu ordnen, Eigentumsschutz). Dennoch wurden mit der Durchsetzung des Christentums als Staatsreligion im 4.–5. Jahrhundert Juden von staatlicher Seite Einschränkungen unterworfen (Missionsverbot), und es kam zu Verwüstungen von Synagogen und zu antijüdischen Ausschreitungen, die im Unterschied zu den mittelalterlichen Verfolgungen zumeist von Klerikern angeführt wurden. Diese Übergriffe waren offenbar so zahlreich, dass der Staat Verordnungen gegen die Entweihung, Zerstörung oder Umwidmung von Synagogen und sonstigem jüdischen Besitz erlassen musste, was aber wenig half. Die Zahl der in den Codex Theodosianus und den Codex Justinianus zu Juden aufgenommenen Gesetze stieg in dieser Zeit stark an und spiegelt die wachsende Abneigung ihnen gegenüber. Diese Gesetze zielten einmal darauf ab, Konversionen von Christen zum Judentum zu verhindern bzw. zum Christentum konvertierte Juden zu schützen, Ehen zwischen Juden und Christen zu unterbinden sowie die Beschneidung von Sklaven und den Besitz christlicher bzw. heidnischer Sklaven durch Juden zu verbieten. Es ist außerdem eine Tendenz erkennbar, Juden aus dem öffentlichen und staatlichen Leben zu verdrängen, ihnen den Zugang zu bestimmten Berufen zu verwehren und ihre straf- und zivilrechtliche Position zu verschlechtern. Die Existenz der Juden im christlichen Europa sollte bis ins 19. Jahrhundert nicht durch öffentliches Recht gesichert sein, sondern hing von der Protektion der jeweiligen Landesherren ab, die gegen entsprechende finanzielle Gegenleistungen Privilegien gewährten.[26]

Für das lange christliche Mittelalter blieb der Glaubensgegensatz zwischen Christen und Juden prägend. Er war die Basis für eine oft erbitterte soziale Ablehnung, auch wenn sich die Ausdrucksformen und die Virulenz der Feindseligkeit über die Jahrhunderte änderten. In der mittelalterlichen Gesellschaftsordnung konnten die Juden als Anhänger einer „verworfenen" Religion allenfalls geduldet, aber nicht voll integriert werden, so wie von ihnen umgekehrt aus ihrem Glauben heraus eine Distanz zur christlichen Umgebung gewollt war.[27]

---

26 Schreiner, Stefan: Rechtsstellung und Strukturen jüdischer Gemeinden im europäischen Kontext. In: Handbuch zur Geschichte der Juden in Europa, Bd. II. Hrsg. von Elke-Vera Kotowski, Julius H. Schoeps u. Hiltrud Wallenborn. Darmstadt: Wissenschaftliche Buchgesellschaft 2001. S. 58–68.
27 Toch, Michael: Die Juden im mittelalterlichen Reich. Enzyklopädie deutscher Geschichte, Bd. 44. München: Oldenbourg 1998, S. 33ff.

Die Christianisierung Europas, die innerkirchlichen Reformbewegungen, insbesondere die Missionsbestrebungen der Bettelorden und die Wendung gegen abweichende christliche „Irrlehren" (sogenannte Ketzer) und Feinde des Christentums (Kreuzzüge gegen Muslime), verbreiteten die Judenfeindschaft über den Kreis der Theologen hinaus und ließen judenfeindliche Vorstellungen und Legenden zum festen Bestandteil der Volksfrömmigkeit werden. Manche sehen insbesondere in der Mobilisierung und Gewalt gegen die Muslime, die auch die einheimischen Juden treffen konnte, einen grundlegenden Wandel bzw. sogar den zentralen Bruch in der Geschichte der Judenfeindschaft,[28] von der Zeit der frühen Kreuzzüge an „Jews became targets of direct attacks, both in theory, that is, within the new theological discourse, and, more significantly no doubt, in practice"[29]. Nach Michael Toch[30] wurde seit dem 13. Jahrhundert der christlich-jüdische „Konflikt zur Norm". In dieser Zeit gewannen mit der Verkündigung der Transsubstantationslehre, derzufolge sich beim Abendmahl Brot und Wein „real" in den Leib und das Blut Christi verwandeln, die geweihte Hostie und das Blut zentrale religiöse Bedeutung. Christen warfen den Juden nun vor, sie würden als „Feinde Christi" die Hostie durchbohren, um damit den Leib Jesu erneut zu verletzen, und sie würden Christenkinder rauben oder kaufen, um sie zu ermorden und ihr Blut zu rituellen Zwecken zu nutzen.[31] Der höhere Klerus widersprach dieser Ritualmordlegende, sie verbreitete sich dennoch über ganz Europa und hat bis ins frühe 20. Jahrhundert hinein Anlass zu antijüdischen Übergriffen gegeben. Heute lebt sie als Beschuldigung in der arabisch-muslimischen Judenfeindschaft wieder auf. Diese Bedrohungsängste, zu denen – zur Zeit der Pest in der Mitte des 14. Jahrhunderts – auch die Angst vor Brunnenvergiftungen kam, machten die Juden zu einer

---

28 Langmuir, Definition, S. 93ff.
29 Volkov, Anti-Semitism, S. 543.
30 Toch, Juden, S. 33.
31 Christina von Braun führt diese Blutbeschuldigung gegen die Juden darauf zurück, dass das Blut seit der Einführung der Transsubstantationslehre die Funktion hat, die „reale" Präsenz des Herrn zu beweisen. Vom Glauben an die Wirklichkeit des Blutes hängt also für den Christen der Glaube an die Menschwerdung Gottes und an die Erlösung ab. Ihren Glaubenszweifel bekämpfen die Christen nun dadurch, dass sie gerade den Juden, die Christus nicht als Messias anerkennen und deren Religion ein Bluttabu kennt, unterstellen, sie würden mit der Verletzung der Hostie und den Ritualmorden letztlich doch die Wirksamkeit des Blutes und damit die Messianität Jesu anerkennen. Zugleich werden auf die Juden frevelhafte Taten wie das Verzehren von Menschenblut und Menschenfleisch projiziert, um das eigene Grauen am Verzehr der Hostie und des Weins stellvertretend zu bekämpfen ...: Braun, Christina von: Viertes Bild: „Blut- und Blutschande". Zur Bedeutung des Blutes in der antisemitischen Denkwelt. In: Antisemitismus. Vorurteile und Mythen. Hrsg. von Julius H. Schoeps und Joachim Schlör. München: Piper 1995. S. 80–95.

dämonischen Minderheit, die sich als „Gottesfeinde" angeblich gegen die Christen verschworen hatten.[32]

Die Reformation löste eine konfessionelle Krise aus, und es schien zunächst, als ob sich der christliche Antijudaismus abschwächen würde. Doch änderte sich die Position der christlichen Konfessionen kaum, die sich trotz der konfessionellen Spaltung nur in Nuancen voneinander unterschieden. Unter den Reformatoren herrschte die Auffassung vor, dass die Juden aufgrund ihrer Weigerung zu konvertieren das Kommen des endzeitlichen Reiches verzögerten und das Gemeinwohl bedrohten. So blieb die Konversion der Juden unverrückbares Ziel aller Konfessionen. Von wenigen Ausnahmen abgesehen, kritisierten auch die Humanisten Juden und das Judentum in ihrem Kampf um eine Erneuerung von Kirche und Gesellschaft.[33] Zwar entspannte sich nach dem Ende der europäischen Glaubenskriege der starre Gegensatz zwischen den christlichen Konfessionen im 17. und 18. Jahrhundert, was auch auf das christlich-jüdische Verhältnis abstrahlte, doch wirkte die antijudaistische Tradition im Katholizismus und im Protestantismus bis ins 20. Jahrhundert fort.

3.3 Die ökonomische Dimension des Antisemitismus: vom „Wucherer" zum „Börsenjuden"

Im Mittelalter begann auch die folgenreiche Identifizierung der Juden mit der Sphäre der Geldwirtschaft. Die Spezialisierung der Juden auf den Geldverleih im mittelalterlichen Europa hatte mehrere Gründe. Mit den Bestimmungen des IV. Laterankonzils von 1215 (Kennzeichnung der Kleidung, Ausschluss aus öffentlichen Ämtern) grenzte die Kirche die Juden gesellschaftlich aus, und durch den Zunftzwang wurden sie schrittweise aus dem Handwerk abgedrängt, da die Zünfte als christliche Bruderschaften Juden nicht zuließen. Sie waren damit gänzlich auf die von der Kirche als „Wucher" verdammte Geldleihe und auf den Handel eingeschränkt. Sie nahmen damit die prekäre Rolle einer *middleman minority* ein. Dabei kam ihnen zugute, dass sie – aus weiter entwickelten Ländern zugewandert – über mehr flüssige Geldmittel verfügten als ihre christlichen Konkurrenten. Als Finanziers der Feudalherren und der Städte und als Großkaufleute galten sie als „reiche Wucherer", wobei der „Wucher" im religiös geprägten Denken

---

32 Heil, Johannes: „Gottesfeinde" – „Menschenfeinde". Die Vorstellung von jüdischer Weltverschwörung (13. bis 16. Jahrhundert). Essen: Klartext 2006.
33 Oberman, Heiko A.: Wurzeln des Antisemitismus. Christenangst und Judenplage im Zeitalter des Humanismus und der Reformation. Berlin 1981.

der Zeit als Angriff auf die Christenheit gedeutet wurde.[34] Ihr Besitz und die Schuldscheine ihrer christlichen SchuldnerInnen machten sie zu Begehrlichkeiten weckenden „Finanzobjekten" und lohnenden Zielen in den inneren sozialen und politischen Konflikten der mittelalterlichen Städte. In einer ganzen Reihe west-, mittel- und südeuropäischer Länder wurden Juden vom 13. bis ins frühe 16. Jahrhundert aus religiösen und ökonomischen Gründen Opfer von Pogromen und Vertreibungen.

Mit der Lockerung des kirchlichen Zinsverbots wurden Juden durch ihre christlichen Konkurrenten vom städtischen Markt verdrängt. Die Mehrheit der Juden lebte, auf die Geldleihe für die ärmeren Schichten und die Hehlerei abgedrängt, seit Mitte des 16. Jahrhunderts mehr schlecht als recht als Hausierer, Pfandleiher, Trödler und kleinere Korn-, Vieh- und Weinhändler. Obwohl nur einer kleinen Schicht von Kaufleuten und Händlern der Aufstieg zum Hoflieferanten an absolutistischen Fürstenhöfen gelang, blieb das Bild des „reichen Juden" bzw. eine enge Verbindung von Juden mit Geld und Wucher als Stereotyp haften. Die berufliche Spezialisierung im Handel und Geldsektor, nun primär im Bereich der Banken und der Börse, hielt sich bis ins 20. Jahrhundert und führte zur Identifizierung von Juden mit Geld(-gier), Finanzkapitalismus und wirtschaftlicher Ausbeutung. Dies fand seinen polemischen Ausdruck in dem Ende des 19. Jahrhunderts geprägten Begriff von der „Goldenen Internationalen", in dem sich die Vorstellung einer großen Finanzmacht der Juden mit dem Vorwurf verband, sie hätten sich gegen die Christen verschworen und strebten nach der Weltherrschaft.

3.4 Antisemitismus als antimoderne Weltanschauung

Mit der Abschaffung der feudalen Privilegien und der Öffnung des Wirtschaftssystems wurden seit dem Ende des 18. Jahrhunderts schrittweise auch die Juden zu weitgehend gleichberechtigten, wenn auch häufig angefeindeten MitspielerInnen in der entstehenden bürgerlichen Gesellschaft. Diesen neuen politischen und wirtschaftlichen Spielraum nutzten die Juden in vielen europäischen Ländern für einen erstaunlichen sozialen Aufstieg, was zu sozialen Spannungen mit den beruflichen Konkurrenten und sozial absteigenden Gruppen führte, die fallweise sogar in Gewalt umschlugen wie in den Hep-Hep-Unruhen von 1819.[35] Obwohl der moderne Staat ver-

---

34 Heil, „Gottesfeinde", S. 191.
35 1819 kam es in einer ganzen Reihe deutscher Städte zu antijüdischen Ausschreitungen, die von dem Hetzruf „Hep-Hep" begleitet wurden, dessen Bedeutung umstritten ist. Man nimmt an, dass es sich um einen Zuruf an Zugtiere oder einen mundartlichen Lockruf für Ziegen handelt. Andere Deutungen wollen das „Hep" von den Kreuz-

suchte, die jüdischen Gemeinden auf konfessionelle Aufgaben zu begrenzen, hielt sich doch der Eindruck, sie bildeten einen „Staat im Staate" bzw. es existiere so etwas wie eine „jüdische Internationale".[36] Dieser Eindruck bestand sowohl gegenüber den sich verbürgerlichenden Juden in West- und Mitteleuropa, symbolisiert im international agierenden Bankhaus der Familie Rothschild oder einer Organisation wie der 1860 gegründeten der Alliance Israélite Universelle, als auch gegenüber den Gemeinden (Kehillot) des Zarenreiches, denen der Konvertit Jakov Brafman in seinem „Buch vom Kahal" bereits 1869 die Absicht einer antirussischen Verschwörung zuschrieb. In ihrer beruflichen Schichtung wichen Juden weiterhin von der übrigen Gesellschaft ab. Die seit dem Mittelalter bestehende abweichende Sozial- und Berufsstruktur bot ihnen im entstehenden Kapitalismus nun einen Startvorteil. Als spezialisierte Randgruppe arbeiteten sie häufig als selbstständige (Klein-)Unternehmer und hatten dabei gelernt, rational zu wirtschaften, und sie verfügten zudem über genügend Kapital zur Gründung von neuen Unternehmen. Als soziale Aufsteiger wandten sie sich auf der Suche nach neuen Berufsfeldern vor allem den zukunftsträchtigen Berufszweigen des Unternehmers, Geschäftsmannes und Bankiers oder den freien Berufen (Arzt, Rechtsanwalt, Journalist) zu.

Es war gerade ihr erfolgreicher sozialer wie ökonomischer Aufstieg, der auch von einer inneren Reform des Judentums und der Akkulturation an die Mehrheitskultur begleitet war, der sie zu Vorreitern des gesellschaftlichen Wandels werden ließ und sie damit zum Angriffsziel der Modernisierungsverlierer und der konservativ-nationalistischen Kreise machte, die die Judenemanzipation rückgängig machen und ihnen die volle Zugehörigkeit zur Nation verweigern wollten.

Der moderne Antisemitismus, der als eine politische Bewegung in den späten 1870er Jahren in Deutschland begann und sich rasch in Europa verbreitete, bildete eine Gegenbewegung zu diesem sichtbaren Aufstieg der jüdischen Minderheit. Er beschränkte sich nicht mehr allein auf die religiöse und wirtschaftliche Sphäre, sondern entwickelte sich zu einer umfassenden antimodernen Weltanschauung, „identifying the Jews as an imminent danger to civilization and as an enemy of all culture"[37]. Die wird sehr gut im Manifest des Ersten Internationalen Antijüdischen Kongresses von 1882 deutlich: „Die Judenfrage, obwohl in der Verschiedenheit des Stammes und des

---

zügen herleiten und verstehen es als die Anfangsbuchstaben des Lateinischen: *Hierosolyma est perdita* (Jerusalem ist zerstört).

36 Katz, Jacob: A State within a State. The History of an Anti-Semitic Slogan. In: ders.: Zur Assimilation und Emanzipation der Juden. Ausgewählte Schriften. Darmstadt 1982. S. 124–153.
37 Volkov, Anti-Semitism, S. 542.

Glaubens begründet, ist doch in ihrer Erscheinung keine bloße Rassen- oder Religionsfrage, sondern eine universelle Frage kulturhistorischen, politischen, wie sozialpolitischen und sittlich-religiösen Charakters".[38] Der Begriff der „Judenfrage" suggerierte die Existenz eines dringlichen gesellschaftlichen Problems, wobei das eigentliche Problem, die krisenhaft verlaufende Modernisierung, nicht benannt, sondern in den Juden personifiziert und damit von der übrigen Gesellschaft abgespalten wurde. Die Juden wurden zum negativen „Symbol der Moderne" gemacht. Mit der Forderung nach Ausgrenzung der Juden versuchte der Antisemitismus die allgemeine Gesellschafts- und Kulturkrise zu überwinden, die sich als Folge des rapiden sozialen Wandels in Form der Industrialisierung, Kommerzialisierung, Urbanisierung, einer ersten Globalisierung und verstärkter politischer und gesellschaftlicher Teilhabe weiter Gesellschaftsschichten, etwa der Frauen, manifestierte.

Die Wortneuschöpfung „Antisemitismus" signalisiert auch einen inhaltlichen Wandel. Zwar wirkten die religiösen und ökonomischen Vorurteile fort, doch nahm die Judenfeindschaft nun zusätzlich eine nationalistisch-xenophobe, ja bisweilen rassistische Form an. An ältere Rassentypologien anknüpfend, war der französische Graf Joseph Arthur de Gobineau (1816–1882) in seinem geschichtsphilosophischen „Essai sur l'inégalite des races humaines" (1853/55) von einer Ungleichheit der Menschenrassen ausgegangen. Für ihn verkörperte die „arische weiße Rasse" den Gipfel kultureller und moralischer Entwicklung, doch sah er ihre Überlegenheit durch „Rassenmischung" bedroht, wobei für ihn die Juden dabei keine besondere Rolle spielten. Mit diesem Arier-Mythos, der Betonung des Blutes und der Unterscheidung von niederen und edleren Rassen hatte Gobineau aber ein Denkmodell für den rassistischen Antisemitismus geliefert.[39] Der Sozialdarwinismus, der die Darwin'sche Anpassungstheorie vom *survival of the fittest* zum „Kampf ums Dasein" zwischen „höheren" und „niederen" Menschenrassen umdeutete, führte die Idee des Rassenkampfes ein, die Houston Stewart Chamberlain (1855–1927) in seinem weit verbreiteten Buch „Die Grundlagen des 19. Jahrhunderts" (1899) aufgriff, indem er den Arier-Mythos mit der Deutung der Weltgeschichte als „Rassenkampf" verknüpfte. Demnach stünden die „Arier" als Kulturträger der minderwertigen „Mischlingsrasse" der Juden in einem historischen Endkampf gegenüber, in dem es nur Sieg oder Vernichtung geben könne.

---

38 Manifest an die Regierungen und Völker der durch das Judentum gefährdeten christlichen Staaten laut Beschlusse des Ersten Internationalen Antijüdischen Kongresses zu Dresden am 11. und 12. September 1882. Chemnitz 1882, S. 11.
39 Becker, Peter-Emil: Sozialdarwinismus, Rassismus, Antisemitismus und Völkischer Gedanke. Wege ins Dritte Reich, Teil II. Stuttgart: Enke 1990.

Der aufkommende chauvinistische Nationalismus (der rassistisch argumentieren konnte, aber auch nationalistisch, religiös oder kulturell), schloss die Juden als eine nicht-zugehörige Gruppe aus, ja erklärte sie zu Feinden der Nation oder der Rasse. Ihre internationale Verbreitung (Kosmopolitismus), ihr Engagement in politisch fortschrittlichen Bewegungen (Liberalismus, später Sozialismus und Kommunismus), woraus sich das neue Stereotyp des zu Radikalismus und Umsturz neigenden Juden entwickelte, und ihr ökonomischer Erfolg, der sie zur Personifizierung des Finanzkapitalismus werden ließ, machte sie in den Augen der Antisemiten zu den Trägern dieser Strömungen, die ihnen als Produkte „jüdischen Geistes" galten. Deshalb war und ist es für den Antisemiten kein Widerspruch, Juden gleichzeitig als „Drahtzieher" hinter dem „Kommunismus" und dem „Kapitalismus" zu wittern.

3.5 Nationalsozialistischer Antisemitismus

Adolf Hitler propagierte einen „Antisemitismus der Vernunft", der nicht auf Gefühlen (wie persönlichem Hass, Neid oder einer instinktiven Ablehnung des „fremden" Juden) beruhen sollte, sondern den er in einer pseudowissenschaftlichen „Beweisführung" aus einem sozialdarwinistischen Verständnis der weltgeschichtlichen Entwicklung als „Rassenkampf", in dem sich Antisemitismus, Rassenutopie, Gesellschaftsbiologie und Rassenhygiene miteinander verbanden, „logisch" herzuleiten suchte. In dem manichäischen Denksystem des Arier-Mythos galten Juden als mächtige „Gegenrasse" zum Idealtyp des Ariers. Der Kampf gegen das Judentum musste auch dem „jüdischen Geist" gelten, sahen doch die Nationalsozialisten in Liberalismus, Kapitalismus, Bolschewismus und Freimaurertum sowohl einen Ausdruck des jüdisch-materialistischen Geistes als auch Herrschaftsinstrumente des Judentums. Dem „internationalen Judentum" wurde ein Streben nach Weltherrschaft zugeschrieben, wie es die in den 1920er Jahren weit verbreiteten „Protokolle der Weisen von Zion"[40] zu belegen schienen. Wie Hitler in „Mein Kampf" schrieb, müsse man den Kampf gegen die Juden als „Lebensfrage der gesamten Menschheit" behandeln, „von der das Schicksal aller nichtjüdischen Völker abhänge". Hitler sah deshalb einen Weltkonflikt zwi-

---

40 Dabei handelt es sich um eine gerichtlich nachgewiesene antisemitische Fälschung des russischen Geheimdienstes in Paris aus dem Jahre 1905. Die Schrift gibt vor, das Protokoll einer Geheimsitzung jüdischer Führer zu sein, auf der sie ihre Pläne zur Vollendung ihrer Weltherrschaft beraten. Die „Protokolle" gehören seit den 1920er Jahren zu den Hauptschriften des Antisemitismus und sind weltweit verbreitet.

schen Juden und Ariern voraus, sodass er seine historische Mission in der Errettung der Welt „aus dem Elend der jüdischen Gefahr" und als Bewahrung „vor der Apokalypse" sah.[41] Nur eine „Endlösung der Judenfrage" konnte hier die Erlösung der Welt bringen, weshalb Saul Friedländer zur Bezeichnung des Spezifischen am NS-Antisemitismus den Begriff „Erlösungsantisemitismus"[42] vorgeschlagen hat. Dieser Antisemitismus war kein bloß demagogisches Mittel, sondern gab eine Erklärung für den Gang der Weltgeschichte und zeichnete auch den Weg in die Zukunft vor. Nicht zufällig berief sich Hitler immer wieder auf die „Vorsehung". Für Jeffrey Herf waren der „gigantische Verfolgungswahn" und die entsprechende Propaganda weniger eine Lüge als die Projektion „of a paranoic pattern on world events"[43]. In der Vorstellung vom Kampf ums Dasein, in dem Völker erbarmungslos Krieg um Lebensraum führen, lag die Verbindung des Antisemitismus mit der Rassenutopie und dem expansiven Lebensraum-Konzept. – So gesehen konnte die immer wieder propagierte „völlige Entfernung der Juden" letztlich nur in den Genozid münden, auch wenn es anfänglich dafür keine konkreten Planungen gab. Ganz explizit hatte Hitler bereits in einer frühen Rede, „Warum sind wir Antisemiten" (1920), darauf verwiesen, dass das Neue seines Antisemitismus darin bestehe, nicht mehr bei der Theorie stehen zu bleiben, sondern sie in die Tat umzusetzen. Die NSDAP führte den völkisch-imperialistischen Antisemitismus somit nach Saul Friedländer „an seine extremsten und radikalsten Grenzen"[44].

Bis Kriegsbeginn hatte das NS-Regime diese radikale antijüdische Politik in Form der sich schrittweise steigernden gesellschaftlichen Ausgrenzung durch administrativ organisierte Entrechtung, Terror und antisemitische Propaganda realisiert und die „Lösung der Judenfrage" in der Auswanderung gesehen. Mit der Besetzung Polens mit seiner großen jüdischen Bevölkerung sowie mit der anschließenden Besetzung großer Teile Europas stellte sich die „Judenfrage" für das NS-Regime nun im europäischen Maßstab und sollte sich damit erneut radikalisieren. Bis zum Sommer 1941 war die NS-Judenpolitik mit ihrer Mischung aus forcierter Auswanderung, Errichtung von Arbeitslagern und Gettos, Umsiedlungs- und Mordaktionen noch von situationsabhängigen Entscheidungen gekennzeichnet gewesen, doch ab Sommer/Herbst 1941 begann mit den Mordaktionen der Einsatzgruppen der

---

41 Herbst, Ludolf: Hitlers Charisma. Die Erfindung eines deutschen Messias. Frankfurt a. M.: Fischer 2010, S. 186.
42 Friedländer, Saul: Die Juden und das Dritte Reich. Bd. 1: Die Jahre der Verfolgung 1933–1939. München: Beck 1998, S. 13.
43 Herf, Jeffrey: The Jewish Enemy. Nazi Propaganda during World War II and the Holocaust. Cambridge (Mass.)/London: Harvard UP 2006, S. 2.
44 Friedländer, Juden, S. 13.

systematische Völkermord. Als sich mit dem Scheitern des „Blitzkrieges" und dem Kriegseintritt der USA Ende 1941 das Kriegsglück zu wenden begann, wurden alle Pläne einer späteren „Lösung der Judenfrage" durch ein Abschieben in ein Gebiet jenseits der Grenzen des im „Generalplan Ost" anvisierten neuen deutschen Imperiums im Osten hinfällig und die völlige Ausrottung der Juden in Europa zum Ziel der NS-Politik.[45] Dieses auf der „Wannsee-Konferenz" 1942 organisatorisch koordinierte Programm von Zwangsarbeit in den KZ und Gettos (Vernichtung durch Arbeit), von europaweiten Deportationen und von Vernichtung in eigens dafür konstruierten Todesfabriken (in Chelmno, Auschwitz-Birkenau, Treblinka, Majdanek, Belzec, Sobibor) wurde konsequent umgesetzt. Auch die sich immer klarer abzeichnende Kriegsniederlage führte nicht zu einer Beendigung des Mordens, so als wollte Hitler seine seit 1939 beständig wiederholte Prophezeiung, dass ein Krieg „das Ende der jüdischen Rasse in Europa sein werde", um jeden Preis wahr machen. Am Ende des Krieges waren von den im Protokoll der Wannsee-Konferenz genannten ca. 11 Millionen Juden in Europa mehr als die Hälfte umgebracht worden.

3.6 Antisemitismus nach dem Holocaust

Der Antisemitismus nach 1945 speist sich auch weiterhin aus dem Repertoire des modernen Antisemitismus, doch weist er Modifikationen und neue Aspekte auf: Er muss auf den Holocaust reagieren, sei es durch seine Leugnung oder eine Schuldprojektion auf die Juden („sekundärer" oder Schuldabwehr-Antisemitismus). Er ist in vielen europäischen Ländern ein Antisemitismus fast ohne Juden, der keinerlei wie immer schwache Basis in aktuellen Konflikten mit den Juden des Landes besitzt, sondern sich auf die Mitschuld des eigenen Landes am Holocaust oder auf einen irgendwie gearteten Einfluss der Juden auf das Weltgeschehen bezieht. Antisemitismus kann seit der Gründung Israels die Form des Antizionismus annehmen, indem entweder alle Juden kollektiv für die Politik des Staates Israel haftbar gemacht werden oder indem der Staat Israel für alle möglichen politischen Übel dieser Erde verantwortlich gemacht und sein Existenzrecht bestritten wird. Eine weitere Reaktionsform auf den Holocaust war nach 1945 ein Philosemitismus, gleichsam ein Wechsel des Vorzeichens vor den antijüdischen Vorurteilen, indem man Juden und Judentum nun idealisierte. Dieser Philosemitismus hatte bisweilen eine instrumentelle Komponente, da Juden gerade in Deutschland und Österreich als „BewährungshelferInnen" beson-

---

45 Snyder, Timothy: Bloodlands. Europe between Hitler and Stalin. New York: Free Press 2010.

ders glaubwürdig erschienen, um entweder einzelne Personen vom Nationalsozialismus zu entlasten oder das Vertrauen in das neue Deutschland bzw. Österreich zu signalisieren. Bis heute kann dieser Philosemitismus eine Form der Entlastung von Schuld oder Verantwortung sein, indem man gleichsam auf die Seite der jüdischen Opfer wechselt.

Obwohl die Äußerung von Antisemitismus heute in vielen Ländern tabuisiert bzw. sogar strafbar ist, finden sich in Teilen der Bevölkerung antisemitische Einstellungen, die oft eher fragmentarischen Charakter haben und keine ausgeformte Ideologie mehr repräsentieren, sodass man mit Bernd Marin von einem „Antisemitismus ohne Antisemiten"[46] sprechen kann. Diese Einstellungen bleiben zumeist ein privates und dabei latentes Vorurteil und äußern sich selten in manifesten judenfeindlichen Äußerungen, Übergriffen oder politischen Aktivitäten. Dabei wird häufig versucht, den antisemitischen Charakter von Äußerungen zu verdecken oder zu bestreiten, sodass in der Öffentlichkeit darüber gestritten wird, ob eine Äußerung als antisemitisch anzusehen ist oder nicht. Dies gilt heute vor allem für die Kritik an der Politik Israels, über deren antisemitischen Gehalt oft Uneinigkeit besteht.

Doch gab und gibt es seit 1945 immer wieder offenen Antisemitismus, der sich in politischer Diskriminierung, in gewalttätigen Übergriffen auf Juden bzw. jüdische Einrichtungen, in beleidigenden Zuschriften an einzelne Juden und Jüdinnen oder jüdische Organisationen sowie in der Publikation antisemitischer Artikel in Zeitungen, Büchern, im Internet oder auf CDs mit rechtsradikaler Rockmusik äußert.

Die Sowjetunion und andere kommunistische Staaten verfolgten in den stalinistischen Kampagnen der frühen 1950er Jahre und nach dem Sechs-Tage-Krieg von 1967 eine antizionistisch-antijüdische Politik. Israel und die einheimischen Juden wurden als Teil einer imperialistisch-kapitalistisch-zionistischen Weltverschwörung beschuldigt. Diese Vorstellungen gab es auch in Teilen der radikalen Linken in den westlichen Ländern. In den letzten Jahren ist angesichts der Eskalation des Nahost-Konflikts diese Sichtweise in antirassistischen, extrem linken Gruppierungen ebenso wieder aktuell geworden wie unter linksextremen Globalisierungsgegnern.[47]

Seit dem frühen 20. Jahrhundert wurde die Ideologie des modernen Antisemitismus von Europa aus in die arabischen Länder des Nahen Ostens

---

46 Marin, Bernd: Ein historisch neuartiger „Antisemitismus ohne Antisemiten". In: Antisemitismus in Österreich. Sozialhistorische und soziologische Studien. Hrsg. von John Bunzl u. Bernd Marin. Innsbruck: Inn-Verlag 1983. S. 171–192.
47 Vgl. Taguieff, Pierre-André: La nouvelle judéophobie. Paris: Mille et une nuits 2002 (engl.: Rising from the Muck. The New Anti-Semitism in Europe. Chicago: Ivan R. Dee 2004).

vermittelt. Zwar wurde lange Zeit in den meisten muslimischen Ländern zwischen Judentum and Zionismus unterschieden, doch wird heute bei der Erklärung der eigenen Niederlagen und ökonomischen Rückständigkeit auf antisemitische Konzepte wie „jüdische Macht" und „jüdische Verschwörung" zurückgegriffen. Die Intensität des dortigen Antisemitismus ist nach Volkov „a result of the actual political conflict with the State of Israel"[48]. Darüber hinaus fungiert Antisemitismus in der arabischen Welt und vielen Ländern der „Dritten Welt" als Code für ihre generelle antikolonialistische und antiwestliche Haltung. Inzwischen treffen sich die Regierungen einiger Länder, wie des Iran, mit der extremen Rechten in der Leugnung des Holocaust, um damit die Legitimität des Staates Israel zu bestreiten.

Zentrale Vertreter des Antisemitismus sind neben radikal-islamistischen Organisationen vor allem rechtsextreme Organisationen in Europa und den USA, ohne dass sie in den meisten Ländern über größeren politischen Einfluss verfügten. Der Antisemitismus fungiert im rechtsextremen Diskurs im Unterschied zur Fremdenfeindlichkeit als Erklärung aller in irgendeiner Form das nationale Kollektiv schädigenden Phänomene. Das verdeckte Handeln des „schimärischen" Judentums, das als internationale politisch-ökonomische Macht gedacht wird, die hinter den Mächtigen agiert und diese steuert, soll vergangene wie gegenwärtige Probleme „erklären". Antisemitische Annahmen werden zur Deutung von Arbeitslosigkeit, Zuwanderung und anderen sozialen Problemen ebenso herangezogen wie für internationale Krisen (Globalisierung, Irak-Krieg, Terrorismus, Nahostkonflikt, Finanzkrise), doch hat der Antisemitismus im Rechtsextremismus immer auch eine vergangenheitsbezogene Ausrichtung, da die eigene Nation von Antisemitismus bzw. von der Mitwirkung am Holocaust freigesprochen bzw. dieser gar völlig geleugnet werden muss. Insofern bilden antisemitische Erklärungsmuster einen integralen Bestandteil rechtsextremer Geschichtsdeutung. Von rechtsextremen AkteurInnen geht in vielen europäischen Ländern nach wie vor der überwiegende Teil antijüdischer Übergriffe aus, wie die Schändung von Friedhöfen und Mahnmalen, physische und verbale Angriffe, beleidigende Briefe oder Anrufe, auch wenn in manchen Fällen politisch nicht radikale BürgerInnen oder arabisch-muslimische MigrantInnen für solche Vorkommnisse verantwortlich sind.

Der Antisemitismus hat derzeit drei Schwerpunkte:

a) Die Leugnung bzw. Relativierung des Holocaust, die der Abwehr von Schuldgefühlen und von Verantwortung der eigenen Nation an diesen Verbrechen dient. Diese Form des Antisemitismus besitzt weltweit in der extremen Rechten ihre AnhängerInnen und seit einigen Jahrzehnten auch in der arabischen Welt, da die Leugnung des Holocaust dort als Delegitimierung

---

48 Volkov, Anti-Semitism, S. 547.

jüdischer Zuwanderung nach Palästina sowie des Existenzrechts Israels benutzt wird.

b) Ein anderer Bezugspunkt für Antisemitismus ist der Nahostkonflikt, wobei nicht jede Kritik an Israel antisemitisch motiviert ist. Über die Abgrenzung von antisemitischer und nicht-antisemitischer Israelkritik wird gestritten, doch besteht statistisch gesehen zwischen antisemitischen und israelfeindlichen Einstellungen ein starker Zusammenhang.[49] Eine antisemitische Stoßrichtung ist insbesondere dann gegeben, wenn traditionelle antisemitische Denkfiguren und Stereotype verwendet werden, Israel als „Weltfeind" dämonisiert, das „Weltjudentum" für die israelische Politik mitverantwortlich gemacht und das Existenzrecht Israels bestritten wird. Dieser antisemitische Antizionismus hat unterschiedliche Motive: antiimperialistische, antikapitalistische sowie antirassistische Motive auf Seiten der extremen Linken und in einigen Ländern der Dritten Welt, für die Israel ein „Handlanger des US-Imperialismus" und Neokolonialismus ist; die Aufrechnung von Schuld durch die extremen Rechten, die Israel als Projektionsschirm für ihre antisemitische Ressentiments benutzen; und Motive auf arabisch-muslimischer Seite, die sich aus dem Nahostkonflikt und einer antiwestlichen Ideologie ergeben.

c) Der dritte Schwerpunkt ist wie bereits gegen Ende des 19. Jahrhunderts eine Modernisierungskrise (Krise des Sozialstaates, Globalisierung, internationale Finanzkrise), die man auf der nationalistischen Rechten und der antiimperialistischen Linken sowie in Teilen der islamischen Welt auf das Wirken eines „judeo-amerikanischen Weltherrschaftsapparats" zurückführt.

3.7 Resümee

In der Geschichte sind also feindselige Vorstellungen gegenüber Juden aus ganz unterschiedlichen Gründen entstanden: Eine erste Schicht bilden die Konflikte und xenophobischen Vorstellungen in der vorchristlichen Antike, doch ist als die entscheidende Wende die religiöse Feindschaft des Christentums gegenüber dem Judentum anzusehen. Die von der christlichen Gesellschaft erzwungene besondere Berufsstruktur der Juden seit dem Mittelalter führt auf eine weitere Schicht: die ökonomisch begründete Judenfeindschaft,

---

49 Kaplan, Edward H. u. Charles A. Small: Anti-Israel Sentiment Predicts Anti-Semitism in Europe. In: Journal of Conflict Resolution 50/4 (2006). S. 548–561; Bergmann, Werner: Vergleichende Meinungsforschung zum Antisemitismus in Europa und die Frage nach einem „neuen europäischen Antisemitismus". In: Feindbild Judentum. Antisemitismus in Europa. Hrsg. von Lars Rensmann u. Julius H. Schoeps. Berlin: Verlag für Berlin-Brandenburg 2008. S. 473–507.

in der die Juden als Wucherer, Betrüger, später als wirtschaftlich-politische Modernisierer in Stereotypen des ausbeuterischen Kapitalisten oder „Fortschrittlers" oder gar „Revolutionärs" gebrandmarkt wurden. Damit eng verbunden ist die Vorstellung von den Juden als eine mächtige Gruppe, die mit ihrem Geld weltweit die Politik bestimmt. Hierher gehört der Glaube an eine jüdische Weltverschwörung. Eine neue Schicht bilden rassistische Vorstellungen über den jüdischen Körper, also die vom schwachen, unsoldatischen (Stereotyp des „Drückebergers"), hässlichen, gebückten und hakennasigen Juden, zum anderen die Phantasien vom sexuell bedrohlichen Juden. Diese rassistischen Vorstellungen sind heute nur noch am rechtsextremen Rand anzutreffen. Was die jüdischen Frauen angeht, so dominierte das exotische Bild der „schönen Jüdin" (als Verführerin). Helen Fein hat fünf zentrale „Judenbilder" oder „accusations elaborated in different times and places" gefunden:

> 1) the Jew is a betrayer and a manipulator (perhaps labeled as the Judas image); 2) the Jew is an exploiter personifying usury or modern capitalism (the Shylock image); 3) the Jew is a sceptic, an iconoclast, a revolutionary, undermining faith and authority (the Red Jew); 4) the Jew is a non-human or diabolic-murderer, poisoner, polluter (the demonologic image) and 5) the male Jew is a sexual aggressor and pornographer and the Jewish woman is a seducer (the lecherous Jew)[50]

Vorurteile aus all diesen Dimensionen sind bis in die Gegenwart mehr oder weniger wirksam geblieben und finden sich in heute aktualisierter Form wieder.

4. Theorien des Antisemitismus

Entsprechend der oben von Helen Fein getroffenen Feststellung folgt die soziale und psychische Dynamik der Stereotypisierung und Vorurteilsgenese sowie die Feindseligkeit gegenüber Juden[51] dem allgemeinen Muster der Vorurteilsbildung gegen *out-groups*. Entsprechend lassen sich auch alle in der Vorurteilsforschung bisher entwickelten Theorien auf den Antisemitismus anwenden. Wenn wir etwa das von Susan Fiske und ihren Mitarbeitern entwickelte „Stereotype Content Model" (SCM) betrachten. Das Modell nimmt an, dass „out-groups often fall in two mixed clusters: paternalized groups liked as warm but disrespected as incompetent [...] and envied

---

50 Fein, Dimensions, S. 72.
51 Ebd., S. 68.

groups respected but disliked as lacking warmth"[52]. Zu den Gruppen, die wegen ihrer Kompetenzen (intelligent, fleißig und diszipliniert) bewundert werden, zählen in den USA z. B. Juden und aus Asien stammende Amerikaner, denen andererseits aber auch eine enge Verbindung mit der dominanten Gruppe der weißen Amerikaner zugeschrieben wird und die nicht gemocht werden. Die unterstellte Kompetenz der beneideten Gruppe löst ein Gefühl der Bedrohung und Konkurrenz in der *in-group* aus. Antisemitismus kann als ideologische Form eines „envious prejudice" gelten „which is a crucial mediator of scapegoating"[53].

Auf der anderen Seite gibt es Theorien, die das Spezifische am Antisemitismus zu erklären suchen, das von den allgemeinen Vorurteilstheorien nicht adäquat erfasst wird. Die von der Psychologie, der Sozialpsychologie und der Soziologie entwickelten Erklärungsansätze „passen" nicht auf alle geschichtlichen Ausprägungen des Antisemitismus, sondern sind nur für bestimmte Epochen und Konstellationen gültig. Diese Ansätze lassen sich zu vier Gruppen ordnen.[54]

4.1 Individualpsychologische Theorien

In den 1930er und 1940er Jahren wurden einige für die Vorurteils- und Antisemitismusforschung grundlegende Theorien entwickelt, mit denen heute in vielen Disziplinen gearbeitet wird: die psychoanalytischen Annahmen der Aggressionsverschiebung und der Projektion[55], die Frustrations-/Aggressionstheorie[56] und die Theorie der autoritären Persönlichkeit[57]. Alle drei

---

52 Lin, Monica H., Virginia S. Y. Kwan, Anna Cheung u. Susan T. Fiske: Stereotype Content Model Explains Prejudice for an Envied Outgroup: Scale of Anti-Asian American Stereotypes. Personality and Social Psychology Bulletin 31/1 (2005). S. 34–47, hier S. 35.
53 Glick, Peter: Sacrificial Lambs Dressed in Wolves' Clothing: Envious Prejudice, Ideology, and the Scapegoating of Jews. In: Understanding Genocide: The Social Psychology of the Holocaust. Hrsg. von Leonard S. Newman u. Ralph Erber. London: Oxford 2002. S. 113–142, S. 114.
54 Vgl. dazu Bergmann, Werner (Hrsg.): Error without Trial. Psychological Research on Antisemitism. Berlin/New York: de Gruyter 1988.
55 Simmel, Ernst (Hrsg.): Anti-Semitism. A Social Disease. New York: International University Press 1946 (dt.: Antisemitismus. Frankfurt a. M.: Fischer Verlag 1993); Fenichel, Otto: Aufsätze. Freiburg: Olten 1981 (zuerst 1946); Loewenstein, Rudolph M.: Christians and Jews. A Psychoanalytic Study. New York: International University Press 1952.
56 Dollard, John, Leonard W. Doob, Neal E. Miller, O. H. Maurer u. Robert R. Sears: Frustration and Aggression. New Haven, CT: Yale University Press 1939 (dt. Frustration und Aggression. Weinheim: Juventa 1973); Berkowitz, Leonard: Anti-Semitism

sind individualpsychologisch ausgerichtete Krisentheorien, die die Entwicklung von Aggressionen und Vorurteilen entweder auf ungelöste innere oder äußere Probleme einer Person oder auf Deprivationserfahrungen zurückführen, also die emotionale Seite des Antisemitismus betonen. Dem psychodynamischen Grundmodell der Freud'schen Psychoanalyse von Ich, Über-Ich und Es entsprechend kann eine Person ihre inneren Konflikte nicht lösen, weil ihr Ich, dem eine Vermittlungsfunktion zwischen dem Über-Ich (den normativen Ansprüchen der Umwelt) und den eigenen Triebansprüchen des Es zukommt, so schwach entwickelt ist, dass es nicht zwischen beiden vermitteln und damit Konflikte rational bewältigen kann. Aus diesen inneren frustrierenden Konflikten resultiert eine aggressive Handlungsbereitschaft, die sich gewöhnlich gegen den Auslöser der Frustration richtet. Durch die Ich-Schwäche wird diese Lösung häufig blockiert, da entweder der Urheber oder die Urheberin der Frustration eine geliebte und zugleich übermächtige Person ist, wie etwa der geliebte und strafende Vater (Ambivalenzkonflikt), oder weil soziale Normen es verbieten, die Aggression auf dieses Ziel zu lenken. Die aggressiven Impulse und Hassgefühle müssen demnach unterdrückt werden und suchen sich über den Mechanismus der Verschiebung ein anderes Objekt. Dabei eignen sich insbesondere schwache oder sozial diskriminierte Gruppen als Ersatzobjekte, wie die Juden als Minderheit in den europäischen Gesellschaften, da man diese gefahr- und straflos attackieren kann. Der Konflikt des Ich mit seinen Triebwünschen kann aber auch durch einen anderen Abwehrmechanismus aufgelöst werden: die Projektion. Das schwache Ich wehrt sich gegen das Bewusstwerden der eigenen Triebregungen und destruktiven Gefühle, die ihm aufgrund gelernter Normen als sozial verpönt oder als unvereinbar mit seinem Selbstbild gelten, indem es diese Gefühle auf andere projiziert, die dann ihrerseits als destruktiv, gefährlich, schmutzig usw. erscheinen, wie es in Bezug auf die Juden im NS-Blatt „Der Stürmer" geschehen ist.

Mit den Denkfiguren der Aggressionsverschiebung und der Projektion, wonach eine Person tabuisierte, negativ bewertete Wünsche Angehörigen einer Fremdgruppe zuschreibt und in ihnen bekämpft, wird Antisemitismus nicht als Resultat sozialer Beziehungen (etwa realer Konflikte) zwischen Juden und ihrer Umwelt interpretiert, sondern als das einer Konfliktverschiebung: Er ist somit eine Form falschen Bewusstseins. Je nach Theorievariante werden unterschiedliche Konfliktherde hervorgehoben: Autoritätskonflikte und daraus resultierende Kränkungen der Eigenliebe, innere Trieb-

---

and the Displacement of Aggression. In: Journal of Abnormal and Social Psychology 59 (1959). S. 181–187.
57 Adorno, Theodor W., Else Frenkel-Brunswik, Daniel J. Levinson u. R. Nevitt Sanford: The Authoritarian Personality. New York: Harper 1950.

konflikte, Abwehr von Schuldgefühlen, eine autoritär-repressive Erziehung, Erfahrung von ökonomischer oder religiöser Konkurrenz, Abstiegsängste in Modernisierungskrisen.

Die Ende der 1940er Jahre entwickelte Theorie der „autoritären Persönlichkeit"[58] nimmt an, dass politische, ökonomische und soziale Überzeugungen eines Individuums oft ein zusammenhängendes Muster bilden, das Ausdruck tief liegender Züge der Persönlichkeit ist. Für die Vorurteilstheorie ergeben sich daraus drei Folgerungen:

a) Gegenüber verschiedenen Objekten, etwa Minoritäten und benachteiligten Gruppen, sind bei einer Person gleiche Einstellungen und Werte zu erwarten, d. h., Xenophobie, Antisemitismus, Sexismus, Abwertung von Behinderten erscheinen als Ausprägungen ein und desselben Musters, das in den neueren Studien als „Syndrom gruppenbezogener Menschenfeindlichkeit" empirisch näher untersucht wird.[59]

b) Diese Einstellungen basieren auf wenigen grundlegenden Persönlichkeitsmerkmalen, sodass sich entsprechend Persönlichkeitstypen unterscheiden lassen: etwa ein toleranter und ein vorurteilsvoller Charakter. So weist der Typ des „autoritären Charakters" Eigenschaften wie Konventionalismus, Unterwerfung unter Autoritäten, Aggressionsbereitschaft gegen Schwächere, Bereitschaft zur Stereotypisierung auf.

c) Diese „Charaktere" werden im Wesentlichen auf die Form der frühkindlichen Erziehung in der Familie zurückgeführt. In der klassischen Theorie der autoritären Persönlichkeit ging es Theoretikern wie Wilhelm Reich und denen der Frankfurter Schule immer um den Zusammenhang der sozioökonomischen Lage bestimmter sozialer Klassen mit der psychischen Struktur ihrer Mitglieder. Es sind sozioökonomische Faktoren in der kapitalistischen Gesellschaft, die eine bestimmte Familienstruktur mit ihren spezifisch repressiven Sozialisationsbedingungen schaffen, die wiederum Persönlichkeiten formen, die zur Bewältigung ihrer inneren Konflikte Vorurteile und Hassgefühle auf schwache gesellschaftliche Gruppen richten und anfällig für autoritäre Führung sind.

Persönlichkeitstheorien erklären, weshalb es Differenzen in der Vorurteilsneigung zwischen Personen gibt, sie können jedoch kaum erklären, weshalb bestimmte Gruppen zum Hassobjekt gewählt werden und weshalb in bestimmten Situationen viele andere für diese Vorurteile ansprechbar sind. Die Frage „Warum die Juden?" wird zumeist mit dem Hinweis auf ihre Machtlosigkeit erklärt, weshalb sie als ein potenzielles Opfer für Aggressionsverschiebung und Projektion erscheinen – wie andere Gruppen auch –, oder

---

58　Ebd.
59　Heitmeyer, Wilhelm: Deutsche Zustände, Folge 1. Frankfurt a. Main: Suhrkamp 2002.

die Wahl wird auf die Manipulation durch die Führer zurückgeführt. Die Theorie des Autoritarismus ist vor allem in Forschungen zu rechtsextremen und fremdenfeindlichen Einstellungen in den letzten Jahrzehnten weiterentwickelt worden.[60]

4.2 Gruppenpsychologie und -soziologie des Antisemitismus

Gruppentheorien betonen die Doppelgesichtigkeit der Abwertung von *outgroups*: Einerseits stärkt deren negative Bewertung die innere Homogenität der Eigengruppe, motiviert dazu, für die Gruppe zu arbeiten, und erleichtert das Lernen der Gruppennormen, andererseits verursacht die Abwertung auch „soziale Kosten": eine verzerrte Wahrnehmung der *out-groups*, eine erhöhte Konfliktbereitschaft und eine Verringerung der Lernbereitschaft aus möglichen Fehlern. Unter diesem Blickwinkel erscheinen die in der Diaspora verstreut lebenden Juden als *out-group* par excellence, die je nach historischer Situation das Christentum, die Einheit der Nation oder die rassische Homogenität „bedroht". Besonders negativ werden Gruppen gesehen, zu denen die Eigengruppe in Konflikt- bzw. Konkurrenzbeziehungen steht. Gruppenexperimente haben gezeigt, dass in Wettbewerbssituationen sogar beliebig zusammengestellte Gruppen dazu tendieren, die Konkurrenzgruppe negativ wahrzunehmen und zu diskriminieren.[61] Dies interpretieren Konflikttheoretiker wie Lewis A. Coser[62], Muzafer Sherif[63], Robert A. Levine und Donald T. Campbell[64] in ihrer Theorie realer Konflikte so, dass die Existenz solcher Konflikte und deren Wahrnehmung durch die Gruppe (*perceived threat*) eine wesentliche Voraussetzung für Feindseligkeit und Vorurteil gegenüber anderen Gruppen bilden. Dabei ergibt sich allerdings das Problem, dass Konflikte immer wahrgenommene und damit subjektiv interpretierte Konflikte sind, d. h., nicht unabhängig von Erwartungen und bereits bestehenden Gruppenstereotypen existieren. Vorurteile können sich in Form von

---

60 Altemeyer, Bob: Enemies of Freedom. Understanding Right-Wing Authoritarianism. San Francisco: Jossey-Bass 1988; Oesterreich, Detlef: Autoritäre Persönlichkeit und Gesellschaftsordnung. Der Stellenwert psychischer Faktoren für politische Einstellungen. Weinheim: Juventa 1993; Stone, William F., Gerda Lederer u. Richard Christie (Hrsg.): Strength and Weakness. The Authoritarian Personality Today. New York: Springer 1993.
61 Sherif, Muzafer et al.: Intergroup Conflict and Cooperation. The Robbers Cave Experiment. Norman, Oklahoma: University of Oklahoma Book Exchange 1961.
62 Coser, Lewis A.: The Functions of Social Conflict. Glencoe, IL: Free Press 1965.
63 Sherif et al., Intergroup.
64 Levine, Robert A. u. Donald T. Campbell: Ethnocentrism: Theories of Conflict, Ethnic Attitudes, and Group Behavior. New York/London: Wiley 1972.

Gruppennormen, Ideologien und Legenden verselbstständigen und die realen Gruppenbeziehungen beeinflussen, auch wenn „in Wirklichkeit" der Konflikt nicht mehr besteht oder in diesem Ausmaß vielleicht auch nie bestanden hat. Vorurteile können andererseits dazu dienen, eigenes diskriminierendes Handeln zu legitimieren. In den antisemitischen Vorstellungen haben wir eine solche Tradition vor uns, die von DemagogInnen instrumentalisiert und zur Erklärung bestimmter realer oder vermeintlicher Missstände genutzt wird.

Andere Untersuchungen zeigen allerdings, dass für eine gegenseitige Benachteiligung und die Ausbildung von Ressentiments bereits die Bildung von Gruppen anhand beliebiger Merkmale ausreicht, um Diskriminierungseffekte zu erzeugen. Dies wird in der Theorie der sozialen Identität so erklärt, dass die soziale Identität einer Person durch ihre Zugehörigkeit zu einer oder mehreren Gruppen definiert wird und dass Personen dazu tendieren, ihre eigene Gruppe positiv von anderen abzugrenzen, um auf diese Weise für sich selbst eine positive personale Identität zu gewinnen.[65] Negative Urteile über „den Juden" entstehen demnach, weil Nicht-Juden damit im Vergleich zu den Juden ihre eigene soziale Identität aufwerten bzw. stabilisieren können. In Zeiten nationaler Identitätskrisen, wie etwa in Deutschland in der Phase der Reichseinigung nach 1871 oder nach der Niederlage im Ersten Weltkrieg, wächst der Antisemitismus stark an und die Juden werden als Staats- oder Volksfeinde diskriminiert. Ähnlich argumentiert die Theorie der relativen Deprivation, wonach Personen ihre eigene soziale Position ständig im Vergleich mit anderen Personen oder Gruppen beobachten und bewerten. Die subjektive Wahrnehmung, gegenüber Mitgliedern einer religiös, kulturell oder sozial abweichenden Minderheit schlechtergestellt zu sein bzw. seine eigene, bessere Position bedroht zu sehen, führt zu einer Abwertung und negativen Stereotypisierung dieser Gruppen. Angesichts des sozialen Aufstiegs der Juden, denen aufgrund ihrer Religion in der christlichen Gesellschaft jahrhundertelang eine inferiore Position zugewiesen wurde, fühlten sich viele ChristInnen in ihrer dominanten Rolle zurückgesetzt und reagierten mit der Forderung nach erneuter Diskriminierung, auch wenn sie gar nicht direkt mit Juden konkurrierten.

---

65 Tajfel, Henry u. C.J. Turner: The Social Identity Theory and Intergroup Behavior. In: Psychology of Intergroup Relations. Hrsg. von S. Worchel u. W.G. Austin. Chicago: Nelson-Hall 1986.

4.3 Makro-soziale Krisentheorien

Die bisher vorgestellten psychologischen und gruppentheoretischen Ansätze haben den Zusammenhang von Frustration, relativer Deprivation und Konkurrenz mit der Vorurteilsbildung herausgearbeitet und liefern damit auch die Basis für die makro-sozialen Theorien, die das Auftreten von Antisemitismus auf gesamtgesellschaftlicher Ebene zu erklären versuchen. Alle diese Theorien stellen den krisenhaften Verlauf der gesellschaftlichen Aufklärung und Modernisierung ins Zentrum ihrer Analyse, sodass man mit Samuel Salzborn vom „Antisemitismus als negativer Leitidee der Moderne"[66] sprechen könnte, ähnlich wie Max Horkheimer und Theodor W. Adorno in ihrer „Dialektik der Aufklärung"[67] diese „Nachtseite" der modernen bürgerlichen Gesellschaft herausgearbeitet haben.

Die von dem französischen Soziologen Emile Durkheim Ende des 19. Jahrhunderts entwickelte Anomie-Theorie[68] nimmt an, dass moderne Gesellschaften durch Auflösung alter Gemeinschaftsstrukturen in einen Zustand wachsender Normlosigkeit und Desorganisation geraten, auf den die verunsicherten Individuen mit abweichendem Verhalten und einer starken emotionalen Bindung an das (nationale) Kollektiv reagieren. Der bekannte amerikanische Soziologe Talcott Parsons übernimmt in seiner „Sociology of Modern Anti-Semitism"[69] diesen Gedanken Durkheims, wonach Unsicherheit zu anomischen Reaktionen wie Aggressivität führt, die sich nicht gegen die Mitglieder der eigenen Nation richten kann, sondern auf diejenigen gelenkt wird, von denen man glaubt, dass sie die Wertorientierungen der nationalen Gemeinschaft nicht teilen. „Antisemitismus hat also, [...] die Signifikanz eines Symptoms" für eine gesellschaftliche Krisensituation.[70] Auch für Parsons stellt sich damit die Frage, warum die Juden der bevorzugte „Sündenbock" waren. Er sieht auf Seiten der Juden zwei Eigenschaften, die sie zum Ziel von Anfeindungen werden lassen: eine starke *in-group*-Orientierung und das von ihm als „lautstarke Selbstbehauptung" bezeichnete Verhaltens-

---

66 Salzborn, Samuel: Antisemitismus als negative Leitidee der Moderne. Sozialwissenschaftliche Theorien im Vergleich. Frankfurt a. M./New York: Campus Verlag 2010.
67 Horkheimer, Max u. Theodor W. Adorno: Dialektik der Aufklärung. Frankfurt a. M.: Fischer 1969. S. 177–217 (zuerst Amsterdam 1947).
68 Durkheim, Emile: Der Selbstmord. Neuwied/Berlin: Luchterhand 1973 (franz.: Le suicide: Étude de sociologie. Paris 1897).
69 Parsons, Talcott: The Sociology of Modern Anti-Semitism. In: Jews in a Gentile World. Hrsag. von Isaque Graeber u. Stuart Henderson. New York: MacMillan 1942.
70 Brief von Talcott Parsons an Ben Halpern 1942, zit. nach: Gerhardt, Uta: Die soziologische Erklärung des nationalsozialistischen Antisemitismus während des Zweiten Weltkrieges in den USA. Zur Faschismustheorie Talcott Parsons'. In: Jahrbuch für Antisemitismusforschung 1 (1992). S. 253–273, hier S. 259.

muster (gemeint ist hier wohl eine selbstbewusste öffentliche Interessenvertretung), das sie im Zuge ihrer prekären gesellschaftlichen Akkulturation als Minderheit erworben haben. Auf Seiten der Mehrheitsgesellschaft nennt er drei Ursachen: 1) Die Juden werden als erfolgreichere KonkurrentInnen im Leistungswettbewerb wahrgenommen; 2) sie bilden eine zugleich fremde und nahe Gruppe; 3) den psychologischen Gewinn, den ein Rückgriff auf nationalistische Stereotype bei individuellem Versagen in der Leistungsgesellschaft für den Einzelnen bzw. die Einzelne bedeuten kann. Als „Fremde in unserer Mitte", die überdies wehrlos sind, bilden die Juden für Parsons ein bevorzugtes Ziel, doch betont er, dass „der Jude nur eines der möglichen Symbole ist, auf die die diffuse und unterdrückte Aggression projiziert werden kann"[71]. Auch Zygmunt Bauman setzt anomietheoretisch beim Problem sozialer Ordnung an.[72] Er geht von der Prämisse aus, dass moderne, als national verfasst gedachte Gesellschaften dazu tendieren, die Welt eindeutig zu ordnen. Dies gelingt über eine Freund/Feind-Differenzierung, wobei sich die als Repräsentantin dieser Ordnung verstehende Wir-Gruppe nur durch die Abgrenzung von einer negativ bewerteten *out-group* (Feind) konstituieren kann. Neben der Freund/Feind-Unterscheidung gibt es nach Bauman auch noch die Figur des Fremden, die sich dem Freund/Feind-Schema entziehe und damit zu etwas Unklassifizierbarem würde. Er meint damit jedoch nicht „zugewanderte Ausländer im Inland", sondern allein die Juden, denen diese Position in Europa dauerhaft zugewiesen worden sei. In einer in Nationen aufgeteilten Welt verkörpern für ihn die Juden den Prototyp des dritten Elements, ein zu bekämpfendes nichtnationales Vakuum, weil es die zweiwertige Logik von Freund/Feind sprengt. Ambivalenz und Nicht-Identität bzw. die Verkörperung übernationaler Erscheinungen wie Kosmopolitismus, Geld, universalistische Werte erscheinen als der zentrale Sinngehalt des „Judenbildes". Diese Personifikation der Ambivalenz im „Juden" haben schon andere Theoretiker gesehen (Sigmund Freud, Otto Fenichel, Detlev Claussen) und damit einen wesentlichen Sinngehalt des Antisemitismus benannt.

Durkheims Anomie-Theorie wurde auch von Bruno Bettelheim und Morris Janowitz als Basistheorie benutzt, indem sie soziale Mobilität, insbesondere Statusverluste, als Ursache für Antisemitismus empirisch untersuchen. Wie ihr Buchtitel von „Social Change and Prejudice"[73] andeutet,

---

71 Parsons, Sociology, S. 118.
72 Bauman, Zygmunt: Moderne und Ambivalenz. Das Ende der Eindeutigkeit. Hamburg: Junius 1995.
73 Bettelheim, Bruno u. Morris Janowitz: Social Change and Prejudice. London: Harper 1964 (zuerst: Dynamics of Prejudice. A Psychological and Sociological Study of Veterans. New York 1950).

wird ein theoretischer Zusammenhang zwischen sozialem Wandel und Antisemitismus behauptet. Vertikale Mobilität führt den Auf- oder Absteiger aus seiner vertrauten Umgebung heraus und löst damit normative Orientierungsprobleme und innere Spannungen aus. Zu den anomischen Reaktionen gehören Unsicherheit und Aggressivität, die auf andere Gruppen gerichtet werden. Sieht die Anomie-Theorie den Antisemitismus als Folge einer Orientierungskrise, so betonen andere Theorien, etwa die der relativen Deprivation, den Zusammenhang zwischen Konkurrenz und sozialer Mobilität, wonach sowohl individuelle als auch kollektive Statusverluste zu sozialen Spannungen und relativer Deprivation führen, die wiederum die Feindschaft gegen reale oder vermeintliche KonkurrentInnen auslösen. Mit dem Konzept der Trägerschichten konnte die Antisemitismusforschung einzelne gesellschaftliche Berufsgruppen oder Schichten identifizieren, die im Kampf um Markt- und Berufschancen mit Forderungen nach der Ausschaltung der jüdischen Konkurrenz reagierten und besonders antisemitisch eingestellt waren.

In den 1980er Jahren haben Moishe Postone[74] und Detlev Claussen[75] ihre Theorien im Anschluss an Karl Marx' Kritik der politischen Ökonomie und die Arbeiten der Frankfurter Schule entwickelt. Beide betrachten die verbreitete Sündenbocktheorie des Antisemitismus als nicht ausreichend, da sie das Spezifische am modernen Antisemitismus, das über den gewöhnlichen Rassismus hinausgehe, verfehle. Postone bestimmt ihn als eine säkulare, systemartige Denkform mit Welterklärungsanspruch. Er sieht Antisemitismus nicht als ein Aufbegehren gegen die Zumutungen der Moderne, sondern bezieht ihn auf die Differenz von Wesen und Erscheinungsform des Kapitalismus. Von den zwei Seiten der Warenform (Gebrauchs- und Tauschwert) wird im antikapitalistischen Antisemitismus die abstrakte Seite der Warenform (Geld mit seinen Kennzeichen der Abstraktheit, Mobilität, Universalität) den Juden zugerechnet und ein wesenhafter Gegensatz von Arbeit und Geld oder Industrie- und Finanzkapital („schaffendes und raffendes Kapital" in der Sprache des Antisemitismus) konstruiert. Antisemitismus wäre also eine Art halbierter Antikapitalismus, der einseitig in den Juden das Finanzkapital angreift. Detlev Claussen folgt dem gleichen, auf Karl Marx' Theorie des Warentausches basierenden politisch-ökonomischen Erklärungsmodell, kombiniert es aber mit Freuds Theorie des Unbewussten, weil er eine Strukturähnlichkeit von Unbewusstem und Wertsphäre erkennen will, die beide als Mächte empfunden werden, denen gegenüber sich die Individuen als ohnmächtig und beherrscht empfinden. Im Warentausch werde eine gewaltsame Aneignung der Waren tabuisiert und in der bürger-

---

74 Postone, Moishe: Die Logik des Antisemitismus. In: Merkur 36 (1982). S. 13–25.
75 Claussen, Detlev: Grenzen der Aufklärung. Zur gesellschaftlichen Geschichte des modernen Antisemitismus. Frankfurt a. M.: Fischer 1987.

lichen Gesellschaft würden Triebregungen zivilisiert. Da das Diktat des Ökonomischen und des Unbewussten nicht erkannt würde, richte sich die Rebellion dagegen auf die Juden, weil diese die Herrschaft des Abstrakten personifizierten. Nach dieser Theorie rücken die Juden erst im Kapitalismus ins Zentrum des gesellschaftlichen Konflikts, weil der Antisemitismus Geldmacht, Kapitalismus und Judentum miteinander identifiziert.

4.4 Wissenssoziologische Ansätze

Erst in jüngster Zeit wendet sich die Vorurteilsforschung der sozialen Weitergabe von Vorurteilen zu, d. h., sie erweitert sich zu einer Soziologie des Wissens und zu einer Lerntheorie. Gerade am Antisemitismus, der in Europa tiefe Spuren in religiösen Mentalitäten, im Aberglauben und im Alltagswissen hinterlassen hat, lässt sich die Bedeutung der Weitergabe dieses „Wissens" für die periodische Revitalisierung judenfeindlicher Ressentiments studieren. Wer sich den Folgen eines unverstandenen gesellschaftlichen Wandels ausgesetzt sieht, findet fertige Erklärungen im ideologischen Wissensvorrat des Antisemitismus. Klaus Holz[76] setzt hier an, indem er die Sinnstruktur der Weltanschauung des „nationalen Antisemitismus" in einem wissens- und kultursoziologischen Ansatz erfasst. Alle bisherigen soziologischen Ansätze vernachlässigen nach Auffassung von Holz die antisemitische Semantik als eigenständige Dimension und führen sie stattdessen auf bestimmte Kontexte zurück, seien es gesellschaftliche Krisen, das Unbewusste, das Kapital oder die Eigenschaften der Juden selbst. Holz sieht das Spezifische im modernen Antisemitismus in seiner Verknüpfung mit dem „Nationalen". In der Sinnstruktur des nationalen Antisemitismus werden Juden, wie schon Bauman angemerkt hat, als diejenigen angesehen, die das nationalstaatliche Schema sprengen: „Der Jude" steht außerhalb der nationalen Ordnung der Welt, er ist zugleich innen und außen, er verkörpert das Gegenprinzip: „nationale Nicht-Identität". Dies macht seine Bedrohlichkeit für die Einheit der als (Volks-)Gemeinschaft vorgestellten Nation aus und erklärt zugleich, weshalb die Antisemiten die „Judenfrage" immer als „Weltfrage" aufgefasst haben. Mit dieser Konzeption gelingt eine klare Abgrenzung gegenüber der Xenophobie, denn zugewanderte Angehörige einer anderen Nation sprengen nicht das „nationale Prinzip".

Die angeführten Erklärungsansätze versucht die sozialwissenschaftliche und historische Forschung zu komplexeren Krisenmodellen zusammenzufas-

---

76 Holz, Klaus: Nationaler Antisemitismus. Wissenssoziologie einer Weltanschauung. Hamburg: Hamburger Edition 2001.

sen.[77] Im Modell einer Modernisierungskrise werden sowohl soziale Auf- und Abstiegsprozesse, Legitimationsprobleme, Wert- und Normkrisen integriert als auch das Fortwirken staatlicher Diskriminierungen, ideologischer Traditionen und ihrer Anpassung an neue soziale und wissenschaftliche Standards beachtet, um Struktur und Ausmaß des antisemitischen Vorurteils zu erklären. Samuel Salzborn hat kürzlich diese gesellschaftstheoretisch argumentierenden sozialwissenschaftlichen Theorien von Sigmund Freud über Hannah Arendt bis hin zu Klaus Holz einer vergleichenden theoretischen wie empirischen Analyse und Prüfung unterzogen.[78]

Hat man für die Entstehung des modernen Antisemitismus im späten 19. Jahrhundert im Konzept der Modernisierungskrise zumindest einen theoretischen Rahmen formuliert, so existieren doch im Hinblick auf die gesamte Geschichte der Judenfeindschaft die einzelnen Theorien weitgehend unverbunden nebeneinander, und ihr historischer Geltungsbereich für bestimmte Epochen der Judenfeindschaft, denen in funktionalistischer Sicht jeweils unterschiedliche Mehrheits-/Minderheitsbeziehungen und andere Ursachen und Motive zugrunde liegen können, ist nicht geklärt. Zur Erklärung des Antisemitismus muss man Vorurteilstheorien, die erklären „how hostility, discrimination, mobilization and violence against Jews and other minorities are related to the political, economic, religious roles they play", verbinden mit „specific theories of antisemitism relating the development of an ideology justifying Jew-hatred to dominant ideologies, organizations and social structure"[79]. Eine solche übergreifende Theorie des Antisemitismus gibt es bisher nicht, zumal Antisemitismusforschung in einer Vielzahl wissenschaftlicher Disziplinen mit eigenen Interpretationsansätzen betrieben wird.[80]

---

77 Z. B. Strauss, Herbert A. (Hrsg.): Hostages of Modernization. Studies on Modern Antisemitism 1870–1933/39. Vol. 3/1: Germany – Great Britain – France; Vol. 3/2: Austria – Hungary – Poland – Russia. Berlin/New York: de Gruyter 1993; Karady, Victor: Gewalterfahrung und Utopie. Juden in der europäischen Moderne. Frankfurt am Main: Fischer Verlag 1999; vgl. zu diesen Interpretationsmodellen den Überblick bei Ferrari Zumbini, Massimo: Die Wurzeln des Bösen. Gründerjahre des Antisemitismus: Von der Bismarckzeit zu Hitler. Frankfurt am Main: Klostermann 2003, S. 635ff.
78 Salzborn, Antisemitismus.
79 Fein, Dimensions, S. 68.
80 Bergmann, Werner u. Mona Körte (Hrsg.): Antisemitismusforschung in den Wissenschaften. Berlin: Metropol 2004.

Bibliographie

Adorno, Theodor W., Else Frenkel-Brunswik, Daniel J. Levinson u. R. Nevitt Sanford: The Authoritarian Personality. New York: Harper 1950.
Altemeyer, Bob: Enemies of Freedom. Understanding Right-Wing Authoritarianism. San Francisco: Jossey-Bass 1988.
Arendt, Hannah: Elemente und Ursprünge totalitärer Herrschaft. Antisemitismus, Imperialismus, totale Herrschaft. München: Piper 1986.
Bauman, Zygmunt: Moderne und Ambivalenz. Das Ende der Eindeutigkeit. Hamburg: Junius 1995.
Beland, Hermann: Psychoanalytische Antisemitismustheorien im Vergleich. In: Antisemitismusforschung in den Wissenschaften. Hrsg. von Werner Bergmann und Mona Körte. Berlin: Metropol 2004. S 187–218.
Handbuch des Antisemitismus, bisher Bde. 1–4. Hrsg. von Wolfgang Benz in Zusammenarbeit mit Werner Bergmann, Johannes Heil, Juliane Wetzel u. Ulrich Wyrwa. Berlin: de Gruyter 2008–2011.
Becker, Peter-Emil: Sozialdarwinismus, Rassismus, Antisemitismus und Völkischer Gedanke. Wege ins Dritte Reich, Teil II. Stuttgart: Enke 1990.
Berger, David (Hrsg.): History and Hate. The Dimensions of Anti-Semitism. Philadelphia, PA: Jewish Publication Society 1986.
Bering, Dietz: Gutachten über den antisemitischen Charakter einer namenpolemischen Passage aus der Rede Jörg Haiders, 28.2.2001. In: „Dreck am Stecken" – Politik der Ausgrenzung. Hrsg. von Anton Pelinka und Ruth Wodak. Wien: Czernin Verlag 2002. S. 173–186
Bergmann, Werner (Hrsg.): Error without Trial. Psychological Research on Antisemitism. Berlin/New York: de Gruyter 1988.
Bergmann, Werner: Geschichte des Antisemitismus. München: Beck 2002.
Bergmann, Werner: Vergleichende Meinungsforschung zum Antisemitismus in Europa und die Frage nach einem „neuen europäischen Antisemitismus". In: Feindbild Judentum. Antisemitismus in Europa. Hrsg. von Lars Rensmann u. Julius H. Schoeps. Berlin: Verlag für Berlin-Brandenburg 2008. S. 473–507.
Bergmann, Werner u. Mona Körte (Hrsg.): Antisemitismusforschung in den Wissenschaften. Berlin: Metropol 2004.
Bergmann, Werner u. Ulrich Wyrwa: Antisemitismus in Zentraleuropa. Deutschland, Österreich und die Schweiz vom 18. Jahrhundert bis zur Gegenwart. Darmstadt: Wissenschaftliche Buchgesellschaft 2011.
Berkowitz, Leonard: Anti-Semitism and the Displacement of Aggression. In: Journal of Abnormal and Social Psychology 59 (1959). S. 181–187.
Bettelheim, Bruno u. Morris Janowitz: Social Change and Prejudice. London: Harper 1964 (zuerst: Dynamics of Prejudice. A Psychological and Sociological Study of Veterans. New York 1950).
Braun, Christina von: Viertes Bild: „Blut- und Blutschande". Zur Bedeutung des Blutes in der antisemitischen Denkwelt. In: Antisemitismus. Vorurteile und Mythen. Hrsg. von Julius H. Schoeps und Joachim Schlör. München: Piper 1995. S. 80–95.
Claussen, Detlev: Grenzen der Aufklärung. Zur gesellschaftlichen Geschichte des modernen Antisemitismus. Frankfurt a. M.: Fischer 1987.
Coser, Lewis A.: The Functions of Social Conflict. Glencoe, IL: Free Press 1965.

Dollard, John, Leonard W. Doob, Neal E. Miller, O. H. Maurer u. Robert R. Sears: Frustration and Aggression. New Haven, CT: Yale University Press 1939 (dt. Frustration und Aggression. Weinheim: Juventa 1973).

Durkheim, Emile: Der Selbstmord. Neuwied, Berlin: Luchterhand 1973 (franz.: Le suicide: Étude de sociologie. Paris 1897).

Fein, Helen: Dimensions of Antisemitism: Attitudes, Collective Accusations and Actions. In: The Persisting Question. Sociological Perspectives and Social Contexts of Modern Antisemitism. Hrsg. von H. Fein. Berlin/New York: de Gruyter 1987. S. 67–85.

Feldman, Louis: Jew and Gentile in the Ancient World. Attitudes and Interactions from Alexander to Justinian. Princeton, N.J.: Princeton UP 1993.

Fenichel, Otto: Aufsätze. Freiburg: Olten 1981 (zuerst 1946)

Ferrari Zumbini, Massimo: Die Wurzeln des Bösen. Gründerjahre des Antisemitismus: Von der Bismarckzeit zu Hitler. Frankfurt am Main: Klostermann 2003.

Friedländer, Saul: Die Juden und das Dritte Reich. Bd. 1: Die Jahre der Verfolgung 1933–1939. München: Beck 1998.

Friedländer, Saul: Die Jahre der Vernichtung. Das Dritte Reich und die Juden, 2. Band: 1939–1945. München: Beck 2006.

Gager, John: The Origins of Anti-Semitism: Attitudes Toward Jews in Pagan and Christian Antiquity, New York: Oxford UP 1983.

Gerhardt, Uta: Die soziologische Erklärung des nationalsozialistischen Antisemitismus während des Zweiten Weltkrieges in den USA. Zur Faschismustheorie Talcott Parsons', In: Jahrbuch für Antisemitismusforschung 1 (1992). S. 253–273.

Glick, Peter: Sacrificial Lambs Dressed in Wolves' Clothing: Envious Prejudice, Ideology, and the Scapegoating of Jews. In: Understanding Genocide: The Social Psychology of the Holocaust. Hrsg. von Leonard S. Newman u. Ralph Erber. London: Oxford 2002. S. 113–142.

Heil, Johannes: „Gottesfeinde" – „Menschenfeinde". Die Vorstellung von jüdischer Weltverschwörung (13. bis 16. Jahrhundert). Essen: Klartext 2006.

Heitmeyer, Wilhelm: Deutsche Zustände, Folge 1. Frankfurt a. Main: Suhrkamp 2002.

Herf, Jeffrey: The Jewish Enemy. Nazi Propaganda during World War II and the Holocaust. Cambridge (Mass.)/London 2006.

Herbst, Ludolf: Hitlers Charisma. Die Erfindung eines deutschen Messias. Frankfurt a. M.: Fischer 2010.

Holz, Klaus: Nationaler Antisemitismus. Wissenssoziologie einer Weltanschauung. Hamburg: Hamburger Edition 2001.

Holz, Klaus: Die Gegenwart des Antisemitismus. Hamburg: Hamburger Edition 2005.

Horkheimer, Max u. Theodor W. Adorno: Dialektik der Aufklärung. Frankfurt a. M.: Fischer 1969. S. 177–217 (zuerst Amsterdam 1947).

Kaplan, Edward H. u. Charles A. Small: Anti-Israel Sentiment Predicts Anti-Semitism in Europe. In: Journal of Conflict Resolution 50/4 (2006). S. 548–561.

Karady, Victor: Gewalterfahrung und Utopie. Juden in der europäischen Moderne. Frankfurt a. M.: Fischer Verlag 1999.

Katz, Jacob: A State within a State. The History of an Anti-Semitic Slogan. In: ders.: Zur Assimilation und Emanzipation der Juden. Ausgewählte Schriften. Darmstadt 1982. S. 124–153.

Katz, Jacob: Vom Vorurteil bis zur Vernichtung. Antisemitismus 1700–1933. München: Beck 1988.

Langmuir, Gavin I.: Towards a Definition of Antisemitism. Los Angeles: University of California Press 1990.
Levine, Robert A. u. Donald T. Campbell: Ethnocentrism: Theories of Conflict, Ethnic Attitudes, and Group Behavior. New York/London: Wiley 1972.
Lin, Monica H., Virginia S. Y. Kwan, Anna Cheung u. Susan T. Fiske: Stereotype Content Model Explains Prejudice for an Envied Outgroup: Scale of Anti-Asian American Stereotypes. Personality and Social Psychology Bulletin 31/1 (2005). S. 34–47.
Loewenstein, Rudolph M.: Christians and Jews. A Psychoanalytic Study. New York: International University Press 1952.
Marin, Bernd: Ein historisch neuartiger „Antisemitismus ohne Antisemiten". In: Antisemitismus in Österreich. Sozialhistorische und soziologische Studien. Hrsg. von John Bunzl u. Bernd Marin. Innsbruck: Inn-Verlag 1983. S. 171–192.
Oberman, Heiko A.: Wurzeln des Antisemitismus. Christenangst und Judenplage im Zeitalter des Humanismus und der Reformation. Berlin: Verlag Severin und Siedler 1981.
Oesterreich, Detlef: Autoritäre Persönlichkeit und Gesellschaftsordnung. Der Stellenwert psychischer Faktoren für politische Einstellungen. Weinheim: Juventa 1993.
Parsons, Talcott: The Sociology of Modern Anti-Semitism. In: Jews in a Gentile World. Hrsg. von Isaque Graeber u. Stuart Henderson. New York: MacMillan 1942.
Postone, Moishe: Die Logik des Antisemitismus. In: Merkur 36 (1982). S. 13–25.
Rürup, Reinhard: Emanzipation und Antisemitismus. Göttingen: Vandenhoeck & Ruprecht 1975.
Ruether, Rosemary: Nächstenliebe und Brudermord. Die theologischen Wurzeln des Antijudaismus. München: Kaiser 1978.
Salzborn, Samuel: Antisemitismus als negative Leitidee der Moderne. Sozialwissenschaftliche Theorien im Vergleich. Frankfurt a. M./New York: Campus Verlag 2010.
Sartre, Jean-Paul: Betrachtungen zur Judenfrage. Zürich 1948 (franz. zuerst Paris 1946).
Schäfer, Peter: Judenhass und Judenfurcht: Die Entstehung des Antisemitismus in der Antike. Frankfurt a. M.: Verlag der Weltreligionen bei Insel 2010 (engl. Ausgabe 1997).
Schreiner, Stefan: Rechtsstellung und Strukturen jüdischer Gemeinden im europäischen Kontext. In: Handbuch zur Geschichte der Juden in Europa, Bd. II. Hrsg. von Elke-Vera Kotowski, Julius H. Schoeps u. Hiltrud Wallenborn. Darmstadt: Wissenschaftliche Buchgesellschaft 2001. S. 58–68.
Sherif, Muzafer et al.: Intergroup Conflict and Cooperation. The Robbers Cave Experiment. Norman, Oklahoma: University of Oklahoma Book Exchange 1961.
Simmel, Ernst (Hrsg.): Anti-Semitism. A Social Disease. New York: International University Press 1946 (dt.: Antisemitismus. Frankfurt a. M.: Fischer Verlag 1993).
Snyder, Timothy: Bloodlands. Europe between Hitler and Stalin. New York: Free Press 2010.
Stone, William F., Gerda Lederer u. Richard Christie (Hrsg.): Strength and Weakness. The Authoritarian Personality Today. New York: Springer 1993.
Strauss, Herbert A. (Hrsg.): Hostages of Modernization. Studies on Modern Antisemitism 1870–1933/39. Vol. 3/1: Germany – Great Britain – France; Vol. 3/2: Austria – Hungary – Poland – Russia. Berlin/New York: de Gruyter 1993.
Taguieff, Pierre-André: La nouvelle judéophobie. Paris: Mille et une nuits 2002 (engl.: Rising from the Muck. The New Anti-Semitism in Europe. Chicago: Ivan R. Dee 2004).

Tajfel, Henry u. C.J. Turner: The Social Identity Theory and Intergroup Behavior. In: Psychology of Intergroup Relations. hrsg. von S. Worchel u. W.G. Austin. Chicago: Nelson-Hall 1986.

Toch, Michael: Die Juden im mittelalterlichen Reich. Enzyklopädie deutscher Geschichte, Bd. 44. München: Oldenbourg 1998.

Volkov, Shulamit: Anti-Semitism. In: International Encyclopedia of the Social and Behavioral Sciences. Hrsg. von Neil J. Smelser u. Paul B. Baltes. Amsterdam: Elsevier 2001. S. 542–549.

Working Definition of Anti-Semitism. In: Education on the Holocaust and on Anti-Semitism. An Overview and Analysis of Educational Approaches. Hrsg. von der OSCE. Office for Democratic Institutions and Human Rights (ODIHR). Warschau 2006, S. 19 (dt.: Arbeitsdefinition „Antisemitismus" vom European Forum on Antisemitism. Berlin).

Yavetz, Zvi: Judenfeindschaft in der Antike. Die Münchner Vorträge. München: Beck 1997.

Yuval, Israel Jacob: Vengeance and Damnation, Blood and Defamation: From Jewish Martyrdom to Blood Libel Accusations. In: Zion 58 (1993). S. 33–90.

Sexismus und Heterosexismus

Susan T. Fiske und Alyssa L. Norris

Vorurteile gegen viele Minderheitengruppen, aber insbesondere gegen Frauen und ethnische Minderheiten, werden heutzutage weniger offenkundig und unverhohlen geäußert.[1] Dennoch haben viele nach wie vor eine offen negative Einstellung gegenüber Homosexuellen und eine verdeckt negative Einstellung gegenüber Frauen, was sowohl Einschätzungen als auch Interaktionen in zwischenmenschlichen Beziehungen beeinflusst. Negative Vorurteile wirken sich noch immer auf die Berufstätigkeit von Frauen aus oder auf die Einstellung gegenüber der Durchsetzung von Bürgerrechten für Lesben und Schwule.[2]

Wir untersuchen hier zunächst jene Aspekte, in denen sich Sexismus und Heterosexismus von anderen Vorurteilen unterscheiden und in denen sie einander ähneln. Anschließend wenden wir uns zeitgenössischen Formen von Sexismus zu: implizierter Sexismus, moderner Sexismus und ambivalenter Sexismus, einschließlich Sexismus gegenüber Männern. Dann befassen wir uns mit Heterosexismus, d.h. mit Vorurteilen gegenüber Schwulen und Lesben. Abschließend diskutieren wir Strategien und Möglichkeiten, solche Vorurteile zu bekämpfen.

---

1   Devine, Patricia G.: Stereotypes and prejudice: Their automatic and controlled components. In: Journal of Personality and Social Psychology 56 (1989). S. 5-18; Swim, Janet K., Kathryn J. Aikin, Wayne S. Hall u. Barbara A. Hunter: Sexism and racism: Old fashioned and modern prejudices. In: Journal of Personality and Social Psychology 68 (1995). S. 199-214; Fiske, S. T.: Stereotyping, prejudice, and discrimination. In: Daniel T. Gilbert, Susan T. Fiske u. Gardner Lindzey (Hrsg.): Handbook of Social Psychology (4. Auflage, Heft 2, S. 357-411). New York: McGraw-Hill 1998.
2   Ely, Robin J. u. Debra E. Meyerson: Theories of gender in organizations: A new approach to organizational analysis and change. In: Research Organizational Behaviour 22 (2000). S. 103-151; Lips-Wiersma, Marjolein: Making conscious choices in doing research on workplace spirituality: Utilizing the „holistic development model" to articulate values, assumptions and dogmas of the knower. In: Journal of Organizational Change Management 16 (2003). S. 406-425; Stroh, Linda K., Jeanne M. Brett u. Anne H. Reilly: All the right stuff: A comparison of female and male managers' career progression. In: Journal of Applied Psychology 77 (1992). S. 251-260.

1. Was ist das Besondere an Sexismus und Heterosexismus?

Im Zusammenhang mit Vorurteilen denkt man zunächst üblicherweise an ethnische Vorurteile. Vorurteile gegen ethnische Minderheiten sind gefährlich und destruktiv.[3] Zudem sind sie in modernen Gesellschaften aufgrund der Schrecken der Vergangenheit emotional stark aufgeladen, was sich belastend auf gesellschaftliche Interaktionen zwischen Minderheit und Mehrheit auswirkt. Als Rassist oder Rassistin bezeichnet zu werden, ist daher ein ganz besonderes Stigma, weshalb die meisten Menschen es vermeiden, sich rassistisch zu verhalten oder sich den eigenen Rassismus einzugestehen. Außerdem hat Rassismus sehr wahrscheinlich keinen evolutionären Ursprung; unsere Vorfahren lebten in einem monoethnischen Umfeld, so dass sich Misstrauen gegenüber anderen ethnischen Gruppen per se wohl nicht herausbilden konnte.[4] Manchen Vorurteilskategorien wird immer wieder ein evolutionär begründetes Misstrauen gegenüber Fremdgruppen zugeschrieben, etwa nach Religion oder ethnischer Zugehörigkeit, jedoch existierten solche Fremdgruppen in prähistorischen Jäger- und Sammlerkulturen schlichtweg nicht.

Das Heranziehen von „Rasse" bzw. ethnischer Herkunft als Unterscheidungsmerkmal ist vielmehr eine gesellschaftliche Konstruktion, die durch die de-facto Segregation von ethnischen Gruppen in den Bereichen Wohnen, Bildung und Arbeitswelt in ihrer Bedeutung überhöht und aufrecht erhalten wird.

Im Unterschied dazu basiert Sexismus – mit dem Schwerpunkt auf Vorurteilen gegen Frauen – in modernen Gesellschaften ganz klar nicht auf Segregation. Männer und Frauen leben in enger und häufig positiv erlebter gegenseitiger Abhängigkeit – sie leben, lernen und arbeiten gemeinsam. Vor allem brauchen sie einander in den grundlegendsten biologischen Zusammenhängen, und sie leben häufig in gemeinsamen Familien zusammen. Dennoch findet all das im Kontext einer im Wesentlichen universellen männlichen Machtposition quer durch die Gesellschaften statt, die den Männern einen höheren Status, mehr Ressourcen und ein besseres Bildungskapital sichert.[5] Der Kontrast zwischen intimer Interdependenz und männ-

---

3 Fiske, Susan T. u. Shelly E. Taylor: Social cognition: From brains to culture. New York, NY: McGraw-Hill 2007.
4 Cosmides, Leda, John Tooby u. Robert Kurzban: Perceptions of race. In: Trends in Cognitive Sciences 7 (2003). S. 173-179.
5 United Nations Development Fund for Women: Overview: Women, work, and poverty. Progress of World's Women 2005. http://www.unifem.org/attachments/products/PoWW2005_overview_eng.pdf (02.08.2006).

licher Hegemonie schafft einen dem Sexismus eigenen Kontext. Wie wir sehen werden, ergeben sich daraus emotional gemischte, präskriptive Stereotype und ambivalente Vorurteile. Einige Aspekte der Gendervorurteile sind möglicherweise biologisch oder evolutionär begründet, da für die menschliche Reproduktion immer beide Geschlechter nötig waren und sexuelle Selektion wahrscheinlich noch immer, bis in unsere Zeit hinein, nach alten Mustern erfolgt. Allerdings lässt sich Sexismus ebenso gut über die gesellschaftlichen Rollen erklären.

Heterosexismus – Vorurteile gegen Homosexuelle – unterscheidet sich in wesentlichen Punkten von Rassismus und Sexismus. Erstens wird Heterosexismus von vielen modernen Subkulturen akzeptiert; mancherorts ist sogar umstritten, ob es sich dabei um ein Vorurteil handelt. Zur Zeit ist Heterosexismus eine der schlimmsten Formen des Vorurteils. Dazu kommt, dass Homosexualität nicht sichtbar ist und sich verbergen lässt, sodass sich das entsprechende Vorurteil nicht einmal verlässlich darauf stützen kann, dass jemand auch wirklich in diese Kategorie fällt. Viele Heterosexuelle behaupten sogar, gar keine Schwulen oder Lesben zu kennen.

Vor diesem Hintergrund untersuchen wir nun die Merkmale von Gendervorurteilen und sexuellen Vorurteilen und gehen am Ende des Kapitels auf Gemeinsamkeiten beider Vorurteile sowie auf Möglichkeiten ein, diese zu bekämpfen.

2. Moderner Sexismus

Die moderne psychologische Vorurteilsforschung geht auf die Arbeiten von Gordon Allport zurück.[6] Er definierte Vorurteile als entweder positive oder negative Einstellungen gegenüber Angehörigen von Personengruppen, die stereotyp mit bestimmten unbeliebten Wesenszügen assoziiert werden. Er merkte allerdings an, dass Vorurteile meist ausschließlich als etwas Negatives verstanden und mit Antipathie und Ablehnung in Zusammenhang gebracht werden. Diese Sichtweise existiert nach wie vor, und sie hat auch die Definition des Gendervorurteils geprägt. Ein Gendervorurteil ist eine Form des Vorurteils, das durch negative Haltungen gegenüber Frauen gekennzeichnet ist, es ist von seiner Konzeption her ausschließlich negativ konnotiert. Theoretiker und Theoretikerinnen haben Sexismus traditionell als diskriminierendes Verhalten oder als vorurteilshafte Einstellung definiert, die auf der Ansicht basiert, Frauen seien im Vergleich mit Männern minderwertig oder ganz anders, also bloß als Ausdruck von Feindseligkeit gegen-

---

6   Allport, Gordon W.: The nature of prejudice. Cambridge, Mass.: Addison-Wesley 1954.

über Frauen.[7] Diese Definition führte zur Erstellung einer Sexismus-Skala, die verschiedene Formen von Antipathie gegen Frauen erfasst.

In jüngster Zeit wurden allerdings neue Formen des Sexismus stärker betont – Neosexismus[8], moderner Sexismus[9] und ambivalenter Sexismus[10] –, die sich vom traditionellen aggressiven Sexismus unterscheiden. Die ursprüngliche Auffassung von Sexismus als Ausdruck offener Feindseligkeit gegenüber Frauen hat dazu geführt, dass Messskalen für Sexismus auf solche offenen Ausdrucksformen abstellten. Dagegen messen die erwähnten rezenteren Theorien und die damit verbundenen Skalen subtilere Ausdrucksformen von Sexismus. Beide Begriffe – Neosexismus wie moderner Sexismus – beruhen weitgehend auf dem aktuellen Verständnis von modernem Rassismus.[11] Der moderne Rassismus ersetzt die offeneren Vorurteile der Vergangenheit und ist eine Reaktion auf einen vermeintlichen Verstoß gegen das Gleichheitsprinzip. Dieser Sichtweise zufolge fordern Minderheiten immer noch politische und wirtschaftliche Unterstützung ein, obwohl die Diskriminierung dieser Minderheiten angeblich bereits der Vergangenheit angehört.[12] Ganz ähnlich entsteht moderner Sexismus aus Opposition gegen Frauen, die in ihrer akademischen oder beruflichen Laufbahn durch spezielle politische Programme unterstützt werden oder die größere politische und wirtschaftliche Macht anstreben. Neosexismus ist darüber hinaus eine Reaktion auf den vermeintlichen Verstoß gegen das Gleichheitsprinzip und die persönliche Freiheit der/des Einzelnen, ausgelöst durch aktuelle politische Bemühungen um den Abbau von Geschlechterungleichheiten. Allerdings werden Neosexismus und moderner Sexismus nach wie vor in erster Linie mit der für den traditionellen Sexismus charakteristischen Antipathie assoziiert, die zwar nicht mehr offen geäußert wird, wohl aber unter dem Deckmantel einer Verteidigung des Gleichheitsprinzips bestehen bleibt.

---

7 Spence, Janet T. u. Robert Helmreich: Who likes competent women? Competence, sex role congruence of interests, and subjects' attitudes toward women as determinants of interpersonal attraction. In: Journal of Applied Social Psychology 2 (1972). S. 197-213.

8 Tougas, Francine, Rupert Brown, Ann M. Beaton u. Stephane Joly: Neo Sexism: Plus ça change, plus c'est pareil. In: Personality and Social Psychology Bulletin 21 (1995). S. 842-849.

9 Swim et al., Sexism and Racism.

10 Glick, Peter u. Susan T. Fiske: The Ambivalent Sexism Inventory: Differentiating hostile and benevolent sexism. In: Journal of Personality and Social Psychology 70 (1996). S. 491-512.

11 Swim et al., Sexism and Racism; Tougas et al., Neo-Sexism.

12 McConahay, John B.: Modern racism, ambivalence, and the Modern Racism Scale. In: John F. Dovidio u. Samuel L. Gaertner (Hrsg.): Prejudice, discrimination and racism. London: Academic Press 1986.

2.1 Ambivalenter Sexismus

Im Gesamten gesehen wird Sexismus sowohl subtiler zum Ausdruck gebracht, als man aus seiner traditionellen Konzeption schließen könnte, und er ist seinem Wesen nach auch nicht ausschließlich negativ. Das Verhaltensrepertoire der Galanterie und des Hofierens kann zum Beispiel einer autoritären Einstellung entspringen.[13] Im Allgemeinen haben Vorurteile ein autoritäres Verhalten gegenüber untergeordneten Gruppen zur Folge. Auf Sexismus bezogen könnte autoritäres Verhalten gegenüber Frauen in offen feindseliger, aber auch in Form von Galanterie und Ritterlichkeit zum Ausdruck kommen. Die Proponenten der Ritterlichkeit nehmen Frauen als moralisch gefestigt, aber körperlich und mental schwach und daher als schutzbedürftig wahr. Ritterlichkeit scheint zwar in Widerspruch zu offener Feindseligkeit gegenüber Frauen zu stehen, kann aber sehr wohl die untergeordnete Position von Frauen zusätzlich verstärken – kommt die positive Sicht nur zum Tragen, wenn sich Frauen auch in die stereotypen Geschlechtsrollen einfügen. Tatsächlich besteht eine positive Korrelation zwischen unterschiedlichen Abstufungen dieser beiden Formen von Vorurteil.

Aus der „Samthandschuh"-Perspektive ist die Einstellung dominanter Gruppen gegenüber untergeordneten Gruppen keineswegs negativ, sondern eher neutral oder sogar positiv.[14] Betrachtet man Männer als dominante Gruppe, so entspricht diese Analyse ihrer Sicht auf Frauen. Im Allgemeinen beurteilen Männer beide Geschlechter neutral, wenn sie aber eine affektive Präferenz zeigen, dann für Frauen.

Die Theorie vom ambivalenten Sexismus geht über diese Theorien zu den Geschlechterbeziehungen und auch über frühere Definitionen von Sexismus hinaus.[15] Aus dieser Sicht ist Sexismus weder ausschließlich negativ noch positiv, sondern ambivalent. Viele Menschen mit sexistischen Ansichten empfinden Frauen gegenüber nicht nur Antipathie, sondern durchaus auch positive Gefühle, was sich mit der traditionellen Definition nicht erklären lässt. Forschungsarbeiten haben beispielsweise auch gezeigt, dass Männer weniger positiv bewertet werden als Frauen.[16]

---

13 Nadler, Eugene B. u. William R. Morrow: Authoritarian attitudes toward women, and their correlates. In: Journal of Social Psychology 49 (1959). S. 113-123.
14 Jackman, Mary R.: The velvet glove: Paternalism and conflict in gender, class, and race relations. Berkeley, CA: University of California Press 1994.
15 Glick, Peter u. Fiske, Susan T., Ambivalent Sexism Inventory.
16 Eagly, Alice H. u. Antonio Mladinic: Are people prejudiced against women? Some answers from research on attitudes, gender stereotypes, and judgments of competence. In: Wolfgang Strobe u. Miles Hewstone (Hrsg.): European review of social psychology. New York: John Wiley 1993. S. 1-35.

Der Theorie vom ambivalenten Sexismus zufolge bestehen feindseliger Sexismus (hostile sexism – HS) und wohlwollenderSexismus (benevolent sexism – BS) nebeneinander und führen zu ambivalentem Sexismus. Positive Einstellung und soziales Verhalten gegenüber Frauen sind typische Merkmale des BS; dennoch handelt es sich dabei um Sexismus, weil nur gegenüber jenen Frauen eine positive Haltung eingenommen wird, die sich entsprechend ihrer genau umgrenzten, stereotypen Geschlechterrolle verhalten. Die Vertreter dieser traditionellen Sicht der Geschlechterrollen sind der Auffassung, dass eine Frau in das Haus gehört, wo sie sich um die Kinder kümmert, während der Mann das Geld nach Hause bringt. BS unterscheidet sich von HS, d.h. der traditionellen Form von Sexismus, durch die positive Einstellung zur erwünschten Intimität mit und zu sozialem Verhalten gegenüber Frauen. Ungeachtet der positiven Gefühle, die wohlwollende Sexisten Frauen entgegenbringen, bleibt BS auf der ideologischen Ebene insbesondere deshalb problematisch, weil nach wie vor von Frauen erwartet wird, ihre „häuslichen Pflichten" zu erfüllen und sich als das schwächere Geschlecht zu gerieren. Während HS Frauen aus verantwortungsvollen Positionen in typisch männlichen Jobs ausschließt, weil man sie für inkompetent hält, schließt BS sie aus, weil von ihnen erwartet wird, weiterhin ihre häusliche Rolle zu erfüllen. Damit kann BS zur Rationalisierung von HS dienen, weil Sexisten für sich in Anspruch nehmen können, Frauen zu lieben und zu beschützen und folglich keine Sexisten zu sein.

Wohlwollender Sexismus manifestiert sich darin, dass Frauen in vielen Bereichen positiver bewertet werden als Männer, besonders hinsichtlich Eigenschaften, die für das Gemeinschaftsleben oder das Soziale eine Rolle spielen. In bestimmten Dimensionen sind Frauen betreffende Stereotype zum Beispiel positiver als Männer betreffende, mehr Adjektiva, die Frauen zugeordnet werden, sind positiv konnotiert im Vergleich mit Männern zugeordneten Adjektiva, und beide Geschlechter bewerten Frauen positiver als Männer[17]. Eine Metaanalyse von 172 Studien hat ergeben, dass Männer eher Frauen helfen als Männern.[18] Diese Ergebnisse hängen möglicherweise mit den positiven Eigenschaften zusammen, die mit Frauen aufgrund ihrer häuslichen Rolle assoziiert werden.[19] Jedenfalls untermauern diese Studien

---

17 Respectively: Eagly u. Mladinic, Are people prejudiced; Der-Karabetian, Aghop u. Anthony. J. Smith: Sex role stereotyping in the U. S.: Is it changing? Sex Roles 3 (1977). S. 189-194; Eagly, Alice H. u. Antonio Mladinic: Gender stereotyping and attitudes toward women and men. In: Personality and Social Psychology Bulletin 15 (1989). S. 543-558.

18 Eagly, Alice H. u. Maureen Crowley: Gender and helping behavior: A metaanalytic review of the social psychological literature. In: Psychological Bulletin 100 (1986). S. 283-308.

19 Eagly u. Mladinic, Are people prejudiced.

die Existenz von BS und die dadurch bedingte Perpetuierung der traditionellen Geschlechterrollen.

Der ambivalente Sexismus kann sowohl auf das Patriarchat als auch auf die „dyadischen Macht" der Frauen in Mann-Frau-Beziehungen zurückgeführt werden.[20] BS entsteht aus der dyadischen Macht der Frauen, die darauf beruht, dass die Männer auf sie angewiesen sind, um ihre Kinder zur Welt zu bringen und ihr sexuelles Verlangen zu befriedigen. HS rührt von der patriarchalischen Kontrolle über den wirtschaftlichen, politischen und gesellschaftlichen Bereich her, mit der die Frauen in eine untergeordnete Rolle gedrängt werden und damit die männliche Kontrolle legitimiert wird.[21] Durch diese dyadische Macht der Frauen unterscheidet sich Sexismus von anderen Vorurteilsformen, weil diese zu der Annahme führt, dass Frauen schutzbedürftig und aufgrund ihrer Mutterrolle verehrungswürdig seien und als romantische Objekte idealisiert werden sollten. Die Theorie des ambivalenten Sexismus definiert eben diese Haltungen als wohlwollenden oder fürsorglichen Sexismus („benevolent sexism"). Das heißt, im Unterschied zu anderen Formen des zeitgenössischen Sexismus wie dem modernen Sexismus und dem Neosexismus hat der wohlwollende oder fürsorgliche Sexismus seinen Ursprung nicht im Egalitarismus, sondern vielmehr in den unterschiedlichen Rollen, die Männer und Frauen im Rahmen ihrer wechselseitigen Beziehungen einnehmen.[22]

Der Theorie vom ambivalenten Sexismus folgend sind Paternalismus, Geschlechterdifferenzierung und Heterosexualität sowohl von HS („hostile sexism") als auch von BS („benevolent sexism") beeinflusst und werden darüber hinaus auch durch ambivalente Aspekte charakterisiert. Paternalismus setzt sich aus dominativen und protektiven Aspekten zusammen. Patriarchale Ansichten, die Frauen unterstellen, weniger kompetent zu sein als Männer, führen zu dominativem Paternalismus, demzufolge Frauen eine starke männliche Figur brauchen, die sie leitet. Die dyadische Macht der

---

20 Glick u. Fiske, The Ambivalent Sexism Inventory; Guttentag, Marcia u. Paul Secord: Too many women? Beverly Hills: Sage 1983.
21 Glick u. Fiske, The Ambivalent Sexism Inventory; Guttentag u. Secord, Too many women?
22 Glick, Peter, Susan T., Fiske, Antonio Mladinic, Jose L. Saiz, Dominic Abrams, Barbara Masser, Bolanle Adetoun, Johnstone E. Osagie, Adebowale Akande, Amos Alao, Barbara Annetje, Tineke M. Willemsen, Kettie Chipeta, Benoit Dardenne, Ap Dijksterhuis, Daniel Wigboldus, Thomas Eckes, Iris Six-Materna, Francisca Exposito, Miguel Moya, Margaret Foddy, Hyun-Jung Kim, Maria Sotelo, Maria-Jose Lameiras, Angelica Mucchi-Faina, Myrna Romani, Nuray Sakalli, Bola Udegbe, Mariko Yamamoto, Miyoko Ui, Maria-Cristina Ferreira u. Wilson-Lopez Lopez: Beyond prejudice as simple antipathy: Hostile and benevolent sexism across cultures. In: Journal of Personality and Social Psychology 79 (2000). S. 763-775.

Frau und ihre Rolle als Ehefrau und Mutter lösen protektiven Paternalismus aus. Diese beiden Formen des Paternalismus können in Einzelpersonen koexistieren. In ähnlicher Weise bestehen nebeneinander eine kompetitive Geschlechterdifferenzierung, die die Macht der Männer legitimiert, weil nur ihnen das Ausüben dieser Macht zugetraut wird, wie auch eine komplementäre Geschlechterdifferenzierung, die sich aus der dyadischen Macht ergibt, die Frauen positive Wesenszüge wie Sensibilität zuschreibt, die den Männern angeblich fehlen. Heterosexualität besteht ebenfalls aus zwei Komponenten: heterosexueller Intimität, die sich in der Sehnsucht nach psychischer Nähe äußert, und heterosexueller Hostilität als dem Wunsch, Frauen zu dominieren. Diese Unterscheidung zwischen feindseligem und wohlwollendem Sexismus („hostile and benevolent sexism") anhand dieser Komponenten ist wesentlich, da sie auch die Einstellungen von Personen mit solchen sexistischen Überzeugungen Homosexuellen gegenüber beeinflusst, welche diesen Vorstellungen von Geschlechterdifferenz klar widersprechen.

2.2 Die Skala zur Messung von ambivalentem Sexismus (Ambivalent Sexism Inventory –ASI)

Die Unterschiede zwischen dominativem und protektivem Paternalismus, zwischen kompetitiver und komplementärer Geschlechterdifferenzierung und zwischen heterosexueller Intimität und heterosexueller Hostilität werden zur Messung der beiden Arten von Sexismus mit Hilfe des Ambivalent Sexism Inventory (ASI) herangezogen.[23] Man nimmt an, dass HS den dominativen, kompetitiven und hostilen Formen zugrunde liegt, BS dagegen den protektiven, komplementären und intimen Formen. Erste Testungen von ASI haben gezeigt, dass BS und HS zwar deutlich voneinander abgegrenzt werden können, aber in enger Wechselbeziehung stehen. Generell erzielen Männer sowohl auf der ASI-Skala als auch auf den HS- und BS-Subskalen mehr Punkte als Frauen. Der Unterschied zwischen den Geschlechtern war bei den Ergebnissen auf der HS-Subskala größer als auf der BS-Subskala. Diese Resultate entsprachen den theoretischen Annahmen, denen zufolge Frauen eher bereit sind, BS mit seinen positiven Haltungen gegenüber Frauen zu akzeptieren als den feindseligen HS.

Weitergehende Studien auf Basis des ASI haben diese Geschlechterunterschiede verdeutlicht. Die ersten Ergebnisse wurden durch eine 19 Länder (aus den Regionen Nordamerika, Südamerika, Europa, Naher Osten,

---

23 Glick u.Fiske, Ambivalent Sexism.

Afrika, Asien und Australien) umfassende interkulturelle Studie untermauert, aus der hervorging, dass Männer auf der HS-Subskala deutlich mehr Punkte erreichen als Frauen.[24] Die Ergebnisse für die BS-Subskala dagegen variierten wesentlich stärker. In sechs Ländern wurden frühere Erkenntnisse bestätigt: Die Männer erreichten auf der BS-Subskala mehr Punkte als die Frauen und in vier der sechs Länder waren die diesbezüglichen Unterschiede nach Geschlecht geringer als auf der HS-Subskala. Allerdings erwies sich in neun Ländern der Geschlechterunterschied als nicht signifikant, und in vier Ländern waren die BS-Ergebnisse der Frauen sogar signifikant höher als die der Männer. Die Studien zeigten, dass sowohl der Unterschied zwischen den Ergebnissen von Frauen und Männern auf der HS-Subskala als auch die Resultate der Frauen im Verhältnis zu jenen der Männer auf der BS-Subskala mit dem zunehmenden Sexismus der Männer anstiegen. Die Ablehnung von HS und die Akzeptanz von BS könnte einen Versuch von Frauen darstellen, der Feindseligkeit seitens der Männer zu entgehen, indem sie wohlwollende Haltungen unterstützen, um so Zuneigung und Schutz zu bekommen. Insgesamt zeigen diese Ergebnisse, dass Frauen BS wesentlich positiver gegenüberstehen als HS und dass in manchen besonders sexistischen Ländern diese positive Einstellung von Frauen sogar stärker ausfällt als die von Männern.

2.3 Ambivalenter Sexismus und die Kategorisierung von Frauen in Untergruppen

Ambivalenz mit ihren widersprüchlichen Haltungen kann zu kognitiver Dissonanz und in weiterer Folge zu psychischem Unbehagen führen.[25] Man wird daher versuchen dieses Unbehagen zu verringern, wobei eine Möglichkeit für sexistisch eingestellte Individuen, diese Ambivalenz bequem aufrecht zu erhalten, in einer bewertenden Zuordnung von Frauen zu verschiedenen Untergruppen liegt. So lässt sich auf Basis von Stereotypen festlegen, dass bestimmte Frauen – nämlich jene, die BS evozieren – positiv zu bewerten sind und jene, die HS hervorrufen, negativ.[26] Damit kann vermieden werden, sich die Ambivalenz bewusst zu machen. Indem sie also „schlechte" Frauen, die – wie Feministinnen – aus der traditionellen Ge-

---

24 Glick et al., Beyond Prejudice.
25 Katz, Irwin: Stigma: A social psychological analysis. Hillsdale, NJ: Lawrence Erlbaum Associates, Inc. 1981.
26 Glick, Peter, Jeffrey Diebold, Barbara Bailey-Werner u. Lin Zhu: The two faces of Adam: Ambivalent sexism and polarized attitudes toward women. In: Personality and Social Psychology Bulletin 23 (1997). S. 1323-1334.

schlechterrolle ausbrechen, hassen und Frauen, die – wie Hausfrauen – dem traditionellen Modell entsprechen, lieben, können Sexisten ihre ambivalente Einstellung zu Frauen insgesamt beibehalten. Es ist im Rahmen dieser Struktur auch möglich, dass bestimmte, z.B. sexuell attraktive Frauen gleichzeitig in beide Kategorien fallen, weil sie sowohl aggressive als auch wohlwollende sexistische Haltungen ansprechen. HS und BS werden daher weitgehend unterschiedliche Einstellungen gegenüber bestimmten Untergruppen von Frauen erwarten lassen.

Die Skala zur Erfassung von ambivalentem Sexismus (ASI) ermöglicht es Wissenschaftlerinnen und Wissenschaftlern, die Implikationen von feindseligem und wohlwollendem Sexismus zu unterscheiden. HS lässt eine negative Beurteilung von denjenigen Frauen erwarten, die als unkonventionell wahrgenommen werden oder die die männliche Autorität in Frage stellen, während BS zu einer positiven Beurteilung von Frauen führt, die den traditionellen Rollenbildern und den sexuellen Erwartungen der Männer entsprechen.[27] Jene Studie verglich die von nicht-sexistischen und von ambivalent sexistischen Männern entwickelten Subtypen, um zu untersuchen, wie sich BS und HS auf die Beurteilung von Frauen auswirken. In der ersten Phase nannten die Teilnehmer sämtliche Untergruppen von Frauen, die ihnen einfielen, listeten acht bis zehn Subtypen auf und beschrieben jeden davon einzeln. In der zweiten Phase bewerteten sie die ersten acht Gruppen in verschiedenen Dimensionen, einschließlich einer allgemeinen Einschätzung: hinsichtlich positiver und negativer Eigenschaften der mit den jeweiligen Gruppen verbundenen Affekten sowie auch in Bezug auf symbolische Deutungen der einzelnen Subgruppen. In der letzten Phase schließlich füllten die Teilnehmer die ASI-Fragebögen aus, die – wie ihnen mitgeteilt wurde – für eine gesonderte Untersuchung im Rahmen derselben Sitzung verwendet würden. Die Wissenschaftler und Wissenschaftlerinnen berechneten dann für jeden Teilnehmer auf Basis der angegebenen positiven und negativen Merkmale, Affekte und symbolischen Deutungen die Varianzen in den Bewertungen der acht Subtypen.

Bei den sexistischen Männern fanden sich mehr Varianzen, was die Annahme bestätigt, dass die Einstellungen ambivalenter Sexisten gegenüber Frauen stärker polarisiert sind als bei nicht-sexistischen Männern. Außerdem korrelierten bei den männlichen Teilnehmern die ASI-Werte insgesamt – nicht die Werte auf den Subskalen für HS und BS – mit der Varianz von fünf der insgesamt sechs Subtypen-Bewertungen. Dies veranschaulicht, dass die Werte auf der ASI-Gesamtskala Polarisierungen deutlicher widerspiegeln als die Sub-Skalen alleine. Erwartungsgemäß korrelierten bei sexistischen Männern die Werte auf der ASI-Gesamtskala

---

27 Glick et al., Two Faces.

nicht signifikant mit den Durchschnittswerten aller acht Subtypen, weil einige davon aufgrund von HS negativ und andere aufgrund von BS eher positiv bewertet wurden. Über alle acht Subtypen hinweg wiesen hohe ASI-Werte daher nicht auf eine generell negative Einstellung Frauen gegenüber hin, sondern vielmehr auf polarisierte Einstellungen gegenüber bestimmten Subtypen von Frauen. Anders als nicht-sexistische Männer bewerten ambivalent sexistische Männer Frauen, indem sie sie in Untergruppen einteilen, die dann einer polarisierten Bewertung unterzogen werden. Diese Kategorisierung ermöglicht es den Männern, ihre von HS oder BS bestimmten negativen und positiven Gefühle gegenüber Frauen auseinander zu halten und so widersprüchliche Gefühle zu vermeiden.

Im Gegensatz dazu zeigte sich bei Frauen keine Korrelation zwischen den ASI-Werten insgesamt oder den Werten auf den Subskalen und den über die acht Subtypen hinweg ermittelten Werten. Daraus folgt, dass bei den Teilnehmerinnen Sexismus nicht mit polarisierten oder negativen Bewertungen ihrer Subtypen verknüpft war. Es war auch nicht erwartet worden, mit der ASI-Skala auf eine Polarisierung bei Frauen schließen zu können, weil frühere Studien bereits gezeigt hatten, dass Sexistinnen gegenüber Frauen weit stärker feindlich als ambivalent eingestellt sind.[28] Stattdessen wurde die These aufgestellt, dass Frauen die Subtypen stärker negativ bewerten würden, was sich allerdings nicht bestätigte.

Eine zweite Studie verglich die Einstellungen sexistischer und nicht-sexistischer Männer gegenüber traditionellen Frauen-Subtypen, wie z.B. Hausfrauen, und nicht-traditionellen Frauen-Subtypen, wie z.B. Karrierefrauen.[29] Die Probanden bewerteten vier Frauen-Subtypen (Karrierefrauen, sexuell attraktive Frauen, Hausfrauen und sexuell unattraktive Frauen) entlang derselben Dimensionen wie in der ersten Studie, aber die Messungen gingen stärker in die Tiefe. Protektiver Paternalismus in Verbindung mit komplementärer Geschlechterdifferenzierung veranlasste Männer mit hohen BS-Werten, Hausfrauen zu bevorzugen. Anderseits lehnten Männer mit hohen HS-Werten Karrierefrauen ab, weil diese für männliche Machtansprüche eine Bedrohung darstellen. Ebenso zeigte sich, dass Sexistinnen Karrierefrauen weniger positiv einstuften und gegenüber Hausfrauen eher positive Gefühle empfanden, was darauf verwies, dass die ASI-Skala insgesamt eher traditionelle Einstellungen gegenüber diesen Frauen-Subtypen misst. Allerdings ließen sich von HS und BS keine unterschiedlichen Prognosen bezüglich der Einstellungen von Frauen zu diesen Subtypen ableiten, wie das bei den Männern der Fall war, was erneut auf die fehlende Ambivalenz sexistischer Frauen in ihren Einstellungen Frauen gegenüber verweist.

---

28   Glick u. Fiske, Ambivalent Sexism.
29   Glick et al., Two Faces.

Diese Studien zeigen, dass sich die beiden Komponenten des ambivalenten Sexismus – nämlich der wohlwollende und der feindselige Sexismus – gegenseitig verstärken können. Dies ermöglicht ambivalenten Sexisten das Vermeiden widersprüchlicher Gefühle ebenso wie deren Rationalisierung, weil sie für sich beanspruchen können, ganz unterschiedlichen Subtypen von Frauen Sympathien entgegen zu bringen. Dieser Form von Sexismus ist vermutlich schwieriger beizukommen als einem Sexismus, der allein auf Antipathie beruht, weil viele ambivalente Sexisten darauf beharren, gar keine Sexisten zu sein. Bei einem Rassisten ist der Konflikt, der daraus entsteht, dass man einer Gruppe gegenüber sowohl positive als auch negative Gefühle hegt, ein wesentlicher Faktor beim Abbau von Vorurteilen.[30] Ambivalente Sexisten gehen derartig widersprüchlichen Gefühlen jedoch meist aus dem Weg, was die Bekämpfung dieses Vorurteils noch schwieriger gestalten könnte.

2.4 Ambivalenz gegenüber Männern und Geschlechterungleichheit

Wissenschafter und Wissenschafterinnen versuchten, der Charakteristik des Sexismus auf die Spur zu kommen und dehnten im Zuge dessen ihre Untersuchungen auch auf Sexismus gegenüber Männern aus. So wie Paternalismus, Geschlechterdifferenzierung und heterosexuelle Beziehungen ambivalente Einstellungen gegenüber Frauen erzeugen, sind sie auch der Ursprung ambivalenter Einstellungen gegenüber Männern.[31] Während männliche Dominanz in Form von Paternalismus feindselige Gefühle gegen Männer hervorruft, hält ihre Rolle als Ernährer und Beschützer Frauen nach wie vor in Abhängigkeit von ihnen. Dies müsste sowohl Ressentiments gegen und Respekt für die Männer, die diesen Rollen gerecht werden, erzeugen, ebenso wie ein wohlwollendes Vorurteil hinsichtlich der angeblichen Unfähigkeit von Männern, die stereotyp weibliche Rolle der Pflegerin zu übernehmen. So wie ASI umfasst auch AMI – die Skala zur Messung der Ambivalenz gegenüber Männern – sowohl eine Skala für feindselige (HM) als auch für wohlwollende

---

30 Devine, Patricia G., Margo J. Monteith, Julia R. Zuwerink u. Andrew J. Elliot: Prejudice with and without compunction. In: Journal of Personality and Social Psychology 60 (1991). S. 817-830.
31 Glick, Peter, Maria Lameiras, Susan T. Fiske, Thomas Eckes, Barbara Masser, Chiara Volpato, Anna-Maria Manganelli, Jolynn Pek, Li-li Huang, Nuray Sakalli-Ugurlu, Yolanda Rodriguez Castro, Luiza D'Avila, Maria Pereira, Tineke M. Willemsen, Annetje Brunner, Iris Six-Materna u. Robin Wells: Bad but bold: Ambivalent attitudes toward men predict gender inequality in 16 nations. In: Journal of Personality and Social Psychology 86 (2004). S. 713-728.

(BM) Komponenten.³² Mit Hilfe dieser Skala haben Wissenschafter und Wissenschafterinnen ermittelt, dass in Ländern, in denen die HS-Werte der Männer höher waren, Frauen stärker HM gegenüber Männern zustimmten, was die Annahme bestätigt, dass sich HM bei Frauen aufgrund ihrer Abneigung gegen die Dominanz von Männern und aufgrund von Feindseligkeit diesen gegenüber zeigt.³³ Außerdem wurde eine Korrelation zwischen den Werten auf den AMI-Komponentenskalen und denen auf den ASI-Skalen festgestellt: Wenn in einem Land Männer oder Frauen hohe Werte auf einer Komponentenskala erzielten, war dies auch auf der anderen Skala zu erwarten. Bei HM waren die Werte der Frauen signifikant höher, bei BM diejenigen der Männer. Vorurteile gegen Männer sind – ebenso wie Vorurteile gegen Frauen – nicht einfach Ausdruck von Antipathie, sondern auch Ausdruck ambivalenter Gefühle und Einstellungen.

3. Sexuelle Vorurteile

Vorurteile bezüglich Geschlecht und Sexualität sind eng miteinander verwoben. Wissenschaftlichen Forschungen zufolge haben beide ihre Wurzeln in bestimmten kulturellen Vorstellungen bezüglich der Geschlechterrollen. Bevor wir diese Zusammenhänge ausloten können, müssen wir uns mit der Grundlagenforschung zum Thema sexuelle Vorurteile auseinandersetzen. Während Geschlechtervorurteile und andere Vorurteilsformen seit Jahren Gegenstand von Untersuchungen sind, rückten sexuelle Vorurteile erst vor relativ kurzer Zeit in den Mittelpunkt wissenschaftlichen Interesses. Sexuelle Vorurteile oder negative Einstellungen gegenüber Personen aufgrund ihrer sexuellen Orientierung stigmatisieren jede Form von nicht-heterosexuellem Verhalten, weil ausschließlich Heterosexualität als akzeptabel eingestuft wird.³⁴

3.1 Einstellungen gegenüber Homosexuellen

Während Geschlechtervorurteile und ethnische Vorurteile sich eher unter der Oberfläche befinden und stärker verdeckt geäußert werden, ist Heterosexismus nach wie vor weit verbreitet und akzeptiert. Obwohl sich die Hal-

---

32 Glick, Peter u. Fiske, Susan T.: The Ambivalence toward Men Inventory: Differentiating Hostile and Benevolent Beliefs about Men. In: Psychology of Women Quarterly 23 (1999). S. 519-536.
33 Glick et al., Bad but Bold.
34 Herek, Gregory M.: The context of anti-gay violence: Notes on cultural and psychological heterosexism. In: Journal of Interpersonal Violence 5 (1990). S. 316-333.

tung in bestimmten Fragen wie dem Recht auf Arbeit und auf Wohnen geändert hat, gibt es in anderen Bereichen oder hinsichtlich des Vorurteils gegen Homosexuelle insgesamt wenig Veränderung.[35] In den 1990er Jahren wurden zum Beispiel in elf Staaten der USA homosexuelle Handlungen Erwachsener nach wie vor kriminalisiert und beim Militär wurde die diskriminierende „don't ask, don't tell"-Regel (Soldaten und Soldatinnen dürfen sich weder outen noch nach Homosexualität gefragt werden) eingeführt.[36] In den Vereinigten Staaten hatten die meisten Erwachsenen nach wie vor eine negative Einstellung zu Homosexuellen und sahen homosexuelles Verhalten als falsch an.[37] Eine landesweite Erhebung im Jahr 1992 ergab, dass mehr als die Hälfte der befragten heterosexuellen Personen Abscheu gegen Homosexuelle empfand.[38] Schlussendlich wurden Lesben und Schwule auf einem in nationalen Studien verwendeten Gefühlsthermometer von 101 Punkten durchgängig in die untersten Gruppen eingestuft.[39]

Das System von kulturellen Überzeugungen über die Eigenschaften der Geschlechter wird als eine Ursache dieses starken Vorurteils gesehen.[40] Zu diesem „Geschlechter-Glaubenssystem" gehört eine Vielzahl von Ansichten über Männer und Frauen sowie über angemessene maskuline und feminine Wesenszüge.[41] Dieses System generiert Stereotypen von Männern und Frauen sowie Einstellungen hinsichtlich angemessener Geschlechterrollen und Ansichten über Personen, die gegen diese herkömmlichen Geschlechterrollen verstoßen, wie z. B. Homosexuelle.[42] Traditionelle Geschlechterrollen-

---

35 Yang, Alan. S.: The polls—trends: Attitudes toward homosexuality. In: Public Opinion Quarterly 61 (1997). S. 477-507.
36 Greene, Beverly u. Gregory M. Herek (Hrsg.): Lesbian and gay psychology: Theory, research, and clinical applications.Thousand Oaks, CA: Sage 1994.
37 Herek, Gregory M., John P. Capitanio: „Some of my best friends": Intergroup contact, concealable stigma, and heterosexuals' attitudes toward gay men and lesbians. In: Personality and Social Psychology Bulletin 22 (1996). S. 412-424.
38 Herek, Gregory M.: Assessing heterosexuals' attitudes toward lesbians and gay men: A review of empirical research with the ATLG scale. In: Beverly Greene u. Gregory M. Herek (Hrsg.): Lesbian and gay psychology: Theory, research, and clinical applications. Thousand Oaks, CA: Sage 1994.
39 Yang, The Polls.
40 Kite, Mary E. u. B. E. Whitley: Do heterosexual women and men differ in their attitudes toward homosexuality? A conceptual and methodological analysis. In: Gregory M. Herek (Hrsg.): Stigma and sexual orientation: Understanding prejudice against lesbians, gay men, and bisexuals. Newbury Park: Sage 1998. S. 39-61.
41 Deaux, Kay u. Mary E. Kite: Thinking about gender. In: Beth B. Hess, Myra M. Ferree (Hrsg.): Analyzing gender: A handbook of social science research. Newbury Park: Sage 1987. S. 91-117.
42 Whitley, Bernard E.: Gender-role variables and attitudes toward homosexuality. In: Sex Roles 45 (2001). S. 691-721.

erwartungen sind eng mit einer negativen Haltung gegenüber Homosexuellen verbunden, was auf einen weiteren Zusammenhang zwischen Geschlecht und sexuellen Vorurteilen hinweist.[43] Hetereosexuelle, die Homosexuellen gegenüber eher negativ eingestellt sind, neigen stärker dazu, traditionelle Ansichten über Geschlechter- und Familienrollen zu vertreten und weniger für Geschlechtergleichheit einzutreten.[44] Forschungsergebnisse belegen außerdem einen Zusammenhang zwischen negativen Einstellungen gegenüber Homosexuellen und Geschlechterstereotypen, und zwar dahingehend, dass Schwulen unmännliche, Lesben hingegen unweibliche Eigenschaften zugeschrieben werden.[45] Angesichts dieser Attribuierungen überrascht es nicht, dass Personen mit stärker negativer Einstellung gegenüber Homosexuellen auch rigorosere Meinungen bezüglich der Geschlechterrollen vertreten. Jene Lesben und Schwule, die ausdrücklich gegen herkömmliche Geschlechterrollen verstoßen, indem sie etwa als „butch" (d.h. maskulin) bzw. effeminiert auftreten, werden noch heftiger abgelehnt als Homosexuelle, die das nicht tun.[46] Diese Unterscheidung zeigt sich besonders deutlich bei Menschen mit traditionellen Vorstellungen von den Geschlechterrollen, weil die Homosexualität ihre Weltsicht ebenso wie ihre Zuordnung von „maskulin" und „feminin" zu den beiden entgegengesetzten Enden einer bipolaren Skala bedroht.[47]

Obwohl Menschen zu negativen Einstellungen sowohl gegen Schwule als auch gegen Lesben tendieren, ist die Einstellung gegenüber Schwulen im Allgemeinen negativer als gegenüber Lesben. Dieser Unterschied erklärt sich einerseits daraus, dass die Geschlechterrolle der Männer enger gefasst

---

43 Greene u. Herek, Lesbian and Gay Psychology.
44 Herek, Gregory M.: Heterosexuals' attitudes toward lesbians and gay men: Correlates and gender differences. In: The Journal of Sex Research 25 (1988). S. 451-477; Kite, Mary E. u. Bernard E. Whitley: Sex differences in attitudes toward homosexual persons, behavior, and civil rights: A meta-analysis. In: Personality and Social Psychology Bulletin 22 (1996). S. 336-353; Herek, Gregory M.: Gender gaps in public opinion about lesbians and gay men. In: Public Opinion Quarterly 66 (2002). S. 40-66; Whitley, Gender-role Variables.
45 Kite, Mary E.: When perceptions meet reality: Individual differences in reactions to lesbians and gay men. In: Beverly Greene u. Gregory M. Herek (Hrsg.): Psychological perspectives on lesbian and gay issues: Lesbian and gay psychology: Theory, research, and clinical applications, Thousand Oaks: Sage 1994. S. 25-53; Kite, Mary E. u. Kay Deaux: Gender belief systems: Homosexuality and the implicit inversion theory. In: Psychology of Women Quarterly 11 (1987). S. 83-96.
46 Laner, Mary R. u. Roy H. Laner: Personal style or sexual preference: Why gay men are disliked. In: International Review of Modern Sociology 9 (1979). S. 215-228.
47 Kite u. Whitley, Heterosexual women; Krulewitz, Judith E. u. Janet E. Nash: Effects of sex role attitudes and similarity on men's rejection of male homosexuals. In: Journal of Personality and Social Psychology 38 (1980). S. 67-74.

ist als jene der Frauen und männliche Verstöße dagegen härter verurteilt werden als Verstöße durch Frauen.[48] Weiters spielt eine Rolle, dass im Einklang mit der in den Vereinigten Staaten vorherrschenden kulturellen Sicht die männliche Geschlechterrolle höher bewertet wird als die weibliche.[49] Da die Rolle der Frauen niedriger eingestuft wird, werden auch Verstöße dagegen nicht so ernst genommen wie bei Männern, weil ihre Rolle schlichtweg nicht so wichtig ist. Folgt man dieser Logik, müssten Amerikanerinnen und Amerikaner also gegenüber Lesben weniger voreingenommen sein, weil der Frauenrolle ein niedrigerer Status zukommt.[50]

Auch was das Ausmaß an Vorurteilen betrifft, die Heterosexuelle gegenüber Homosexuellen empfinden und zum Ausdruck bringen, gibt es Geschlechtsunterschiede, wobei heterosexuelle Männer ihre Ablehnung von Homosexuellen stärker zum Ausdruck bringen als heterosexuelle Frauen.[51] Der Grund dafür könnte darin liegen, dass, wie erwähnt, die Geschlechterrollen der Männer weniger Abweichungen erlauben als jene der Frauen und heterosexuelle Männer gezwungen sind, feminine Neigungen zu unterdrücken. Nachdem Sexualität sichtlich ein wesentliches Element des „Gender-Belief Systems" ist[52] und heterosexuelle Männer besonders einengenden Regeln unterliegen, bietet dieses System auch eine Erklärung dafür, warum heterosexuelle Männer besonders dazu neigen, Homosexualität abzuwerten und negativer einzustufen als dies Frauen tun.

Außerdem nehmen heterosexuelle Frauen dieselbe Haltung zu Lesben und Schwulen ein, während die Haltung heterosexueller Männer gegenüber Schwulen negativer ist als gegenüber Lesben.[53] Während die Haltung heterosexueller Frauen zu Lesben tendenziell etwas negativer ist, ist jene heterosexueller Männer zu Schwulen sehr viel negativer, was den Unterschied in der Haltung der Geschlechter gegenüber Homosexuellen deutlich macht.[54] Da heterosexuelle Männer jegliche feminine Züge unterdrücken müssen, sind sie gezwungen, gegenüber Homosexualität und insbesondere gegen-

---

48 Herek, Gregory M.: On heterosexual masculinity: Some psychical consequences of the social construction of gender and sexuality. In: American Behavioral Scientist 29 (1986). S. 563-577; Stockard, Jean u. Miriam M. Johnson: The social origins of male dominance. In: Sex Roles 5 (1979). S. 199-218.
49 Bem, Sandra Lipitz: The lenses of gender: Transforming the debate on sexual inequality. New Haven, CT: Yale University Press, 1993.
50 Kite u. Whitley, Heterosexual Women.
51 Herek u. Capitanio, Best friends; Kite u. Whitley, Heterosexual women.
52 Deaux u. Kite, Thinking about Gender.
53 Herek, Gregory M.: Sexual prejudice and gender: Do heterosexuals' attitudes toward lesbians and gay men differ? In: Journal of Social Issues 56 (2000b). S. 251-266; Kite, Perceptions.
54 Herek, Gender Gaps.

über Schwulen eine negativere Haltung an den Tag zu legen, während die weniger rigorose, weibliche Geschlechtsrolle den Frauen eine weniger negative Haltung gegenüber Homosexuellen, die gegen traditionelle Vorstellungen bezüglich Geschlechterrollen verstoßen, erlaubt.[55] Ein weiterer Faktor, der diesen Unterschied zwischen den Geschlechtern bedingt, hat mit der Neigung heterosexueller Männer zu tun, die lesbische Liebe zu erotisieren. Eine Studie zeigt, dass die Teilnehmerinnen Lesben und Schwulen gegenüber dieselbe Haltung einnahmen, während die Teilnehmer Lesben viel weniger negativ beurteilten als Schwule.[56] Außerdem schätzten die Teilnehmer den erotischen Wert lesbischer Liebe viel höher ein als den männlicher Homosexualität; jedenfalls wesentlich höher als die Wertungen, die die Teilnehmerinnen in beiden Fällen vergaben. Abgesehen von diesen Erotisierungstendenzen waren die Einstellungen der Männer zu Lesben ähnlich jenen zu Schwulen. Der Geschlechtsunterschied in der Einstellung zu Homosexualität im Allgemeinen und zu Lesben und Schwulen im Besonderen ist also hauptsächlich auf die betont negative Einstellung heterosexueller Männer zu Schwulen zurückzuführen.

3.2 Einstellungen zu Bisexualität

Die Haltungen zu Bisexualität sind kaum erforscht, aber aus den wenigen verfügbaren Daten geht hervor, dass Bisexuelle negativer eingestuft werden als Homosexuelle.[57] Auf „Gefühlsthermometern" werden Bisexuelle weniger wohlwollend eingestuft als alle anderen Gruppen ausgenommen Abhängige von Injektionsdrogen.[58] Auch diese werden öfter als alle anderen Gruppen mit Null bewertet (die niedrigste und negativste mögliche Wertung) und am wenigsten oft mit 100 (die höchste Wertung). Wertungen von Bisexuellen und Homosexuellen korrelieren in hohem Ausmaß. Analog dem Einstellungsmuster gegenüber Homosexuellen vergaben heterosexuelle Frauen bessere Wertungen als Männer, und weibliche Zielpersonen wurden höher eingestuft als männliche. Dieses Muster zeigte erneut, dass Männer niedrigere Wer-

---

55 Kite u. Whitley, Heterosexual Women.
56 Louderback, Laura A. u. Bernard E. Whitley: Perceived erotic value of homosexuality and sex-role attitudes as mediators of sex differences in heterosexual college students' attitudes toward lesbians and gay men. In: The Journal of Sex Research 34 (1997). S. 569-578.
57 Eliason, Michelle J.: The prevalence and nature of biphobia in heterosexual undergraduate student. In: Archives of Sexual Behavior 26 (1997). S. 317-326; Herek, Gender Gaps.
58 Herek, Gender Gaps.

tungen für männliche Zielpersonen als für weibliche vergaben, während die Frauen keinen Unterschied zwischen den Geschlechtern machten. Interessanterweise bewerteten Frauen bisexuelle Personen negativer als homosexuelle. Die Wertungen der Männer unterschieden sich also nach bewertetem Geschlecht und jene der Frauen nach sexueller Orientierung.

4. Die Beziehung zwischen Sexismus und Heterosexismus

Traditionelle Geschlechterrollen-Überzeugungen sind ein Hauptelement des Sexismus. Daraus folgt, dass hochgradig sexistische Menschen Homosexuelle negativ sehen, weil diese die stereotypen Geschlechterrollen missachten. Laut Messungen auf der ATLG-Skala (Einstellung zu Lesben- und Schwulenrechten)[59] korrelieren negative Haltungen gegenüber Homosexuellen unabhängig voneinander sowohl mit BS („benevolent sexism") als auch mit HS („hostile sexism").[60] Nachfolgende Studien bestätigten, dass die Subskalen unabhängig voneinander diese negativen Einstellungen vorhersagten; aus gleichzeitig durchgeführten multiplen Regressionsanalysen ging allerdings hervor, dass ausschließlich BS ein *signifikanter* Prädiktor für die Einstellungen zu Homosexuellen war.[61] BS ist deshalb ein Prädiktor dieser negativen Haltung, weil das Denkbild von heterosexueller Intimität, protektivem Paternalismus und komplementären Geschlechterunterschieden, die insbesondere BS zugrunde liegen, durch die Homosexualität in Frage gestellt werden. Insbesondere brauchen Lesben keinen männlichen Schutz und sind kein Gegenstück zu einem romantischen männlichen Partner. BS sollte also sowohl negative Einstellungen gegenüber Homosexuellen als auch traditionelle genderbezogene Überzeugungen vorhersagen, weil er ein Ausdruck von traditionellen Geschlechterrollen-Überzeugungen ist. HS wiederum befasst sich vor allem mit den stereotyp negativen Wesenszügen, die angeblich typisch für Frauen sind, und lässt die Geschlechterrollenbeziehungen und Ansichten, die durch BS erklärt werden, außer Acht.

---

59 Herek, Gregory M.: Beyond „homophobia": A social psychological perspective on attitudes toward lesbians and gay men. In: Journal of Homosexuality 10 (1984). S. 1-21; Herek, Gregory M.: Heterosexuals' attitudes toward lesbians and gay men: Correlates and gender differences. In: Journal of Sex Research 25 (1984). S. 451-473.
60 Masser, Barbara u. Dominic Abrams: Contemporary sexism: The relationships among hostility, benevolence, and neosexism. In: Psychology of Women Quarterly 23 (1999). S. 503-517.
61 Whitley, Gender-role Variables.

4.1 Einstellungen zu Opfern von Vergewaltigung

Die Automatizität von Sexismus und Heterosexismus und die Korrelation zwischen den beiden beeinflusst auch die Haltung gegenüber Opfern von Vergewaltigung. Haltungen gegenüber Vergewaltigungsopfern haben weitreichende Auswirkungen auf die Art, wie sie von der Polizei, die mit den Fällen befasst ist, den Geschworenen, die sich mit den Tätern beschäftigen, und den Menschen ihrer täglichen Umgebung, die sie aufgrund ihrer Handlungen und ihres Verhaltens beurteilen, behandelt werden. Außerdem ist Sexualität ein entscheidender Anknüpfungspunkt, wenn es um Vorurteile gegen Frauen und gegen die Homosexualität beider Geschlechter geht.

Die Akzeptanz von Vergewaltigungsmythen ist ein Faktor, der die Haltung gegenüber Vergewaltigungsopfern wesentlich beeinflusst. Vergewaltigungsmythen sind stereotype Vorstellungen von Vergewaltigung, die Frauen benachteiligen.[62] Es handelt sich um kulturell bedingte und tradierte Ansichten, die die Meinungen bezüglich der Ursachen, der Folgen und der Beteiligten dahingehend prägen, dass sexuelle Gewalt an Frauen durch Männer geleugnet oder gerechtfertigt wird.[63] „Alle Frauen wollen vergewaltigt werden" und „keine Frau kann gegen ihren Willen vergewaltigt werden" sind Beispiele für Vergewaltigungsmythen.[64]

Der Glaube an eine gerechte Welt und daran, dass Böses nur bösen Menschen zustößt, macht es möglich, die Umwelt als vorhersagbar wahrzunehmen.[65] Die Menschen wollen nicht glauben, dass ihnen selbst Böses zustoßen kann, und so versuchen sie, ein Verständnis von Gerechtigkeit aufrecht zu erhalten, indem sie Opfern die Schuld zuweisen. Die Billigung von Vergewaltigungsmythen kann als ein Fall der „Hypothese der gerechten Welt" gesehen werden, die von der Überzeugung ausgeht, dass Vergewaltigung ausschließlich das Los bestimmter, wie z.B. „moralisch defizitärer" Frauen ist. So gelingt es Frauen, negative Empfindungen im Zusammenhang mit Vergewaltigung zu vermeiden, weil sie ihre eigene Ungeschütztheit leugnen können.[66]

---

62 Bohner, Gerd, Norbert Schwarz: The threat of rape: Its psychological impact on nonvictimized women. In: David M. Buss u. Neil Malamuth (Hrsg.): Sex, power, conflict: Evolutionary and feminist perspectives. New York: Oxford University Press 1996. S. 162-175.
63 Bohner, Gerd: Vergewaltigungsmythen. Landau: Verlag Empirische Pädagogik 1998.
64 Brownmiller, Susan: Against our will: Men, women and rape. Auckland, New Zealand: Pearson Education New Zealand 1975.
65 Lerner, Melvin J.: The justice motive: Some hypotheses as to its origins and forms. In: Journal of Personality 45 (1977). S. 1-52.
66 Bohner, Gerd, Christina Weisbrod, Paula Raymond, Alexandra Barzvi, Norbert Schwarz: Salience of rape affects self-esteem: The moderating role of gender and

Bei Männern kann die Billigung von Vergewaltigungsmythen zum Auslöser aggressiven, sexuellen Verhaltens werden, da ein positiver Zusammenhang zwischen Billigung und Vergewaltigungsneigung und -geneigtheit erkannt wurde.[67] Auch für männliche Opfer gibt es Vergewaltigungsmythen, die denselben Zweck erfüllen, wie bei der Bewertung weiblicher Vergewaltigungsopfer. Sie bewegen Außenstehende dazu, sich bei der Schuldzuweisung stärker auf die Opfer zu konzentrieren und damit ihren Glauben an eine gerechte Welt aufrecht zu erhalten.

4.2 Schuldzuweisung an die Opfer

Leider kommen besonders bei Schwurgerichtsverhandlungen in Bezug auf die Schuldzuweisung an Vergewaltigungsopfer viele Faktoren außerhalb des Gesetzes ins Spiel, besonders in Verhandlungen mit Geschworenen. Sowohl Rechtsexperten und Rechtsexpertinnen als auch Laien beziehen sich bei der Schuldzuweisung an Vergewaltigungsopfer auf deren gesellschaftliche Respektabilität,[68] auf die Art der Kleidung des Opfers,[69] auf die Frage, ob das Opfer Alkohol konsumiert hatte,[70] auf die Attraktivität des Opfers[71] und auf die Frage, ob das Opfer in der Vergangenheit mehrere Sexpartner hatte[72]. Die Probanden und Probandinnen schrieben Vergewal-

---

    rape myth acceptance. In: European Journal of Social Psychology 23 (1993). S. 561-579; Lonsway, Kimberly A. u. Louise F. Fitzgerald: Attitudinal antecedents of rape myth acceptance: A theoretical and empirical re-examination. In: Journal of Personality and Social Psychology 68 (1995). S. 704-711.

67 Malamuth, Neil M.: Rape proclivity among males. In: Journal of Social Issues 37 (1981). S. 138-157.

68 Krahè, Barbara: Social psychological issues in the study of rape. In: Wolfgang Stroebe u. Miles Hewstone (Hrsg.): European review of social psychology. New York: Wiley 1991. S. 279-309.

69 Johnson, Kim K. P.: Attributions about date rape: Impact of clothing, sex, money spent, date type, and perceived similarity. In: Family and Consumer Sciences Research Journal 23 (1995). S. 292-311; Vali, Donna u. Nicholas Rizzo: Apparel as one factor in sex crimes against young females: Professional opinions of U.S. psychiatrists. In: International Journal of Offender Therapy and Comparative Criminology 35 (1991). S. 167-181.

70 Corcoran, Kevin J. u. Laura R. Thomas: The influence of observed alcohol consumption on perceptions of initiation of sexual activity in a college dating situation. In: Journal of Applied Social Psychology 21 (1991). S. 500-507.

71 Gerdes, Eugenia P., Eric J. Dammann u. Kenneth E. Heilig: Perceptions of rape victims and assailants: Effects of physical attractiveness, acquaintance, and subject gender. In: Sex Roles 19 (1988). S. 141-153.

72 Marx, Brian P. u. Alan M. Gross: Date rape: An analysis of two contextual variables. In: Behavior Modification 19 (1995). S. 451-464.

tigungsopfern, die auf einem ihnen vorgelegten Bild „provozierend" gekleidet waren, einen signifikant höheren Schuldanteil zu als nicht „provozierend" gekleideten.[73] Einstellungen zu Vergewaltigungsopfern unterscheiden sich nicht nur aufgrund der wahrgenommenen „Tugend" des Opfers, sondern auch aufgrund der Art der Vergewaltigung. Opfern von Verwaltigung durch Bekannte wird mehr Schuld zugeschrieben als Opfern von Vergewaltigung durch Fremde.[74] Die gesteigerte Aufmerksamkeit, die den Opfern und ihrer Rolle bei einer Vergewaltigung durch Bekannte angesichts des Umstands zukommt, dass sie dem Geschlechtsakt möglicherweise zugestimmt hätten, fußt auf der Überzeugung, dass es Aufgabe der Frauen ist, die sexuelle Moral aufrecht zu erhalten.[75] Diese Konzentration auf die Rolle des Opfers während der Interaktion führt dazu, dass manche das Opfer als den bestimmenden Faktor betrachten und ihm deshalb Schuld zuweisen.[76] Die angeführten Beispiele zeigen, dass Opfern gerne Schuld zugewiesen wird, wenn nur die leiseste Rechtfertigung dafür besteht.

Diese Ergebnisse deuten darauf hin, dass das *belief system* bezüglich der Geschlechterrollen und die daraus abgeleiteten Auflagen für das Verhalten von Frauen in intimen Beziehungen die Sicht auf Vergewaltigungsopfer beeinflusst. Daraus folgt, dass sexistisch eingestellte Personen, die diese Ansichten über herkömmliche Geschlechterrollen billigen, eher dazu neigen, Verantwortung und Schuld den Opfern, zuzuordnen, die in ihren Augen gegen die Regeln der traditionellen Geschlechterrollen verstoßen haben.[77]

---

73 Cassidy, Linda u. Rose-Marie M. Hurrell: The influence of victim's attire on adolescents' judgments of date rape. In: Adolescence 30 (1995). S. 319-324.
74 Bridges, Judith S. u. Christine A. McGrail: Attribution of responsibility for date and stranger rape. In: Sex Roles 21 (1989). S. 273-286; L'Armand, Catherine u. Albert Pepitone: Judgments of rape: A study of victim-rapist relationship and victim sexual history. In: Personality and Social Psychology Bulletin 8 (1982). S. 134-139; Tetreault, Patricia A. u. Mark A. Barnett: Reactions to stranger and acquaintance rape. In: Psychology of Women Quarterly 11 (1987). S. 353-358.
75 Batemen, Py: The context of date rape. In: Barrie Levy (Hrsg.): Dating violence: Young women in danger. Seattle: Seal 1991. S. 94-99; Weller, Sheila: Why is date rape so hard to prove? Health 6 (1992). S. 62-65.
76 Weller, Date Rape.
77 Abrams, Dominic, Tendayi Viki, Barbara Masser u. Gerd Bohner: Perceptions of stranger and acquaintance rape: The role of benevolent and hostile sexism in victim blame and rape proclivity. In: Journal of Personality and Social Psychology 84 (2003). S. 111-125.

4.3 Die Sicht ambivalenter Sexisten auf Opfer von Vergewaltigung

Hostiler and benevolenter Sexismus lassen auf unterschiedliche Haltungen gegenüber und Ansichten zu Frauen im Allgemeinen schließen und ebenso auf unterschiedliche Haltungen gegenüber Verwaltigungsopfern, je nach Art der Vergewaltigung und Merkmalen des Opfers. Ambivalente Sexisten sind in der Lage, hostile und benevolente Einstellungen gegenüber Frauen in Einklang zu bringen, indem sie die Frauen, die benevolenten Sexismus hervorrufen und jene, die hostilen Sexismus auslösen, getrennten Gruppen zuordnen. Wie oben erwähnt, geschieht dies im Wege einer Einteilung in „gut", das sind jene, die den herkömmlichen Geschlechterrollen entsprechen, und „schlecht", das sind jene, die aus diesen Rollen ausbrechen. Diese Unterteilung in gute und schlechte Frauen, könnte manchen als ausreichender Grund dafür dienen, bestimmten Vergewaltigungsopfern die Schuld zuzuweisen.[78] Zu den wichtigsten Vergewaltigungsmythen gehört die Annahme, dass nur bestimmte Frauentypen vergewaltigt werden, wie zum Beispiel jene, die moralisch inakzeptable Verhaltensweisen außerhalb der traditionellen Geschlechterrollen an den Tag legen.[79] Diese Trennung von Frauen in gute und schlechte Gruppen entspricht der Kategorisierung von Frauen durch ambivalente Sexisten und könnte als Rechtfertigung für die Vergewaltigung der als negativ eingestuften Frauen dienen.

4.4 Benevolenter Sexismus und Schuldzuweisung an Vergewaltigungsopfer

Wie in der Diskussion über Homosexualität und ambivalenten Sexismus erwähnt, steht benevolenter Sexiums im Zusammenhang mit der Billigung traditioneller Ansichten über Geschlechterrollen. Deshalb ist anzunehmen, dass letztere die Haltung gegenüber Vergewaltigungsopfern beeinflussen, die gegen diese Geschlechterrollen verstoßen. Wenn das Verhalten von Frauen mit den Maximen benevolenter Sexisten unvereinbar ist, denen zufolge Frauen sexuell konservativ und unterwürfig sein sollten, werden sie sie negativ sehen. Wenn zum Beispiel in einem Fall von Vergewaltigung

---

78 Viki, G. Tendayi u. Dominic Abrams: But she was unfaithful: Benevolent sexism and reactions to rape victims who violate traditional gender role expectations. In: Sex Roles: A Journal of Research 47 (2002). S. 289-293.
79 Burt, Martha R.: Cultural myths and supports of rape. In: Journal of Personality and Social Psychology 38 (1980). S. 217-230.

durch Bekannte dem Opfer die Verantwortung zugeschrieben wird, so wird eine Person mit hohen BS-Werten ihm diese Schuld nachdrücklicher zuschreiben als dies andere tun.

Dies wird durch Untersuchungen bestätigt, die zeigen, dass Personen mit hohen BS-Werten Opfern von Vergewaltigung durch Bekannte mehr Schuld zuweisen, um so ihre traditionelle Auffassung von Geschlechterrollen zu legitimieren, denen zufolge Frauen sexuell konservativ sein sollten.[80] Im Rahmen einer Studie wurden die Teilnehmenden nach dem Zufälligkeitsprinzip aufgefordert, Szenarien von Vergewaltigungen entweder durch Bekannte oder durch Fremde zu lesen. Im Szenario einer Vergewaltigung durch Bekannte lud eine Frau einen Mann, den sie auf einer Party kennen gelernt hat, in ihre Wohnung ein. Nachdem sie ihn geküsst hatte, vergewaltigte er sie. Im Szenario einer Vergewaltigung durch Fremde wurde eine Frau, die allein auf der Straße nach Hause ging, von einem Mann attackiert und vergewaltigt. Die Ergebnisse zeigten einen signifikanten Zusammenhang zwischen BS und Schuldzuweisung an die Opfer im Fall der Vergewaltigung durch Bekannte: je höher die Punktezahl des Teilnehmers auf der ASI BS-Subskala war, desto mehr Schuld wurde dem Opfer der Vergewaltigung durch Bekannte zugeschrieben. Dieser Effekt ergab sich unabhängig von der HS-Einstufung, da ausschließlich die Interaktion zwischen der Art der Vergewaltigung und BS Signifikanz zeigte. Bei einer Vergewaltigung durch Bekannte sind es also benevolent sexistische Haltungen und nicht hostil sexistische Haltungen, die eine Schuldzuweisung an die Opfer aufzeigen. Bezüglich der Schuldzuweisung an die Opfer als abhängiger Variable gab es weder geschlechtsspezifisch gesehen wesentliche Effekte noch Interaktionseffekte (mit BS, HS oder der Akzeptanz von Vergewaltigungsmythen). Obwohl sich vom Geschlecht differentielle Prognosen für die Punktezahlen auf der BS und HS-Skala ableiten lassen, ergaben sich im Rahmen der vorliegenden Studie keine genderbezogenen, differentiellen Prognosen für die Haltung gegenüber Vergewaltigungsopfern. BS ist in dieser Studie der einzige signifikante Prädiktor von Haltungen gegenüber Vergewaltigungsopfern.

In einer späteren Studie wiesen Personen mit hohen BS-Werten einem verheirateten Vergewaltigungsopfer mehr Schuld zu als einem Opfer ohne Angaben zur Person.[81] Forscher und Forscherinnen sahen den Grund in der Möglichkeit, die Interaktion als Untreue anzusehen, und dem verheirateten Opfer folglich vorzuwerfen, es hätte gegen die traditionelle Geschlechterrolle der guten Ehefrau verstoßen. Diese Studie favorisierte die Überlegung,

---

80 Abrams et al., Perceptions of Stranger.
81 Viki et al., But She Was Unfaithful.

dass das Verhalten des Opfers die Reaktionen auf und die Ansichten zu Vergewaltigung beeinflussen, wobei BS den Weg für diese unterschiedlichen Bewertungen zu bereiten scheint.

4.5 Benevolenter Sexismus und empfohlenes Strafausmaß für Vergewaltiger

Andere Studien zeigen, dass bei einer Schuldzuschreibung an das Opfer der Vergewaltigung die Wahrscheinlichkeit größer ist, dass die Täter aus ihrer Verantwortung für das Verbrechen entlassen werden.[82] Dies hat schwerwiegende rechtliche Auswirkungen, da Personen mit hohen BS-Werten in Fällen, in denen das Opfer in ihren Augen gegen eine herkömmliche Geschlechterrollen-Überzeugung verstoßen hat, öfter zu Nachsicht gegenüber Vergewaltigern neigen. Nachdem sie jeweils das Szenario einer Vergewaltigung durch Bekannte oder Fremde gelesen hatten, wurden die TeilnehmerInnen an einer Studie gefragt, zu wie vielen Jahren Gefängnis sie einen Vergewaltiger verurteilen würden.[83] Bei Vergewaltigung durch Bekannte wurde ein signifikanter Zusammenhang zwischen BS und empfohlenem Strafausmaß festgestellt, und zwar in der Weise, dass Personen mit höheren BS-Werten ein geringeres Strafausmaß für einen dem Opfer bekannten Vergewaltiger vorschlugen. Diese Studie zeigt, dass benevolenter Sexismus nicht nur die Einschätzung von Vergewaltigungsopfern beeinflusst, sondern auch die Haltung gegenüber den Tätern, woraus sich gewichtige Folgen für das Rechtssystem ergeben können. Es gab keine signifikante Interaktion zwischen Geschlecht und BS oder HS und auch keine wesentlichen Effekte bezüglich des empfohlenen Strafausmaßes.

4.6 Haltungen gegenüber männlichen und homosexuellen Opfern von Vergewaltigung

Es gibt zwar umfangreiche Forschungsarbeiten zu der Haltung gegenüber Schuldzuweisungen an die Opfer von Vergewaltigung, doch sie konzentrieren sich hauptsächlich auf die weiblichen Opfer. Aus Erhebungen geht allerdings hervor, dass 6 bis 20 Prozent der Opfer, die in US-amerikanischen

---

82 Krahè, Social Psychological Issues.
83 Viki, G. Tendayi, Dominic Abrams u. Barbara Masser: Evaluating stranger and acquaintance rape: The role of benevolent sexism in perpetrator blame and recommended sentence length. In: Law and Human Behavior 28 (2004). S. 295-303.

Vergewaltigungs-Krisenzentren betreut werden, männlich sind, und dass 34 Prozent der männlichen College-Studenten Erfahrungen mit unerwünschten sexuellen Kontakten haben.[84] Es gibt auch gängige Mythen über die Vergewaltigung von Männern, zum Beispiel, dass ein Mann nicht vergewaltigt werden kann.[85] Diese Vergewaltigungsmythen hindern männliche Opfer daran, Hilfe zu suchen und sich zu melden, ebenso wie die in der US-amerikanischen Gesellschaft bestehenden Vergewaltigungsmythen weibliche Opfer hindern, dies zu tun. Ein Mann, der vergewaltigt wurde und das Gefühl hat, dass ihm die Schuld an der Vergewaltigung zugewiesen wird, wird sich möglicherweise nicht ‚outen' um Hilfe zu bekommen.

Obwohl aus den Daten hervorgeht, dass Männer häufig vergewaltigt werden, beschäftigen sich die bestehenden Forschungsarbeiten zu diesem Thema vor allem mit Übergriffen in institutionalisierten Milieus, z.B. Gefängnissen.[86] Aufgrund dieser mangelhaften Datenlage gibt es viele widersprüchliche Theorien darüber, ob männlichen oder weiblichen Opfern von Vergewaltigung mehr Schuld zugewiesen wird. Andererseits weist das Argument, dass die Schuldzuweisung an die Opfer durch die kulturell beeinflussten Geschlechterstereotypen strukturiert wird, darauf hin, dass weiblichen Opfern mehr Schuld zugewiesen wird als männlichen. Es gibt Forschungsarbeiten, die diese Aussage bekräftigen und zeigen, dass Probanden und Probandinnen tatsächlich den weiblichen Opfern die größere Schuld zuweisen.[87] Viele der Variablen, die das den Opfern zugeschriebene Schuldausmaß beeinflussen, wie sexuelles Vorleben, Grad der Alkoholisierung und Personenstand, haben mit Regeln für das weibliche und nicht für das männliche Geschlechterrollenverhalten zu tun. Es fällt daher leichter, weiblichen Opfern aufgrund ihres Verhaltens oder ihres Charakters mehr Verantwortung zuzuweisen, was Probanden und Probandinnen dazu veranlasst, ihnen mehr Schuld zuzuschreiben als männlichen Opfern. Dementsprechend wurden in den Fällen von Vergewaltigung von Männern den Tätern und Täterinnen die größere Schuld zugewiesen. Aus anderen Arbeiten geht hervor, dass weiblichen Opfern nicht nur größere Verantwortung für ihre Vergewaltigung zugeschrieben wurde, sondern dass man ihnen auch

---

84 Struckman-Johnson Cindy u. David Struckman-Johnson: Men's reactions to hypothetical female sexual advances: A beauty bias in response to sexual coercion. In: Sex Roles 31 (1994). S. 387-405.
85 Donnelly, Denise A. u. Stacy S. Kenyon: „Honey, we don't do men": Gender stereotypes and the provision of services to sexually assaulted males. In: Journal of Interpersonal Violence 11 (1996). S. 441-448.
86 Stermac, Lana, Peter M.Sheridan, Alison Davidson u. Sheila Dunn: Sexual assault of adult males. In: Journal of interpersonal violence 11 (1996). S. 52-64.
87 Howard, Judith A.:The „normal" victim: The effects of gender stereotypes on reactions to victims, in: Social Psychological Quarterly 47 1984. S. 270-281.

eher unterstellte, ihre Viktimisierung provoziert oder sich leichtsinnig verhalten zu haben.[88]

In einer zweiten Studie wurde den Frauen zwar nach wie vor mehr Gesamtschuld zugeschrieben, aber die Schuldzuweisung an weibliche und männliche Opfer war je nach deren Charakter und Verhalten verschieden.[89] Probanden und Probandinnen lasen eine Charakterskizze zu einer Vergewaltigung und beurteilten anschließend nicht nur den allgemeinen Grad der Verantwortung des Opfers, sondern wiesen dem Opfer auch Schuld im Zusammenhang mit spezifischen Items zur Bewertung der Charaktereigenschaften (z.B. Passivität und Leichtsinn) und Verhalten (z.B. Ausdruck von Angst, kein Versuch zu entkommen) zu. In der Charakterdimension wurde weiblichen Opfern, in der Verhaltensdimension den männlichen Opfern mehr Schuld zugeschrieben. Dieser Unterschied entspricht den stereotypen männlichen und weiblichen Geschlechterrollen, da Items bezüglich Charakterbewertung, wie Passivität und Leichtsinn des Opfers mit Stereotypen bezüglich typisch weiblicher Wesenszüge übereinstimmen, während Items bezüglich Einschätzung des Opferverhaltens, wie der unterlassene Versuch zu entkommen oder sich zur Wehr zu setzen, den Stereotypen männlichen Verhaltens wie Aggressivität und Tatkraft widersprechen.[90] Die Schuldzuweisungen an die Frauen fußten auf dem Umstand, dass ihre Charakterzüge den hergebrachten stereotypen Geschlechterrollen entsprachen, während die Schuldzuweisung an die Männer aufgrund ihres Verstoßes gegen stereotype Geschlechterrollen erfolgte. Im Einklang mit der Hypothese, dass das *belief system* betreffend die Geschlechterrollen diesem Unterschied zwischen den Geschlechtern zugrunde liegt, schrieben nur Probanden und Probandinnen mit einer traditionellen Einstellung zu Geschlechterrollen weiblichen Opfern mehr pauschale Schuld und auch mehr Schuld in der Charakterdimension zu als männlichen Opfern.

Andere Forschungsarbeiten kommen wiederum zu dem Schluss, dass Frauen in allen Dimensionen einschließlich der Verhaltensdimension mehr Schuld zugewiesen wird. Die Teilnehmer und Teilnehmerinnen an einer Studie waren der Meinung, dass, verglichen mit Männern, vergewaltigte Frauen sich mehr Schuld für die Vergewaltigung geben sollten; dass sie eher

---

88 Travis, Shelly K. u. Elizabeth R. Allgeier : Attributions of responsibility to male and female victims of rape and robbery. Paper presented at the meeting of the Midwestern Psychological Association, Chicago, IL 1986
89 Howard, Judith A.: The „normal" victim: The effects of gender stereotypes on reactions to victims. In: Social Psychological Quarterly 47 (1984). S. 270-281.
90 Broverman, Inge K., Susan R. Vogel, Donald M. Broverman, Frank E. Clarkson u. Paul S. Rosenkrantz: Sex role stereotypes: A current appraisal. In: Journal of Social Issues 28 (1972). S. 59-78.

in Situationen geraten, die eine Vergewaltigung zur Folge haben; dass sie eher dazu neigen, zu glauben, sie hätten etwas falsch gemacht; und dass sie durch ihr Verhalten eher Anlass zu einer Vergewaltigung geben würden.[91] Das heißt, dass entgegen früheren Ergebnissen, denen zufolge männlichen Opfern mehr Schuld in der Verhaltensdimension zugewiesen wurde, die Probanden und Probandinnen den weiblichen Opfern sowohl in der Verhaltens- als auch in der Charakterdimension mehr Schuld zuschrieben. Diese Ergebnisse bekräftigen erneut die Theorie, dass kulturelle Geschlechterstereotype bezüglich dem unterwürfigen und verletzlichen Wesen der Frauen[92] der Grund sind, warum einem weiblichen Opfer mehr Verantwortung für einen Übergriff angelastet wird als einem männlichen Opfer.

Diese Ergebnisse werden zusätzlich durch andere Forschungsarbeiten kompliziert, die ins Treffen führen, dass die Interaktion zwischen dem Geschlecht der Probandinnen und Probanden und jenem der Opfer die Schuldzuweisungen an die Opfer bestimmt und lenkt. Aus einer Reihe von Studien geht hervor, dass Männer eher dazu neigen, Vergewaltigungsopfern die Schuld für den Übergriff zuzuschreiben als Frauen,[93] während andere keine derartigen Geschlechterunterschiede feststellen konnten[94]. Jedoch wurde die Aussage, dass Männer männlichen Vergewaltigungsopfern mehr Schuld zuschreiben als Frauen wiederholt bestätigt.[95] Im Rahmen einer

---

91 Schneider, Lawrence, J. Ee, H. Aronson: Effects of victim gender and physical vs. psychological trauma/injury on observers' perceptions of sexual assault and its aftereffects. In: Sex Roles 30 (1994). S. 793-808.
92 Broverman et al., Sex Role Stereotypes.
93 Deitz, Sheila R. u. Lynne E. Byrnes: Attribution of responsibility for sexual assault: The influence of observer empathy and defendant occupation and attractiveness. In: Journal of Psychology 108 (1981). S. 17-29; Jenkins, Megan J. u. Faye H. Dambrot: The attribution of date rape: Observer's attitudes and sexual experiences and the dating situation. In: Journal of Applied Social Psychology 17 (1987). S. 875-895; Whatley, Mark A. u. Ronald E. Riggio: Attributions of blame for female and male victims. In: Family Violence and Sexual Assault Bulletin 8 (1992). S. 16-18.
94 Jones, Cathaleene u. Elliot Aronson: Attribution of fault to a rape victim as a function of respectability of the victim. In: Journal of Personality and Social Psychology 26 (1973). S. 415-419; Whatley u. Riggio, Attributions of Blame.
95 Davies, Mark, Paul Pollard u. John Archer: The influence of victim gender and sexual orientation on judgments of the victim in a depicted stranger rape. In: Violence and Victims 16 (2001). S. 607–619; Howard, The „Normal" Victim. McCaul, Kevin D., Lois G. Veltum, Vivian Boyechko, Jacqueline J. Crawford: Understanding attributions of victim blame for rape: Sex, violence, and foreseeability. In: Journal of Applied Social Psychology 20 (1990). S. 1-26; Whatley u. Riggio, Attributions of Blame; Whatley, Mark A. u. Ronald E. Riggio: Gender differences in attributions of blame for male rape victims. In: Journal of Interpersonal Violence 8 (1993). S. 502-511.

Studie wurden Probandinnen und Probanden gebeten eine Charakterskizze einer Vergewaltigung eines Mannes zu lesen und dann abzuschätzen, wieviel Schuld dem Opfer zuzuschreiben sei.[96] Es stellte sich heraus, dass dem Täter in allen Bereichen etwa dasselbe Maß an Schuld zugeschrieben wurde, dass aber Männer den männlichen Opfern signifikant mehr Schuld zuschrieben als Frauen. Als eine mögliche Erklärung dafür führten die Forschenden an, dass Männer das Denkbild einer gerechten Welt höher halten als Frauen.[97] Obwohl dieser Zusammenhang zwischen Geschlecht und dem Glauben an eine gerechte Welt nicht besonders ausgeprägt ist, könnte er eine weitere Erklärung dafür sein, warum Männer den Opfern mehr Schuld zuschreiben als Frauen.

Ein weiterer Grund warum Männer männlichen Vergewaltigungsopfern mehr Schuld zuschreiben ergibt sich aus dem *belief system* der Geschlechterrolle. Wenn die Probanden und Probandinnen die Charakterskizzen einer Vergewaltigung lesen, rufen sie damit zusammenhängende Haltungen gegenüber Vergewaltigung und Opfer ab.[98] Im Fall der Vergewaltigung eines Mannes durch einen Mann denken Probanden möglicherweise an ihre Haltung gegenüber Homosexuellen. Bei der Vergewaltigung von Männern durch Männer kommt Homosexualität ins Spiel, und weil Männer, wie oben angeführt, durch das belief system bezüglich Geschlechterollen strikt an eine fixe Rolle gebunden sind, fühlen sie sich bestärkt, ihre Abscheu gegenüber dem Verhalten homosexueller Männer zum Ausdruck zu bringen. Wenn Männer in dieser Situation dem Opfer mehr Schuld zuschreiben, affirmieren sie damit möglicherweise ihre Geschlechterrollen.[99] Daraus folgt, dass Männer männlichen Vergewaltigungsopfern häufiger Schuld zuschreiben, wenn diese homosexuell sind, als wenn sie heterosexuell sind. Dieses Denkbild wurde durch eine Reihe von Studien bestätigt.[100] Heterosexuelle Männer

---

96 Whatley u. Riggio, Gender Differences.
97 Ambrosio, Anthony L. u. Eugene P. Sheehan: Factor analysis of the Just World Scale. In: Journal of Social Psychology 130 (1990). S. 413-415; Whatley u. Riggio, Gender Differences.
98 Taylor, Shelly E. u. Susan T. Fiske: Salience, attention, and attribution: Top-of-the-head phenomena. In: Leonard Berkowitz (Hrsg.): Advances in Experimental Social Psychology. New York: Academic Press 1978.
99 Davies et al., The Influence; Ford, Torrey M., Michelle G. Liwag-McLamb u. Linda A. Foley: Perceptions of rape based on sex and sexual orientation of victim. In: Journal of Social Behavior and Personality 13 (1998). S. 253-262; Davies, Mark: Male sexual assault victims: A selective review of the literature and implications for support services. In: Aggression and Violent Behavior 7 (2002). S. 203-214; Davies, Mark u. Samantha McCartney: Effects of gender and sexuality on judgments of victim blame and rape myth acceptance in a depicted male rape. In: Journal of Community and Applied Social Psychology 13 (2003). S. 391-398.
100 Davies et al., The Influence.

bejahen häufiger Vergewaltigungsmythen und schreiben schwulen Opfern häufiger Schuld zu als heterosexuelle Frauen.[101] Auf einer Skala, die Homophobie misst, werden für heterosexuelle Männer höhere Werte registriert als für Frauen, und ein hohes Maß an Homophobie weist auf eine negativere Haltung gegenüber männlichen Vergewaltungsopfern hin.[102] Allerdings wurde in der letztgenannten Studie die Bewertung des männlichen Vergewaltigungsopfers eher durch den Homophobie-Wert bestimmt als durch das Geschlecht der Probanden/ Probandinnen, so dass allgemein gesehen, Männer den männlichen Opfern nicht mehr Schuld zuschrieben als Frauen.

Es handelt sich also um ein Wechselspiel von traditionellen Ansichten bezüglich Geschlechterrollen, von Haltungen zu Homosexualität und von der Wahrnehmung unterschiedlicher Vergewaltigungsopfer. Wie soeben dargestellt, übt dies einen wesentlichen Einfluss auf die Beurteilung weiblicher und männlicher Opfer durch Personen beiderlei Geschlechts aus, und es beeinflusst möglicherweise auch die männliche Sichtweise von homosexuellen männlichen Opfern einerseits und von heterosexuellen männlichen Opfern andererseits. Weitere Forschungsarbeiten sind hier notwendig, um zu untersuchen, wie sowohl Männer als auch Frauen homosexuelle Opfer insgesamt sehen, weil es für homosexuelle Vergewaltigungsopfer noch weniger Untersuchungen gibt als für männliche Opfer. Das heißt, dass wir über die Beurteilung und Wahrnehmung jener Opfer, die von vorneherein als gesellschaftliche Minderheiten benachteiligt sind, sogar noch weniger wissen.

Obzwar für den Großteil der Studien, die sich schwerpunktmäßig mit Vergewaltigung beschäftigen, ausschließlich Meinungen zu heterosexueller Vergewaltigung eingeholt wurden, berichten schwule, lesbische und bisexuelle Collegestudenten, dass sie in ihrem bisherigen Leben öfter Opfer sexueller Übergriffe wurden als gleichaltrige Heterosexuelle.[103] Eine der wenigen Studien zu den Wahrnehmungen homosexueller Vergewaltigungsopfer ordnete Probanden und Probandinnen einer von vier Situationen zu, die sich aus der Interaktion zwischen dem Geschlecht des Opfers (männlich oder weiblich) und der sexuellen Orientierung des Opfers (homosexuell oder heterosexuell) ergaben.[104] Die vier Vergewaltigungs-Charakterskizzen waren identisch, mit Ausnahme der Namen, die als Hinweis auf das Geschlecht

---

101 Davies u. McCartney, Effects of Gender.
102 Anderson, Kelly: Only men can stop rape. In: Off Our Backs 34 (2004). S. 18-21.
103 Duncan, David F.: Prevalence of sexual assault victimization among heterosexual and gay/lesbian university students. In: Psychological Reports 66 (1990). S. 65-66.
104 White, Bradley H. u. Sharon E. R. Kurpius: Effects of victim sex and sexual orientation on perceptions of rape. In: Sex Roles: A Journal of Research 46 (2002). S. 191-200.

des Opfers und des/r jeweiligen Liebespartners/-partnerin verwendet wurden. Am Heimweg von einer Verabredung mit einem Partner ging dem Auto des Opfers der Treibstoff aus, und ein Mann bot dem Opfer an, es zu einer Tankstelle zu bringen. Kaum hatte das Opfer das Auto bestiegen, wurde es von dem Mann mit einem Messer bedroht, zu einer Hütte gezerrt und wiederholt zu sexuellen Handlungen gezwungen. Das Ergebnis dieser Studie bestätigt frühere Ergebnisse, denen zufolge Probanden und Probandinnen mit traditionellen Haltungen zu den Geschlechterrollen – gemessen auf der ABS-Skala (Einstellungen zu Frauen)[105] und der MRNS-Skala (Normenskala der männlichen Rolle)[106] Vergewaltigungsopfern mehr Schuld zuschreiben.[107] Traditionelle Geschlechterrollen-Einstellungen korrelierten signifikant mit negativen Einstellungen gegenüber Homosexuellen, wodurch ebenfalls frühere Ergebnisse bestätigt werden.[108] Außerdem bestand eine signifikante Korrelation zwischen negativen Einstellungen gegenüber Homosexuellen und die Schuldzuweisung an Homosexuelle war signifikant. Es zeigt sich, dass aufgrund der negativen Einstellungen jener, die dem traditionellen *belief system* bezüglich Geschlechterrollen anhängen, homosexuellen Opfern mehr Schuld zugeschrieben wird als heterosexuellen.

Durch die defensive Attributionstheorie wird dieser Unterschied in der Schuldzuweisung auf Basis der sexuellen Orientierung zusätzlich untermauert.[109] Diese Theorie besagt, dass, je ähnlicher sich Beobachter und Beobachterinnen einem Unfallopfer erachten, sie diesem umso weniger Verantwortung zuweisen. Um sich davor zu schützen selbst Opfer eines solchen Unfalls zu werden, beurteilen die Beobachter und Beobachterinnen das Opfer weniger streng. Nach demselben Muster schreiben sie Opfern, mit denen sie aus ihrer Sicht nichts gemeinsam haben, mehr Verantwortung für einen Vorfall zu. Da sich heterosexuelle Männer und Frauen als grundsätzlich verschieden von homosexuellen Opfern einstufen, werden sie ihnen gemäß dieser Theorie mehr Schuld zuschreiben. Wie oben erwähnt, kommen in der amerikanischen Gesellschaft homophobe Einstellungen gegenüber Schwulen stärker zum Ausdruck als gegenüber Lesben, woraus folgt, dass

---

105 Nelson, Margaret C.: Reliability, validity and cross-cultural comparisons for the simplified Attitudes toward Women Scale. In: Sex Roles 18 (1988). S. 289-296.
106 Thompson, Edward H. u. Joseph H. Pleck: The structure of male role norms. In: American Behavioral Scientist 29 (1986). S. 531-543.
107 Howard, The „normal" Victim.
108 Cotton-Huston, Annie L. u. Bradley M. Waite: Anti-homosexual attitudes in college. Students: Predictors and classroom interventions. In: Journal of Homosexuality 38 (2000). S. 117-133;
109 Shaver, Kelly G.: Defensive attribution: Effects of severity and relevance on the responsibility assigned for an accident. In: Journal of Personality and Social Psychology 14 (1970). S. 101-113.

schwulen Vergewaltigungsopfern mehr Schuld zugeschrieben wird als lesbischen Opfern. Wie ebenfalls vorhin erwähnt, haben heterosexuelle Männer häufiger eine negative Einstellung zu Homosexuellen als heterosexuelle Frauen, was die Wahrscheinlichkeit, dass sie sich mit einem schwulen Vergewaltigungsopfer identifizieren, nachdrücklich verringert; dies ist ein weiterer Grund warum heterosexuelle männliche Beobachter schwulen Opfern unter Umständen besonders viel Schuld zuschreiben.

4.7 Benevolenter und hostiler Sexismus und die Haltung zu Homosexualität und lesbischen Vergewaltigungsopfern

Verschiedene Stufen von benevolentem Sexismus beeinflussten die Perzeption heterosexueller Vergewaltigungsopfer, die gegen herkömmliche Geschlechterrollen verstießen, wie zum Beispiel verheiratete Frauen, die einen anderen Mann küssten.[110] Da auch Lesben und Schwule gegen traditionelle Geschlechterrollen verstoßen, könnte man annehmen, dass benevolentsexistische Einstellungen die Perzeption homosexueller Vergewaltigungsopfer beeinflussen. Die Ergebnisse einer Studie untermauerten den Zusammenhang zwischen traditionellen Haltungen zu den Geschlechterrollen, negativen Einstellungen gegenüber Homosexuellen und Schuldzuweisungen an die Opfer.[111] Entsprechend den Forschungsergebnissen, die eine Verbindung von benevolentem Sexismus und Heterosexismus mit der traditionellen Struktur des traditionellen Geschlechterrollenverständnisses herstellen, sollten Personen mit hohen BS-Werten in dem Wunsch, Überzeugungen bezüglich der traditionellen Geschlechterrollen und Heterosexualität zu legitimieren, homosexuellen Vergewaltigungsopfern mehr Schuld zuschreiben. Da hostiler Sexismus nicht auf die gleiche Weise an das erwähnte System gebunden ist, gibt es nichts, das darauf hinweist, dass es als Prädiktor von Einstellungen zu homosexuellen versus heterosexuellen Vergewaltigungsopfern in Frage kommt.[112]

4.8 Schuldzuweisung an die Täter

Forschungsarbeiten zeigen, dass Täter in denjenigen Szenarien entlastet werden, in welchen den Opfern mehr Schuld zugeschrieben wird.[113] Es gibt

---
110 Viki u. Abrams, But She Was Unfaithful.
111 White u. Kurpius, Effects of Victim Sex.
112 Masser u. Abrams, Contemporary Sexism.
113 Howard, The „Normal" Victim; Schneider et al., Effects of Victim.

kaum Forschungsarbeiten, die analysieren, wie sich das Geschlecht oder die sexuelle Orientierung des Opfers auf die Schuldzuweisung an den Täter auswirkt. In einer der wenigen Studien, die beide Faktoren untersuchte, schrieben die Probanden und Probandinnen jenen Tätern und Täterinnen mehr Schuld zu, die Opfer desselben Geschlechts vergewaltigten.[114] Das heißt, dass Männer Tätern, die Männer vergewaltigten, mehr Schuld zuschrieben, während auf die Schuldzuweisung durch die weiblichen Probanden das Gegenteil zutraf.

5. Aspekte von Vorurteilen, die allen Gruppen gemeinsam sind

Nachdem die speziellen Charakteristika von geschlechtsbezogenen und sexuellen Vorurteilen hervorgehoben wurden, wenden wir uns nun den Gemeinsamkeiten mit anderen Formen von Vorurteilen zu. Wir konzentrieren uns hier auf verdeckte Formen von Vorurteil, die in modernen Gesellschaften häufiger anzutreffen sind als die offenen Formen.[115] Die Charakteristika verdeckter Formen von Vorurteil sind die Ambivalenz, die über das, was wir im Zusammenhang mit Sexismus beschrieben haben, hinausgeht, sowie Automatizität und Ambiguität.

5.1 Ambivalente Stereotypen

Ambivalenz ist charakteristisch für eine Reihe von Stereotypen, nicht nur für jene, die Frauen und Männer betreffen. Die Objekte von benevolentem Sexismus, Frauen, die traditionellen Rollenerwartungen entsprechen, können als warmherzig, aber inkompetent bezeichnet werden, und dasselbe trifft auf ältere Menschen oder Menschen mit körperlichen oder geistigen Behinderungen zu.[116] All diese Gruppen lösen Mitleid (eine gemischte

---

114 Schneider et al., Effects of Victim.
115 Fiske, Susan T.: Stereotyping, Prejudice, and Discrimination. In: Daniel T. Gilbert, S. T. Fiske u. Lindzey Gardner (Hrsg.): Handbook of social psychology (4. Aufl., H. 2, S. 357-411). New York: McGraw-Hill 1998; Pettigrew, Thomas F. u. Roel W. Meertens: Subtle and blatant prejudice in western Europe. In: European Journal of Social Psychology 25 (1995). S. 57-75.
116 Fiske, Susan T., Amy J. Cuddy, Peter Glick u. Jun Xu: A model of (often mixed) stereotype content: Competence and warmth respectively follow from perceived status and competition. In: Journal of Personality and Social Psychology 82 (2002). S. 878-902.

Emotion) und gleichzeitig Hilfsbereitschaft und Unterlassung aus.[117] Unter schwulen Männern werden feminine und als „extravagant" und schrill attribuierte Untergruppen so gesehen.[118]

Eine komplementäre Form von Ambivalenz nimmt Gruppen, die als kompetent aber nicht warmherzig betrachtet werden, ins Visier. Zu den nicht traditionellen Frauen, die Zielscheiben von hostilem Sexismus sind, gehören Lesben, Feministinnen und berufstätige Frauen, die alle so eingestuft werden. Dasselbe gilt allerdings auch Minderheitenangehörige in höheren beruflichen Positionen, einschließlich Schwule und ethnische Minderheiten, etwa Asiaten/Asiatinnen und Juden/Jüdinnen sowie reiche Menschen ungeachtet ihrer Zugehörigkeit zu unterschiedlichen Kategorien. Diese Gruppen lösen Neid aus (ebenfalls eine gemischte Emotion).[119] Sie sind Zielscheiben von Verhaltensweisen, die einerseits gefällig (angesichts ihrer Position) und andererseits aktiv kampfbereit (je nach gesellschaftlicher Unterteilung) sind.[120]

In diesem Spektrum, dessen äußerste Pole durch die Eigenschaften Warmherzigkeit bzw. Kompetenz markiert sind, werden manche Gruppen weder als warmherzig noch als kompetent eingestuft. Hier finden sich arme Leute verschiedenen Geschlechts und unterschiedlicher Ethnizität, insbesondere Obdachlose und Drogenabhängige,[121] ebenso wie in Leder gekleidete Biker-Untergruppen von schwulen Männern.[122] Diese Gruppen sind Auslöser zutiefst negativer Emotionen wie Abscheu und Verachtung, entmenschlichende Reaktionen, die jede geistige Dimension dieser Gruppen außer Acht lassen.[123] Sie sind sowohl Gegenstand aktiven Angriffs und passiver Unterlassung.[124]

Wohl wird einigen dieser Gruppen sowohl Warmherzigkeit als auch Kompetenz zugeschrieben, wobei es sich in diesen Fällen allerdings meist um gesellschaftliche Referenzgruppen wie Amerikaner und Amerikanerinnen im Allgemeinen, Angehörige der Mittelklasse, oder Christen/Christinnen

---

117 Cuddy, Amy J. C., Susan T. Fiske u. Peter Glick: The BIAS map: Behaviors from intergroup affect and stereotypes. In: Journal of Personality and Social Psychology 92 (2007). S. 631-648.
118 Clausell, Eric u. Susan T. Fiske: When do the parts add up to the whole? Ambivalent stereotype content for gay male subgroups. In: Social Cognition 23 (2005). S. 157-176.
119 Fiske at al., A Model.
120 Cuddy at al., The BIAS Map.
121 Fiske at al., A Model.
122 Clausell u. Fiske, The Parts.
123 Fiske at al., A Model. Harris, Lasana T. u. Susan T. Fiske: Dehumanizing the lowest of the low: Neuro-imaging responses to extreme outgroups. In: Psychological Science 17 (2006). S. 847-853.
124 Cuddy et al., The BIAS Map.

handelt.[125] Die Schwulen, die sich einen heterosexuellen Anstrich geben, nähern sich diesem Raum an, ebenso wie berufstätige Schwarze, und manchmal bestimmte Frauentypen. Diesen gesellschaftlichen in-groups wird Stolz und Bewunderung entgegengebracht, und sie lösen sowohl aktive Hilfestellungen als auch passive Gefälligkeit aus.[126]

Insgesamt schaffen Warmherzigkeit und Kompetenz systematische Dimensionen für Intergruppen-Räume, und man findet sie in allen bisher studierten Kulturen, nicht nur in den Vereinigten Staaten, sondern auch in Europa and Asien.[127] Diese Struktur wiederholt sich in Lateinamerika,[128] selbst bei dominikanischen Straßenkindern[129]. Das heißt, dass sich Stereotype von Frauen und Homosexuellen in ein im Wesentlichen universelles Muster von Stereotypen und Vorurteilen einfügen.[130]

5.2 Automatische Vorurteile

Die Reaktionen auf alle möglichen Gruppen erfolgen so automatisch, wie man es vernünftigerweise nie annehmen würde. Es sind die evaluativen Assoziationen von Personen, die dem Impliziten Assoziationstest (IAT), einer provokativen Theorie und Messmethode, zugrunde liegen.[131] Der IAT postuliert, dass eine positive in-group/negative out-group-Assoziation stark

---

125 Fiske et al., A Model.
126 Cuddy et al., The BIAS Map.
127 Cuddy, Amy J. C., Susan T. Fiske, Virginia S. Y. Kwan, Peter Glick, S. Demoulin, J-Ph. Leyens, M. H. Bond, J-C., Croizet, N. Ellemers, E. Sleebos, T. T. Htun, M. Yamamoto, H-J. Kim, G. Maio, J. Perry, K. Petkova, V. Todorov, R. Rodríguez-Bailón, E. Morales, M. Moya, M. Palacios, V. Smith, R. Perez, J. Vala u. R. Ziegler: Is the stereotype content model culture-bound? A cross-cultural comparison reveals systematic similarities and differences. British Journal of Social Psychology 48 (2009). S. 1-33.
128 Durante, Federica, Susan T. Fiske, Amy J. C. Cuddy et al.: Unpublished data, Princeton University 2007.
129 Anselin, Iléana: Assessing Dominican children's views of societal groups: Using the Stereotype Content Model. Unpublished senior thesis, Princeton University, 2004.
130 Fiske, S. T., A. J. C. Cuddy u. P. Glick: Universal dimensions of social perception: Warmth and competence. Trends in Cognitive Science 11 (2007). S. 77-83.
131 Greenwald, Anthony G., Mahzarin R. Banaji, Laurie A. Rudman, Shelly D. Farnham, Brian A. Nosek u. Deborah S. Mellott: A unified theory of implicit attitudes, stereotypes, self-esteem, and self-concept. In: Psychological Review 109 (2002). S. 3-25; Greenwald, Anthony G., Debbie E. McGhee, Jordan L. K. Schwartz: Measuring individual differences in implicit cognition: The implicit association test. In: Journal of Personality and Social Psychology Bulletin 74 (1998). S. 1464-1480.

auf implizite Messungen wirkt, die außerhalb der normalen explizit bewussten Reaktionen operiert. Die meisten Menschen haben relativ automatische Assoziationen im Zusammenhang mit üblichen sozialen Kategorien, wie Geschlecht, ethnische Herkunft, Alter, Religion, Nationalität,[132] Homosexualität,[133] und sogar bezüglich der Zugehörigkeit zu kleinen, zufällig definierten Gruppen[134].

Es gab zwar schon vor dem IAT kompatible Techniken (zum Beispiel das MODE Modell und andere[135]), aber die IAT-Forschung argumentiert provokativ, dass implizite die Assoziation – die Reaktion auf evaluativ verbundene Items innerhalb von Sekundenbruchteilen – unterbewusste Vorurteile aufzeigt. Der IAT besitzt hochgradig prädiktive Validität und korreliert mit nachvollziehbaren Kriterien wie Urteilsbildung, Wahlmöglichkeiten, Verhalten und physiologische Reaktionen.[136] Außerdem eignet sich der IAT besonders gut für sozial sensible Bereiche wie Stereotypisierung und Vorurteile. Der IAT-Test kann besonders dann sinnvoll sein, wenn es um Haltungen geht, über die man nicht gerne offen spricht.

Implizite Messungen prognostizieren am besten nonverbales Verhalten wie den Tonfall,[137] während explizite Messungen offeneres Verhalten wie

---

132 Rudman, Laurie A., Anthony G. Greenwald, Deborah. S., Mellott u. Jordan L. K. Schwarz: Measuring the automatic components of prejudice: Flexibility and generality of the Implicit Association Test. In: Social Cognition 17 (1999). S. 437-465.
133 Rowatt, Wade C., Jo-Ann Tsang, Jessica Kelly, Brooke LaMartina, M. Mccullers u. A. McKinley: Associations between religious personality dimensions and implicit homosexual prejudice. In: Journal for the Scientific Study of Religion 45 (2006). S. 397-406.
134 Ashburn-Nardo, Leslie, Corrine I. Voils u. Margo J. Monteith: Implicit associations as the seeds of intergroup bias: How easily do they take root? In: Journal of Personality and Social Psychology 81 (2001). S. 789-799.
135 Fazio, Russell H. u. Michael A. Olson: Implicit measures in social cognition research: Their meaning and uses. In: Annual Review of Psychology 54 (2003). S. 297-327.
136 Poehlman, T. Andy., Eric Uhlmann, Anthony G. Greenwald u. Mahzarin R. Banaji: Understanding and using the Implicit Association Test: III. Meta-analysis of predictive validity. Journal of Personality and Social Psychology 2009.
137 Dovidio, John F., Kerry Kawakami u. Samuel L. Gaertner: Implicit and explicit prejudice and interracial interaction. In: Journal of Personality and Social Psychology 82 (2002). S. 62-68; Dovidio, John F., Kerry Kawakami, Craig Johnson, Brenda Johnson u. Adaiah Howard: On the nature of prejudice: Automatic and controlled processes. In: Journal of Experimental and Social Psychology 33 (1997). S. 510-540; McConnell, Allen R. u. Jill M. Leibold: Relations among the Implicit Association Test, discriminatory behavior, and explicit measures of racial attitudes. In: Journal of Experimental Social Psychology 37 (2001). S. 435-442.

den Inhalt von Gesagtem vorhersagen. Der IAT sagt auch finanzielle Diskriminierung voraus[138]. Der IAT zeichnet sich durch Konsistenz und Stabilität sowie durch konvergente Validität der Messungen aus.[139]

Der IAT sagt auch verlässlich interpersonale Emotionen, Urteilsfähigkeit und Verhalten voraus.[140] Und außerdem vermittelt der IAT den Menschen eine fühlbare Vorstellung von der Leichtigkeit bestimmter (z.B. vorurteilsbehafteter) Kombinationen im Vergleich zu anderen.[141] Implizite Haltungen können öfter als explizite auf frühe, präverbale Erfahrungen, affektive Erfahrungen, kulturelle Assoziationen und kognitive Konsistenzprinzipien zurückgeführt werden.[142] Darin liegt der besondere Nutzen des IAT für die Genderforschung, da ja die meisten Menschen in ihren Familien auch Frauen haben, und die Haltungen zu den Geschlechtern früh entstehen, und da Homosexualität ein emotional stark aufgeladenes Thema ist. Unabhängig von ihren speziellen Ausprägungen ist die Wirkung impliziter evaluativer Assoziationen sowohl auf Einzelpersonen als auch auf die Gesellschaft nicht in Abrede zu stellen.

5.3 Die Ambiguität von Stereotypen

Alle Formen des modernen Vorurteils sind mehrdeutig. Im Fall von schwulen Männern ist es die Vielfalt der wahrgenommenen Untergruppen, die die Aussage erlaubt, dass man zumindest einige Schwule mag oder respektiert, selbst wenn man gegenüber anderen voreingenommen ist. Im Fall von Lesben sagt man vielleicht, dass man nichts gegen Lesben hat, aber dass man einfach lieber mit heterosexuellen Frauen arbeitet oder Kontakte knüpft. Bei allen out-groups scheint der vorherrschende Bias eher in der Bevorzugung der in-group zu liegen als in der Abwertung der out-group.[143]

---

138 Rudman, Laurie A. u. Richard D. Ashmore: Discrimination and the IAT. In: Group Processes and Intergroup Relations 3 (2007). S. 359-372.
139 Cunningham, William A., Kristopher Preacher, J. u. Mahzarin R. Banaji: Implicit attitude measures: Consistency, stability, and convergent validity. In: Psychological Science 12 (2001). S. 163-170.
140 Poehlman et al., Understanding.
141 Cunningham et al., Implicit Attitude Measures.
142 Rudman, Laurie. A.: Sources of implicit attitudes, in: Current Directions. In: Psychological Science 13 (2004). S. 79-82; Sinclair, Stacey, Elizabeth Dunn u. Brian S. Lowery: The relationship between parental racial attitudes and children's implicit prejudice. In: Journal of Experimental Social Psychology 41 (2005). S. 283-289.
143 Brewer, Marilyn B. u. Rupert Brown: Intergroup relations. In: Daniel T. Gilbert, Susan T. Fiske u. Lindzey Gardner (Hrsg.): The handbook of social psychology. New York: McGraw-Hill 1998. S. 554-594.

6. Schlussbemerkungen: Umgang mit Sexismus und Heterosexismus

Konstruktiver Intergruppenkontakt hat sich für alle Formen von Vorurteil als bewährtes Gegenmittel erwiesen. Wenn positive Bedingungen geschaffen werden, die von (politischen, anderen) Autoritäten gestützt werden und in denen Gleichrangigkeit und Interdependenz herrscht, haben Menschen die Möglichkeit über ihre Stereotypen hinaus zu wachsen [144] und Freundschaften zu schließen.[145] Bei manchen Gruppen kann durch Kontakte mehr erzielt werden als bei anderen: Im Fall sexueller Orientierung wird mit Intergruppenkontakten der deutlichste Abbau von Vorurteilen erzielt, gefolgt von körperlichen Behinderungen, ethnischer Herkunft, geistigen Behinderungen, psychischen Erkrankungen und fortgeschrittenem Alter. Bei Gender-Vorurteilen sind Kontakte kein an sich wirksames Heilmittel; hier bedarf es der Kontakte unter Gleichrangigen. Die meisten Menschen haben in ihren Familien Frauen, so dass das Problem weniger der Kontakt als der Status ist.

Das Spektrum der Vorurteile bezüglich Geschlecht und Sexualität stellt ohne Zweifel eine Herausforderung dar; wesentlich ist die wissenschaftliche Auseinandersetzung damit. Auch dass diese Fragen durch ihre Aufnahme in das vorliegende Handbuch Beachtung finden, ist ein positiver Schritt. Vorurteile bezüglich Geschlecht und Sexualität wurden erst in den vergangenen dreißig Jahren Teil des Forschungsbetriebs. Je mehr wir über ihre spezifischen und gemeinsamen Eigenschaften in Erfahrung bringen, desto besser werden wir in der Lage sein, sie abzubauen.

Bibliographie

Abrams, Dominic, Tendayi Viki, Barbara Masser u. Gerd Bohner: Perceptions of stranger and acquaintance rape: The role of benevolent and hostile sexism in victim blame and rape proclivity. In: Journal of Personality and Social Psychology 84 (2003). S. 111-125.

Allport, Gordon W.: The nature of prejudice. Cambridge, Mass.: Addison-Wesley 1954.

Ambrosio, Anthony L u. Eugene P. Sheehan: Factor analysis of the Just World Scale. In: Journal of Social Psychology 130 (1990). S. 413-415.

---

144 Fiske, Susan. T.: Interdependence reduces prejudice and stereotyping. In: Stuart Oskamp (Hrsg.): Reducing prejudice and discrimination. Mahwah: Erlbaum 2000. S. 115-135.
145 Pettigrew, Thomas. F. u. Linda R. Tropp: A meta-analytic test of intergroup contact theory. In: Journal of Personality and Social Psychology 90 (2006). S. 751-783.

Anderson, Kelly: Only men can stop rape. In: Off Our Backs 34 (2004). S. 18-21.

Anselin, Iléana: Assessing Dominican children's views of societal groups: Using the Stereotype Content Model. Unpublished senior thesis, Princeton University 2004.

Ashburn-Nardo, Leslie, Corrine, I. Voils u. Margo J. Monteith: Implicit associations as the seeds of intergroup bias: How easily do they take root? In: Journal of Personality and Social Psychology 81 (2001). S. 789-799.

Batemen, Py: The context of date rape. In: Barrie Levy (Hrsg.): Dating violence: Young women in danger. Seattle: Seal 1991. S. 94-99.

Bem, Sandra Lipitz: The lenses of gender: Transforming the debate on sexual inequality. New Haven, CT: Yale University Press 1993.

Bohner, Gerd: Vergewaltigungsmythen. Landau: Verlag Empirische Pädagogik 1998.

Bohner, Gerd, Christina Weisbrod, Paula Raymond, Alexandra Barzvi u. Norbert Schwarz: Salience of rape affects self-esteem: The moderating role of gender and rape myth acceptance. In: European Journal of Social Psychology 23 (1993). S. 561-579.

Bohner, Gerd u. Norbert Schwarz: The threat of rape: Its psychological impact on non-victimized women. In: David M. Buss u. Neil Malamuth (Hrsg.): Sex, power, conflict: Evolutionary and feminist perspectives. New York: Oxford University Press 1996. S. 162-175.

Brewer, Marilyn B. u. Rupert Brown: Intergroup relations. In: Daniel T. Gilbert, Susan T. Fiske u. Lindzey Gardner (Hrsg.): The handbook of social psychology. New York: McGraw-Hill 1998. S. 554-594.

Bridges, Judith S. u. Christine A. McGrail: Attribution of responsibility for date and stranger rape. In: Sex Roles 21 (1989). S. 273-286.

Broverman, Inge K., Susan R. Vogel, Donald M. Broverman, Frank E. Clarkson u. Paul S. Rosenkrantz: Sex role stereotypes: A current appraisal. In: Journal of Social Issues 28 (1972). S. 59-78.

Brownmiller, Susan: Against our will: Men, women and rape. Auckland, New Zealand: Pearson Education New Zealand 1975.

Burt, Martha R.: Cultural myths and supports of rape. In: Journal of Personality and Social Psychology 38 (1980). S. 217-230.

Cassidy, Linda u. Rose-Marie M. Hurrell: The influence of victim's attire on adolescents' judgments of date rape. In: Adolescence 30 (1995). S. 319-324.

Clausell, Eric u, Susan T. Fiske: When do the parts add up to the whole? Ambivalent stereotype content for gay male subgroups. In: Social Cognition 23 (2005). S. 157-176.

Corcoran, Kevin J. u. Laura R. Thomas: The influence of observed alcohol consumption on perceptions of initiation of sexual activity in a college dating situation. In: Journal of Applied Social Psychology 21 (1991). S. 500-507.

Cosmides, Leda, John Tooby u. Robert Kurzban: Perceptions of race.Iin: Trends in Cognitive Sciences 7 (2003). S. 173-179.

Cotton-Huston, Annie L. u. Bradley M. Waite: Anti-homosexual attitudes in college. Students: Predictors and classroom interventions. In: Journal of Homosexuality 38 (2000). S. 117-133.

Cuddy, Amy J. C., Susan T. Fiske, Virginia S. Y. Kwan, Peter Glick, S. Demoulin, J-Ph. Leyens, M. H. Bond, J-C., Croizet, N. Ellemers, E. Sleebos, T. T. Htun, M. Yamamoto, H-J. Kim, G. Maio, J. Perry, K. Petkova, V. Todorov, R. Rodríguez-Bailón, E. Morales, M. Moya, M. Palacios, V. Smith, R. Perez, J. Vala u. R. Ziegler: Is the stereotype content model culture-bound? A cross-cultural comparison reveals systematic similarities and differences. British Journal of Social Psychology 48 (2009). S. 1-33.

Cuddy, Amy J. C., Susan T. Fiske u. Peter Glick: The BIAS map: Behaviors from intergroup affect and stereotypes. In: Journal of Personality and Social Psychology 92 (2007). S. 631-648.

Cunningham, William A., Kristopher Preacher, J. u. Mahzarin R. Banaji: Implicit attitude measures: Consistency, stability, and convergent validity. In: Psychological Science 12 (2001). S. 163-170.

Davies, Mark u. Samantha McCartney: Effects of gender and sexuality on judgments of victim blame and rape myth acceptance in a depicted male rape. In: Journal of Community and Applied Social Psychology 13 (2003). S. 391-398.

Davies, Mark: Male sexual assault victims: A selective review of the literature and implications for support services. In: Aggression and Violent Behavior 7 (2002). S. 203-214.

Davies, Mark, Paul Pollard, John Archer: The influence of victim gender and sexual orientation on judgments of the victim in a depicted stranger rape. In: Violence and Victims 16 (2001). S. 607–619.

Deaux, Kay u. Mary E. Kite: Thinking about gender. In: Beth B. Hess, Myra M. Ferree (Hrsg.): Analyzing gender: A handbook of social science research. Newbury Park: Sage 1987. S. 91-117.

Deitz, Sheila R. u. Lynne E. Byrnes: Attribution of responsibility for sexual assault: The influence of observer empathy and defendant occupation and attractiveness. In: Journal of Psychology 108 (1981). S. 17-29.

Der-Karabetian, Aghop u. Anthony. J. Smith: Sex role stereotyping in the U. S.: Is it changing? Sex Roles 3 (1977). S. 189-194.

Devine, Patricia G., Margo J. Monteith, Julia R. Zuwerink u. Andrew J. Elliot: Prejudice with and without compunction. In: Journal of Personality and Social Psychology 60 (1991). S. 817-830.

Devine, Patricia G.: Stereotypes and prejudice: Their automatic and controlled components. In: Journal of Personality and Social Psychology 56 (1989). S. 5-18.

Donnelly, Denise A. u. Stacy S. Kenyon: „Honey, we don't do men": Gender stereotypes and the provision of services to sexually assaulted males. In: Journal of Interpersonal Violence 11 (1996). S. 441-448.

Dovidio, John F., Kerry Kawakami u. Samuel L. Gaertner: Implicit and explicit prejudice and interracial interaction. In: Journal of Personality and Social Psychology 82 (2002). S. 62-68.

Dovidio, John F., Kerry Kawakami, Craig Johnson, Brenda Johnson, Adaiah Howard: On the nature of prejudice: Automatic and controlled processes. In: Journal of Experimental and Social Psychology 33 (1997). S. 510-540.

Duncan, David F.: Prevalence of sexual assault victimization among heterosexual and Gay/lesbian university students. In: Psychological Reports 66 (1990). S. 65-66.

Durante, Federica, Susan T. Fiske, Amy J. C. Cuddy et al.: Unpublished data, Princeton University 2007.

Eagly, Alice H., Antonio Mladinic: Are people prejudiced against women? Some answers from research on attitudes, gender stereotypes, and judgments of competence. In: Wolfgang Strobe u. Miles Hewstone (Hrsg.): European review of social psychology. New York: John Wiley 1993. S. 1-35.

Eagly, Alice H. u. Antonio Mladinic: Gender stereotyping and attitudes toward women and men. In: Personality and Social Psychology Bulletin 15 (1989). S. 543-558.

Eagly, Alice H. u. Maureen Crowley: Gender and helping behavior: A meta-analytic review of the social psychological literature. In: Psychological Bulletin 100 (1986). S. 283-308.

Eliason, Michelle, J.: The prevalence and nature of biphobia in heterosexual undergraduate student. In: Archives of Sexual Behavior 26 (1997). S. 317-326.

Ely, Robin J. u. Debra E Meyerson: Theories of gender in organizations: A new approach to organizational analysis and change. In: Research Organizational Behaviour 22 (2000). S. 103-151.

Fazio, Russell H. u. Michael A Olson: Implicit measures in social cognition research: Their meaning and uses. In: Annual Review of Psychology 54 (2003). S. 297-327.

Fiske, Susan T., Shelly E. Taylor: Social cognition: From brains to culture. New York, NY: McGraw-Hill 2007.

Fiske, S. T., A. J. C. Cuddy u. P. Glick: Universal dimensions of social perception: Warmth and competence. Trends in Cognitive Science 11 (2007). S.77-83.

Fiske, Susan T., Amy J. Cuddy, Peter Glick u. Jun Xu: A model of (often mixed) stereotype content: Competence and warmth respectively follow from perceived status and competition. In: Journal of Personality and Social Psychology 82 (2002). S. 878-902.

Fiske, Susan. T.: Interdependence reduces prejudice and stereotyping. In: Stuart Oskamp (Hrsg.): Reducing prejudice and discrimination. Mahwah: Erlbaum 2000. S. 115-135.

Fiske, Susan T.: Stereotyping, Prejudice, and Discrimination. In: Daniel T. Gilbert, S. T. Fiske u. Lindzey Gardner (Hrsg.): Handbook of social psychology (4. Aufl., H. 2, S. 357-411). New York: McGraw-Hill 1998.

Ford, Torrey M., Michelle G. Liwag-McLamb u. Linda A. Foley: Perceptions of rape based on sex and sexual orientation of victim. In: Journal of Social Behavior and Personality 13 (1998). S. 253-262.

Gerdes, Eugenia P., Eric J. Dammann u. Kenneth E. Heilig: Perceptions of rape victims and assailants: Effects of physical attractiveness, acquaintance, and subject gender. In: Sex Roles 19 (1988). S. 141-153.

Glick, Peter, Maria Lameiras, Susan T. Fiske, Thomas Eckes, Barbara Masser, Chiara Volpato, Anna-Maria Manganelli, Jolynn Pek, Li-li Huang, Nuray Sakalli-Ugurlu, Yolanda Rodriguez Castro, Luiza D'Avila, Maria Pereira, Tineke M. Willemsen, Annetje Brunner, Iris Six-Materna u. Robin Wells: Bad but bold: Ambivalent attitudes toward men predict gender inequality in 16 nations. In: Journal of Personality and Social Psychology 86 (2004). S. 713-728.

Glick, Peter, Susan T., Fiske, Antonio Mladinic, Jose L. Saiz, Dominic Abrams, Barbara Masser, Bolanle Adetoun, Johnstone E. Osagie, Adebowale Akande, Amos Alao, Barbara Annetje, Tineke M. Willemsen, Kettie Chipeta, Benoit Dardenne, Ap Dijksterhuis, Daniel Wigboldus, Thomas Eckes, Iris Six-Materna, Francisca Exposito, Miguel Moya, Margaret Foddy, Hyun-Jung Kim, Maria Sotelo, Maria-Jose Lameiras, Angelica Mucchi-Faina, Myrna Romani, Nuray Sakalli, Bola Udegbe, Mariko Yamamoto, Miyoko, Ui, Maria-Cristina Ferreira u. Wilson-Lopez Lopez: Beyond prejudice as simple antipathy: Hostile and benevolent sexism across cultures. In: Journal of Personality and Social Psychology 79 (2000). S. 763-775.

Glick, Peter u. Fiske, Susan T.: The Ambivalence toward Men Inventory: Differentiating Hostile and Benevolent Beliefs about Men. In: Psychology of Women Quarterly 23 (1999). S. 519-536.

Glick, Peter, Jeffrey Diebold, Barbara Bailey-Werner u. Lin Zhu: The two faces of Adam: Ambivalent sexism and polarized attitudes toward women. In: Personality and Social Psychology Bulletin 23 (1997). S. 1323-1334.
Glick, Peter u. Susan T. Fiske: The Ambivalent Sexism Inventory: Differentiating hostile and benevolent sexism. In: Journal of Personality and Social Psychology 70 (1996). S. 491-512.
Greene, Beverly, Gregory M. Herek (Hrsg.): Lesbian and gay psychology: Theory, research, and clinical applications.Thousand Oaks, CA: Sage 1994.
Greenwald, Anthony G., Mahzarin R. Banaji, Laurie A. Rudman, Shelly D. Farnham, Brian A. Nosek u. Deborah S. Mellott: A unified theory of implicit attitudes, stereotypes, self-esteem, and self-concept. In: Psychological Review 109 (2002). S. 3-25.
Greenwald, Anthony G., Debbie E. McGhee u. Jordan L. K. Schwartz: Measuring individual differences in implicit cognition: The implicit association test. In: Journal of Personality and Social Psychology Bulletin 74 (1998). S. 1464-1480.
Guttentag, Marcia u. Paul Secord: Too many women? Beverly Hills: Sage 1983.
Harris, Lasana T. u. Susan T. Fiske: Dehumanizing the lowest of the low: Neuro-imaging responses to extreme outgroups. In: Psychological Science 17 (2006). S. 847-853.
Herek, Gregory M.: Gender gaps in public opinion about lesbians and gay men. In: Public Opinion Quarterly 66 (2002). S. 40-66.
Herek, Gregory M.: Sexual prejudice and gender: Do heterosexuals' attitudes toward lesbians and gay men differ? In: Journal of Social Issues 56 (2000b). S. 251-266
Herek, Gregory M., John P. Capitanio: „Some of my best friends": Intergroup contact, concealable stigma, and heterosexuals' attitudes toward gay men and lesbians. In: Personality and Social Psychology Bulletin 22 (1996). S. 412-424.
Herek, Gregory M.: Assessing heterosexuals' attitudes toward lesbians and gay men: A review of empirical research with the ATLG scale. In: Beverly Greene u. Gregory M. Herek (Hrsg.): Lesbian and gay psychology: Theory, research, and clinical applications. Thousand Oaks, CA: Sage 1994.
Herek, Gregory M.: The context of anti-gay violence: Notes on cultural and psychological heterosexism. In: Journal of Interpersonal Violence 5 (1990). S. 316-333.
Herek, Gregory M.: Heterosexuals' attitudes toward lesbians and gay men: Correlates and gender differences. In: The Journal of Sex Research 25 (1988). S. 451-477.
Herek, Gregory M.: On heterosexual masculinity: Some psychical consequences of the social construction of gender and sexuality. In: American Behavioral Scientist 29 (1986). S. 563-577.
Herek, Gregory M.: Beyond „homophobia": A social psychological perspective on attitudes toward lesbians and gay men. In: Journal of Homosexuality 10 (1984). S. 1-21.
Herek, Gregory M.: Heterosexuals' attitudes toward lesbians and gay men: Correlates and gender differences. In: Journal of Sex Research 25 (1984). S. 451-473.
Howard, Judith A.: The „normal" victim: The effects of gender stereotypes on reactions to victims. In: Social Psychological Quarterly 47 (1984). S. 270-281.
Jackman, Mary R.: The velvet glove: Paternalism and conflict in gender, class, and race relations. Berkeley, CA: University of California Press 1994.
Jenkins, Megan J. u. Faye H. Dambrot: The attribution of date rape: Observer's attitudes and sexual experiences and the dating situation. In: Journal of Applied Social Psychology 17 (1987). S. 875-895.

Johnson, Kim K. P.: Attributions about date rape: Impact of clothing, sex, money spent, date type, and perceived similarity. In: Family and Consumer Sciences Research Journal 23 (1995). S. 292-311.

Jones, Cathaleene u. Elliot Aronson: Attribution of fault to a rape victim as a function of respectability of the victim. In: Journal of Personality and Social Psychology 26 (1973). S. 415-419.

Katz, Irwin: Stigma: A social psychological analysis. Hillsdale, NJ: Lawrence Erlbaum Associates, Inc. 1981.

Kite, Mary E.: When perceptions meet reality: Individual differences in reactions to lesbians and gay men. In: Beverly Greene u. Gregory M. Herek (Hrsg.): Psychological perspectives on lesbian and gay issues: Lesbian and gay psychology: Theory, research, and clinical applications, Thousand Oaks: Sage 1994. S. 25-53.

Kite, Mary E., u. B. E. Whitley: Do heterosexual women and men differ in their attitudes toward homosexuality? A conceptual and methodological analysis. In: Gregory M. Herek (Hrsg.): Stigma and sexual orientation: Understanding prejudice against lesbians, gay men, and bisexuals. Newbury Park: Sage 1998. S. 39-61.

Kite, Mary E. u. Bernard E. Whitley: Sex differences in attitudes toward homosexual persons, behavior, and civil rights: A meta-analysis. In: Personality and Social Psychology Bulletin 22 (1996). S. 336-353.

Kite, Mary E. u. Kay Deaux: Gender belief systems: Homosexuality and the implicit inversion theory. In: Psychology of Women Quarterly 11 (1987). S. 83-96.

Krahè, Barbara: Social psychological issues in the study of rape. In: Wolfgang Stroebe, Miles Hewstone (Hrsg.): European review of social psychology. New York: Wiley 1991. S. 279-309.

Krulewitz, Judith E. u. Janet E. Nash: Effects of sex role attitudes and similarity on men's rejection of male homosexuals. In: Journal of Personality and Social Psychology 38 (1980). S. 67-74.

L'Armand, Catherine u. Albert Pepitone: Judgments of rape: A study of victim-rapist relationship and victim sexual history. In: Personality and Social Psychology Bulletin 8 (1982). S. 134-139.

Laner, Mary R. u. Roy H Laner: Personal style or sexual preference: Why gay men are disliked. In: International Review of Modern Sociology 9 (1979). S. 215-228.

Lerner, Melvin J.: The justice motive: Some hypotheses as to its origins and forms. In: Journal of Personality 45 (1977). S. 1-52.Lonsway, Kimberly A. u. Louise F. Fitzgerald: Attitudinal antecedents of rape myth acceptance: A theoretical and empirical re-examination. In: Journal of Personality and Social Psychology 68 (1995). S. 704-711.

Louderback, Laura A. u. Bernard E. Whitley: Perceived erotic value of homosexuality and sex-role attitudes as mediators of sex differences in heterosexual college students' attitudes toward lesbians and gay men. In: The Journal of Sex Research 34 (1997). S. 569-578.

Lips-Wiersma, Marjolein: Making conscious choices in doing research on workplace spirituality: Utilizing the „holistic development model" to articulate values, assumptions and dogmas of the knower. In: Journal of Organizational Change Management, 16 (2003). S. 406-425.

Malamuth, Neil M.: Rape proclivity among males. In: Journal of Social Issues 37 (1981). S. 138-157.

Masser, Barbara u. Dominic Abrams: Contemporary sexism: The relationships among hostility, benevolence, and neosexism. In: Psychology of Women Quarterly 23 (1999). S. 503-517.

Marx, Brian P. u. Alan M. Gross: Date rape: An analysis of two contextual variables. In: Behavior Modification 19 (1995). S. 451-464.

McCaul, Kevin D., Lois G. Veltum, Vivian Boyechko u. Jacqueline J. Crawford: Understanding attributions of victim blame for rape: Sex, violence, and foreseeability. In: Journal of Applied Social Psychology 20 (1990). S. 1-26.

McConahay, John B.: Modern racism, ambivalence, and the Modern Racism Scale. In: John F. Dovidio u. Samuel L. Gaertner (Hrsg.): Prejudice, discrimination and racism. London: Academic Press 1986.

McConnell, Allen R. u. Jill M. Leibold: Relations among the Implicit Association Test, discriminatory behavior, and explicit measures of racial attitudes. In: Journal of Experimental Social Psychology 37 (2001). S. 435-442.

Nadler, Eugene B. u. William R. Morrow: Authoritarian attitudes toward women, and their correlates. In: Journal of Social Psychology 49 (1959). S. 113-123.

Nelson, Margaret C.: Reliability, validity and cross-cultural comparisons for the simplified Attitudes toward Women Scale. In: Sex Roles 18 (1988). S. 289-296.

Pettigrew, Thomas. F. u. Linda R. Tropp: A meta-analytic test of intergroup contact theory. In: Journal of Personality and Social Psychology 90 (2006). S. 751-783.

Pettigrew, Thomas. F. u. Roel W. Meertens: Subtle and blatant prejudice in western Europe. In: European Journal of Social Psychology 25 (1995). S. 57-75.

Poehlman, T. Andy., Eric Uhlmann, Anthony G. Greenwald u. Mahzarin R. Banaji: Understanding and using the Implicit Association Test: III. Meta-analysis of predictive validity. Journal of Personality and Social Psychology 2009.

Rowatt, Wade C., Jo-Ann Tsang, Jessica Kelly, Brooke LaMartina, M. Mccullers u. A. McKinley: Associations between religious personality dimensions and implicit homosexual prejudice. In: Journal for the Scientific Study of Religion 45 (2006). S. 397-406.

Rudman, Laurie A. u. Richard D. Ashmore: Discrimination and the IAT. In: Group Processes and Intergroup Relations 3 (2007). S. 359-372.

Rudman, Laurie. A.: Sources of implicit attitudes, in: Current Directions, in: Psychological Science 13 (2004). S. 79-82.

Rudman, Laurie A., Anthony G. Greenwald, Deborah. S., Mellott u. Jordan L. K. Schwarz: Measuring the automatic components of prejudice: Flexibility and generality of the Implicit Association Test. In: Social Cognition 17 (1999). S. 437-465.

Schneider, Lawrence, J. Ee u. H. Aronson: Effects of victim gender and physical vs. psychological trauma/injury on observers' perceptions of sexual assault and its aftereffects. In: Sex Roles 30 (1994). S. 793-808.

Shaver, Kelly G.: Defensive attribution: Effects of severity and relevance on the responsibility assigned for an accident. In: Journal of Personality and Social Psychology 14 (1970). S. 101-113.

Sinclair, Stacey, Elizabeth Dunn u. Brian S. Lowery: The relationship between parental racial attitudes and children's implicit prejudice. In: Journal of Experimental Social Psychology 41 (2005). S. 283-289.

Spence, Janet T. u. Robert Helmreich: Who likes competent women? Competence, sex role congruence of interests, and subjects' attitudes toward women as determinants

of interpersonal attraction. In: Journal of Applied Social Psychology 2 (1972). S. 197-213.
Stermac, Lana, Peter M.Sheridan, Alison Davidson u. Sheila Dunn: Sexual assault of adult males. In: Journal of interpersonal violence 11 (1996). S. 52-64.
Stockard, Jean, Miriam M. Johnson: The social origins of male dominance. In: Sex Roles 5 (1979). S. 199-218.
Stroh, Linda K., Jeanne M. Brett u. Anne H. Reilly: All the right stuff: A comparison of female and male managers' career progression. In: Journal of Applied Psychology 77 (1992). S. 251-260.
Struckman-Johnson u. Cindy, David Struckman-Johnson: Men's reactions to hypothetical female sexual advances: A beauty bias in response to sexual coercion. In: Sex Roles 31 (1994). S. 387-405.
Swim, Janet K., Kathryn J. Aikin, Wayne S. Hall u. Barbara A. Hunter: Sexism and racism: Old fashioned and modern prejudices. In: Journal of Personality and Social Psychology 68 (1995). S. 199-214.
Taylor, Shelly E. u. Susan T. Fiske: Salience, attention, and attribution: Top-of-the-head phenomena. In: Leonard Berkowitz (Hrsg.): Advances in Experimental Social Psychology. New York: Academic Press 1978.
Tetreault, Patricia A. u. Mark A. Barnett: Reactions to stranger and acquaintance rape. In: Psychology of Women Quarterly 11 (1987). S. 353-358.
Thompson, Edward H. u. Joseph H. Pleck: The structure of male role norms. In: American Behavioral Scientist 29 (1986). S. 531-543.
Tougas, Francine, Rupert Brown, Ann M. Beaton u. Stephane Joly: Neo Sexism: Plus ça change, plus c'est pareil. In: Personality and Social Psychology Bulletin 21 (1995). S. 842-849.
Travis, Shelly K. u. Elizabeth R. Allgeier : Attributions of responsibility to male and female victims of rape and robbery. Paper presented at the meeting of the Midwestern Psychological Association, Chicago, IL 1986.
United Nations Development Fund for Women: Overview: Women, work, and poverty. Progress of World's Women 2005. http://www.unifem.org/attachments/products/PoWW2005_overview_eng.pdf (02.08.2006).
Vali, Donna u. Nicholas Rizzo: Apparel as one factor in sex crimes against young females: Professional opinions of U.S. psychiatrists. In: International Journal of Offender Therapy and Comparative Criminology 35 (1991). S. 167-181.
Viki, G. Tendayi, Dominic Abrams u. Barbara Masser: Evaluating stranger and acquaintance rape: The role of benevolent sexism in perpetrator blame and recommended sentence length. In: Law and Human Behavior 28 (2004).S. 295-303.
Viki, G. Tendayi, u. Dominic Abrams: But she was unfaithful: Benevolent sexism and reactions to rape victims who violate traditional gender role expectations. In: Sex Roles: A Journal of Research 47 (2002). S. 289-293.
Weller, Sheila: Why is date rape so hard to prove? Health 6 (1992). S. 62-65.
Whatley, Mark A. u. Ronald E. Riggio: Gender differences in attributions of blame for male rape victims. In: Journal of Interpersonal Violence 8 (1993). S. 502-511.
Whatley, Mark A. u. Ronald E. Riggio: Attributions of blame for female and male victims. In: Family Violence and Sexual Assault Bulletin 8 (1992). S. 16-18.
White, Bradley H. u. Sharon E. R. Kurpius: Effects of victim sex and sexual orientation on perceptions of rape. In: Sex Roles: A Journal of Research 46 (2002). S. 191-200.

Whitley, Bernard E.: Gender-role variables and attitudes toward homosexuality. In: Sex Roles 45 (2001). S. 691-721.

Wills, Georgia u. Ryan Crawford: Attitudes toward homosexuality in Shreveport-Bossier City, Louisiana. In: Journal of Homosexuality 38 (2000). S. 97-117.

Yang, Alan. S.: The polls—trends: Attitudes toward homosexuality. In: Public Opinion Quarterly 61 (1997). S. 477-507.

Krank, alt, behindert – nutzlos oder kostbar für die Gesellschaft?

Dietlinde Gipser

1. Erste Überlegungen

> Die Produktion „menschlichen Abfalls" – korrekter ausgedrückt: nutzloser Menschen [...] – ist ein unvermeidliches Ergebnis der Modernisierung und eine untrennbare Begleiterscheinung der Moderne. Sie ist ein unvermeidlicher Nebeneffekt des Aufbaus einer gesellschaftlichen Ordnung (jede gesellschaftliche Ordnung stuft einen Teil ihrer Bevölkerung als „deplatziert", „ungeeignet" oder „unerwünscht" ein) und des wirtschaftlichen Fortschritts.
>
> Zygmunt Bauman[1]

Menschen werden krank, Menschen werden alt, Menschen werden zu Behinderten – Menschen sind krank, Menschen sind alt, Menschen sind behindert. Was sind die Normen, von denen sie abweichen, und wie wird damit umgegangen? Werden diese Menschen stigmatisiert, werden sie diskriminiert, und wenn das so ist, in welcher Weise?

Ein Seminar an der Universität. Kleine Gruppen von Studierenden haben kurze, auf eigenen Erfahrungen fußende Theaterstücke über das Thema „Vorurteil" vorbereitet. Die erste Szene zeigt, wie Barbara, eine Studentin im Rollstuhl, beim Einkaufen behandelt wird. Zum Beispiel in der Bäckerei. Obwohl sie ganz vorne in der Reihe steht, werden nur die anderen bedient. Und dann wendet man sich nicht an sie, sondern an ihre Begleiterin, die den Rollstuhl schiebt. Als Barbara selbst ihre sechs Brötchen bestellt, erntet sie überraschte, mitleidige Blicke, bekommt ihre Brötchen und ein besonderes Gebäck als Geschenk dazu. Das zweite Stück handelt von Altersdiskriminierung: Anna, eine weißhaarige ältere Frau und Doktorandin, wird von ihren MitstudentInnen wegen ihrer späten Absicht, ein Doktorat zu erwerben,

---

1 Bauman, Zygmunt: Moderne und Ambivalenz. Das Ende der Eindeutigkeit. Hamburg: Hamburger Edition, HIS Verlagsgesellschaft 2005, S. 12.

verspottet. Sie möchte sich einer Arbeitsgruppe anschließen, wird aber von den anderen Studierenden mit Argumenten wie „Sie sind zu langsam, Sie können wegen Ihres Alters nicht wirklich mit uns diskutieren, Sie sind vergesslich ..." abgelehnt. Die dritte Szene zeigt, wie die junge, korpulente Studentin Karen von ihren MitstudentInnen geschnitten wird. Sie ist bei einer Studienreise nicht willkommen. Die anderen sagen ihr, dass sie faul sei, keine Disziplin habe und nicht so viel essen solle. Sie wissen nicht, dass sie an Essstörungen leidet. Im Seminar herrscht Bestürzung, es folgen lebhafte Diskussionen. Die kurzen Stücke beschäftigen sich mit Diskriminierung, den Folgen von Vorurteilen und Stigmatisierung. Was könnte geändert werden und wie könnten wir das bewerkstelligen?

Im oben erwähnten Zitat spricht Bauman von der Begleiterscheinung der Moderne. Mit „Moderne" gibt er einen Konzeptrahmen für Überlegungen vor, die das Konstrukt einer gesellschaftlichen Ordnung auf der Grundlage von Industrie, Kapital und Arbeit beschreiben. Geläufig sind auch Konzepte wie die der industriellen Gesellschaft oder der Arbeitsgesellschaft. Unsere zeitgenössische Gesellschaftsordnung ist noch immer „modern", insoweit grundlegende Prinzipien der Arbeitsgesellschaft Geltung beanspruchen wie etwa die Vollbeschäftigung. Gleichzeitig weist das Problem der Beschäftigung die industrielle Gesellschaft als Auslaufmodell aus. Es entwickeln sich neue Formen der gesellschaftlichen Ordnung, wie zum Beispiel die der Informationsgesellschaft oder die der Konsumgesellschaft. Daher bezeichnen auch einige WissenschaftlerInnen die gegenwärtige Phase als Postmoderne.

Die vorliegende soziologisch orientierte Studie über die Prozesse der Diskriminierung geht von dem Konstrukt der gesellschaftlichen Ordnungen in der industriellen Gesellschaft aus. Im Jahr 1895 entwickelte Emile Durkheim die Theorie, dass das Sozialverhalten im Allgemeinen von bestimmten Normen geregelt wird. Basierend auf der wirtschaftlichen Entwicklung unserer Gesellschaft haben sich normative Muster herausgebildet, die die gesamte Gesellschaft und jedes Mitglied dieser Gesellschaft betreffen. Die normativen Muster festigen die Ungleichheiten bei der Verteilung der Privilegien, die sich in der wirtschaftlichen Struktur unserer Gesellschaft finden. Diese Ungleichheiten werden jedoch nicht nur durch äußere Zwänge garantiert, sie werden vielmehr während der spezifischen Sozialisation entsprechend der gesellschaftlichen Stellung internalisiert. Die Existenz von Normen, d. h. von obligatorischen Verhaltensmustern und Erwartungen, bedeutet gleichzeitig die Möglichkeit der Verletzung dieser Normen. Eine Norm zu setzen bedeutet gleichzeitig, eine Abweichung von dieser Norm zu definieren. Im Allgemeinen ist ein Verhalten abweichend, wenn es den Erwartungen anderer in einer bestimmten Situation nicht entspricht. Das ist so lange irrelevant, als das als abweichend definierte Verhalten nicht sanktioniert wird. Wenn erwartet wird, dass Normen wirksam sind, muss eine Art von sozialer

Kontrolle institutionalisiert und/oder internalisiert werden. Damit wird die Frage aufgeworfen, welche Gruppen in unserer Gesellschaft die Macht haben, ihre Normen als allgemeine Normen zu setzen und Zustimmung einzufordern. Entstehung und Funktionen von Vorurteilen entspringen diesem Themenkreis.

2. Die Entstehung von Vorurteilen

Ein Vorurteil ist ein globales Urteil, ein emotionell gefärbtes allumfassendes Urteil über Personen, Gruppen und Umstände. Vorurteile sind ein Bestandteil unserer Kultur geworden.[2] Man betrachtet sie üblicherweise als Spezialfälle von Einstellungen. Einstellungen werden erworben und sorgen für relativ stabile Tendenzen in Wahrnehmung, Gefühlen und Verhaltensmustern. Wenn wir Vorurteile als besondere Einstellungen definieren, müssen wir zwischen drei Aspekten jeder Einstellung unterscheiden:

Der erste ist der kognitive Aspekt der Einstellung und umfasst Wahrnehmung, Bilder und Ansichten über ein bestimmtes Objekt. Die Einstellung dient der Denkökonomie und steuert das Verhalten in konkreten Situationen. Eine Funktion, die in diesem Fall absolut nützlich ist, weil niemand über das gesamte objektive Wissen verfügt, das notwendig ist, sich in neuen Situationen zurechtzufinden. So gesehen ist jeder Mensch genötigt, neue Situationen auf der Grundlage gemachter Erfahrungen zu interpretieren. Abgesehen davon wird sich der Mensch an früher erworbenen Verallgemeinerungen orientieren oder von nahestehenden Personen Kategorien übernehmen, um einer neuen Situation Struktur zu verleihen. Hier handelt es sich um einen absolut allgemeinen Vorgang, vorausgesetzt, dass dieser Mensch sich keiner neuen Erfahrung verweigert oder einfach Neues nicht erkennt und jede Situation ausschließlich auf der Grundlage des bereits Bekannten interpretiert. In diesem Fall bezeichnet man sein kognitives Schema als „Stereotyp" oder „Klischee". Diese Art der Reaktionen reguliert die Orientierung in einer unbekannten und daher in der Folge verwirrenden, zu Unsicherheit und Verängstigung führenden Umgebung.

Das führt zum zweiten, dem affektiven Aspekt der Einstellung. Er umfasst die Gefühle, Emotionen und Motivationen gegenüber dem Objekt der Einstellung. In ihrem affektiven Aspekt gehorcht die Einstellung nicht mehr, wie das in ihrer kognitiven Funktion der Fall war, der Ökonomie des Denkens, sondern sie hat ihren Platz in den unbewussten Orientierungen

---

2   Vgl. hierzu und im Folgenden Böttger, Andreas, Dietlinde Gipser u. Gerd Laga: Vorurteile? Einstellungen von Lehrerinnen und Lehrern gegenüber Menschen mit Behinderungen. Hamburg: edition zebra 1995.

des Menschen. Die Verwurzelung im Bereich des Unbewussten erklärt die Tatsache, dass Einstellungen im Allgemeinen und Vorurteile im Besonderen nicht ohne Weiteres mittels rationaler Argumentation und neuer divergierender Informationen korrigiert oder abgelegt werden können.

Schließlich gibt es noch den dritten, den Verhaltensaspekt der Einstellung: Einstellungen beinhalten eine Verhaltensbereitschaft. Es ist jedoch eben diese Korrelation zwischen Vorurteilen und Verhalten, die durch die Vorurteilsforschung nicht genau bewiesen werden konnte. Es bleibt daher zweifelhaft, ob zum Beispiel nur eine Änderung der Einstellung ausreicht, eine Änderung des Verhaltens herbeizuführen, oder umgekehrt. Wir wissen mit Sicherheit nur, dass Einstellungen – und entsprechend auch Vorurteile – eine Verhaltensbereitschaft erzeugen. Es hängt von den äußeren und vor allem von den gesellschaftlichen und politischen Zusammenhängen ab, in welchem Ausmaß die Verhaltensbereitschaft das eigentliche Verhalten erzeugt. Es war das Verhalten der faschistischen Massen, das den entscheidenden Impuls zur Erforschung von Einstellungen und Vorurteilen gab.

Der unmittelbare Inhalt eines Vorurteils ist stets ein negativer, nämlich der der Abwertung und moralischen oder sonstigen Diffamierung. Diese Abwertung richtet sich hauptsächlich gegen Menschen, die im Allgemeinen nicht als Individuen, sondern als Mitglieder bestimmter Gruppen diffamiert werden. In der Literatur werden die vorurteilsbetroffenen Gruppen als *out-groups* bezeichnet, im Gegensatz zu den *in-groups*, deren Zusammengehörigkeitsgefühl sich nicht zuletzt aus dem gemeinsamen Bestand von Vorurteilen gegen jene *out-groups* ergibt. Und die Kohärenz der *in-groups* wird umso mehr gestärkt, je bedrohlicher und gefährlicher die Inhalte des Vorurteils den Blick auf die *out-groups* zulassen – während die objektive Position dieser „gefährlichen" *out-groups* andererseits schwach oder gesellschaftlich niedrig ist. Bei *out-groups* handelt es sich meistens um gesellschaftliche Minderheiten, die aufgrund ihrer sozialen Randstellung alles andere als stark oder gefährlich sind.

Aus diesem Grund hat die Vorurteilsforschung auch ihren Platz in der Erforschung der Probleme gesellschaftlicher Minderheiten. Sie hat ihre Anfänge in der Analyse ethnischer Vorurteile in den USA. SozialwissenschaftlerInnen, die Deutschland aufgrund ihrer jüdischen Herkunft während des Nationalsozialismus verlassen mussten, begannen die psychodynamischen Grundlagen der faschistischen Massenbewegungen zu untersuchen. Der Antisemitismus schien angesichts der Verhältnisse in Deutschland der Prototyp des sozialen Vorurteils zu sein. Die umfangreichen empirischen Studien von Adorno u. a., die 1950 unter dem Titel „The Authoritarian Personality"[3] publiziert wurden, zeigen jedoch, dass das Objekt des sozialen Vorurteils,

---

3 Adorno, Theodor W. et al.: The Authoritarian Personality. New York: Harper 1950.

also das unmittelbare Angriffsziel, je nach sozio-politischer Situation verschoben werden kann. In der Umsetzung des Projekts, den Zusammenhang zwischen Vorurteilen mit bestimmten Persönlichkeitstypen aufzuzeigen, gelangt die Forschung zum Konzept des autoritätsgebundenen Charakters, der sich unter anderem durch eine allgemeine Vorurteilsbereitschaft auszeichnet. Allerdings bleibt zu bedenken, worauf die Autoren der „Authoritarian Personality" selbst hinweisen: dass das Vorurteil keinesfalls ein ausschließlich psychologisches, subjektives Phänomen ist, sondern ebenso einer bestimmten gesellschaftlichen Konstellation entspricht.

Wenn daher Ideologie und Mentalität der autoritären Persönlichkeit zu einem Großteil durch die objektive Geisteshaltung unserer Gesellschaft gefördert werden, so geschieht das auch mit den eigentlichen Inhalten ihrer Vorurteile. Folglich müssen diese nicht notwendigerweise gegen irgendeine ethnische Minderheit gerichtet sein, so wie Rassismus tatsächlich zwar außerordentlich häufig vorkommt, aber kein zwingender Bestandteil der autoritären Persönlichkeit ist. Daher können *out-groups* auch – je nach Zeitgeist – andere Gruppen sein, so zum Beispiel die Intellektuellen, die Kommunisten, die Homosexuellen und schließlich auch die Kranken, die Alten, die Behinderten. Adorno u. a. haben diesen Typus als eine autoritäre, ängstliche, anti-demokratische Persönlichkeit beschrieben, voll von Vorurteilen und ohne jedes Selbstwertgefühl.

Die klassische Untersuchung über Vorurteile von Gordon W. Allport im Jahr 1954[4] ist bis heute die wichtigste Studie auf diesem Gebiet und noch immer lesenswert. Ursprünglich war das Interesse Allports für diese Untersuchung nicht theoretisch, sondern praktisch: Es galt dem amerikanischen Dilemma, den Schwarzen. Daher untersuchte Allport zuerst die ethnischen Vorurteile und ging dann zu anderen Vorurteilen über.

Wir müssen annehmen, dass die Bereitschaft, andere durch Vorurteile abzuwerten, erwartet werden kann, wenn die Machtstrukturen der aktuellen Lebenswelt von dem oder der Einzelnen nicht verstanden werden können. Dadurch entstehen Gefühle der Hilflosigkeit, Ängste und eine Bereitschaft zu Vorurteilen. Das Vorurteil bietet in diesem Fall eine typische Pseudoerklärung für die erlebte Unterdrückung: Nicht die Mächtigen sind schuldig, sondern die anderen, die fremden Gruppen. Hier handelt es sich um die sogenannte Sündenbockfunktion des Vorurteils, die oft von politischen „Führern" verwendet wird, indem sie die Unzufriedenheit der Bevölkerung auf eine unpopuläre Minderheit im Inneren oder auf einen äußeren Feind umleiten und damit von sich selbst ablenken. Die Kohärenz der *in-group* wird auch durch die Tatsache gefördert, dass die im Vorurteil enthaltene Abwertung anderer fast automatisch eine Selbstidealisierung erzeugt. Mit

---

4 Allport, Gordon W.: Die Natur des Vorurteils. Köln: Kiepenheuer und Witsch 1971.

der moralischen, ästhetischen oder einer anderen Disqualifizierung der *outgroup* verdeckt man die eigene Hilflosigkeit und die eigenen Ängste und fühlt sich dadurch moralisch überlegen.

Weiter dienen Vorurteile der Ablenkung von Aggressionen. Die herrschenden Klassen in einer Gesellschaft können sich ihrer vorherrschenden Stellung umso sicherer sein, je besser es ihnen gelingt, die aus der Unterdrückung resultierenden Aggressionen nicht gegen sie selbst, sondern gegen andere zu lenken. Das Objekt der Aggression wird nach unten verschoben. Auch die Schwächsten innerhalb der Gruppe können sich in den Besitz der Macht bringen – gegenüber den *out-groups*. Man verarbeitet Repressionen nach der sogenannten Radfahrer-Methode: Nach oben buckeln, nach unten treten. Zusammenfassend kann man sagen, dass soziale Vorurteile der Erhaltung bestehender Machtverhältnisse dienen. Tatsächlich können sie als grundlegende Einstellungen zum Leben verstanden werden, ohne in jedem Fall deutlich hervortreten zu müssen. Nur in bestimmten Situationen, während eines realen oder symbolischen Zusammentreffens mit den Objekten des Vorurteils, kommt es zur Aktivierung eines dynamischen Prozesses, bei dem dem Objekt bestimmte Eigenschaften zugeschrieben werden. Ein möglicher Ausgangspunkt für die Zuschreibung einer Eigenschaft zu einem Objekt könnte eine unbedeutende Eigenheit einer Person sein wie rotes Haar, schmale Ohrläppchen, eine dunklere oder hellere Haut, langes oder kurzes Haar. In der Regel deutliche, sichtbare Zeichen. Dann wird die Wahrnehmung eines bestimmten Zeichens mit Vermutungen über andere, hauptsächlich negativ besetzte Eigenschaften dieser Person verbunden. Dieser Prozess der Zuschreibung, der sogenannte Prozess der Stigmatisierung, kann eine enorm große Zahl von Diskriminierungen gegen die Person mit dem zugeschriebenen Stigma erzeugen. Die stigmatisierte Person ist häufig gezwungen, die zugeschriebenen Eigenschaften in das eigene Selbstbild zu übernehmen.

Es ist für ein Stigma typisch, dass den negativen Eigenschaften, die einem bestimmten Zeichen zugeschrieben werden, weitere negative Eigenschaften hinzugefügt werden, die objektiv nichts mit diesem Zeichen zu tun haben. Erving Goffman war der erste Wissenschaftler, der 1963 „Stigma" als ein soziologisches Konzept einführte und die Auswirkungen von Stigmatisierungsprozessen erforschte. Die Ergebnisse beschrieb er 1967 in seinem Buch „Stigma. Über Techniken der Bewältigung beschädigter Identität".

> Die Haltungen, die wir Normalen einer Person mit einem Stigma gegenüber einnehmen, und die Art, in der wir ihr gegenüber agieren, sind wohlbekannt, da es ja diese Reaktionen sind, die durch wohlwollende soziale Verhaltensweisen gemildert und verbessert werden sollen. Von der Definition her glauben wir natürlich, daß eine Person mit einem Stigma nicht ganz menschlich ist. Unter dieser Voraussetzung üben wir eine Vielzahl von Diskriminationen aus, durch die wir ihre Lebenschancen wirksam, wenn auch oft gedankenlos, reduzieren. Wir konstruieren eine Stigma-

Theorie, eine Ideologie, die ihre Inferiorität erklären und die Gefährdung durch den Stigmatisierten nachweisen soll; manchmal rationalisieren wir derart eine Animosität, die auf anderen Differenzen – wie zum Beispiel sozialen Klassendifferenzen – beruht.[5]

Die vorherrschende Struktur einer Gesellschaft fördert bestimmte Stigmatisierungen. Jede etablierte Norm schafft stigmatisierbare Gruppen. Ideologien wie „Meritokratie" schließen in jedem Fall nicht der Norm entsprechende Errungenschaften aus. Angst vor dem angenommenen Unterschied erklärt die Bereitschaft, zu stigmatisieren. Vorausgesetzt, dass sich die stigmatisierten Personen nicht selbst als Mitglieder einer ausgeschlossenen Gruppe definieren, nehmen sie ihre Verleumdung als ihr eigenes Versagen wahr, womit oft Gefühle wie Schuld und Minderwertigkeit verbunden sind, was unter anderem ein erhöhtes Risiko von psychosomatischen Krankheiten bis hin zur Gefahr eines Selbstmordes zur Folge haben kann. Die Vorhersagen von „Autoritäten" über das zukünftige Leben wachsen in den Augen der stigmatisierten Person zu verhängnisvollen Beschreibungen ihrer zukünftigen Existenz, die sich ihrerseits tatsächlich bewahrheiten, indem dem oder der Betreffenden Fehler unterlaufen; es wirkt der Mechanismus der „sich selbst erfüllenden Prophezeiung". Das steife Denkschema von oben und unten, die Projektion von Angst und Unsicherheit auf gesellschaftliche Minderheiten wie auch die Unfähigkeit, gesellschaftliche strukturelle Beziehungen zu erkennen, begünstigt die Schaffung von Stigmatisierungsopfern.

Zusammenfassend gilt: Wir finden Vorurteile in allen historischen und gegenwärtigen Gesellschaften. Systematische Forschungen dazu begannen nach dem Zweiten Weltkrieg und beschäftigten sich zuerst mit Antisemitismus und Rassismus, später mit allen anderen Arten von Vorurteilen. Autoritäre Persönlichkeiten haben mehr Vorurteile. Die Inhalte von Vorurteilen erweisen sich durchgängig als Abwertung des oder der anderen, des oder der von eigenen kulturellen Normen Abweichenden. Vorurteile dienen der Erhaltung der herrschenden Macht; sie dienen dazu, von der Analyse gesellschaftlicher Probleme abzulenken und eigene Ängste zu reduzieren. Historisch gesehen verändern sich Vorurteile abhängig von vorherrschenden Philosophien und Religionen. Somit können sie verschiedene Individuen und Gruppen betreffen, ihre allgemeine Natur und ihre gesellschaftlichen Funktionen bleiben immer unverändert. Durch Vorurteile stigmatisierte Personen sind aus der sogenannten normalen Gesellschaft ausgeschlossen.

Diese allgemeinen Überlegungen zum Entstehen von Vorurteilen und Stigmatisierungsprozessen sind grundlegend für das Verständnis, wie Vor-

---

5 Goffman, Erving: Stigma. Über Techniken der Bewältigung beschädigter Identität. Frankfurt: Suhrkamp 1967, S. 13.

urteile gegenüber den Gruppen, denen wir uns nunmehr zuwenden, nämlich den Behinderten, den Kranken und den Alten, entstehen.

Vorurteile gegenüber Menschen mit Behinderungen oder einer Krankheit haben eine lange Tradition. Historisch gesehen basieren sie auf fünf verschiedenen Annahmen:

– Die kranken oder behinderten Menschen sind für ihre Situation verantwortlich; Krankheit und Behinderung sind die Strafe Gottes für Sünden.
– Krankheit und Behinderung bedeuten gesellschaftliche Minderwertigkeit.
– Krankheit und Leiden sind ein Weg zur Gnade Gottes.
– Wegen Krankheit oder Behinderung nicht wirtschaftlich erfolgreich zu sein, ist ein Zeichen dafür, nicht mehr in der Gnade Gottes zu stehen.
– Die kranken oder behinderten Menschen können für ihre Situation nicht verantwortlich gemacht werden, weil sie pathologisch sind.

Diese Annahmen können wir auch heute noch finden – mehr oder weniger versteckt in den Reaktionen gegenüber behinderten oder kranken Menschen. Heute glauben wir nicht mehr, dass eine Behinderung vom Teufel kommt – nichtsdestoweniger leiden Behinderte an gesellschaftlicher Ausgrenzung.

Die Geschichte der Vorurteile gegenüber alten Menschen ist anders. Ältere Menschen haben im Allgemeinen in modernen Gesellschaften einen niedrigeren Status und weniger Macht als in vormodernen Kulturen. In letzteren Kulturen herrschte der Glaube vor, dass das Alter mit Weisheit einhergehe, und die ältesten Menschen innerhalb einer Gemeinschaft waren im Allgemeinen die wichtigsten EntscheidungsträgerInnen. Heute führt steigendes Alter eher zum Gegenteil. Alter zählt nichts in einer Gesellschaft, die Jugendlichkeit hochhält und anbetet. Somit sind auch alte Menschen ausgeschlossen.

Wir haben festgestellt, dass alle Vorurteile zum Ausschluss führen. Aber es besteht ein grundlegender Unterschied zwischen ethnischen, sexistischen und nationalistischen Vorurteilen auf der einen Seite und Vorurteilen gegenüber behinderten, kranken und alten Menschen auf der anderen. Man kann seine ethnische Herkunft oder sein Geschlecht oder das Land, aus dem man stammt, nicht ändern. Aber jeder Mensch kann behindert oder krank und im Normalfall alt werden. Das bedeutet, dass wir uns auf dem Gebiet unseres Forschungsgegenstandes mit besonderen Bedrohungen, Gefahren und Ängsten beschäftigen müssen: Vielleicht könnten wir selbst eines Tages ausgeschlossen sein?

3. Die Bedrohung, behindert zu werden

Warum ist es möglich, dass Personen mit einer Behinderung auf offener Straße angegriffen werden, ohne dass ihnen Hilfe von anderen Menschen zuteil wird? Es wird als Beeinträchtigung des eigenen Vergnügens erachtet, erblickt man eine Person mit Behinderung in einem Urlaubshotel. Es sind Diskussionen im Gange, wachsendes Leben zu zerstören, wenn eine schwere Behinderung zu erwarten ist. Menschen mit jedweder Behinderung werden nicht als gleichwertige Mitglieder dieser Gesellschaft anerkannt. Sie werden ausgeschlossen, mit dem Argument in Sonderanstalten gesteckt, dass sie einen geschützten Platz bräuchten. Es herrscht auch große Verwirrung in der Verwendung der verschiedenen Begriffe, die Behinderungen beschreiben, besonders, wenn man dem Sprachgebrauch in verschiedenen Ländern nachgeht. Die Idee, andere Begriffe zu verwenden, war jeweils mit der Absicht verbunden, die Abwertung der Menschen mit einer Behinderung zu verringern. Wir sprachen von Krüppeln und Idioten, von Invaliden, später von behinderten oder beeinträchtigten Personen, „Personen mit einer Behinderung", wie zum Beispiel in Deutschland, oder „Träger einer Behinderung", wie zum Beispiel in Italien. Ein neuerer Begriff ist der von „Menschen mit besonderen Bedürfnissen"[6]. Das verlangt nach einer besonderen Bildung mit Blick auf diese besonderen Bedürfnisse. Aber hilft das wirklich dabei, dass diese Menschen akzeptiert werden, ohne diskriminiert zu werden?

Robert Bogdan u. a. sprechen in diesem Zusammenhang von Handikapismus.

> Handikapismus ist ein Konzept, das uns erlaubt, unsere eigenen Vorurteile zu untersuchen und die gesellschaftlichen Erfahrungen jener zu verstehen, die man als entwicklungsgestört, geistig zurückgeblieben, deformiert, abweichend, abnormal und behindert bezeichnet. Dieser Satz weist viele Parallelen zum Rassismus und Sexismus auf, weil er die Annahmen und Praktiken beschreibt, die die differenzierte und ungleiche Behandlung von Menschen aufgrund ihrer offenkundigen oder vermuteten körperlichen, geistigen und Verhaltensunterschiede ermutigt. Drei Begriffe sind bei der Entwicklung einer Forschungsstrategie zum Verständnis, wie Handikapismus eine Barriere zu einer Umkehrung der Denkweise darstellt, entscheidend: Vorurteil, Stereotypie und Diskriminierung.[7]

---

6 UNESCO: Salamanca Statement on Special Needs Education. Paris 1994.
7 Bogdan, Robert et al.: Handicap Prejudice and Social Science Research. In: Living Environments for Developmentally Retarded Persons. Hrsg. von H. Carl Haywood u. J. R. Newbrough. Baltimore: University Park Press 1981. S. 235–247, hier S. 238 (Übersetzung D.G.).

In der Tat finden wir eine Menge von Untersuchungen über Vorurteile gegenüber behinderten Menschen.[8] Im Allgemeinen zeigen die Ergebnisse dieser Studien nur, dass in unserer Gesellschaft Vorurteile gegenüber behinderten Menschen bestehen und sich diese entsprechend der Art der Behinderung unterscheiden. Die Abwertung variiert abhängig von der äußeren Erscheinung, der „Ästhetik", einer Person mit einer Behinderung und von der Annahme, dass diese Person für ihre Behinderung verantwortlich sei. Wir können eine bemerkenswert stabile Hierarchie verschiedener Behinderungen, gemessen an den gesellschaftlichen Maßstäben, vorfinden. Hier wird der niedrigste gesellschaftliche Status psychisch und geistig behinderten Personen, wie auch Alkoholikern, Drogenabhängigen und Kriminellen zugeschrieben. Es folgen körperlich behinderte Personen und an der Spitze der Hierarchie finden wir sensorisch Behinderte: Blinde, Taube, Menschen mit einem Sprachfehler. Frauen mit Behinderung sind immer in erhöhtem Maße Diskriminierungen ausgesetzt.

Nichtsdestoweniger finden wir in allen Kategorien ähnliche gesellschaftliche Reaktionen im Umgang mit Menschen mit Behinderung: überhaupt nicht hinzuschauen, sie anzustarren, diskriminierende Bemerkungen zu machen, Witze, Spott, Aggression bis zur Gewalt. Aber auch sogenannte positive Reaktionen wie sein Mitleid auszudrücken, Hilfe aufzudrängen, unpersönliche Spenden, plakative Akzeptanz könnten verborgene Vorurteile sein.

> Die Leute sind sich typischerweise dessen nicht bewusst, wie groß ihre Vorurteile sind. Ein Vorurteil […] zeigt sich oft durch derartige Annahmen wie: Sie sind von Natur aus unfähig; sie sind natürlicherweise minderwertig (hier geht es um den Gedanken „Gott sei Dank, mich hat es nicht getroffen"); sie haben einzigartige Persönlichkeiten, andere Sinne und andere Bedürfnisse als der typische Bürger; und sie haben miteinander mehr gemeinsam als mit nichtbehinderten Personen und halten sich daher gerne unter ihresgleichen auf. Diese Vorstellungen, die für den Handikapismus zentral sind, liefern die Annahmen im Hintergrund für unser Verhalten gegenüber Menschen, die als behindert gelten.[9]

Handikap bezieht sich als Sammelbegriff auf Menschen, die in ihrer Entwicklung gestört sind. Entsprechend der Definition der Weltgesundheitsorganisation WHO im Jahr 1980[10] unterscheidet sich Handikap von Beeinträchtigung und Behinderung. Beeinträchtigung betrifft die körperlichen

---

8 Siehe zum Beispiel Böttger/Gipser/Laga: Vorurteile?; Cloerkes, Günther: Soziologie der Behinderten. Heidelberg: Edition Schindele 1997.
9 Bogdan et al., Handicap Prejudice, S. 239 (Übersetzung D.G.).
10 World Health Organization (WHO): International Classification of Impairments, Disabilities, and Handicaps (ICIDH). Genf 1980.

Gesundheitsaspekte; Behinderung hat mit dem Verlust einer funktionellen Fähigkeit aufgrund eines beeinträchtigten Organs zu tun; Handikap ist ein Maß der gesellschaftlichen und kulturellen Folgen einer Beeinträchtigung oder Behinderung (Internationale Klassifikation von Beeinträchtigungen, Behinderungen und Handikaps, ICIDH). Ausgehend von der ICIDH hat die WHO die International Classification of Functioning, Disability and Health (ICF) entwickelt.[11] Im Jahr 2001 wurde die ICF von 191 Ländern als die internationale Norm zur Beschreibung und Messung von Gesundheit und Behinderung angenommen. Die Einleitung zur ICF hält fest, dass eine Vielfalt von konzeptionellen Modellen zum Verständnis und zur Erklärung von Behinderung und Funktionsfähigkeit vorgeschlagen wurde, wobei der Versuch unternommen wird, diese zu integrieren:

> Das medizinische Modell betrachtet „Behinderung" als ein Problem einer Person, welches unmittelbar von einer Krankheit, einem Trauma oder einem anderen Gesundheitsproblem verursacht wird, das der medizinischen Versorgung bedarf, etwa in Form individueller Behandlung durch Fachleute. Das Management von Behinderung zielt auf Heilung, Anpassung oder Verhaltensänderung des Menschen ab. Der zentrale Anknüpfungspunkt ist die medizinische Versorgung, und vom politischen Standpunkt aus gesehen geht es grundsätzlich darum, die Gesundheitspolitik zu ändern oder zu reformieren. Das soziale Modell der Behinderung hingegen betrachtet Behinderung hauptsächlich als ein gesellschaftlich verursachtes Problem und im Wesentlichen als eine Frage der vollen Integration Betroffener in die Gesellschaft. Hierbei ist „Behinderung" kein Merkmal einer Person, sondern ein komplexes Geflecht von Bedingungen, von denen viele vom gesellschaftlichen Umfeld geschaffen werden. Daher erfordert die Handhabung dieses Problems soziales Handeln, und es gehört zu der gemeinschaftlichen Verantwortung der Gesellschaft in ihrer Gesamtheit, die Umwelt so zu gestalten, wie es für eine volle Partizipation [Teilhabe] der Menschen mit Behinderung an allen Bereichen des sozialen Lebens erforderlich ist. Das zentrale Thema ist daher ein einstellungsbezogenes oder weltanschauliches, welches soziale Veränderungen erfordert. Vom politischen Standpunkt aus gesehen wird dieses Thema zu einer Frage der Menschenrechte. Für dieses Modell ist Behinderung ein politisches Thema.[12]

Wenn auch im ICF versucht wird, beide Modelle zu integrieren, bleibt das medizinische Modell dominant, auch unter WissenschaftlerInnen und AkademikerInnen, was in bestimmter Weise die Dauerhaftigkeit von Vorurteilen

---

11 World Health Organization (WHO): International Classification of Functioning, Disability and Health (ICF) 2001. http://www.who.int/classifications/icf/en (dt.: Internationale Klassifikation der Funktionsfähigkeit, Behinderung und Gesundheit, 2005. http://www.dimdi.de/dynamic/de/klassi/downloadcenter/icf/endfassung/icf_end fassung-2005-10-01.pdf) (beide Texte 30.03.2011).
12 WHO, Internationale Klassifikation (dt. Fassung der ICF), S. 24f.

belegt. Wir müssen das Handikap als sozialen Tatbestand betrachten. Das Handikap ist wenigstens aus drei Gründen ein sozialer Tatbestand: Erstens ist ein Handikap relativ. Die Relativität ergibt sich durch die Definition der Normalität in einer Gesellschaft, die sich entsprechend ihrer wirtschaftlichen Strukturen und kulturellen Normen in ihrer Geschichte verändert. Dementsprechend variieren die Art des Handikaps und auch die Zahl der Personen mit Handikap. In der Zeit des frühen industriellen Kapitalismus waren zum Beispiel Menschen, die man heute als geistig behindert einstufen würde, voll im Produktionsprozess, bei mechanischen Routinearbeiten, eingesetzt. Heute würden diese Menschen, außer in besonderen Einrichtungen, keine Arbeit finden. Zweitens ist ein Handikap das Ergebnis von sozialen Interaktionen. Hier werden bestimmte Menschen als Menschen mit einer Behinderung etikettiert, und man erwartet von ihnen, dass sie bestimmte Rollen spielen. Man glaubt zum Beispiel, dass geistig behinderte Menschen in ihrem Verhalten kindlich und launisch sind und gerne langweilige Arbeiten verrichten. Somit kann man sie wie Kinder behandeln, man überträgt ihnen langweilige Arbeiten, man schiebt sie auf die Seite. Drittens werden sogenannte Menschen mit Behinderung als Randgruppen betrachtet. Sie werden isoliert, haben weniger Möglichkeiten für Beziehungen zueinander und mit sogenannten normalen Menschen und haben daher keine Gelegenheit, Vorurteile zu widerlegen.

Unter den gegenwärtigen gesellschaftlichen Bedingungen können wir beobachten, dass bereits die Wahrscheinlichkeit einer Behinderung von der Zugehörigkeit zu einer niedrigeren gesellschaftlichen Klasse bestimmt wird. Der Status eines Behinderten zieht zugleich die Herabstufung auf wirtschaftlicher und gesellschaftlicher Ebene nach sich. Je höher der Grad der erforderlichen Fähigkeiten für die Teilnahme am Arbeitsprozess ist, desto höher erwarten wir den Anteil an sogenannten Menschen mit Behinderung. Man könnte sagen, dass im Lauf der Geschichte die Gesellschaft immer mehr Behinderungen „erfindet". Mit der Entwicklung neuer Technologien und diagnostischer Instrumente können immer mehr Behinderungen entdeckt werden. Eine Ambivalenz: Einerseits dienen sie einer besseren Prävention, andererseits kommt es zu vermehrter sozialer Ausgrenzung.

Weiteres ist aus der Geschichte Deutschlands während des nationalsozialistischen Regimes zu lernen. Die Behindertenpolitik während des deutschen Faschismus ist von einer weitreichenden Strategie der Stigmatisierung des biologisch und sozial „Minderwertigen" gekennzeichnet. In der Fortsetzung der sozio-biologischen Konzepte, die im wissenschaftlichen und medizinischen Denken weitverbreitet waren, entwickelten professionelle Einrichtungen „sozialhygienische" Maßnahmen und folgten damit den Visionen einer „reinen" Zucht der Bevölkerung. Ideale einer Ökonomie der Stärksten verschmolzen mit den Ideologien einer „arischen Herrenrasse".

Unmittelbar nach der Machtübernahme der Nationalsozialisten wurden neue politische Maßnahmen umgesetzt. Das „Gesetz zur Verhütung erbkranken Nachwuchses" (Juli 1933) sah die zwingende Sterilisation von Menschen vor, die an als erblich erachteten Krankheiten litten wie an Geisteskrankheit, Entwicklungshemmung, körperlichen Deformationen, Epilepsie, Blindheit, Taubheit und schwerem Alkoholismus. Die Zwangssterilisationen begannen im Januar 1934 und insgesamt wurden geschätzte 200 000 bis 400 000 Menschen nach diesem Gesetz sterilisiert. Die meisten betroffenen Menschen waren PatientInnen in psychiatrischen und anderen Anstalten. Die Mehrheit der sterilisierten Menschen war als „schwachsinnig", als schizophren oder als EpileptikerInnen eingestuft worden. Die meisten waren zwischen zwanzig und vierzig Jahre alt, Frauen und Männer waren gleichermaßen betroffen. Die meisten waren „arische" Deutsche, da die Sterilisationsgesetze nicht direkt auf sogenannte rassische Gruppen wie Juden oder „Zigeuner" abzielten. Um den Anschein der Legalität zu unterstreichen, wurden mehr als 200 Erbgesundheitsgerichte, bestehend aus zwei Ärzten und einem Bezirksrichter, eingerichtet. Ärzte und Ärztinnen wurden verpflichtet, jeden bekannten Fall einer Erbkrankheit bei diesen Gerichten zu melden. Es wurden sogar Appellationsgerichte etabliert, aber nur wenige Gerichtsbeschlüsse rückgängig gemacht. Während die römisch-katholische Kirche das Sterilisationsprogramm ablehnte, wurde es von den meisten deutschen protestantischen Kirchen, die durchaus kooperierten, akzeptiert. Die Propagandamaschine machte ihren Einfluss auf die öffentliche Meinung systematisch geltend, sodass die Politik der Regierung anerkannt wurde und weitere Schritte vorbereitet werden konnten. Zum Beispiel wurde ein populärer Film, „Das Erbe", in dem geistig kranke und behinderte Menschen systematisch stigmatisiert und die Pflegekosten dramatisch hervorgehoben wurden, im ganzen Land gezeigt.

Die erzwungene Sterilisation war der Vorläufer der systematischen Tötung. Im Oktober 1939 lief das sogenannte „Euthanasie"-Programm an. Das Konzept der Euthanasie, ursprünglich zur Erleichterung der Leiden chronisch kranker Menschen entwickelt, wurde als Euphemismus gebraucht; das Ziel war die Vernichtung der chronisch kranken und behinderten Menschen, um die Gesellschaft von als genetisch mangelhaft und als finanzielle Last erachteten Personen zu „säubern".

> Die öffentliche Reaktion befürchtend hat das Nazi-Regime zu keiner Zeit ein formelles „Euthanasie-Gesetz" eingebracht. Anders als die Zwangssterilisationen wurden die Tötungen von Patienten in psychiatrischen und anderen Anstalten unter strengster Geheimhaltung durchgeführt. Der Deckname war „Aktion T4", ein Verweis auf die Adresse Tiergartenstraße 4 des Büros der Reichskanzlei in Berlin, in der das Programm eingerichtet war. Die Ärzte, die den höchsten Anteil an Parteimitgliedern von allen Berufsgruppen aufweisen, hielten eine Schlüsselposition für

den Erfolg von „T4". Sie waren maßgeblich an fast allen Aspekten der Organisation und Durchführung der Aktion beteiligt. [...] T4 erfasste vor allem erwachsene Patienten in allen vom Staat oder von Kirchen betriebenen Sanatorien und Pflegeheimen. Diese Anstalten waren vom Innenministerium angewiesen, Fragebögen über den Gesundheitszustand und die Arbeitsfähigkeit aller ihrer Patienten auszufüllen, vorgeblich als Teil einer statistischen Erhebung.[13]

Mit Hilfe der ausgefüllten Formulare entschieden „Prüfungskommissionen", bestehend aus ÄrztInnen, üblicherweise PsychiaterInnen, über „Tod" oder „Leben". Die Todgeweihten wurden in eigenen Tötungszentren – früheren Spitälern oder Gefängnissen – wie Hartheim, Sonnenstein, Grafeneck, Bernburg, Hadamar und Brandenburg umgebracht. Die PatientInnen wurden durch letale Injektionen, später durch Kohlenmonoxid in Gaskammern, Prototypen der Tötungszentren in den Vernichtungslagern, getötet. Ungefähr 120 000 behinderte, chronisch kranke, geistig kranke und alte Menschen fielen den „Euthanasieaktionen" von 1939 bis Ende 1941 zum Opfer. Zu diesem Zeitpunkt war die Geheimhaltung rund um das T4-Programm nicht länger aufrechtzuerhalten. Einige Kirchenführer, allen voran der Bischof von Münster, Clemens August Graf von Galen, ortsansässige RichterInnen, einige ÄrztInnen und Eltern von Opfern protestierten gegen die Tötungen. Karl Bonhöffer, ein führender Psychiater, und sein Sohn Dietrich, ein protestantischer Priester, die das Regime aktiv ablehnten, drängten Kirchengruppen, Druck auf von Kirchen betriebene Anstalten auszuüben, ihre PatientInnen nicht den T4-Behörden auszuliefern. Hitler reagierte auf diese Proteste mit dem Befehl, die Aktion T4 am 24. August 1941 einzustellen. Nichtsdestoweniger wurden die Tötungen weiterhin dezentral durchgeführt. Bis zum Ende des Krieges in Deutschland und den besetzten Gebieten Osteuropas wurden weiter Tausende aus diesen Gruppen ermordet.

> Insgesamt wurden zwischen 200 000 und 250 000 geistig und körperlich behinderte Personen zwischen 1939 und 1945 im Rahmen der Aktion T4 und anderer „Euthanasie"-Programme ermordet. Die Größenordnung dieser Verbrechen und das Ausmaß, in dem sie die „Endlösung" vorwegnahmen, sind weiterhin Gegenstand der Forschung. Weiter bleiben, im Zeitalter der Gentechnik und der wieder aufgeflammten Kontroverse über die Tötung unheilbar Kranker aus Barmherzigkeit, ethische und moralische Streitfragen unter Ärzten, Wissenschaftlern und Laien gleichermaßen wichtig.[14]

---

13 United States Holocaust Memorial Museum (Washington, DC): Handicapped. Victims of the Nazi Era 1933–1945. http://www.ushmm.org/education/resource/handic/handicapbklt.pdf (30.03.2011), S. 8 (Übersetzung D.G.).
14 Ebd., S. 11 (Übersetzung D.G.); vgl. Klee, Ernst: „Euthanasie" im NS-Staat. Die Vernichtung lebensunwerten Lebens. 11. Aufl. Frankfurt: Fischer 2004; sowie ders.: Dokumente zur Euthanasie. 6. Aufl. Frankfurt: Fischer 2007.

Die Suche nach Erklärungen für die eigentlich unglaublichen Handlungen eines Staates, seiner Eliten, seiner Anstalten und großer Teile der Gesellschaft muss von verschiedenen Ansätzen ausgehen. Einige Gesichtspunkte haben besondere Bedeutung: Denkweisen, Versuche der Behandlung und wissenschaftliche Theorien, die klar zwischen „normal" und „minderwertig" zu differenzieren versuchen, entstanden im Zuge der Industrialisierung, wobei die Vorurteile gegenüber behinderten, alten und kranken Menschen zu Beginn eher marginal waren. Die Biologie wurde zu einer sozialpolitischen Frage.

Der deutsche Faschismus bündelte auf einmalige Weise alle bis dahin in Form von Gesetzen, Befehlen und präzise ausgeführten Maßnahmen entwickelten Tendenzen – mit tödlicher Konsequenz. Es war eine „aktive Bevölkerungspolitik" mit dem Ziel, alle Menschen auszulöschen, die für Arbeitseinsätze und Ausbeutung nicht nützlich waren: eine einfache Kostenrechnung auf der Ebene der Volkswirtschaft.

Nach dem Krieg war das politische Engagement von Erwachsenen mit Behinderung in Deutschland stets schwach. Das stand in Zusammenhang mit der gesellschaftlichen Stellung der Menschen mit Behinderung, insbesondere wegen ihrer Absonderung und Verbringung in besondere Anstalten und der damit in fast allen Situationen einhergehenden Bevormundung. Hier spielt auch der fortgesetzte Druck der diskriminierenden Vorurteile ebenso wie die von der Gesellschaft festgesetzte Hierarchie für Menschen mit Behinderung – vom gut gestellten Kriegsopfer zur abgeschobenen geistig behinderten Person – eine Rolle. Mitte der 1950er Jahre taten sich Elterngruppen mit TherapeutInnen und PädagogInnen zusammen und gründeten Selbsthilfeorganisationen. Inzwischen gibt es in Deutschland ungefähr hundert Verbände und Selbsthilfegruppen, die sich vor einigen Jahren zum Deutschen Behindertenrat vereinigten.

> Im Deutschen Behindertenrat (DBR) haben sich alle wichtigen Organisationen behinderter und chronisch kranker Menschen zu einem Aktionsbündnis zusammengeschlossen, das mehr als 2,5 Millionen Betroffene in Deutschland repräsentiert. [...] Der Deutsche Behindertenrat vertritt die Interessen behinderter Menschen auf internationaler Ebene und ist Mitglied im Europäischen Behindertenforum.[15]

Das Europäische Behindertenforum (EDF)[16] ist eine Dachorganisation, die mehr als 50 Millionen Menschen mit Behinderung in Europa vertritt. Seine Aufgabe ist es, für BürgerInnen mit Behinderungen den vollen Zugang zu

---

15 Selbstdarstellung auf der Webseite: Deutscher Behindertenrat: http://www.deutscher-behindertenrat.de (30.03.2011).
16 Selbstdarstellung auf der Webseite: European Disability Forum: http://www.edf-feph.org/ (30.03.2011).

den Grund- und Menschenrechten durch aktives Engagement bei der politischen Entwicklung und Umsetzung in der Europäischen Union sicherzustellen. Im weltweiten Kontext verabschiedeten die Vereinten Nationen im Dezember 2006 eine Konvention über die Rechte von Menschen mit Behinderungen, den ersten Menschenrechtsvertrag des 21. Jahrhunderts, mit dem die Rechte und Möglichkeiten der geschätzten 650 Millionen Menschen mit Behinderung weltweit geschützt und gestärkt werden sollen.[17] Länder, die diese Konvention unterzeichnen, verpflichten sich, Gesetze zu erlassen, mit denen Menschen mit Behinderung die gleichen Rechte im Bereich der Bildung, der Beschäftigung und im kulturellen Leben erhalten; weiter das Recht, Eigentum zu besitzen und zu erben; bei Eheschließung und in Bezug auf Kinder usw. nicht diskriminiert zu werden; und nicht unfreiwillige ProbandInnen bei medizinischen Experimenten zu werden[18].

Wie wir sehen können, gibt es eine Menge an Initiativen und Organisationen. Es gibt das Internationale Jahr der Menschen mit Behinderung. Es gibt die Paralympischen Spiele[19] und die „Special Olympics"[20]. Aber wir müssen uns noch immer mit massiven Vorurteilen gegenüber Menschen mit einer Behinderung auseinandersetzen.

4. Die Gefahr, krank zu werden

Wir haben die Frage des Handikaps im Detail untersucht. Viele Ergebnisse dieser Untersuchungen können auf das Gebiet der Krankheiten übertragen werden, weil die Grenzen fließend sind. Was nennt man im Allgemeinen Krankheit und was Gesundheit? Gesundheit ist mehr als körperliches Wohlbefinden. Jemand, der nicht krank ist, muss nicht notwendigerweise gesund sein. Um „Wohlbefinden" zu erfahren, sollte man befriedigende persönliche Beziehungen, gute Arbeitsbedingungen, gesunde Wohnverhältnisse, eine gesunde Umgebung und ein sicheres soziales Netz haben. Ent-

---

17 UNO: CRPD Convention on the Rights of Persons with Disabilities; zwischen Deutschland, Liechtenstein, Österreich und der Schweiz abgestimmte Übersetzung: Übereinkommen über die Rechte von Menschen mit Behinderungen (BRK, Behindertenrechtskonvention). http://www.institut-fuer-menschenrechte.de/fileadmin/user_upload/PDF-Dateien/Pakte_Konventionen/CRPD_behindertenrechtskonvention/crpd_de.pdf (15.06.2011).
18 Die Monitoring-Stelle des Instituts für Menschenrechte fördert und begleitet die Umsetzung der UN-Behindertenrechtskonvention in der BRD: http://www.institut-fuer-menschenrechte.de/de/monitoring-stelle.html (30.03.2011)
19 http://www.paralympic.org/ (30.03.2011)
20 http://www.specialolympics.org/ (30.03.2011)

sprechend der Definition der WHO ist Gesundheit der Zustand vollständigen körperlichen, geistigen und sozialen Wohlbefindens. Krankheit ist kein Zustand, sondern ein Lernprozess und eine gesellschaftliche Rolle. Mit dem Konzept der „Arbeitsfähigkeit" und der „Arbeitskapazität" besteht eine Verbindung zwischen Krankheit und der sozioökonomischen Realität. Der kranke Mensch weicht von der Rolle des Leistungsträgers, die ihm von der Gesellschaft zugeteilt wird, ab und übernimmt die Rolle eines kranken Menschen. Gesundheit und Krankheit sind „Körper und Geist"-Interpretationen, die mit dem jeweils gültigen gesellschaftlichen Kontext und der gerade gültigen Lebensphilosophie variieren.

Ab der Mitte des 19. Jahrhunderts hat die physiologisch und wissenschaftlich orientierte Medizin Krankheit überwiegend als körperlichen Defekt betrachtet. Um die Jahrhundertwende wird dieses organisch-somatische Krankheitskonzept durch großteils auf Sigmund Freud und seine Schule zurückgehende psychologische Konzepte erweitert. Die Person ist krank, insofern sie auf die Erfordernisse des Alltags mit neurotischen oder psychotischen Verhaltensmustern reagiert. Die psychosomatische Medizin entwickelte einen holistischen Ansatz, der die somatische Krankheit mit psychischen Krankheitsauslösern verbindet. Im Mittelalter waren die am häufigsten auftretenden Krankheiten Infektionen wie Tuberkulose, Cholera, Malaria und die Pest. Heute sind die häufigsten Todesursachen nicht Infektionskrankheiten, sondern Krebs, Herzerkrankungen, Schlaganfälle und Lungenkrankheiten. Menschen mit einem höheren sozioökonomischen Status sind im Durchschnitt gesünder; sie sind größer gewachsen und stärker und leben länger als die Menschen am unteren Ende der sozialen Skala. Die Wohlhabenden ernähren sich besser und sie haben einen privilegierten Zugang zum Gesundheitssystem. Auch wird der Gesundheitszustand direkt von Arbeitsbedingungen beeinflusst. Ganz offensichtlich ist Krankheit nicht eindeutig zu bestimmen und nicht jede Krankheit unterliegt Vorurteilen. Die Reaktionen auf kranke Menschen variieren je nach Zuordnung der Krankheitsgründe. Krankheiten, die als körperlich verursacht und als nicht durch die betroffene Person beeinflussbar gesehen werden, erregen Mitleid, es kommt zur Hilfestellung. Krankheiten jedoch, deren Ursachen in der Verantwortung der betroffenen Personen liegen könnten, führen zu Nichtbeachtung, Verärgerung, Abwendung und sogar zum diskriminierenden Ausschluss wie auch zu Angst vor dieser Krankheit. Besonders Vorurteile gegenüber psychisch kranken Menschen, auch psychisch Behinderte genannt, scheinen weitverbreitet zu sein. Man neigt dazu, diese kranken Menschen als wahnsinnig, böse und meist als gefährlich einzustufen. Derartige Vorurteile und die damit verbundene gesellschaftliche Stigmatisierung erschweren die Diagnose und Behandlung der psychischen Krankheiten beträchtlich. Eine bedeutende Nebenwirkung ist, dass die betroffenen Personen selbst ihre durch die Krankheit geprägten Einschränkungen als Charakterschwäche, Willensschwäche, Faulheit usw. bezeichnen. Damit entsteht ein Kreislauf der sich selbst erfüllenden Prophezeiung, die oft auch durch Sensationsmeldungen in den Medien bestätigt wird.

Nehmen wir zum Beispiel „Essstörungen", wie sie in zunehmendem Maße in den Industriegesellschaften vorkommen, hauptsächlich bei jungen Frauen, aber auch die Zahl der betroffenen Männer ist steigend. Die Sozialwissenschaften bezeichnen Essstörungen als psychosomatische Krankheiten mit Suchtcharakter. Im medizinischen System stuft die Internationale Klassifikation der Krankheiten[21] Essstörungen unter der Bezeichnung „Verhaltensauffälligkeiten mit körperlichen Störungen und Faktoren" ein. Nicht enthalten in dem Kapitel über Essstörungen, wird jedoch „Fettleibigkeit" unter „endokrinen Stoffwechselkrankheiten" als Adipositas[22] bezeichnet. Ab den 1970er Jahren hat man dem Thema Essstörungen in Fachkreisen und auch in der Öffentlichkeit zunehmend Aufmerksamkeit geschenkt. Essen ist mehr als nur Nahrungsaufnahme; es hat auch symbolische und soziale Funktionen. Eine Mahlzeit zu sich zu nehmen, kann zu einem Konflikt oder dessen Kompensation führen, jenseits jedes Vergnügens. Daher können sich Probleme beim Essen in Essstörungen verwandeln und sich als psychosomatische Krankheit manifestieren. Die gegenwärtige Forschung stellt fest, dass Essstörungen überwiegend in den westlichen Industrieländern auftreten, wo der Überfluss an Nahrungsmitteln, eine starke Konsumorientierung und die Dominanz des funktionalistischen Körperbildes charakteristische Merkmale der Gesellschaft sind. Menschen, die an Fettleibigkeit leiden, befinden sich daher in derselben misslichen Lage wie jene, die Symptome einer Anorexie oder Bulimie aufweisen. Auch sie kompensieren mentale Krisen durch Essverhalten, wobei sie ihre körperlichen Hungergefühle ignorieren und ihr Denken gleichzeitig ständig mit Essen und Diäten besetzt ist. Während im Fall einer Anorexie die mentale Zwangslage durch den extremen Gewichtsverlust sichtbar wird, kann hier Hilfe angeboten werden. Von dicken Menschen verlangt man andererseits abzunehmen. Die mentale Bedrängnis wird sogar vom medizinischen Personal ignoriert – und noch schlimmer, Frauen werden oft wegen ihrer Korpulenz diskriminiert, es wird auf unangenehme Weise auf „ihre Schwachstelle" verwiesen. Viele Frauen, die stark übergewichtig sind, vermeiden mittlerweile Besuche beim Arzt oder bei der Ärztin und suchen nur im Notfall ärztliche Hilfe. Der Körper ist ein Schlachtfeld im Kampf um die eigene Identität geworden. Oberflächliche Körper-

---

21 World Health Organization (WHO): Tenth Revision of the International Classification of Diseases. 1991. Chapter V (F); Österreich ICD-10 BMSG 2001, BRD ICD-10-GM.
22 Ebd., E66.

bilder haben zu einem „unkörperlichen Körper" und in eine soziale Isolation geführt. Der Mythos der Schönheit spielt eine wichtige Rolle. In der Reaktion auf sexuelle Ausbeutung und Erfahrungen mit Gewalt kommt es bei Frauen zu einer Vielfalt an körperlichen und geistigen Symptomen, die als psychosomatisch zu verstehen sind. Mädchen und Frauen kämpfen gegen ihren eigenen Körper, sie versuchen schlank zu werden oder sie stopfen ihren Körper voll und machen ihn dick, quälen sich um der „Schönheit" willen. Vor dem Hintergrund der gegenwärtigen gesellschaftlichen und kulturellen Bedingungen sind Frauen für Essstörungen fast prädestiniert.[23]

Die Vorurteile gegenüber einem Mädchen oder einer Frau mit Essstörungen enthalten Diskriminierungen wie „Es ist ihre eigene Schuld, zu dick oder zu dünn zu sein"; „Wenn sie nur wirklich dieses seltsame Essverhalten beenden wollte, könnte sie die Störungen loswerden" – „Sie hat einen schwachen Willen"; „Sie funktioniert weder in der Familie noch in der Arbeit richtig" – „Sie ist faul"; „Sie gibt vor, krank zu sein" – „Sie lügt"; „Sie versteckt ihre Probleme" – „Sie macht sich ihre eigene Isolation selbst". Hier ist das Problem das gleiche wie in anderen Stigmatisierungsprozessen: Die Opfer übernehmen die Zuschreibungen in ihr eigenes Selbstbild – und sie leiden.

AIDS ist ein weiteres Beispiel für eine Krankheit als Stigma. Die meisten Krankheiten rufen Gefühle des Mitleids oder des Mitgefühls bei den nicht betroffenen Menschen hervor. Wenn eine Krankheit als ungewöhnlich infektiös oder als Symbol der Schande oder der Schmach wahrgenommen wird, werden die betroffenen Menschen möglicherweise von der „gesunden" Bevölkerung abgelehnt. Wie im Mittelalter, als man Menschen, die an Lepra litten, für SünderInnen hielt, auf die die Strafe Gottes gekommen war. Man schloss sie daher aus und zwang sie, in weit entfernten Leprakolonien zu leben. Heute erzeugt AIDS in gleicher Weise solche Stigmatisierungsmechanismen – trotz der Tatsache, dass, wie bei Lepra, die Gefahr einer Ansteckung im täglichen Umgang mit der Krankheit fast null ist. Im Jahr 2006 kommentierte Gregory Herek, ein prominenter Forscher zu Vorurteilen gegenüber sexuellen Minderheiten, anlässlich des Welt-AIDS-Tages:

Seit AIDS zuerst im Jahr 1981 in den USA festgestellt wurde, ist die HIV-Pandemie von einer Stigma-Epidemie überschattet gewesen. In den ersten Jahren war es für Menschen mit AIDS (und solche, die einfach nur der Krankheit verdächtigt wurden) nicht ungewöhnlich, wenn sie ihre Arbeit und ihre Wohnungen verloren und von ihrer Familie und früheren Freunden gemieden wurden. Diese Stigmatisierungsmanifestationen richteten sich zuerst hauptsächlich gegen schwule Männer, bald aber gegen alle Menschen mit HIV. [...] Diejenigen, die sich um Menschen mit AIDS

---

23 Vgl. Beyer, Kathrin u. Dietlinde Gipser: Aber bitte mit Sahne! Theorie- und Praxisbuch zum Umgang mit Eßstörungen. Hamburg: edition zebra 1996.

und HIV kümmerten – Partner und Ehegatten, Familienmitglieder, Menschen, die im Gesundheitswesen arbeiteten, Freiwillige –, waren dem, was Sozialwissenschaftler ein Gefälligkeitsstigma nennen, einer Art von assoziativ einhergehender Schuld, ausgesetzt.[24]

Vorurteile gegen Menschen mit AIDS haben unterschiedliche Ursprünge. Einer ist die Angst vor der Krankheit, vor Ansteckung – es scheint sehr gefährlich zu sein, mit AIDS-Kranken oder Menschen, die man der Erkrankung an AIDS verdächtigt, in Kontakt zu treten. Nach den Erkenntnissen von Herek weiß bis zum heutigen Tag eine sehr große Zahl von Menschen nicht, dass sich AIDS nicht durch Küssen oder das Trinken aus einem gemeinsamen Glas verbreitet.[25] Eine andere Quelle der Vorurteile könnte in der Homophobie zu finden sein, der irrationalen Angst (Phobie) vor Homosexuellen, weil AIDS zuerst in dieser Gruppe entdeckt wurde. Frühere Vorurteile und Feindseligkeit gegenüber sexuellen Minderheiten gehen jetzt in die Richtung „Derjenige, der AIDS durch Geschlechtsverkehr oder durch den Gebrauch von Drogen erworben hat, hat die Krankheit auch verdient. Somit haben wir das Recht, diese Gruppe auszuschließen."

> Das AIDS-Stigma bleibt heute Realität. Wenn wir es auslöschen wollen, müssen wir lernen zu verstehen, wie die Vorgänge bei den einzelnen Menschen und in der Gesellschaft insgesamt sind. […] Daher können wir das AIDS-Stigma nicht loswerden, wenn wir Vorurteil und Diskriminierung nicht aus den Einrichtungen unserer Kultur verbannen. Wir müssen nicht nur die institutionelle Ablehnung und Diskriminierung von Menschen mit AIDS bekämpfen, sondern auch diejenige gegen Schwule, Afro-Amerikaner, Latinos, Frauen, Arme und alle anderen Gruppen, die Ziel der AIDS-Stigmatisierung sind.[26]

Es gibt zahlreiche Initiativen und Freiwilligengruppen, die sich um Menschen mit spezifischen Krankheiten kümmern und die versuchen, der Diskriminierung betroffener Personen entgegenzuwirken. Es gibt jedoch keine allgemeine Bewegung, die sich mit Krankheit als einem Stigma beschäftigt.

5. Die Angst, alt zu werden

Die Menschen werden immer älter, besonders in den Ländern der westlichen Welt, und bleiben auch länger fit – nichtsdestoweniger wird man mit

---

24 Siehe dessen Blog: http://www.beyondhomophobia.com (15.06.2011) (Übersetzung D.G.).
25 Ebd.
26 Ebd. (Übersetzung D.G.).

40 auf dem Arbeitsmarkt als alt erachtet, sogar zu alt. Im Augenblick steht in Deutschland etwa die Hälfte der über 55-Jährigen noch im Berufsleben.[27]

Alt zu werden ist ein Prozess, der am ersten Tag unseres Lebens beginnt. Zuerst nimmt man davon keine Kenntnis, es passiert einfach. In den folgenden Lebensphasen ist der Prozess ein willkommener, weil das zunehmende Alter auch den Zugang zu neuen Möglichkeiten verspricht. Ganz plötzlich aber verschwindet die Liebe zum Älterwerden. Das ist der Moment, wenn das früher erwünschte Voranschreiten der Lebenszeit nun einen bitteren Geschmack bekommt. Das wird nicht notwendigerweise durch materiellen Ausschluss und körperlichen Verfall hervorgerufen, sondern durch subjektive und gesellschaftliche negative Bilder, durch gesellschaftlichen Ausschluss, durch ein kollektives Vorurteil.

Seit den 1960ern nennt man Vorurteile gegenüber einer Person und ihre Diskriminierung aufgrund des Alters Altersdiskriminierung, neuerdings auch Agismus (engl. *ageism*). Altersdiskriminierung kann als jede Einstellung, Handlung oder institutionelle Struktur, die eine Person oder eine Gruppe wegen ihres Alters in eine untergeordnete Position verweist, definiert werden. Die negative Wahrnehmung des Alterungsprozesses und alter Menschen spiegelt sich in der Sprache und den Medien wider. Hier wird das hohe Alter als eine Periode der Impotenz, Inkompetenz und mangelnden Innovationskraft dargestellt.

Altersdiskriminierung unterscheidet sich jedoch von anderen Ideologien wie Sexismus oder Rassismus. Die Klassifizierung nach dem Alter ist durch kontinuierliche Veränderungen über den ganzen Lebenszyklus hinweg charakterisiert, während andere von der Gesellschaft verwendete Klassifikationssysteme wie Rasse oder Geschlecht konstant bleiben. Niemand ist davor gefeit, ab einem bestimmten Punkt den Status „alt" zu erreichen und daher auch zu erfahren, was Altersdiskriminierung ist. Altersdiskriminierung kann jeden Menschen auf zwei Ebenen treffen. Erstens kann der Mensch mit Bezug auf andere, die wieder andere nach einem Stereotyp aufgrund ihres Alters beurteilen, altersfeindlich sein. Zweitens kann der Mensch mit Bezug auf sich selbst altersfeindlich sein. Alter ist eine Art der Veränderung, die auf jeden Menschen zukommt, eine Veränderung, der niemand entkommen kann. Hinsichtlich der größeren Lebenserfahrung und durch mehr Freizeit könnte das Altern auch zu positiven Ausformungen führen. Heute scheinen Alter und Altersdiskriminierung in der Politik und den Medien, die anklagend auf demographische Alterspyramiden und die Überalterung unserer Gesellschaft verweisen, negativ besetzte Themen zu sein. Man spricht von zu hohen

---

27 Siehe Sechster Altenbericht der Bundesregierung, Drucksache 17/3815 November 2010.

Pensionen und erzeugt damit ein Bild der Alten, die gut auf dem Rücken der Jungen leben. Mit Bildern wie dem Kampf der Generationen um Ressourcen werden sogar die Möglichkeiten der Älteren, angenehm zu leben, negativ definiert, weil sie den Jungen etwas wegzunehmen scheinen: Die aktuellen Debatten um Pensionen und Pflegekosten erzeugen das Bild unverantwortlicher alter Menschen, die sich „amüsieren", die ihr Geld zuerst verschwenden und dann das Leben der Jungen verderben, weil sie pflegebedürftig werden und die Sozialversicherungen in den Ruin treiben. Alter – das ist die Projektionswand für die eigene Angst vor der Gebrechlichkeit und für den eigenen Neid über das angenehme Leben der Alten, von denen man glaubt, dass sie reichlich Zeit und Geld haben. Alte Menschen spielen in der Gesellschaft keine aktive Rolle mehr. Wenn die gesellschaftliche Rolle eines Menschen durch seinen beruflichen Status definiert war, dann bedeutet das Ende des Berufslebens die Aberkennung von Rolle und Status. Die Rolle im Beruf formt die Identität eines Menschen in der Arbeitsgesellschaft. Der Verlust dieser Rolle bedeutet eine Destabilisierung, was zu einer Verunsicherung, zu einer Persönlichkeitskrise führen kann. Die herrschenden Vorurteile unterstützen diese Prozesse. In einer Gesellschaft, die Jugend, Vitalität und körperlichen Reiz in den Mittelpunkt stellt, scheinen ältere Menschen „unsichtbar" zu werden. Man findet kaum positive Altersbilder in der Bevölkerung. Nicht alle Menschen werden auf die gleiche Weise diskriminiert. Zum Beispiel sind reiche und mächtige Männer noch immer attraktiv, wenn sie älter werden; arme Menschen, besonders Frauen, sehen sich entwertet. Der Schluss, der gezogen werden kann: Vorurteile gegen alte Menschen unterscheiden sich je nach ihren wirtschaftlichen Umständen und nach Geschlecht.

Nichtsdestoweniger hat sich in den letzten Jahren die Haltung gegenüber Alten etwas geändert. Tatsächlich haben alte Menschen wenige Chancen, ihre volle Autorität und den Respekt zurückzugewinnen, die zu früheren Zeiten den „Ältesten" einer Gemeinschaft zustanden. Im Gegensatz zu allgemeinen Stereotypen haben jedoch empirische Studien gezeigt, dass eine Mehrheit der Menschen bis ins hohe Alter ihr tägliches Leben durchaus bewältigt und das Leben genießt. Der Anteil von Alten in der Bevölkerung steigt und damit auch ihr politischer Einfluss. Das heißt auch, dass alte Menschen zunehmend Bedeutung als KonsumentInnen gewinnen. In den USA sind die Alten heute bereits zu einer mächtigen politischen Lobby geworden und wir finden auch in europäischen Ländern solche Trends. Darüber hinaus haben auch Aktivistengruppen begonnen, gegen das Phänomen „Altersdiskriminierung" zu kämpfen, indem sie versuchen eine positive Haltung gegenüber dem Altern und den alten Menschen zu schaffen. In den Vereinigten Staaten gibt es zum Beispiel die Organisation *Americans for a Society Free from Age Restrictions* und die *Grey Panthers*, in Deutschland

Krank, alt, behindert – nutzlos oder kostbar für die Gesellschaft? 137

die Grauen Panther und das Büro gegen Altersdiskriminierung. 1982 gründeten die Vereinten Nationen weltweit den „International Plan on Ageing". Erst 20 Jahre später, 2002, fand eine Nachfolgekonferenz in Madrid statt, die einen neuen Plan ausarbeitete:

> Wir, die auf dieser Zweiten Weltversammlung über das Altern in Madrid zusammengetretenen Regierungsvertreter, haben beschlossen, einen Internationalen Aktionsplan über das Altern 2002 zu verabschieden, um auf die Möglichkeiten und Herausforderungen des Alterns der Bevölkerung im 21. Jahrhundert zu reagieren und die Entwicklung einer Gesellschaft für alle Altersgruppen zu fördern.[28]

Könnten alle diese Initiativen vielleicht zur Verringerung von Vorurteilen führen?

6. Gesellschaftlicher Ausschluss als Konsequenz der modernen Gesellschaft

Theorien über Vorurteile, Diskriminierung und Ausschluss sind wichtige Quellen für Ideen, wie diese Probleme in Angriff zu nehmen sind.[29] Wissenschaftliche Forschungen werden auf verschiedenen Analyseebenen durchgeführt. Auf der individuellen Ebene untersucht der psychologische Ansatz die innere Informationsverarbeitung, die persönliche Bewältigung von Bedürfnissen, Konflikten und Angst[30] wie auch die bewusste Regie von unbewussten Einstellungen[31]. Sozialpsychologie und Gruppensoziologie konzentrieren sich auf die sozialen Beziehungen zwischen Menschen und auf die Vielzahl der Prozesse innerhalb und zwischen Gruppen.[32] Soziologie

---

28 UNO: Second World Assembly on Ageing. http://daccess-dds-ny.un.org/doc/UNDOC/GEN/N02/397/51/PDF/N0239751.pdf?OpenElement, zit. aus der dt. auszugsweisen Übersetzung: Zweite Weltversammlung über das Altern. http://www.alter-migration.ch/data/5/Aktionsplan+von+Madrid+zweite+Weltversammlung.pdf (beide Websites 29.06.2011), S. 3.
29 Siehe Plous, Scott: Understanding Prejudice and Discrimination. New York: McGraw-Hill 2002.
30 Vgl. Stephan, Walter G. u. C. W. Stephan, C. W.: An Integrated Threat Theory of Prejudice. In: Reducing Prejudice and Discrimination. Hrsg. von S. Oskamp. Hillsdale, NJ: Erlbaum 2000.
31 Vgl. Project Implicit®: Implicit Attitude Test. http://www.implicit.harvard.edu/implicit/demo/ (15.06.2011).
32 Vgl. Pettigrew, Thomas F. u. Linda R. Tropp: Does Intergroup Contact Reduce Prejudice? Recent Meta-analytical Findings. In: Reducing Prejudice and Discrimination. Hrsg. von S. Oskamp. Hillsdale, NJ: Erlbaum 2000.

und Politikwissenschaft untersuchen die gesellschaftliche Ebene: Sie analysieren das Funktionieren von Staaten, Institutionen, der Wirtschaft und von Machtverhältnissen. Im Rahmen eines marxistischen Ansatzes werden Vorurteile durch die Analyse des Menschenbildes in der kapitalistischen Gesellschaft begrifflich fassbar. Die Gesetze von Produktion, Verteilung und Konsum erzeugen entfremdete Individuen und entfremdete zwischenmenschliche Beziehungen. Die gesamte Denkweise der Menschen und ihr Bewusstsein werden weitgehend durch die Lebensbedingungen bestimmt, entweder als Teil der lohnabhängigen Bevölkerung, mit oder ohne Arbeit, oder als Teil derjenigen, deren Auskommen auf dem Besitz von Kapital beruht.[33] Die Forschung zu Vorurteilen hat seit Adorno und Allport mehr oder weniger versucht, diese Ebenen zu integrieren.

Um Ausgrenzung in einem weiter gefassten Rahmen zu diskutieren, beziehen wir uns auf die Analyse der modernen Gesellschaft von Bauman. Wir haben die wissenschaftlichen Ergebnisse über Vorurteile im Allgemeinen und gegenüber behinderten, kranken oder alten Menschen untersucht. Grundsätzlich finden wir Divergenzen bei gesellschaftlichen Idealstandards wie Schönheit, Gesundheit, Jugend. Wer den Normen nicht entspricht, wer nicht hineinpasst, wird ausgestoßen und ausgegrenzt. Der Ausschluss ist ein Vorgang, der in der Aufteilung der Bevölkerung in Segmente kulminiert, die vollständig nutzlos sind – menschlicher Abfall. In seinem Buch „Verworfenes Leben. Die Ausgegrenzten der Moderne" analysiert Bauman die systematische Erzeugung von „menschlichem Abfall", jene überflüssigen Populationen von Migranten und Flüchtlingen und anderen Ausgestoßenen. Sie scheint ein unvermeidlicher Nebeneffekt des wirtschaftlichen Fortschritts und der Modernisierung zu sein.

> Die Gründe für den Ausschluss von Menschen mögen verschieden sein, doch für diejenigen, die ihn hinzunehmen haben, fallen die Ergebnisse jeweils ziemlich ähnlich aus. Diese Menschen stehen vor der schwierigen Aufgabe, die Mittel für ihr physisches Überleben zu sichern, während ihnen zugleich das Selbstvertrauen und die Selbstachtung genommen wurden, die für das soziale Überleben nötig sind. Sie haben keinen Anlass, feinsinnige Unterscheidungen zwischen intendiertem Leid und selbstverschuldetem Elend anzustellen. [...] Ob nun durch einen expliziten Urteilsspruch oder durch ein impliziertes, wenn doch nie offiziell publiziertes Verdikt: Sie sind überflüssig geworden, entbehrlich, werden nicht gebraucht und nicht gewollt, und ihre Reaktionen, ob sie nun neben der Sache liegen oder ganz ausbleiben, wandeln dieses Urteil zu einer sich selbst erfüllenden Prophezeiung.[34]

---

33 Vgl. Jantzen, Wolfgang: Sozialisation und Behinderung. Gießen: focus 1974.
34 Bauman, Zygmunt: Verworfenes Leben. Die Ausgegrenzten der Moderne. Hamburg: Hamburger Edition, HIS Verlagsgesellschaft 2005, S. 59.

Die globale Ausbreitung der Moderne hat eine immer größere Zahl von Menschen hervorgebracht, die nicht mehr zur Auffüllung der globalen Arbeiterschaft einer globalen Wirtschaft benötigt werden. Daher kommt es auch zu neuen Ängsten vor „Immigranten", jenen, die im Kampf um einen Arbeitsplatz Rivalen und Rivalinnen sein könnten. Und daher kommt es auch zu dem nie endenden Prozess, die weniger Fitten wie die Kranken, die Behinderten und die Alten auszuschließen.

Aber folgt man dem Ansatz Baumans in seinem Buch „Moderne und Ambivalenz", ist es nicht die sogenannte Logik der Ökonomie allein, die diese Prozesse vorantreibt. Er zeigt auf, wie grundlegende Annahmen der zeitgenössischen Kultur und Politik über die Natur des Menschen Verhalten und soziale Interaktionen beeinflussen. Die Errichtung von Ordnung, Klarheit und Transparenz des menschlichen Lebens sind das große Versprechen der Moderne, das sich auf die Annahme stützt, die Herrschaft der Vernunft könne dieses Versprechen erfüllen. Aber der Glaube an die Machbarkeit des Projekts der Vernunft und der Aufklärung verblasst. Viele Menschen sind sich mehr denn je sehr wohl der unabdingbaren Zufälligkeit der menschlichen Existenz bewusst und erkennen die Ambivalenz aller Wahlmöglichkeiten, Identitäten und Lebensprojekte. In unserer Zeit des Übergangs, sagt Bauman, sei die sich selbst zerstörende Natur des Projekts der Moderne voll ins Blickfeld getreten. Der Kampf zur Auslöschung von Ambivalenz war und ist noch immer die Substanz der modernen Politik wie auch das Ziel der intellektuellen Arbeit und des kulturellen Lebens. Es ist die Schlacht gegen Unordnung, gegen Abweichung, gegen Beeinträchtigung, gegen Behinderung und Handikap. Um zu verstehen, wie sich diese Strategien gegen Ambivalenz auf den Konstruktionsprozess von Vorurteilen und die Politik der Diskriminierung auswirken, müssen wir uns näher mit dem Begriff der Ambivalenz beschäftigen.

Ambivalenz ist in einer der grundlegenden Funktionen des menschlichen Denkens und Sprechens, im Benennen und Klassifizieren, verwurzelt. Klassifizieren bedeutet, der Welt eine Struktur zu geben und sie zu einer geordneten Welt zu machen, in der wir sicher sein können, dass unser auf früherer Erfahrung beruhendes Verhaltensrepertoire auch zukünftig wirksam und erfolgreich sein wird. Der Mangel an Klarheit erzeugt jedoch ein Gefühl der Ambivalenz und Zwiespältigkeit, normalerweise verbunden mit Unbehagen und Angst. Die Welt aber ist komplex und mehrdeutig, und es hängt vom Typus des einzelnen Menschen, von Gruppen und dem kulturellen Erbe einer Gesellschaft ab, wie offen oder wie rigide mit der Mehrdeutigkeit umgegangen wird (sog. Ambiguitätstoleranz). Die zeitgenössischen Technologien und das gesamte System des Konsumismus bilden eine *best practice*, die beste Methode, um Ambivalenz zu kontrollieren und zu minimieren.

Bauman konzentriert sich in seiner Forschungsarbeit auf Vorgänge bei einzelnen Menschen und in der Gesellschaft, während Lewin[35] die Mechanismen der Ambivalenz oder Ambiguität auf der dazwischen liegenden Ebene, den Gruppen, untersuchte. Ambivalenz ist eine Spannung, die von mindestens zwei in entgegengesetzte Richtungen wirkenden Kräften erzeugt wird. Ein ambivalenter Lebensraum ist einer, in dem der einzelne Mensch mehrere Antriebskräfte erlebt, die ihn in verschiedene Richtungen ziehen, nicht nur bei materiellen Objekten, sondern auch bei dem Versuch, gleichzeitig für die Gegenwart und die Zukunft Vorsorge zu treffen. Lewin zeigte auf, wie Menschen in der Gegenwart ein psychologisches Bewusstsein dafür haben, was sie in der Zukunft ersehnen, besonders stark sei der Wunsch nach Sicherheit. Andauernder Stress durch Unsicherheit führt zu einer kognitiven Dissonanz, zu einem Geisteszustand, der ein Gefühl der Handlungsunfähigkeit erzeugt und schwer auszuhalten ist. Er bringt Menschen dazu, das übliche Repertoire an lindernden Kunstgriffen zu aktivieren, wobei die am häufigsten gewählte Lösung darin besteht, einen der beiden unvereinbaren Werte herunterzuspielen und klein zu machen.

Die Postmoderne – wir drücken gerne unsere Hoffnungen in Übereinstimmung mit Bauman aus – ist eine Zeit der Aussöhnung mit der Ambivalenz, und es ist unsere Aufgabe, Lernstrategien zu entwickeln, wie man in einer unheilbar ambivalenten Welt lebt und ihre Vielfalt gestaltet.

7. Wie man Vorurteile abbauen kann

Jeden Tag werden Menschen aufgrund von Vorurteilen und Diskriminierung daran gehindert, am Arbeits- und gesellschaftlichen Leben teilzunehmen. Aus diesem Grund sind Gesetze erlassen worden, um Menschen gleiche Rechte zu geben und ihnen zu helfen, die Hindernisse, die ihnen gesetzt werden, zu überwinden. Nach europäischer Gesetzgebung gilt Diskriminierung im Beruf und in der Ausbildung aufgrund von Religion und Glauben, Behinderung, Alter und sexueller Orientierung als gesetzeswidrig. Sie verbietet auch Diskriminierung aufgrund von rassischer oder ethnischer Herkunft im Arbeitsleben, in der Ausbildung und auf anderen Gebieten des täglichen Lebens wie Bildung, Wohnungs- und Gesundheitswesen. Diese Regeln können zum Schutz von Menschen gegen Diskriminierung und Belästigung beitragen. Sie erlauben Menschen, die diskriminiert wurden, vor Gericht zu gehen oder andere institutionelle Mittel einzusetzen, um eine Beschwerde vorzubringen. Auch eine Nicht-Regierungsorganisation, ein Verband oder

---

35 Lewin, Kurt: Principles of Topological Psychology. New York: McGraw-Hill 1936.

die Gewerkschaft können in ihrem Auftrag tätig werden. Eine Gleichstellungs-Institution muss von jedem Mitgliedsstaat eingerichtet werden, um Menschen, die diskriminiert wurden, zu unterstützen und um Gleichbehandlung zu fördern. Die Europäische Union unterstützt diese Gesetzesänderungen durch die Finanzierung von Forschungsaufträgen, Projekten und Organisationen im Kampf gegen die Diskriminierung.

Sie wirbt mit öffentlichen Aktionen (2007: Europäisches Jahr der Chancengleichheit für alle, 2010: Europäisches Jahr zur Bekämpfung von Armut und sozialer Ausgrenzung) für ihre Ziele, die Menschen über ihre Rechte zu informieren, Diversität und Chancengleichheit zu fördern, sei es im wirtschaftlichen, sozialen, kulturellen oder politischen Leben.

Die kurze Darstellung der politischen Leitlinien hat eine große Zahl von Interventionsebenen, viele Möglichkeiten von Aktivitäten und finanziellen Mitteln aufgezeigt. In der täglichen Praxis vieler Menschen erweisen sie sich allerdings als beschönigende Maßnahmen. Wirklich zu heilen bedeutet, grundlegende Verfahren in der Gesellschaft zu verändern und Bildung zu reformieren.

In seinem letzten Buch schreibt Sir Peter Ustinov[36], dass Kinder ursprünglich überhaupt keine Vorurteile haben, sie erwerben sie im Laufe ihres Lebens. Logischerweise müssen wir daher sehr früh damit beginnen, eine „Pädagogik der Vielfalt" zu realisieren. Annedore Prengel fragt in ihrer gleichnamigen Studie: „Kann pädagogisches Handeln der geschlechtlichen, kulturellen und individuellen Verschiedenheit der Menschen gerecht werden? Wie kann Pädagogik dabei das demokratische Prinzip der Gleichberechtigung verwirklichen?"[37] Sie entwickelt ausgezeichnete Vorschläge für eine Pädagogik der Vielfalt. Basis ist die Entwicklung von Selbstwertgefühl und die Akzeptanz der anderen. Wie kann das praktisch durchgeführt werden?

Weltweit setzen viele Gruppen und Initiativen, die gegen Vorurteile und Diskriminierung kämpfen, auf Methoden des Theaters.[38] Basierend auf Paulo Freires „Pädagogik der Unterdrückten"[39] aus dem Jahr 1971 hat Augusto Boal 1979 das „Theater der Unterdrückten"[40] umgesetzt. Paulo Freire (1921–1997) entwickelte den Prozess der „Bewusstmachung" als authentisches Bildungsmittel. Dieser Prozess identifiziert Bildung mit poli-

---

36 Ustinov, Sir Peter: Achtung! Vorurteile. Hamburg: Hoffmann und Campe 2003.
37 Prengel, Annedore: Pädagogik der Vielfalt. Opladen: Leske und Budrich 1995, S. 15.
38 Siehe z. B. „project PeaceXchange": http://www.peacexchange.eu/, „sabisa-performing change": http://www.sabisa.de/, The International Theatre of the Oppressed Organization (ITO): http://www.theatreoftheoppressed.org/ (29.03.2011)
39 Freire, Paulo: Pädagogik der Unterdrückten. Bildung als Praxis der Freiheit. Stuttgart: Kreuz Verlag 1971.
40 Siehe Boal, Augusto: Theater der Unterdrückten. Frankfurt am Main: Suhrkamp 1989.

tischer Bewusstwerdung, die unterdrückte Menschen befähigt, sich sowohl Kompetenzen als auch Macht anzueignen. Freire versteht Bildung als einen emanzipatorischen und sozio-kognitiven Prozess, als einen Prozess der Befreiung. Das bedeutet, dass der Bildungsprozess auch gegen die Ursachen der Ungleichheiten in der Gesellschaft vorgehen muss. Bildung oder Ausbildung sollte es erlauben, die Welt kritisch zu erkennen. Der Zweck der Bildung würde es sein, sich aus einer unterdrückerischen und ungerechten Realität zu befreien und sie zu verändern.

Bereits seit vielen Jahren arbeite ich mit den Methoden des Theaters der Unterdrückten, um Prozesse zu initiieren, selbstbewusst zu werden und selbstbestimmte Verhaltensmuster zu entwickeln.

Das Theater der Unterdrückten hat es sich zum Ziel gesetzt, Einstellungen und Verhaltensweisen von Personen und Gruppen zu verändern, die auf der Erfahrung von Unterdrückung beruhen. Unterdrückt sind solche Personen oder Gruppen, die ihrer Rechte, sich frei mit anderen auszutauschen und an der menschlichen Gesellschaft als Gleiche teilzunehmen, beraubt sind. Das Theater der Unterdrückten besteht aus einer Reihe von Übungen, Spielen und Techniken, die Frauen und Männern helfen, ein kritisches Bewusstsein ihrer eigenen Situation in den Konflikten des täglichen Lebens zu entwickeln. Indem sie lernen, ihre Sicht des Lebens, ihre Emotionen und Sehnsüchte in die Sprache des Theater zu übersetzen, erschaffen sie ein Grundverständnis zwischen SchauspielerInnen und Publikum. Bei der Technik des Forum-Theaters wird ein kurzes Stück entwickelt, in dem eine Situation der Unterdrückung dargestellt wird. Die Szene wird einem Publikum präsentiert, das die unterdrückten Personen identifizieren muss. Am Ende des Stücks wird gefragt, ob die DarstellerInnen anders hätten handeln können, um so den Ausgang des Stückes zu verändern. Wenn die in diesem Modell dargestellte Situation dem Publikum bekannt vorkommt, wird es sicher gerne eingreifen und eigene Ideen vorbringen wollen, um die Situation zu verändern. Dann wird das Stück ein zweites Mal gespielt. Dieses Mal kann jemand aus dem Publikum das Stück anhalten und eine Person der Handlung ersetzen, um die eigenen Ideen zur Veränderung zu zeigen. Im Theater der Unterdrückten wird Unterdrückung unter anderem als eine Machtdynamik definiert, die eher monologisch als dialogisch strukturiert ist; eine Beziehung von Dominanz und Befehl, die den Unterdrückten verwehrt, die zu sein, die sie sind. Die Teilnahme des Publikums ermächtigt dieses zugleich, sich Veränderungen vorzustellen, die Veränderungen zu üben, sich kollektiv über die vorgebrachten Vorschläge Gedanken zu machen und damit in die Lage versetzt zu werden, gesellschaftliche Veränderungen herbeizuführen. Der Vorschlag, der die Situation verändert hat, muss von dem Akteur, der ihn gemacht hat, improvisierend gespielt werden. SchauspielerInnen und ZuschauerInnen, das Forum, besprechen die Qualität der neuen Lösung.

Die TeilnehmerInnen bringen ihre eigenen Erfahrungen in Form von Geschichten ein. Geschichten, besonders solche von großer persönlicher Wichtigkeit, können für sich in Anspruch nehmen, der wahre Ausdruck der eigenen Realität zu sein. Den Vorgängen in Wahrheitskommissionen vergleichbar besteht der erste Schritt zur Aussöhnung darin, Menschen ihre eigene Wahrheit ausdrücken zu lassen. Aber wie geht man vor? Während der Theaterarbeit, basierend auf einer persönlich erlebten Geschichte, kann es zu Widersprüchen zwischen der eigenen Wahrheit und der Wahrheit der anderen kommen. Das Angebot verschiedener alternativer Verhaltensstrategien während der öffentlichen Darbietung kann als Beleidigung der eigenen persönlichen Wahrheit des Geschichtenerzählers empfunden werden. Aber die Regeln des Stücks und der Rahmen des Forum-Theaters stellen die Möglichkeit für jeden und jede sicher, sich angenommen zu fühlen und Menschen dazu zu ermächtigen, andere Ansichten zu akzeptieren und mit Gefühlen wie Zorn, Hass oder Trauer in einem Prozess der Versöhnung fertig zu werden. Es handelt sich also um eine Methode, persönliches und soziales Leben zu analysieren und zu rekonstruieren, den Respekt vor den Unterschieden zwischen Einzelnen und Gruppen zu gewährleisten und alle Beteiligten in den Dialog einzubinden.

Zum Abschluss möchte ich an den Beginn dieses Artikels zurückblättern, zu den kurzen Szenen, mit denen wir diskriminierende Situationen darstellten. Das erste Stück hat gezeigt, wie Barbara, im Rollstuhl, während des Einkaufens in der Bäckerei behandelt wird. Obwohl sie die Erste in der Schlange ist, werden nur die anderen bedient. Und dann wird ihre Begleitung, die den Rollstuhl schiebt, an ihrer Stelle angesprochen. Endlich bestellt sie ihre sechs Brötchen, wird dabei überrascht und mitleidig angesehen, bekommt ihre Brötchen und ein besonderes Gebäck als Geschenk dazu. Nachher machten mehrere Personen aus dem Publikum die Erfahrung der Machtlosigkeit, als sie sich probeweise in den Rollstuhl setzten. Bei der Evaluierung mehrerer Lösungen ergab sich die als die beste, in der Barbara drohte, mit allen ihr bekannten RollstuhlfahrerInnen wiederzukommen. Im zweiten Stück wurde Anna, eine weißhaarige ältere Frau, von ihren jungen MitstudentInnen als späte Doktorandin verspottet. Sie möchte sich einer Arbeitsgruppe anschließen, wird aber wegen ihres Alters von den anderen abgelehnt. Es erwies sich wieder als schwierig, die Protagonistin auszutauschen, aber dann überzeugte eine Person, die nun die Rolle von Anna spielte, doch ihre KollegInnen, indem sie faszinierende Geschichten aus ihrem reichen Leben erzählte. Die dritte Szene zeigte, wie die junge korpulente Studentin Karen von ihren MitstudentInnen „geschnitten" wird. Sie ist bei einer Exkursion nicht willkommen. Eine Lösung konnte nicht sofort gefunden werden, aber das Publikum war überzeugt, dass Karen, nach Gründung einer Selbsthilfegruppe, genug Kraft haben würde, sich zu behaupten.

Die Arbeit mit den Prinzipien des Theaters der Unterdrückten und den Techniken des Forum-Theaters bedeutet, selbstbestimmt zu experimentieren, um Konflikte zu analysieren und wünschenswerte Formen des Zusammenlebens zu entwerfen. Sie ermutigt zu Lernformen, die Menschen dazu ermächtigen, leichter miteinander zu kommunizieren, Dinge in neuem Licht zu sehen und mit Vorurteil, Stigma und Stereotypen zu spielen, um sie zu überwinden. Sie fördert auch Gleichheit und die Möglichkeit, eine Vision zu entwickeln. In einem geschützten, aber öffentlichen Raum können neue Strategien entstehen, die dann in der Zivilgesellschaft in Form einer friedlichen Konflikttransformation umgesetzt werden können. So können wir Vielfalt als kostbaren Reichtum der Gesellschaft erfahren.

Bibliographie

Adorno, Theodor W. et al.: The Authoritarian Personality. New York: Harper 1950.
Allport, Gordon W.: Die Natur des Vorurteils. Köln: Kiepenheuer und Witsch 1971.
Bauman, Zygmunt: Moderne und Ambivalenz. Das Ende der Eindeutigkeit. Hamburg: Hamburger Edition, HIS Verlagsgesellschaft 2005.
Bauman, Zygmunt: Verworfenes Leben. Die Ausgegrenzten der Moderne. Hamburg: Hamburger Edition, HIS Verlagsgesellschaft 2005.
Beyer, Kathrin u. Dietlinde Gipser: Aber bitte mit Sahne! Theorie- und Praxisbuch zum Umgang mit Eßstörungen. Hamburg: edition zebra 1996.
Boal, Augusto: Theater der Unterdrückten. Frankfurt am Main: Suhrkamp 1989.
Boal, Augusto: Legislative Theatre. London: Routledge 1998.
Böttger, Andreas, Dietlinde Gipser u. Gerd Laga: Vorurteile? Einstellungen von Lehrerinnen und Lehrern gegenüber Menschen mit Behinderungen. Hamburg: edition zebra 1995.
Bogdan, Robert et al.: Handicap Prejudice and Social Science Research. In: Living Environments for Developmentally Retarded Persons. Hrsg. von H. Carl Haywood u. J. R. Newbrough. Baltimore: University Park Press 1981. S. 235–247.
Cloerkes, Günther: Soziologie der Behinderten. Heidelberg: Edition Schindele 1997.
Deutscher Behindertenrat: Startseite. http://www.deutscher-behindertenrat.de (30.03.2011)
European Disability Forum: Startseite. http://www.edf-feph.org/ (15.06.2011).
Freire, Paulo: Pädagogik der Unterdrückten. Bildung als Praxis der Freiheit. Stuttgart: Kreuz Verlag 1971.
Gipser, Dietlinde: Selbsterfahrung. In: Wörterbuch der Theaterpädagogik. Hrsg. von Gerd Koch u. Marianne Streisand. Berlin/Milow: Schibri 2003.
Goffman, Erving: Stigma. Notes on the Management of Spoiled Identity. Englewood Cliffs, N.J.: Prentice-Hall Inc. 1963.
Goffman, Erving: Stigma. Über Techniken der Bewältigung beschädigter Identität. Frankfurt: Suhrkamp 1967.
Herek, Gregory: Blog. Startseite. http://www.beyondhomophobia.com (15.06.2011).
Jantzen, Wolfgang: Sozialisation und Behinderung. Gießen: focus 1974.

Klee, Ernst: „Euthanasie" im NS-Staat. Die Vernichtung lebensunwerten Lebens. 11. Aufl. Frankfurt: Fischer 2004.
Klee, Ernst: Dokumente zur Euthanasie. 6. Aufl. Frankfurt: Fischer 2007.
Lewin, Kurt: Principles of Topological Psychology. New York: McGraw-Hill 1936.
Monitoring-Stelle zur UN-Behindertenrechtskonvention: Startseite der Homepage. http://www.institut-fuer-menschenrechte.de/de/monitoring-stelle.html (30.03.2011)
Pettigrew, Thomas F. u. Linda R. Tropp: Does Intergroup Contact Reduce Prejudice? Recent Meta-analytical Findings. In: Reducing Prejudice and Discrimination. Hrsg. von S. Oskamp. Hillsdale, NJ: Erlbaum 2000.
Plous, Scott: Understanding Prejudice and Discrimination. New York: McGraw-Hill 2002.
Prengel, Annedore: Pädagogik der Vielfalt. Opladen: Leske und Budrich 1995.
Project Implicit®: Implicit Attitude Test. http://www.implicit.harvard.edu/implicit/demo/ (15.06.2011).
Sechster Altenbericht der Bundesregierung, Drucksache 17/3815, November 2010.
Stephan, Walter G. u. C. W. Stephan, C. W.: An Integrated Threat Theory of Prejudice. In: Reducing Prejudice and Discrimination. Hrsg. von S. Oskamp. Hillsdale, NJ: Erlbaum 2000.
UNESCO: Salamanca Statement on Special Needs Education. Paris 1994.
United States Holocaust Memorial Museum, Washington, DC: Handicapped. Victims of the Nazi Era 1933–1945. http://www.ushmm.org/education/resource/handic/handicap bklt.pdf (30.03.2011)
UNO: CRPD Convention on the Rights of Persons with Disabilities; zwischen Deutschland, Liechtenstein, Österreich und der Schweiz abgestimmte Übersetzung: Übereinkommen über die Rechte von Menschen mit Behinderungen (BRK, Behindertenrechtskonvention). http://www.institut-fuer-menschenrechte.de/fileadmin/user_upload/ PDF-Dateien/Pakte_Konventionen/CRPD_behindertenrechtskonvention/crpd_de.pdf (15.06.2011).
UNO: Second World Assembly on Ageing. http://daccess-dds-ny.un.org/doc/UNDOC/ GEN/N02/397/51/PDF/N0239751.pdf?OpenElement, zit. aus der dt. auszugsweisen Übersetzung: Zweite Weltversammlung über das Altern. http://www.alter-migration. ch/data/5/Aktionsplan+von+Madrid+zweite+Weltversammlung.pdf (beide Texte 29. 06.2011).
Ustinov, Sir Peter: Achtung! Vorurteile. Hamburg: Hoffmann und Campe 2003.
World Health Organization (WHO): International Classification of Impairments, Disabilities, and Handicaps (ICIDH). Genf 1980.
World Health Organization (WHO): Tenth Revision of the International Classification of Diseases. 1991.
World Health Organization (WHO): International Classification of Functioning, Disability and Health (ICF) 2001. http://www.who.int/classifications/icf/en (dt.: Internationale Klassifikation der Funktionsfähigkeit, Behinderung und Gesundheit, 2005. http:// www.dimdi.de/dynamic/de/klassi/downloadcenter/icf/endfassung/icf_endfassung-2005-10-01.pdf) (beide Texte 30.03.2011)

Religiöses Vorurteil

Rainer Kampling

1. Vorbemerkungen

1.1 Einführung

Die Mutmaßung, dass im Kontext von Religion Vorurteile virulent sind bzw. werden können, gehört zum Grundbestand aller wissenschaftlichen Disziplinen, die sich mit der Vorurteilsforschung befassen.

Gerechtfertigt ist diese Annahme scheinbar sowohl durch den historischen als auch den aktuellen Blick auf gesellschaftliche und politische Ereignisse. Unschwer gelingt es nämlich, in allen historischen Epochen und allen Zivilisationen gesellschaftliche oder transnationale Konflikte auszumachen, deren Ursachen unter anderem in religiösen Vorurteilen gefunden werden.

Gleichwohl steht diese Annahme im Verdacht, monokausal zu argumentieren. Der Umstand, dass es keine historische Epoche ohne Religion gegeben hat und dass Religion am Ende des 20. Jahrhunderts unter dem Vorzeichen der Krise wieder verstärkt in das öffentliche Bewusstsein trat, hat religiöse Phänomene zu einem Haupterklärungsmodell für Antagonismen werden lassen. Die monokausale Behauptung religiöser Ursachen blendet nicht nur andere Aspekte aus wie etwa ökonomische, sondern bedient zugleich wiederum Vorurteilsstrukturen, wie sich an der neueren Wahrnehmung des Islam zeigen lässt.

Grundsätzlich ist davon auszugehen, dass bei der Genese, Etablierung und Tradierung religiöser Vorurteile unterschiedliche Konstanten beteiligt sind. Zugleich gibt es verschiedene Stärkegrade von Vorurteilen, die vom folkloristischen bis zum hassbestimmten Vorurteil reichen können.

Das religiöse Vorurteil ist grundsätzlich als subjektives Für-wahr-Halten einer Meinung mit negativer Konnotation im Kontext eines religiösen Systems zu beschreiben. Religiös benennt dann auf der Ebene der TrägerInnen des Vorurteils die angenommene signifikante Legitimation für die Haltung; dieser Befund gilt sowohl für ein Vorurteil, das sich subjekthaft aus und in einer Religion entwickelt, als auch für ein Vorurteil, welches sich objekthaft gegen eine Religion richtet. In letzterem Fall müssen die TrägerInnen des Vorurteils nicht selbst religiös sein. Beide Formen des Vorurteils beziehen sich kausal auf die Religion.

1.2 Definitionen

Das Sprechen von religiösen Vorurteilen impliziert ein Argumentationskonglomerat mit unterschiedlichen Größen, die jeweils näher zu bestimmen sind. Dabei zeigt sich unschwer, dass die hermeneutische Problematik nicht zuletzt darin besteht, wie man signifikante Eigenarten beschreibt und bewertet.

Zweifelsohne stellt sich das Problem des Begriffes zunächst im Hinblick auf „Religion". Hierunter wird im vorliegenden Kontext ein Glaubenssystem verstanden, das seine Träger auf eine bestimmte Lebenspraxis und Wahrnehmungsoption verpflichtet. Diese Wahrnehmungsoption kann als konstruierte Wirklichkeit verstanden werden, da Religionen sich keineswegs nur auf die Transzendenz beschränken, sondern die jeweilige Realität unter den Vorzeichen ihres Systems deuten. Der Aspekt des Handelns ist für das religiöse Individuum kennzeichnend, insofern in Religionen die Akzeptanz von Inhalten eine Verifikation im Tun erfordert.

Im Hinblick auf Vorurteile ist die Einheit von Theorie und Praxis äußerst bedeutsam, da sich die Frage stellt, ob und inwieweit es in Religionen objektiv feststellbare Vorurteile gibt, die jedoch innerhalb des jeweiligen Systems als religiöse Lebensform legitimiert und unter Umständen sogar gefordert werden und für die Selbstvergewisserung des religiösen Individuums stabilisierend wirken.

Allerdings ist auch der Begriff des religiösen Individuums nicht problemlos, da es zweifelsohne bedeutsame Unterschiede gibt, die sowohl die Selbstwahrnehmung als auch die Fremdwahrnehmung betreffen. Weiterhelfen kann hier unter Umständen eine klassische Unterscheidung zwischen äußerer und innerer Religion. Unter äußerer Religion ist der Gebrauch von Religion für individuelle, gesellschaftliche und politische Interessen zu verstehen. Darunter fällt auch eine religiöse Konformität mit dem Ziel, sich einem gesellschaftlichen Mainstream anzupassen. Religion ist in diesem Fall nicht Bestimmung und Ziel ihrer selbst, sondern Instrument zur Erlangung religionsexterner Vorteile, die gleichwohl als religiös deklariert werden.

Mit innerer Religion dagegen wird eine Lebensform aus und mit der Religion beschrieben, in der Religion keinen Fremdzweck darstellt, sondern als Existenzentscheidung angenommen und durchgehalten wird. Übrigens ist in diesem Fall eine Vermischung der Lebensbereiche seltener, d. h., die religiöse Wirklichkeit wird von der gesellschaftlichen unterschieden.

Die Konjunktion „religiöses Vorurteil" verweist daher auf ein breites Spektrum des Konstruierens und Verhaltens, das von emotionalen Aversionen bis zur gewaltsamen Konfrontation reichen kann. Daher ist es zweckmäßig, religiöse Vorurteile nicht nach den Auswirkungen zu beschreiben, sondern nach den Subjekten des Vorurteils und ihren Intentionen. Es können folgende Typen religiöser Vorurteile unterschieden werden:

a) Mit religiösen Vorurteilen wird die religiös bedingte Haltung einer Gruppe sich religiös definierender Individuen gegenüber nicht zur Gruppe Gehörenden verstanden. Diese Definition ist dahingehend zu spezifizieren, dass es eine Unterscheidung in der Vorurteilsstruktur gegenüber anderen sich religiös definierenden Gruppen und nicht-religiösen Gruppen gibt. Es handelt sich um ein Vorurteil, das primär der Selbstkonstruktion und Abgrenzung nach außen dient.

b) Mit religiösem Vorurteil wird die Aversion einer Mehrheitsgruppe gegenüber einer bestimmten Gruppe benannt; die Aversion wird wegen der religiösen Praxis jener Gruppe, häufig einer Minderheit, gehegt. Der Realitätsbezug ist hierfür irrelevant; es kann sich um eine tatsächliche oder vermeintliche Praxis handeln. Es handelt sich um ein Vorurteil, das auf eine Ausgrenzung zielt.

c) Mit religiösem Vorurteil kann eine Position bestimmt werden, die in der westlichen Welt spätestens seit der Aufklärung zum Inventar der Moderne gehört. Nämlich die Auffassung, Religion, und zwar jegliche Religion, gehöre einem vormodernen Entwicklungsstand der Menschheit an, den es zu überwinden gelte. In diesem Kontext ist dann auch der Antiklerikalismus der Aufklärung anzusiedeln, der sich insbesondere gegen katholische Würdenträger als Vertreter einer vermeintlich vernunftfeindlichen Institution richtet. Es handelt sich hierbei um ein paradoxes Vorurteil, nämlich das der Aufklärung.

d) Eine Unterart ist die kolonialistische Wahrnehmung fremder Religionen, die sich mit latentem und explizitem Rassismus verbindet. Grundlegende Beispiele sind die westliche Definition des Begriffs Magie und der Gebrauch der Konjunktion „primitive Religion". Es handelt sich um ein ethno-religiöses Vorurteil.

e) Mit religiösem Vorurteil sind auch solche Vorstellungen zu bezeichnen, die ohne religiöse Kontextualisierung weiterexistieren, ohne dass ihr religiöser Ursprung noch bekannt ist. Sie gehören gleichsam zur Folklore. Ihre gegenwärtige Virulenz ist gering. Allerdings bleibt abzuwarten, ob im Gefolge der Patchwork-Religionen, d. h. der Zusammenfügung einer religiösen Identität aus verschiedensten Glaubenswelten und Traditionen, auch längst verschüttet geglaubte Vorurteile reaktiviert werden. Das Wiedererwachen der Lust an Verschwörungstheorien in diesen Kontexten lässt Böses ahnen.

Die Basisstruktur der verschiedenen Ausprägungen religiösen Vorurteils macht sie zunächst untereinander kompatibel. Zum Beispiel konnte das spätantike Christentum Vorurteils-Elemente, die von der Mehrheit gegen das Christentum gehegt wurden, auf die Mehrheit selbst reproduzieren. Zugleich sind religiöse Vorurteile für Komponenten anderer Vorurteile durchlässig. So kann sich insbesondere das xenophobische Vorurteil mit jedem dieser Typen verbinden.

Allerdings sind religiöse Vorurteile nicht statisch, sondern unterliegen selbst wieder gesellschaftlichen und kulturellen Wandlungen.

Die Vorstellung, religiöse Individuen hielten unveränderlich an bestimmten Vorurteilen fest, ist empirisch nicht belegbar. So zeigen US-amerikanische Studien ab den 1950er Jahren eine Häufung rassistischer Vorurteile bei sich christlich religiös definierenden Personen, sodass es in der Forschung als ausgemacht und sicher galt, dass es zwischen religiösem Konservatismus und Rassismus einen kausalen Zusammenhang gab.[1]

Untersuchungen der 1990er Jahre belegen aber, dass dieser Zusammenhang nicht mehr im gleichen Maße gegeben ist.[2] Trotz Zunahme eines christlichen Konservatismus in den Vereinigten Staaten von Amerika ging der Rassismus signifikant zurück.

Eine weitere Veränderung ist im Verhältnis der westlichen christlichen Kirchen zum Judentum festzustellen. Bis ca. 1950 kann man pauschal davon sprechen, dass in christlichen Kirchen ein religiös begründetes Vorurteil gegenüber Juden nicht nur gepflegt, sondern auch propagiert wurde. Diese Position wurde durch theologische Reflexion, pastorale Arbeit und autoritative Lehrmeinungen aufgegeben, und zwar in einem solchen Maße, dass gegenwärtig innerkirchlich die Möglichkeit eines religiösen Vorurteils gegenüber Juden ausgeschlossen ist, weil es dem christlichen Selbstverständnis widerspräche. Dass es trotz dieser theologischen Bemühungen gleichwohl auch im Raum der Kirchen antisemitische Vorfälle gibt, ist feststellbar. Hierbei kann man neben theologischen Defiziten auch deutlich politische Interessen wahrnehmen, etwa im Umfeld eines neuen Nationalismus.[3]

---

1   Allport, Gordon W. u. Michael Ross: Personal Religious Orientation and Prejudice. In: Journal of Personality and Social Psychology, 5, 4 (1967). S. 432–443.
2   Batson, C. Daniel, Stephen J. Naifeh u. Suzanne Pate: Social Desirability, Religious Orientation, and Racial Prejudice. In: Journal for the Scientific Study of Religion, Vol. 17, 1 (1978). S. 31–41; Batson, C. Daniel, Cheryl H. Flink, Patricia A. Schoenrade, Jim Fultz u. Virginia Pych: Religious Orientation and Overt versus Covert Racial Prejudice. In: Journal of Personality and Social Psychology, Vol. 50, 1 (1986). S. 175–181; vgl. aber auch: Scheepers, Peer, Merove Gijsberts u. Evelyn Hello: Religiosity and Prejudice against Ethnic Minorities in Europe, Cross-National Tests on a Controversial Relationship. In: Review of Religious Research, 43, 3 (2002). S. 242–265.
3   Fritz Bauer Institut (Hrsg.): Grenzenlose Vorurteile, Antisemitismus, Nationalismus und ethnische Konflikte. Frankfurt a.M./New York: Campus Verlag 2002 (Jahrbuch des Fritz Bauer Instituts, Band 6).

Allerdings wird hier auch ein zentrales, noch eigens zu diskutierendes Problem des religiösen Vorurteils deutlich: Es gibt in den verschiedenen Religionen durch Lehre und Praxis legitimierte Vorstellungen, nach denen bestimmten Gruppen (bsp. Sündern) mit Ablehnung zu begegnen sei. Innerhalb des religiösen Systems wird diese Verneinung als religionskonform betrachtet, außerhalb stellt es sich dessen ungeachtet als ein systemimmanentes Vorurteil dar, das jedoch, wie die oben genannten Beispiele zeigen, nur aus der Religion selbst zu überwinden ist.

Religiöse Vorurteile besitzen eine grundsätzlich paradoxe Struktur. Mit Gordon Allport kann man festhalten: „It [Anm.: religion] makes prejudice and it unmakes prejudice."[4]

2. Historische Beispiele

Eine Geschichte des religiösen Vorurteils zu schreiben, wäre der zum Scheitern verurteilte Versuch, eine Kulturgeschichte der religiösen Systeme, Lehren und Mentalitäten zu schreiben. Im Folgenden werden nur Streiflichter aus der Antike geboten, um gewisse Elemente dieses Typus von Vorurteil in ihren Modifikationen und Beharrungen transparent zu machen. Die historische Distanz kann dazu verhelfen, die strukturellen Merkmale des religiösen Vorurteils zu verstehen. Denn wenn sich auch Inhalte, Objekte und Träger des religiösen Vorurteils ständig ändern und sie Modifikationen erfahren, so sind die Strukturen erstaunlich konstant.

2.1 Ägyptische Religion und ihre Mitglieder als Objekt antiker Vorurteile

Eines der ältesten bekannten religiösen Vorurteile, das über Jahrhunderte existierte, in verschiedenen kulturellen und religiösen Kontexten tradiert wurde und bereits Formen eines Proto-Rassismus annahm,[5] ist das gegenüber der ägyptischen Religion und ihren Trägern und Trägerinnen. Mit wenigen Ausnahmen äußern sich griechische und römische Autoren, pagane und auch christliche Schriftsteller, negativ über die religiöse Praxis der Ägypter. Hauptgegenstand der Ablehnung war dabei die vermeintliche Anbetung von Tieren. Diese religiöse Praxis wurde unter anderem als unvernünftig,

---

4 Allport, Gordon W.: The Nature of Prejudice. Cambrigde: Perseus 1979, S. 444.
5 Vgl. Isaac, B.: The Invention of Racism in Classical Antiquity. Princeton: Princeton Univ. Press 2004, S. 253–500.

unreligiös, obszön, gottlos und – für das antike Wertesystem besonders wichtig – als unmännlich gekennzeichnet. Christliche Autoren der Antike hielten die ägyptische Religion für den absoluten Tiefpunkt menschlicher Abirrungen. Die negative Akzentuierung der so konstruierten Religion wurde auf ihre TrägerInnen übertragen, das heißt, die Ägypter wurden aufgrund ihrer Religion abqualifiziert und als minderwertig angesehen. Dieser Prozess ging einher mit der Behauptung einer Höherwertigkeit der eigenen Religion. Damit ist schon hier eine geradezu klassische Konstellation des religiösen Vorurteils gegeben: die Aufwertung der eigenen Religion, die Übertragung des Vorurteils gegenüber der religiösen Praxis auf deren TrägerInnen und die Verengung auf ein willkürlich gewähltes Merkmal.

Bemerkenswerterweise kann man bereits für dieses historische Vorurteil feststellen, dass es in einer willentlichen Verkennung gründet. Wie die wenigen positiven Zeugnisse belegen, war es durchaus möglich, zu einer sachgerechten Kenntnis zu gelangen. Dennoch tradierte man diese Vorurteile. Während bei paganen Autoren politische Elemente zweifelsohne eine große Rolle spielten, waren für christliche Autoren der Erweis der Richtigkeit der eigenen Religion und die Konkurrenz maßgeblich. Immerhin fiel christlichen Autoren auf, dass die pagane Kritik am ägyptischen Kult einen strukturellen Bruch beinhaltete, da sie bei den paganen Kritikern eine ähnliche Religionspraxis wahrnehmen konnten.

Das religiöse Vorurteil wurde durch xenophobische Elemente angereichert, wobei zu beobachten ist, dass die Positionen hinsichtlich der Religion die Konstruktion der Fremdheit ermöglichten, und zwar selbst dann, als Ägypten ins Römische Reich integriert war und es in seinen Zentren AnhängerInnen der ägyptischen Religion gab.

Dieses älteste religiöse Vorurteil zeigt zunächst, dass sehr wohl auch polytheistische Gesellschaften religiöse Vorurteile gegenüber anderen Religionen entwickeln können (Parallelen sind das griechische Vorurteil gegen Skythen und das römische gegenüber der keltischen Religion). Ähnliche Religionssysteme schließen Vorurteile keineswegs aus.

Weiterhin ist an ihm abzulesen, wie hartnäckig die Tradierung geschehen kann und wie wenig es durch die Möglichkeit eines besseren Kenntnisstandes in Frage gestellt wird. Auch dies ist ein signifikantes Element des religiösen Vorurteils. Die literarische – das Vorurteil beggenet in allen literarischen Gattungen – und gesellschaftlich-politische Verwendbarkeit führte zu einer ausgiebigen Rezeptionsgeschichte. Die Inhalte des Vorurteils wurden selbst dann noch behauptet, als die diskreditierte religiöse Praxis bereits nicht mehr existierte.

Da dieses Vorurteil, wie gesagt, gesellschafts-, kultur- und religionsübergreifend war, unterscheidet es sich von anderen religiösen Vorurteilen der Antike, die einen mehr punktuellen und situativen Charakter haben.

2.2 Jüdische Religion und ihre Mitglieder als Subjekt und Objekt antiker Vorurteile

Strittig ist in der wissenschaftlichen Diskussion, ob es in der paganen Antike bereits einen systematisch ausgeprägten, auf religiösen Vorurteilen begründeten Antisemitismus gegeben hat. Auch wenn man davon ausgeht, dass dies nicht der Fall war,[6] so finden sich gleichwohl Zeugnisse religiöser Vorurteile. Dabei kann man pauschalisierend zwei Arten voneinander unterscheiden.

Die erste Art gründet in einem gewussten, aber fehlgedeuteten Aspekt der jüdischen Religion: im bildlosen Monotheismus. Auslöser für das Vorurteil ist hier die Absolutsetzung des eigenen religiösen Systems, das ein anderes negativ besetzt, weil ihm ein alternativer Zugang nicht möglich erscheint. Die zahlreichen Legenden über den Tempel in Jerusalem, unter anderem die Behauptung des Menschenopfers, zeigen, wie das religiöse Vorurteil durch Perhorreszierung geprägt wird und wie wenig es sich durch die Realität in Frage stellen ließ. Diese Spielart definiert Juden aufgrund ihrer Religion als Fremde, die sich in die polytheistische Welt nicht integrieren können. In römischer Zeit erfüllt das religiöse Vorurteil damit auch die Funktion, eine kognitive Dissonanz im Rahmen der römischen Reichsidee auszugleichen, und zwar in dem Sinne, dass die unvernünftige, fremde Religion die Juden daran hinderte, sich den Segnungen des Römischen Imperiums anheimzugeben.

Die zweite Art des religiösen paganen und hernach auch christlichen Vorurteils gegenüber Juden wird in der Diaspora geprägt. Sie bezieht sich auf die religiös begründete Praxis von Juden in einer nicht-jüdischen Gesellschaft. Sie setzt bei einem vom eigenen religiösen und gesellschaftlichen Wertesystem abweichenden Verhalten an, wie etwa der Endogamie, den Speisevorschriften und der Einhaltung des Sabbats. Diese werden von der eigenen Position her gedeutet und negativ konnotiert. Die religiöse Praxis wird als solche nicht anerkannt, sondern verzeichnend umgedeutet. Endogamie gilt dem religiösen Vorurteil als Ausweis der Menschenfeindlichkeit, die Speisevorschriften als Aberglaube und die Sabbatruhe als Verschleierung der Faulheit.

Diese zweite Grundart stellt in mehrfacher Hinsicht die religiöse Bezugnahme eines Vorurteils unter Beweis. Zunächst setzt es bei einer Praxis an, die aber ausschließlich von der eigenen religiösen Tradition her beurteilt und verworfen wird. Es entspricht der Struktur des Vorurteils generell, dass

---

6   Vgl. Gager, J.G.: The Origins of Anti-semitism, Attitudes toward Judaism in Pagan and Christian Antiquity. New York: Oxford Univ. Press 1983.

seine TrägerInnen von sich behaupten, um die eigentliche Bedeutung und Intention von Handlungen anderer zu wissen. Wiederum lässt sich freilich konstatieren, dass dieses Vorurteil keineswegs auf notwendiger Unkenntnis beruht. Vielmehr geht es um eine willentliche Verzeichnung und absichtsvolle Negierung der anderen Religion und ihrer Praxis. Das religiöse Vorurteil konstruiert sich seine Wahrnehmung und Wirklichkeit selbst.

Allerdings gab es im antiken Judentum Gruppen, die aufgrund der Reinheitsvorstellungen anderen Juden und Nichtjuden mit dem Vorurteil begegneten, sie seien unrein. Außer in Texten des apokalyptischen Judentums finden sich Belege dieser Vorstellung ebenfalls im Neuen Testament, das in diesem jüdisch-hellenistischen Milieu entstand. So sind nach Paulus Heiden per se Sünder.[7] Wenn man die globalen Vorwürfe der vollkommenen Moralosigkeit der Außenwelt als Beschreibung der tatsächlichen gesellschaftlichen Verhältnisse verstünde, müsste man erklären, wie dann die antike Gesellschaft überhaupt überleben konnte.

Allerdings zeigt sich hier ein hermeneutisches Problem des Verstehens eines Vorurteils. Das jüdische und hernach auch christliche religiöse Vorurteil gegenüber Heiden macht sich an deren tatsächlichen oder vermeintlichen Praktiken fest. Bei einigen dieser Vorurteile, etwa der pauschalen Dämonisierung der Heiden wegen deren behaupteten Dämonenverehrung, ist es offensichtlich, dass die Unfähigkeit oder der Unwille des Verstehens zu einem Vorurteil führten.

Gleichwohl gibt es Elemente dieses Vorurteils, die bei näherer Betrachtung auf ein hermeneutisches Problem verweisen, das sich auch gegenwärtig dann stellt, wenn Vorurteile mit tatsächlichen Geschehnissen begründet werden und infolgedessen als begründete Urteile ausgegeben werden. Hinter dem Vorurteil zum Beispiel, Heiden seien von Natur aus sexuell hemmungslos,[8] steht nicht nur eine Kollision verschiedener Wertesysteme, sondern auch die durchaus mögliche Beobachtung sexueller Ausbeutung im System der Sklaverei. Indes spricht die Rückführung dieses Verhaltens allein auf die religiöse Praxis der Heiden, auf ihre Gottlosigkeit, für ein Vorurteil. Das beobachtete Geschehen wird durch die defizitäre Religion der anderen erklärt und damit zu einer pauschalen Verurteilung stilisiert.

Die andere Religion, deren Fehler es ist, nicht die eigene zu sein, dient damit als Erklärung für jede Verfehlung, selbst bei solchen, die nichts mit religiösen Praktiken zu tun haben.

Primär sagt dieses allumfassend begründende religiöse Vorurteil etwas über die Wichtigkeit von Religion für die TrägerInnen des Vorurteils aus,

---

7   Gal 2:15; 1 Kor 5:1; 1 Thes 4:5; Röm 1:22–32.
8   1 Thes 4:5.

die im Rahmen ihrer Wirklichkeitskonstruktion den anderen unterstellen, sie seien ebenfalls religiös bestimmt, wenn freilich auch negativ.

Diese Struktur ist zweifelsohne immer noch gegenwärtig und bestimmt insbesondere den Subtext von Vorurteilen aus den Offenbarungsreligionen Judentum, Christentum und Islam und zwischen ihren Mitgliedern.

2.3 Christliche Religion und ihre Mitglieder als Subjekt und Objekt antiker Vorurteile

Zwar wurde bereits einiges zum frühen Christentum gesagt, aber das Thema soll hier nochmals vertieft werden, und zwar unter einem besonderen, fast paradox anmutenden Vorzeichen, nämlich dem kreativen Umgang mit von außen kommenden religiösen Vorurteilen.

Über diese Vorurteile ist man durch christliche Autoren relativ gut informiert, da sich eine eigene Literatur-Gattung herausbildete, die die Christen gegenüber den Vorurteilen verteidigte; das Werk „Apologeticum" des Tertullian (150–230) zum Beispiel enthält zahlreiche solcher Konstruktionen, deren Realitätsbezug kaum noch zu erahnen ist. Nach Tertullian hatte sich das Vorurteil zu einer kollektiven Hysterie entwickelt.[9]

Die Reaktion der Christen erfolgte auf mehreren Ebenen. Zunächst kam es, wie gesagt, zu einer produktiven literarischen Auseinandersetzung, die zu einem Prozess der Selbstklärung führte, bei dem die christlichen Autoren darauf beharrten, dass sie selbst und ihre Religion keineswegs als Fremdkörper zu betrachten seien. Zwar bestritten sie nicht ihre andere religiöse Praxis, hielten aber daran fest, dass diese mit ihrer Existenz als Untertanen des Römischen Reiches sehr wohl zu vereinbaren und moralisch hochstehender als die ihrer Kritiker sei.

Hier erweist sich die Fähigkeit, Stigmatisierungen durch Vorurteile zu einem gruppenstabilisierenden Prozess zu nutzen. In dem Maße, in dem von außen eine Ausgrenzung erfolgte, schloss sich die Gruppe enger zusammen, die darin die Bestätigung ihrer Praxis sah: Da die Außenwelt verderbt war, war sie unfähig, die wahre gute Praxis der Christen zu erkennen und zu würdigen.

---

9 Tertullian, Apologeticum Kap. 40: „Wenn der Tiber bis in die Stadtmauern steigt, wenn der Nil nicht bis über die Feldfluren steigt, wenn die Witterung nicht umschlagen will, wenn die Erde bebt, wenn es eine Hungersnot, wenn es eine Seuche gibt, sogleich wird das Geschrei gehört: ‚Die Christen vor den Löwen!'". Aus: Bibliothek der Kirchenväter. Online-Datenbank hrsg. vom Departement für Patristik und Kirchengeschichte der Universität Freiburg (CH). http://www.unifr.ch/bkv/ kapitel92-39.htm (29.6.2011).

Damit war dann auch der Schritt zur Gegenreaktion gegeben; das frühe Christentum entwickelte selbst wiederum eine breite Palette von Vorurteilen gegenüber der Außenwelt als feindlicher Welt.

Es gab jedoch, wenn auch in eigenem Interesse, Entwürfe der Toleranz, die zwar noch nicht auf eine Anerkennung, aber auf eine Duldung der christlichen Religion hinausliefen. In diesem Kontext wurde die Forderung erhoben, der Staat solle sich nicht in religiöse Fragen einmischen, sondern eine freie Entfaltung der Religionen zulassen, da das religiöse Bekenntnis nicht erzwungen werden könnte. Doch geht damit keineswegs eine Toleranz gegenüber der heidnischen Religion einher.

Mit dem Wandel der politischen Verhältnisse im Römischen Reich zu Gunsten der Christen wird der Toleranzgedanke verdrängt und die Vorurteile werden in Aktionen umgesetzt. Unschwer zeigt sich daran, dass auch Opfer von Vorurteilen selbst Vorurteile entwickeln können: Es wird nicht das Vorurteil als solches in Frage gestellt, sondern nur das, was sich auf die eigene Gruppe bezieht. Dabei kommt es bisweilen einfach zu einer Umformulierung: Vorurteile, die einst gegen Christen gerichtet waren und von Christen zu Recht als Phantasien abgetan wurden, werden nun auf Heiden und konkurrierende christliche Gruppen übertragen.

Wenn man den historischen Rückblick weiterführen würde, kämen verschiedene zeitbedingte Elemente gewiss zur Sprache. So ist für das Mittelalter das Phänomen der Angst im Kontext religiöser Vorurteile von großer Bedeutung. Diese Angst gründet in einer tiefen Verunsicherung der Gesellschaft und der Individuen und macht beide anfällig für eine Potenzierung der Vorurteile. Diese äußert sich in einer immer stärkeren Ausgrenzung von Minoritäten verschiedener Art, die gegebenenfalls auch in Gewalt ausarten konnte.[10] Die neuzeitlichen religiösen Vorurteile sind insbesondere dadurch gekennzeichnet, dass die Objekte der Vorurteile als Fremde definiert werden. Xenophobie, Rassismus und Sexismus sind Begleitphänomene des neuzeitlichen religiösen Vorurteils. Auch wenn hier nicht von der Wiederkehr des Geschehenen in der Geschichte die Rede ist, so soll doch darauf hingewiesen werden, dass die Struktur und die Grundmuster des religiösen Vorurteils bereits weitgehend in der Antike herausgebildet wurden.

2.4 Kurzes Fazit

Menschen, die ein konkurrierendes System von Glaubensinhalten und Praktiken haben, erachten genuine Glaubensinhalte und Praktiken anderer

---

10 Cohn, Norman: Europe's Inner Demons, an Enquiry Inspired by the Great Witchhunt. London: Heinemann 1975.

Religionen als minderwertig. Das religiöse Vorurteil bezieht sich nicht allein auf das System, sondern auch auf dessen AnhängerInnen, denen mittelbar mit denselben Vorurteilen begegnet wird.

Das religiöse Vorurteil verbindet sich mit der Ablehnung des Anderen, des Fremden, der durch das Vorurteil als solcher konstruiert wird.

Durch das Vorurteil wird die eigene religiöse Anschauung aufgewertet und als wahr dargestellt. Ursachen für das religiöse Vorurteil haben zumeist nur einen vermeintlichen Bezug zur Realität. Die Kenntnisnahme der anderen Religion geschieht nach den Kriterien der eigenen, als unumstößlich richtig empfundenen Religion. Daher ist das religiöse Vorurteil weitgehend von der Imagination bestimmt. Unkenntnis kann ein Grund für Vorurteile sein, aber ist, wie sich zeigen ließ, nicht notwendig oder hinreichend. Träger und Trägerinnen von Vorurteilen sind realitätsresistent.

Das religiöse Vorurteil hat in zweifacher Hinsicht systemstärkende Funktion: Gehören die TrägerInnen zur Mehrheit, erfolgt so eine Ausgrenzung der Minderheit. Gehören sie zur Minderheit, dienen religiöse Vorurteile zur Abgrenzung.

Religiöse Vorurteile sind wandelbar. Ihr Inhalt kann auf verschiedene Gruppen projiziert werden. Als Reaktion kann ein Vorurteil zu einem Viceversa-Argument werden.

3. Analyse – Formen des religiösen Vorurteils

3.1 Das folkloristische Vorurteil

Insbesondere in Mitteleuropa gibt es Reste von Vorurteilen, die aus der Kirchenspaltung herrühren; sie bezogen sich jeweils auf die andere große Konfession. Ihre Ursachen sind zweifelsohne auch in den Religionspolemiken und Kontroversen der religiösen Volksliteratur zu suchen, in denen die jeweils andere Gruppierung ethisch entwertet wurde.

Die Vorurteile sind spiegelverkehrt lesbar: Sagte man Katholiken eine gewisse Leichtfertigkeit und mangelnde Ernsthaftigkeit nach, so wurde das wiederum in anderer Weise auf Protestanten angewendet, von denen man behauptete, sie seien missmutig und trübselig.

Infolge der gesellschaftlichen Veränderung in den Industriestaaten, die zu einer Auflösung der religiösen Milieus führte, verschwanden diese Vorstellungen als Vorurteile; sie verblieben nur noch als Reste einer vergangenen religiösen Wirklichkeit im Bereich lokaler Vorstellungen, ohne noch irgendeine Virulenz zu entfalten oder das gesellschaftliche Miteinander zu beeinflussen. Sie begegnen in Redensarten und anderen Elementen des

Brauchtums. Sie sind eher Objekte der europäischen Ethnologie als der Sozialwissenschaften.

Religiöse Vorurteile können offensichtlich sehr wohl aussterben, wenn sie die gesellschaftliche Funktion und Akzeptanz verlieren oder wenn ihre potenziellen TrägerInnen und PropagandistInnen selbst marginal werden.

Eine Partizipation an einer aus der Vergangenheit zugewachsenen Erinnerung bedeutet nicht eine Bejahung des Vorurteils selbst. So sind sprichwörtlich gewordene Stereotype der Vergangenheit, die weiterhin gebraucht werden, keineswegs Ausweis eines aktiven Vorurteils. Der Begriff des unbewussten Vorurteils ist hier nicht anzuwenden, da er zu einer Aufwertung des Phänomens führen würde.

Gegen diese Position könnte man gegenwärtig den anhaltenden politisch-religiösen Konflikt in Nordirland anführen. Zweifelsohne bieten die jeweiligen Konfliktpartner auch genügend Beweismaterial für aktive religiöse Vorurteile auf, die, obwohl antiquiert, etwa die Rezeption der lutherischen Dämonisierung des Papsttums, durchaus tradiert werden und von gesellschaftlicher Bedeutung sind. Allerdings würde man zu kurz greifen, wollte man den Antagonismus auf religiöse Ursachen reduzieren. Die Virulenz der Vorurteile ist kein Grund für die gewaltsamen Ereignisse, sondern die Vorurteile sind Begleiterscheinungen eines politisch-ökonomischen Konflikts, in dem sie instrumentalisiert werden. Die Vorurteile sind nicht unmittelbar konfessorisch bedingt, sondern nur mittelbar, da sie als Argumente politischen, nicht religiösen Verhaltens dienen. Der Nordirland-Konflikt erinnert an einen besonderen Typus des religiösen Vorurteils der beginnenden europäischen Neuzeit: Die Religion bzw. Konfession des politischen Unterdrückers wird durchweg negativ akzentuiert.

Anders liegen die Dinge beim neuzeitlichen Antisemitismus, der sich religiöser Vorurteile bediente, obwohl er eben nicht religiös, sondern rassistisch argumentierte und sich wissenschaftlich gerierte. In diesem Fall kann man sogar von einer Wiederbelebung religiöser Vorurteile in der antisemitischen Kodierung des 19. Jahrhunderts sprechen. Hier zeigen sich indirekt auch die Folgen einer Religionsverachtung der Aufklärung.

3.2 *Contradictio in adjecto* – Das aufgeklärte religiöse Vorurteil

Während des Erwachens explizit religiöser Bewegungen in den islamischen Ländern in den 1970er und 1980er Jahren zeigten westliche Intellektuelle eine bemerkenswerte Hilflosigkeit gegenüber diesem Phänomen. Der Umstand, dass viele dieser Gruppierungen religiös und antiimperialistisch und antikapitalistisch waren, verursachte eine Unsicherheit der Analyse, da diese Verbindung einerseits als emanzipatorisch gelten konnte, andererseits aber die religiöse Komponente als Widerspruch dazu begriffen wurde. In den westlichen Debatten wurde das religiöse Element als temporär und sekundär beurteilt, das sich im Prozess weiterer Entwicklung von selber auflösen würde. Unter dieser Fehleinschätzung und unter dem Nichtverstehen leidet der Diskurs über die neue Bedeutung von Religion in politischen Prozessen bis heute. Den westlichen Intellektuellen, alle Kinder der Aufklärung, war und ist diese Entwicklung weitgehend verschlossen. Sie vermögen vielfach in Religion nur den Zustand der selbst verschuldeten Unmündigkeit zu sehen, während sie noch mit einem Wissenschaftsbegriff operieren, der seiner Interessenbedingtheit nicht Rechnung trägt.

Wohlgemerkt geht es hier nicht um die Leistung der Denker der Aufklärung im Bereich der Religionsphilosophie und der daraus erwachsenden emanzipatorischen Toleranz, die die bürgerlichen Freiheiten maßgeblich ermöglichte. Es geht auch nicht um die notwendige Kritik an religiöser Intoleranz, Enge und Instrumentalisierung von Religion im System der Unterdrückung. Vielmehr ist bei aller Begrenztheit der damaligen Analyse festzuhalten, dass diese geistesgeschichtliche Entwicklung auch für die theologische Reflexion von bleibender und segensreicher Bedeutung ist.

Hier geht es vielmehr um eine basale negative Einschätzung der Religion überhaupt, deren Bedeutung für das Individuum und die Gesellschaft im gelungenen Fall als Ordnungsfaktor gesehen wurde, im negativen Fall nur mehr als Ausdruck seiner Unmündigkeit.

In der Vulgarisierung dieser Ideen bildete sich ein kollektives Vorurteil heraus: Religion galt als ein Zustand menschlicher Entwicklung, der überwunden werden musste, wollte der Mensch Subjekt seines Lebens und Handelns werden. Religion galt als antiquiert, religiöse Praxis als Zeichen mentaler und intellektueller Unterentwicklung.

In völliger Verkennung der gesellschaftlichen Situation und der historischen Bedingungen und mit einem hohen Maß an Ignoranz war es dann besonders das Judentum, das als Exemplum für die negativen Folgen der Religion diente. Diese Verbindung zum neuzeitlichen Antisemitismus sollte nicht ignoriert werden.[11]

Ein weiteres Objekt der antireligiösen Vorurteile war der Katholizismus mit seinen verschiedenen Frömmigkeitsformen. Zweifelsohne wurde teilweise zu Recht gesehen, dass die religiöse Praxis mit der theologischen Entwicklung nicht Schritt gehalten hatte. Allerdings wurde diese Beobachtung generalisiert und negativ konnotiert. Die katholische Frömmigkeit wurde als Ausdrucksform einer kulturellen Minderwertigkeit infolge von Unbildung gesehen. Da diese Vorurteile bisweilen mit einer vehementen

---

11 Vgl. Stangneth, Bettina: Antisemitismus bei Kant und anderen Denkern der Aufklärung. Würzburg: Königshausen & Neumann 2001.

Polemik vorgetragen wurden und auch durchaus dem politischen Interesse protestantischer Staaten dienten, verhinderten sie indirekt eine Aufklärung im Raum der katholischen Kirche.

Diese Motive der Aufklärung wurden dann auch in gesellschaftspolitischen Systemen aufgegriffen wie etwa der frühen Form des Jakobinismus, des Sozialismus, des Kommunismus und des Anarchismus. Mehr oder weniger vertreten sie alle die These, es bedürfe der Überwindung der Religion, um eine bessere Gesellschaft zu erreichen.

Der religiöse Mensch wird nicht in seinen realen Bedürfnissen wahrgenommen, sondern als fehlgeleitet. Dass diese Vorurteile etwa während der Französischen Revolution auch zu vehementen Gewalttakten führten, mithin zu einer Ermordung gläubiger Menschen und der Zurückdrängung der Religion aus der Gesellschaft durch Verbote und Verfolgung, ist bekannt. Als eine wenn auch vulgarisierte Frucht dieser Sicht, da ohne den intellektuellen Überbau der Aufklärung existierend, ist in den modernen Demokratien das Vorurteil gegenüber Religionen anzusehen. Wenn keine intellektuelle Auseinandersetzung stattfindet, werden Vorurteile gehegt, die im 17. Jahrhundert erklärbar und vielleicht sogar notwendig für den emanzipatorischen Prozess waren, nun aber nur noch antiquiert wirken. In der modernen demokratischen Gesellschaft mit ihrem technischen Fortschritt sind diese Vorurteile gleichsam zum Rückzugspunkt einer rückwärtsgewandten Wirklichkeit geworden. So ist etwa das Vorurteil, religiöse Menschen seien leichtgläubig, in einer Gesellschaft, in der die Nachrichtenmanipulation unermesslich geworden ist, wie das Pfeifen des ängstlichen Kindes im Walde.

Die antireligiösen Vorurteile der Aufklärung wirken in zweierlei Hinsicht bis in die Gegenwart fort. Zunächst bewirken sie ein Desinteresse an der eigenen Geschichte und Kultur, insbesondere im europäischen Kontext, da dieser weitgehend religiös geprägt war. Das hat zu einem fast kollektiven Verlust der Verstehensfähigkeit kultureller Zeugnisse geführt. Des Weiteren hat die antireligiöse Wahrnehmung von Religion besondere Folgen in der derzeitigen Globalisierungsdebatte. Das Problem, das sich daraus ergibt, dass in anderen Kulturen Religion einen bedeutend höheren Stellenwert hat, kann von diesem Ansatz her nicht gewürdigt werden. Ein besonderes Konfliktpotenzial besteht darin, dass diese Kulturen als rückständig angesehen werden bzw. ihre religiöse Ausrichtung nicht ernst genommen wird.

Damit wiederholt sich eine kolonialistische Wertung fremder Religionen, wie sie bereits im 19. Jahrhundert als Legitimation für Imperialismus, Rassismus und Menschenverachtung diente. Die angenommene Minderwertigkeit der anderen Religion begründete den kolonialistischen Herrschaftsanspruch. Es sei immerhin angefragt, ob man tatsächlich eine postkoloniale Haltung einnimmt, wenn man von Kulturen anderer Religionen eine Art von Aufklärung erwartet. Denn ganz offensichtlich liegt dieser Erwartung die Auffassung zugrunde, dass man im Besitz des besseren Verstehens von Religion sei, was aber nichts anderes meint, als dass man Religion nicht allzu ernst zu nehmen habe.

Rückblickend ist historisch erklärbar, dass das Denken und die Praxis der Aufklärung sich unter antireligiösen Vorzeichen vollzogen. Dennoch gehört es zu den Widersprüchen des aufgeklärten Denkens, dass es kaum zu einer positiven Wahrnehmung von Religion vordringen konnte und dass in der Rezeptionsgeschichte gerade diese religiösen Vorurteile eine breite Akzeptanz fanden. Die eigentliche *contradictio in adjecto* besteht demnach darin, dass es Träger von Vorurteilen gegenüber Religionen gibt, die sich als ErbInnen und SachwalterInnen der Aufklärung verstehen, ungeachtet des Umstandes, dass auch die Bekämpfung von Vorurteilen zu den Zielen der Aufklärung gehörte.

3.3 Religiöse Vorurteile als Instrumente von Selbstkonstruktion und Abgrenzung

Viel zu häufig wird übersehen, dass religiöse Gruppen – ob nun Klein- oder Großgruppen – nicht nur Objekte religiöser Vorurteile sind, sondern selbst religiöse Vorurteile entwickeln. Bei sektiererischen Gruppen sind die Vorurteilsstrukturen so ausgeprägt, dass sie zu einem Bestimmungsmerkmal dieser Gruppen werden.

Generalisierend lässt sich sagen, dass gegenüber Nichtmitgliedern der Gruppen Vorurteile gepflegt werden. Bisweilen verbindet sich das mit dem Motiv der „feindlichen Welt". Aufgrund der eigenen religiösen Überzeugung wird die Außenwelt wahrgenommen und akzentuiert. Ein häufiges Vorurteil ist das der ethischen Inferiorität. Da es den nicht zur Gruppe gehörenden Menschen an den Einsichten der wahren Religion mangelt, mangelt es ihnen eben auch an ethischer Kompetenz. Dabei ist auffallend, wie stark diese Vorurteile sexistisch gefärbt sind. Homophobie und Gynäkophobie gehören zum Inventar dieser Vorurteile. Dabei ist es unerheblich, ob die Objekte der Vorurteile sich selbst als religiöse Menschen verstehen oder nicht. Da diese Vorurteile die Funktion der Stärkung der eigenen Identität und Abgrenzung haben, kommt die Möglichkeit einer positiven Sicht einer anderen Religion nicht in den Blick. So sehr diese Vorurteile auf das Draußen bezogen sind, so sehr erfüllen sie einen Zweck für die Gruppe selbst. Im Vorurteil vergewissert man sich der getroffenen Glaubensentscheidung, die man nicht in Frage stellen lassen will.

Zweifelsohne kann man analytisch darauf verweisen, dass sich hier im Letzten eine erstaunlich schwache religiöse Identität zeigt, da sie primär über Abgrenzung definiert wird und nicht aus der eigenen Glaubensstärke lebt. Die so negativ gewonnene Identität kann die Aufgabe des Vorurteils nur als Aufgabe der eigenen Identität sehen. Damit stellt sich die grundsätzliche Diskursfähigkeit nicht nur über die Frage der Vorurteile, sondern über deren Akzeptanz einer pluralistischen demokratischen Gesellschaft. Dieses Problem verschärft sich nochmals, wenn die als Vorurteil wahrnehmbaren Aversionen innerhalb der Gruppe als kodifizierte Lehre ausgegeben werden. So wird eine religiöse Gruppe, nach der z. B. Frauen minderwertig sind, genauso wenig einen Beitrag zur gesellschaftlichen Gleichberechtigung der Frauen leisten, wie eine Gruppe für die Emanzipation homosexueller Menschen eintreten wird, die Homosexualität als Entartung ansieht. Eine freiheitliche Gesellschaft wird, solange es nicht zu Schäden an Leib und Seele kommt, solche Gruppenmeinungen hinnehmen können, ihnen aber gegebenenfalls die Grenzen gesellschaftspolitischer Beteiligung aufweisen müssen. Dass damit ein Konflikt besteht, ist nicht zu bestreiten. Allerdings handelt es sich hierbei um eine bewusste Abgrenzung, die eher hingenommen wird, als seine Vorurteilsstrukturen zu hinterfragen. Auch wenn die Erwartung kaum erfüllbar erscheint, so hat eine Gesellschaft durchaus den Anspruch an religiöse Gruppen, dass diese zu unterscheiden vermögen zwischen der von ihnen als richtig erachteten und gebotenen Praxis und dem, was gesellschaftlich akzeptiert und legal ist. Wenn religiöse Gruppierungen diesen tatsächlichen Wertekonflikt nicht aushalten, so bleibt ihnen nur noch der Rückzug in die Selbstisolation, der freilich dann auch wieder das Vorurteil bestärkt. Es sollte jedoch nicht übersehen werden, dass es es sich bei nüchterner Analyse bei den Inhalten der Vorurteile verschiedenster Gruppen nicht um zentrale Momente religiösen Glaubens handelt, sondern um eher periphere. Daher gibt es durchaus Anlass zu der Annahme, dass sich auch in solchen Gruppen ein Wandel vollziehen kann, der dazu fähig ist, ohne die eigene Identität aufzugeben, von Vorurteilen Abstand zu nehmen. Als Beispiel können die US-amerikanischen und europäischen Kirchen dienen, denen es gelang, durch einen Binnendialog den Gedanken der Religionsfreiheit anzunehmen, was auch durch die Aufgabe und Überwindung religiöser Vorurteile ermöglicht wurde.

3.4 Das religiöse Vorurteil als Ausgrenzung

Befragungen in verschiedensten Ländern Europas und in den Vereinigten Staaten lassen erkennen, dass es zwar noch einen gewissen Vorrat an Grundwissen über traditionelle Religionen wie Judentum und Christentum gibt, aber kaum über andere Religionen, was hier aufgrund der politischen

Entwicklung insbesondere den Islam meint.[12] Diese mangelnde Kenntnis bewahrt aber nicht davor, eine Meinung über Religion zu haben. Auf Grund der vorhandenen Unkenntnis verbleibt aber jede Äußerung im reinen Bereich des Meinens.

Ohne Zweifel ist Unkenntnis eine notwendige Voraussetzung für ein Vorurteil, wobei man zugleich zugestehen muss, dass Vorurteile von einer derart komplexen Struktur sind, dass auch Kenntnisse nicht ihre Bildung verhindern.

Dem religiösen Vorurteil einer Großgruppe gegenüber einer religiösen Minorität liegt zunächst der Verdacht zugrunde, diese Gruppierungen zeigten ein abweichendes Verhalten. Damit ist allerdings eine doppelte Konstruktion gegeben, denn man konstruiert nicht nur das vermeintliche Verhalten der religiösen Minderheiten, sondern auch das Verhalten der Mehrheitsgesellschaft. Beides sind Konstrukte. Dabei entsteht eine paradoxe Situation: Eine weitgehend sich säkular verstehende Gesellschaft, die in religiösen Fragen indifferent ist, benennt als Kriterium der Differenz und Ausgrenzung das Religiöse. Handelt es sich dagegen um eine religiös bestimmte Mehrheitsgesellschaft, und sei es als eine diffuse Form von Konnexität, so postuliert sie ihre eigene religiöse Auffassung als Norm, wobei es in den wenigsten Fällen zu einer Ausdifferenzierung kommt, ob die Unterschiede tatsächlich religiös oder sozial oder politisch oder kulturell sind. Unschwer ist zu erkennen, dass sich hinter dem religiösen Vorurteil bisweilen ein xenophobischer Aspekt verbirgt, der durchaus Elemente des Rassismus aufweisen kann. Auch hier ist eine mangelnde Diskursfähigkeit zu konstatieren. Die Bedeutung des Religiösen sowohl für die Minorität als auch für die Majorität wird auf mehr oder weniger willkürliche Aspekte reduziert, wobei noch zu gelten hat, dass sie nicht einmal immer einen Anhalt in der Wirklichkeit haben. Das Element der Reduzierung als Strukturmerkmal des Vorurteils ist hier besonders greifbar. Die vielfältigen Aspekte religiösen Lebens werden auf einige wenige beschränkt und dann verallgemeinert. Sieht man einmal vom latenten Rassismus solcher Vorurteile ab, so besteht ihre eigentliche Gefahr darin, dass sie einen gesellschaftlichen Prozess verhindern, in dem die Integration religiöser Minoritäten gelingen könnte. Das religiöse Vorurteil grenzt also Gruppen aus der Großgruppe aus und marginalisiert sie.

Zugleich sind religiöse Vorurteile in der Mehrheitsgesellschaft Indikatoren für die Tragfähigkeit der bürgerlichen Freiheiten, von denen die Religionsfreiheit nicht eine der geringsten ist.

---

12 Sir Peter Ustinov Institut (Hrsg.): Der Westen und die Islamische Welt, Fakten und VorurteileWien: Braumüller 2006.

Wer Religionsfreiheit so versteht, als ginge es nur um seine eigene Religion, fällt hinter die bürgerliche Revolution des 19. Jahrhunderts und ihre Errungenschaften zurück.

4. Überlegungen zur Überwindung des religiösen Vorurteils

Betrachtet man die Geschichte des religiösen Vorurteils und nimmt man wahr, welcher Grad an Beliebigkeit, an Auswechselbarkeit und Ignoranz sich mit ihm verband und verbindet, könnte man meinen, religiöse Vorurteile seien Begleiter jeglicher Kultur und Gesellschaft und seien resistent gegenüber einer Überwindung. Gleichwohl aber bleibt es als Aufgabe, Lösungen zu finden, wenn man sich nicht mit dem teilweise gefährlichen Potenzial von Vorurteilen einfach abfinden will. Gefragt sind dabei alle an der Konstruktion und Tradierung religiöser Vorurteile Beteiligten, da alle ein Interesse daran haben sollten, sie zu beseitigen.

Dass die folgenden Erwägungen davon ausgehen, dass die Aufklärung nicht aufgegeben werden kann, sei angemerkt.

4.1 Der gesellschaftliche Diskurs

Eine den Prinzipien von Freiheit und Gleichheit verpflichtete demokratische Gesellschaft kann sich um ihrer eigenen Identität und um ihres eigenen Fortbestands willen religiöse Vorurteile nicht erlauben. Sie verschieben die Achse ihrer Werte von den demokratischen Prinzipien hin zu einem Wertesystem, das nicht ihr eigenes ist. Mit anderen Worten: Selbst da, wo die Gesellschaft eine religiöse Minderheit wahrnimmt, die sich selbst durch Vorurteile konstruiert, würde sie die tragenden Werte ihrer selbst verlassen, wenn sie nun ihrerseits mit Vorurteilen reagierte. Sie hat die demokratischen Fähigkeiten solcher Gruppen zu diskutieren, nicht aber diese durch einen Verdacht im Vorurteil zu ersticken. Allerdings wird es in Grenzfällen zu Konflikten kommen können; aber auch in diesem Fall sind nicht das religiöse Bekenntnis und die religiöse Praxis maßgeblich, sondern die Kompatibilität mit den demokratischen Werten. Diese Position muss beibehalten werden, damit eine demokratische Gesellschaft nicht einer fundamentalistischen Versuchung anheimfällt, die darin besteht, dass eine säkulare bzw. nachreligiöse Gesellschaft die vereinfachte Weltsicht dann aktiviert, wenn gesellschaftlicher Diskurs notwendig wäre.

Die dialogische Struktur gesellschaftlicher Existenz und gesellschaftlicher Prozesse ist zwar gewiss keine einfache Aufgabe, aber auch keine, die aufgegeben werden könnte. Die dialogische Struktur geht eben nicht vom Verdacht, sondern von der Annahme aus, dass der oder die andere ein Bürger, eine Bürgerin ist, den oder die man noch nicht kennt. Die Möglichkeit des Dialogs gründet in der Überzeugung, dass Menschen lernfähig sind und ihre Vorurteile überwinden können.

Dass die Entwicklung des Dialogs Phasen des Kennenlernens, des Entdeckens und der Gemeinsamkeit durchläuft, bedeutet keineswegs, dass dieser Dialog konfliktfrei sein muss. Vielmehr gehört der Austausch über strittige Fragen notwendig dazu.

Ein wichtiger Aspekt ist die Fähigkeit und Funktion des Dialogs, Vorurteile offenzulegen. Denn das Innewerden der eigenen Vorurteile ist die Prämisse ihrer Überwindung. Auch wenn sich diese Aussage banal anhört, so ist sie doch von weitreichender Konsequenz. Denn gerade weil es nicht zum Selbstbild einer aufgeklärten Bürgerin, eines aufgeklärten Bürgers gehört, Vorurteile zu haben, werden diese durchaus vertuscht, beschönigt und verborgen, indem man sie als objektive Meinungen ausgibt. Damit glaubt man den Selbstwiderspruch aufzulösen, der dann besonders deutlich wird, wenn ein areligiöses Individuum Religion als Legitimation seiner Vorurteile benützt.

Da diese Position bisweilen mit Unkenntnis von Religionen einhergeht, ist Bildung immer noch ein zentraler Faktor im Kampf gegen Vorurteile.

Eine Vermehrung der Kenntnisse über andere Religionen und Kulturen darf durchaus als eine der besten Strategien angesehen werden, um religiöse Vorurteile zu verunmöglichen. Denn es bleibt zu erwarten, dass vieles, was fremd oder unverständlich erscheint, dadurch vertrauter wird. Hier kommt der schulischen Erziehung eine große Aufgabe zu. Dabei ist die Struktur des Vorurteils zu beachten: Kenntnis verhindert nicht grundsätzlich die Entstehung eines Vorurteils, aber erschwert sie zumindest: Kenntnis versetzt den potenziellen Träger eines Vorurteils in einen kognitiven Konflikt zwischen dem eigenen Wissen und dem vertretenen Vorurteil. Er ist demnach in der Lage, sich zu entscheiden, ob er seinem Wissen oder seinem Konstrukt folgen will. Diese Situation nimmt daher auch den Träger von Vorurteilen als selbstverantwortliches Subjekt ernst und in die Verantwortung.

Allerdings ist es noch notwendiger und gewinnbringender, die Werte einer pluralistischen demokratischen Gesellschaft selbst immer wieder ins Bewusstsein zu bringen. Es sollte Element einer demokratischen Kultur und Gesellschaft sein, die Erkenntnis voranzubringen, dass Vorurteile den Lebensnerv dieser Gesellschaft treffen. Vorurteile beschädigen nicht nur den Menschen, den sie treffen, sondern auch jenen, der sie teilt. Sie gefährden den Konsens einer Gesellschaft und bedrohen die bürgerlichen Rechte und Freiheiten. Es ist demnach im Interesse einer Gesellschaft selbst, Vorurteile nicht zum Maßstab ihres Denkens und Handelns werden zu lassen.

4.2 Der religiös-theologische Diskurs

Niemand wird so naiv sein, ernstlich zu behaupten, ein Appell würde genügen, um TrägerInnen von religiösen Vorurteilen dazu zu bringen, von ihnen abzulassen. Vielmehr setzt das ein gesellschaftliches Miteinander voraus, in dem nichts unterlassen wird, um auch religiöse Minoritäten, die sich über religiöse Vorurteile gegenüber der Mehrheitsgesellschaft definieren, in den allgemeinen Diskurs zu integrieren.

Allerdings kann eine tatsächliche Überwindung von religiösen Vorurteilen einer sich religiös definierenden Gruppe nur dann gelingen, wenn sie von der Gruppe selbst ermöglicht und als Bereicherung ihrer eigenen Position erfahren wird.

Richtig betrachtet gehören religiöse Vorurteile einer religiösen Gruppe nie in das Zentrum einer Gruppe, sondern sind an der Peripherie angelagert bzw. haben nichts mit der Religion selbst zu tun, wenn man etwa an die rassistischen Vorurteile christlicher oder anderer Gruppen denkt. Eine Revision durch Erkenntnis und dadurch Zurücknahme religiöser Vorurteile kann dann gelingen, wenn man sie vom Zentrum her betrachtet, näherhin vom Gottesbild her. Wenn Vorurteile Zeichen der Schwäche der eigenen Identität sind, dann bedeutet das für religiöse Gruppen, dass sie in ihrem Glauben und ihrer religiösen Praxis nicht genügend Stärke finden, um auf diese Vorurteile als Mittel der Selbstkonstruktion verzichten zu können.

Die Erklärung, es handle sich nicht um Vorurteile, sondern um aus dem Glauben gewonnene Wahrheiten, ist eine Schutzbehauptung. Religiöse Wahrheiten sind keine mathematischen Aufgaben. Sie besitzen einen Mehrwert an Antworten auf menschliches Fragen. Daher ist ihr inneres Beziehungsgeflecht nicht das der Konkurrenz, sondern das der Kongruenz. Wer ernst nimmt, dass Gott der Größere ist, wird ihn kaum zum Sachwalter eines menschlichen Meinens machen, sondern die eigene Erfahrung des religiösen Erlebens auch für die Wahrnehmung des anderen zur Leitlinie werden lassen. Diese Erfahrung ist in den monotheistischen Religionen ganz wesentlich dadurch bestimmt, dass das Glaubenkönnen als Geschenk selbst erfahren wird. Ein Verzicht auf Vorurteile, als Praxis der Bejahung des anderen, trägt dieser geglaubten und erfahrenen Hinwendung Rechnung da, wo es Menschen möglich ist – in der Begegnung mit anderen Menschen.

Es ist vielleicht eine Versuchung der religiösen Menschen, zu meinen, sie wüssten genau, was Gottes Wille sei. Das drückt sich nicht zuletzt darin aus, dass sie annehmen, anderen die Gottesnähe absprechen und die Verwerfung durch Gott zusprechen zu können. Doch ist diese Haltung keineswegs angesichts der eigenen Glaubensgeschichte zwingend, denn die eigene Erinnerung kann genau zu der gegensätzlichen Erkenntnis führen, da man eingedenk des eigenen Seins vor Gott im anderen, der nicht glaubt, seine persönliche Glaubensgeschichte entdecken kann und an die bleibende Verwiesenheit auf den barmherzigen Gott erinnert wird. Streng theologisch betrachtet sind Vorurteile Ausdruck des Hochmuts, der sich über Gott und seinen Willen erhebt.

Mithin sind religiöse Vorurteile durchaus eine Frage des Glaubens. Denn wem die Vorstellung unerträglich ist, dass Wahrheit auch anders und anderorten widerfährt, wird erklären können müssen, aus welchen Gründen er oder sie meint, darum zu wissen, dass die Barmherzigkeit Gottes beschränkt ist. Und er/sie wird sich fragen lassen müssen, ob es sein kann, dass er/sie die eigene Gnadenmitteilung im Glauben als Privat-Privileg erfährt. Dann aber ist wieder die Frage nach dem Gottesverständnis gegeben.

Um es deutlich zu sagen: Es geht in keiner Weise darum, von religiösen Gruppen zu erwarten, ihre religiösen Wahrheiten aufzugeben oder zu relativieren. Es geht vielmehr darum, daran zu erinnern, dass Glaubenspraxis nicht darin besteht, sich durch Vorurteile von anderen abzugrenzen.

Wenn man die Vorurteile überwindet, überwindet man zugleich den Mangel an Selbstgefühl und gelangt zu einer Praxis des Dialogs als Ausdruck von Zuversicht und Mut im Glauben. Die Überwindung von Vorurteilen wird dann zu einem besseren Zeugnis des eigenen Glaubens.

Bibliographie

Allport, Gordon W.: The Nature of Prejudice. Cambrigde: Perseus 1979
Allport, Gordon W. u. Michael Ross: Personal Religious Orientation and Prejudice. In: Journal of Personality and Social Psychology, 5, 4 (1967). S. 432–443.
Antoun, Richard, T.: Understanding Fundamentalism, Christian, Islamic and Jewish Movements. New York: Rowman & Littlefield 2001.
Argyle, Michael: Religious Behaviour. London/New York: Routledge 1998.
Barth, Hans-Martin u. Christoph Elsas (Hrsg.): Religiöse Minderheiten, Potentiale für Konflikt und Frieden. Hamburg: EB-Verlag 2004.
Batson, C. Daniel u. Eric L. Stocks: Religion and Prejudice. In: On the Nature of Prejudice. Fifty Years after Allport. Hrsg. von John F. Dividio, Peter Glick u. Laurie A. Rudman. Oxford: Wiley-Blackwell 2005. S. 413–427.
Batson, C. Daniel, Stephen J. Naifeh u. Suzanne Pate: Social Desirability, Religious Orientation, and Racial Prejudice. In: Journal for the Scientific Study of Religion, Vol. 17, 1 (1978). S. 31–41.
Batson, C. Daniel, Cheryl H. Flink, Patricia A. Schoenrade, Jim Fultz u. Virginia Pych: Religious Orientation and Overt Versus Covert Racial Prejudice. In: Journal of Personality and Social Psychology, Vol. 50, 1 (1986). S. 175–181.
Cohn, Norman: Europe's Inner Demons, an Enquiry Inspired by the Great Witch-hunt. London: Heinemann 1975.
Cope, Zak: Dimensions of Prejudice, towards a Political Economy of Bigotry. Oxford/Bern/Berlin/Brüssel/Frankfurt a.M./New York/Wien: Peter Lang 2008.

Duck, Robert J. u. Bruce Hunsberger: Religious Orientation and Prejudice. The Role of Religious Proscription, Right-wing Authoritarianism, and Social Desirability. In: International Journal for the Psychology of Religion, Vol. 9 (1999). S. 157–179.

Fragner, Bert: Islam und Europa, Stereotypen, Vorurteile und Feindbilder über Jahrhunderte. In: Der Westen und die Islamische Welt. Fakten und Vorurteile. Hrsg. vom Sir Peter Ustinov Institut. Wien: Braumüller 2006.

Fritz Bauer Institut (Hrsg.): Grenzenlose Vorurteile, Antisemitismus, Nationalismus und ethnische Konflikte. Frankfurt a.M./New York: Campus Verlag 2002 (Jahrbuch des Fritz Bauer Instituts, Band 6).

Gager, J.G.: The Origins of Anti-semitism, Attitudes toward Judaism in Pagan and Christian Antiquity. New York: Oxford Univ. Press 1983.

Goddard, Hugh: A History of Christian-Muslim Relations. Cambridge: New Amsterdam Books 2000.

Godel, Rainer: Vorurteil – Anthropologie – Literatur: der Vorurteilsdiskurs als Modus der Selbstaufklärung im 18. Jahrhundert. Tübingen: Niemeyer 2007.

Grünschloss, Andreas: Der eigene und der fremde Glaube, Studien zur interreligiösen Fremdwahrnehmung in Islam, Hinduismus, Buddhismus und Christentum. Tübingen: Mohr/Siebeck 1999.

Hood, Ralph W. Jr., Peter Hill u. Bernard Spilka: The Psychology of Religion. An Empirical Approach. New York/London: Guilford 2009.

Hunsberger, Bruce u. Lynne M. Jackson: Religion, Meaning, and Prejudice. In: Journal of Social Issues, Vol. 61, 4 (2005). S. 807–826.

Isaac, B.: The Invention of Racism in Classical Antiquity. Princeton: Princeton Univ. Press 2004.

Jürgensmeyer, Mark (Hrsg.): Violence and the Sacred in the Modern World. London: Frank Cass 1992.

Kampling, Rainer: Intoleranz in der Bibel – Toleranz aus der Bibel, Zur biblischen Begründung der Toleranzpraxis – ein Versuch. In: Die religiösen Wurzeln der Toleranz. Hrsg. von Christoph Schwöbel u. Dorothee v. Tippelskirch. Freiburg 2002. S. 212–222.

Kampling, Rainer: Christlicher Fundamentalismus. In: Handbuch des Antisemitismus, Judenfeindschaft in Geschichte und Gegenwart, Bd. 3, Begriffe, Theorien, Ideologien. Hrsg. von Wolfgang Benz. München: K.G. Saur 2010. S. 50–51.

Sir Peter Ustinov Institut (Hrsg.): Der Westen und die Islamische Welt, Fakten und Vorurteile. Wien: Braumüller 2006.

Petersen, Lars-Eric u. Bernd Six: Stereotype, Vorurteile und soziale Diskriminierung, Theorien, Befunde und Interventionen. Weinheim: PVU 2008.

Saalmann, Gernot: Religion und Fremdenfeindlichkeit. In: Zwischen Fremd- und Feindbildern, interdisziplinäre Beiträge zu Rassismus und Fremdenfeindlichkeit. Hrsg. von Jennifer Wasmuth. Münster: LIT 2000. S. 151–161.

Scheepers, Peer, Merove Gijsberts u. Evelyn Hello: Religiosity and Prejudice against Ethnic Minorities in Europe, Cross-National Tests on a Controversial Relationship. In: Review of Religious Research, 43, 3 (2002). S. 242–265.

Stangneth, Bettina: Antisemitismus bei Kant und anderen Denkern der Aufklärung. Würzburg: Königshausen&Neumann 2001.

Tertullian: Apologeticum. In: Bibliothek der Kirchenväter. Online-Datenbank hrsg. vom Departement für Patristik und Kirchengeschichte der Universität Freiburg (CH). http://www.unifr.ch/bkv/kapitel92-39.htm (29.6.2011).

Rassismus[1]

Klaus Ottomeyer

1. Ein Beispiel und Definitionen

Im Sommer 1999 wurden an alle Wiener Haushalte farbige Werbefolder einer politischen Partei verteilt. Auf der „Informationsseite" hieß es:

> Wussten Sie, dass ...
> ... in den Deutsch-Lesebüchern unseren Wiener Kindern bereits seitenweise türkische und serbokroatische Texte aufgezwungen werden?
> ... dass es nur unter der SPÖ [den Sozialdemokraten, Anm. K.O.] in Wien möglich ist, dass schwarzafrikanische Asylwerber mit Designeranzug und Luxushandy ihren Drogengeschäften ungestört nachgehen können?
> ... in Wien z.B. ein Chinalokal mit 600 000 Schilling gefördert wird, während die heimischen Beisln leer ausgehen und eines nach dem anderen zusperren muss?
> ... die Grünen in Wien meinen, man brauche die heimischen Familien nicht zu fördern, weil an unseren Grenzen ohnehin tausende ausländische Familien mit ihren Kindern warten?
> ... eine SPÖ-Gemeinderätin gesagt hat, dass sich die Ausländer in Wien nicht anzupassen brauchen, weil die Österreicher, „ohnehin nur viel Alkohol trinken und fettes Fleisch essen?"
> ... die sozialistischen Kinderfreunde in Wien schon über 100 Millionen an Steuergeldern erhalten haben, und sich – aus welchen Gründen auch immer – die SPÖ auf Biegen und brechen weigert, eine Überprüfung zuzulassen, ob dieses Geld auch tatsächlich den Kindern zugute kommt?
> ... SPÖ-Bundeskanzler Klima meint, die „Lendenarbeit" der Wiener sei schlecht und daher Zuwanderer hereingeholt werden müssen?
> ... die SPÖ-Wien 93 000 Ausländern pro Jahr meist vorzeitig die österreichische Staatsbürgerschaft verleiht, und diese dadurch in den Genuss des Wahlrechtes kommen und den Zugang zu den Gemeindewohnungen erhalten?
> ... der Wiener U-Bahn-Bau halb so schnell, aber doppelt so teuer wie in anderen europäischen Städten erfolgt?
> ... ausländische Jugendliche Gratiskarten für ein Fitnessstudio erhalten, die heimischen Jugendlichen jedoch nicht?

---

[1] Hilfreich war Sascha Fritschs Diplomarbeit „Ahasver", aus der ich die Abbildungen 1, 2, 6, 8, 9 und 10 genommen habe (Fritsch, S.: „Ahasver" – Die Darstellung des Fremden in rassistischen Karikaturen. Diplomarbeit. Universität Klagenfurt 2003).

> ... man sich von zahlreichen Straftaten mit bis zu 5 Jahren Strafandrohung – darunter fallen auch schwere Körperverletzung, Diebstahl, Betrug und mehrere Sexualdelikte – neuerdings einfach freikaufen kann?
>
> ... in Wien der abgeurteilte Kinderschänder Otto Mühl nach seiner siebenjährigen Haftstrafe mit Genehmigung von SPÖ-Chef Klima umgehend das Burgtheater für seinen skandalösen Auftritt erhielt?[2]

Diese Äußerungen sind ein gutes Beispiel dafür, wie sich Rassismus äußern kann. Über Menschen mit einer anderen Hautfarbe oder aus einer anderen Kultur werden abwertende Aussagen gemacht, die mit einer Aktivierung von Gefühlen der Angst, der Empörung und des Neides verbunden sind. Zu dieser Stimmungslage gehört der Kommunikationsmodus des „Schimpfklatschs" oder des *gossiping*. Die Teilhabe an einer Kommunikation derer, die den Durchblick haben („Wussten Sie ..."), wird als lustvoll empfunden. Es herrscht logisch gesehen das Prinzip eines „Induktionsschlusses". Vom Einzelfall ausgehend (der zudem oft unbewiesen ist), wird eine Verallgemeinerung vorgenommen. Und es entsteht der Eindruck, dass viele, vielleicht sogar die meisten sozialen Probleme in der Region durch die Anwesenheit von Menschen anderer Hautfarbe und Kultur bedingt sind. Dazu kommen im besonderen Fall noch Korruptions- und Verschwendungsvorwürfe an die herrschende Partei sowie Vorwürfe, sexueller Missbrauch werde „von oben" verharmlost oder gefördert.

Es gilt als ein Indikator für Rassismus, wenn Menschen einer gewissen Anzahl von abwertenden und aggressiven Äußerungen gegenüber Menschen anderer Hautfarbe oder aus einer anderen Kultur zustimmen oder selbst solche Äußerungen machen (vgl. unten). Der Aspekt der Angst wird im Wort Xenophobie ausgedrückt. Dieser Aspekt ist im Rassismus als ein Grundelement immer vorhanden, es muss aber noch die Abwertung und Aggression in Bezug auf die fremde Gruppe dazukommen. Das deutsche Wort „Fremdenfeindlichkeit" kann weitgehend mit Rassismus gleichgesetzt werden. Es betont aber nicht so sehr den physischen Aspekt, die Vorstellung von einer anderen Hautfarbe und physischen Beschaffenheit, die in rassistischen Äußerungen oftmals enthalten ist. Man hat in den letzten Jahren des Öfteren gesagt, dass der Rassismus sich „kulturalisiert" hat, dass sich die mit ihm verbundene Angst und Aggression vor allem gegen die andere Kultur richtet. Das ist wohl teilweise richtig, aber Äußerungen wie die oben zitierten sind geeignet, die Fantasie einer körperlichen Fremdheit und Rivalität gegenüber den Menschen aus der anderen Kultur aufrechtzuerhalten. 1998 stimmten immerhin noch 19 Prozent der ÖsterreicherInnen dem Satz „Menschen weißer Hautfarbe sind in bestimmten Eigenschaften, etwa bei

---

2 Postwurfsendung der FPÖ an Haushalte in Wien zum Nationalratswahlkampf August 1999

Begabungen, Leistungen, den anderen überlegen"[3] zu. Der unbewusste Wunsch nach Überlegenheit bzw. die Angst vor der Unterlegenheit des eigenen Körpers steckt immer noch in vielen fremdenfeindlichen Äußerungen. (Man beachte die Anspielungen auf die Zeugungskraft und die Fitness in der oben zitierten Schrift.) Wenn sich einzelne fremdenfeindliche oder rassistische Äußerungen zu einem zusammenhängenden „Einstellungsmuster" verdichten, „dessen verbindendes Kennzeichen Ungleichwertigkeitsvorstellungen darstellen", ist es sinnvoll, von „Rechtsextremismus" zu sprechen.[4] Diese Vorstellungen von Ungleichwertigkeit der Menschen „äußern sich im politischen Bereich in der Affinität zu diktatorischen Regierungsformen, chauvinistischen Einstellungen und einer Verharmlosung bzw. Rechtfertigung des Nationalsozialismus. Im sozialen Bereich sind sie gekennzeichnet durch antisemitische, fremdenfeindliche und sozialdarwinistische Einstellungen."[5] Der am Ende der Definition erwähnte Sozialdarwinismus (der auf einer Radikalisierung der Lehre Darwins beruht) besagt, dass das *survival of the fittest* in Bezug auf Individuen und Populationen das Entwicklungsgesetz von Natur und Gesellschaft sei. Der Untergang, die Vertreibung oder Unterjochung von als schwächer angesehenen Rassen und Kulturen wären dann naturgemäß.

2. Die Verbreitung von Rassismus und Rechtsextremismus: Daten und Fakten

Ausländerfeindliche und rassistische Einstellungen sind also mit einem voll entwickelten, verfestigten rechtsextremen Weltbild nicht identisch. Ausländerfeindliche und rassistische Aussagen (Decker und Brähler verwenden die beiden Begriffe Ausländerfeindlichkeit und Rassismus teilweise synonym) erhalten eine deutlich höhere Zustimmung als andere Aussagen, die zum Rechtsextremismus-Syndrom gehören. Ein Drittel der Bevölkerung in Ost- und Westdeutschland stimmte 2006 der Aussage zu, dass „man die

---

3 Weiss. H.: Ethnische Stereotype und Ausländerklischees. In: Fremdbilder Feinbilder, Zerrbilder: Zur Wahrnehmung und diskursiven Konstruktion des Fremden. Hrsg. von K. Liebhart, E. Menasse u. H. Steinert. Klagenfurt/Celovec: Drava 2002. S. 17–37, S. 28
4 Decker O. u. E. Brähler: Vom Rand zur Mitte: Rechtsextreme Einstellungen in Deutschland. In Zusammenarbeit mit N. Geißler. Berlin: Friedrich-Ebert-Stiftung 2006, S. 20
5 Ebd., ähnlich sind die Definitionen bei Heitmeyer, W. et al.: Die Bielefelder Rechtsextremismusstudie. Weinheim und München: Juventa 1992 und Hopf, C. et al.: Familie und Rechtsextremismus. Familiale Sozialisation und rechtsextreme Orientierungen junger Männer. Weinheim/München: Juventa 1995.

Ausländer bei knapper werdenden Arbeitsplätzen wieder in die Heimat zurückschicken" sollte, über 40 Prozent der Deutschen sehen „die Bundesrepublik durch die vielen Ausländer in einem gefährlichen Maß überfremdet", und noch etwas mehr (fast 44 Prozent) glauben: „Die Ausländer kommen nur hierher, um unseren Sozialstaat auszunutzen."[6]

Als ausländerfeindlich bzw. rassistisch haben Decker und Brähler in ihrer repräsentativen Untersuchung aber letztlich nur diejenigen Befragten eingestuft, die allen drei der oben genannten Statements deutlich zugestimmt haben. Demnach zeigten 2006 26,7 Prozent der gesamtdeutschen Bevölkerung in ihrer Einstellung eine klare Ausländerfeindlichkeit. (Im Osten lag der Anteil bei 30,6 Prozent.) Im Jahr 2008 kam es erfreulicherweise zu einem Absinken der Ausländerfeindlichkeit in Gesamtdeutschland auf 21,2 Prozent. (Im Osten allerdings zu einem leichten Anstieg auf 32,6 Prozent.) Im Jahr 2010 war die von Decker, Brähler u. a. gemessene Ausländerfeindlichkeit wieder stärker geworden: Für Gesamtdeutschland betrug der Wert 24,7 Prozent und für Ostdeutschland bemerkenswerte 35 Prozent.[7]

Bei den anderen gemessenen Dimensionen des Rechtsextremismus-Syndroms sind die Zustimmungswerte geringer: Der Chauvinismus (Forderung nach einem stärkeren Nationalgefühl der Deutschen usw.) erreichte im Jahr 2006 über 19,3 Prozent Zustimmung, der Antisemitismus 8,4, die Befürwortung einer Diktatur 4,8, der Sozialdarwinismus 4,5 und die Verharmlosung des Nationalsozialismus 4,1 Prozent. Das Jahr 2008 brachte ein Absinken der Zustimmungswerte für Chauvinismus, Antisemitismus und Diktaturbefürwortung. Die Untersuchung von 2010 zeigte dann aber einen signifikanten Anstieg des Chauvinismus und der Befürwortung einer Diktatur. „Die wieder zunehmende Zustimmung zu diktatorischen, chauvinistischen und ausländerfeindlichen Aussagen im Jahr 2010 kann als erste Reaktion auf die wirtschaftliche Krise verstanden werden."[8] In Bezug auf die drei anderen Dimensionen des Rechtsextremismus-Syndroms gab es in diesem Zeitraum keine signifikanten Veränderungen.

Grob gesagt, liegt der Anteil der Deutschen, die ein geschlossenes rechtsextremes Weltbild haben, mit Schwankungen seit 2002 immer etwas unter der 10-Prozent-Marke, während etwa ein Viertel der deutschen Bevölkerung als ausländerfeindlich oder rassismusanfällig gelten kann. Menschen mit niedrigem Bildungsabschluss sind deutlich ausländerfeindlicher als besser gebildete, Männer sind etwas ausländerfeindlicher als Frauen

---

6 Decker/Brähler, Vom Rand zur Mitte, S. 37/38.
7 Decker O., M. Weißmann, J. Kiess u. E. Brähler: Die Mitte in der Krise. Rechtsextreme Einstellungen in Deutschland 2010. Berlin: Friedrich-Ebert-Stiftung 2010, S. 91/92.
8 Ebd, S. 95.

und Arbeitslose ganz deutlich ausländerfeindlicher als Erwerbstätige. Gewerkschaftsmitglieder sind interessanterweise genauso ausländerfeindlich wie Nichtmitglieder.[9]

Ein typisches Statement zur Ausländerfeindlichkeit, welches in Umfragen im deutschen Sprachraum regelmäßig hohe Zustimmung erhält, ist die Forderung danach, dass die Ausländer sich die Ehepartner unter den eigenen Landsleuten suchen sollten. In einer für Österreich repräsentativen Erhebung aus dem Jahre 1998 stimmten dieser Forderung immerhin fast 24 Prozent der Befragten zu. „Die Verweigerung des Konnubiums"[10] dürfte zum Kernbestandteil rassistischer Fantasien mit einem Bezug zur Idee der Blutreinheit gehören. „Fremd im eigenen Land" wegen der vielen Ausländer fühlten sich nach derselben Untersuchung immerhin über 49 Prozent. Die Rechte der Ausländer einschränken wollten fast 35 Prozent der befragten Österreicher.[11] In Bezug auf das Österreich des Jahres 1998 sahen Lebhart und Münz etwa ein Drittel der Bevölkerung als ausländerfeindlich an.

Der anfangs zitierte Werbefolder konnte also in Österreich auf fruchtbaren Boden fallen. Die Partei, die ihn verteilte, hat zur Verfestigung ausländerfeindlicher und rassistischer Einstellungen in Richtung eines geschlossenen rechtsextremen Weltbildes beigetragen. Es handelte sich um die Freiheitliche Partei des Jörg Haider, deren VertreterInnen nach dem erfolgreichen Wahlkampf des Jahres 1999 von 2000 bis 2006 mit in der Regierung saßen. Haiders Äußerungen zur Bagatellisierung des Nationalsozialismus und seine Verhöhnung demokratischer Institutionen, etwa des Verfassungsgerichts, sind weltweit bekannt geworden. 2010, zwei Jahre nach Haiders Tod, zeigte sich, dass die FPÖ unter dem Haider-Nachfolger H. C. Strache in Österreich erneut etwa ein Viertel der potenziellen Wähler und Wählerinnen hinter sich bringen kann. Bei der Wahl in Wien waren es 25,8 Prozent. Der FPÖ-Wahlkampf in Wien und in der Steiermark im Sommer 2010 war so rassistisch, dass sich sogar der Generalsekretär der Vereinten Nationen Ban Ki-Moon bei seinem Österreich-Besuch Anfang September 2010 zu einer öffentlichen Kritik veranlasst sah.

In Deutschland sorgten fast zeitgleich die Thesen von Thilo Sarrazin für Aufregung, die Wasser auf die Mühlen des schon länger vorhandenen latenten Rassismus sind. Sarrazin („Deutschland schafft sich ab") bediente u. a. die Angst-Phantasien von der genetischen Andersartigkeit und der

---
9 Decker/Brähler, Vom Rand zur Mitte, S. 47–55.
10 Geiss, I.: Geschichte des Rassismus. Frankfurt a. M.: Suhrkamp 1988, S. 29.
11 Lebhart G. u. R. Münz: Die Österreicher und ihre „Fremden". In: Abgrenzen, Ausgrenzen, Aufnehmen: Empirische Befunde zu Fremdenfeindlichkeit und Integration. Hrsg. von H. Fassmann, H. Matuschek, u. E. Menasse. Klagenfurt/Celovec: Drava 1999. S. 15–32, hier S. 23–25.

größeren Fruchtbarkeit der Fremden. „Ich muss niemanden anerkennen, der vom Staat lebt, diesen Staat ablehnt, für die Ausbildung seiner Kinder nicht vernünftig sorgt und ständig neue kleine Kopftuchmädchen produziert."[12]

Zu Beginn des Jahres 2011 sehen wir in vielen Ländern Europas einen Boom der rassistischen Fremdenfeindlichkeit und eine wachsende Anfälligkeit für eine chauvinistische und diktatorische Politik, welche die Grundfesten der Demokratie bedroht. Die Berlusconi-Regierung hat in Italien nicht nur die Gewaltenteilung und die Medienfreiheit geschwächt und in Neapel eine „Jagd auf Zigeuner" (*caccia agli zingari,* Mai 2008) sowie in Kalabrien (Januar 2010) und anderswo eine straffreie „Jagd auf Schwarze" ermöglicht, sondern auch die Einwanderung ohne Visum und die Rettung schiffbrüchiger Flüchtlinge zum Straftatbestand erklärt. Die neue ungarische Regierung knüpft an chauvinistische Phantasien eines Groß-Ungarn an, setzt Pressefreiheit und Gewaltenteilung aufs Spiel und ermöglicht der Rassistenpartei *Jobbik,* die gegen Juden und Roma agitiert, straffreie Auftritte innerhalb und außerhalb des Parlaments. Frankreichs Präsident Sarkozy versuchte 2010 von den eigenen Finanzskandalen durch die Deportation von Roma-Familien abzulenken, was zum Glück auf einigen Widerstand der EU-Kommission stieß, während die deutsche Bundesregierung die Rückschiebung von Tausenden Roma, Ashkali und „Ägyptern" in den Kosovo vorbereitet. Die schwedische Regierung ist seit den Wahlen 2010 von der Zustimmung einer offen rassistischen Partei abhängig. In den Niederlanden ist die stimmenstärkste Partei die von Geert Wilders, der den Koran als faschistisches Machwerk verbieten lassen will. Beim Schweizer Referendum zur „Ausschaffung" straffällig gewordener Ausländer vom November 2010 (Zustimmungsquote 53 Prozent) kamen offen rassistische Motive zum Zuge (vgl. unten). Die EU lässt es trotz geäußerter Besorgnis zu, dass in Griechenland Tausende von Asylsuchenden, darunter Kinder, menschenrechtswidrig behandelt und wie Menschen zweiter oder dritter Klasse „zwischengelagert" werden. Die Aufzählung ist unvollständig.

3. Historische und soziale Hintergründe

Was sind die Hintergründe und Ursachen für den westlichen Rassismus? Es gibt historische, gesellschaftliche und sozialpsychologische. Ein historischer Hintergrund ist die Eroberungs- und Kolonisierungspolitik nach der Vertreibung der Mauren von der Iberischen Halbinsel und der Entdeckung Amerikas. Ab dem Ende des 15. Jahrhunderts zwangen die kastilischen Adligen, die das maurische Heer vertrieben hatten und als späte Nachfahren der

---

12 Interview mit Thilo Sarrazin. In: Lettre International. Europas Kulturzeitschrift. Berlin-Heft vom 30.9.2009.

Westgoten stolz auf ihre manchmal helleren Augen und Haare gewesen sein sollen, die verbliebene maurische und jüdische Bevölkerung zur Entscheidung: Sie mussten sich taufen lassen oder wurden als Ketzer verbrannt. Die getauften Familien blieben aber noch jahrzehnte- oder jahrhundertelang verdächtig, weil man glaubte, sie hätten ein verschmutztes Blut. Das Ausbleiben der Taufe habe zu einer Verunreinigung des Blutes bis in die nachfolgenden Generationen geführt. Die Verdächtigen konnten verfolgt und ausgeplündert werden. Sie wurden auch als *marranos* (Schweine) bezeichnet. Einigen gelang die Flucht, z. B. nach Amsterdam, wo später eine große spanisch- und portugiesischsprachige jüdische Gemeinde entstand.[13] Hier liegt eine Wurzel für das „Blut-Denken" des modernen Rassismus.

Es waren auch christliche, weiße „Herrenmenschen", die bald in Mittel- und Südamerika die indianische Bevölkerung ausraubten, ermordeten oder wie Tiere versklavten. Mitte des 16. Jahrhunderts vertrat Juan Ginés de Sepúlveda, ein wichtiger Gelehrter am spanischen Hof, die Theorie, „dass die Indios den Spaniern unterlegen sind, so wie die Kinder den Erwachsenen, die Frauen den Männern, ja man kann sogar sagen, wie die Affen den Menschen". Sein Gegner, der Bischof Bartolomé de las Casas, der gegen die brutale Versklavung der Indios und für ihre Anerkennung als Menschen eintrat, soll allerdings selbst noch den beginnenden Import schwarzer Sklaven und Sklavinnen, die als Ersatz für die Indios aus Afrika geholt wurden, angeregt haben.[14]

Während der nächsten Jahrhunderte wurden Sklavenhandel und Sklavenwirtschaft eine wichtige Bereicherungsquelle in der „Ursprünglichen Akkumulation des Kapitals" (Karl Marx), aus der sich später der westliche Industriekapitalismus entwickelte. Aus Westeuropa brachen Schiffe der großen Handelshäuser nach Westafrika auf, wo die billigen Exportartikel entladen und Sklaven und Sklavinnen an Bord genommen wurden. Sie wurden in die Karibik oder den Süden der Vereinigten Staaten gebracht und mit sehr hohem Gewinn verkauft. Von dort kehrten die Schiffe mit Rohstoffen, z. B. Baumwolle, beladen in die europäischen Häfen zurück. Dieser Dreieckshandel war wegen der ökonomischen Auslastung der Laderäume besonders lukrativ. – Der Rassismus, der es erlaubte, Menschen mit dunkler Hautfarbe als minderwertig anzusehen, war die ideologische Rechtfertigung der kolonialen Ausbeutung. Ein viel gelesenes Buch für Erwachsene und Jugendliche war „Robinson Crusoe". Hier begegnet der rationale, individualistische weiße Mann auf seiner Insel dunkelhäutigen „Wilden", die

---

13 Geiss, Geschichte des Rassismus, S. 110 ff.
14 Enzensberger, Hans Magnus: Las Casas oder Ein Rückblick in die Zukunft. In: Enzensberger, H. M.: Deutschland, Deutschland unter anderem. Äußerungen zur Politik. Frankfurt am Main: Suhrkamp 1967. S. 123–151, hier S. 144.

typischerweise grässliche Kannibalen sind. Das schließt nicht aus, dass einzelne Exemplare der „Wilden" zu dankbaren und gelehrigen Dienern des weißen Mannes werden können.

Die großflächige Sklavenwirtschaft und verwandte Systeme der Zwangsarbeit waren für den Aufstieg der westlichen Kolonialmächte charakteristisch. Es gab aber auch einen umfangreichen Sklavenhandel und Sklavenhaltung in islamischen Gesellschaften. Ein Versuch der Plantagen-Bewirtschaftung mit afrikanischen Sklaven auf dem Gebiet des heutigen Irak war jedoch bereits im 9. Jahrhundert aufgrund eines großen Sklaven-Aufstands gescheitert (Sandj-Aufstand). Nur auf Sansibar, das bis Ende des 19. Jahrhunderts das Zentrum des arabischen Sklavenhandels in Ostafrika war, gab es später eine größere Plantagenwirtschaft mit Hilfe von Sklaven, deren Nachfahren sich 1963 mit einem furchtbaren Massaker an den „Arabern" rächten. Ansonsten handelte es sich bei der Sklaverei in islamischen Ländern vor allem um Haussklaverei. Der Rassismus und die Kollektivsklaverei, die dem indischen Kastenwesen innewohnen, müssen hier erwähnt werden.

Die Beziehung zwischen Kapitalismus und Rassismus ist nicht eindeutig. Die bürgerliche Aufklärung und die bürgerlichen Revolutionen haben die Idee der Menschenrechte und die Idee von der Gleichheit der Menschen hervorgebracht. Die Ausbreitung der kapitalistischen Warenökonomie erfordert die Anerkennung des Tauschpartners als ein Subjekt, das den gleichen Anspruch auf Schutz durch das Recht hat wie sein Gegenüber. Die Idee der gleichen Rechte war auch nach den bürgerlichen, antifeudalen Revolutionen noch lange Zeit auf die Gleichheit weißer (christlicher) Männer im Verkehr miteinander beschränkt. Aber sie konnte sich ausbreiten: auf Angehörige religiöser Minderheiten, auf Juden, auf Frauen, die in vielen europäischen Ländern erst nach dem Ersten Weltkrieg wahlberechtigt und noch viel später voll geschäftsfähig wurden. Und die Idee konnte sich ab der Mitte oder dem Ende des 19. Jahrhunderts auch auf Populationen ausbreiten, die eine andere Hautfarbe hatten und in Sklaverei oder sklavereiähnlichen Abhängigkeitsverhältnissen lebten. Die Ausbreitung der gleichen Rechte musste in fast allen Fällen von Freiheitsbewegungen und durch Kämpfe erzwungen werden. Napoleon wollte auf Haiti, wo sich die schwarze Bevölkerung im Namen der Französischen Revolution gegen die Sklaverei erhoben hatte, erneut die Sklaverei einführen und ließ den Anführer des Aufstandes Toussaint L'Ouverture 1803 in einem französischen Gefängnis sterben. Neben dem Fortschreiten der Gleichheits-Idee gibt es eine beständige Gefahr des Rückfalls in die Vorstellung einer Ungleichheit der Menschen. Die faschistischen Regime in Italien, Deutschland, Japan im 20. Jahrhundert (um nur die wichtigsten zu nennen) waren solche Rückfälle. Sie alle waren mit „verspäteten", megalomanen und menschenverachtenden Kolonisationsprojekten verbunden.

Die wichtigsten westlichen Denker des Rassismus des 19. und frühen 20. Jahrhunderts waren Arthur de Gobineau (1816–1882) und Houston Stuart Chamberlain (1855–1927). Gobineaus Werk über die Ungleichheit der Menschenrassen („Essai sur l'inégalité des races humaines") erschien 1853–1855. Hier wurde die Überlegenheit der „arischen Rasse" begründet und vor der „Vermischung" und „Degeneration" gewarnt, die sich paradoxerweise gerade durch die imperiale Kolonisierung einzustellen drohte, in deren Dienst sich Gobineau als französischer Diplomat gestellt hatte. Gobineau war ein Aristokrat, dem die Demokratie zuwider war. Er wollte u. a. beweisen, dass der Adel von einer höherwertigen Rasse abstamme. Richard Wagner bewunderte Gobineau. Mit Chamberlain verband Wagner eine persönliche Freundschaft und schließlich sogar Verwandtschaft. Chamberlain, dessen rassistisches Hauptwerk („Grundlagen des 19. Jahrhunderts") 1899 erschien, entstammte einer englischen Adelsfamilie, er studierte und lebte dann aber vor allem in Deutschland und Österreich. Anfang der 1920er Jahre kam es noch zu einem Treffen und Briefwechsel mit Adolf Hitler. Theoretiker wie Gobineau und Chamberlain stellten den machtorientierten Europäern eine vornehme und gebildete Philosophie des Rassismus zur Verfügung, welche den brutalen Kolonialrassismus begleiten und rechtfertigen konnte. Und abgesackt nach unten, zu den KleinbürgerInnen und in die Arbeiterschaft hinein, konnte diese Philosophie zumindest den Selbstwert von Menschen steigern, die weniger Privilegien hatten. Dabei spielte es keine Rolle, dass in der Theorie von den höherwertigen „Ariern" die Merkmale von bestimmten Sprachen, von verschiedenen Ethnien und von Menschen mit einem bestimmten Aussehen völlig unwissenschaftlich miteinander kombiniert wurden. Leider konnten sich Rassisten aber auch auf einzelne Äußerungen älterer deutscher Philosophen wie Herder, Hegel und Kant berufen. Im Wien der Zeit vor dem Ersten Weltkrieg gab auf der untersten Niveaustufe einen gewissen Lanz von Liebenfels, dessen populäre „Ostara-Hefte" auch Adolf Hitler las. Er sah die Weißen von halbäffischen fremden Rassen bedroht. Auf einer „Ostara"-Homepage unserer Tage finden wir nebenstehendes Bild.

Abb. 1: Der fremde Untermensch und die Idee der Gleichheit[15]

---

15 Vgl. Fritsch, „Ahasver", S. 102.

Der kolonialistische Rassismus gehört auch zur Vorgeschichte des Genozids von 1994 in Rwanda. Die Massaker an den Tutsi, die von Hutu-Milizen verübt wurden, unterlagen einer rassistischen Logik. Die Tutsi, die dieselbe Sprache wie die Hutu sprechen, wurden als Lebewesen einer anderen Rasse, mit einem anderen Wuchs und mit einem anderen Charakter wahrgenommen und getötet, nachdem die Radiopropaganda sie zu „Kakerlaken" entmenschlicht hatte. Die deutschen und belgischen Kolonialherren hatten zu Beginn des 20. Jahrhunderts ihren Rassismus ins Land gebracht. Sie waren sehr verwundert, bei ihren Eroberungen auf Menschen wie die Tutsi zu treffen, die teilweise dem Stereotyp des hochgewachsenen, schmalnasigen, schlanken und stolzen Menschen mehr entsprachen als die Herrenmenschen selbst. Nur die Hautfarbe war dunkel. Zur Reduktion der „kognitiven Dissonanz" schuf man eine Theorie, dass es sich hier um eine eingewanderte, eigentlich gar nicht „negroide" Rasse aus der Nil-Region handle, die irgendwie mit den Weißen verwandt war. Missionare hatten einen wichtigen Anteil an der Verbreitung der „Hamiten-Hypothese". Die Tutsi wurden als Hamiten angesehen. Die Tutsi hatten Jahrhunderte mit den Hutu-Nachbarn auf engstem Raum zusammengelebt, arbeitsteilig die Ökonomie und Politik gestaltet und sich auch in gemischten Ehen mit diesen verbunden (wobei die Abstammung nach der väterlichen Linie gerechnet wurde). Sie hatten auch keine Erinnerung an irgendeine Einwanderung. Die Tutsi hatten zwar die Könige gestellt, aber es gab eine alte Balance zwischen den *cattle chiefs*, den *land chiefs*, die oftmals Hutu waren, und den *army chiefs*. Dieses Gleichgewicht der Kräfte wurde 1926 zugunsten einer einheitlichen Verwaltung abgeschafft.[16] Die Kolonisatoren machten die kleinere Gruppe der Tutsi zu ihren Helfern und bevorzugten sie im Schulwesen und in der Verwaltung. Die Tutsi wurden als eine besondere Rasse hofiert. „The 1920's saw a Tutsification of the chiefship."[17] Als 1959 die „Soziale Revolution" stattfand, versprach ein „Bahutu-Manifest" (nicht ein „Rwandan-Manifest") eine „double liberation of the Hutu: ‚both from the Hamites and Bazungu (white) colonization'"[18]. Bald kam es zu Racheakten und zu einer Diskriminierung der Tutsi – zu periodischen Spannungen, die sich bis zu den Massakern im Frühjahr 1994 steigerten. Die koloniale Verwaltung hatte Pässe eingeführt, in denen die Rasse-Zugehörigkeit aller rwandesischen EinwohnerInnen festgelegt wurde. Man musste entweder den Hutu, den („hochwüchsigen") Tutsi oder den kleinwüchsigen Twa zugeord-

---

16 Mamdani, M.: When Victims Become Killers: Colonialism, Nativism and the Genocide in Rwanda. Kampala/Dar es Salaam: Fountain Publishers E and D Limited 2002, S. 90–91.
17 Ebd., S. 91.
18 Ebd., S. 103.

net werden. Die um Versöhnung nach dem Massaker bemühte Regierung ist in einer antirassistischen Verordnung so weit gegangen zu sagen, dass die Worte „Hutu" oder „Tutsi" öffentlich gar nicht mehr verwendet werden sollen.

Genozidähnliche Vorgänge mit rassistischem Charakter hatte es bereits 1904 gegeben, als deutsches Militär im kolonisierten Südwest-Afrika den Aufstand der Herero niederschlug. Aber immerhin gab es dazu noch kritische Stimmen aus Deutschland. Der erste große Genozid im 20. Jahrhundert war der an den Armeniern in der Türkei. Als kaum jemand in Europa davon wusste, hat Theodor W. Adorno in seinem berühmten Vortrag „Erziehung nach Auschwitz" darauf hingewiesen: „Schon im Ersten Weltkrieg haben die Türken – die sogenannte Jungtürkische Bewegung unter der Führung von Enver Pascha und Talaat Pascha – weit über eine Million Armenier ermorden lassen. Höchste deutsche militärische und auch Regierungsstellen haben offensichtlich davon gewusst, aber es strikt geheim gehalten. Der Völkermord hat seine Wurzel in jener Resurrektion des angriffslustigen Nationalismus, die seit dem Ende des neunzehnten Jahrhunderts in vielen Ländern sich zutrug."[19] Franz Werfel hatte für seinen 1933 erschienenen Roman „Die 40 Tage des Musa Dag" die grausamen Vorgänge genau recherchiert. Das Osmanische Reich war ein Vielvölkerstaat ohne Rassismus gewesen. Bei seinem Niedergang konnten sich die jungen Militärs und Politiker die Erneuerung nur unter dem Motto „Die Türkei den Türken" und als Projekt einer ethnischen Vereindeutigung und „Säuberung" vorstellen. Schon um die Jahrhundertwende kam es zu ersten Pogromen, z. B. gegen Griechen. Die persischen, arabischen, kurdischen, griechischen, jüdischen Einflüsse sollten unsichtbar gemacht, die Volksgruppen ausgesondert werden. Die Diskussionen werden in Tariq Alis historischem Roman „The Stone Woman" (2000) genau rekonstruiert. Nach dem Ausbruch des Ersten Weltkriegs traf dann im Jahre 1915 das „ethnische Säuberungsprojekt" mit einer historisch neuartigen Brutalität und Konsequenz die armenische Bevölkerung, die man der Verschwörung mit dem Kriegsgegner bezichtigte.

Der angestrebte türkische Nationalstaat war eine Art Imitat der vom polnisch-britischen Soziologen Zygmunt Bauman beschriebenen westlich-autoritären „Gärtnerstaaten", deren Modernisierungsprogramm darin bestand, in der Gesellschaft eine klare Ordnung anzulegen, das Nützliche vom Unnützen zu trennen, die verschiedenen Pflanzenarten zu sortieren und das Unkraut zu vernichten. Die Mehrdeutigkeit und Ambivalenz des Lebens, z. B. die kulturelle Mehrfachzugehörigkeit von Individuen und Gruppen, ist den Kontrolleuren und Verwaltern des Gärtnerstaates ein

---

19 Adorno, T. W.: Erziehung nach Auschwitz. In: Stichworte. Kritische Modelle 2. Frankfurt a. M.: Suhrkamp 1969. S. 85–101, hier S. 86.

Gräuel. Es wird den Untertanen das Modell einer Identität angeboten und aufgezwungen, die so eindeutig und abgegrenzt ist, dass sie eigentlich nicht lebbar ist und ständig weiter auf verbotene Mehrdeutigkeit hin überprüft und kontrolliert werden muss.[20] Es ging darum, das Mittlere auszuschließen, die Grenzen zwischen innen und außen säuberlich getrennt zu halten, Freunde zu gewinnen und Feinde zu bekämpfen. Die Fremden, bei denen nicht klar ist, ob sie zur Gruppe der Freunde oder der Feinde gehörten, z. B. Juden, die Deutsche sein möchten, oder Armenier, die zur Türkei gehören wollen, werden vom Sortier- und Vereindeutigungswahn besonders getroffen. Die Nazis haben zum Beispiel die „Zigeunermischlinge" besonders bösartig entwertet und verfolgt. Den „Vollzigeunern" brachten sie in ihrem Rassendenken zunächst noch einen minimalen Respekt entgegen.[21] Das bedrohliche Unkraut, als welches der mehrdeutige Fremde erscheint, wird ausgerissen, vergiftet, verbrannt. Man kann von einer „Mixophobie" (Bauman) sprechen, welche der Gärtnerstaat verbreitet hat und welche die Nazis auf grausige Weise perfektioniert haben. Ein der Sortierwut verfallener Gärtnerstaat der besonderen Art war das südafrikanische Apartheid-Regime, das glücklicherweise Mitte der 1990er Jahre der „Rainbow-Nation" (Nelson Mandela) weichen musste. Die Mixophobie ist durch eine Jahrzehnte währende Sozialisation in Teile der Bevölkerung eingedrungen und lässt sich durch Demagogen immer wieder reaktivieren. Die alten und die neuen Rechtsextremen können die Buntheit und Gemischtheit des Lebens, welche für unseren Spätkapitalismus, für die „Postmoderne" und für Einwanderungsgesellschaften mittlerweile der Normalfall geworden sind, nicht aushalten. In einem Forschungsprojekt über Rechtsextremismus bei österreichischen Jugendlichen trafen wir Ende der 1990er Jahre Mike, einen Bandenführer, der sich besonders über Gegner aufregte, die einen österreichischen und einen jugoslawischen Elternteil hatten. Solche Leute gehörten liquidiert: „Sofort hinein in ein kleines Kammerl, Zyklon B, und das war's! Drei bis zwölf Minuten!"[22] Das Makabre und für manche Arten des Rassismus Typische war, dass einige der Jungen, die diesen Sprüchen begeistert zustimmten, selbst ethnisch gemischte Wurzeln hatten. Eine aggressive Überassimilation ist auch eine Antwort auf den Zwang zur Vereindeutigung.

---

20 Bauman, Z.: Modernity and Ambivalence. Ithaca, NY: Cornell University Press 1991.
21 Haupt, G.: Antiziganismus und Sozialarbeit. Berlin: Frank & Timme 2006.
22 Ottomeyer, K. u. S. Zeichen: Auffällige Jugendliche im außerschulischen Bereich. In: Menschik-Bendele J. u. K. Ottomeyer in Zusammenarbeit mit J. Berghold, H. Krall, E. Mairitsch, S. Trannacher, G. Trinkel, B. Wiegele, M.Wieser, S. Zeichen: Sozialpsychologie des Rechtsextremismus: Entstehung und Veränderung eines Syndroms. 2. Aufl. Opladen: Leske + Budrich 2002. S. 43–82, hier S. 49.

Ein Aspekt des Gärtnerstaates war der Gedanke der Zucht von Lebewesen nach einer bestimmten Rasse-Norm. Chamberlain, der britisch-deutsche Vordenker des Rassismus, war von edlen Zuchtprodukten wie dem Neufundländer oder dem englischen Vollblut-Pferd besonders begeistert. Man kann auch Charles Darwin nicht vor dem Vorwurf schützen, die Züchtung eines höherwertigen, gesunden Menschentypus angeregt zu haben.[23] Der Erfinder des „Deutschen Schäferhundes", Rittmeister von Stephanitz, war glücklich, noch die Machtergreifung der Nazis erleben zu dürfen. Von ihm ist ein Schreiben an Adolf Hitler erhalten, in dem er sich dafür bedankt, dass die Züchtung einer höherwertigen deutschen Rasse nun auch in der Menschenwelt konsequent in Angriff genommen werde.

4. Soziale und psychologische Ursachen von Rassismus: eine Drei-Faktoren-Theorie

Um den Rassismus in unserer Gegenwartsgesellschaft zu verstehen, reichen die historischen Hinweise nicht aus. Es sind im Wesentlichen drei große Faktorengruppen, die dazu führen, dass rassistische Stimmungen und Bewegungen in einer Gesellschaft erfolgreich sind, sich verfestigen können und die Demokratie gefährden: erstens Faktoren der Persönlichkeit oder des Charakters, zweitens eine situative Verunsicherung und Orientierungskrise der Menschen, welche durch nicht kontrollierbare gesellschaftliche Veränderungen eintritt, und drittens die Demagogie von einflussreichen PolitikerInnen und MedienvertreterInnen. Zwischen diesen drei Polen entwickeln sich dann konkrete Gruppenprozesse und Handlungsbereitschaften, die im Extremfall zu rassistischen Übergriffen führen können.

1. Die Persönlichkeitsfaktoren sind in der Sozialpsychologie ausführlich diskutiert worden. Erich Fromm hat 1941 seine Theorie vom „sadomasochistischen Charakter" formuliert, der den Rassismus und Nationalsozialismus begünstigt. Dieser Charakter ist eigentlich schwach und verängstigt durch das Angebot der Freiheit, welches durch die Auflösung traditioneller Bindungen und die Auflösung der „primären Symbiosen" in der Neuzeit entstanden ist. Er ist noch autoritär in einer patriarchalischen Familie mit einem mehr oder weniger brutalen Vater erzogen worden. Die Menschen des sadomasochistischen Charaktertyps erleben eine haltgebende Symbiose durch die masochistische Unterordnung unter den Vater, den Chef, den Führer, an dessen Stärke und Triumph sie teilhaben dürfen. Und sie erleben

---

23 Bauer, J.: Prinzip Menschlichkeit. Hamburg: Hoffmann und Campe 2006, S. 95 ff.

eine Symbiose und eine Stärkung des Ich, wenn sie im Namen der Autorität selbst die Schwächeren unterdrücken und verfolgen dürfen. Dies ist die sadistische Seite des sadomasochistischen Charakters. Seine Vertreter empfinden Zugehörigkeit und ein vorübergehendes Glück, wenn sie als minderwertig und gefährlich markierte Gruppen verbal oder auch praktisch erniedrigen können. Fromm hat mit seiner Charaktertheorie schon viel von dem vorweggenommen, was dann in der Studie „The Authoritarian Personality" von Theodor W. Adorno und anderen mit den Mitteln der modernen empirischen Sozialforschung genauer untersucht wurde. (Fromm war in den Jahren vor dem Exil mit der deutschen Forschergruppe um Horkheimer und Adorno eng verbunden gewesen; später kam es zu einem Streit.) Und bereits 1932 hatte Wilhelm Reich die Attraktivität des Nationalsozialismus bis weit in die Arbeiterschaft mit der sexuellen Unterdrückung in der patriarchalischen Familie erklärt. Die Unterdrückung der Sexualität schafft – verkürzt gesagt – Feiglinge, die sich selbst verleugnen, und die Liebeswünsche werden in die Bindung an den Führer und an die nationale Großgruppe umgelenkt. Der Hass auf die Unterdrücker und auf sich selbst wird umgelenkt auf die Fremden, vor allem die Juden, denen regelmäßig sexuelle Übergriffe und Exzesse sowie Machtansprüche unterstellt werden. Juden – oder auch Schwarze – sind in der Theorie des „autoritären Charakters" und bei Wilhelm Reich Ersatzfiguren für den ödipalen Vater. Dessen Sexualmonopol und Autorität hat den heranwachsenden Jungen gekränkt und wütend gemacht. Wie in einem gedeckelten Kochtopf darf die aufgekochte Wut „zur Seite hin", in Richtung auf die Menschen anderer Rasse entweichen. Es regieren im Sinne der Psychoanalyse die Mechanismen der Verschiebung und der Projektion. Mit Hilfe von qualitativen Interviews und mit Hilfe von Messinstrumenten (vor allem der sogenannten F-Scale) konnte die Forschergruppe um Adorno die inneren Konflikte und die Verbreitung des „autoritären Charakters" in den USA genauer untersuchen. Der autoritäre Charakter war nicht nur in Europa, sondern auch in den USA und hier besonders auch in der Arbeiterschicht verbreitet. – Die generelle, ökonomisch und kulturell bedingte Schwächung der Vaterautorität nach dem Zweiten Weltkrieg – darin waren sich viele spätere AutorInnen einig – soll dazu geführt haben, dass der autoritäre Charakter weniger verbreitet ist und auch als Basis von Rechtsextremismus seltener geworden ist. Die „autoritäre Aggression" gegen Schwächere und Fremde kann auch auf einer anderen Charakterbasis entstehen. Nach Hopf u. a., welche 25 junge rechtsextreme Männer aus dem norddeutschen Arbeitermilieu mit Mitteln der „Attachment-Forschung" befragt haben, kommt eine Idealisierung des Vaters, welche für den „autoritären Charakter" typisch wäre, kaum vor.[24] Stattdessen flüchtet

---

24 Hopf, C. et al., Familie und Rechtsextremismus

ein Teil der Untersuchten überhaupt vor emotionaler Nähe und ein anderer Teil ist mit den Eltern „verstrickt", d. h., es herrschen sehr zwiespältige Emotionen bis hin zu hasserfüllten verbalen Attacken auf die Eltern, vor. Das würde auf frühe Bindungsstörungen und Verunsicherungen des Selbst verweisen, die vor dem Erleben des ödipalen Dramas liegen und von diesem unabhängig sind. Von 1995 bis 1997 hat unsere Forschergruppe von der Universität Klagenfurt eine qualitative Untersuchung, basierend auf direkten Begegnungen mit insgesamt etwa 180 Jugendlichen im Süden Österreichs, durchgeführt, von denen etwa 15 Prozent sich als rechtsextrem oder rassistisch erwiesen. Wir kamen zu ähnlichen Ergebnissen wie die zuvor erwähnte Forschergruppe. Nur auf der Ebene der lokalen Führerfiguren schien es einige zu geben, die mit Vätern und Großvätern stabil identifiziert waren.

Die große deutsche Untersuchung von Decker und Brähler[25] aus dem Jahr 2006 unterscheidet (mit Hilfe des „Gießen-Tests") bei den Befragten insgesamt 15 Persönlichkeitstypen. Vier dieser Typen sind stärker rechtsextremismusgefährdet. Bei vielen Rechtsextremen finden sich ein niedriges Selbstwertgefühl, eine niedrige Resilienz, d. h. eine geringe Fähigkeit, mit Krisen und Belastung umzugehen, ein durch Strafe und Ablehnung bestimmtes Klima der Herkunftsfamilie, Verschlossenheit und Misstrauen und eine erhöhte Ängstlichkeit und Depressivität. Decker und Brähler unterscheiden dann (mit Hilfe der Clusteranalyse) noch einen zusätzlichen, überwiegend von Frauen repräsentierten Typ des bzw. der „Autoritären" („Typ 15"), der offen und korrekt scheint, Gewalt ablehnt, aber doch chauvinistisch und ausländerfeindlich eingestellt ist. Eine einheitliche Charakterbasis für Rechtsextremismus und Rassismus gibt es also nicht, aber es gibt Persönlichkeitszüge, die für diese Einstellungen und die Neigung zu „autoritärer Aggression" anfällig machen.

2. Damit sind wir beim Einfluss der situativen Bedingungen. Die experimentelle Sozialpsychologie hat schon in den 1960er und 1970er Jahren gezeigt, dass Menschen mit sehr unterschiedlichen Charakterstrukturen in Situationen, die verunsichernd und labilisierend sind, durch eine Anweisung oder Erlaubnis, die eine Autorität ihnen gibt, leicht dazu gebracht werden können, andere Menschen, die von ihnen abhängig sind, zu verletzen und zu quälen. Berühmt ist das „Milgram"-Experiment, bei welchem DurchschnittsbürgerInnen mehrheitlich dazu gebracht werden konnten, „Versuchspersonen" eines angeblichen Lernexperiments mit Stromstößen lebensgefährlicher Intensität zu traktieren. Genauso berühmt ist das „Stanford Prison"-Experiment, bei welchem eine Gruppe von durchschnittlichen (männlichen) Psychologie-

---

25 Decker/Brähler, Vom Rand zur Mitte

studenten als Wärter in der fremden Situation eines simulierten Gefängnisses schon bald freiwillig und phantasievoll dazu überging, die Gruppe der „Häftlinge" zu quälen, u. a. auch in Bezug auf ihre sexuelle Identität. Dieses Experiment wurde abgebrochen und meines Wissens im Labor nicht mehr wiederholt. Aber es wurde unter den „natürlichen Bedingungen" in Abu Ghraib und wird an vielen Plätzen der Welt wiederholt. Die Dehumanisierung der Opfer, die als Mitglied einer anderen Spezies markiert werden – durch spezielle Kleidung oder Entkleidung, Kapuzen, rassistische Zuschreibungen oder durch Vergleiche mit Tieren –, macht den TäterInnen das asoziale Ausagieren leichter und setzt die Gewissensgebote zumindest vorübergehend außer Kraft. Die Verunsicherung oder Desintegration auf Seiten der TäterInnen ist ein wichtiger Faktor.

Die Soziologie spricht seit Emile Durkheim von der „Anomie", die in bestimmten Phasen der gesellschaftlichen Entwicklung gesteigert ist. Anomie bezeichnet einen Zustand, in dem Werte, Regeln und Normen widersprüchlich sind, eine Normenverwirrung herrscht. So haben die materiellen, sozialen und psychischen Zerstörungen nach dem Ersten Weltkrieg, die Heimatlosigkeit der alten und neuen Mittelschichten, die Revolution der *golden twenties* mit ihrer Relativierung der traditionellen Geschlechterrollen, begleitet von Armut und Massenarbeitslosigkeit, jedes stabile Normengefüge unterminiert und die nationalsozialistische Antwort mit vorbereitet. Auf die deutsche Reichsgründung folgte in den 1870er Jahren zunächst eine Welle von Größenfantasien und Spekulationen, die in Zusammenbrüche und Depression umschlugen. Die Juden wurden für die entstehende Verwirrung verantwortlich gemacht.[26] Auch die für viele Menschen enttäuschende Situation nach der deutschen Wiedervereinigung 1989 hat eine große Normenverwirrung und Statusunsicherheit als Nährboden für „autoritäre Aggression" hinterlassen. Obwohl der Ausländeranteil im Osten Deutschlands sehr gering ist, sind Ausländerfeindlichkeit und Rechtsextremismus hier deutlicher ausgeprägt als im Westen (vgl. oben). Decker, Weißmann u. a. verwenden den Begriff „Stigma-Management" von Erving Goffman, um den Zusammenhang von Statusunsicherheit und autoritärer Aggression bei bedrohten Gruppen verständlicher zu machen. „Durch Betonung einer rigiden gesellschaftlichen Norm stellen sie genau die befürchtete Ausgrenzung her und schützen sich selbst vor ihr – durch Fremdgruppenabwertung."[27]

In Rwanda dürfte sich vor dem Massaker ein beträchtliches anomisches Potenzial aufgehäuft haben. Neben dem kolonialistischen und rassistischen Erbe dürfte dies vor allem ein Nichtfunktionieren der lokalen rechtlichen Institutionen auf lokaler Ebene gewesen sein, woraus eine Fülle nicht ge-

---

26 Geiss, Geschichte, S. 272 ff.
27 Decker/Weißmann et al., Die Mitte in der Krise, S. 28

schlichteter Streitigkeiten und eine große „unter den Teppich gekehrte" Verfolgungsbereitschaft bis hin zu Hexen-Phantasien resultierte.[28] Dazu sind sicher noch die verschwiegene Infizierung und Stigmatisierung vieler rwandesischer Menschen durch HIV/AIDS und der große Druck der wachsenden Bevölkerung auf den immer kleiner werdenden Landbesitz gekommen – was wiederum durch das Erbrecht verstärkt wurde.[29]

Noch ein Aspekt der situativen Bildung von ethnischer oder rassistischer Identität muss hier erwähnt werden. In entspannten Situationen sind heute viele Menschen in der Lage, eine „realistisch-konstruktivistische Identität" zu bilden. Das heißt, sie können bei einem Blick auf ihre Lebensgeschichte, Familiengeschichte und die Geschichte ihres Landes erkennen, dass sie eine mehr oder weniger zusammengesetzte Identität haben. Sie entwickeln eine reflexive, manchmal sogar spielerische Distanz zu ihrer Identität und sehen sich als Produkt der Geschichte. In Situationen, in denen Menschen wegen ihrer ethnischen Zugehörigkeit gekränkt und als Mitglied einer Gruppe verfolgt werden, geht die realistisch-konstruktivistische Perspektive schnell verloren. Es stehen sich dann „reine" Türken und Kurden, Deutsche und Juden, Slowenen und Österreicher, Hutu und Tutsi gegenüber, die eine einheitliche, innere Substanz oder Essenz gegen einen realen oder vorgestellten Angreifer verteidigen müssen. Die Identitätsbildung wird „essenzialistisch" statt „konstruktivistisch".[30] Die gefährlichste Variante des Essenzialismus ist das Blutdenken. Im Wiener Wahlkampf vom Sommer 2010 forderte die FPÖ des H. C. Strache auf ihren offiziellen Wahlplakaten tatsächlich: „Mehr Mut für unser ‚Wiener Blut'. Zuviel Fremdes tut niemandem gut."

Zu den situativen Faktoren gehört auch der in der Vorurteilsforschung zu wenig diskutierte Einfluss traumatischer Erfahrungen auf die Entstehung von Rassismus. Unser individuelles, mit den selbstständigen Reaktionen der Amygdala im Hirn verknüpfte Trauma-Gedächtnis zeichnet sich dadurch aus, dass es reflexhaft, übergeneralisierend und mit der Mobilisierung starker Emotionen auf alle Situationen reagiert, die mit der erlebten traumatischen

---

28 Weilenmann, M.: Reaktive Ethnizität. Gedanken zur politischen Psychologie anhand der Entwicklungen in Burundi, Rwanda und dem Süd-Kivu. In: Überleben am Abgrund. Menschenrechte und Psychotrauma. Hrsg. von K. Ottomeyer und K. Peltzer. Klagenfurt/Celovec: Drava 2002. S. 245–273.
29 Persönliche Mitteilung von Mr. Greg Bakunzi, Director of Amahoro Tours, Rwanda, am 5.12.2006.
30 Benhabib, S.: Kulturelle Vielfalt und demokratische Gleichheit: Politische Partizipation im Zeitalter der Globalisierung. Frankfurt a. M.: Fischer 1999; Cinar D., H. Gürses, B. Herzog-Punzenberger, K. Reiser u. S. Strasser: Die notwendige Unmöglichkeit: Identitätsprozesse von Jugendlichen unterschiedlicher Herkunft. In: Trennlinien: Imagination des Fremden und Konstruktion des Eigenen. Hrsg. von J. Berghold, B. Menasse. u. K. Ottomeyer. Klagenfurt|Celovec: Drava 2000. S. 149–178.

Situation gewisse äußere Merkmale oder „Trigger" gemeinsam haben. (Dies ist zunächst biologisch sinnvoll, weil lebenserhaltend.) Wer einmal von einem großen Mann mit einem roten Bart überfallen und misshandelt worden ist, wird mit großer Wahrscheinlichkeit auf spätere Begegnungen mit rotbärtigen großen Männern mit Schrecken reagieren. Bei Menschen, deren Verfolger eine bestimmte Sprache gesprochen haben, kann allein der Klang dieser Sprache heftige Kampfreaktionen, Flucht oder Lähmung bewirken. Man könnte von einer „quasi- oder protorassistischen Reaktion" sprechen. Sie funktioniert weitgehend unabhängig vom bewussten Wollen. Rassistische Demagogen können als eine Art Traumatherapeuten für Menschen auftreten, die vor Kurzem oder vor längerer Zeit traumatische Erfahrungen gemacht haben. Die individuellen traumatischen Erfahrungen werden von den Führern zu einem gemeinsamen Bild, zu einem *„chosen trauma"*[31] gebündelt, welches zur Bildung einer kollektiven Identität immer wieder beschworen und inszeniert wird. Für die Nazis war das *chosen trauma* die deutsche Niederlage im Ersten Weltkrieg und der Vertrag von Versailles. Dahinter standen die schrecklichen und teilweise unsagbaren Traumata des Ersten Weltkriegs. Hitler brauchte Versailles und die Niederlage nur zu erwähnen und sie mit der Heimtücke der Juden in Verbindung zu bringen, um heftigste Emotionen auszulösen. Die traumatischen Verletzungen und Niederlagen sollten in einen großartigen Triumph über die angeblich Schuldigen gewendet und kompensiert werden. In ähnlicher Weise benutzte Slobodan Milosevic die serbische Niederlage gegen die Türken 1389 im Kosovo. Er benutzte sie als symbolische Bündelung und als Chiffre für die zahlreichen historischen, familiengeschichtlichen und lebensgeschichtlichen Trauma-Erfahrungen, die die Serben unter der Herrschaft der Türken, im Zweiten Weltkrieg, aber wohl auch als Kinder ihres strengen „Balkanpatriarchats"[32] (Karl Kaser) gemacht hatten. „Man wird euch nie wieder schlagen!", war das große Versprechen, das Milosevic Ende der 1980er Jahre den Serben innerhalb und außerhalb des Kosovo gab. Der angekündigte Triumph richtete sich gegen die Kosovo-Albaner, die als Nachfolger der Türken fungierten. Das hatte mit der historischen Wahrheit nicht viel zu tun, weil die meisten albanischen Stämme 1389 auf der Seite des serbischen Fürsten Lazar gegen die Türken gekämpft hatten. Von makaberer Aktualität ist die Ausrufung des „Vertrages von Trianon", der (analog zum Vertrag von Versailles) die Aufteilung des alten Ungarn nach dem Ersten Weltkrieg regelte, zu einer immer noch national schwärenden Wunde, zum *chosen trauma* im heutigen Ungarn durch die Regierung unter Viktor Orban. H. C. Strache hat für den

---

31 Volkan, V. D.: Blind Trust. Charlottesville, VA: Pitchstone Publishing 2004.
32 Kaser, K.: Familie und Verwandtschaft auf dem Balkan: Analyse einer untergehenden Kultur. Wien/Köln/Weimar: Böhlau-Verlag 1995.

Wiener Wahlkampf 2010 die Bedrohung Wiens durch die Türkenbelagerungen (1529 und 1683) zu reaktivieren versucht.

3. Nun sind wir schon bei der dritten großen Faktorengruppe: bei der Demagogie und den DemagogInnen. Vor den Massakern an den Tutsi 1994 war die rwandesische Bevölkerung tagelang und in ständiger Wiederholung von „Radio Mille Collines" dazu aufgefordert worden, die „Kakerlaken" zu beseitigen. Dies verband sich mit der über Jahrzehnte verbreiteten und institutionalisierten rassistischen Pseudowissenschaft. Goebbels' Inszenierungen sind bekannt. Aber auch er konnte wohl nur vor dem Hintergrund der etwa ab 1860 angelaufenen viel größeren Propagandamaschine des Sozialdarwinismus wirken, welche den überwiegenden Teil der Bildung, der Wissenschaft, der Medizin und der Wirtschaft in Europa und Amerika erfasst hatte.[33] Eine Parallelstudie zur „autoritären Persönlichkeit" aus den 1940er Jahren hat die „Prophets of Deceit"[34] untersucht, die Rhetorik von rechtsextremen und rassistischen Wanderpredigern, die damals gehäuft in den USA auftraten. Die Undurchsichtigkeit der kapitalistischen Ausbeutungsgesellschaft wurde dadurch geklärt, dass überall listige und egoistische Betrüger aufgespürt und zur Aggression freigegeben wurden. Vor allem die eingewanderten Flüchtlinge, die sich angeblich im Lande gute Stellungen erschleichen wollen, werden zum Objekt eines versprochenen „Hausputzes". Die Flüchtlinge sollten lieber zu Hause kämpfen, als sich in den USA versorgen zu lassen. Den weniger Privilegierten werden aufregende Bilder von „verbotenen Früchten" gezeigt, welche sich die Fremden nehmen oder vom Staat bekommen. Die Wiener Wahlkampfbroschüre mit ihrer Rhetorik des „Wussten Sie …?" ist ein Musterbeispiel für dieses Schüren von Neid. Der Agitator inszeniert stellvertretend und mit einer großen Geste die Racheimpulse der „Erniedrigten und Beleidigten", ohne an den ökonomischen Grundmechanismen von Ausbeutung und Ungleichheit zu rütteln.

Zwischen den drei großen Faktorengruppen der Persönlichkeits- oder Charakterstrukturen, der verunsichernden Situationen und der Demagogie können sich auf historisch unterschiedliche Weise konkrete rassistische Stimmungen, Gruppenbildungen und politische Bewegungen entwickeln.

---

33 Bauer, Menschlichkeit
34 Lowenthal L. u. N. Guterman: Prophets of Deceit. A Study of the Technique of American Agitator. New York: Harper 1949.

5. Aspekte der Psychoanalyse

Rassismus hat auch unbewusste Ursachen im Seelenleben der Menschen, auf welche uns die Psychoanalyse aufmerksam gemacht hat. Die psychoanalytischen Erklärungsansätze sind oft hilfreich, aber auch heterogen, weil der oder die Fremde für das Unbewusste sehr viele unterschiedliche Bedeutungen haben kann. Im Anschluss an den Psychoanalytiker Rudolph M. Loewenstein, der bereits in den 1940er Jahren eine wenig beachtete Psychoanalyse des Antisemitismus[35] publiziert hat, möchte ich ein integriertes und flexibles Modell einer psychoanalytischen Sozialpsychologie des Rassismus vorstellen, das die vielfältigen unbewussten Bedeutungen und rassistischen Fantasien berücksichtigt.[36]

Es erweist sich als praktisch, an die alte Freud'sche Idee anzuknüpfen, dass unser Ich in einer Art Dreifrontenkrieg mit dem Management der Realität, des Es (des Bereichs der triebhaft-prekären Bedürfnisse) und des Über-Ich (des Gewissens) beschäftigt ist. Die Realität, die inneren Impulse und das Gewissen können dem Ich Angst machen. Das Ich verfügt über zahlreiche Abwehr- und Copingmechanismen, mit denen es sich schützt. Abwehrmechanismen sind nach innen gerichtet und als Leistung des Ich selbst unbewusst: Verdrängung, Verleugnung, Reaktionsbildung, Verschiebung, Sublimierung, Isolierung, Spaltung, Projektion, Identifizierung mit dem Angreifer usw. Wenn das Ich aufgrund seiner Charakterstruktur oder aufgrund von Regression in bestimmten Situationen, z. B. weil es Teil einer großen Gruppe unter einem Führer geworden ist, schwach ist, wird es auf einige wenige Abwehrmechanismen eingeengt und fixiert. Wenn die Spaltung in Gut und Böse, die Projektion, „projektive Identifizierung" und Identifizierung mit dem Aggressor (Führer) das Seelenleben regieren, werden Introspektion, Selbstreflexion, Empathie und Ambivalenz-Toleranz im Umgang mit dem Fremden erschwert.

Das Bild des gefährlichen Fremden übernimmt im Seelenhaushalt eines solchermaßen geschwächten Ich sehr unterschiedliche Funktionen der Stabi-

---

35 Loewenstein, R. M.: Psychoanalyse des Antisemitismus. Frankfurt a. M.: Suhrkamp 1968.
36 Zur Würdigung einzelner psychoanalytischer Autoren vgl. Ottomeyer, K.: Psychoanalytische Erklärungsansätze zum Rassismus. In: Psychologie und Rassismus. Hrsg. von R. Mecheril u. T. Teo. Reinbek: Rowohlt TB 1997. S. 101–131; Ottomeyer, K.: Die Haider-Show: Zur Psychopolitik der FPÖ. Klagenfurt/Celovec: Drava 2000; Menschik-Bendele J. u. K. Ottomeyer in Zusammenarbeit mit J. Berghold, H. Krall, E. Mairitsch, S. Trannacher, G. Trinkel, B. Wiegele, M. Wieser, S. Zeichen: Sozialpsychologie des Rechtsextremismus: Entstehung und Veränderung eines Syndroms. 2. Aufl. Opladen: Leske + Budrich 2002, S. 14-42.

lisierung. Bedrohliches und Unerklärbares der verschiedensten Art kann bei den Fremden „abgelagert", deponiert werden. Ein Foto mit Mülltonnen von einer rechtsextremen Homepage drückt diese Wahrheit unfreiwillig aus.

Abb. 2: Container für den seelischen Müll[37]

1. Beim Management der Realität stößt das Ich der Individuen auf eine Menge wirklicher Probleme und Überforderungen, deren Komplexität manchmal auf dem Wege eines *„mental short cut"* (G. W. Allport) reduziert wird. Eines dieser Probleme ist die Herrschaft des Geldes über die Menschen und das Phänomen, dass Menschen unter dieser Herrschaft egoistisch und berechnend werden. Die Geschichte des Kapitalismus ist wirklich sehr kompliziert. Wenn nun gesagt wird, die Geldherrschaft sei durch den Einfluss der Juden entstanden, entsteht rasch eine Erklärung und der Anschein einer baldigen Lösung. Weil das Kapital aber doch irgendwie weiterhin gebraucht wird, haben die Nazis dazu noch die Spaltung in „raffendes und schaffendes Kapital" angeboten. Das raffende war jüdisch, das schaffende deutsch. Der strukturell bedingte Egoismus aller Wirtschaftstreibenden, der uns manchmal so Angst macht, kann heute leicht den Einwanderern zugeschrieben werden, zumal manche von ihnen in kurzer Zeit erfolgreich und gut sichtbar kleine Geschäfte und Restaurants aufgebaut haben. Viele Fremde sind für die inländische Unterschicht auf dem Wohnungs- und Arbeitsmarkt durchaus reale Konkurrenten. Das lässt sich nicht leugnen. Wenn dann noch die Anzahl der Ausländer und Ausländerinnen im Land mit der Anzahl der Arbeitslosen ungefähr übereinstimmt und bestimmte PolitikerInnen und Zeitungen dies hervorheben, ist der Boden für ein vereinfachendes Kausalitätsdenken vorbereitet. Ein weiteres Problem, mit dem sich unser Ich ein Leben lang herumschlagen muss, ohne zu einer Lösung zu kommen, ist die Realität des Todes, des Sterbens von Menschen und des

---

37 Fritsch, „Ahasver", S. 49

Grauens auf unserem Planeten. Manchmal erweckt die Gräuelpropaganada gegenüber den Fremden den Eindruck, als würden diese den Tod (z. B. in Gestalt von Syphilis, AIDS, Drogen, Mord und Totschlag usw.) bringen und als könnten wir mit der Abwehr der Fremden dem Tod entrinnen. Auffällig oft ist vom drohenden „Aussterben" der Inländer oder des eigenen Volkes die Rede.

2. Die Fremden spielen aber auch ein wichtige Rolle in der Auseinandersetzung zwischen dem Ich und dem Über-Ich, dem Gewissen, welche in jedem Menschen für Spannung sorgt. Der „gewissenlose Psychopath" ist eine klinisch äußerst seltene Spezies. Wir wissen eigentlich, dass wir Schwächeren helfen sollten. Aber das Ich kann nicht nur seine Triebe abwehren und überlisten, sondern auch das Gewissen. Loewenstein hat in seiner Analyse des Antisemitismus mehrfach darauf hingewiesen, dass die Juden das ungeliebte Gewissen ihrer christlichen Brüder und Schwestern verkörpern. Haben sie uns nicht die zehn Gebote gebracht? Hitler soll die zehn Gebote ausdrücklich als eine jüdische Erfindung zur Schwächung der germanischen Vitalität bezeichnet haben. Die Ansätze zur Nachdenklichkeit und zu einem schlechten Gewissen, die in Deutschland nach dem katastrophalen Ausgang des Ersten Weltkriegs vorhanden waren, wurden mit Hilfe der Nazi-Legende vom jüdischen Dolchstoß in den deutschen Rücken beseitigt. Die Juden waren schuld, das deutsche Gewissen rein. Für den Antisemitismus nach dem Zweiten Weltkrieg hat Henryk M. Broder (unter Bezugnahme auf Dan Diner) gesagt, dass er ein „Antisemitismus nicht trotz, sondern wegen Auschwitz"[38] sei. Man kann die hassen, deren Geschichte unser Gewissen aufrüttelt und uns die Freude an der Konsumgesellschaft verdirbt. Das gilt auch für die Menschen, die heute als Folteropfer oder Kriegsüberlebende zu uns kommen. Sie erinnern an unsere Hilfsverpflichtung. Dankbar werden Geschichten und Gerüchte aufgeschnappt, die von Simulation, Wirtschaftsegoismus oder gar Kriminalität in der hilfesuchenden Gruppe handeln. Es klingt paradox, aber Schuldgefühle können wilden Hass erzeugen. Den Bildern von den schwarzen Drogendealern im Designer-Anzug in der zitierten Wiener Wahlkampf-Broschüre vom Sommer 1999 war am 1. Mai desselben Jahres die Tötung des Nigerianers Marcus Omofuma durch Polizeibeamte im Zuge einer Abschiebung vorausgegangen. An die Stelle von Nachdenklichkeit und möglichen Schuldgefühlen trat umgehend die posthume Beschimpfung des Opfers. Die größte Zeitung Österreichs („Kronen Zeitung") produzierte daraufhin bis in den Sommer hinein auf insgesamt mehr als 60 Seiten Berichte über afrikanische Drogen-

---

38 Broder, H. M.: Der ewige Antisemit. Frankfurt a. M.: Fischer 1986, S. 11.

dealer und Kriminelle. (Marcus Omofuma hatte mit Drogen nichts zu tun.) Jörg Haider hatte bereits auf dem FPÖ-Parteitag am 28. Mai 1999 die Bevölkerung aufgerufen, sich für oder gegen „die Mörder unserer Kinder" zu entscheiden: ein Beispiel für die Fantasie vom Fremden als Todbringer (vgl. oben). In den folgenden Jahren wurden in Österreich noch mehrere Afrikaner getötet oder schwer verletzt. Die Täter bzw. Verantwortlichen waren in allen Fällen Beamte der Exekutive, die nur geringe Strafen erhielten und von den Innenministern in Schutz genommen wurden. Der Abwehrreflex der „Täter-Opfer-Umkehr" und die wütende Attacke gegen die Opfer beruhigt das Gewissen und kann ein zentraler Bestandteil der Kollektividentität werden. So fühlen sich viele Türken sofort miteinander verbunden wenn, wenn ein naiver Ausländer, ein Schriftsteller oder ein Vertreter der armenischen Minderheit das Verbrechen am armenischen Volk im Ersten Weltkrieg anspricht. Asylsuchende provozieren besonders, weil sie die Eigenschaft des Opfers mit der Eigenschaft des Fremden verbinden.[39] Ein Aspekt der Über-Ich-Abwehr ist auch die Attacke auf diejenigen, die als Helfer auf die Situation von Flüchtlingen, Folteropfern und ethnischen Minderheiten aufmerksam machen. Ihnen wird vorgeworfen, sie würden „Tugendterror" betreiben und sie seien ebenso naive wie gefährliche „Gutmenschen". Über Gutmenschen darf man sich auch lustig machen. Man betrachte noch einmal die Abbildung 1. Der Witz verschafft uns nach Freud dadurch eine kleine Euphorie, dass er mit seinen Assoziations- und Überraschungseffekten das Über-Ich punktuell außer Kraft setzt und dem Ich auf diese Weise einen „Hemmungsaufwand" gegen lustvolle und verbotene Impulse erspart. Das Über-Ich kann aufgrund seiner Trägheit überlistet werden. Umberto Bossi, der populistische Kämpfer für eine norditalienische Autonomie, stellte Mitte der 1990er Jahre zum Beispiel folgende Scherzfrage: „Wenn ein Lombarde mit einem Süditaliener und einem Schwarzen auf einem Turm steht, wen von beiden stößt er zuerst in die Tiefe? – Den Süditaliener. Warum? Zuerst die Pflicht und dann das Vergnügen." Der rassistische Witz verschafft dem Erzähler bzw. der Erzählerin und den RezipientInnen eine Vitalisierung und ein Überlegenheitsgefühl, das durch den Sturz der anderen hergestellt wird. Wenn der Humor mit den Worten Freuds generell ein „Triumph des Narzissmus über die Welt" ist, den wir dringend brauchen, so ist der rassistische Witz die primitivste Form dieses Triumphes. Über diese Art Witze schreibt Freud: „[...] die Technik dieser Witze ist oft ärmlich, ihr Lacherfolg ein ungeheurer."[40] Die sogenannte Brillanz vieler rechtsextremer Poli-

---

39 Ottomeyer, K.: Die Behandlung der Opfer. Über unseren Umgang mit dem Trauma der Flüchtlinge und Verfolgten. Stuttgart: Klett-Cotta 2011.
40 Freud, S.: Der Witz und seine Beziehung zum Unbewussten (1905). Studienausgabe Bd. IX. Frankfurt: Fischer 1974, S. 97

tikerInnen von Le Pen über Bossi bis hin zu Haider beruht zum großen Teil auf diesen Mechanismen. Durch die Lachsalven wird das Über-Ich langsam, aber sicher sturmreif geschossen. Hier eine typische Karikatur aus einer rechtsextremen Jugendzeitschrift, die Mitte der 1990er Jahre an österreichischen Schulen verbreitet wurde.

Abb. 3: Die Verspottung des Über-Ich, das die Anerkennung des Holocaust verlangt.[41]

Beim „modernisierten Rassismus", der vor allem in der Mitte der Gesellschaft vorkommt, gibt es noch eine typische Form des Arrangements mit dem Gewissen, die wahrscheinlich eine Folge des Holocaust ist. Die SprecherInnen beginnen ihr Statement mit mehr oder weniger ausführlichen Beteuerungen, dass sie keine Rassisten seien, im Gegenteil bereits Juden geholfen, Türken als Freunde hätten usw. Nachdem dem Über-Ich Tribut gezollt wurde, kann man sich umso ungehemmter den Freuden des „Schimpfklatschs" und der Verbreitung von Vorurteilen widmen.

3. Nun komme ich zu den verbotenen inneren Impulsen aus dem Es, mit welchen das Ich der Rassisten kämpft. Man kann wie in einem Freud'schen Lehrbuch deutlich die oralen, die analen, die phallischen oder ödipalen sowie schließlich auch noch die narzisstischen Bedürfnisse und Fantasien unterscheiden, die durch Projektion auf die Fremden entsorgt und bewältigt werden. Je nach Situation hebt der Demagoge den einen oder anderen Aspekt mehr hervor.

Die „verbotenen Früchte" sind wie der Apfel im Paradies zunächst oraler Natur. Der neuere Kapitalismus hat den Konsumismus fast aller Menschen so gesteigert, dass er ihnen zunehmend peinlich wird und mit den Geboten von der Askese, die von der Arbeitswelt her immer noch verlangt werden, stark kollidiert. Die zu Couch-Potatoes gewordenen KonsumentInnen projizieren ihre passive Gier gerne auf eingewanderte und fremde Menschen. Hier ein Bild aus der schon erwähnten rechtsextremen Schülerzeitschrift. Es verspottet einen Afroamerikaner für genau das, was die meisten von uns all-

---

41 Das Bild stammt aus dem „Journal Gäck" aus dem Jahr 1995, einem rassistischen Heft, das auf Schulhöfen in Österreich verteilt wurde und später zu Verurteilungen wegen Wiederbetätigung führte.

abendlich in unserem Wohnzimmer tun: essen, trinken, fernsehen und dabei auch noch die Katastrophen der Welt als Teil der Unterhaltung konsumieren.

Vor allem Menschen aus Afrika wird Faulheit und orale Gier unterstellt. Die Betonung der Lippen und des Mundes spielt hier eine Rolle. Immer noch geistert das Kannibalenmotiv umher. Entwicklungshilfe verschlingt unsere Gaben; schließlich werden wir selbst verschlungen (Abb. 5, S. 194).

Im Vergleich zu den gierigen Fremden, die sich nur versorgen lassen wollen und zum Beispiel in den Flüchtlingspensionen herumliegend auf die Sozialhilfe warten, sind wir selbst asketische Figuren voller Selbstkontrolle und Fitness. Die Fremden bekommen es „vorne und hinten hineingesteckt", so

Abb. 4: Unser Schatten – orale Gier und Konsumismus.[42]

wie die besonders geförderten Chinalokale in der zitierten Wiener Wahlkampfbroschüre. Interessant ist an diesem Pamphlet, dass es die Scham der konsumistischen ÖsterreicherInnen kurz anspricht, von denen gesagt wird, „dass sie ohnehin nur viel Alkohol trinken und fettes Fleisch essen", um sie dann wieder in die Aggression gegen die gut versorgten Fremden zu wenden. Bereits die Nazis hatten die Juden vorzugsweise als dickliche Parasiten mit wulstigen Lippen gezeichnet, die im Falle jüdischer Kapitalisten auch noch Zigarre rauchten. Zur Projektion der oralen Gier gehört auch noch das Spiel mit einem unbewussten Geschwisterneid und Neid auf kleine Kinder. Die ersten Fremden, die viele von uns in der Kindheit kennengelernt haben, waren die jüngeren Geschwister.[43] Sie kommen nach uns, beanspruchen sofort sehr viel Versorgung und eine Mittelpunktstellung gegenüber Vater und Mutter, so wie – nach dem Empfinden vieler fremdenfeindlich eingestellter BürgerInnen – heute die Einwanderer und Einwanderinnen und die Fremden gegenüber dem Staat und der Gesellschaft. Wir müssen hart mithelfen und arbeiten, auch für die Neuankömmlinge. Sie müssen nichts tun. Und all das, obwohl ihre Sprache zunächst ziemlich unverständlich und von jedem vernünftigen Deutsch oder Englisch weit entfernt ist. Im Übrigen sprechen sie gestikulierend. Der von den DemagogInnen geschürte Neid auf die Geschwister ist unbewusst und kann sehr bösartig werden. Er spielt

---

42 Quelle siehe Abb. 3
43 Arlow, J. A.: Aggression und Vorurteile: Psychoanalytische Betrachtungen zur Ritualmordbeschuldigung gegen die Juden. In: Psyche XLVI 12 (1992). S. 1122–1132.

Abb. 5: Das Stereoptyp des Kannibalismus.[44]

in der zitierten Wahlkampfbroschüre mit. Interessanterweise können die mit dem Geschwisterneid einhergehenden unbewussten Tötungsimpulse selbst wieder auf die Fremden projiziert und dort entsorgt werden. Der Psychoanalytiker Arlow sieht darin den Grund für die penetranten Kindesmord- und Ritualmordunterstellungen in Bezug auf die Juden. Man denke an den zitierten Haider-Spruch von den „Mördern unserer Kinder".

Ebenso ins Auge springend ist die Möglichkeit, bei den Fremden die eigene Analität, das Gefühl, schmutzig zu sein, abzuladen. Die oben gezeigten Mülltonen sind ein vielsagender Kommentar dazu. Trotz mancher Liberalisierung in den ersten Lebensjahren scheint die Reinlichkeitserziehung für viele immer noch ein schmerzhafter Prozess und ein *unfinished business* zu sein. Wir sind einfach sehr schmutzig, vor allem, wenn man an die Umwelt denkt. Und auch in einem weiteren moralischen Sinne fühlen sich viele schmutzig und wünschen sich eine Reinigung, die ihnen ein schönes glänzendes Selbst zurückgibt. Da ist es sehr praktisch, wenn die Fremden als besonders schmutzig gelten und auch noch schlecht riechen. Es war bereits ein Trick der Nazis, die Juden so zu konstruieren. Elendsbilder aus den

---

44 Quelle siehe Abb. 3

Gettos und KZs wurden zusätzlich in den Propagandafilmen verwendet, um die Assoziation von Juden, Schmutz und Ungeziefer zu festigen. Damit waren sie dehumanisiert und das Morden wurde zu einer Reinigungsaktion. Die Assoziation der Juden mit den Schweinen fand sich im mittelalterlichen und frühneuzeitlichen Europa nicht nur auf der Iberischen Halbinsel. Hier ein Pamphlet vom Ende des 16. Jahrhunderts:

Abb. 6: Der Fremde wird mit tierischen Körperflüssigkeiten und Exkrementen assoziiert. Flugblatt „Wittenberger Judensau" 1596[45]

Die Tutsi wurden von „Radio Mille Collines" zu Kakerlaken erklärt. Im ehemaligen Jugoslawien fanden die Vertreibungen und Massentötungen als „ethnische Säuberungen" statt. Die Psychoanalyse betont den Zusammenhang von analer Fixierung und Sadismus. Im Falle der sogenannten ethnischen Säuberungen kann das Quälen von Menschen vor dem eigenen Über-Ich als Hygienemaßnahme dargestellt werden. Die TV-Werbung für Putzmittel arbeitet übrigens gerne mit lustigen Bilderfolgen, bei denen kleine subhumane Männchen als Repräsentanten des Schmutzes unter lautem Wehklagen vernichtet werden. Wann immer die Reinigungsbilder in der politischen Rhetorik auftauchen, sollten die Alarmglocken läuten. Nach den Unruhen in den *banlieues* rund um Paris 2005 versprach der damalige

---

45 Quelle: http://www.pictokon.net/bilder/06-bilder-juni/lutherstadt-wittenberg-070-geschichte-judenhass-in-deutschland-judensau.jpg

französische Innenminister Nicolas Sarkozy, er werde nun mit dem „Kärcher", einer Hochdruckreinigungs-Maschine, dorthin gehen, um den Abschaum (*racaille*) zu beseitigen. Hier noch ein Bild zur analen Thematik von einer neueren rassistischen Homepage:

Abb. 7: Rassismus als Aufforderung zur Hygiene.[46]

Im Herbst und Winter 2007/2008 wurde der Gemeinderatswahlkampf in Graz von Seiten der Haider-Partei (BZÖ) unter dem Motto „Wir säubern Graz" geführt. Es wurden symbolisch Besen verteilt, um „Asylbanden", Bettler, „Kinderschänder" und osteuropäische Kriminelle aus der Stadt hinauszusäubern. Der Lustaspekt war unübersehbar. Nachdem der Spitzenkandidat Grosz sich tatsächlich mit einem Kärcher-Reiniger gezeigt hatte, klagte die Hersteller-Firma wegen des Missbrauchs ihres guten Namens – wie sie es bereits im Falle Sarkozy getan hatte.

Die rassistischen DemagogInnen können aber auch die Aufmerksamkeit auf die Sexualität und die Angst vor den Rivalen im Sinne des Ödipuskomplexes lenken. Bei Lanz von Liebenfels, dessen „Ostara-Hefte" Hitler in Wien gelesen hat, kämpft, wie schon erwähnt, der reine und helle arische Mann von morgens bis abends gegen seine halbäffischen schwarzen und jüdischen Rivalen. Auch Hitlers „Mein Kampf" ist voll von den Bildern des lauernden Rivalen. Der Jude wurde als Verführer der deutschen Frauen und Kinder konstruiert. Sein besonderer, nämlich beschnittener, Penis wird abwechselnd als besonders attraktiv und als Zeichen der Kastration fantasiert.

---

46 Siehe Fritsch, „Ahasver".

Es ist auch ziemlich ekelhaft, sich vorzustellen, dass die Nazis sich zehntausendfach die Penisse der Gegner zeigen ließen, um diese zu identifizieren und zu vernichten. Abb. 8 zeigt eines der Nazi-Bilder vom verführerischen Juden, welches aus dem „Stürmer" des Julius Streicher stammt.

In der anfangs vorgestellten rassistischen Broschüre wird die Empörung des Publikums u. a. dadurch mobilisiert, dass ein ehemaliger Bundeskanzler die „Lendenarbeit" der Österreicher mit der Lendenarbeit der Ausländer verglichen und als schwächer hingestellt haben soll. Der Politiker Thomas Prinzhorn (später Vize-Präsident

Abb. 8: Der jüdische Arzt als Verführer.[47]

des Österreichischen Nationalrats) hatte im Wahlkampf 1999 verbreitet, dass Ausländer Präparate zur Steigerung der Fruchtbarkeit kostenlos verschrieben bekämen, die den Österreichern vorenthalten würden. Die „Vermehrung der Ausländer" ist ein besonderes Reizthema. Auch die kostenlose Förderung der Fitness von Ausländern, welche in der Broschüre behauptet wird, ist geeignet, die sexuellen Rivalitätsphantasien zu verstärken. Das Schlimmste sind für die Rassisten, aber auch viele „Normalbürger" inländische Frauen, die sich auf Partnerschaften mit Ausländern, z. B. Afrikanern, einlassen. Die umgekehrte Vorstellung, dass die weißen europäische Männer nach Südostasien oder anderswohin fliegen, um dort ihre Sexualität auszuleben oder sogar um von dort eine Frau mitzubringen, ist viel leichter auszuhalten. Schließlich impliziert sie den Sieg über die Rivalen mit der anderen Hautfarbe.

Die sexuelle Dauerstimulierung im postmodernen Kapitalismus produziert widersprüchliche Bilder. Menschen afrikanischer Herkunft sind Popstars und Sexsymbole. Die Attraktivität des Fremden macht aber vielen auch Angst und soll am besten verschwinden. Jedenfalls ist es sehr entlastend und

---

47 Siehe Fritsch, „Ahasver", S. 99.

praktisch, die sexuelle Gier und die Neigung zum Übergriff einseitig den Ausländern anzulasten. Direkte und indirekte Wunschphantasien, die Potenz des ödipalen Gegners zu attackieren oder ihn zu kastrieren, sind die Folge dieser Projektion. Hier zwei Bilder aus der Welt des Fußballs, das eine von einer französischen, das andere von einer deutschen rassistischen Homepage:

Abb. 9 und 10: Die lustvolle Kastration des fremden Mannes.[48]

Beim Schweizer Referendum zur Abschiebung straffällig gewordener Ausländer vom November 2010 wurde das Bild eines Mannes plakatiert – im Unterhemd mit Goldkette, von unten fotografiert –, welches mit den Worten „Ivan S., Vergewaltiger und bald Schweizer?" kombiniert wurde (s. Abb. 11). Ein lehrbuchhaftes Beispiel für die Nutzung von Sexualangst für rassistische Propaganda.

Ein wichtiger Aspekt für eine psychoanalytische Sozialpsychologie des Rassismus ist schließlich noch der Narzissmus. Im Zusammenhang damit stehen das Selbstwertgefühl und die Neigung zur Depression. Die Untersuchung von Decker und Brähler[49] zeigte ein niedriges Selbstwertgefühl als Ausgangsbasis und eine Tendenz zur Depression bei Rechtsextremen. Spätestens in der Adoleszenz beginnen sich die Heranwachsenden hinsichtlich der Perfektion ihres Körpers mit anderen Individuen zu vergleichen. Die gesellschaftlich hergestellte „Dysmorphophobie" (Angst vor Missgestaltigkeit des eigenen Körpers) oder positiv gesagt der „Adoniskult" sind in der spätkapitalistischen Kultur der Selbstvermarktung ziemlich offensichtlich,

---

48 Siehe Fritsch, „Ahasver", S. 96.
49 Decker/Brähler, Vom Rand zur Mitte.

werden aus wirtschaftlichen Gründen gefördert und beschäftigen fast jeden. Es wird beim Älterwerden nicht besser. Und die Angst vor körperlicher Hässlichkeit hat die Menschen auch schon vor mehr als hundert Jahren verfolgt. Da Rassismus vor allem auch ein Phantasie von der angeborenen Überlegenheit des eigenen Körpers ist, bietet er doch dem Individuum wunderbare Möglichkeiten, durch eine einfache Selbst-Zuordnung zu einer auserwählten Rasse die Zweifel an der Schönheit des eigenen Körpers auszuräumen. Um die Argumentation abzukürzen, wird als Abb. 12 ein im Original farbiges Bild gezeigt, das ein sechzehnjähriger Junge auf einem unserer Forschungsworkshops gezeichnet hat.

Abb. 11: Der Fremde als Vergewaltiger.[50]

Abb. 12: Stärke und Schwäche[51]

---

50 Quelle: Überparteiliches Komitee Gegenentwurf Nein, Postfach 852 Bern, info@kriminelle.ch
51 Zeichnung in Besitz des Autors

Der Junge hatte sicherlich eine rassistische Einstellung, als er das Bild zeichnete. Sonst hätte er das Lied einer rechtsextremen Band, in dem den Hautptakteur ein Chor aus dem Hintergrund anfeuert, nicht auswendig gekonnt. Im Lied wird dazu aufgefordert, auf einen Türken, der bereits niedergeschlagen auf dem Boden liegt, noch einmal einzutreten. Es scheint ein Szene-Evergreen zu sein und wird heute noch im Internet dargeboten. Der Held auf dem Bild imponiert durch seine große männliche Figur mit schmalen Hüften und breiten Schultern und sein militantes Outfit. Es ist schwer, den glatten Kopf und den hochgereckten, noch tropfenden Baseball-Schläger nicht im Freud'schen Sinne zu deuten. Wichtig ist der Kontrast des narzisstischen Triumphes – der bei realen Aktionen als „Kick" erfahren wird – über die elende menschliche Figur, die rechts unten auf dem Boden liegt. Sie ist bereits hilflos und auf dem Boden und im Vergleich zum Sieger merkwürdig zerflossen und breiig. Warum muss sie dann noch einmal attackiert, erniedrigt werden? – Weil der Hass nicht nur dem fremden Konkurrenten gilt, sondern mehr noch der Position des niedergeschlagenen menschlichen Wesens. Im Deutschen bedeutet das Wort „niedergeschlagen" zugleich „deprimiert". Der Hass richtet sich gegen die eigenen hilflosen und depressiven Anteile. Die These, dass diese Anteile einen wichtigen „Schatten" vieler Rassisten bilden, stimmt gut mit der oben zitierten repräsentativen Untersuchung überein. Bei allen elf rechtsextremen Jungen, mit denen unsere eigene Forschungsgruppe einen engeren, teilweise psychotherapeutischen Kontakt hatte, fanden wir deutliche Hinweise auf depressive Tendenzen. Rassisten ersparen sich gewissermaßen den Ausbruch einer manifesten Depression auf ihrer inneren Bühne, indem sie auf einer äußeren Bühne das Schwache und Hilflose, den „Loser", das Muttersöhnchen in sich selbst, attackieren. Da dies nicht wirklich gelingt, müssen sie die aggressiven Akte wiederholen, auf das Hilflose wieder und wieder treten. Leider findet dieses wiederholte Treten nicht nur verbal statt, sondern hin und wieder auch praktisch. Es ist die typische Weise, in der rassistische Täter ihre Opfer zu Tode bringen oder schwer verletzen.

6. Was kann man tun?

Wenn wir der Drei-Faktoren-Theorie folgen, geht es zunächst sicherlich um die gesellschaftliche Förderung einer haltgebenden und toleranzfördernden Erziehung. Es ist wohl immer noch so, dass Persönlichkeiten, die zur „autoritären Reaktion" neigen, häufiger die „Erfahrung von harter Strafe und Gewalt, vornehmlich vom Vater, aber auch durch die Mutter" gemacht haben.[52]

---

52 Decker/Brähler, Vom Rand zur Mitte, S. 165.

Dadurch wird insbesondere das Selbstwertgefühl geschwächt. Rassismus in Wort und Tat ist eine Art Instant-Cocktail zur Steigerung des Selbstwertgefühls. Um von solchen Drogen unabhängig zu bleiben, brauchen Heranwachsende und Erwachsene nicht so sehr eine Beschäftigung mit ethnischer, nationaler oder auch multikultureller Identität, sondern vor allem eine einfache, aber „gute Nahrung" für ihr Selbstwertgefühl. Dabei geht es um Anerkennung der Menschen als Liebende im Privat- und Familienleben, als Arbeitende, deren Produkte nützlich und sinnvoll sind, und als Geschäftsmann bzw. Geschäftsfrau, die Erfolg und finanziellen Spielraum haben. Zur Anerkennung als liebender Mensch, als arbeitender Mensch and als Geschäftsmensch gehört auch das sich einstellende Gefühl und die Gewissheit, gebraucht zu werden. Viele Rassismusanfällige sind verängstigt. Wer die Angst hat, nicht gebraucht zu werden, wird anfällig für die Idee, dass er oder sie als Mitglied einer besonderen Nation oder Rasse von eben dieser Nation oder Rasse ganz dringend gebraucht wird. Ein gutes Selbstwertgefühl, das gegenüber Rassismus und anderen Drogen resilient macht, ist in unserer Gesellschaft auch von der Bildung abhängig.[53] Dabei darf es nicht nur um technisches Wissen und um Wissen in Bezug auf die äußere Welt gehen, sondern es muss auch um die Fähigkeit gehen, die eigenen blinden Flecken und unsere Verführbarkeit durch rassistische und andere Propaganda zu verstehen. LehrerInnen, PsychologInnen und JournalistInnen können die unbewusste Faszination des Rassismus mit Hilfe psychoanalytischer und sozialpsychologischer Kenntnisse relativ leicht nachvollziehbar machen. Der zweite Teil des vorliegenden Essays könnte dafür nützlich sein. Heranwachsende sind neugierig auf sich selbst. Da Rassismus auch etwas mit verunsicherter Männlichkeit zu tun hat, wäre es wichtig, mehr männliche Lehrer in die basalen Bildungseinrichtungen zu holen.

In Bezug auf die situativen Faktoren, welche Rassismus begünstigen, wird eine Sozial- und Wirtschaftspolitik benötigt, welche den Menschen äußere Sicherheit gibt. Ein ungebremster Kapitalismus schafft eine Fülle von anomischen Situationen und verstärkt auch ein sozialdarwinistisches Klima. Die Angst, in näherer oder fernerer Zukunft zu den Losern oder Opfern gezählt zu werden, aus den sozialen Netzwerken herauszufallen, begünstigt den Wunsch, zu einer überlegenen Nation oder Rasse zu gehören. Wenn Menschen als Individuen oder als Gruppen traumatische Situationen durch Angreifer aus einer anderen Ethnie erlebt haben, sollte das ernst genommen und erzählt werden können. Nicht bearbeitete Traumata – sei es infolge von Straßenkriminalität oder infolge von historischen Ereignissen – werden aufgrund der Eigentümlichkeit unseres Traumagedächtnisses leicht

---

53 Ebd.

generalisiert und können einen bleibenden rassistischen Hass gegen eine ganze ethnische Gruppe erzeugen.

Der Kampf gegen rechtsextreme und rassistische Demagogie sollte mit dem Mittel der Aufklärung über die Fehlinformationen und über die psychologischen Tricks der DemagogInnen geführt werden.[54] Er muss aber auch mit den Mitteln des Strafrechts geführt werden. Seit einiger Zeit versuchen die Staaten der Europäischen Union, sich auf gemeinsame Gesetze gegen Rassismus zu einigen. Am schwierigsten erwies sich die Einigung mit den Briten, welche aufgrund ihrer besonderen demokratischen Tradition eine sehr liberale Position zur Meinungsfreiheit haben. Es ist sinnvoll, über die europäischen Ländergrenzen hinweg den Tatbestand der „Verhetzung" (*incitement*) juristisch zu fixieren und dann auch zu verfolgen (vgl. den „Rahmenbeschluss" der europäischen JustizministerInnen vom April 2007[55]). In Österreich gibt es seit Langem einen sehr gut formulierten Paragraphen gegen Verhetzung. Er wurde bis vor Kurzem auch bei offenkundig rassistischen Äußerungen von rechten PolitikerInnen und JournalistInnen nicht angewendet, sondern galt, wie die StaatsanwältInnen sagten, als „ruhendes Recht". Seit 2009 scheint sich das zu ändern. Wenn auf der offiziellen Ebene die bestehenden Normen nicht ernst genommen werden, darf man sich nicht wundern, wenn in Teilen der Bevölkerung und bei Jugendlichen eine rassistische Verwahrlosung zunimmt. Menschen, die zur „autoritären Reaktion" neigen, brauchen als Basis allen weiteren Lernens eine grenzsetzende Autorität.

Bibliographie

Adorno, T. W.: Erziehung nach Auschwitz. In: Stichworte. Kritische Modelle 2. Frankfurt a. M.: Suhrkamp 1969. S. 85–101.
Arlow, J. A.: Aggression und Vorurteile: Psychoanalytische Betrachtungen zur Ritualmordbeschuldigung gegen die Juden. In: Psyche XLVI 12 (1992). S. 1122–1132.
Bauer, J.: Prinzip Menschlichkeit. Hamburg: Hoffmann und Campe 2006.
Bauman, Z.: Modernity and Ambivalence. Ithaca, NY: Cornell University Press 1991.
Benhabib, S.: Kulturelle Vielfalt und demokratische Gleichheit: Politische Partizipation im Zeitalter der Globalisierung. Frankfurt a. M.: Fischer 1999.
Broder, H. M.: Der ewige Antisemit. Frankfurt a. M.: Fischer 1986.
Cinar, D., H. Gürses, B. Herzog-Punzenberger, K. Reiser u. S. Strasser: Die notwendige Unmöglichkeit: Identitätsprozesse von Jugendlichen unterschiedlicher Herkunft.

---

54 Ottomeyer, K.: Die Haider-Show: Zur Psychopolitik der FPÖ. Klagenfurt|Celovec: Drava 2000. Ottomeyer, K.: Jörg Haider. Mythos und Erbe. Innsbruck: Haymon 2010.
55 http://de.wikipedia.org/wiki/Volksverhetzung (14.5.2011)

In: Trennlinien: Imagination des Fremden und Konstruktion des Eigenen. Hrsg. von J. Berthold, B. Menasse. u. K. Ottomever. Klagenfurt|Celovec: Drava 2000. S. 149–178.

Decker, O. u. E. Brähler: Vom Rand zur Mitte: Rechtsextreme Einstellung in Deutschland. In Zusammenarbeit mit N. Geißler. Berlin: Friedrich-Ebert-Stiftung 2006.

Decker O., M. Weißmann, J. Kiess u. E. Brähler: Die Mitte in der Krise. Rechtsextreme Einstellungen in Deutschland 2010. Berlin: Friedrich-Ebert-Stiftung 2010.

Enzensberger, H. M.: Deutschland, Deutschland unter anderem. Äußerungen zur Politik. Frankfurt am Main: Suhrkamp 1967.

Freud, S.: Der Witz und seine Beziehung zum Unbewussten (1905). Studienausgabe Bd. IX. Frankfurt: Fischer 1974.

Fritsch, S.: „Ahasver" – Die Darstellung des Fremden in rassistischen Karikaturen. Diplomarbeit. Universität Klagenfurt 2003.

Geiss, I.: Geschichte des Rassismus. Frankfurt a. M.: Suhrkamp 1988.

Haupt, G.: Antiziganismus und Sozialarbeit. Berlin: Frank & Timme 2006.

Heitmeyer, W. et al.: Die Bielefelder Rechtsextremismusstudie. Weinheim und München: Juventa 1992.

Hopf, C. et al.: Familie und Rechtsextremismus. Familiale Sozialisation und rechtsextreme Orientierungen junger Männer. Weinheim/München: Juventa 1995.

Kaser, K.: Familie und Verwandtschaft auf dem Balkan: Analyse einer untergehenden Kultur. Wien/Köln/Weimar: Böhlau-Verlag 1995.

Lebhart G. u. R. Münz: Die Österreicher und ihre „Fremden". In: Abgrenzen, Ausgrenzen, Aufnehmen: Empirische Befunde zu Fremdenfeindlichkeit und Integration. Hrsg. von H. Fassmann, H. Matuschek, u. E. Menasse. Klagenfurt|Celovec: Drava 1999. S. 15–32.

Lettre International. Europas Kulturzeitung. Berlinheft vom 30.9.2009. (Interview mit Thilo Sarrazin)

Lowenthal L. u. N. Guterman: Prophets of Deceit. A Study of the Technique of American Agitator. New York: Harper 1949.

Loewenstein, R. M.: Psychoanalyse des Antisemitismus. Frankfurt a. M.: Suhrkamp 1968.

Mamdani, M.: When Victims Become Killers: Colonialism, Nativism and the Genocide in Rwanda. Kampala/Dar es Salaam: Fountain Publishers E and D Limited 2002.

Menschik-Bendele J. u. K. Ottomeyer in Zusammenarbeit mit J. Berghold, H. Krall, E. Mairitsch, S. Trannacher, G. Trinkel, B. Wiegele, M. Wieser, S. Zeichen: Sozialpsychologie des Rechtsextremismus: Entstehung und Veränderung eines Syndroms. 2. Aufl. Opladen: Leske + Budrich 2002.

Mujawayo E. u. S. Belhaddad: SurVivantes: Rwanda, dix ans après le génocide. La Tour d'Aigues: Editions des l'Aubes 2004.

Ottomeyer, K.: Psychoanalytische Erklärungsansätze zum Rassismus. In: Psychologie und Rassismus. Hrsg. von R. Mecheril u. T. Teo. Reinbek: Rowohlt TB 1997. S. 101–131.

Ottomeyer, K.: Die Haider-Show: Zur Psychopolitik der FPÖ. Klagenfurt/Celovec: Drava 2000.

Ottomeyer, K.: Jörg Haider. Mythos und Erbe. Innsbruck: Haymon 2010.

Ottomeyer, K.: Die Behandlung der Opfer. Über unseren Umgang mit dem Trauma der Flüchtlinge und Verfolgten. Stuttgart: Klett-Cotta 2011.

Ottomeyer, K. u. S. Zeichen: Auffällige Jugendliche im außerschulischen Bereich. In: Menschik-Bendele J. u. K. Ottomeyer in Zusammenarbeit mit J. Berghold, H.

Krall, E. Mairitsch, S. Trannacher, G. Trinkel, B. Wiegele, M.Wieser, S. Zeichen: Sozialpsychologie des Rechtsextremismus: Entstehung und Veränderung eines Syndroms. 2. Aufl. Opladen: Leske + Budrich 2002, S. 43–82.

Volkan, V. D.: Blind Trust. Charlottesville, VA: Pitchstone Publishing 2004.

Weilenmann, M.: Reaktive Ethnizität. Gedanken zur politischen Psychologie anhand der Entwicklungen in Burundi, Rwanda und dem Süd-Kivu. In: Überleben am Abgrund. Menschenrechte und Psychotrauma. Hrsg. von K. Ottomeyer und K. Peltzer. Klagenfurt|Celovec: Drava 2002. S. 245–273.

Weiss. H.: Ethnische Stereotype und Ausländerklischees. In: Fremdbilder Feinbilder, Zerrbilder: Zur Wahrnehmung und diskursiven Konstruktion des Fremden. Hrsg. von K. Liebhart, E. Menasse u. H. Steinert. Klagenfurt|Celovec: Drava 2002. S. 17–37.

Vorurteile gegen Muslime – Feindbild Islam

Wolfgang Benz

Überfremdungsängste, wurzelnd in der Furcht vor als „anders", „fremd", damit als unverträglich mit dem Eigenen und bedrohlich für das Eigene definierter Wahrnehmung, sind sozialpsychologisch erklärbar, sie haben eine lange Tradition mit wechselnden Objekten der Abneigung und Ausgrenzung. Die Stereotype in der Wahrnehmung von Minderheiten dienen der Selbstvergewisserung der Mehrheit und der Festschreibung des prekären sozialen Status der jeweiligen Minorität. Das darin gestaute Konfliktpotenzial ist erheblich und bedeutet für das Zusammenleben der Menschen in einer komplexen Gesellschaft eine latente Bedrohung.

Die als negativ empfundenen Eigenarten der „Anderen", kulturell, ethnisch, religiös oder wie auch immer definiert, dienen der Hebung des eigenen Selbstbewusstseins und fixieren es durch die Gewissheit, dass die Anderen nicht integrationsfähig oder assimilationsbereit oder dass sie von ihrer Konstitution her kriminell, asozial und aggressiv sind; das geht bis hin zu Verschwörungsphantasien, nach denen eine Minderheit Dominanz über die Mehrheit erstrebt. In der Geschichte der Judenfeindschaft ist die stereotype Vermutung seit Jahrhunderten verbreitet und wird immer wieder reproduziert, nach der „die Juden" zu viel Einfluss in der Finanzwelt oder in der Kultur oder in den Medien oder sonst wo, wahrscheinlich sogar in allen Bereichen von Staat und Gesellschaft, hätten und dass sie diesen Einfluss zum Schaden der Mehrheit, aber zum eigenen Nutze, unablässig ausübten. Muslimfeindschaft bedient ähnliche Stereotype wie das Streben nach Vorherrschaft, nach Eroberung und Überwältigung mit dem Ziel der Dominanz des Islam über Europa.

1. Entstehung und Tradition des Feindbildes Islam

Der sensationelle Erfolg eines Buches mit dem Titel „Deutschland schafft sich ab" ist ein Symptom für die Stimmung in Deutschland seit Herbst 2010.[1] Das Buch, gespickt mit Tabellen und Statistiken, will beweisen, dass

---

1 Sarrazin, Thilo: Deutschland schafft sich ab. Wie wir unser Land aufs Spiel setzen. München: DVA 2010.

Deutschland ausstirbt bzw. überfremdet wird, weil „dumme Muslime" mehr Kinder bekommen als „kluge Deutsche". Das von „Islamkritikern" begeistert gelobte Pamphlet Thilo Sarrazins lebt von populistisch vorgetragenem Sozialdarwinismus. Das Buch bedient in der Mehrheitsgesellschaft verbreitete Ängste, die uralte Furcht vor der Überfremdung, die sich in Xenophobie Luft macht und einen Kulturrassismus hervorbringt, der sich gegen unerwünschte Minoritäten richtet.

Die schrillen Schreie der Demagogen öffnen einem aufnahmebereiten Publikum die Ohren für die Botschaft von der „Islamisierung Europas". Der niederländische Rechtspopulist Geert Wilders behauptet in verschwörungstheoretischer Diktion: „Überall in Europa führen multikulturelle Eliten einen totalen Krieg gegen ihre eigene Bevölkerung, indem sie die Masseneinwanderung und die Islamisierung fortsetzen, die am Ende zu einem islamisierten Europa ohne Freiheit führt, zu einem Eurabien."[2] Die dogmatische Behauptung ermangelt jeden Beweises und aller Begründung, die freilich auch nicht möglich wäre. Wer sollten die „multikulturellen Eliten" sein und welches Interesse hätten sie an ihrem angeblichen, von Wilders streng verurteilten Bestreben? Die Denunziation des Islam als „faschistische Ideologie von Terroristen"[3] ist aber wirkungsvoll und ihr Effekt wird durch die Anklage wegen Volksverhetzung und Rassenhass nur verstärkt. Der Prophet als Märtyrer, so stellt sich Wilders dar und reist als Missionar durch die Lande.

Die Strategie des islamfeindlichen Diskurses zielt dahin, den „Islam" als eine religiöse, kulturelle und vor allem politische Einheit erscheinen zu lassen, für die islamistischer Terror typisch sein soll. Dazu lassen sich die Traditionen der Wahrnehmung des Islam gut instrumentalisieren.

Am 27. November 1095 rief Papst Urban II. in Clermont die katholische Christenheit zum Heiligen Krieg gegen die türkischen Seldschuken auf, die fast ganz Kleinasien unter ihre Herrschaft gebracht hatten und die Pilgerwege nach Jerusalem behinderten. Palästina, das „Heilige Land", gehörte seit dem 7. Jahrhundert zum islamischen Kulturkreis, die Herrschaft der abbasidischen Kalifen duldete aber christliche Wallfahrer aus dem Westen, und Papst Urban II. hatte nicht nur religiöse Gründe, als er den Kreuzzug propagierte. Politisch erhoffte er sich mit der Befreiung des „Heiligen Landes" durch abendländische Heere die Dominanz über die Ostkirche bei den stagnierenden Unionsverhandlungen mit Byzanz.

Heilige Kriege werden für eine religiöse Idee, als Erfüllung göttlichen Gebots, zur Verteidigung der richtigen Observanz im Glauben oder zur

---

2 Hamburger Abendblatt, 7. Februar 2011: „Geert Wilders warnt vor ‚Islamisierung Europas'".
3 Wilders ebd., vgl. Reuter, Gert: Rechtspopulismus in Belgien und den Niederlanden. Wiesbaden: VS Verlag für Sozialwissenschaften 2010.

Verteidigung bzw. Rückeroberung heiliger Stätten geführt. Der Kreuzzug, den Papst Urban II. 1095 ausrief, der erste von insgesamt sieben „Heiligen Kriegen" der lateinischen Christenheit gegen den Islam, war begründet mit dem Schmerz über die Herrschaft der Ungläubigen.[4] Der Appell, das „Heilige Land" für die Christenheit zurückzuerobern und die morgenländischen Christen von der Unterdrückung durch Ungläubige zu befreien, machte den Kreuzzugsgedanken zu einer breiten Bewegung des Hochmittelalters, die bis ins 13. Jahrhundert vielfältige Wirkungen hatte. Eine erste Folge waren die Pogrome gegen Juden 1096 in Süddeutschland und am Mittel- und Niederrhein, begangen von fanatischen Massen. Sie hatten sich im Gefolge der Ritterheere, geführt von Predigern und Heilskündern, auf den Weg gemacht, um ihr soziales Elend unter der Kreuzzugsidee zu überwinden. Dazu brauchte es Feinde und Feindbilder. Die Juden in Worms, Speyer, Mainz und anderen Orten waren bequeme Opfer: Sie waren „Ungläubige", sie waren leicht erreichbar und ihr Hab und Gut lockte.

Die katastrophalen Misserfolge des Heiligen Kriegs gegen die Ungläubigen beeinträchtigten die Kreuzzugsideologie wenig. Sie blühte in der Renaissance und erlebte einen Höhepunkt unter dem Pontifikat Pius' II., der sich als wortgewaltiger Propagandist politisch und literarisch hervortat.[5] In die Amtszeit des Papstes Pius II. fiel auch die als politische und kulturelle Katastrophe empfundene Eroberung Konstantinopels, des „zweiten Rom", durch die muslimischen Türken am 29. Mai 1453. Der Fall von Byzanz wurde zum Kulturschock für das Abendland und zum nachhaltigen Bedrohungsszenario. Unzählige Traktate beschworen die Türkengefahr und bereiteten den Grund für verbreitete und nachhaltige negative Assoziationen gegenüber dem Islam.

Die militärische Bedrohung existierte allerdings auch in der Realität, der Expansionsdrang des Osmanischen Reichs wurde erst vor Wien gebremst. 1529 war die Stadt an der Donau zum ersten Mal von Türken belagert, 1683 zum zweiten Mal. Die Bedrohung durch „die Türken" hatte mit dem Vordringen bis an die Tore der Residenz des Habsburgerstaats einen über Jahrhunderte wirksamen Kristallisationspunkt. Ein Artikel im Blatt der rechtsextremen Nationaldemokratischen Partei Deutschlands (NPD) im Frühjahr 2010 bestätigt das: „In Mitteleuropa ist der Islam eine fremdkörper-

---

4   Vgl. Mertens, Dieter: Claramontani passagii exemplum. Papst Urban II. und der erste Kreuzzug in der Türkenkriegspropaganda des Renaissance-Humanismus. In: Europa und die Türken in der Renaissance. Hrsg. Von Bodo Guthmüller u. Wilhelm Kühlmann. Tübingen: Niemeyer 2000. S. 65–78.

5   Vgl. Helmrath, Johannes: Pius II. Und die Türken. In: Europa und die Türken in der Renaissance. Hrsg. Von Bodo Guthmüller u. Wilhelm Kühlmann. Tübingen: Niemeyer 2000. S. 79–137.

hafte Aggressionsreligion, der nicht mit falscher Toleranz begegnet werden darf. Die Siege über die Türken vor Wien 1529 und 1683 dürfen nicht umsonst gewesen sein."[6]

Der Charakter von Phobien als Konstrukt wird deutlich, wenn man historische Analogien der Ablehnung des Islam betrachtet. So wurde die neue Religion im lateinischen Abendland zunächst als Sekte der verhassten Ostkirche wahrgenommen und ihr Prophet Mohamed nach Kräften delegitimiert, als Monster, Bandit und Gewalttäter, als angeblich geborener Christ mit einem heidnischen Vater und einer jüdischen Mutter. Das war die Sicht des wirkungsstarken Jesuiten Horatio Tursellini, der Mohamed theologisch mit Martin Luther gleichsetzte: Beide waren ihm Häretiker und ihr jeweiliger ethnischer Hintergrund erschien ihm irgendwie zusammenhängend. „Türken" wie „Deutsche" bildeten in der Vorstellung des italienischen Jesuiten den Wurzelgrund von Häresie. Der Prophet Mohamed wurde von ihm zum Vorläufer des Reformators Martin Luther stilisiert, und die Topoi zwielichtiger Herkunft und mentaler Unzuverlässigkeit blieben bis zur Epilepsievermutung beliebte Methoden der Diffamierung des Religionsstifters und damit der islamischen Religion bis in unsere Tage.[7]

Die Kreuzzüge und damit die negative Wahrnehmung des islamischen Orients blieben mindestens bis zum 19. Jahrhundert als Meistererzählung über Bedrohung und Rettung des Abendlandes präsent.[8] „Türken" waren im hohen Mittelalter zu emblematischen Feinden des Abendlandes geworden. Sie spielten diese Rolle auch im verschwörungstheoretischen Kontext der Judenfeindschaft. So war 1321 in Südfrankreich der Vorwurf der Brunnenvergiftung gegenüber den Juden mit der Beschuldigung verknüpft, Muslime hätten sie dazu angestiftet. In der Reformationszeit gehörte zu den gängigen Anklagen gegen Juden, die in den Legenden von Ritualmord, Hostienfrevel und Brunnenvergiftung konkretisiert wurden, auch die Vorstellung, sie seien mit dem Teufel im Bund und paktierten heimlich mit den Türken. „Die Türkengefahr" bildete seit dem Fall Konstantinopels einen Topos, der dank des neuen Mediums Buchdruck rasch omnipräsent wurde.[9]

---

6 Deutsche Stimme. Monatszeitung für Politik und Kultur, Februar 2010.
7 Jonker, Gerdien: Kalender, Polemiken, Geschichtsbücher. Die Verankerung islamfeindlicher Bilder im Zeitalter der Reformation. In: Zeitschrift für Geschichtswissenschaft 58 (2010). S. 614–626.
8 Vgl. Schwerendt, Matthias: Araber, Türken, Ungläubige. Islamrepräsentation in Kreuzzugsnarrativen deutscher Geschichtsschulbücher des 19. Jahrhunderts. In: Zeitschrift für Geschichtswissenschaft 58 (2010). S. 627–638.
9 Vgl. Schulze, Winfried: Reich und Türkengefahr im späten 16. Jahrhundert. Studien zu den politischen und gesellschaftlichen Auswirkungen einer äußeren Bedrohung. München: Beck 1978; Höfert, Almut: Den Feind beschreiben. „Türkengefahr" und

Das Bild von der Türkengefahr war anschlussfähig. Die Belagerungen Wiens nährten die historischen Ängste der Europäer mit nachhaltigen Folgen: Die populistische „Islamkritik" arbeitet mit den gleichen Mitteln, wenn sie Hass gegen die fremde Kultur predigt und Intoleranz propagiert.[10]

2. Das neue Feindbild Islam

Die Terrorakte des elften September 2001 in New York, begangen im Namen des Islam, die verbrecherischen Taten fanatischer Aktivisten, die Religion missbrauchen, die Drohungen islamistischer Extremisten gewannen im ersten Jahrzehnt unseres Jahrhunderts erheblichen Einfluss auf die Emotionen und den Intellekt westlicher demokratischer Gesellschaften.

Das islamistische Feindbild „Westen", im arabischen und islamischen Kulturkreis von Demagogen propagiert, wird im Westen von Demagogen mit dem Feindbild „Islam" erwidert. Es folgt den gleichen Konstruktionsprinzipien. Feindbilder bedienen verbreitete Sehnsüchte nach schlichter Welterklärung, die durch rigorose Unterscheidung von Gut (das immer für das Eigene steht) und Böse (das stets das Fremde verkörpert) und darauf basierender Ausgrenzung und Schuldzuweisung zu gewinnen ist. Feindbilder, die eine manichäische Welt beschwören, lindern politische und soziale Frustrationen und heben das Selbstgefühl. Feindbilder sind Produkte von Hysterie, sie konstruieren und instrumentalisieren Zerrbilder der Anderen. Wenn wir Hysterie als weitverbreitete Verhaltensstörung definieren, die u. a. durch Beeinträchtigung der Wahrnehmung, durch emotionale Labilität, durch theatralischen Gestus und egozentrischen Habitus charakterisiert wird, dann erklären sich Phobien gegen andere Kulturen oder ganz unterschiedliche Minderheiten in der eigenen Gesellschaft als Abwehrreflexe.[11]

Bausteine des Feindbilds sind Verallgemeinerung und Reduktion von wirklichen oder vermeintlichen Sachverhalten auf Negativa, Gerüchte, Unterbewusstes, Hörensagen. Literarische und volkstümliche Überlieferung erheben sich zu „Tatsachen", die nur vom Glauben leben. Das klassische Beispiel bietet die Konstruktion des am weitesten verbreiteten Referenztextes der Judenfeindschaft: der „Protokolle der Weisen von Zion". Am Ende des

---

europäisches Wissen über das osmanische Reich 1450–1600. Frankfurt a.M./New York: Campus 2003.
10 Vgl. Schneider, Ute: Von Juden und Türken. Zum gegenwärtigen Diskurs über Religion, kollektive Identität und Modernisierung. In: Zeitschrift für Geschichtswissenschaft 52 (2004). S. 426–440.
11 Sir Peter Ustinov Institut (Hrsg.): Der Westen und die Islamische Welt. Fakten und Vorurteile. Wien: Braumüller 2006.

19. Jahrhunderts entstanden, in allen Details gerichtsnotorisch als Fälschung entlarvt, haben die „Protokolle" dem russischen Zaren wie den Nationalsozialisten Dienste geleistet, in unseren Tagen reüssieren sie im islamischen Kulturkreis. Sie dienen der Propaganda gegen Israel als Waffe, Millionen glauben an das Bild vom Juden, das die „Protokolle" suggerieren, als Inkarnation des Bösen in der Welt.[12] Die unterschwellig bis grobschlächtig praktizierte Diffamierung der Muslime als Gruppe durch „Islamkritiker" bedient sich der Konnotation mit Extremismus und Terror, mit der alle Angehörigen der islamischen Religion und Kultur durch ein Feindbild diskriminiert werden sollen.[13]

In den aktuellen Identitätsdebatten Europas geht es nicht mehr um die Emanzipation von Juden, sondern um die Integration von Muslimen. Die Wut, mit der Barrikaden errichtet und Positionen verteidigt werden, ist beträchtlich, die Intonation der Debatten erschreckend, wenn etwa die Verweigerung von Toleranz gegenüber der zu diskriminierenden Minderheit der Muslime als Attitüde der Verteidigung postuliert wird. In der Blogger-Szene, in der Islamfeindschaft besonders schamlos verkündet wird, wurde der Mord an einer jungen Ägypterin in einem Dresdner Gerichtssaal, der im Sommer 2009 geschah, freudig kommentiert. Die Tat sei zu verurteilen, schrieb einer, „allerdings gibt es jetzt eine islamische Gebärmaschine weniger". Ein anderer meinte, nach dem Koran würde „in über 60 Suren zum Mord an Andersgläubigen und Ungläubigen, speziell an Juden und Christen" aufgerufen. Diese Überzeugung wird er gegen alle Hinweise über den wirklichen Inhalt des Korans so energisch verteidigen, wie der Antisemit von seinem Glauben an den schlimmen Inhalt des Talmud, an jüdische Ritualmorde und andere Wahnphantasien nicht ablässt. Ein Dritter weiß, dass mit Hochdruck für ein Ziel gearbeitet wird: „Vernichtung Deutschlands durch Zuwanderung und Islamisierung". Verschwörungstheorien haben Konjunktur. Besonders beliebt ist das Konstrukt der Islamisierung Europas.[14]

Der Diskurs über Kopftuch und Minarett als Symbole einer fundamental abgelehnten und als bedrohlich stigmatisierten Kultur wurde in dieser Deutlichkeit lange unterirdisch geführt. D. h. in der Bloggerszene, wo die Regeln menschlichen Anstands nicht gelten. Die Gleichsetzung deutscher Bürger muslimischer Religion mit fanatisierten Terroristen hat Methode und wird mit dem Appell an das gesunde Volksempfinden, an das Rechthaben

---

12 Benz, Wolfgang: Die Protokolle der Weisen von Zion. Die Legende von der jüdischen Weltverschwörung. München: Beck 2007.
13 Sokolowsky, Kay: Feindbild Moslem. Berlin: Rotbuch 2009.
14 Benz, Wolfgang: „Der Islam vernichtet alles Andersartige". Mediale Reaktionen auf den Dresdner Gerichtsmord. In: Jahrbuch für Antisemitismusforschung 18 (2009). S. 331–342.

der Mehrheit, inszeniert. Der symbolische Diskurs über Minarette ist in Wirklichkeit eine Kampagne gegen Menschen, die als Mitglieder einer Gruppe diskriminiert werden, und damit eine Kampfansage gegen Toleranz und Demokratie.

Ressentiments gegen den Islam haben seit dem 11. September 2001 weltweit Konjunktur. Die Ermordung des niederländischen Filmemachers Theo van Gogh im November 2004 löste emotionale Reaktionen im Publikum aus, die sich zu einem Phänomen steigerten, das man mittlerweile auch als Islamophobie bezeichnet.[15] Die Vertreter der neuen Lehre nennen sich selbst „Islamkritiker", die zutreffende Bezeichnung lautet wohl „Muslimfeinde", denn eine seriöse und deshalb legitime Islamkritik, die Sachkunde voraussetzt und Erkenntnisziele hat, ist die radaumäßig agierende Kampagne gegen Muslime nicht. Das auf Ressentiments gegründete, mit Stereotypen agierende, verbreitete Ängste instrumentalisierende Feindbild Islam hat sich auf einem politisch-sozialen Aktionsfeld etabliert, das Impulse von Moscheebau-Projekten, aus Debatten über Kopftuch und Zwangsehe, über die von obskuren Publizisten beschworene Gefahr einer „Islamisierung Europas" erhält und der inzwischen uralten Projektion vom „Untergang des Abendlands" folgt.[16]

Pauschale Stigmatisierung des Islam und der Muslime wird auf vielen Foren geübt. Überfremdungsängste lassen sich mit der Abwehr von Moscheebauprojekten stimulieren und zweifelhafte Experten agitieren im Schulterschluss mit Rechtspopulisten und Rechtsextremisten, seltsamerweise gleichzeitig mit einer bestimmten Spezies von Linksradikalen in Bürgerinitiativen, im Internet, in den Medien. Im Zeitalter einer medial leicht und schnell erregbaren Stimmungskultur dominieren Emotionen rational vollziehbare Gedankengänge. Feindbilder als Welterklärungsmuster finden rasch Konjunktur.[17] Die Folgen gruppenfeindlicher Agitation sind nur selten so dramatisch wie im Sommer 2011 in Oslo. Die Provokateure

---

15 Leibhold, Jürgen u. Steffen Kühnel: Islamophobie. Differenzierung tut not. In: Deutsche Zustände Bd. 4. Hrsg. von Wilhelm Heitmeyer. Frankfurt a.M.: Suhrkamp 2006; Pfahl-Traughber, Armin: Feindschaft gegenüber den Muslimen? Kritik des Islam? Begriffe und ihre Unterschiede aus menschenrechtlicher Perspektive. In: „WIR oder Scharia?" Islamfeindliche Kampagnen im Rechtsextremismus. Analysen und Projekte zur Prävention. Hrsg. von Wolfgang Benz u. Thomas Pfeiffer. Schwalbach/Ts.: Wochenschau 2011. S. 59–70.

16 Bielefeldt, Heiner: Das Islambild in Deutschland. Zum öffentlichen Umgang mit der Angst vor dem Islam. Berlin: Deutsches Institut für Menschenrechte 2008.

17 Zick, Andreas: Das Potenzial in Deutschland. Islamfeindliche Einstellungen in der Bevölkerung. In: „WIR oder Scharia?" Islamfeindliche Kampagnen im Rechtsextremismus. Analysen und Projekte zur Prävention. Hrsg. von Wolfgang Benz u. Thomas Pfeiffer. Schwalbach/Ts.: Wochenschau 2011. S. 31–47.

verwahren sich freilich angesichts der Katastrophe mit der Gebärde der Entrüstung gegen den Vorwurf geistiger Brandstiftung. Natürlich brauchte der Mann, der im Juli 2011 in Oslo mit 76 Morden sein krudes Weltbild ausagierte, einen Nährboden für seinen Hass gegen Muslime und Sozialisten. Der Nährboden wurde durch Agitation bereitet. Die Stichwortgeber hat der Mörder in einem Bekenntnispamphlet ausführlich benannt. Auch und gerade Verwirrte sind anfällig für Propaganda, die mit Feindbildern gegen Minderheiten arbeitet.

3. Organisierter Kulturrassismus gegen Muslime

Ein Kulminationspunkt war im September 2008 erreicht, als Islam-Feinde sich mit Rechtsextremen in Köln zum Protest gegen Liberalität und Toleranz vereinten. Der „Anti-Islamisierungs-Kongress" war freilich, dank der großen Zahl der Gegendemonstranten und dank bürgerlichen Engagements gegen xenophobische Hysterie, nicht die machtvolle „Kraftprobe gegen die Political Correctness" geworden, wie ein ultrarechtes Blatt im Vorfeld frohlockt hatte, sondern gescheitert.

Den Anlass bildete das Projekt eines Moscheebaues, und die dagegen protestierenden Bürger fanden in der „Bürgerbewegung pro Köln" eine organisatorische Plattform. Das Verbot der Kölner Demonstration, in der sternförmig Rechtsradikale aus Europa anreisten, sicherte dem Bündnis aus konservativ-reaktionären und rechtsradikalen Unzufriedenen hohe mediale Aufmerksamkeit und kommunalpolitischen Erfolg im Folgejahr.

Mit den Kampagnen gegen Muslime bzw. gegen den Islam haben rechtsextreme Parteien und Gruppierungen neue Aktionsfelder gefunden, bei denen sie Anschluss finden an Bevölkerungsschichten, die von Überfremdungsängsten geplagt sind, aber nicht zum rechtsextremen Spektrum gehören. Die Wahlpropaganda der NPD und von rechtspopulistischen Parteien mit Zitaten und Anspielungen auf Thilo Sarrazins Thesen sind eindeutige Indizien. Die „Pro-Bewegung" etablierte sich im politischen Spektrum auch oberhalb der lokalen Ebene, PRO NRW errang 2010 bei den Landtagswahlen 1,4 % der Stimmen und die „Bürgerbewegung pro Deutschland" sammelt Anhänger im Lager des gemäßigten Rechtsextremismus (Republikaner) und agiert mit rechtspopulistischen islamfeindlichen Parolen wie „Freiheit statt Islam" oder „Abendland in Christenhand". Unter diesem Motto veranstaltete die Bewegung einen „Sternmarsch" zur größten Moschee in Deutschland nach Duisburg-Marxloh.[18]

---

18 Pfeiffer, Thomas: „Keine Moscheen in Germania". Islamfeindschaft in der Erlebniswelt Rechtsextremismus. In: „WIR oder Scharia?" Islamfeindliche Kampagnen im

Auf Initiative der belgischen rechtsextremen Gruppierung „Vlaams Belang" war im Januar 2008 ein Bündnis „Städte gegen Islamisierung" entstanden, getragen von PRO Köln, der deutschen Partei „Republikaner", der „Freiheitlichen Partei Österreichs", dem „Vlaams Belang"; das Bündnis sei in vielen Städten Europas an der Arbeit, um Moscheebauten zu verhindern, wurde verlautbart. Diese Bürgerinitiativen und populistischen Bewegungen mit dem Charakter von Interessenparteien sind Träger der neuen Muslimfeindschaft, die das Odium des Rechtsextremismus zu vermeiden trachtet, aber eindeutige Positionen einnimmt.[19] Anstelle der Parole „Ausländer raus", mit der die neonazistische Rechte agiert, sind die Populisten mit den kulturrassistischen Slogans unterwegs, die auf die Ängste konservativer oder reaktionärer Bürger zielen.[20]

Eine seit Mai 2008 existierende „Bürgerbewegung Pax Europa" beteuert in ihrer Selbstdarstellung im Internet, sie sei nicht rechtsextrem und nicht rassistisch (wogegen sie „dem Islam" pauschal Rassismus unterstellt), sie wolle „über die schleichende Islamisierung Europas aufklären", richte sich nicht „gegen Muslime", trete vielmehr „für den Erhalt des christlich-jüdisch geprägten europäischen Wertverbundes" ein. Typisch für die Politisierung der Muslimfeindschaft ist die neu gegründete „Bürgerrechtspartei für mehr Freiheit und Demokratie – Die Freiheit", die sich seit Herbst 2010 in Berlin zu etablieren sucht. In ihrem Programm heißt es im Abschnitt „Der politische Islam":

> Ausgehend von dem Wissen, dass der Islam nicht nur Religion, sondern vor allem auch eine politische Ideologie ist, fordern wir eine Überprüfung aller in Deutschland aktiven islamischen Vereine und Verbände auf ihre Verfassungs- und Rechtstreue, auf ihren Einfluss auf die Integration und auf ihre Verbindungen zu islamischen Ländern, um den Missbrauch der Religionsfreiheit zur Durchsetzung politischer Ziele zu unterbinden. Von in Deutschland den Koran unterrichtenden Imamen ist ein schriftliches Bekenntnis zu fordern, dass alle gültigen Rechtsnormen stets über dem islamischen Recht stehen und dass die Scharia hier keine Gültigkeit hat und haben wird. Wir wissen, dass Moscheebauten nicht nur religiösen Zwecken dienen und oft die Integration massiv behindern und zur Entstehung oder zur Festlegung von Parallelgesellschaften führen. Deshalb fordern wir eine Modifizierung des

---

Rechtsextremismus. Analysen und Projekte zur Prävention. Hrsg. von Wolfgang Benz u. Thomas Pfeiffer. Schwalbach/Ts.: Wochenschau 2011. S. 110–122.

19 Micksch, Jürgen (Hrsg.): Antimuslimischer Rassismus. Konflikt als Chance. Frankfurt a.M.: Lembeck 2009.

20 Häusler, Alexander(Hrsg.): Rechtspopulismus als „Bürgerbewegung". Kampagnen gegen Islam und Moscheebau und kommunale Gegenstrategien. Wiesbaden: VS 2008; ders., Antiislamischer Rechtspopulismus in der extremen Rechten – die „PRO"-Bewegung als neue Kraft. In: Strategien der extremen Rechte. Hrsg. von Stephan Braun, Alexander Geisler u. Martin Gerster. Wiesbaden: VS 2009.

Baurechts, so dass Bebauungsplanverfahren für Moscheebauten zwingend und vor allem die Beteiligung der Bürger und Kommunalparlamente obligatorisch werden. Wir setzen uns mit aller Kraft gegen eine Islamisierung unseres Landes ein.[21]

4. Islamfeindschaft in der Vorurteilsforschung

Aus der Perspektive der Vorurteilsforschung ist das Phänomen der Islamfeindschaft deshalb interessant, weil weithin mit Stereotypen argumentiert wird, die aus der Antisemitismusforschung bekannt sind, etwa der Behauptung, die jüdische bzw. die islamische Religion sei inhuman und verlange von ihren Anhängern unmoralische oder aggressive Verhaltensweisen gegenüber Andersgläubigen. Anlass für die intensive Beachtung dieses Problemfelds besteht also durchaus.[22]

Analogien zwischen Antisemitismus und Muslimfeindschaft sind etwas anderes als der Vergleich oder gar die Gleichsetzung von Juden und Muslimen. Es geht um das Verhalten der Mehrheit gegenüber Minderheiten, um Funktion und Wirkung von Vorurteilen und um die Instrumentalisierung von Feindbildern. Vorurteilsforschung fragt nicht nach dem Wesen von Muslimen oder dem Charakter von Juden. Gegenstand des Interesses sind Einstellungen und Aktionen einer gesellschaftlichen Majorität gegenüber Minoritäten. Deshalb ist auch der Einwand, von Juden sei im Gegensatz zu Muslimen noch nie eine Bedrohung ausgegangen, gegenstandslos. Denn es geht bei der Untersuchung des Mehrheitsverhaltens nicht um Reaktionen auf das Agieren oder auf Eigenschaften der Minderheit. Die wütende Abwehr der vermeintlichen Gleichsetzung von Juden und Muslimen ist gegen Differenzierungen immun, agiert lieber emotional als intellektuell und verharrt auf politischen Positionen, die kein aufklärerisches Interesse gelten lassen.

Die Horrorszenarien, mit denen die Überfremdungsängste stimuliert werden, die ihrer Natur nach als kleinbürgerlich zu charakterisieren wären, die aber erstaunlicherweise im wohlsituierten und gut statuierten Mittelstand und darüber stark verbreitet sind, finden sich nicht nur im rechten Spektrum, sie werden auch in angesehenen Zeitungen und Zeitschriften entfaltet, vorgetragen von „Experten". Die Ressentiments grassieren vor allem im Internet, wo Regeln von Sitte und Anstand anders definiert sind als in den traditionellen Medien. Im Internet erfolgt Meinungsäußerung weithin analog mit

---

21 http://www.diefreiheit.org/politik/grundsatzprogramm/migration-und-integration/ (11.02.2011).
22 Benz, Wolfgang: Antisemitismus und „Islamkritik". Bilanz und Perspektive. Berlin: Metropol 2011.

den Gepflogenheiten im Straßenverkehr als Pöbelei. Damit ist zweifellos Aufrichtigkeit und Authentizität der geäußerten Gefühle gewährleistet. Dass mit der Gleichsetzung des Islam (also der Mehrheit friedlicher Muslime) und radikaler Islamisten (einer terroristischen Minderheit von Extremisten) irrationale Verschwörungsmythen und Fremdenfeindlichkeit propagiert werden, ist das Resultat von Bedrohungsfantasien, die sich gegen die Idee der Toleranz als einer zentralen Kategorie der demokratischen Werteordnung ausweiten.[23]

Muslimfeinde benutzen gerne schlichte Welterklärungen, wie sie Verschwörungstheorien bieten. Das nutzt Udo Ulfkotte für ein düsteres Gemälde, mit dem er die bevorstehende „muslimische Weltrevolution" beschwört. In seinem Buch „Heiliger Krieg in Europa" schildert er die Bedrohung durch den „zentralen Geheimbund, der mit grenzenlosem Hass und einer langfristigen Strategie die europäische Kultur zu zerstören sucht"[24]. Autor Ulfkotte hat den verschwörerischen Geheimbund in der Muslim-Bruderschaft ausgemacht, die 1982 einen „Masterplan" zur Eroberung der Welt ausgeheckt habe, der 2001 in der Schweiz bei einer Hausdurchsuchung gefunden worden sei. Dass es die Muslim-Bruderschaft tatsächlich gibt, weiß jeder Zeitungsleser, der Rest entsprang Ulfkottes Phantasie: „Die Muslim-Bruderschaft hat einen geheimen Plan zur Unterwanderung nichtmuslimischer Staaten. Das ist keine Verschwörungstheorie, denn sie bekennt sich freimütig zu diesem Ziel."[25] Das kann der Autor zwar nicht beweisen, aber Gläubigen genügt die Versicherung des jeweiligen Vordenkers, es verhalte sich so, wie er es schildere, egal ob es sich um die „Protokolle der Weisen von Zion" handelt oder um den Heiligen Krieg Ulfkottes.

Autoren wie Hans-Peter Raddatz oder Udo Ulfkotte bemühen sich publikumswirksam mit demagogischen Büchern darum, als Experten für die Gefahren aus dem Orient wahrgenommen zu werden. In Talkshows sind solche Populisten willkommen, die Ängste schüren und nicht existierende Gefahren beschwören. Die Panikmache verkauft sich gut.

Muslimfeinde sind von den gleichen Sorgen getrieben wie einst die Judenfeinde, die Deutschlands Unglück durch die Zuwanderung von ein paar Tausend Ostjuden beschworen. Die Furcht vor Überwältigung und Überfremdung begründen sie mit angeblichen Geboten der Religion der vermuteten Aggressoren:

---

23 Bahners, Patrick: Die Panikmacher. Die deutsche Angst vor dem Islam. Eine Streitschrift. München: Beck 2011.
24 Ulfkotte, Udo: Heiliger Krieg in Europa. Wie die radikale Muslim-Bruderschaft unsere Gesellschaft bedroht. Frankfurt a.M.: Eichborn 2007, S. 11.
25 Ebd.

> Die Ausbreitung des Islam bedeutet [...], dass unsere Nachkommen – und wahrscheinlich schon wir selbst – aufgrund der kulturellen Expansion und der demographischen Entwicklung in zwei, drei Jahrzehnten in einer weitgehend islamisch geprägten Gesellschaftsordnung leben müssen, die sich an der Scharia und dem Koran orientiert und nicht mehr am Grundgesetz und an den Menschenrechten. Wir sehen es daher aus staatsbürgerlichen und historisch gewachsenen Gründen als unsere Verpflichtung an, einer sich ankündigenden religiösen Diktatur in Deutschland durch Information und Aufklärung gemäß dem Motto entgegen zu treten [sic!]: „Nie wieder!"[26]

Die Sorge, durch die demographische Entwicklung ins Hintertreffen zu geraten, plagte schon die Judenfeinde der Gründergeneration des Antisemitismus. Otto Böckel predigte zur Zeit der Wende vom 19. zum 20. Jahrhundert einem dankbaren Publikum, das sich durch die Doktrin der Überfremdung in seinen Existenzängsten bestätigt sah, die Lehre von den Gefahren der Migration:

> Die Juden haben sich besonders stark auch durch Einwanderung vermehrt. Bekanntlich sitzen sie in großer Zahl in Polen, Litauen, Weiß- und Rotrußland, in Podolien und der Ukraine. Dort wohnt beinahe die Hälfte aller europäischen Juden. Hier befindet sich die große *vagina judaeorum*, aus welcher die übrigen Juden Europas Auffrischung und neuen Zuwachs erhalten. Stets in Bewegung, strömen diese polnischen Juden nach Rumänien, Oesterreich und Deutschland ein.[27]

Abwertende Zuschreibungen wie Integrationsunwilligkeit oder Unfähigkeit zur Assimilation oder Unverträglichkeit der Kulturvorstellung der Fremden bzw. als fremd Definierten mit der eigenen werden aus vielen Ingredienzen destilliert, dazu eignen sich Religion, Kultur, Rechtsauffassung, Sitte und Brauch, die sich von Autochthonen unterscheiden. Die Topoi der Abwehr weisen signifikante Parallelen zwischen der Emanzipationsdebatte des 19. Jahrhunderts und dem Diskurs über die Integration von Migranten unserer Tage auf. Die angebliche Unvereinbarkeit der Kulturen der Herkunfts- und der Aufnahmegesellschaft wird behauptet und die Religion spielt eine wesentliche Rolle als negative Zuschreibung in der Abwehrargumentation.

Zu den zentralen Behauptungen der „Islamkritiker" gehört der Täuschungsvorwurf, die Unterstellung, nach dem Koran sei es keine Sünde, Ungläubige zu belügen und zu betrügen. Der arabische Ausdruck *taqiyya* (zu übersetzen als „bei Gefahr verbergen") steht in der Interpretation von Muslimfeinden für den angeblich durch die Religion gebotenen Zwang zum Betrug, tatsächlich hat er die Bedeutung, dass der Muslim seinen

---

26 „Leitlinien. Gegen den Mainstream" des Webblogs „*Politically incorrect*".
27 Böckel, Otto: Nochmals: Die Juden – die Könige unserer Zeit. Eine neue Ansprache an das deutsche Volk. Berlin: „Dte Hochwacht" 1901 (zweites Zehntausend), S. 1.

Glauben in höchster Not, unter Lebensgefahr, verbergen darf. In der christlichen Überlieferung gibt es eine Parallele, nämlich die Szene, als Petrus auf Golgatha dreimal Jesus Christus verleugnete. Ihm wurde verziehen und es entstand auch nicht der Vorwurf, das Christentum sei eine Religion, deren Anhänger ungestraft die Nichtchristen durch Lug und Trug traktieren dürften, weil dies ihrer Religion wesensimmanent sei. Die *taqiyya*, die auf die 16. Sure des Korans zurückgeht, ist kein Täuschungsgebot, der Vorwurf hat Parallelen im Arsenal des Antisemitismus. So hatte August Rohling, gestützt auf von ihm zu diesem Zweck gefälschte Talmudzitate, behauptet, Juden dürften zwar Nichtjuden betrügen oder durch Wucher schädigen, jedoch nicht Glaubensbrüder.[28] Der Schriftsteller Ralph Giordano tritt derzeit als Protagonist des Täuschungsvorwurfs vor die Öffentlichkeit. Im Mai 2008, als Redner bei der „Kritischen Islamkonferenz" in Köln, die gegen den Moscheebau veranstaltet wurde, polemisiert er:

> Es ist die vom Koran sanktionierte Erlaubnis, im Kampf gegen die „Ungläubigen" zu täuschen, sich zu verstellen und zu lügen, sozusagen eine geheiligte Schizophrenie. Im Klartext aber ein System, anders zu denken als zu sprechen, und zu sprechen als zu denken, ein üppiger Nährboden also für Lippenbekenntnisse. Und die hagelt es nur so.[29]

Die derzeit beschworene Gefahr einer „Islamisierung Europas", ausgetragen in Kopftuchdebatten, artikuliert im Verlangen nach Minarettverboten, agiert mit hasserfüllten Tiraden in der Blogger-Szene, greift auf jahrhundertealte Deutungsmuster zurück. Dass es Reformbedarf in islamischen Gesellschaften gibt, steht außer Frage. Dass die Gesetze der Mehrheitsgesellschaft in Zuwanderungsländern unbedingte Geltung haben, ist ebenso unstrittig. Solidarität mit muslimischen Frauen, die solidarischer Hilfe bedürfen und diese wollen, ist legitim, rechtfertigt aber nicht eine generalisierende „Islamkritik" im Namen des Feminismus, die als pauschale Dämonisierung des Islam im Bekehrungseifer ohne weitere Sachkompetenz geübt wird und Konvertiten zu Sachverständigen macht.

Der aktuelle „islamkritische" Diskurs hat erhebliche xenophobe und kulturrassistische Züge, bedient Überfremdungsängste, argumentiert durchgängig mit religiösen Vorbehalten, die seltsamerweise in den säkularisierten Gesellschaften Europas mit großem Ernst vorgetragen und nachempfunden werden. Die Vorstellungen von Despotie (beginnend in der Familie), Gewaltbereitschaft, Bildungsunlust reichen weit zurück. Sie werden bekräftigt

---

28 Shooman, Yasemin: Islamfeindschaft im World Wide Web. In: Jahrbuch für Antisemitismusforschung 17 (2008). S. 69–96.
29 Ebd., S. 82.

durch Verweise auf aktuellen Terrorismus von Islamisten und auf das Unrechtsregime im Iran, in der Absicht, Islam und Islamisierung, die Mehrheit der Muslime mit der Minderheit der Islamisten gleichzusetzen.

Die aktuelle „Islamkritik", wie sie auch von jüdischer Seite (aus nachvollziehbaren Gründen angesichts der Bedrohung Israels und offensiv gelebter Judenfeindschaft von Muslimen) vehement vorgetragen wird, hat offenbar kein historisches Gedächtnis und kein Problembewusstsein für die Austauschbarkeit der Stigmatisierung von Gruppen. Fixiert auf ihr Feindbild wüten Populisten gegen differenzierende Betrachtungsweisen und verteidigen Demagogen ihre eindimensionale Weltsicht. Ein Kennzeichen der Antiislam-Kampagnen ist die philosemitische Anbiederung und unbedingt unkritische Gefolgschaft zur Politik Israels. Ausgerechnet der Vorsitzende der rechtsextremen Partei „Die Republikaner" forderte im Sommer 2009 ein „Sofortprogramm gegen Antisemitismus", ganz offensichtlich in der Absicht, Judenfeindlichkeit ausschließlich Muslimen zuzuordnen, damit den Beifall der Mehrheit zu finden und Juden für seine Zwecke zu vereinnahmen. Die Extremismusforschung kommt daher bei der Analyse des Phänomens der Modernisierung des Rassismus zu dem Schluss „Das Feindbild Jude wird in der alltäglichen Propaganda durch das Feindbild Moslem ersetzt."[30]

Dass populistische Islamfeindschaft, die Hass gegen eine fremde Kultur predigt und Intoleranz proklamiert, an anderen Traditionen der Feindseligkeit gegen Menschen wie dem Antisemitismus oder dem Antiziganismus zu messen ist, bedarf eigentlich keiner Begründung.[31] Wer dies aber öffentlich thematisiert, etwa auf Parallelen zur Agitation des organisierten Antisemitismus im späten 19. Jahrhundert verweist, mit der gegen die Emanzipation der Juden in Deutschland gekämpft wurde, muss allerdings damit rechnen, mit Krawall überzogen zu werden, weil er angeblich Judenfeindschaft mit Feindschaft gegen Muslime gleichsetzt. Worum es wirklich geht, bleibt dabei außer Acht. Es geht um Toleranz in der demokratischen Gesellschaft, um das Bemühen, Diskriminierung und Ausgrenzung minoritärer Gruppen zu verstehen und einen Beitrag zu leisten, um dies zu verhindern. Es geht auch darum, aus der Geschichte der Judenfeindschaft zu lernen. Alle Anstrengungen, den Holocaust zu erforschen und zu verstehen, um die Erfahrung der Katastrophe des Judenmords für die Entwicklung einer demokratischen, humanen und toleranten Gesellschaft zu nutzen, wäre vergeblich, wenn anstelle der Juden andere Gruppen stigmatisiert würden.

---

30 Stöss, Richard: Rechtsextremismus im Wandel. Berlin: Ebert Stiftung 2010, S. 45.
31 Vgl. Benz, Wolfgang (Hrsg.): Islamfeindschaft und ihr Kontext. Dokumentation der Konferenz „Feindbild Muslim – Feindbild Jude". Berlin: Metropol 2009.

Bibliographie

Bahners, Patrick: Die Panikmacher. Die deutsche Angst vor dem Islam. Eine Streitschrift. München: Beck 2011.

Benz, Wolfgang (Hrsg.): Islamfeindschaft und ihr Kontext. Dokumentation der Konferenz „Feindbild Muslim – Feindbild Jude". Berlin: Metropol 2009.

Benz, Wolfgang: „Der Islam vernichtet alles Andersartige". Mediale Reaktionen auf den Dresdner Gerichtsmord. In: Jahrbuch für Antisemitismusforschung 18 (2009). S. 331–342.

Benz, Wolfgang: Antisemitismus und „Islamkritik". Bilanz und Perspektive. Berlin: Metropol 2011.

Benz, Wolfgang u. Thomas Pfeiffer (Hrsg.): „Wir oder Scharia?" Islamfeindliche Kampagnen im Rechtsextremismus. Analysen und Projekte zur Prävention. Schwalbach/Ts.: Wochenschau 2011.

Benz, Wolfgang: Die Protokolle der Weisen von Zion. Die Legende von der jüdischen Weltverschwörung. München: Beck 2007.

Bielefeldt, Heiner: Das Islambild in Deutschland. Zum öffentlichen Umgang mit der Angst vor dem Islam. Berlin: Deutsches Institut für Menschenrechte 2008.

Böckel, Otto: Nochmals: Die Juden – die Könige unserer Zeit. Eine neue Ansprache an das deutsche Volk. Berlin: „Deutsche Hochwacht" 1901 (zweites Zehntausend).

Häusler, Alexander (Hrsg.): Rechtspopulismus als „Bürgerbewegung". Kampagnen gegen Islam und Moscheebau und kommunale Gegenstrategien. Wiesbaden: VS Verlag für Sozialwissenschaften 2008.

Häusler, Alexander: Antiislamischer Rechtspopulismus in der extremen Rechten – die „PRO"-Bewegung als neue Kraft. In: Strategien der extremen Rechten. Hrsg. von Stephan Braun, Alexander Geisler u. Martin Gerster. Wiesbaden: VS Verlag für Sozialwissenschaften 2009.

Helmrath, Johannes: Pius II. und die Türken. In: Europa und die Türken in der Renaissance. Hrsg. von Bodo Guthmüller u. Wilhelm Kühlmann. Tübingen: Niemeyer 2000. S. 79–137.

Höfert, Almut: Den Feind beschreiben. „Türkengefahr" und europäisches Wissen über das osmanische Reich 1450–1600. Frankfurt a.M./New York: Campus 2003.

Jahrbuch für Islamophobieforschung. Hrsg. von Farid Hafez. Innnsbruck: StudienVerlag 2010 ff.

Jonker, Gerdien: Kalender, Polemiken, Geschichtsbücher. Die Verankerung islamfeindlicher Bilder im Zeitalter der Reformation. In: Zeitschrift für Geschichtswissenschaft 58 (2010). S. 614–626.

Leibhold, Jürgen u. Steffen Kühnel: Islamophobie. Differenzierung tut not. In: Deutsche Zustände Bd. 4. Hrsg. von Wilhelm Heitmeyer. Frankfurt a.M.: Suhrkamp 2006.

Mertens, Dieter: Claramontani passagii exemplum. Papst Urban II. und der erste Kreuzzug in der Türkenkriegspropaganda des Renaissance-Humanismus. In: Europa und die Türken in der Renaissance. Hrsg. von Bodo Guthmüller u. Wilhelm Kühlmann. Tübingen: Niemeyer 2000. S. 65–78.

Micksch, Jürgen (Hrsg.): Antimuslimischer Rassismus. Konflikt als Chance. Frankfurt a.M.: Lembeck 2009.

Pfahl-Traughber, Armin: Feindschaft gegenüber den Muslimen? Kritik des Islam? Begriffe und ihre Unterschiede aus menschenrechtlicher Perspektive. In: „WIR oder

Scharia?" Islamfeindliche Kampagnen im Rechtsextremismus. Analysen und Projekte zur Prävention. Hrsg. von Wolfgang Benz u. Thomas Pfeiffer. Schwalbach/Ts.: Wochenschau 2011. S. 59–70.

Pfeiffer, Thomas: „Keine Moscheen in Germania". Islamfeindschaft in der Erlebniswelt Rechtsextremismus. In: „WIR oder Scharia?" Islamfeindliche Kampagnen im Rechtsextremismus. Analysen und Projekte zur Prävention. Hrsg. von Wolfgang Benz u. Thomas Pfeiffer. Schwalbach/Ts.: Wochenschau 2011. S. 110–122.

Reuter, Gert: Rechtspopulismus in Belgien und den Niederlanden. Wiesbaden: VS Verlag für Sozialwissenschaften 2010.

Schneider, Ute: Von Juden und Türken. Zum gegenwärtigen Diskurs über Religion, kollektive Identität und Modernisierung. In: Zeitschrift für Geschichtswissenschaft 52 (2004). S. 426–440.

Schulze, Winfried: Reich und Türkengefahr im späten 16. Jahrhundert. Studien zu den politischen und gesellschaftlichen Auswirkungen einer äußeren Bedrohung. München: Beck 1978.

Schwerendt, Matthias: Araber, Türken, Ungläubige. Islamrepräsentation in Kreuzzugsnarrativen deutscher Geschichtsschulbücher des 19. Jahrhunderts. In: Zeitschrift für Geschichtswissenschaft 58 (2010). S. 627–638.

Shooman, Yasemin: Islamfeindschaft im World Wide Web. In: Jahrbuch für Antisemitismusforschung 17 (2008). S. 69–96.

Sir Peter Ustinov Institut (Hrsg.): Der Westen und die Islamische Welt. Fakten und Vorurteile. Wien: Braumüller 2006.

Sokolowsky, Kay: Feindbild Moslem. Berlin: Rotbuch 2009.

Stöss, Richard: Rechtsextremismus im Wandel. Berlin: Friedrich Ebert Stiftung 2010.

Ulfkotte, Udo: Heiliger Krieg in Europa. Wie die radikale Muslim-Bruderschaft unsere Gesellschaft bedroht. Frankfurt a.M.: Eichborn 2007,

Zick, Andreas: Das Potenzial in Deutschland. Islamfeindliche Einstellungen in der Bevölkerung. In: „WIR oder Scharia?" Islamfeindliche Kampagnen im Rechtsextremismus. Analysen und Projekte zur Prävention. Hrsg. von Wolfgang Benz u. Thomas Pfeiffer. Schwalbach/Ts.: Wochenschau 2011. S. 31–47.

Antiziganismus

Wolfgang Benz

Roma, wie der umfassende Begriff für die Volksgruppe lautet (in Deutschland, wo etwa 70 000 Angehörige der Minderheit leben, nennt sie sich Sinti und Roma), bilden die größte Minderheit in Europa, charakterisiert durch autochthone Kultur, Sprache und soziale Randständigkeit. Die jeweilige Mehrheitsgesellschaft nimmt sie als „Zigeuner" wahr und bringt ihnen traditionell erhebliche Ressentiments entgegen, die als negative Zuschreibungen und Feindbilder artikuliert und agiert werden. In der Vorurteilsforschung hat sich dafür der Begriff Antiziganismus eingebürgert. Sinti und Roma sind, wie Umfragen seit den 1960er Jahren zeigen, nicht nur in Deutschland die mit Abstand am meisten diskriminierte Bevölkerungsgruppe.

Immer noch sind „Zigeuner" ein beliebtes Genre, deren Folklore sich als literarisches Sujet, als Feature, als Sachbuch mit aufklärerischem Anspruch, als Reportage oder in anderer Form ausbeuten lässt. Im günstigen Falle ist Empathie (vergleichbar dem Philosemitismus der Beflissenen) die Triebkraft, sich mit dem Leben der „Zigeuner" zu beschäftigen. Im schlimmsten Fall sind es Ressentiments gegen die Minderheit, die in böser Absicht agiert werden, dann spricht man von Antiziganismus.

In der Wahrnehmung der Mehrheit gehören zum Zigeunerleben das Bild vom ungebunden lebenden Naturvolk fern moderner Zivilisation, die Metaphern Stehlen, Betteln, Wahrsagen, Musizieren und die Konnotation triebhaft ausgelebter Sexualität. Als Opernstoff oder im Ölbild als trivialem Träger des Klischees der lockenden spanischen Romni ist die Metapher allgegenwärtig. Wolf Wondratschek bemüht in seinem pathetischen Carmen-Gedicht[1] die andalusische Zigeunerin als Metapher für das Weiblich-Animalische: Carmen ist die begehrenswerte, unzügelbare, rätselhafte, von Trieben gesteuerte Frau, die Verkörperung der Ursehnsucht des Mannes, der ihren „begehrenswert schlechten Charakter" liebt, nicht von ihr loskommt, sie in allen Frauen sieht, aber nie mehr findet. In der Carmen-Figur ist das Bild der Zigeunerin nur noch so weit negativ besetzt, als es das Gegenbild bürgerlich-weiblicher Tugenden zeigt und in traditioneller Umkehrung bürgerlicher Moral die soziale Außenseiterin – wie die Hexe oder Hure – als Objekt unterbewusster oder tabuisierter Wünsche spiegelt.

---

1 Wondratschek, Wolf: Carmen oder bin ich das Arschloch der achtziger Jahre. Zürich: Diogenes 1986.

In der Mythisierung sind trotz signifikanter Unterschiede Parallelen zum Judenbild der Mehrheitsgesellschaft, wie es in Literatur, Kunst, öffentlichem Diskurs tradiert ist, zu erkennen. Wurde der Jude im negativen Sinn als Händler und Schieber, als Fremder und mit unerwünschten Eigenschaften und Merkmalen Ausgestatteter wahrgenommen, so gehören das Bild der schönen Jüdin, das Stereotyp vom reichen Juden, die Vorstellung besonders ausgeprägten Intellekts und künstlerischer Eigenschaften in der jüdischen Minderheit zur Wahrnehmung der Mehrheit, und so enthält auch das Zigeunerbild begehrenswerte, Neid stimulierende Elemente. Sympathie wird dadurch freilich kaum gestiftet.

Aber anders als den Juden wird den Sinti und Roma die Emanzipation immer noch verweigert, ihre Assimilation wird nie propagiert, allenfalls deklamiert: Die uralte Forderung nach Herstellung von Sesshaftigkeit und Eingliederung in die sozialen Zusammenhänge der Mehrheit geht traditionell mit der Abwehr entsprechender äußerer Voraussetzungen (etwa auf dem Wohnungs- und Arbeitsmarkt) einher. Auch die gelegentlichen Manifestationen von Philoziganismus, die sich in der Literatur finden, lassen keinen Zweifel an der dauerhaften Konsistenz der sozialen Außenseiterposition. Im Gegensatz zu philosemitischen Bestrebungen und Bekenntnissen haben romafreundliche Äußerungen kaum je emanzipatorische Absicht. In der Darstellung und „Erklärung" des Exotischen bleibt die Ausgrenzung der Exoten bestehen, sie dient im literarischen Zusammenhang der Demonstration von Kompetenz und Sensibilität und beschränkt sich auf die Ausnahme, den „guten Zigeuner".

Das lässt sich exemplifizieren: Als Held eines Jugendbuches der 1970er Jahre reitet, mit der Funktion des guten Menschen ausgestattet, „Arpad der Zigeuner" zur Zeit der Türkenkriege durch die Puszta, steht als Feind der Österreicher auf der Seite der unterdrückten ungarischen Bauern, erfüllt wie Winnetou das Bild vom edlen Wilden, bei dem sich Draufgängertum, List und Einsatz für das Gute, für Schwache und Rechtlose zum guten Menschen schlechthin zusammenfügen.[2]

Die Bilder, nicht in pejorativer Absicht, vielmehr als empfindsame Glorifizierung entworfen, sind als Stereotype geläufig und als Bestandteil bürgerlicher Vorstellungswelt ebenso sympathisch und beunruhigend wie die Imagination des edlen Wilden, der als Objekt der Zuwendung mit dem Ziel seiner Besserung zur Tradition philanthropischer Wahrnehmung des Fremden gehört. „Zigeuner" als „Wilde" sind damit literarisch als Angehörige einer natürlichen und kindlichen, besitzfernen und entwicklungsverweigernden Gegenwelt verortet. Gleichzeitig ist den „Zigeunern" aber damit

---

2   Münster, Thomas: Arpad der Zigeuner. Die Abenteuer eines pfiffigen Draufgängers. Freiburg: Herder 1973, S. 146f.

auch der Ausbruch aus solcher Vorstellungswelt – gesellschaftliche Emanzipation und damit selbstverständlicher Genuss bürgerlicher Rechte – verwehrt.

Sinti und Roma sind Objekte bestimmter Vorurteile, nach denen sie z. B. den Eigentumsbegriff der Mehrheit nicht teilen würden, sexuell zügellos, aus angeborenem Freiheitsdurst nicht sesshaft zu machen seien, als Konfliktlösung nur Gewalt akzeptierten, nicht an die Lebensformen der Mehrheitsgesellschaft zu gewöhnen, also nicht integrationsfähig seien. Die ausgrenzenden Vorurteile konstellieren die Lebenswelt der davon Betroffenen. So wird „Zigeunern" nachgesagt, sie lehnten bürgerliche Wohnformen ab, weil sie lieber nomadisieren würden, tatsächlich steht am Anfang aber die Verweigerung der Wohnung, die Sinti und Roma zur Nichtsesshaftigkeit zwingt. Das gilt dann wiederum als konstitutives Merkmal der Gruppe und wird ihr als wesenseigen vorgehalten.

In der Belletristik werden die Roma in der Regel als kindhaftes Volk gezeichnet, das die Errungenschaften moderner Zivilisation nicht begreift und deshalb hartnäckig ablehnt. Die „Zigeuner", so die öffentliche Meinung der Mehrheit, verweigern sich der Gesellschaft, in der sie leben, und machen sich dadurch einerseits schuldig, andererseits sind sie dadurch auf exotische Weise attraktiv. Die Skala reicht von der lockenden und lasziven jungen bis zur hexenartigen wahrsagenden alten Zigeunerin. Untrennbar ist die Vorstellung des männlichen „Zigeuners" mit Musik, mit Pferden, mit Stolz verbunden. Die Bilder vom kindlich unbeschwerten Naturvolk, von den dem Augenblick hingegebenen Naiven, die in einer Gegenwelt zum Fortschritt und zur Zivilisation glücklich leben, finden wir exemplarisch formuliert bei Hermann Hesse in „Narziß und Goldmund":

> Keinem Menschen gehorsam, abhängig nur von Wetter und Jahreszeit, kein Ziel vor sich, kein Dach über sich, nichts besitzend und allen Zufällen offen, führen die Heimatlosen ihr kindliches und tapferes, ihr ärmliches und starkes Leben. Sie sind die Söhne Adams, des aus dem Paradies Vertriebenen, und sind die Brüder der Tiere, der unschuldigen. Aus der Hand des Himmels nehmen sie Stunde um Stunde, was ihnen gegeben wird: Sonne, Regen, Nebel, Schnee, Wärme und Kälte, Wohlsein und Not, es gibt für sie keine Zeit, keine Geschichte, kein Streben und nicht jenen seltsamen Götzen der Entwicklung und des Fortschritts, an den die Hausbesitzer so verzweifelt glauben. Ein Vagabund kann zart oder roh sein, kunstfertig oder tölpisch, tapfer oder ängstlich, immer aber ist er im Herzen ein Kind, immer lebt er am ersten Tage, vor Anfang aller Weltgeschichte, immer wird sein Leben von wenigen einfachen Trieben und Nöten geleitet.[3]

Solche Metaphern sind – obwohl ohne böse Absicht geprägt – willkommene Instrumente der Ausgrenzung: Das Vorurteil vom kindhaften Naturvolk

---

3 Aus Hermann Hesses „Narziß und Goldmund", zit. nach Keil, Adalbert (Hrsg.): Zigeuner-Geschichten. München: Desch 1964, S. 16f.

rechtfertigt den Ausschluss aus der Gesellschaft der Mehrheit, legitimiert scheinbar Bevormundung, Abneigung und Verfolgung, weil die konstruierten Bilder von der Minderheit sich selbst bestätigende Kraft und Wirkung haben. Vorstellungen über die Welt der „Zigeuner" sind längst in die Konsumwelt eingedrungen und bestimmen mit Attributen wie rassig, feurig, pikant das Bild, das sich die Mehrheit von der Minderheit macht.

Die Tradition der Klischees ist ungebrochen. 1990 erschien ein Buch mit dem Titel „In meiner Sprache gibt's kein Wort für morgen", in dem das unbeschwerte, ganz dem Augenblick hingegebene Zigeunerleben als Collage einschlägiger Stereotypen geschildert wird.[4] Auch die Empathie stiftende Geschichte von Jenö, dem Zigeunerjungen, der mit einem Gleichaltrigen der Mehrheitsgesellschaft befreundet ist, bis zur Deportation durch die Vollstrecker des nationalsozialistischen Völkermords löste Vorurteile nicht auf, sondern festigte sie. Der Text von Wolfdietrich Schnurre war lange Zeit Schullektüre, ehe sich Kritik erhob, weil Jenö und „seine Leute" mit allen Eigenschaften des bürgerlichen Zigeunerbildes ausgestattet waren: Sie stahlen, praktizierten Magie, arbeiteten als Rosstäuscher und Betrüger, waren verwahrlost. Der Text lebt von solchen Zuschreibungen, die der Autor als „andere Sitten", als Kultur der Minderheit propagiert. Vor allem anderen schreibt die Geschichte damit jedoch die negativen Stereotype über „Zigeuner" fest.[5] Bei den Literaten, die mit besonderer Sensibilität und Sympathie das Sujet „Zigeuner" behandeln, finden sich die gängigen Klischees: Im „Tatort"-Krimi „Armer Nanosh", den der Norddeutsche Rundfunk 1989 ausstrahlte (und der anschließend als Roman publiziert wurde[6]), wurden Mythen reproduziert. Die Beteiligten wunderten sich sehr, als der Zentralrat der Sinti und Roma gegen die Fernseh-Inszenierung des Zigeunerbildes protestierte, denn sie hatten ja weder diskriminierende noch diffamierende Absichten gehabt bei der Geschichte der unglücklichen Liebe des Kaufmanns Valentin Sander alias Nanosh Stein. Die ermordete Künstlerin war ins zigeunerische Klischee – lasziv und hemmungslos, wild und unangepasst – gepresst. Aber es lief dann doch auf die Darstellung des unglücklichen, vom reichen Hamburger Bürger adoptierten, vor der Deportation nach Auschwitz geretteten Zigeunerjungen hinaus, der ebenso verzweifelt wie vergeblich versucht, „alles Zigeunerische in sich zu verdrängen". Offenbar aus konstitutionellen Gründen bleibt ihm jedoch trotz aller Anstrengung die bürgerliche Existenz verwehrt. Zwar wird er im Gegensatz zu seiner

---

4   Petersen, Elisabeth: „In meiner Sprache gibt's kein Wort für morgen". Recklinghausen: Bitter 1990.
5   Schnurre, Wolfdietrich: Jenö war mein Freund. In: Als Vaters Bart noch rot war. Ein Roman in Geschichten. Frankfurt a. M.: Luchterhand 1988 (erstmals 1960).
6   Scheib, Asta u. Martin Walser: Armer Nanosh. Kriminalroman. Frankfurt a. M. 1989.

Geliebten als Bürgerlicher gezeichnet, aber in allen schwierigen Situationen sucht er Schutz bei den Zigeunern im Wohnwagen vor den Toren der Stadt. Die Botschaft lautet: Es liegt also an „den Zigeunern", den Fremden, den anderen, nicht an der Mehrheitsgesellschaft oder an den falschen Bildern, die sie sich von der Minderheit macht, wenn Integration nicht möglich ist. Dieses traditionelle Bild vom Zusammenleben – also in Wirklichkeit von der Unvereinbarkeit des Zusammenlebens – von Roma und anderen wird trotz aller Empathie in vielen Versuchen literarischer Annäherung vermittelt, so auch im „Tatort"-Krimi „Armer Nanosh".

Für die Tradierung und ständige Neubelebung des Vorurteils gegenüber Sinti und Roma spielen Literatur, Informations- und Unterhaltungsmedien eine so zentrale Rolle, wie sie bei keiner anderen Minderheit zu konstatieren ist. Gegenüber Juden wurde das Ressentiment erst durch Religion, dann durch „Rasse" begründet und entsprechend ideologisiert. Gegenüber Muslimen werden Religion und Kultur instrumentalisiert, „Zigeuner" werden als atavistische ethnische Gruppe zugleich romantisierend verklärt wie als unzivilisiert und nicht zivilisierbar stigmatisiert.

Mit der Romantisierung der „Zigeuner" in der Belletristik geht die Dämonisierung der ethnischen Gruppe einher, die bis ins Mittelalter zurückreicht. In Sagen und Schwänken, in Märchen und anderer volkstümlicher Literatur sind die „Zigeuner" als Diebe, als Betrüger, Abenteurer, Gauner stigmatisiert. Der Dämonisierung folgte die Kriminalisierung. Zauberei, Kindsentführung, Spionage sind Delikte, die das Feindbild „Zigeuner" prägen. Sie haben ihren Ursprung in den Vorurteilen, die Literatur und folkloristische Überlieferung transportierten.

Das negative Bild der „Zigeuner" wurde nicht nur durch Literatur und durch volkstümliche Überlieferung, sondern auch mithilfe der Wissenschaft verbreitet. Heinrich Moritz Gottlieb Grellmann, ein zur Zeit der Aufklärung, aber ohne aufklärerischen oder emanzipatorischen Anspruch in Göttingen wirkender Gelehrter, ließ 1783 ein Buch erscheinen, das unter dem Titel „Die Zigeuner" beanspruchte, Ursprünge, Lebensart, Sitten und Schicksale „dieses Volkes" zu erhellen. Mit Grellmanns Darstellung wurden tatsächlich aber nur die Negativbilder einer durch Fremdheit und Randständigkeit stigmatisierten Minorität in Europa in protorassistischer Weise fixiert. Das Buch wurde zum Klassiker einer inzwischen überholten, aber immer noch wirkenden „Zigeunerforschung", die vor allem Vorurteile verbreitete.

Ende des 18. Jahrhunderts wurden Erklärungen für das Wesen „des Zigeuners" populär, die das Konstrukt „Rasse" benutzten. Von der Kriminalbiologie des 19. Jahrhunderts, die Repressionsgründe gegen die Minderheit lieferte, führte der Weg zur nationalsozialistischen Verfolgung. Die Ressentiments wurden im 19. Jahrhundert durch administrative Maßnahmen auf

Länder- und ab 1871 auf Reichsebene politisch agiert. Aus der Überzeugung, es existiere eine „Zigeunerplage", wurden rigide Aufenthaltsbeschränkungen und Kontrollen verfügt, polizeiliche Willkür vollstreckte die Abneigung der Mehrheit gegen die Minderheit. Die Verweigerung des Wohnrechts machte die Gruppe zu Nomaden, damit bestätigte sich das Vorurteil der Nichtsesshaftigkeit aus angeblich genetisch („rassisch") angelegtem Freiheitsdrang. Gleichzeitig blieben die „Zigeuner" durch die Ausgrenzung aus der mehrheitlich-bürgerlichen Lebenswelt auf traditionelle Erwerbsformen wie den Hausierhandel, das Musizieren, den Bau von Musikinstrumenten, den Handel mit Schrott bzw. mit Antiquitäten, die Schaustellerei fixiert.

Die nationalsozialistische Rassenideologie setzte die Politik der Ausgrenzung fort und entwickelte bald die Tendenz zur Gettoisierung. Viele große Städte richteten lagerartige Plätze ein, die teilweise bewacht waren, immer elend gelegen, oft an tabuisierten Orten wie in der Nähe von Friedhöfen oder bei Kläranlagen. Obwohl „die Zigeuner" nicht ausdrücklich erwähnt wurden, galten die Nürnberger Rassengesetze seit 1935 auch für diese Minderheit und machten Sinti und Roma zu Staatsangehörigen minderen Rechts. 1938 wurde im Reichskriminalpolizeiamt eine „Reichszentrale zur Bekämpfung des Zigeunerunwesens" eingerichtet. Heinrich Himmler, in dessen Zuständigkeit als Reichsführer SS und Chef der deutschen Polizei die Sinti und Roma geraten waren, verfügte am 8. Dezember 1938, dass die „Regelung der Zigeunerfrage aus dem Wesen dieser Rasse heraus" erfolgen müsse, und zwar auf der Grundlage der „durch rassenbiologische Forschungen gewonnenen Erkenntnisse". Die notwendigen Unterlagen hatten Wissenschaftler der Kriminalpolizei zu liefern, das waren unter der Leitung eines Dr. Robert Ritter die Mitarbeiter der „Rassenhygienischen Forschungsstelle" des Reichsgesundheitsamtes.

Die Ausrottung der unerwünschten Minderheit gehörte zu den Intentionen nationalsozialistischer Rassenpolitik. Ein Schritt dazu sollte die Übertragung der Strafverfolgung und des Strafvollzugs gegen „Fremdvölkische" an die SS sein. Das wurde ab September 1942 diskutiert und hatte die Wirkung, dass Sinti und Roma de facto vollkommen rechtlos wurden, d. h. der Willkür von Polizei und SS ausgeliefert waren.

Lange vor Himmlers Erlass, in dem die „Bekämpfung der Zigeunerplage" auf rassistischer Grundlage angekündigt war, wurden Sinti und Roma verfolgt und – ab dem Frühjahr 1938 – in Konzentrationslager eingewiesen. Als Vorwand diente der traditionelle Vorwurf, sie seien „asozial", und ein „Beweis" dafür war es schon, keine „geregelte Arbeit" nachweisen zu können. Weil „Zigeuner" als Gewohnheitsverbrecher und als Schmarotzer galten und weil ihre „starke Vermehrung" als gefährlich angesehen wurde, war auch die Forderung nach Sterilisation erhoben und mit „rassenhygienischen" Argumenten begründet und durchgeführt worden.

Ab Herbst 1939 diente der Krieg dem nationalsozialistischen Regime als willkommener Hintergrund, vor dem sich die geplante Vernichtung unerwünschter Minderheiten durchführen und der Öffentlichkeit gegenüber begründen ließ. Am 2. September 1939 wurde das „Umherziehen von Zigeunern und nach Zigeunerart wandernden Personen" im Grenzgebiet des Deutschen Reiches verboten. Das war als Kriegsmaßnahme begründet; am 17. Oktober 1939 befahl das Reichssicherheitshauptamt, dass „Zigeuner und Zigeunermischlinge" ihren Wohn- oder Aufenthaltsort nicht mehr verlassen durften. Mit diesem „Festschreibungserlass" begann die letzte Stufe der Verfolgung. Den lokalen Polizeibehörden war die Aufgabe übertragen, Sinti und Roma zu zählen (deshalb waren diese zur Sesshaftigkeit verpflichtet) und nach Kategorien der Rassenpolitik und der „vorbeugenden Verbrechensbekämpfung" zu klassifizieren. Ende September 1939 war beschlossen worden, die auf deutschem Boden vermuteten „30 000 Zigeuner" wie die Juden zunächst nach Polen zu deportieren. Die Vertreibung der Unerwünschten ins gerade eroberte und unterworfene Polen war wiederum der erste Schritt zu ihrer Vernichtung: In den Ostgebieten, die wie Kolonien beherrscht und behandelt wurden, konnte der geplante Massenmord besser geplant werden, denn Rücksichten auf die Zivilbevölkerung erschienen kaum nötig.

Am 16. Mai 1940 begann die organisierte familienweise Deportation von Sinti und Roma aus dem Gebiet des Deutschen Reiches. Die Aktion, der etwa 2800 Menschen, ein Zehntel der in Deutschland lebenden Sinti und Roma, zum Opfer fielen, war die Generalprobe zum Völkermord.

Am 16. Dezember 1942 erließ Himmler als Reichsführer SS und Chef der deutschen Polizei den Befehl, der den Genozid systematisierte. Alle „zigeunerischen Personen" sollten in das Vernichtungslager Auschwitz deportiert werden. Unter Geheimhaltung wurden die Betroffenen familienweise verhaftet, ihr Eigentum mussten sie zurücklassen, Ausweise, Geld, Wertgegenstände wurden konfisziert, also geraubt. Über Gefängnisse und Zwischenlager kamen die „Zigeuner" nach Auschwitz-Birkenau, in ein abgegrenztes Areal des Vernichtungslagers, wo sie unter entsetzlichen Umständen lebten. Die Gefangenen waren „rassenpolitischen Forschungen" ausgeliefert und auch dem berüchtigten KZ-Arzt Mengele, der viele von ihnen zu pseudowissenschaftlichen Experimenten missbrauchte. In einer Nacht Anfang August 1944 wurde das ganze „Zigeunerlager" Auschwitz liquidiert.

Der Völkermord an Sinti und Roma wurde an vielen Orten des nationalsozialistischen Herrschaftsgebiets begangen, in den Vernichtungslagern Auschwitz, Chelmno/Kulmhof, Treblinka, Majdanek auf polnischem Boden, durch Massenexekutionen in Polen und im Baltikum, in Kroatien und Serbien, in der Ukraine, auf der Krim.

Die Zahl der Opfer ist noch schwerer zu bestimmen als die der ermordeten Juden. Die in Ost- und Südosteuropa lebenden Roma waren durch ihre Lebensweise statistischer Erfassung weitgehend entzogen, dokumentarische Beweise des Massenmords sind ungenau und spärlich. Dokumentiert sind aber etwa 200 000 Morde an Sinti und Roma, die Schätzungen reichen in noch größere Dimensionen.

Aus formalen und juristischen Gründen wurde die Verfolgung der Minderheit der Sinti und Roma in Deutschland lange Zeit ignoriert oder verharmlost. Die alten Vorurteile wirkten weiter, und so bestand die stillschweigende Übereinkunft, „die Zigeuner" seien eigentlich zu Recht verfolgt worden, denn sie seien von ihrer Konstitution her asozial und kriminell. Die Ausnützung uralter Vorurteile zur Stigmatisierung der Angehörigen einer nicht assimilierten kulturellen Minorität war ein über den Zusammenbruch des NS-Staats hinaus wirkendes Unrecht. Noch im Jahr 1956 kam der Bundesgerichtshof zu der Feststellung, die das Verhalten der Mehrheit bei der Verweigerung von Entschädigungs- und Wiedergutmachungsleistungen zu sanktionieren schien:

> „Die Zigeuner neigen zur Kriminalität, besonders zu Diebstählen und zu Betrügereien. Es fehlen ihnen vielfach die sittlichen Antriebe zur Achtung vor fremdem Eigentum, weil ihnen wie primitiven Urmenschen ein ungehemmter Okkupationstrieb eigen ist."[7]

Weitere Ressentiments beherrschten die Verantwortlichen, die nach dem Zusammenbruch des NS-Staats für die Aufarbeitung des begangenen Unrechts zuständig waren. Sie zogen sich mit dem Argument aus der Affäre, den Sinti und Roma hätte die erlittene Verfolgung weniger ausgemacht als anderen Menschen, da sie von Natur aus unempfindlicher, stumpfer und deshalb zu größerem Leiden fähig seien. Solche Vorurteile bekamen die Verfolgten noch zu spüren, als sie in den 1960er und 1970er Jahren Renten für erlittene Gesundheitsschäden beanspruchten. Ein Medizinprofessor kam als Gutachter noch 1971 zu dem Schluss, die Mutter von drei Kindern, die im KZ alle Kraft auf deren Rettung verwandt hatte, könne keine dauernden Folgen ihrer Leidenszeit davongetragen haben. Seine Folgerung lautete:

> Die sofortige Wiedervereinigung mit dem Ehemann nach der Befreiung und die alsbaldige Wiederaufnahme des gewohnten Wander- und ‚Berufslebens' wird ferner dazu beigetragen haben, daß eine etwaige reaktive depressive Dauerverstimmung,

---

7 Spitta, Arnold: Entschädigung für Zigeuner? Geschichte eines Vorurteils. In: Herbst, Ludolf und Constantin Goschler (Hrsg.): Wiedergutmachung in der Bundesrepublik Deutschland. München: Oldenbourg 1988, S. 385-401.

wie sie gelegentlich nach so langer KZ-Lagerzeit beobachtet wurde, nicht zur Entwicklung kommen konnte.[8]

Als Spätfolge von KZ-Haft sind Medizinern und Psychiatern die Symptome der Entwurzelungsdepression geläufig. Aber Sinti und Roma haben nach Überzeugung dieser Experten offenbar wesensmäßig und traditionell weniger Leidensfähigkeit als andere Menschen: Einem Sinto, der im Jahre 1938 18-jährig ins KZ geriet und sieben Jahre lang inhaftiert war, wurde 1971 bescheinigt, die Voraussetzung für eine Entwurzelung im medizinischen und psychiatrischen Sinn sei bei ihm „nicht in dem Umfang gegeben, wie bei dem Personenkreis, der aus einem festgefügten sozialen Rahmen gerissen wurde"[9]. Deshalb müsse man bei ihm auch unterstellen, dass „aufgrund seiner Herkunft die Schwelle der eben noch zu ertragenden unzumutbaren seelischen Belastungen höher anzusetzen ist als bei denjenigen, die in einem festgefügten sozialen Rahmen lebten".

Anders als die Juden konnten „die Zigeuner" noch lange Zeit nach ihrer Verfolgung kaum mit Hilfe und Verständnis rechnen. Die deutschen Entschädigungsbehörden argumentierten bis in die 1970er Jahre hinein im Einklang mit Politikern und der öffentlichen Meinung gegenüber Wiedergutmachungsansprüchen wegen erlittener Verfolgung, „die Zigeuner" seien ja vor allem als Kriminelle und Asoziale in die Konzentrationslager gekommen und Opfer staatlicher Maßnahmen geworden, also selbst an ihrem Schicksal schuld.

Wurde das Judenbild der Mehrheit in Deutschland nach dem nationalsozialistischen Genozid durch die Opferrolle der Juden und Gefühle der Scham und Schuld in der Mehrheitsgesellschaft neu geprägt, so blieb die stereotype negative Wahrnehmung der „Zigeuner", von unzulänglichen literarischen Versuchen abgesehen, unverändert. Das weitgehend statische Zigeunerbild war im Negativen charakterisiert durch die Vermutung konstitutiver Kriminalität und „asozialen" Verhaltens. Dafür finden sich in der deutschen Nachkriegspublizistik reichlich Belege.

Im Frühjahr 1959 berichtete die Illustrierte „Stern" über einen Aussiedlertransport aus Polen, mit dem 331 „Zigeuner" in Schleswig-Holstein ankamen. Eine dreiseitige Fotoreportage war dem „fahrenden Volk" gewidmet: „Die Zigeuner sind da! Aber sie sind eine unerwünschte und unerwartete Zugabe zu den Aussiedlertransporten, die seit Dezember 1955 im Rahmen

---

8   Körber, Uschi: Stellungnahme zu Gutachten gegen Gesundheitsschadensrenten bei Sinti und Roma. In: Anerkennung und Versorgung aller Opfer nationalsozialistischer Verfolgung. Dokumentation parlamentarischer Initiativen der Grünen in Bonn und der Fraktion der Alternativen Liste Berlin. Berlin 1986, S. 61 f.
9   Ebd.

einer gemeinsamen Aktion des Deutschen und des Polnischen Roten Kreuzes auf dem Zonengrenzbahnhof Büchen eintreffen."[10] Zu den Eindrücken des Reporters gehört, dass „die Zigeuner" nur drei Wochen auf ihre Ausreisegenehmigung warten mussten, „die Deutschen" dagegen oft zehnmal so lange. Mit Momentaufnahmen werden die Erwartungen der Leserschaft bedient:

> Katzenschnell will eine der kleinen Mädchengestalten – die meist schon Mütter mehrerer Kinder sind – unter der Postenkette des Grenzschutzes hindurchwischen. Diese Absperrung ist ihr unheimlich. Sie versucht, einem ungewissen Etwas zu entgehen, vor dem sie der ererbte Instinkt warnt. Dem ganzen Volk ist dieser Instinkt zu eigen, als notwendiges Gegengewicht zu der krassen Außenseiterrolle, die es seit jeher in Europa spielt; einem Volk, dessen einziges Schicksal immer wieder „Flucht" heißt.[11]

Das war wohl als Versuch der Einfühlung gedacht, wie er bei einschlägigen Reportagen, Features und „Dokumentationen" zur Rechtfertigung der denunziatorischen Beschreibung dient. Diese Tradition der Wahrnehmung ist ungebrochen. Im „Spiegel" wurden Roma als „nonkonformistisches Nomadenvolk" charakterisiert, das die „wohl am schwersten integrierbare aller Zuwanderergruppen" sei.[12] Der Berliner „Tagesspiegel" wusste im Frühjahr 1990, ohne die Zahlen belegen zu können, dass die Mehrheit der Flüchtlinge aus Rumänien, die sich um Asyl in der Bundesrepublik bewarben, Roma seien, und schürte damit Überfremdungsängste vor einer besonders gefürchteten Gruppe von Migranten.[13]

Auch die Wochenzeitung „Die Zeit" brachte einen Beitrag. Unter dem Titel „Die Zigeuner sind da!" wurden stereotype Vorstellungen bedient und Ängste geschürt. Der rhetorischen Frage des Autorenteams „Was suchen sie hier?" wurde als Antwort mit einem Zitat den Erwartungen des Publikums entsprochen: „Sie durchschwimmen Oder und Neiße, erhalten Kost und Logis in der Bundesrepublik, klauen trotzdem, betteln trotzdem, denn sie wissen, ihr Aufenthalt wird von kurzer Dauer sein. Und was sie haben, haben sie."[14]

2007 entstand mit Fördermitteln des Landes Hessen ein Film mit dem Titel „Zigeuner", der vorgibt, Authentizität als Dokument, als Abbildung

---

10 Stern 10/1959: In die Freiheit abgeschoben, zit. nach Schornstheimer, Michael: Bombenstimmung und Katzenjammer. Vergangenheitsbewältigung: Quick und Stern in den 50er Jahren. Köln: Pahl-Rugenstein 1989, S. 195f.
11 Ebd.
12 Spiegel, 7.9.1992, zit. nach Mihok, Brigitte u. Peter Widmann: Sinti und Roma als Feindbilder. In: Informationen zur politischen Bildung 271/2005. S. 56–61.
13 Ebd.
14 Die Zeit, 18.9.1992.

der Realität zu bieten. Der Film erhielt das Prädikat „wertvoll", wurde zum „Dokumentarfilm des Monats September 2007" hochgepriesen, bei Filmfestivals gezeigt, im Frühjahr 2009 im Prestige-TV-Sender Arte, im Oktober 2010 vom Hessischen Rundfunk ausgestrahlt. Es handelt sich aber um eine Inszenierung von Vorurteilen, deren Wirkung in der Stigmatisierung der Minderheit besteht. Der Film von Stanislaw Mucha transportiert Stereotype. Die Aufnahmen entstanden in slowakischen „Zigeuner"-Siedlungen, die offenbar nach dem Grad des dort herrschenden Elends ausgewählt wurden. Der Film arbeitet mit drei Thesen, erstens suggeriert er (wie schon im Titel), dass die Angehörigen der Minderheit die Selbstbezeichnung „Zigeuner" anstelle von Roma bevorzugten, zweitens, dass Stehlen den „Zigeunern" wesensimmanent sei, drittens, dass deren ganz normales Alltagsleben dokumentiert würde. Die Darstellung anonymer Elendssiedlungen wird verallgemeinert; mit den pejorativen Topoi „Klauen", „Hundeessen", Gewalt, Zügellosigkeit wird ein durchgängig negatives Bild gezeichnet, das mit dem Anspruch auf Authentizität auftritt, der durch die Ausstrahlung im elitären Kultursender und in der seriösen ARD-Anstalt bekräftigt wird.

Die Proteste des Zentralrats der Sinti und Roma in Deutschland sind von den Rundfunkanstalten routiniert im üblichen Kanzleistil abgefedert worden, wenigstens solle das Produkt nicht wieder ausgestrahlt werden, wurde versprochen. Der Film ist ein aktuelles Schulbeispiel für den Transport und die Fixierung von Ressentiments gegen eine Minderheit.[15]

Die Diskriminierung der Roma ist in einigen Ländern besonders stark verbreitet. Der aktuelle Diskurs über Roma in Ungarn ist von den Topoi Integration, Kriminalität, Sozialhilfe bestimmt, diese bilden die Leitlinien antiziganistischer Einstellung in der Mehrheitsgesellschaft. Diskursive Zuschreibungen („alle Raub-Straftaten wurden von Roma begangen") bestimmen ebenso das Wirklichkeitsbild wie die Gewissheit, dass Roma als Sozialhilfe-Empfänger ihre Armut selbst verschuldet haben bzw. diese agieren, um ungerechtfertigte Leistungen zu erzwingen. Kulturalistische und rassistische Argumente finden in der Roma-Debatte breite Resonanz und sind, wie Wahlergebnisse zeigen, in Ungarn derzeit konsensfähig. Antiziganismus ist ein in der ungarischen Gesellschaft dominantes Wirklichkeitsmodell.

Beunruhigende Befunde erbrachte auch eine empirische Studie zur Situation von Kindern kosovarischer Roma in Deutschland und nach ihrer Rückführung in den Kosovo. Die Untersuchung wurde im Auftrag der UNICEF vom Zentrum für Antisemitismusforschung und einem internatio-

---

15 Mihok, Brigitte: Ein Film über „Zigeuner" als Inszenierung zur Stigmatisierung einer Minderheit. In: Jahrbuch für Antisemitismusforschung 20 (2011). S. 135–329.

nalen Forscherteam Anfang des Jahres 2010 durchgeführt.[16] Die Studie zeigt, dass dem Kindeswohl nicht Rechnung getragen wird, dass die Familien in Armut getrieben und traumatisiert werden, dass Kinder und Jugendliche in ihren Bildungschancen drastisch behindert werden. In der Folge wird ein beträchtlicher Teil der aus der BRD Abgeschobenen wieder in Deutschland erscheinen, das sie als ihre Heimat empfinden. Sie werden dann aber von vornherein den Status von Illegalen haben. Auch für die französische Regierung, die entgegen EU-Recht Roma nach Rumänien abschiebt, müsste diese Erkenntnis von Interesse sein.

Antiziganismus richtet sich nicht nur gegen Sinti und Roma. Dem Publikum ist die Minderheit der „Jenischen" weithin unbekannt, die im deutschsprachigen Raum (Südwestdeutschland und Schweiz) und in Frankreich lebt. Es handelt sich um eine sowohl nach ihrer Größe als auch ihrer Herkunft und Eigenart schwer zu definierende Gruppe, die im Selbstverständnis ein Volk ist, eine eigene Sprache und eine eigene Kultur hat. Wahrgenommen als „Zigeuner", als Fahrende oder – in der Sprache des Nationalsozialismus – als „nach Zigeunerart Umherziehende", sozial marginalisiert und öffentlich nicht repräsentiert trat die Minderheit erstmals in der Debatte um die Widmung des Denkmals für die ermordeten Sinti und Roma in Berlin an die Öffentlichkeit. Am Denkmal werden aufgrund der Intervention auch Verfolgungsmaßnahmen gegen „Angehörige der eigenständigen Opfergruppe der Jenischen und andere Fahrende" genannt.

Der Begriff „Jenisch" ist seit dem Anfang des 18. Jahrhunderts bekannt, als Gruppenbezeichnung tritt er im 19. Jahrhundert in Erscheinung. Die Bezeichnung dient vor allem der Ausgrenzung Randständiger, die in angeblich unehrlichen Gewerben tätig, die obdachlos oder nicht sesshaft sind, die eine Art Rotwelsch untereinander sprechen und weiter nicht definiert sind. Seit wenigen Jahren organisiert sich die Minderheit in Verbänden und Interessenvertretungen auf nationaler (d. h. eidgenössischer und deutscher) und internationaler Ebene. Die Minderheit legt Wert darauf, sich von Sinti und Roma zu unterscheiden, als Bürgerrechtsbewegung steht die Interessenvertretung der Jenischen noch an den Anfängen. Sie verweist auf die Verfolgung im Nationalsozialismus (die nach bisheriger Erkenntnis unter dem Stigma „Asozial" oder „Kriminell" nicht als Maßnahme gegen die

---

16 Knaus, Verena u. Peter Widmann u.a.: Integration unter Vorbehalt. Zur Situation von Kindern kosovarischer Roma, Ashkali und Ägypter in Deutschland und nach ihrer Rückführung in den Kosovo. Deutsches Komitee für UNICEF, Köln 2010; s.a. Schlagintweit, Reinhard u. Marlene Rupprecht (Hrsg.): Zwischen Integration und Isolation. Zur Lage von Kindern aus Roma-Familien in Deutschland und Südosteuropa. Berlin: Metropol 2007.

Jenischen als Gruppe betrieben wurde) und kämpft gegen die Diskriminierung durch die Mehrheitsgesellschaft. Mit Aktionen wie der Besetzung der KZ-Gedenkstätte Dachau brachten sich Sinti und Roma ab Ende der 1970er Jahre in der Bundesrepublik ins Gespräch, setzten allmählich ihre Selbstbezeichnung statt des Begriffs „Zigeuner" durch; aus der Bürgerrechtsbewegung ging 1982 der Zentralrat Deutscher Sinti und Roma hervor, der als Interessenvertretung politisch ernst genommen wird und einen erheblichen Beitrag zur Bekämpfung des Antiziganismus leistet. Allerdings besteht noch großer Bedarf an einschlägiger Vorurteilsforschung und weitere Anstrengungen zur Akzeptanz der Minderheit sind erforderlich.

Bibliographie

Baumgarten, Gerhard u. Tayfun Belgin (Hrsg.) Roma und Sinti. „Zigeuner-Darstellungen" der Moderne. Krems: Kunstmeile Krems 2007.

Keil, Adalbert (Hrsg.): Zigeuner-Geschichten. München: Desch 1964.

Knaus, Verena u. Peter Widmann u.a.: Integration unter Vorbehalt. Zur Situation von Kindern kosovarischer Roma, Ashkali und Ägypter in Deutschland und nach ihrer Rückführung in den Kosovo. Deutsches Komitee für UNICEF. Köln 2010.

Körber, Uschi: Stellungnahme zu Gutachten gegen Gesundheitsschadensrenten bei Sinti und Roma. In: Anerkennung und Versorgung aller Opfer nationalsozialistischer Verfolgung. Dokumentation parlamentarischer Initiativen der Grünen in Bonn und der Fraktion der Alternativen Liste Berlin. Berlin 1986, S. 61 f.

Margalit, Gilad: Die Nachkriegsdeutschen und „ihre Zigeuner". Die Behandlung der Sinti und Roma im Schatten von Auschwitz. Berlin: Metropol 2001.

Mihok, Brigitte: Ein Film über „Zigeuner" als Inszenierung zur Stigmatisierung einer Minderheit. In: Jahrbuch für Antisemitismusforschung 20 (2011). S. 135–329.

Mihok, Brigitte: Zurück nach Nirgendwo. Bosnische Roma-Flüchtlinge in Berlin. Berlin: Metropol 2001.

Mihok, Brigitte u. Peter Widmann: Sinti und Roma als Feindbilder. In: Informationen zur politischen Bildung 271/2005. S. 56–61.

Münster, Thomas: Arpad der Zigeuner. Die Abenteuer eines pfiffigen Draufgängers. Freiburg: Herder 1973.

Opfermann, Ulrich Friedrich: „Seye kein Ziegeuner, sondern Kayserlicher Cornet". Sinti im 17. und 18. Jahrhundert. Eine Untersuchung anhand archivalischer Quellen. Berlin: Metropol 2007.

Peritore, Silvio u. Frank Reuter (Hrsg.): Inszenierung des Fremden. Fotografische Darstellung von Sinti und Roma im Kontext der historischen Bildforschung,. Heidelberg: Dokumentations- und Kulturzentrum Deutscher Sinti und Roma 2011.

Petersen, Elisabeth: „In meiner Sprache gibt's kein Wort für morgen". Recklinghausen: Bitter 1990.

Rose, Romani (Hrsg.): Der nationalsozialistische Völkermord an den Sinti und Roma. Ausstellungsdokumentation. Heidelberg 1995.

Scheib, Asta u. Martin Walser: Armer Nanosh. Kriminalroman. Frankfurt a. M.: Weltbild 1989.
Schlagintweit, Reinhard u. Marlene Rupprecht (Hrsg.): Zwischen Integration und Isolation. Zur Lage von Kindern aus Roma-Familien in Deutschland und Südosteuropa. Berlin: Metropol 2007.
Schnurre, Wolfdietrich: Jenö war mein Freund. In: Als Vaters Bart noch rot war. Ein Roman in Geschichten. Frankfurt a. M.: Luchterhand 1988 (erstmals 1960).
Schornstheimer, Michael: Bombenstimmung und Katzenjammer. Vergangenheitsbewältigung: Quick und Stern in den 50er Jahren. Köln: Pahl-Rugenstein 1989.
Spiegel, 7. September 1992.
Spitta, Arnold: Entschädigung für Zigeuner? Geschichte eines Vorurteils. In: Herbst, Ludolf und Constantin Goschler (Hrsg.): Wiedergutmachung in der Bundesrepublik Deutschland. München: Oldenbourg 1988, S. 385-401.
Stern 10/1959.
Strauß, Daniel (Hrsg.): Studie zur aktuellen Bildungssituation deutscher Sinti und Roma. Dokumentation und Forschungsbericht. Marburg: I-Verb.de 2011.
Widmann, Peter: An den Rändern der Städte. Sinti und Jenische in der deutschen Kommunalpolitik. Berlin: Metropol 2001.
Wippermann, Wolfgang: „Wie die Zigeuner". Antisemitismus und Antiziganismus im Vergleich. Berlin: Elefanten-Press 1997.
Wondratschek, Wolf: Carmen oder bin ich das Arschloch der achtziger Jahre. Zürich: Diogenes 1986.
Die Zeit, 18. September 1992.
Zimmermann, Michael: Rassenutopie und Genozid. Die nationalsozialistische „Lösung der Zigeunerfrage". Hamburg: Christians 1996.

Wenn Globalisierung und Immigration Klassengewalt verstärken: Ausbeutung und Widerstand

Saskia Sassen

Das Konzept der sozialen Klasse hat eine lange und bemerkenswerte Entwicklung durchlaufen. Es ist hier nicht meine Absicht, diese Tradition aufzuarbeiten, ich möchte vielmehr kritische neue Entwicklungen der Klassenrealitäten genauer betrachten. Diese können als Klassengewalt gesehen werden, da sie auf der Tatsache basieren, dass es mehr als eine Klasse gibt. Klassengewalt wird hier als Gewalt verstanden, die eine Klasse einer anderen zufügt. Diese Art der Gewalt hat zwar ihre Wurzeln in Wirtschaftssystemen und die Klassenakteure und -akteurinnen verfolgen bestimmte wirtschaftliche Interessen, die zu widersprüchlichen Vorstellungen verschmelzen. Ihre Instrumentarien sind aber nicht ausschließlich wirtschaftlicher Natur, sondern können auch Diskriminierung und Vorurteile aufgrund von Geschlecht, Ethnie, Religion oder körperlicher Behinderung umfassen, um die schwächere Klasse zusätzlich zu unterdrücken. Gewalt findet allerdings auch innerhalb einzelner Klassen statt, einschließlich jener der Privilegierten und Mächtigen, wo sie sich in Form unterschiedlicher Arten von Diskriminierung basierend auf Geschlecht, Ethnie, Religion oder körperlicher Behinderung äußert. Hier handelt es sich allerdings nicht so sehr um Klassengewalt, sondern vielmehr um vergeschlechtlichte oder rassistische Gewalt an sich. Ich lege mein Hauptaugenmerk auf die stärker benachteiligten Bereiche zeitgenössischer Gesellschaften, auch weil diese besonders von der Klassengewalt betroffen sind. Ich werde des Weiteren argumentieren, dass bestimmte globale Trends neue Formen der Dominanz hervorbringen, aber auch neue Instrumente des Widerstands.

Im ersten Abschnitt werden kurz einige Hauptargumente zum Thema Klasse in der soziologischen Literatur beleuchtet, wovon eines – explizit oder implizit – vorwiegend in nationalen Systemen verankert ist. Ziel ist es, analytische Freiräume in dieser Literatur aufzuspüren. Sie könnten für einige der neuen wirtschaftlichen und politischen Entwicklungen, die den Klassenbegriff neu strukturieren, verwendet werden. Von entscheidender Bedeutung bei dieser Analyse sind Entwicklungen, die sich aus unterschiedlichen Formen der Globalisierung – im Unternehmensbereich, im politischen und im staatsbürgerlichen Bereich – ergeben. Diese neuen Klassenstrukturierungen stehen im Mittelpunkt des zweiten Abschnitts. Hier geht es darum, Einblick in den Ursprung neuer Formen von Ungleichheit und Klassendominanz zu gewinnen und in die daraus entstehende Gewalt, selbst wenn sich diese nach außen hin als das gesetzmäßige Funktionieren der Wirtschaft präsentiert. Im letzten Abschnitt werden neue Formen politischer Widerstände von Benachteiligten untersucht, die nichts mit jenen der frühkapitalistischen Industriestädte gemein haben.

1. Die heutige Klassensoziologie: Erweiterung der Analytik

Seit zwanzig oder dreißig Jahren betont eine starke wissenschaftliche Richtung, dass Klasse in fortschrittlichen Industriegesellschaften ihre Bedeutung verliert. Selbst wenn sich diese Argumente nur auf die Ebene der Klassenbildung und der politischen Organisation beziehen, wird vereinzelt ins Treffen geführt, dass Veränderungen in Folge von Postindustrialismus oder Postfordismus auch auf den Zerfall der Klassenstruktur hinweisen.[1] Mit diesem Argument wird ein Großteil der Klassenbildungsdynamik Autoritätsbeziehungen zugeschrieben, die in das bürokratische, vertikal integrierte Unternehmen eingebettet sind. Folglich wird der Rückgang dieser Organisationsform als Verminderung der strukturellen Dynamik der gesellschaftlichen Hierarchie gesehen.[2]

Die oben genannten unterschiedlichen Argumente gehen von einer spezifischen Definition von Klasse aus, die in Herrschaft begründet ist. Dieses Weber'sche Denkmodell setzt Hierarchie mit der Verfügungsgewalt organisierter Akteure gleich: Organisationshierarchie führt zur Konzentration erstrebenswerter Ressourcen in den Händen einer kleinen Elite. Ein eher Marx'sches Denkmodell betont wiederum die Positionierung von Klassen im strukturellen Rahmen einer Produktionsweise sowie die wechselseitigen Beziehungen zwischen den verschiedenen Klassen.[3] Geht man von diesen

---

1   Clark, Terry N. u. Seymour Lipset: Are social classes dying? In: International Sociology 4 (1991). S. 397-410; Pakulski, Jan u. Malcolm Waters: The reshaping and dissolution of social class in advanced society. In: Theory and Society 5 (1996). S. 667-691; for the distinction between formation and structure, see Wright, Erik Olin: Classes. New York: Verso 1985. Zur Unterscheidung von Klassenbildung (formation) und Klassenstruktur (structure) siehe Wright 1985.
2   Piore, Michael u. Charles Sabel: The second industrial divide. New York: Basic Books 1984; Amin, Ash: Post fordism: A reader. Cambridge: Blackwell 1994.
3   Wright, classes, 1985; Wright, Erik Olin: Class, crisis, and the state, New York: Verso 1979.

Annahmen aus, so modifiziert die sich wandelnde Organisationsstruktur unternehmerischer Tätigkeit die Klassenbildung, während die kapitalistische Klassenstruktur bestehen bleibt, wodurch grundlegenden Änderungen der Klassenbildung objektive Grenzen gesetzt werden. Der beobachtete Rückgang der Organisationshierarchie kann daher konjunkturelle Klassensituationen beeinflussen, aber die Klassenstruktur an sich bleibt intakt.

Die Bedeutungseinschränkung des Klassenbegriffs auf bürokratische Dominanz und weg vom umfassenderen marxistischen Verständnis wurde ihrerseits von Analysen in Frage gestellt, wie sie zum Beispiel von Edwards[4] und Burawoy[5] entwickelt wurden. Beide Autoren haben bemerkenswerte und schlüssige Analysen dieser Autoritätsbeziehungen vorgelegt, ohne dabei den Klassenbegriff auf diese Beziehungen zu reduzieren. Edwards führt seine Analyse unter Betonung des strukturellen Aspekts aus der Sicht der Organisation des Klassenkampfs auf Betriebsebene durch, während Burawoy die Dinge vom Gesichtspunkt der Arbeiterinnen und Arbeiter und deren Konfrontation mit den Organisationsstrukturen betrachtet. Angesichts des Wandels der Arbeitsorganisation und der Diversifizierung der Arbeitsinhalte wird außerdem vereinzelt[6] argumentiert, dass die strukturellen Bedingungen für das Entstehen postmoderner – fragmentierter, identitärer und grundsätzlich nicht klassentypischer – Lifestyles in Wirklichkeit den Fortbestand der Klassenrealität à la Marx nur kaschieren.

Der Nachdruck, den Wright auf den strukturellen Aspekt legt, lenkt tendenziell von der Analyse konkreter Gruppen und Akteurinnen und Akteure sowie ihrer Positionen innerhalb der Klassenstruktur ab. Allerdings entsteht so ein Ansatzpunkt für theoretische Überlegungen des Weiterbestehens von Klassen durch Veränderungsprozesse, die der Kapitalismus durchläuft. Um Theorien über aktuelle, konkrete Entstehungsprozesse von Klassen aufstellen zu können, bedarf es einer Methode, mit der zugleich die subjektiven und objektiven Dimensionen der Klassenstruktur erfasst werden können.[7] Dazu müssen wir konkreter werden und von der Klassenbildung zu realen Situationen übergehen, die die Klassenstruktur und das globale System bestimmen.[8] Bourdieu[9] folgend, können wir die faktischen Ausprägungen der Struktur

---

4 Edwards, Richard: Contested terrain. New York: Basic Books 1979.
5 Burawoy, Michael: Manufacturing consent. Chicago: University of Chicago Press 1979.
6 Harvey, David: The condition of postmodernity. Oxford: Blackwell 1989; Hall, Stuart: Brave New World. In: Marxism today 10 (1988). S. 24-29.
7 Sassen, Saskia: A sociology of Globalization. New York: Norton 2007, Kapitel 6.
8 Sassen, Saskia: Territory, authority, rights: From medieval to global assemblages. Princeton, N. J.: Princeton University Press 2006a, Kapitel 6.
9 Bourdieu, Pierre: Outline of a theory of practice. Cambridge: Cambridge University Press 1977.

untersuchen, um festzustellen, wie diese die Möglichkeiten kollektiven Handelns einengen und einen strategischen Raum für die Akteurinnen und Akteure definieren.

Eine unverkennbar US-amerikanische soziologische Perspektive, vertreten durch Grusky and Sorensen[10], geht zu einem gewissen Grad in diese Richtung. Sie tritt dafür ein, das Augenmerk auf die konkreten Berufsgruppen zu richten, und argumentiert, dass auf dieser analytischen Ebene das tatsächliche Verhalten sowie die Kulturen und Praktiken der Klassenakteure und Klassenakteurinnen besser zu erfassen sind. Die Aufmerksamkeit, die sie auf die „disaggregierte" oder Mikroebene des Klassenprozesses richten, geht allerdings auf Kosten theoretischer Überlegungen zur Makrostruktur, wie sie von Wissenschaftlerinnen und Wissenschaftern wie Wright angestellt wurden, und zur Art und Weise, wie diese aus Mikrointeraktionen und -prozessen entsteht.[11] In der Rückbesinnung auf fundamentalere und umfassendere Dynamiken halten einige Autorinnen und Autoren daran fest, dass strukturelle Beschränkungen von Gruppenaktionen nicht allein durch die relative Macht verschiedener Gruppen definiert werden, sondern auch durch von der Aufwertung des Kapitals aufgezwungene systembedingte Notwendigkeiten.[12] Der Wettbewerb zwischen Gruppen findet im Rahmen einer Reihe institutionalisierter Regeln statt[13], die im Sinne einer hegemonialen Festschreibung durch das Diktat von Kapital und Märkten interpretiert werden können.

Abgesehen davon, dass diese „Regeln" die Handlungen wirtschaftlicher Gruppen objektiv strukturieren, liegt ihre Bedeutung für die Klassenanalyse auf mindestens zwei weiteren Achsen. Laut Bourdieu definieren sie erstens einen strategischen Kontext für kollektives Handeln: Eine Verbindung mit funktional bedeutenden Positionen innerhalb des globalen Wirtschaftssystems kann den Zugang zu wertvollen Ressourcen und damit die Macht der Gruppe erweitern. Außerdem eröffnet dieser strategische Wettbewerb Zugang zu einer Position innerhalb der Klassenstruktur, die im Wertsteigerungsprozess als eine funktionale Position definiert wird. Zweitens sind diese Regeln an sich nicht absolut. Indem sich Gruppen durch die Überbrückung des Globalen und des Lokalen eine funktionale Position in der globalen

---

10 Grusky, David u. Jesper Sorensen: Can class analysis be salvaged? In: American Journal of Sociology 5 (1998). S. 1187-1234.

11 Portes, Alejandro: The resilient importance of class: A nominalist interpretation. In: Political Power and Social Theory 14 (2000). S. 249-284.

12 Postone, Moishe: Time, labor, and social domination. Cambridge: Cambridge University Press 1993; Harvey, David: The limits to capital, Oxford: Basil Blackwell 1982.

13 Fligstein, Neil: The transformation of corporate control. Cambridge, Mass.: Harvard University Press 1990.

Ökonomie sichern, können sie mit ihren spezifischen Praktiken und Kulturen der Gesamtstruktur der globalen Ökonomie bis zu einem gewissen Grad ihren Stempel aufdrücken – Struktur wird, kurz gesagt, durch Praxis vermittelt.[14]

Mein Versuch darzustellen, wie Klassenstrukturierungen durch neue systembedingte Voraussetzungen als Ergebnis der Globalisierung von Wirtschaft und Politik verändert werden können, veranlasste mich zu der Feststellung, dass wir es hier mit dem Entstehen globaler Klassen zu tun haben.[15] Derart globale Komponenten der Klassenstrukturierung erfordern eine Analytik, die sowohl objektive als auch subjektive Klassendimensionen erfasst.[16] Wenn bestehende Klassenstrukturierungen durch neue Dynamiken der Klassenakkumulation und -dominanz aufgebrochen werden, genügt es nicht, die strukturellen, von der abstrakten Logik des Kapitals bestimmten Positionen zu identifizieren. Politik spielt eine bedeutende Rolle, besonders dann, wenn wir Klassengewalt in den Blick nehmen. Es genügt allerdings nicht, die Untersuchung auf die Strategien und Handlungen bestimmter wirtschaftlicher und/oder sozialer Gruppen zu beschränken. Globale Klassenstrukturen entstehen aus beiden Arten von Prozessen, da Gruppen dazu neigen, sich strategisch die Chancen zu sichern, die ihnen ein funktionierendes globales System bietet.

Es gibt einen, wenn auch kleinen, Fundus an wissenschaftlichen Arbeiten, die sich mit dem Entstehen einer Art globaler Klasse auseinandergesetzt haben. Das Hauptaugenmerk der Wissenschaft richtete sich auf eine neue Schicht transnationaler Fachleute und Führungskräfte.[17] Meiner Meinung nach gibt es noch mindestens zwei weitere globale Klassen. Eine davon ist aus der starken Zunahme transnationaler Netzwerke von Regierungsbeamten entstanden. Unter diesen Netzwerken sind jene Netzwerke von Experten und Expertinnen verschiedener Themenbereiche, die entscheidend für die globale Konzernwirtschaft („corporate economy") sind: Richter und Richterinnen, die eine ständig wachsende Zahl an internationalen Bestimmungen und Verboten

---

14 Dezalay, Yves u. Bryant G. Garth: Merchants of law as moral entrepreneurs: Constructing international justice from the competition for transnational business disputes. In: Law and Society Review 1 (1995). S. 27-64; Giddens, Anthony: The constitution of society. Berkeley: University of California Press 1984.
15 Sassen, Territory, Kap. 6.
16 Sennett, Richard: Respect in an Age of Inequality. New York: Norton 2003; Sennett, Richard: The Corrosion of Character: The Personal Consequences of the New Capitalism. New York: Norton 1998.
17 Pijl, Kees van der: Transnational classes and international relations. London: Routledge 1998; Sklair, Leslie: The transnational capitalist class. Oxford: Blackwell 2001; Robinson, William: A theory of global capitalism: Transnational production, transnational capitalists, and the transnational state. Baltimore: John Hopkins University Press 2004.

zu verhandeln haben, welche ein gewisses Maß an grenzüberschreitender Standardisierung erfordern; Einwanderungsbeamte und -beamtinnen, die Grenzkontrollen koordinieren müssen; Polizeibeame und -beamtinnen mit dem Auftrag, Geldflüsse an terroristische Organisationen aufzudecken. Die zweite ist eine im Entstehen begriffene Klasse benachteiligter oder ressourcenschwacher Arbeiter und Arbeiterinnen sowie Aktivisten und Aktivistinnen, einschließlich der Schlüsselbereiche so unterschiedlicher Gruppierungen wie globale Zivilgesellschaft, diasporische Netzwerke oder transnationale Gemeinschaften und Haushalte von Immigrantinnen und Immigranten. Einige dieser Gruppierungen sind bereits Gegenstand eines rasant zunehmenden Forschungsinteresses, die Vorstellung einer im Entstehen begriffenen globalen Klasse wurde jedoch außer Acht gelassen.

Der vorliegende Beitrag fokussiert die neuen Trends, die zur Herausbildung einer globalen Klasse der Benachteiligten führen. An dieser Stelle möchte ich aber kurz auf die Klasse der professionalisierten Arbeitskräfte zu sprechen kommen und zeigen, wie ich an eine Analytik der globalen Klassenbildung herangehe. Diese professionalisierten Arbeitskräfte sind in ihrer Mehrzahl sehr mobil und können ohne weiteres als transnationale Klasse professionalisierter Arbeitskräfte verstanden werden. Diese Klasse definiert sich nicht in erster Linie über ihre „Beziehung zu den Produktionsmitteln": Ähnlich wie bei der „neuen Mittelklasse" oder der Managerschicht, die von der Klassenforschung der Nachkriegszeit identifiziert wurde, ist das definierende Merkmal dieser Gruppe eher ihr kontrollierender Einfluss auf die Produktionsmittel als deren Besitz.[18] Während aber das bestimmende Merkmal der älteren Mittelklasse ihre Position innerhalb einer vertikal integrierten Bürokratie war[19], weist die Position der Klasse professionalisierter Arbeitskräfte in ihrer Situation bürokratischer Desintegration auf eine geringfügige Positionsverschiebung innerhalb der Wirtschaft hin. Während sich also die Forschung früher schwerpunktmäßig mit der sozialen Stellung eines in eine Struktur integrierten Unternehmens beschäftigte, die durch andere Unternehmen und Banken definiert wurde[20], sind es neuer-

---

18 Berle, Adolf u. Means Gardiner: The modern corporation and private property. New York: Harcourt, Brace and World 1969 [1932]; Dahrendorf, Ralf: Class and class conflict in industrial society. Stanford: Stanford University Press 1959; Wright, classes.
19 Whyte, William H. Jr.: The organization man, New York: Doubleday Anchor Books 1956; Wright (1985) liefert dazu einen hilfreichen polemischen Überblick.
20 Zeitlin, Maurice: Corparate ownership and control: The large corporation and the capitalist class. In: American Journal of Sociology 79 (1974). S. 1073-1119; Mizruchi, Mark u. Linda Sterns: Money, banking, and financial markets. In: Neil Smelser Richard Svedberg (Hrsg.): The handbook of economic sociology. Princeton: Princeton University Press 1994. S. 319-326.

dings die sozialen Verbindungen zwischen den Fachleuten selbst, die zunehmend im Vordergrund stehen.

Der steigende Wert der Verbindungen zwischen den professionalisierten Arbeitskräften verändert den strategischen Bereich, in dem sich diese aufstrebende Klasse bewegt, grundsätzlich: Mobilität ist nicht nur eine Funktion der Arbeit im Dienst der Firma, sondern auch der Maximierung des Sozialkapitals.[21] Es gibt zwar nach wie vor die Formen institutioneller Macht (die besonders Banken zukommt), wie sie in älteren Forschungsarbeiten beschrieben wurden. Fachleute mit ihren eigenen hochentwickelten Netzwerkverbindungen sind allerdings eine wertvolle Informationsquelle für Firmen und Investoren und Investorinnen in hochkomplexen Umfeldern und können sich so Renten aneignen.

Es könnte also sein, dass der Wettbewerb zwischen den Gruppen um die Kontrolle dieser Informationsflüsse neue Bedeutung gewinnt und ein zentraler Schnittpunkt zwischen Berufsgruppen und Klassenstruktur wird. Das Grundanliegen dieser Klasse ist es nach wie vor, Profit zu machen, neuerdings im Rahmen transnationaler Tätigkeit und im Rahmen ihrer eigenen individuellen oder Gruppennetzwerke.

Im Grunde sind der Staat, die nationale und die politische Dimension entscheidend für meine theoretischen Überlegungen, Möglichkeiten globaler Klassenstrukturierungen und die Komplexität von Machtlosigkeit zu theoretisieren. Die klassische soziologische Analyse der Klassenbildung hat sich weitgehend auf die Dialektik zwischen Staat und Klasse konzentriert.[22] In diesen Darstellungen spielt der Staat immer wieder eine tragende Rolle als vorrangiger Angelpunkt von Prozessen, in deren Verlauf soziale Gruppen, die über ihre gemeinsamen und objektiven wirtschaftlichen Interessen definiert sind, als kohärente kollektive Akteurinnen und Akteure organisiert werden. Die sozialen Gruppen sind in der Lage, ihre Interessen zu artikulieren und zu verfolgen – sowohl gemeinsam mit als auch gegenüber anderen sozialen Gruppen. Die Marx'sche Variante unterstreicht die Übertragung einer objektiven Klassenstruktur, die durch die Stellung im Rahmen einer Produktionsweise definiert ist, in reale und empirische Klassenkämpfe: In diesem Prozess der Klassenbildung sind es politische und ideologische Faktoren, die bestimmen, welche objektiv feststellbaren sozialen Klassen zu organisierten kollektiven Akteurinnen werden, und welche

---

21 Sassen, Globalization, Kap. 6.
22 Poulantzas, Nicos: Political power and social classes, London: NLB 1973; Skocpol, Theda: States and social revolutions. Cambridge: Cambridge University Press 1979; Skocpol, Theda: Bringing the State back in: Strategies of analysis in current research. In: Peter Evans, Dietrich Rueschemeyer, Theda Skocpol (Hrsg.): Bringing the state back in. Cambridge, New York: Cambridge University Press 1985; Wright, class, crisis.

unorganisiert bleiben. Der Staat als Zentralmacht spielt in diesem Prozess eine entscheidende Rolle[23]. Im Unterschied dazu definiert Weber Klassen über die von der Marktsituation bestimmten gemeinsamen „Lebenschancen"[24]. Die Marktsituation wird ihrerseits von der relativen Macht organisierter Gruppen beeinflusst, die in der Lage sind, knappe Ressourcen zu monopolisieren und sich auf dieser Basis Renten anzueignen. Parkin[25] hob Eigentum und Kredentialismus (Vertrauen auf Bildungszertifikate) als zentrale Mechanismen zur Sicherstellung dieses Monopols hervor und lenkte die Aufmerksamkeit auf die Rolle des Staates bei deren Durchsetzung.

In jeder dieser Darstellungen kommt dem Nationalstaat aufgrund seiner Schlüsselstellung in allen wie auch immer gearteten Machtkämpfen ausnahmslos eine entscheidende Rolle zu. Als Inhaber „des Monopols legitimer physischer Gewaltsamkeit innerhalb eines bestimmten Gebietes"[26] und mit einem repressiven und ideologischen Staatsapparat ausgestattet[27], wirkt der Staat als entscheidendes Element der Klassenherrschaft und damit der Klassenorganisation innerhalb des nationalpolitischen Raumes.

Da der Staat mit seiner Autorität aber auch aufgerufen ist, nichtnationale Akteure zu organisieren oder Rechte über Grenzen hinweg zu sichern[28], beeinflusst er die Klassenorganisation in vielen Abstufungen. Auch durch den Umstand, dass sich transnationale NGOs zunehmend an der Organisation sozialer Gruppen beteiligen, wird die Hegemonie des Staates hinsichtlich der Klassenorganisation herausgefordert. Die Dialektik von Klasse und Staat ist komplexer geworden als in den vorhandenen Darstellungen der Klassenbildung ausgeführt wird, da sowohl Klassen als auch Staaten gleichzeitig auf nationaler und nicht-nationaler Ebene tätig werden. Der analytische Fokus auf Organisationen ist nicht notwendigerweise an die geographische Ausdehnung von Nationalstaaten im allgemeinen Sinn gebunden. Daher sollte erwähnt werden, dass die Forschung sich tendenziell auf die Wechselbeziehung zwischen Nationalstaat und nationalen Klassen sowie auf den Konflikt zwischen den beherrschten und den herrschenden Klassen im Nationalstaat konzentriert hat. Eine Analyse der Klassenbildung

---

23 Wright, classes; Wright, class,crisis; Piven, Frances Fox u. Richard Cloward: Regulating the poor. New York: Pantheon Books 1971.
24 Weber, Max: From Max Weber. In: Hans Gerth u. C. Wright Mills (Hrsg.): New York: Oxford University Press 1944. S. 181ff.
25 Parkin, Frank: Marxism and class theory. New York: Columbia University Press 1979.
26 Weber, From Max Weber; siehe auch: Giddens, Anthony: The nation-state and violence. Berkeley: University of California Press 1987.
27 Althusser, Louis: Ideology and ideological state apparatuses. In: Lenin and Philosophy. New York: Monthly Review Press 1971.
28 Sassen, Territory.

im globalen Kontext muss sich der schwierigen Aufgabe stellen, die mehrfachen Organisationsfelder, in denen Klassenbildung erfolgt, zu bestimmen und Theorien über die sich daraus ergebende gegenseitige Durchdringung der Machtskalen und deren Einfluss auf das Entstehen von Klassen zu formulieren.

Mit diesen analytischen Überlegungen wende ich mich nun der Untersuchung der Voraussetzungen für Klassenungleichheit und Klassengewalt zu. Um direkt dort einzusteigen, wo diese fundamentale Dynamik abläuft, konzentriere ich mich auf Städte, insbesondere auf globale Städte. Diese Städte ziehen die mächtigsten Akteure und Akteurinnen aus den Unternehmens- und Berufsfeldern der heutigen Wirtschaft an und gleichzeitig die unterschiedlichste Kombination von Benachteiligten. Letztere können in diesen Städten gelegentlich ein politisches Projekt auf eine Art und Weise entwickeln, wie es ihnen in ihrem Heimatland, oder, wenn sie Staatsbürgerinnen und Staatsbürger (z.B. Angehörige einer Minderheit) sind, in einem anderen Umfeld, wo sie stärker direkter, oft physischer Kontrolle unterliegen, nicht möglich ist.

2. Wenn Beschäftigungsregimes wirtschaftliche Gewalt kaschieren

Im Zeitalter der Globalisierung eignen sich Städte besonders gut zur Untersuchung der bisherigen Themenfelder. Städte sind Sammelpunkte, an denen viele der neuen Organisationstrends von Wirtschafts- und Gesellschaftssystemen in spezifischen örtlich eingegrenzten Konfigurationen aufeinandertreffen. Urbane Marginalisierung ist, speziell als Ergebnis neuer Strukturprozesse wirtschaftlichen Wachstums, eine der unausweichlichen Folgen. Außerdem kommt es weiterhin zu Marginalisierung als Folge von Schrumpfung. Es ist allerdings hilfreich, diese analytisch von jenen Marginalitätsformen zu unterscheiden, die aus neuen Wachstumsformen entstehen.[29] Diese können sich besonders negativ auf bestimmte Gruppen, wie zum Beispiel die Jugend in den Städten und deren Wunsch, sich an der neuen Ökonomie zu beteiligen, auswirken[30]. Damit kann der von Hagedorn[31] beschriebene Übergang von

---

29 Buechler, Simone: Municipal Politics in a Global Context. In: Sassen, Saskia (Hg.): Deciphering the Global: Its Spaces, Scales and Subjects, New York, London: Routledge 2007. S. 97-118.
30 Roulleau-Berger, Laurence: Youth and work in the post-industrial city of North America and Europe. Boston: Brill 2003.
31 Hagedorn, John M. (Hg.): Gangs in the global city: Exploring alternatives to traditional criminology. Chicago: University of Illinois Press 2006.

den Banden des Industriezeitalters zu jenen des Post-Industriezeitalters möglicherweise erklärt werden. Andererseits können sie aber auch neue Arten informeller Politik auf Seiten der Benachteiligten als positives Ergebnis der Komplexität und des Pluralismus der globalen Städte hervorbringen.[32]

In der gegenwärtigen Wirtschaftsphase sind mindestens drei Prozesse zu erkennen, die die institutionellen Voraussetzungen für einige der hier beschriebenen Folgen schaffen. Diese drei Prozesse tragen dazu bei, dass zwischen Unternehmen und auch Arbeiter und Arbeiterinnen am unteren Ende des Wirtschaftssystems und jenen, die prosperieren, neue Formen von Ungleichheit/Distanz entstehen und ältere möglicherweise verschärft werden. Obwohl sich diese Prozesse nicht notwendigerweise gegenseitig ausschließen, ist es hilfreich, sie analytisch voneinander zu unterscheiden.

In einem Fall handelt es sich um die Ausweitung und Konsolidierung der hochentwickelten Dienstleistungen und Konzernzentralen, die vor allem in globalen Städten den Kern der urbanen Wirtschaft bilden. Auch wenn möglicherweise die Konzernzentralen und Dienstleistungskomplexe nicht die Mehrheit der Arbeitsplätze in diesen Städten bereitstellen, schaffen sie doch ein neues Regime wirtschaftlicher Aktivität und bewirken damit die in großen Städten offenkundigen räumlichen und sozialen Veränderungen. Will man einige Aspekte in Bezug auf Banden näher beleuchten, ist es wichtig festzustellen, in welchem Ausmaß dieser Sektor zur starken und unübersehbaren Nachfrage nach bestens ausgebildeten Arbeitskräften beiträgt und auf welche Weise er sich selbst als klar von anderen Sektoren der urbanen Ökonomie abgehoben darstellt. Damit signalisiert er seine Überlegenheit, Exklusivität und Unnahbarkeit: Er kehrt dem Rest der Stadt den Rücken zu und bestärkt damit die bestehende Erwartung, es gebe kaum vernünftige Beschäftigungsmöglichkeiten für jene, die in den einkommensschwachen Bezirken der unattraktiven Stadtteile aufgewachsen sind. Gleichzeitig schafft er eine wirkungsvolle Nachfrage seitens der expandierenden Klasse professionalisierter Arbeitskräfte nach Waren, die teilweise die kriminelle Ökonomie liefern kann.

Ein weiterer Prozess ist die Abwertung des Produktionsbereichs, was ich als eine Methode politischer und technischer Neuorganisation beschreiben würde, im Zuge derer einige Produktionssektoren in die „postindustrielle" Wirtschaft integriert werden – allerdings zu Bedingungen, die jenen einer zweitklassigen Staatsbürgerschaft ähneln. Dieser Abwertungsprozess ist von der Überalterung vieler Produktionsaktivitäten im Rahmen der urbanen

---

32 Nashashibi, Rami: Ghetto Cosmopolitanism: Making Theory at the Margins. In: Sassen, Saskia (Hg.): Deciphering the Global: Its Spaces, Scales and Subjects. New York, London: Routledge 2007. S. 243-264.

Ökonomie zu unterscheiden. Abwertung ist eigentlich eine Form der Anpassung an eine Situation, in der eine wachsende Zahl von Fertigungsbetrieben mit billigen Importen konkurrieren muss und ihr Profitpotenzial verglichen mit den maßgeblichen Sektoren (etwa Telekommunikation, Finanz und anderen Firmendienstleistungen) insgesamt bescheiden ist. Hier ist das Schlüsselproblem ein Produktionstypus, der in Städten angesiedelt sein muss, weil er als Teil eines gut entwickelten, dichten Netzwerks von Unternehmen und Subunternehmen von städtischen Märkten abhängig ist. Zur Unterscheidung von Sektoren, die ganz anderen Zwängen unterliegen und ganz andere Vorteile genießen, haben wir dafür die Bezeichnung „urban manufacturing" (städtische Produktion) gewählt. Dazu gehören Designerprodukte, die üblicherweise auf Auftragsbasis hergestellt werden: Schmuck, Holz- und Metallarbeiten für Architekten und Architektinnen und Immobilienfirmen, Designmöbel und -lampen etc. Frauen, und zwar insbesondere Migrantinnen, sind Schlüsselarbeitskräfte in der städtischen Produktion. Gerade die Abwertung der Produktion trug wesentlich dazu bei, die Übergänge zu annehmbar bezahlten Jobs für einkommensschwache Frauen und Jugendliche in einer Welt expandierender, weitgehend gewerkschaftlich organisierter Fabriken zu verhindern[33]. Inzwischen gibt es viele dieser Arbeitsplätze nicht mehr oder man hat sie zu Sweatshop-Jobs herabgestuft, die häufig von Arbeitsmigranten und Arbeitsmigrantinnen verrichtet werden. Um auf das oben erwähnte Beispiel postindustrieller Banden zurückzukommen: Für Jugendliche wird damit eine der wichtigsten Möglichkeiten zunichte gemacht, das Bandenwesen zugunsten eines normalen Lebens hinter sich zu lassen. Das hat dazu geführt, dass Bandenmitglieder länger in einer Bande bleiben und damit eher Teil der kriminellen Wirtschaft werden.[34] Allgemeiner betrachtet bedeutet dies, dass sich Jugendliche zunehmend nach Peerkulturen orientieren und den normativen Rahmen verlassen, demzufolge ein Job die Voraussetzung für das wirkliche Erwachsenwerden ist.[35] All dies sind Mikroformen von Klassengewalt.

Drittens gibt es den Prozess der Informalisierung einer immer weiter gefächerten Zahl wirtschaftlicher Tätigkeiten. Dazu gehören bestimmte Teile des abgewerteten Produktionssektors, insbesondere Sweatshops in einem wachsenden Produktionsbereich. Informalisierung steht auch für eine Wirkungsweise, wie die Herstellung und Verteilung von Gütern und Dienstleistungen umorganisiert wird, wenn Unternehmen trotz einer be-

---

33 Buechler, Municipal politics.
34 Hagedorn, Gangs.
35 Roulleau-Berger, Youth; Munger, Frank (Hg.): Laboring below the line: The new ethnography of poverty, low-wage work, and survival in the global economy. New York: Russel Sage Foundation 2002.

stehenden lokalen Nachfrage nach ihren Gütern und Dienstleistungen nicht mit billigen Importen konkurrieren können. Dasselbe gilt für die Konkurrenz um Platzbedarf und andere betriebswirtschaftliche Erfordernisse mit den neuen gewinnträchtigen Firmen, die von der modernen Dienstleistungswirtschaft ins Leben gerufen wurden.[36] Das Umgehen der gesetzlichen Regelungen, die für die offizielle Wirtschaft gelten, erhöht die wirtschaftlichen Chancen dieser Firmen. Einerseits werden Kosten reduziert und andererseits werden gesetzliche Auflagen umgangen, zum Beispiel bei der Ansiedlung von kommerziellen oder Produktionsbetrieben auf ausschließlich als Wohngebiet gewidmeten Flächen oder in Gebäuden unter Umgehung der Feuerschutz- und Gesundheitsvorschriften.[37] Die kriminelle Untergrundwirtschaft hat sich auch in modernen städtischen Ökonomien ausgebreitet und zwar einerseits Dank der Ressourcen dieser Städte und andererseits aufgrund der bestehenden Nachfrage nach Drogen seitens der immer größer werdenden einkommensstarken Klasse professionalisierter Arbeitskräfte.

Die Veränderungen im Jobangebot der Großstädte sind einerseits abhängig von neuen Sektoren und andererseits von der Arbeits-Reorganisation sowohl in den neuen als auch in den alten Sektoren. Die in Großstädten besonders augenscheinliche Verlagerung von der Produktionswirtschaft hin zu einer dienstleistungsdominierten Wirtschaft bringt frühere Übereinstimmungen zwischen Arbeitsplatz- und Sektormerkmalen aus dem Lot. Mehr

---

36 Theorien über die informelle Wirtschaft gingen bis vor kurzem vom Unvermögen unterentwickelter Ökonomien aus: der Unfähigkeit, die Wirtschaft komplett zu modernisieren, die massive Abwanderung in die Städte zu stoppen oder allgemeine Bildungs- und Alphabetisierungsprogramme einzuführen. Anstatt von vornherein davon auszugehen, dass die globale Migration aus dem Süden Informalisierung bedingt, benötigen wir eine kritische Untersuchung der Rolle, die sie tatsächlich in diesem Prozess spielt oder nicht spielt. Soweit Migranten und Migrantinnen Gemeinschaften bilden, mögen sie in der günstigen Lage sein, durch Informalisierung entstandene Möglichkeiten aufzugreifen. Aber Immigrantinnen und Immigranten schaffen nicht notwendigerweise diese Möglichkeiten, sie sind vielmehr ein strukturiertes Produkt bestehender Tendenzen in fortgeschrittenen Ökonomien (Sassen 2006a, Kapitel 6).

37 Ich unterscheide die informelle von der kriminellen Wirtschaft (siehe Sassen 1998 und Buechler 2007). Ich möchte betonen, dass die Informalisierung eines der zulässigen Merkmale der fortgeschrittenen städtischen Ökonomie ist. Das müssen keine Untergrundaktivitäten sein. Wir müssen also fragen, warum sie es dann sind. Eine Antwort ist der neue Druck, entstanden durch das Wachstum eines hoch profitablen Sektors, der eine starke Schattenwirkung auf die Wettbewerbsmöglichkeiten von Niedrigprofitbereichen ausübt und deshalb eine massive Verzerrung beim Funktionieren der Immobilien- und Arbeitsmärkte erzeugt. Eine breitere Auseinandersetzung mit der informellen Wirtschaft, einschließlich ihres Wiederauftauchens mit dem Ende der sogenannten Pax Americana, findet sich bei Tabak und Crichlow (2000).

als noch vor zwanzig Jahren beobachten wir heute eine stärkere Zunahme an Niedriglohnarbeitsplätzen in wachsenden Sektoren als in rückläufigen Sektoren. Ein zweiter, teilweise damit in Zusammenhang stehender Trend geht dahin, dass ein großer Tätigkeitsbereich, für den noch in jüngster Vergangenheit standardisierte Beschäftigungsvereinbarungen galten, zunehmend informalisiert wird und zum Beispiel die Arbeit gewerkschaftlich organisierter Fabriken heute in Sweatshops oder industrieller Heimarbeit erledigt wird. Trennt man die Charakteristika von Arbeitsplätzen von ihrer sektoralen Verortung, so stellt man fest, dass es im Bereich hochdynamischer, technologisch fortschrittlicher Sektoren sehr wohl Niedriglohnjobs und Jobs ohne Zukunft gibt, für die fast keine formelle Ausbildung erforderlich ist. Wir stellen aber ebenfalls fest, dass Niedriglohnjobs, Jobs ohne Zukunft und rückläufige Sektoren unter Umständen Teil bedeutender Wachstumstrends in einer hochentwickelten Ökonomie sein können. Es wird oft als selbstverständlich vorausgesetzt, dass das Gegenteil der Fall ist – das heißt, dass rückläufige Sektoren durch rückläufige Trends gekennzeichnet sind und moderne Sektoren, wie der Finanzsektor, vorwiegend gut bezahlte Schreibtischjobs zu bieten haben (wobei es doch gerade im Finanzsektor eine große Zahl von Arbeitsplätzen für niedrig qualifiziertes Personal gibt, wie Reinigungspersonal, niedrig-qualifiziertes technisches Personal und Regalauffüller/ Regalauffüllerinnen, sowie eine Reihe von Niedriglohnjobs sowohl für Angestellte als auch für Arbeiter und Arbeiterinnen).

Die drei beschriebenen Prozesse sind viel enger miteinander verflochten als man üblicherweise annimmt oder erkennt.[38] Daraus folgt, dass wir einige Grundannahmen bezüglich der postindustriellen Ökonomie neu überdenken müssen: zunächst die Mutmaßung, diese Wirtschaft brauche weitgehend bestens ausgebildete Arbeitskräfte, und, was Informalisierung und Abwertung betrifft, die Annahme, diese seien nichts weiter als der Import von Rückständigkeit aus der dritten Welt oder anachronistische Überreste einer vergangenen Epoche. In diesen dienstleistungsdominierten urbanen Ökonomien gibt es neue Beschäftigungsregime, die neue Niedriglohnarbeitsplätze ohne besonders hohe Ausbildungsansprüche schaffen. In vielen dieser Jobs gibt es wenige Aufstiegsmöglichkeiten und die Bezahlung für durchaus anspruchsvolle Tätigkeiten ist oft gering.[39] Es ist eine Form von Klassengewalt, diese Jobs, die eigentlich Teil einer modernen kapitalistischen Ökonomie sind, als rückständig und als Teil einer vergangenen Epoche darzustellen, weil damit sowohl die betroffenen Arbeiterinnen und Arbeiter als auch die Jobs und die Stadtgebiete, in denen sie angesiedelt sind, abgewertet werden.

---

38 Eine detaillierte Analyse findet sich bei Sassen (2001), Kapitel 8 und 9.
39 Siehe z.B.: Munger, Laboring below the line.

Ein Großteil der Arbeit, die zum Alltag der führenden Sektoren globaler Städte gehört, ist manuell, schlecht bezahlt und wird vorwiegend von Migrantinnen verrichtet. Auch höchstqualifizierte Fachleute benötigen Büro-, Reinigungs- und Wartungspersonal für ihre topmodernen Büros, und sie brauchen Lastwagenfahrer/ Lastwagenfahrerinnen, die ihnen Software, aber auch Toilettenpaper liefern. Diese Arbeiter/Arbeiterinnen und ihre Jobs werden nie als Teil der globalen Ökonomie dargestellt, obwohl sie genau genommen Teil der Job-Infrastruktur sind, die für den Betrieb und die Durchsetzung des globalen Wirtschaftssystems sorgt, einschließlich so hoch entwickelter Formen wie dem internationalen Finanzsystem. Dazu kommt, dass in ähnlicher Weise der moderne Lifestyle der professionalisierten Arbeitskräfte in diesen Sektoren eine völlig neue Nachfrage nach einer breiten Palette von Haushaltspersonal, insbesondere Dienstmädchen und Kindermädchen, geschaffen hat.[40]

Die Existenz eines hochdynamischen Sektors mit einer polarisierten Einkommensverteilung hat ganz spezifische Auswirkungen auf die Schaffung von Niedriglohn-Jobs quer durch den Konsumbereich (oder allgemeiner gesprochen quer durch die gesellschaftliche Reproduktion). Im Gefolge des rasanten Wachstums von Industrien mit starken Konzentrationen von Hoch- und Niedriglohn-Jobs sind charakteristische Konsumstrukturen entstanden, die ihrerseits auf die Arbeitsorganisation und die Art der entstehenden Arbeitsplätze zurückwirken. Das Wachstum der Gruppe der Beschäftigten mit hohem Einkommen, verbunden mit dem Aufkommen eines neuen Lifestyles, hat zu einer Gentrifizierung durch Spitzenverdiener und Spitzenverdienerinnen geführt, die letztlich auf ein umfangreiches Angebot an Niedriglohnarbeiter und -arbeiterinnen angewiesen sind. Was die Konsumbedürfnisse der wachsenden Niedriglohn-Bevölkerung in Großstädten betrifft, so werden auch diese in steigendem Maß eher durch arbeitsintensive als durch standardisierte und gewerkschaftlich organisierte Produktions- und Angebotsformen von Gütern und Dienstleistungen abgedeckt: Kleine Produktions- und Einzelhandelsfirmen sind auf Mitarbeit von Familienmitgliedern angewiesen und unterschreiten häufig die Mindeststandards für Sicherheit und Gesundheit. Billige, lokal hergestellte Bekleidung und ebensolches Bettzeug kann zum Beispiel mit billigen Importen aus Asien konkurrieren. Um den Bedarf der größer werdenden einkommensschwachen Bevölkerung zu decken, steht eine wachsende Produkt- und Dienstleistungspalette – von Billigmöbeln, die in Kellern hergestellt werden, bis zu „gypsy cabs" und Familientagesbetreuung – zur Verfügung. Die Art, wie die Konsumstruktur durch die gestiegene Einkommensungleichheit umgestaltet

---

40 Ehrenreich, Barbara u. Arlie Hochschild: Global woman: Nannies, maids, and sex workers in the new economy. New York: Metropolitan Books 2003.

wird, und wie letztere wiederum auf die Arbeitsorganisation – sowohl in der formellen als auch in der informellen Wirtschaft – rückwirkt, ist durch zahlreiche Beispiele belegt. Teure Restaurants, Luxuswohnungen, Luxushotels, Gourmetläden, Boutiquen, französische Handwäschereien und Spezialreinigungsdienste sind durchwegs arbeitsintensiver als ihre billigeren Entsprechungen. Einige dieser Themen werden in der neueren Forschungsliteratur über Dienstleistungen im privaten Haushalt sehr anschaulich dargestellt[41] und kommen auch im rasanten Wachstum internationaler Organisationen, die auf verschiedene Haushaltsarbeiten spezialisiert sind, zum Ausdruck. Für die Haushalte dieser Berufsgruppen gibt es inzwischen ein wachsendes Angebot globaler Personalvermittlungsorganisationen mit einem Angebot, das sich von unterschiedlichen Formen der Tagesbetreuung (einschließlich Bringen und Holen) bis zu Arbeiten im Haushalt (von Kinderbetreuung über Putzen bis Kochen) erstreckt.[42] Marktbeherrschend sind die *International Nanny and Au Pair Agency* mit ihrer Zentrale in Großbritannien, *Nannies Incorporated* mit Sitz in London und Paris und die *International Au Pair Association* (IAPA) mit Sitz in Kanada. Eine internationale Agentur für Kinder- und Au-Pair-Mädchen (*EF Au Pair Corporate Program*) wirbt direkt bei den Unternehmen und legt ihnen nahe, die Agenturdienste in ihre Stellenangebote an potentielle Mitarbeiter und Mitarbeiterinnen aufzunehmen und sie so bei der Lösung von Haushalts- und Kinderbetreuungsfragen zu unterstützen.

Diese Entwicklungen deuten darauf hin, dass sich nicht nur am oberen, sondern auch am unteren Ende des Wirtschaftssystems globale Arbeitsmärkte herausbilden. Am unteren Ende erfolgt die Arbeitskräftebeschaffung hauptsächlich über Einzelpersonen, vor allem Migranten und Migrantinnen, aber es entsteht auch ein wachsendes Netzwerk an Organisationen. Die Auslagerung wenig anspruchsvoller manueller Arbeit, von Büroarbeit oder Dienstleistungen erfolgt hauptsächlich über Firmen. Die Rekrutierung von Personal – oder allgemeiner gesprochen die Befriedigung der Nachfrage nach Haushaltstätigkeiten – erfolgt im Rahmen des Migrationprozesses, aber immer öfter auch über Agenturen. Schließlich ist anzumerken, dass globale Personalvermittlungsfirmen boomen und die Unternehmen ein breites Spektrum an unterschiedlichen Arbeitskräften, vor allem für standardisierte Arbeiten, anbieten. Einige dieser Firmen haben, als Hilfestellung für transnational tätige professionalisierte Arbeitskräfte, ihr Angebot auf Haushaltsarbeiten ausgeweitet.

---

41 Siehe Ehrenreich u. Hochschild, Global Woman; Parrenas, Rhacel Salazar: Servants of globalization: Women, migration, and domestic work. Stanford: Stanford University Press 2001; Hondagneu-Sotelo, Pierrette (Hg.): Gender and US Immigration: Contemporary Trends. Los Angeles: University of California Press 2003.
42 Zu ManagerInnen im Auslandseinsatz („expatriates") siehe auch Hindman (2007).

Die neue urbane Ökonomie ist daher hochgradig problematisch. In globalen Städten und deren regionalen Entsprechungen tritt dies besonders klar zu Tage und wird zum Auslöser einer neuen, breit gefächerten Ungleichheitsdynamik. Die neuen Wachstumssektoren – spezialisierte Dienstleistungen und Finanzwesen – bieten ein Gewinnpotential, das weit über jenem traditionellerer Wirtschaftssektoren liegt. Viele der letztgenannten sind weiterhin unentbehrlich für das Funktionieren der städtischen Wirtschaft und für die Befriedigung des täglichen Bedarfs der Bewohner und Bewohnerinnen. Allerdings ist ihr Überleben in einem Umfeld bedroht, in dem Finanzwesen und spezialisierte Dienstleistungen Supergewinne machen und die Preise nach oben treiben können.[43] Die Polarisierung des Gewinnpotentials unterschiedlicher Sektoren ist nichts Neues. Was wir allerdings gegenwärtig beobachten, bewegt sich in einer anderen Größenordnung und verursacht massive Marktverzerrungen, die weder vor Immobilienmärkten noch vor Arbeitsmärkten halt machen.[44] Dies hat den Abstand zwischen aufgewerteten, faktisch überbewerteten Wirtschaftssektoren und abgewerteten Sektoren deutlich vergrößert, auch wenn die letztgenannten Teil führender Globalindustrien sind[45]. Diese Abwertung von Wachstumssektoren der Urbanökonomie ging mit einer massiven demographischen Veränderung einher, die von der zunehmenden Präsenz von Frauen – Afroamerikanerinnen und Migrantinnen aus der „dritten Welt" – in der urbanen Arbeiterschaft geprägt war. Damit wurde das Konzept der „dienenden Klasse" im Kontext zeitgenössischer, einkommensstarker Haushalte in einem fast vergessenen Maß revitalisiert. Die Migrantin, die für die weiße, qualifiziert berufstätige Frau aus der Mittelschicht Hausarbeit leistet, hat den traditionellen Platz der schwarzen Dienerin eingenommen, die den weißen Herrn bediente. Die Gesamtheit dieser Trends verstärkt in hohem Maß die Tendenz zur sozialen Polarisierung in diesen Städten.

---

43 Ich behaupte, dass diese neuen Ungleichheiten hinsichtlich der Profitmöglichkeiten der Wirtschaftssektoren, der Einkommensmöglichkeiten der Haushalte sowie der Preise auf Hochpreis- und Niedrigpreismärkten zur Bildung informeller Ökonomien in den großen Städten hochentwickelter Länder beigetragen haben. Diese informellen Ökonomien vermitteln zwischen den neuen wirtschaftlichen Tendenzen und den regulierenden Rahmenbedingungen, die als Reaktion auf ältere wirtschaftliche Bedingungen geschaffen wurden.
44 Zu Datenquellen und Datenanalysen betreffend Einkommensungleichheiten in globalen Städten siehe Sassen (2001), Kapitel 8 und (2006a), Kapitel 6.
45 Siehe: Ehrenreich u. Hochschild, Global Woman; Fernandez Kelly u. Patricia, Jon Shefner: Out of the Shadows. College Station, Philadelphia: Penn State University 2005; Hagedorn, Gangs; Ribas-Mateos, Natalia: The Mediterranean In the Age Of Globalization: Migration, Welfare, And Borders. Somerset, N.J.:Transaction 2005.

In Summe tragen die tiefgreifenden Veränderungen in der Organisation wirtschaftlicher Tätigkeiten seit den 1980er Jahren zu einer Zunahme der Niedriglohn-Jobs in den heute höchstentwickelten strategischen Wirtschaftszentren sowohl im globalen Norden als auch Süden bei. Gleichzeitig verstärken diese Trends die allgemeine wirtschaftliche Unsicherheit und fördern das Entstehen neuer Formen von Armut in Zusammenhang mit Beschäftigung unter den Arbeiter und Arbeiterinnen, selbst dann, wenn sie einen Arbeitsplatz haben. Dies ist ein weitreichendes Thema, das u.a. die bedeutsame Tatsache einschließt, dass sich solche strategischen Wirtschaftszentren auch im globalen Süden rasant entwickeln, wenngleich nicht in den ärmsten Ökonomien.

In diesen Städten beobachten wir eine interessante Beziehung zwischen einer immensen Konzentration von Unternehmensmacht und einer hohen Konzentration von „Anderen". Im globalen Norden ebenso wie im globalen Süden sind Großstädte das Terrain, auf dem eine Vielzahl von Globalisierungsprozessen konkrete, räumlich begrenzte Formen annehmen. Die Konzentration auf Städte ermöglicht es uns, die Globalisierungskreisläufe sowohl in den oberen als auch in den unteren Sphären zu erfassen. Außerdem werden damit optimale Voraussetzungen für die Entwicklung neuer politischer Konzepte bereitet, einschließlich neuer Versionen dessen, was wir als Klassenkampf zu bezeichnen pflegten.

3. Ein Nexus für eine neue Politik der Benachteiligten[46]

Der Umstand, dass ebendiese Städte, wie im ersten Abschnitt des Kapitels dargestellt, auch die strategischen Standorte für die Valorisierung der neuen Formen globalen Gesellschaftskapitals sind, verleiht der Lokalisierung der oben beschriebenen Prozesse einen strategischen Charakter – unabhängig davon, dass machtlose und oft unsichtbare Arbeiter und Arbeiterinnen involviert sind.

Bezeichnenderweise wird in der Analyse zur wirtschaftlichen Globalisierung die Wiedereinsetzung des Kapitals bevorzugt als eine internationalisierte Präsenz dargestellt und dabei die Vorreiterrolle dieser Wiedereinsetzung betont. Gleichzeitig verliert eine solche Analyse kein Wort über ein anderes Schlüsselelement dieser Transnationalisierung, das manche, so wie ich, als

---

46 Das ist ein komplexes Thema, dem hier nicht volle Gerechtigkeit widerfahren kann. Eine genauere Ausführung der Argumente und diesbezüglicher Forschung findet sich bei Sassen (2006b) in Kapitel 6, 7 und 8.

Gegenstück zum Kapital betrachten – nämlich die Transnationalisierung der Arbeit. Zur Beschreibung dieses Prozesses verwenden wir nach wie vor die Sprache der Migration. Zweitens vernachlässigt diese Analyse die Transnationalisierung als Element der Identitätsbildung von und die Loyalitätsbildung zwischen verschiedenen Bevölkerungssegmenten, die sich ausdrücklich von der gedachten nationalen Gemeinschaft distanzieren. So entstehen neue Solidaritäten und Vorstellungen von Zugehörigkeit. Größere Städte haben sich zu strategischen Standorten sowohl für die Transnationalisierung der Arbeit als auch für das Entstehen transnationaler Identitäten herausgebildet. So gesehen stellen sie Standorte für neue Arten politischer Aktivität dar.

Städte bilden ein Terrain, auf dem Menschen aus vielen verschiedenen Ländern am ehesten zusammenkommen und wo vielfältige Kulturen aufeinandertreffen. Den internationalen Charakter von Großstädten machen nicht allein ihre Telekommunikationsinfrastruktur und internationalen Unternehmen aus, sondern auch das vielfältige kulturelle Umfeld, in dem die Arbeiterinnen und Arbeiter leben. Das Bild, das man sich heute von internationalen Geschäfts- und Finanzzentren macht, kann nicht länger auf Geschäftstürme und Unternehmenskultur in ihrem Mittelpunkt reduziert werden. Die globalen Städte heutzutage sind zum Teil postkoloniale Räume und bieten in der Tat Voraussetzungen für die Bildung eines postkolonialen Diskurses. Die heutigen westlichen Großstädte sind Sammelbecken der Vielfalt. Ihren Räumen sind die dominante Unternehmenskultur, aber auch eine Vielzahl anderer Kulturen und Identitäten, eingeschrieben. Die Unschärfe liegt auf der Hand: Die dominante Kultur kann nur einen Teil der Stadt vereinnahmen. Und selbst wenn die Macht der Konzerne diese Kulturen und Identitäten als „anders" bezeichnet und damit abwertet, sind diese doch allgegenwärtig. Zum Beispiel hat sich eine Reihe ursprünglich räumlich äußerst begrenzter Kulturen durch Migration in vielen Großstädten ausgebreitet, deren Eliten sich als „kosmopolitisch" und über jede Form von „Ortsansässigkeit/Landesgebundenheit" erhaben fühlen. Ein immenses Spektrum an Kulturen aus der ganzen Welt, jede in einem bestimmten Land oder Dorf verwurzelt, wird nun in einer zwar wachsenden, aber nach wie vor begrenzten Zahl großer Städte in allen Teilen der Welt reterritorialisiert. Migration und Ethnizität werden allzu oft zum „Anderem" gemacht. Begreift man sie als eine Reihe von Prozessen, durch die globale Elemente lokalisiert, internationale Arbeitsmärkte geschaffen und Kulturen aus aller Welt deterritorialisiert werden, werden sie, gemeinsam mit der Internationalisierung des Kapitals als grundlegende Dimension des gegenwärtigen Globalisierungsprozesses, mitten ins Zentrum der Aufmerksamkeit katapultiert. Außerdem veranschaulicht diese Art der narrativen Darstellung von Migrationsbewegungen der Nachkriegszeit den anhaltenden Einfluss des

Kolonialismus sowie postkolonialer imperialer Formen auf bedeutende Globalisierungsprozesse der Gegenwart, insbesondere auf Emigrations- und Immigrationsländer. Auch wenn sie sich in der spezifischen Genese und im Umfang ihrer Verantwortung von Fall zu Fall und von Epoche zu Epoche unterscheiden, ist doch keines der großen Immigrationsländer nur unbeteiligter Beobachter.

Im Kontext globaler Abläufe ist die Zentralität des Ortes Auslöser einer transnationalen wirtschaftlichen und politischen Öffnung hinsichtlich der Ausformung neuer Forderungen und damit der Festlegung von Ansprüchen, insbesondere des Rechts auf Niederlassung und im äußersten Fall auf „Staatsbürgerschaft". Städte sind tatsächlich zu Orten geworden, wo neue Ansprüche gestellt werden: seitens des globalen Kapitals, das die Stadt als „Organisationsware" einsetzt, aber auch seitens benachteiligter städtischer Bevölkerungsgruppen, die in Großstädten oft ebenso internationalisiert vertreten sind wie das Kapital.

Ich betrachte das als eine Art politische Öffnung mit dem Potential, über nationale Grenzen hinweg Einigung zu schaffen oder innerhalb solcher Grenzen Konflikte aufzuschaukeln. Das globale Kapital und die neuen Migrationsarbeitskräfte sind zwei wichtige transnationalisierte Kategorien, die über ein hohes internes Konsolidierungspotential verfügen und die sich in globalen Städten konkurrieren. Globale Städte sind Stätten der Übervalorisierung von Unternehmenskapital und der Devalorisierung benachteiligter Arbeiterinnen und Arbeiter. Inzwischen unterliegen Organisation und Betrieb der führenden Gruppen des Kapitals globalen Regeln. Viele der benachteiligten Arbeiterinnen und Arbeiter in den globalen Städten sind Frauen, Migrantinnen, und „people of color". Beide Gruppierungen finden in den globalen Städten strategische Standorte für ihre wirtschaftliche und politische Tätigkeit. Die Wahrscheinlichkeit, dass eine territoriale Bindung von Menschen, wie sie in globalen Städten stattfindet, durch Nationalstaaten oder „nationale Kulturen" bewirkt wird, ist wesentlich geringer. Wir beobachten eine Loslösung der Identitäten von den traditionellen Identitätsquellen wie der Nation oder dem Dorf. Diese Loslösung im Verlauf der Identitätsbildung bringt neue Auffassungen von Gemeinschaft, Zugehörigkeit und Rechtsanspruch hervor. Neue Rechtsansprüche auf diese strategischen transnationalen Standorte sind eine weitere denkbare, politische Konsequenz. Hat die wirtschaftliche Globalisierung zumindest Anteil am Entstehen solcher Ansprüche? Es gibt tatsächlich neue zentrale Akteure und Akteurinnen, die Anspruch auf diese Städte erheben, insbesondere ausländische Firmen, die im Zug der progressiven Deregulierung von Nationalökonomien das Recht erworben haben, Geschäfte zu tätigen, aber auch die internationalen Geschäftsleute, deren Zahl in den letzten zehn Jahren rasch zugenommen hat. Sie gehören zu den neuen „Stadtnutzer/Stadtnutzerinnen", die sich in den

1980ern entwickelten.[47] Sie haben in der Stadtlandschaft bleibenden Eindruck hinterlassen. Am entgegengesetzten äußeren Ende findet man vielleicht jene, die politische Gewalt anwenden, um ihre Ansprüche auf die Stadt geltend zu machen – Ansprüche, denen die De-facto-Legitimität der neuen Stadtnutzer/ Stadtnutzerinnen fehlt. Es handelt sich dabei um Ansprüche von Akteure und Akteurinnen, die um Anerkennung, Rechtsansprüche und ihr Recht auf die Stadt kämpfen.

Die Stadt ist ein wesentlich konkreterer politischer Raum als die Nation. Sie wird zu einem Ort, an dem informelle politische AkteurInnen ihren Einstieg in die politische Szene auf eine Art bewerkstelligen können, die ihnen auf nationaler Ebene erschwert, wenn auch nicht verunmöglicht wird. Auf nationaler Ebene ist Politik an bestehende formale Systeme gebunden, sei es das Wahlsystem oder das Rechtssystem (wenn staatliche Behörden vor Gericht gebracht werden). Diese Wege stehen nur Staatsbürgerinnen und Staatsbürger offen. Informelle politische Akteure und Akteurinnen werden dadurch im nationalpolitischen Raum viel eher unsichtbar gemacht. Im städtischen Raum ist Platz für ein breites Spektrum politischer Aktivitäten – (Haus-)Besetzungen, Demonstrationen gegen Polizeigewalt, Kampf für die Rechte von MigrantInnen und Obdachlosen – und für Themen wie Kultur- und Identitätspolitik oder Lesben-, Schwulen- und Queerpolitik. Vieles davon wird im öffentlichen, städtischen Raum sichtbar. Stadtpolitik ist weitgehend konkret, sie wird von Personen umgesetzt und ist weniger von medientechnischen Großeinsätzen abhängig. Politik auf Straßenebene ermöglicht die Herausbildung neuer Typen politischer Subjekte, die nicht das formale politische System durchlaufen müssen.

Auf diese Art und Weise können Menschen, die über keine Macht verfügen und die „nicht autorisiert" sind (z.B. nicht-autorisierte Migrantinnen und Migranten, benachteiligte Menschen, Außenseiter/ Außenseiterinnen, diskriminierte Minderheiten), in globalen Städten Präsenz gewinnen. Präsenz gegenüber der Macht und jeweils einander gegenüber. Ein gutes Beispiel dafür sind die europaweiten Demonstrationen vorwiegend „türkischer" Kurdinnen und Kurden gegen die Festnahme von Abdullah Öcalan: Mit einem Schlag wurden sie sichtbar, und zwar nicht nur als unterdrückte Minderheit, sondern auch als Diaspora besonderer Art, von den Türken und Türkinnen unterschieden. Für mich sind dies Hinweise darauf, dass eine neue Art von Politik, konzentriert in einem neuen Typus politischer AkteurInnen, möglich ist. Es geht nicht nur darum, ob man Macht hat oder nicht. Es gibt neue, hybride Handlungsgrundlagen. Es gibt eine wachsende Zahl von Organisationen, die sich weitgehend auf eine Reihe von Missständen

---

47 Martinotti, Guido: Metropolis. Bologna: Il Mulino 1993.

konzentrieren, mit denen machtlose Gruppen und Einzelpersonen zu kämpfen haben. Manche sind global, andere national. Diese Einzelpersonen und Gruppen sind zwar machtlos, erlangen jedoch auf einer erweiterten politisch-staatsbürgerlichen Plattform Präsenz.

An dieser Stelle gilt es Folgendes festzuhalten: den Unterschied zwischen Machtlosigkeit und einem Zustand politischen Akteur/Akteurin-Seins oder politischen Subjekt-Seins, selbst wenn man keine Macht hat. Für diesen Zustand verwende ich den Begriff der *Präsenz*. Im Kontext eines strategischen Raumes, wie zum Beispiel der globalen Stadt, sind die hier beschriebenen benachteiligten Menschen mehr als gesellschaftliche Außenseiter und Außenseiterinnen: sie gewinnen Präsenz in einem erweiterten politischen Prozess, der die Grenzen der formalen politischen Ordnung überschreitet. Diese Präsenz signalisiert politisches Potential. Wie es genutzt wird, hängt von den jeweiligen Projekten und Vorgehensweisen der unterschiedlichen Gruppen ab. Wird das Gefühl der Zugehörigkeit zu diesen Gruppen nicht unter dem Begriff des Nationalen subsumiert, kann es sehr wohl auf die Möglichkeit von an konkreten Orten verankerten, transnationalen Politiken verweisen.

4. Schlusswort

Im Mittelpunkt des vorliegenden Kapitels standen die entscheidenden neuen Entwicklungen realer Gegebenheiten von Klasse, die häufig Auslöser von Zwischenformen von Gewalt sind, einschließlich Klassenvorurteilen als Gewaltform. Diese Zwischenformen von Gewalt entstehen aus den Besonderheiten der Wirtschaftssysteme heraus, ihr Instrumentarium ist aber nicht ausschließlich ökonomisch – sie können auch Diskriminierung und Vorurteile aufgrund von Geschlecht und ethnischer Zugehörigkeit oder anderer Merkmale umfassen. Angesichts der Komplexität und Veränderlichkeit dieser Zwischenformen von Klassengewalt wurde im vorliegenden Kapitel vor allem Nachdruck auf die besonders benachteiligten Gruppen gelegt, die gleichzeitig besonders anfällig für diese Formen von Klassengewalt sind. Klasse ist letztlich mehr als eine ökonomische Gegebenheit und Politik ist ein Teil davon. Außerdem beinhaltet das Kapitel eine Diskussion der speziellen Gegenmaßnahmen und der neuen politischen Ansätze, die sich unter diesen Voraussetzungen ergeben.

Der Fokus auf globale Städte macht es leichter, diese aufkommende Dynamik nachzuvollziehen und sie klarer auszumachen, als dies an vielen anderen Orten ihres Entstehens möglich ist. Dieser Fokus erlaubt uns außerdem, ein breites Spektrum von Klassengewalt – oftmals getarnt als Narrative über fortschrittliche und rückständige Wirtschaftssektoren anstatt über eine

Valorisierungsdynamik, die manche Arbeitskräftekategorien unter- und andere überbewertet – zu erfassen.

Diese Städte sind weltweit Orte, an denen sich eine Vielzahl aufkommender globaler Klassenstrukturierungen konkretisiert und örtlich begrenzte Formen annimmt. Es sind vor allem diese örtlich begrenzten Formen, um die es in der größeren globalen Dynamik geht. Das Nebeneinander der mächtigsten Unternehmensakteure/ -akteurinnen und der hochgradig internationalen Ansammlung benachteiligter Menschen aus allen Teilen der Welt macht diese Städte zu strategischen Standorten für eine ganze Reihe von Konflikten und Widersprüchen. Darüber hinaus können wir Städte auch zu jenen Orten zählen, an denen die Widersprüche der Globalisierung des Kapitals zum Tragen kommen. Sie sind einerseits Sammelpunkte überproportionaler unternehmerischer Macht und Schlüsselstellen für die Übervalorisierung der Unternehmenswirtschaft und andererseits Sammelpunkte eines überproportionalen Teils der Benachteiligten und Schlüsselstellen für deren Devalorisierung.

Wir finden hier neue Formen von Klassengewalt, aber auch neue Formen politischen Widerstands. Die Klassengewalt und der politische Widerstand sind allerdings nicht so unmittelbar und so klar erkennbar wie in den alten, frühkapitalistischen Industriestädten. Sie sind häufig indirekt und weitgehend das Ergebnis von Vorurteilen und speziellen räumlichen Strategien.

Wir stellen dies zum Beispiel in der bebauten Umwelt fest. Die globale Stadt ist ein Zentrum der Vielfalt. Die urbanen Räume sind geprägt von der dominanten Unternehmenskultur, aber – vor allem aufgrund der Migration – auch von der Vielfalt anderer Kulturen und Identitäten. Die Unschärfe liegt auf der Hand, denn die dominante Kultur kann nur einen Teil der Stadt vereinnahmen. Und selbst wenn die Macht der Konzerne diese Kulturen und Identitäten als „anders" bezeichnen und damit abwerten, sind diese doch allgegenwärtig.

Dies wird in den oben beschriebenen neuen politischen Konzepten evident. Der Raum, der durch den globalen Raster globaler Städte entsteht und der neues wirtschaftliches und politisches Potential enthält, ist vielleicht der strategisch bedeutsamste Raum für die Herausbildung neuer, auch transnationaler Identitäten und Gemeinschaften. Es ist ein Raum, der durch seine Einbindung in spezielle und strategische Schauplätze sowohl ortsgebunden als auch durch die Zusammenführung von Orten, die zwar geographisch nicht benachbart, aber doch intensiv miteinander verbunden sind, transterritorial ist. Im Rahmen dieses globalen Rasters findet nicht nur die Transmigration von Kapital statt, sondern auch jene von Menschen, und zwar von reichen (d.h. den neuen transnationalen Arbeitskräften) ebenso wie von armen (d.h. meist migrierten Arbeiter und Arbeiterinnen). Weiters bietet dieses globale Raster Raum für die Transmigration unterschiedlicher Kulturen oder für die Reterritorialisierung „lokaler" Subkulturen. Eine entscheidende Frage ist, ob er auch Raum für eine neue Politik bietet. Für eine Politik, die über jene der Kultur und der Identität hinausgeht und gleichzeitig, zumindest bis zu einem gewissen Grad, ein Teil davon bleibt. Die hier präsentierte Analyse lässt darauf schließen, dass dies der Fall ist.

Bibliographie

Althusser, Louis: Ideology and ideological state apparatuses. In: Lenin and Philosophy. New York: Monthly Review Press 1971.
Amin, Ash: Post fordism: A reader. Cambridge: Blackwell 1994.
Berle, Adolf u. Means Gardiner: The modern corporation and private property. New York: Harcourt, Brace and World 1969 [1932].
Bourdieu, Pierre: Outline of a theory of practice. Cambridge: Cambridge University Press 1977.
Buechler, Simone: Municipal Politics in a Global Context. In: Sassen, Saskia (ed.): Deciphering the Global: Its Spaces, Scales and Subjects, New York, London: Routledge 2007. S. 97-118.
Burawoy, Michael: Manufacturing consent. Chicago: University of Chicago Press, 1979.
Clark, Terry N. u. Seymour Lipset: Are social classes dying? In: International Sociology 4 (1991). S. 397-410.
Dahrendorf, Ralf: Class and class conflict in industrial society. Stanford: Stanford University Press 1959.
Dezalay, Yves u. Bryant G. Garth: Merchants of law as moral entrepreneurs: Constructing international justice from the competition for transnational business disputes. In: Law and Society Review 1 (1995). S. 27-64;
Edwards, Richard: Contested terrain. New York: Basic Books 1979.
Ehrenreich, Barbara u. Arlie Hochschild: Global woman: Nannies, maids, and sex workers in the new economy. New York: Metropolitan Books 2003.
Fernandez Kelly, Patricia u. Jon Shefner: Out of the Shadows, College Station, Philadelphia: Penn State University 2005.
Fligstein, Neil: The transformation of corporate control. Cambridge, Mass.: Harvard University Press 1990.
Giddens, Anthony: The constitution of society. Berkeley: University of California Press, 1984.
Giddens, Anthony: The nation-state and violence. Berkeley: University of California Press 1987.
Grusky, David u. Jesper Sorensen: Can class analysis be salvaged? In: American Journal of Sociology 5 (1998). S. 1187-1234.
Hall, Stuart: Brave New World. In: Marxism today 10 (1988). S. 24-29.
Hagedorn, John M. (Hg.): Gangs in the global city: Exploring alternatives to traditional criminology. Chicago: University of Illinois Press 2006.
Harvey, David: The condition of postmodernity. Oxford: Blackwell 1989.
Harvey, David: The limits to capital, Oxford: Basil Blackwell, 1982.

Hindman, Heather: Outsourcing Difference: Expatriate Training and the Disciplining of Culture. In: Saskia Sassen (ed.): Deciphering Globalization: Its Scales, Spaces and Subjects. New York, London: Routledge 2007.

Hondagneu-Sotelo, Pierrette (Hg.): Gender and US Immigration: Contemporary Trends. Los Angeles: University of California Press 2003.

Martinotti, Guido: Metropolis. Bologna: Il Mulino 1993.

Mizruchi, Mark u. Linda Sterns: Money, banking, and financial markets. In: Smelser, Neil, Svedberg, Richard (Hrsg.): The handbook of economic sociology. Princeton: Princeton University Press 1994. S. 319-326.

Munger, Frank (Hg.): Laboring below the line: The new ethnography of poverty, low-wage work, and survival in the global economy. New York: Russel Sage Foundation 2002.

Nashashibi, Rami: Ghetto Cosmopolitanism: Making Theory at the Margins. In: Sassen, Saskia (Hg.): Deciphering the Global: Its Spaces, Scales and Subjects. New York, London: Routledge 2007. S. 243-264.

Pakulski, Jan u. Malcolm Waters: The reshaping and dissolution of social class in advanced society. In: Theory and Society 5 (1996). S. 667-691.

Parkin, Frank: Marxism and class theory. New York: Columbia University Press 1979.

Parrenas, Rhacel Salazar: Servants of globalization: Women, migration, and domestic work. Stanford: Stanford University Press 2001;

Piore, Michael u. Charles Sabel: The second industrial divide. New York: Basic Books 1984.

Pijl, Kees van der: Transnational classes and international relations. London: Routledge 1998; Piven, Frances Fox u. Richard Cloward: Regulating the poor, New York: Pantheon Books 1971.

Portes, Alejandro: The resilient importance of class: A nominalist interpretation. In: Political Power and Social Theory 14 (2000). S. 249-284.

Postone, Moishe: Time, labor, and social domination. Cambridge: Cambridge University Press 1993.

Poulantzas, Nicos: Political power and social classes, London: NLB 1973.

Ribas-Mateos, Natalia: The Mediterranean In the Age Of Globalization: Migration, Welfare, And Borders. Somerset, N.J.: Transaction 2005.

Robinson, William: A theory of global capitalism: Transnational production, transnational capitalists, and the transnational state. Baltimore: John Hopkins University Press 2004.

Roulleau-Berger, Laurence: Youth and work in the post-industrial city of North America and Europe. Boston: Brill 2003

Sassen, Saskia: A sociology of Globalization. New York: Norton 2007, Kapitel 6.

Sassen, Saskia: Territory, authority, rights: From medieval to global assemblages. Princeton, N. J.: Princeton University Press 2006a, Kapitel 6.

Sassen, Saskia: Cities in a World Economy. Thousand Oakes: Sage/Pine Forge 2006b, Kapitel 6.

Sassen, Saskia: The global city. Princeton Princeton University Press 2001, Kapitel 8 und 9.

Sennett, Richard: Respect in an Age of Inequality. New York: Norton 2003.

Sennett, Richard: The Corrosion of Character: The Personal Consequences of the New Capitalism. New York: Norton 1998.

Sklair, Leslie: The transnational capitalist class. Oxford: Blackwell 2001.

Skocpol, Theda: States and social revolutions. Cambridge: Cambridge University Press 1979.
Skocpol, Theda: Bringing the State back in: Strategies of analysis in current research. In: Peter Evans, Dietrich Rueschemeyer, Theda Skocpol (Hrsg.): Bringing the state back in. Cambridge, New York: Cambridge University Press 1985.
Tabak, Frank u. Michaeline A. Chrichlow (Hrsg.): Informalization: Process and Structure. Baltimore: John Hopkins Press 2000.
Weber, Max: From Max Weber. In: Hans Gerth u. C. Wright Mills (Hrsg.): New York: Oxford University Press 1944. S. 181ff.
Whyte, William H. Jr.: The organization man, New York: Doubleday Anchor Books 1956
Wright, Erik Olin: Class, crisis, and the state. New York: Verso. 1979.
Wright, Erik Olin: Classes. New York: Verso 1985.
Zeitlin, Maurice: Corporate ownership and control: The large corporation and the capitalist class. In: American Journal of Sociology 79 (1974). S. 1073-1119.

II. Disziplinen

Vorurteile aus geschichts- und kunstwissenschaftlicher Perspektive

Wolfgang Benz und Peter Widmann

Anders als in der Psychologie oder der Sozialpsychologie entstand bisher weder in der Geschichtswissenschaft noch in der Kunstgeschichte ein größerer Forschungszusammenhang, in dem Wissenschaftler sich ausdrücklich als Vorurteilsforscher verstehen. Trotzdem liegt besonders auf dem Gebiet der Geschichtswissenschaft, in jüngerer Zeit aber auch zunehmend auf dem kunstwissenschaftlichen Feld, eine große Zahl wichtiger Beiträge zur Vorurteilsforschung vor. Oft zeigt sich das erst auf den zweiten Blick, gebrauchen doch nur wenige Autoren den Begriff des Vorurteils systematisch als Instrument.

Weder in der Geschichts- noch in der Kunstwissenschaft findet sich eine allgemein geteilte Begriffsdefinition des Vorurteils. Gleiches gilt für verwandte Begriffe, etwa den des Feindbilds oder den des Stereotyps. Ebenso wenig existiert eine systematisierende Zusammenschau historischer oder kunstgeschichtlicher Befunde zum Vorurteil im Sinne einer von einer größeren Gruppe von Forschern geteilten Theorie. Eine übergreifende Theorie fehlt selbst in der Antisemitismusforschung, dem am weitesten entwickelten Gebiet historisch orientierter Vorurteilsanalyse.

Ein Grund dafür liegt in der methodischen Ausrichtung: Der größte Teil historischer und kunstwissenschaftlicher Forschung konzentriert sich auf räumlich und zeitlich definierte Komplexe, wie etwa Antisemitismus, Rassismus oder Nationalismus. Zeitlich nicht strikt gebundene allgemeine gesellschaftliche Zusammenhänge finden im Vergleich dazu seltener Beachtung.

Ertragreicher als die Suche nach Begriffsdefinitionen und Globaltheorien ist daher die Frage, in welcher Weise historische und kunstwissenschaftliche Perspektiven es bisher ermöglicht haben, Kontexte besser zu verstehen, in denen Vorurteile wirken. Wichtige Erträge der beiden Disziplinen finden sich dabei auf mehreren Gebieten: Die Geschichtswissenschaft hat Funktionen von Vorurteilen für bestimmte Trägergruppen ausfindig gemacht. Außerdem haben historische wie kunstwissenschaftliche Analysen die Prozesse erhellt, in denen bestimmte Milieus oder ganze Gesellschaften Vorurteile über Generationen und politische Systeme hinweg tradiert haben. Dabei förderten sie auch Einsichten über den Zusammenhang von Vorurteilen und Modernisierungskrisen zutage. Historische Untersuchungen haben darüber hinaus zur Klärung der Frage beigetragen, unter welchen Bedingungen Vorurteile in Diskriminierung und Verfolgung umgesetzt wurden.

1. Forschungsfelder

Die für die Vorurteilsforschung relevanten historischen und kunstwissenschaftlichen Untersuchungsfelder sind kaum zu überschauen. Großgruppen, wie Religionsgemeinschaften, Nationen oder Ethnien, entstehen, indem sich ihre Mitglieder von denen abgrenzen, die sie als Fremde wahrnehmen. Einen Aspekt des Wir-Gefühls bilden dabei regelmäßig Stereotype und Phantasien über die Außenstehenden. Wo Historiker Entstehen und Konsolidierung sozialer Verbände studieren, treiben sie vielfach Vorurteilsforschung – wenn auch mitunter nur implizit. Dabei kommen viele verschiedene Ansätze moderner Geschichtswissenschaft zum Einsatz: Politik- und Sozialgeschichte, Kultur-, Mentalitäts- und Alltagsgeschichte, Ideen- und Wissenschaftsgeschichte. Auch die Kunstwissenschaft berührt überall dort Fragen der Vorurteilsforschung, wo sie Werke untersucht, in denen kollektive Selbstsicht und Wahrnehmungen des Anderen zum Ausdruck kommen. Damit ist das Feld in beiden Disziplinen so weit, dass es sich nur exemplarisch erkunden lässt.

In der Geschichtswissenschaft tritt die Analyse von Vorurteilen in einigen Bereichen besonders in den Vordergrund – vor allem in der historischen Antisemitismusforschung, die den ältesten in Europa entstandenen Vorurteilskomplex erkundet. Die historische Rassismusforschung untersucht in Nachbarschaft dazu Ideologien weißer oder „arischer" Überlegenheit als Gedankensysteme und als soziale oder politische Praxis. In enger Verbindung zur Antisemitismusforschung steht auch die Holocaustforschung. Sie ergründet Ursachen, Bedingungen und Verlauf des nationalsozialistischen Mordes an den europäischen Juden. Forschungen zum Mord an Behinderten sowie zur nationalsozialistischen Verfolgung bestimmter Bevölkerungsteile wie der Homosexuellen, der als „asozial" Stigmatisierten oder der Zeugen Jehovas gehören ebenso in diesen Kontext.[1]

---

1 Zum Stand der Antisemitismusforschung: Bergmann Werner u. Mona Körte (Hrsg.): Antisemitismusforschung in den Wissenschaften. Berlin: Metropol 2004; einführend für die Geschichte der Holocaustforschung: Herbert, Ulrich: Vernichtungspolitik. Neue Antworten und Fragen zur Geschichte des „Holocaust". In: Nationalsozialistische Vernichtungspolitik 1939–1945. Neue Forschungen und Kontroversen. Hrsg. v. dems. Frankfurt am Main: Fischer 1998; zum Rassismus als geschichts-

Seit den 1980er Jahren sind mehrere Analysen der Verfolgung von Sinti und Roma erschienen. Dabei lag der Schwerpunkt auf Lokalstudien und übergreifenden Untersuchungen zum nationalsozialistischen Mord an der Volksgruppe. Daneben erschienen Studien zur Politik gegenüber Sinti und Roma verschiedener Länder in der neuen und neuesten Zeit. Zu diesem Themenkreis gehören auch Studien zur Wahrnehmung von Unterschichten und vagierenden (oder als vagierend wahrgenommen) Gruppen, ebenso Untersuchungen zur Politik gegenüber sogenannten „Asozialen".[2]

In den vergangenen Jahren entwickelte sich außerdem eine historische Forschung zu Völkermorden und „ethnischen Säuberungen", etwa zur Niederschlagung des Herero-Aufstandes im von Deutschland kolonisierten Südwestafrika im Jahr 1904, zum Genozid an den Armeniern oder zu den Deportationen in der Sowjetunion unter Stalin.[3]

Über Studien zur Verfolgungsgeschichte sozial, religiös oder ethnisch bestimmter Bevölkerungsteile hinaus leisten Historiker in der Nationalismusforschung einen wichtigen Beitrag zur Vorurteilsanalyse. Als Widerpart kollektiver Selbstinszenierung brauchten Nationalbewegungen Fremd- und Feindbilder, deren Entstehung und Wirkung Hauptgegenstand einschlägiger Studien sind. In diesem Zusammenhang wird auch die Militär- und Kriegsgeschichte zum Teilgebiet der Vorurteilsforschung, wenn sie Feindbilder untersucht, wie sie die Propaganda der Weltkriege oder die der Ost-West-Konfrontation nach 1945 prägten. Auch kunsthistorische Ansätze haben sich zur Analyse nationalistischer Feindphantasien als fruchtbar erwiesen – etwa in der Untersuchung der Kriegsmalerei.[4]

---

wissenschaftlicher Forschungsgegenstand: Fredickson, George M.: Racism. A Short History. Princeton: Princton University Press 2002; als Überblick zu verschiedenen NS-Opfergruppen in der historischen Forschung: Quack, Sibylle (Hrsg.): Dimensionen der Verfolgung. Opfer und Opfergruppen im Nationalsozialismus. München: Deutsche Verlags-Anstalt 2003.

2   Zimmermann, Michael: Rassenutopie und Genozid. Die nationalsozialistische „Lösung der Zigeunerfrage". Hamburg: Christians 1996; Luchterhandt, Martin: Der Weg nach Birkenau. Entstehung und Verlauf der nationalsozialistischen Verfolgung der Zigeuner. Lübeck: Schmidt-Römhild 2000; Lewy, Guenter: The Nazi Persecution of the Gypsies. Oxford et al.: Oxford University Press 2000; zur Verfolgung „Asozialer": Ayaß, Wolfgang: „Asoziale" im Nationalsozialismus. Stuttgart: Klett-Cotta 1995.

3   Einführend dazu: Benz, Wolfgang: Ausgrenzung, Vertreibung, Völkermord. Genozid im 20. Jahrhundert. München: Deutscher Taschenbuch Verlag 2006.

4   Als Einführung in die historische Nationalismusforschung mit einer kommentierten Bibliographie: Wehler, Hans-Ulrich: Nationalismus. Geschichte, Formen, Folgen. München: C. H. Beck 2001, exemplarisch zu Fragestellungen der Militärgeschichte: Müller, Rolf-Dieter u. Hans-Erich Volkmann (Hrsg.): Die Wehrmacht. Mythos und Realität. München: Oldenbourg 1999.

Einen weiteren wichtigen Bereich historischer Vorurteilsforschung bildeten in den vergangenen Jahren Studien zur Migrationsgeschichte. Zum Forschungsinteresse entsprechender Untersuchungen gehört die Frage, wie Bevölkerungsmehrheiten Einwanderer wahrnehmen und welche politischen und sozialen Folgen sich daraus entwickeln. Weil Migration, wie die Geschichtswissenschaft zeigt, der historische Normalfall ist, bieten Erfahrungen der Diskriminierung wie solche der Akkulturation ein weites Forschungsfeld.[5]

Mit diesen Forschungsfeldern ist nur ein Teil der für die Vorurteilsanalyse relevanten Gebiete angesprochen, ebenso zu nennen wären die Geschlechtergeschichte, die Geschichte des Kampfes gegen Sozialdemokraten und Marxisten, die Geschichte des Kolonialismus oder die Geschichte der Fremdheitswahrnehmung, etwa die des europäischen Blicks auf islamische Gesellschaften.[6]

Wichtige Beiträge kommen gleichzeitig aus Bereichen, in denen die Analyse von Vorurteilen ursprünglich keinen besonderen Schwerpunkt bildete. Das exemplifiziert etwa die Institutionengeschichte. Sie zeigt, wie sich die Durchschlagskraft von Vorurteilen vervielfacht, sobald sie über die Einstellung von Individuen und Gruppen hinausgehen und das Handeln der staatlichen Exekutive beeinflussen. Die Polizeigeschichte erwies sich dabei als besonders aufschlussreich – etwa für die Analyse der Verfolgung von als „Asoziale" oder als „Zigeuner" stigmatisierten Menschen. Dabei zeigte sich, wie Behörden ihre Definitionsmacht dazu nutzen, Bevölkerungsteile zu etikettieren und sie damit als Zielgruppe staatlichen Zugriffs erst zu schaffen, auch wenn sich die entsprechend Bezeichneten selbst nicht als Gruppe betrachteten.[7]

Die Polizeigeschichte zeigt auch, dass die historische Analyse institutioneller Eigenlogik einen Beitrag zum Verständnis von Verfolgungsprozessen leistet. So lässt sich etwa für die Geschichte der Verfolgung von „Zigeunern" im wilhelminischen Deutschland bilanzieren, dass die Konzentration der Polizei auf „Zigeuner" keine Reaktion auf eine besondere Kriminalität der Minderheit war, sondern unter anderem das Ergebnis der Gründung

---

5 Exemplarisch: Bade, Klaus J.: Migration in European History. Oxford: Blackwell 2003.
6 Für die deutsche Geschichte: Jahr Christoph, Uwe Mai u. Kathrin Roller (Hrsg.): Feindbilder in der deutschen Geschichte. Studien zur Vorurteilsgeschichte im 19. und 20. Jahrhundert. Berlin: Metropol 1994.
7 Vgl. dazu Lucassen, Leo: Zigeuner. Die Geschichte eines polizeilichen Ordnungsbegriffes in Deutschland 1700–1945. Köln/Weimar/Wien: Böhlau 1996; Wagner, Patrick: Volksgemeinschaft ohne Verbrecher. Konzeptionen und Praxis der Kriminalpolizei in der Zeit der Weimarer Republik und des Nationalsozialismus. Hamburg: Christians 1996.

einer spezialisierten Einheit, der „Zigeunerzentrale" bei der Polizeidirektion München, die ab 1899 nach und nach reichsweit Informationen über fahrende Bevölkerungsgruppen sammelte. Damit war der polizeiliche Blick auf eine bestimmte Bevölkerungsruppe institutionalisiert – in Form einer Abteilung, deren Vertreter ihre Existenz rechtfertigen mussten. Die institutionen- und organisationsgeschichtliche Analyse kann solche Eigendynamiken des Vorurteils sichtbar machen.[8]

Kunstwissenschaftliche Zugänge, die sich der systematischen Analyse der durch Bilder verbreiteten gesellschaftlichen Vorurteile widmen, haben in den 1990er Jahren breitere Aufmerksamkeit gefunden.[9] Dabei verfolgten einschlägige Studien, auf welche Weise visuelle Stereotypen über bestimmte Gruppen entstanden und tradiert wurden. Entsprechende Untersuchungen widmeten sich vor allem dem modernen Antisemitismus und seiner Vorgeschichte.[10] Aufmerksamkeit fand dabei besonders visuell vermittelte Judenfeindschaft in der Massenkunst des 19. Jahrhunderts, die sich durch neue Reproduktionstechniken weit verbreitete: in Bilderbogen, Witzblättern, illustrierten Zeitschriften oder in Postkarten.[11]

Die Forschung ermittelte dabei ein festes Zeichenrepertoire, das Bestandteil der antijüdischen Tradition war. Dazu gehörten die angeblich typisch jüdische große gebogene Nase, wulstige Lippen, krause schwarze Haare, strähnige Bärte, Zylinder, lebhaft gestikulierende Hände und krumme Beine. Die Bilder zeigten Juden als „Rasse" mit besonderen physiognomischen Merkmalen. Damit gingen Werturteile einher: Das abstoßende Äußere sollte den verworfenen Kollektivcharakter der Juden demonstrieren. Ein Teil der visuellen Stereotype lässt sich bis in das Mittelalter zurückverfolgen, etwa die Hakennase, die schon in englischen Judendarstellungen des 13. Jahr-

---

8   Zur Geschichte der „Zigeunerzentrale" und ihrer Dokumente: Widmann. Peter: Späte Einsichten. Die Bundesrepublik und der Völkermord an den Sinti und Roma. In: Vorurteil und Rassenhass. Antisemitismus in den faschistischen Bewegungen Europas. Hrsg. von Hermann Graml, Angelika Königseder u. Juliane Wetzel. Berlin: Metropol 2001. S. 375–390.
9   Haibl, Michaela: „Der Blick des Max Liebermann". Antisemitismusforschung in der Kunstgeschichte zwischen Ikonographie und Fachgeschichte. In: Antisemitismusforschung in den Wissenschaften. Hrsg. von Werner Bergmann u. Mona Körte. Berlin: Metropol 2004. S. 271–292.
10 Rohrbacher Stefan u. Michael Schmidt: Judenbilder. Kulturgeschichte antijüdischer Mythen und antisemitischer Vorurteile. Reinbek bei Hamburg: Rowohlt 1991; Dittmar, Peter: Die Darstellung der Juden in der populären Kunst zur Zeit der Emanzipation. München/London/New York/Paris: K. G. Saur 1992.
11 Haibl, Michaela: Zerrbild als Stereotyp. Visuelle Darstellungen von Juden zwischen 1850 und 1900. Berlin: Metropol 2000; Gold Helmut u. Georg Heuberger (Hrsg.): Abgestempelt. Judenfeindliche Postkarten. Frankfurt am Main: Umschau Braus 1999.

hunderts erschien und zu dieser Zeit auch ein Merkmal von Bildern des Teufels war.[12]

Ins Bild gesetzte körperliche Merkmale von Menschen, die Künstler überzeichneten oder erst erfanden, zeigen, wie ästhetische Urteile kollektive Phantasien beeinflussen. Insofern ist der kunstwissenschaftliche Blick für die Vorurteilsforschung generell erkenntnisträchtig. Der Historiker George Mosse machte darauf aufmerksam, dass der Rassismus eine „visuell ausgerichtete Ideologie" war, die schöne und hässliche Körpermerkmale unterschied.[13] Dabei kontrastierten rassistische Bilder Menschen außereuropäischer Herkunft oder Juden häufig mit antiken Schönheitsidealen. Gerade das Changieren der Rassenlehren zwischen wissenschaftlichem Anspruch und ästhetischer Orientierung erleichterte es, so Mosse, deren Thesen zu popularisieren.

Objekt historischer Vorurteilsforschung sind Individuen und Gruppen als Träger kollektiver Phantasien, nicht die Bevölkerungsteile, gegen die sich Vorurteile richten. Trotzdem sind für eine Vorurteilsforschung im weiteren Sinn Studien darüber relevant, wie stigmatisierte Gruppen auf Vorurteile reagieren. So liefern auch Forschungsfelder wie die jüdische Geschichte oder die Exilforschung für die Vorurteilsanalyse fruchtbare Beiträge.

Für einen Teil der verfolgten Gruppen erweist sich die Quellenüberlieferung dabei als einseitig. Dokumente staatlicher Provenienz zeigen lediglich die Außensicht auf stigmatisierte Gruppen und beruhen auf der Logik der jeweiligen Institution. So spiegeln sich in Polizeiakten vor allem solche Situationen, in denen Minderheiten mit der Staatsgewalt in Konflikt gerieten, während alltägliche Begegnungen zwischen Mehrheit und Minderheit im Dunkeln bleiben. Im Falle von Gruppen, deren Kultur über lange Zeit auf oraler Tradition fußte, etwa der Roma und Sinti, prägt sich die Einseitigkeit besonders stark aus. Das gilt auch für Bevölkerungsteile, die sich selbst nicht als Gruppe begriffen und erst durch behördliche Zuschreibung definiert wurden, etwa als „Arbeitsscheue", „Asoziale" oder „Berufsverbrecher".

Wo Fragen an Zeitzeugen die einseitige Überlieferung nicht mehr ausgleichen können, gelingt es nur fragmentarisch, Vorurteile zur sozialen Wirklichkeit ins Verhältnis zu setzen. In der historischen Analyse der Feindschaft gegen „Zigeuner" etwa erlauben staatliche Akten oft nicht

---

12 Klein, Peter K.: „Jud, dir kuckt der Spitzbub aus dem Gesicht!" Traditionen antisemitischer Bildstereotypen oder die Physiognomie des ‚Juden' als Konstrukt. In: Abgestempelt. Judenfeindliche Postkarten. Hrsg. von Helmut Gold u. Georg Heuberger. Frankfurt am Main: Umschau Braus 1999. S. 43–78.
13 Mosse, George L.: Towards the Final Solution. A History of European Racism. New York: Howard Fertig 1985.

einmal, die Gruppenzugehörigkeit Verfolgter zu klären. Ob diejenigen Menschen Roma und Sinti waren, die in Polizei- und Verwaltungsakten des 19. und 20. Jahrhunderts als „Zigeuner" auftreten, bleibt in vielen Fällen offen, weil Behörden den Begriff oft ohne Rücksicht auf ethnische Unterscheidungen für verschiedene mobile Bevölkerungsteile verwandten.

2. Geschichtswissenschaft und Gesellschaft

Verfasser historischer Analysen von Vorurteilen waren in unterschiedlichem Maß in den Zusammenhang verwickelt, den sie erforschten. So versuchten Autoren zu bestimmten Zeiten, die Rolle von Vorurteilen in ihrer Gesellschaft mitzugestalten – sei es auf der einen Seite, um Vorurteilen entgegenzutreten, oder auf der anderen, indem sie Stereotype selbst verbreiteten oder bestätigten. Der Historiker Reinhard Rürup wies darauf am Beispiel der Antisemitismusforschung hin: Die ersten Beiträge zu dem Forschungsfeld im späten 18. Jahrhundert waren Wortmeldungen im öffentlichen Streit um die soziale Lage der Juden. Der preußische Gelehrte und Staatsbeamte Christian Wilhelm Dohm etwa argumentierte, die Lage der Juden erkläre sich aus einer Geschichte der Vorurteile, der Ausgrenzung und der Erniedrigung.[14] Die Sichtweise dominierte in den ersten beiden Dritteln des 19. Jahrhunderts. Ihre Vertreter, Theoretiker des Liberalismus, plädierten für die Emanzipation der Juden.

Auf der anderen Seite trugen Historiker auch dazu bei, Vorurteile zu verbreiten und zu verfestigen – etwa indem sie antisemitische Thesen zum Element ihrer Geschichtsschreibung machten. Der deutsche Historiker Heinrich von Treitschke, der mit seinem Hauptwerk „Deutsche Geschichte im 19. Jahrhundert" das Geschichtsbild des national orientierten Bürgertums prägte, sah die Juden als Teil jener Kräfte, welche die nationale Einheit des preußisch-deutschen Machtstaates gefährdeten. Er stellte dem Konzept des Volkes die Gefahr des die Einheit zersetzenden Fremden gegenüber.[15]

---

14 Rürup, Reinhard: Emanzipation und Antisemitismus. Studien zur „Judenfrage" der bürgerlichen Gesellschaft. Göttingen: Vandenhoeck & Ruprecht 1975, S. 120; ders.: Der moderne Antisemitismus und die Entwicklung der historischen Antisemitismusforschung. In: Antisemitismusforschung in den Wissenschaften. Hrsg. von Werner Bergmann u. Mona Körte. Berlin: Metropol 2004, S. 117–135; vgl. auch Berding, Helmut: Moderner Antisemitismus in Deutschland. Frankfurt am Main: Suhrkamp 1988. S. 23–25.
15 Zu Treitschkes politischer Rolle vgl. Wyrwa, Ulrich: Heinrich von Treitschke. Geschichtsschreibung und öffentliche Meinung im Deutschland des 19. Jahrhunderts. In: Zeitschrift für Geschichtswissenschaft 51(9) (2003). S. 781–792.

Einen Extremfall stellten die nationalsozialistischen „Forschungen zur Judenfrage" dar. Sie waren kein Beitrag zur Geschichtsforschung, sondern nutzten das Prestige der Wissenschaft als Fassade, um die Geschichte der Judenfeindschaft antisemitisch zu deuten. Solche Schriften dienen heute selbst als Quellen für die Analyse der Judenfeindschaft.

3. Entstehung und Funktionen von Vorurteilen

In historischer Perspektive zeigen sich Vorurteile als Element der Konflikte, aus denen Großgruppen hervorgehen. Christliche Judenfeindschaft etwa entstand, nachdem die ursprünglich jüdische Jesusbewegung mit der Integration von Nichtjuden zunehmend in Distanz und Konkurrenz zum Judentum trat. Die frühchristlichen Gemeinden sahen sich nun als „neuer Bund" und als das „wahre Israel".[16] Vor diesem Hintergrund begann im frühen zweiten Jahrhundert die judenfeindliche Tradition des Christentums. Das antijüdische Feindbild war ein Faktor der Gruppenbildung und Voraussetzung positiver christlicher Selbstsicht.

Auch für die politisch entscheidenden Großkollektive der Neuzeit, die Nationen mit ihren Nationalstaaten, lässt sich der Zusammenhang zwischen Gruppenbildung und Feindbild seit den Revolutionen in Frankreich und Nordamerika erkennen. Wie die Nationalismusforschung zeigt, entstanden die Nationen in Prozessen des Ein- und Ausschlusses, in oft polemischer und gewalttätiger Abgrenzung zu denen, die man als nicht zugehörig oder gefährlich betrachtete. Ins Visier konnten diejenigen kommen, die man zu äußeren Feinden erklärte – aus Sicht deutscher Nationalisten etwa Franzosen, Engländer oder Polen. Dabei, so zeigte der Historiker Michael Jeismann in seiner Analyse der Feindbilder in Deutschland und Frankreich, waren nationale Kollektivphantasien eine säkulare Form der Idee vom christlichen Erbfeind.[17] In beiden Ländern, so Jeismann, war das Bild des Feindes eine Voraussetzung für das nationale Selbstbild. Nationalistische Vorurteile richteten sich aber auch gegen Menschen, die als innere Feinde und Gefahr für die nationale Homogenität galten: Juden, Sozialdemokraten, Marxisten, „Arbeitsscheue", Sinti und Roma.

Das Gebiet der Nationalismusforschung hat sich stark erweitert, seit in den 1980er Jahren Benedict Anderson, Eric Hobsbawm und Ernest Gellner

---

16 Bergmann, Werner: Geschichte des Antisemitismus. München: C. H. Beck 2004. S. 9–17.
17 Jeismann, Michael: Das Vaterland der Feinde. Studien zum nationalen Feindbegriff und Selbstverständnis in Deutschland und Frankreich 1792–1918. Stuttgart: Klett-Cotta 1992. S. 375.

ihre Untersuchungen veröffentlicht haben.[18] Nationen, darüber stimmen die meisten Forscher überein, sind als soziale Konstruktionen nicht naturgegeben. Daher führt die romantische Vorstellung in die Irre, derzufolge Propagandisten nationaler Ideen nur „schlafende" Nationen zu wecken brauchten. Vielmehr förderten Gesellschaftsgruppen und politische Eliten nationale Bewegungen, weil sie ihren Interessen dienten. Damit war das ideologische Konzept der Nation eine Waffe im gesellschaftlichen Machtkampf. Innerhalb der Nationen dienten Vorurteile der Selbstvergewisserung von Gruppen, etwa des Bürgertums. Vorurteile lassen sich in diesem Zusammenhang als Reaktion auf Verunsicherung, Desorientierung und Bedrohung betrachten, und damit als Reaktion auf Krisen, seien es ökonomische, politische, militärische, kulturelle oder mentale.

Als Element des Nationalismus entwickelten Vorurteile einen neuen Grad der Massenwirksamkeit. Über moderne Massenmedien verbreiteten sie sich in denjenigen Kollektiven, die real oder mindestens dem Anspruch nach Träger der politischen Willensbildung wurden. Auch nach der Gründungsphase der Nationalstaaten wirkten die Vorurteile weiter. Durch die Vorstellung vom Feind, so Michael Jeismann, blieb der „Verheißungscharakter" des Nationalen auch dann noch lebendig, als die Einheit im Nationalstaat erreicht war. Die Dynamik des Nationalismus lebte von der Feindfixierung.[19]

Der Nationalismus verband sich in vielen Fällen mit anderen Vorurteilskomplexen. So sieht der Antisemitismusforscher Klaus Holz in der Amalgamierung von Nationalismus und Antisemitismus eine Hauptursache der Stoßkraft moderner Judenfeindschaft. Seiner Analyse zufolge sahen Antisemiten in den Juden mehr als nur Feinde wie in den anderen Nationen. Sie phantasierten Juden als „Dritte", die jenseits der Grenzziehung zwischen den Nationen standen und die nationale Ordnung der Welt unterminierten.[20]

---

18 Anderson, Benedict: Imagined Communities. Reflections on the Origin and Spread of Nationalism. London: Verso Editions and NLB 1983; Hobsbawm, Eric J.: Nations and Nationalism since 1780. Cambridge: Cambridge University Press 1990; Gellner, Ernest: Nations and Nationalism. Oxford: Blackwell 1983.
19 Jeismann, Vaterland der Feinde, S. 374 f.
20 Holz, Klaus: Die antisemitische Konstruktion des „Dritten" und die nationale Ordnung der Welt. In: Das „bewegliche" Vorurteil. Aspekte des internationalen Antisemitismus. Hrsg. von Christina von Braun u. Eva-Maria Ziege. Würzburg: Königshausen & Neumann 2004; Holz, Klaus: Nationaler Antisemitismus. Wissenssoziologie einer Weltanschauung. Hamburg: Hamburger Edition 2001; zum Zusammenhang von Nationalismus und Antisemitismus vgl. außerdem: Alter Peter, Ekkehard Bärsch u. Peter Berghoff (Hrsg.): Die Konstruktion der Nation gegen die Juden. München: Wilhelm Fink 1999.

Der enge Zusammenhang von Judenfeindschaft und nationalem Selbstbild zeigt sich in Deutschland bis heute im nach dem Holocaust entstandenen Antisemitismus der Schuldabwehr. Indem Juden die Erinnerung an den Massenmord personifizieren, erscheinen sie als Hindernis eines von Schuld und Zweifeln freien nationalen Selbstgefühls. Das traditionelle Stereotyp des Juden als rachsüchtiger Mahner ist für Antisemiten ein Mittel, die Konfrontation mit der Geschichte und Folgerungen für die kollektive Identität zu umgehen. Antisemitismus wird so zum patriotischen Projekt.[21]

Die Frage, inwieweit Vorurteile generell Teil spezifischer nationaler Kulturen sind, harrt noch weiterer Forschung. In der Antisemitismusforschung diskutierte man in diesem Zusammenhang über Besonderheiten deutscher Judenfeindschaft als Voraussetzung für den Völkermord. Um die Frage auf einer wissenschaftlichen Grundlage zu beantworten, sind vergleichende Untersuchungen verschiedener Gesellschaften notwendig. Die bislang vorliegenden Ergebnisse nähren Zweifel an der These eines deutschen Sonderweges der Judenfeindschaft.[22]

4. Vorurteil und Tradition

Eine Grundfrage historischer Vorurteilsforschung richtet sich auf das Verhältnis von Kontinuität und Wandel solcher Vorurteilskomplexe, die über Generationen, Jahrhunderte und politische Systeme hinweg wirken. Die Analyse der Judenfeindschaft ist dafür besonders aufschlussreich, weil ihre Geschichte von der Antike bis in die Gegenwart reicht. Besondere Aufmerksamkeit hat die Forschung der Frage gewidmet, wie die in einer christlich bestimmten Welt gewachsene Judenfeindschaft in säkularisierten Gesellschaften fortwirkte und sich sogar radikalisierte.

Traditionen des Vorurteils, darüber sind sich die meisten Forscher einig, sollten nicht zu der Annahme verführen, dass der davon beeinflusste historische Prozess von vornherein auf ein bestimmtes Ziel zusteuere. Einige Autoren übersahen allerdings, dass jedes historische Stadium viele Entwicklungsoptionen mit sich bringt, und betrachteten etwa die Geschichte der Judenfeindschaft allein vom Holocaust her. Daraus schlossen sie auf eine geradlinige und zwangsläufige Entwicklung der Judenfeindschaft von Luther zu Hitler und blendeten Gegenbewegungen und Brüche aus.

Der Forschungsstand zur Geschichte des Antisemitismus legt eine differenziertere Deutung nahe, denn in der historischen Analyse erweisen sich

---

21 Benz, Wolfgang: Was ist Antisemitismus? München: C. H. Beck 2004, S. 13.
22 Rürup, Emanzipation, S. 133.

Vorurteile keineswegs bloß als Überbleibsel vergangener Zeiten. Sie erfüllen vielmehr Funktionen in der jeweiligen Gegenwart. Insofern täuscht der Eindruck einer über die Zeiten gleich bleibenden und von sozialen wie politischen Gegebenheiten unberührten Judenfeindschaft. Zwar ist die ideologische Kontinuität des Antisemitismus in seinem Repertoire der Stereotype seit der Emanzipationszeit hoch, indes entfesselten Radikalisierungsschübe ein neues Maß aggressiver Propaganda und Gewalt. Das gilt etwa in Deutschland vor allem für die Zeit nach 1918. Die Erfahrung des Ersten Weltkrieges hatte große Teile der Gesellschaft dezivilisiert, Kriegsniederlage und Versailler Vertrag empfand man quer durch die politischen Lager als demütigend. In dieser Konstellation gewann der Hass gegen Juden eine neue Aggressivität.

Dabei lässt sich zeigen, dass sich diejenigen Vorurteile über historische Brüche hinweg halten, die sich zu neuen Zwecken mit neuen Bezügen verknüpfen lassen. In Deutschland verband sich nach dem Ende des Ersten Weltkrieges der Hass auf Juden mit der Feindschaft gegen die Weimarer Demokratie, welche die Antisemiten als „Judenrepublik" verhöhnten. Damit unterschieden sich die Judenfeinde nach 1918 von denen des wilhelminischen Reiches, welche die Legitimität des Staates anerkannt hatten.[23] Im Zweiten Weltkrieg verband sich die Judenfeindschaft mit dem Antibolschewismus und dem Glauben an eine rassische Minderwertigkeit der Slawen. Das ideologische Amalgam war eine Voraussetzung deutscher Kriegsführung in Osteuropa, die hergebrachte Regeln außer Kraft setzte und zu den Rahmenbedingungen des Holocaust zählt.

Auch nach dem Zweiten Weltkrieg bewies das Vorurteil seine Anpassungsfähigkeit. Das Wissen um den Mord an den europäischen Juden ließ den Hass gegen die Minderheit keineswegs untergehen. Vielmehr belebten Antisemiten das Motiv des rachsüchtigen jüdischen Gottes neu, der in der judenfeindlichen Phantasie den Widerpart des christlichen Gottes der Liebe bildete. Das Motiv aktualisierte sich nun in jenem des unversöhnlichen Juden, der den Deutschen die nationalsozialistische Geschichte ewig vorhalte und nie vergeben könne.

Auch das alte Stereotyp vom geldgierigen Juden bekam eine neue Fassung: Das Bild einer Gruppe entstand, welche die Geschichte des nationalsozialistischen Völkermords ausnutze, um den Deutschen Wiedergutmachungsleistungen abzupressen. Dazu passte das traditionelle Motiv der Weltverschwörung: Das antisemitische Denken ließ die „Weisen von Zion"

---

23 Benz, Wolfgang u. Werner Bergmann: Antisemitismus – Vorgeschichte des Völkermords? In: Vorurteil und Völkermord. Entwicklungslinien des Antisemitismus. Hrsg. von Wolfgang Benz u. Werner Bergmann. Freiburg im Breisgau: Herder 1997. S. 10–31.

nach 1945 in einem weltumspannenden Bund wiederauferstehen, der die Leiden der Opfer zu Geld mache. Weitere Beispiele für die Modernisierung von Vorurteilen liefern bis heute bestimmte Formen der Kritik an Israel, die mit antisemitischen Motiven spielen. Dabei wird etwa aus dem blutgierigen Christusmörder der die Palästinenser mit einer originär jüdischen Grausamkeit heimsuchende Besatzer. Andere Feindbilder, die für neue Zwecke nicht brauchbar waren, verloren sich indes, wie das Bild vom schwächlichen und unsoldatischen Juden. Zu offensichtlich widerlegte es die Geschichte des Staates Israel.

Auch in anderen Vorurteilskomplexen lässt sich die Modernisierung traditioneller Stereotypen nachweisen, etwa in der Dämonisierung der Arbeiterbewegung als „Rote Gefahr" im deutschen Kaiserreich. Sie erneuerte Stereotypen über den Vierten Stand als unstete und primitive Gesellschaftsschicht.

Der kanadische Mediävist und Antisemitismusforscher Gavin I. Langmuir hat im Zusammenhang mit Überlegungen zur Tradition als Träger von Vorurteilen danach gefragt, warum Gesellschaften an entsprechenden Überzeugungen auch dann festhalten, wenn mit der stigmatisierten Minderheit kein Realkonflikt besteht oder die Minderheit gar nicht mehr anwesend ist.[24] Er wies darauf hin, dass etwa im England des 14. bis 17. Jahrhunderts judenfeindliche Traditionen weitergelebt haben, obwohl zu dieser Zeit keine Juden dort lebten.

Langmuir bringt den Eingang von Feindbildern in die Tradition einer Gesellschaft in Verbindung mit der Eigendynamik herrschender Meinungen: Vielfach seien eher soziale als intellektuelle Faktoren dafür verantwortlich, dass bestimmte Urteile als überzeugend gelten. Menschen lassen sich demnach oft von der Beobachtung leiten, dass viele ihrer Zeitgenossen eine Ansicht akzeptieren. Das gelte besonders dann, wenn Autoritäten eine solche Meinung vertreten, seien es akademische, religiöse oder regierungsamtliche. Langmuir bezeichnet die Basis solchen Vertrauens in Umwelt und Prestige als *social epistemology*. Aufgrund dieser Eigendynamik hielten sich Langmuir zufolge traditionelle Vorstellungen, solange keine relevante Gruppe ein Interesse daran entwickle, sie zu widerlegen. Habe sich einmal auf solche Weise das Zerrbild einer Minderheit etabliert, bedürfe es keiner besonderen sozialen Mechanismen der Vorurteilsbildung mehr.

---

24 Langmuir, Gavin I.: Tradition, History and Prejudice. In: Toward a Definition of Antisemitism. Hrsg. von Gavin I. Langmuir. Berkeley/Los Angeles: University of California Press 1990. S. 42–54.

5. Vorurteil und Modernisierung

Neben Fragen der Tradierung stellen sich in historischer Perspektive jene der Periodisierung. Für die Geschichte von Vorurteilen in der Moderne hat sich das letzte Drittel des 19. Jahrhunderts als eine entscheidende Phase erwiesen, in der sich mehrere Stereotypenkomplexe grundlegend wandelten. Ein Ausdruck der Modernisierung kollektiver Phantasien zeigte sich im Streben ihrer Protagonisten, Vorurteilen eine wissenschaftliche Form zu geben. Der in solcher Absicht im Jahr 1879 von Judenfeinden kreierte Begriff „Antisemitismus" liefert das prominenteste Beispiel der Tendenz. Das wissenschaftlich klingende Fremdwort sollte den Abschied vom als veraltet empfundenen religiösen Judenhass markieren.

Aus geschichtswissenschaftlicher Perspektive erweist sich der Antisemitismus als Produkt von Modernisierungskonflikten und -krisen, als, wie der Historiker Reinhard Rürup zusammenfasste, Reaktion auf den Wandel von ständisch-feudalen Sozialstrukturen zu denen der Massengesellschaft, auf die Entwicklung der kapitalistischen und industrialisierten Wirtschaft, auf den Bedeutungsverlust der Religion und den Aufstieg nationalstaatlicher politischer Ordnung. Gruppen, die den sozialen Wandel als bedrohlich empfanden, sahen in den Juden zum einen Konkurrenz, zum anderen die Personifizierung moderner Gefahren selbst.[25]

Dabei waren die antisemitischen Bewegungen spezifisch moderne, auch wenn sie antimoderne Ideologien propagierten. Das lässt sich ebenso über die Propagandisten anderer Vorurteilskomplexe sagen: Auch der anthropologische Rassismus oder die sogenannte Rassenhygiene verfolgten antimoderne Ziele mit modernen Mitteln. Die Vertreter dieser Ideologien verfochten die Erhaltung alter Machtverhältnisse, seien es diejenigen weißer Überlegenheit oder die der wilhelminischen Klassengesellschaft, und gaben sich dabei fortschrittlich, indem sie Wissenschaftlichkeit in Anspruch nahmen und moderne Organisations- und Kommunikationsformen nutzten.

Verwissenschaftlichung hieß im späten 19. Jahrhundert vor allem, sich auf die Kategorien der Biologie zu berufen, auf deren Grundlage man glaubte, gesellschaftliches Leben erklären und verändern zu können. Der Fremde wurde zum biologisch Anderen. Die meisten der Denkgebäude fußten auf Charles Darwins Konzept natürlicher Auslese, das Rassentheoretiker und Eugeniker in schlichtem Analogieschluss auf menschliche Gesellschaften übertrugen. Dabei brach der Glaube an menschliche „Rassen" und einen erbbedingten Kollektivcharakter sowohl mit dem christlichen Verständnis der einen, gottgeschaffenen Menschheit als auch mit Ideen der Aufklärung.[26]

---

25 Rürup, Emanzipation, 125.
26 Weingart, Peter, Jürgen Kroll u. Kurt Bayertz: Rasse, Blut und Gene. Geschichte

Der biologische Determinismus legitimierte konservative Auffassungen der Gesellschaft, erklärte er doch bestehende Machtverhältnisse und die soziale Lage unterdrückter Bevölkerungsteile als naturgegeben.[27] Die Klassengesellschaft spiegelte dieser Sicht nach die biologischen Potenziale bestimmter Milieus. Die Stoßrichtung der Rassenlehren war außerdem in einer zweiten Hinsicht antiliberal: Nur ein autoritärer Staat konnte die Forderungen nach eugenischen Gesetzen zur Geburtenregulierung umsetzen und so stark in die Intimsphäre der Menschen eingreifen.

So fügten sich im frühen 20. Jahrhundert biologistische Theorien in das Spektrum politischer Doktrinen der Rechten ein, wenn es auch eine Reihe linksorientierter Vertreter der Eugenik gab. Ein großer Teil der Anhänger von Vererbungsideen dachte nationalistisch, rassistisch oder nationalsozialistisch, und viele standen in engem Kontakt mit völkischen Gruppen, selbst wenn man dort eher dem Ariermythos anhing als wissenschaftlichen Theorien.[28]

Eugenische Thesen fielen im gebildeten bürgerlichen Milieu auf fruchtbaren Boden, in dem man viele Entwicklungen als bedrohliche Zeichen des Niedergangs interpretierte – etwa die Urbanisierung und damit einhergehende Phänomene wie Armut, Kriminalität, Prostitution oder Alkoholismus. Der Biologismus schien einen Weg zu weisen, in angeblich wissenschaftlicher Weise solcher Gefahren Herr zu werden.

Die Propagandisten eugenischer Ideen konnten jede Diskussion über Herrschaft und Ausgrenzung für obsolet erklären. Wer tatsächliche oder vermutete Gruppenmerkmale auf unveränderliche ererbte Gegebenheiten zurückführte, brauchte über Sozialpolitik nicht nachzudenken. Mediziner etwa sahen die Ursache für die Lebenslage subproletarischer Milieus und für deren angebliche Neigung zu Kriminalität und Unstetheit in deren Erbgut. Unter dem Etikett der „Kriminalbiologie" fanden solche Theorien Aufmerksamkeit unter Psychiatern und Juristen.[29]

Am folgenschwersten erwies sich die Strömung für Sinti und Roma, denen man in den 1930er Jahren einen ererbten Hang zu Asozialität und Verbrechen zuschrieb. Kriminalbiologische Ideen trugen dazu bei, den

---

der Eugenik und Rassenhygiene in Deutschland. Frankfurt am Main: Suhrkamp 1996, S. 18.
27 Gould, Stephen Jay: Der falsch vermessene Mensch. Frankfurt am Main: Suhrkamp 1999, S. 23.
28 Weingart et al., Rasse, S. 19, 195.
29 Zum Zusammenhang zwischen Kriminologie und Biologismus im internationalen Vergleich: Becker, Peter u. Richard F. Wetzell: Criminals and their Scientists. The History of Criminology in International Perspective. Cambridge et al.: Cambridge University Press 2006.

Völkermord an der Minderheit zu legitimieren.[30] Generell erleichterte die Biologisierung von Vorurteilen, moralische Hemmungen und zivilisatorische Mindeststandards gegenüber verschiedenen Bevölkerungsgruppen zu ignorieren. Sie war eine entscheidende ideologische Weichenstellung auf dem Weg zu Sterilisation, „Euthanasie" und Völkermord.

Vor diesem Hintergrund wurde die Wissenschaftsgeschichte ein Teilgebiet historischer Vorurteilsforschung. Wie der Wissenschaftshistoriker Stephen Jay Gould betonte, ist akademische Forschung Teil einer Kultur und so dem Einfluss herrschender Überzeugungen und Vorurteile ausgesetzt. Am Beispiel des biologischen Determinismus in der Untersuchung menschlicher Intelligenz zeigte Gould, wie Vorurteile bereits Vorannahmen und Fragestellungen prägen können. Sie verzerren dann Befunde auch in den Fällen, in denen sich Wissenschaftler an die Regeln objektiver Forschung zu halten glauben.[31]

Gould identifizierte zwei Hauptquellen des biologischen Determinismus: Zum Glauben an die Evolutionstheorie als Schlüssel für ein Verständnis der Gesellschaft kam seiner Sicht nach ein grenzenloses Vertrauen in das Zählen und Messen, wie es sich im Vergleichen von Schädelgrößen und anderen anthropometrischen Methoden zeigte.[32] Was Gould am Beispiel der Intelligenzforschung demonstrierte, gilt für die gesamte Eugenik. Sie gab in der Gesellschaft vorhandenen Überzeugungen über gute und schlechte menschliche Eigenschaften die Form vorgeblich objektiver wissenschaftlicher Erkenntnis. Dabei immunisierte deduktives Argumentieren gegen jeden empirischen Einwand.

Für die Vorurteilsforschung ist die Wissenschaftsgeschichte des biologischen Determinismus umso relevanter, als Eugeniker den Anspruch erhoben, öffentliche Debatte und politische Entscheidungen zu beeinflussen. Eugenische Literatur war daher zu einem beträchtlichen Teil für einen großen Leserkreis im populärwissenschaftlichen Stil geschrieben. So führten die Eugeniker vor, wie der wissenschaftliche Betrieb gesellschaftlich wirksame Feindbilder mitproduzieren kann.

Dabei zehrten viele Anhänger des Rassengedankens vom Prestige der Wissenschaft, ohne sich an ihre Standards zu binden. Der prominente Rassenhygieniker Fritz Lenz vertrat die Ansicht, es bedürfe beim Unterscheiden der Menschenrassen eines „künstlerischen Blicks". Walter Groß, Chef des

---

30 Hohmann, Joachim S.: Robert Ritter und die Erben der Kriminalbiologie. „Zigeunerforschung" im Nationalsozialismus und in Westdeutschland im Zeichen des Rassismus. Frankfurt am Main: Peter Lang 1991.
31 Gould, Mensch, S. 22.
32 Ebd., S. 74.

Rassenpolitischen Amtes der NSDAP, betrachtete das „rassische Denken" als eine neben der Rassenbiologie stehende Haltung, als eine „niemals beweisbare Schau einzelner genialer Männer" wie Gobineau, Chamberlain, Woltmann und Rosenberg. Solche Unverbindlichkeit erleichterte den Einsatz der Theorien als politische Waffe, weil ihre Vertreter sie in unterschiedlichen Kontexten einsetzen konnten.[33]

Besonders deutlich wird der Beitrag der Wissenschaftsgeschichte für die historische Vorurteilsforschung in Analysen der nationalsozialistischen Verfolgung von Sinti und Roma. Gut dokumentiert ist inzwischen die enge Zusammenarbeit der vom Psychiater Robert Ritter geleiteten „Rassenhygienischen Forschungsstelle" des Reichsgesundheitsamtes und der Führung des in Heinrich Himmlers SS- und Polizeiapparat eingegliederten Reichskriminalpolizeiamtes.[34] Robert Ritter fahndete als Vertreter einer kriminalbiologisch orientierten Eugenik nach „kriminellen Erbströmen" in der Bevölkerung. Seine Theorie bot der nationalsozialistischen Führung der Reichskriminalpolizei die Möglichkeit, ihre Utopie einer Gesellschaft ohne Verbrecher zu verfolgen. Im Zuge einer „vorbeugenden Verbrechensbekämpfung" wollten sie die Träger angeblich kriminogenen Erbgutes an der Fortpflanzung hindern. Ritter sah in den „Zigeunern" nur eines von mehreren Segmenten der „asozialen und kriminellen Sippschaften"[35].

6. Ideologie und Verfolgung

Einen wichtigen geschichtswissenschaftlichen Beitrag zur Vorurteilsforschung bilden Erörterungen der Frage, wie Überzeugung und Handeln zusammenhängen. Das prominenteste Beispiel für solche Debatten stammt dabei aus der Holocaustforschung: Auf diesem Feld erörterte man in den vergangenen Jahrzehnten besonders intensiv die Bedingungen, unter denen persönliche Dispositionen und kollektive Ideologien zu Ausgrenzung, Verfolgung und Mord führen.

Viele Jahre konkurrierten dabei intentionalistische mit strukturalistischen Erklärungsmustern. Dabei nahmen Intentionalisten an, dass Hitler früh ein Programm zum Mord an den Juden verfolgt habe, welches er in den Jahren seiner Herrschaft umsetzte. Entsprechende Erklärungen korrespondierten

---

33 Weingart et al., Rasse, S. 376, 496 und 513.
34 Als wichtigste Gesamtdarstellung ist zu nennen: Zimmermann, Michael: Rassenutopie und Genozid. Die nationalsozialistische „Lösung der Zigeunerfrage". Hamburg: Christians 1996. Zimmermann spricht von einem „wissenschaftlich-polizeilichen Komplex" (vgl. S. 139–155).
35 Vgl. Wagner, Volksgemeinschaft.

dabei oft mit der These, spezifisch deutsche ideologische Dispositionen seien eine Voraussetzung des Holocaust gewesen.[36]

Als der in einer weiteren Öffentlichkeit prominenteste Vertreter einer direkten Kausalverbindung zwischen dem Vorurteil und seiner Umsetzung trat Daniel Goldhagen im Jahr 1996 hervor. Ein die deutsche Geschichte prägender „eliminatorischer" Antisemitismus, postulierte er in seinem Buch „Hitler's Willing Executioners", sei im nationalsozialistischen Mord an den Juden kulminiert.[37] Goldhagen hatte die Mordaktionen des Polizeibataillons 101 im deutsch besetzten Polen als Exempel gewählt und daraus geschlossen, dass die Polizisten von einem tiefen Hass gegen Juden getrieben sein mussten und dass dieser Hass seit Langem eine dominierende Haltung in der deutschen Gesellschaft gewesen sei.

Die meisten Historiker betrachteten Goldhagens einfache Verbindung von Vorurteil und Handeln als eine zu mechanistische Vorstellung. So hielt Raul Hilberg Goldhagen entgegen, es sei keineswegs nachzuweisen, dass im Vergleich zu anderen Ländern der Hass gegen Juden im Deutschland der Wende zum 20. Jahrhundert tiefer und aggressiver gewesen sei.[38] Hilberg machte außerdem darauf aufmerksam, dass viele der Täter „Volksdeutsche" oder Angehörige anderer Nationen waren, etwa Rumänen, Kroaten, Ukrainer, Esten, Letten und Litauer, die nicht unter dem Einfluss antisemitischer Strömungen des Deutschen Reiches gestanden hatten. Auch könne die These vom „eliminatorischen" Antisemitismus den Massenmord an Behinderten oder Sinti und Roma kaum erklären. Goldhagen, so Hilberg, blende außerdem die Tatsache aus, dass viele Funktionäre, die den Holocaust ermöglichten, Bürokraten, Juristen, Ingenieure oder Angestellte der Reichsbahn, ihren Beitrag leisteten, ohne dass ein radikaler Judenhass im Zentrum ihres Denkens gestanden habe. Auch andere Teilnehmer der Debatte warnten davor, das judenfeindliche Vorurteil automatisch und in jedem Fall als Handlungsanleitung zu interpretieren. So argumentierte der Historiker Olaf Blaschke am Beispiel des deutschen Katholizismus, der Antisemitismus habe vielfach in Stereotypen bestanden, die Teil größerer – etwa konfessioneller – Weltdeutungen waren, ohne dabei in jedem Fall eine „Endlösung" nahezulegen.[39]

---

36 Eine Zusammenfassung der Debatte findet sich bei Kershaw, Ian: The Nazi Dictatorship: Problems and Perspectives of Interpretation. London: Edward Arnold Publishers 1993.
37 Goldhagen, Daniel Jonah: Hitler's Willing Executioners. Ordinary Germans and the Holocaust. New York: Knopf 1996.
38 Hilberg, Raul: Das Goldhagen-Phänomen. In: Geschichtswissenschaft und Öffentlichkeit. Der Streit um Daniel J. Goldhagen. Hrsg. von Johannes Heil u. Rainer Erb. Frankfurt am Main: Fischer 1998. S. 27–37.
39 Blaschke, Olaf: Die Elimination wissenschaftlicher Unterscheidungsfähigkeit. In:

Im Gegensatz zu einfachen Ursache-Wirkungs-Modellen gehen andere geschichtswissenschaftliche Interpretationen des Zusammenhangs von Vorurteil und Handeln von komplexen Prozessen aus. In ihrem Rahmen ist das Vorurteil – sei es als individuelle Einstellung oder als kollektive Ideologie – nur einer von mehreren Faktoren. So betont der Historiker Hans Mommsen in seiner Ursachenanalyse des Völkermords politische und bürokratische Mechanismen des nationalsozialistischen Staates. Er erkennt auf dem Weg zum Holocaust Entwicklungsschübe, die auf den jeweils vorhandenen politischen Konstellationen beruhten und dem Muster von Versuch und Irrtum gefolgt seien.[40]

Erst nachdem Vertreibung und Reservatspläne gescheitert seien, habe sich eine durch selbst geschaffene Sachzwänge verschärfte tödliche Dynamik entwickelt. Für einen entscheidenden Faktor hält Mommsen dabei, dass die NS-Herrschaft eine „institutionelle Verwilderung" geschaffen habe und Entscheidungen meist an den zuständigen Regierungsstellen vorbei durchgesetzt wurden. Übliche Kontrollmechanismen hätten nicht mehr gegriffen, selbst militärische Interessen seien in den Hintergrund getreten. Diese Entwicklungen fasste Mommsen in den Begriff der „kumulativen Radikalisierung". Wann und wie Hitler den Mord an den Juden befahl, werde vor diesem Hintergrund zu einer zweitrangigen Frage. Entscheidend sei, dass der Diktator Entrechtung, Verschleppung und Mord billigte, sie durch seine Rhetorik der Vernichtung förderte und dass die generelle Richtung seinen Wünschen entsprach.

Strukturalistische Interpretationen gehen davon aus, dass der nationalsozialistische Hass auf die Juden lediglich eine die allgemeine Entwicklung bestimmende Vorbedingung des Völkermords gewesen sei, dass es jedoch keinen von vornherein feststehenden Gesamtplan zum Mord an den Juden gegeben habe. Einigkeit habe unter den maßgeblichen Funktionären der Partei und des Staates nur darüber geherrscht, dass es im deutschen Herrschaftsbereich künftig keine Juden mehr geben dürfe.

Aus dieser Perspektive erscheint der Antisemitismus in zweierlei Hinsicht als eine Voraussetzung des Völkermords: Zum einen drängte die radikale Judenfeindschaft in den Führungsgruppen der NSDAP zu einem rücksichtslosen Vorgehen. Zum anderen führte die in der deutschen Gesellschaft verbreitete alltägliche Judenfeindschaft zu Indifferenz und Akzeptanz, wenn diese Form des Vorurteils auch nicht selbst Gewalt und Mord forderte. Damit lassen sich Vorurteile sowohl als Voraussetzung des Handelns als

---

Geschichtswissenschaft und Öffentlichkeit. Der Streit um Daniel J. Goldhagen. Hrsg. von Johannes Heil u. Rainer Erb. Frankfurt am Main: Fischer 1998. S. 63–90.

40 Mommsen, Hans: Auschwitz, 17. Juli 1942. Der Weg zur europäischen „Endlösung der Judenfrage". München: Deutscher Taschenbuch Verlag 2002.

auch eines Nicht-Handelns betrachten, das in seiner gesellschaftlichen Gesamtwirkung ebenso verhängnisvoll sein kann.

Wie immer man im Einzelnen die Gewichte verteilt sieht zwischen der Ideologie eines charismatischen Führers, tradierten politischen Dispositionen und Vorurteilen auf der einen Seite und den politischen und bürokratischen Prozessen auf der anderen – aus den Diskussionen über die Rolle von Intention und Struktur lässt sich folgern, dass die Klärung des Verhältnisses von Absicht und Handeln in historischen Prozessen Aufmerksamkeit für ein weites Spektrum von Faktoren verlangt. Unter ihnen ist das Vorurteil ein wichtiges, aber nicht das einzige Moment.

7. Vorurteil und Ausgrenzung

Historische Vorurteilsforschung richtet sich zum größten Teil auf bestimmte gesellschaftliche und politische Zusammenhänge in bestimmten geschichtlichen Phasen. Im Unterschied zu psychologischen und soziologischen Ansätzen sucht nur ein kleiner Teil historischer Studien allgemeine Mechanismen des Vorurteils jenseits konkreter Kontexte freizulegen. Einen Versuch, solche allgemeinen Zusammenhänge zu erhellen, stellen die Überlegungen des kanadischen Mediävisten Gavin Langmuir dar.[41]

Sie fußen auf einer Unterscheidung dreier Arten von Feindschaftsbeziehungen, die historisch zwischen Menschengruppen entstanden seien: realistische, xenophobe und chimärische. Realistische Bilder vom Feind, so Langmuir, setzten ein Urteil über die *out-group* voraus, das auf den selben Kategorien beruhe wie Urteile über die *in-group*. Xenophobe Vorstellungen dagegen entstünden, indem man aufgrund negativer Eigenschaften eines Teils der *out-group* ein Pauschalurteil über die ganze Gruppe fällt. Chimärische Einstellungen beruhen Langmuir zufolge auf reiner Phantasie. Sie haben seiner Analyse nach in der europäischen Geschichte Juden, Schwarze und eine Zeit lang auch als Hexen stigmatisierte Frauen getroffen.

Die Tatsache, dass bestimmte Gruppen Objekte chimärischer Feindbilder wurden, erklärt Langmuir mit dem Konzept der *self-fulfilling prophecy*, das auf den Soziologen Robert Merton zurückgeht. Indem, so Langmuir, die herrschende *in-group* eine in ihren Machtmitteln unterlegene *out-group* als minderwertig definiert und sie entsprechend behandelt, zwingt sie die *out-group* in eine Rolle, welche die Vorurteile zu bestätigen scheint. Dieser Prozess könne in seiner Extremform dazu führen, dass die *in-group* den

---

41 Langmuir, Gavin I.: Toward a Definition of Antisemitism. In: Toward a Definition of Antisemitism. Hrsg. von Gavin I. Langmuir. Berkeley/Los Angeles: University of California Press 1990. S. 311–352.

Unterlegenen die Zugehörigkeit zu einer gemeinsamen Menschheit abspreche. Besonders dann, wenn der Status der Unterlegenheit einer Gruppe institutionalisiert werde, etwa durch Segregation oder die Abdrängung in schlecht angesehene Berufe, bleibe den Unterlegenen kaum noch eine Chance, die über sie kursierenden Phantasien zu widerlegen. So entstünden Sündenböcke par excellence.

Langmuirs Überlegungen lassen sich generalisieren: In vielerlei Hinsicht zeigt die historische Perspektive, wie Vorurteile eine Realität erzeugen, die Zerrbilder zu bestätigen scheint. Die Ausgrenzung und Vertreibung von als „Zigeunern" stigmatisierten Menschen zwang die Minderheit in eine Lebenslage, die der Bevölkerungsmehrheit scheinbar zeigte, dass man es mit einem von einem Wandertrieb beherrschten, nicht integrierbaren und bürgerliche Normen verachtenden Volk zu tun hatte.

Solche Beobachtungen legen nahe, dass Vorurteile zu Diskriminierung und Verfolgung führen, dass indes der Zusammenhang auch umgekehrt wirkt: Diskriminierung und Verfolgung fördern die Verhärtung und Verbreitung von Vorurteilen. Ein Grund dafür ist die soziale Distanz zwischen *in-group* und *out-group*, die durch Diskriminierung entsteht und Vorurteile begünstigt. Dazu kommt eine soziale Eigendynamik: Ist Diskriminierung erst einmal weit genug verbreitet, propagiert sie sich in gewisser Hinsicht selbst. Wenn etwa Juden von so vielen Seiten über so lange Zeit abgelehnt werden, mögen viele meinen, dann müsse ihnen etwas Gefährliches anhaften. Wirksam ist außerdem ein weiterer Zusammenhang: Ausgrenzung heißt in vielen Fällen Ausbeutung und verlangt nach Rechtfertigung. Auch dabei ist die Diskriminierung eine Ursache des Vorurteils. Insofern erscheint statt eines einfachen Ursache-Wirkung-Modells dasjenige eines Wechselverhältnisses sinnvoller, in dem sich Vorurteil und Ausgrenzung gegenseitig stabilisieren.

Damit erklärt sich, warum Vorurteile über so lange Zeiträume wirken, ohne dass sie besonderer Belege bedürfen. Aus dem Verhältnis von Phantasiebild und Diskriminierung entwickelt sich eine Eigendynamik, die durch Gegenmaßnahmen kaum in kurzer Zeit unterbunden werden kann. Zurückdrängen lassen sich über lange Zeiträume wirkende Vorurteilskomplexe erst im Wechsel der Generationen und durch Aufklärungsarbeit mit langem Atem.

Bibliographie

Alter, Peter, Ekkehard Bärsch u. Peter Berghoff (Hrsg.): Die Konstruktion der Nation gegen die Juden. München: Wilhelm Fink 1999.
Anderson, Benedict: Imagined Communities. Reflections on the Origin and Spread of Nationalism. London: Verso Editions and NLB 1983

Ayaß, Wolfgang: „Asoziale" im Nationalsozialismus. Stuttgart: Klett-Cotta 1995.
Bade, Klaus J.: Migration in European History. Oxford: Blackwell 2003.
Becker, Peter u. Richard F. Wetzell: Criminals and their Scientists. The History of Criminology in International Perspective. Cambridge et al.: Cambridge University Press 2006.
Benz, Wolfgang: Was ist Antisemitismus? München: C. H. Beck 2004.
Benz, Wolfgang: Ausgrenzung, Vertreibung, Völkermord. Genozid im 20. Jahrhundert. München: Deutscher Taschenbuch Verlag 2006.
Benz, Wolfgang u. Werner Bergmann (Hrsg.): Vorurteil und Völkermord. Entwicklungslinien des Antisemitismus. Freiburg im Breisgau: Herder 1997.
Benz, Wolfgang u. Werner Bergmann: Antisemitismus – Vorgeschichte des Völkermords? In: Vorurteil und Völkermord. Entwicklungslinien des Antisemitismus. Hrsg. von Wolfgang Benz u. Werner Bergmann. Freiburg im Breisgau: Herder 1997. S. 10–31.
Benz, Wolfgang u. Angelika Königseder (Hrsg.): Judenfeindschaft als Paradigma. Studien zur Vorurteilsforschung. Berlin: Metropol 2002.
Berding, Helmut: Moderner Antisemitismus in Deutschland. Frankfurt am Main: Suhrkamp 1988. S. 23–25.
Bergmann, Werner: Geschichte des Antisemitismus. München: C. H. Beck 2004.
Bergmann, Werner u. Mona Körte (Hrsg.): Antisemitismusforschung in den Wissenschaften. Berlin: Metropol 2004
Blaschke, Olaf: Die Elimination wissenschaftlicher Unterscheidungsfähigkeit. In: Geschichtswissenschaft und Öffentlichkeit. Der Streit um Daniel J. Goldhagen. Hrsg. von Johannes Heil u. Rainer Erb. Frankfurt am Main: Fischer 1998. S. 63–90.
Dittmar, Peter: Die Darstellung der Juden in der populären Kunst zur Zeit der Emanzipation. München/London/New York/Paris: K. G. Saur 1992.
Fredickson, George M.: Racism. A Short History. Princeton: Princton University Press 2002.
Gellner, Ernest: Nations and Nationalism. Oxford: Blackwell 1983.
Gold, Helmut u. Georg Heuberger (Hrsg.): Abgestempelt. Judenfeindliche Postkarten. Frankfurt am Main: Umschau Braus 1999.
Goldhagen, Daniel Jonah: Hitler's Willing Executioners. Ordinary Germans and the Holocaust. New York: Knopf 1996.
Gould, Stephen Jay: Der falsch vermessene Mensch. Frankfurt am Main: Suhrkamp 1999.
Haibl, Michaela: Zerrbild als Stereotyp. Visuelle Darstellungen von Juden zwischen 1850 und 1900. Berlin: Metropol 2000.
Haibl, Michaela: „Der Blick des Max Liebermann". Antisemitismusforschung in der Kunstgeschichte zwischen Ikonographie und Fachgeschichte. In: Antisemitismusforschung in den Wissenschaften. Hrsg. von Werner Bergmann u. Mona Körte. Berlin: Metropol 2004. S. 271–292.
Herbert, Ulrich: Vernichtungspolitik. Neue Antworten und Fragen zur Geschichte des „Holocaust". In: Nationalsozialistische Vernichtungspolitik 1939–1945. Neue Forschungen und Kontroversen. Hrsg. v. dems. Frankfurt am Main: Fischer 1998. S. 9–66.
Hilberg, Raul: Das Goldhagen-Phänomen. In: Geschichtswissenschaft und Öffentlichkeit. Der Streit um Daniel J. Goldhagen. Hrsg. von Johannes Heil u. Rainer Erb. Frankfurt am Main: Fischer 1998. S. 27–37.

Hobsbawm, Eric J.: Nations and Nationalism since 1780. Cambridge: Cambridge University Press 1990

Hohmann, Joachim S.: Robert Ritter und die Erben der Kriminalbiologie. „Zigeunerforschung" im Nationalsozialismus und in Westdeutschland im Zeichen des Rassismus. Frankfurt am Main: Peter Lang 1991.

Holz, Klaus: Nationaler Antisemitismus. Wissenssoziologie einer Weltanschauung. Hamburg: Hamburger Edition 2001.

Holz, Klaus: Die antisemitische Konstruktion des „Dritten" und die nationale Ordnung der Welt. In: Das „bewegliche" Vorurteil. Aspekte des internationalen Antisemitismus. Hrsg. von Christina von Braun u. Eva-Maria Ziege. Würzburg: Königshausen & Neumann 2004. S. 43–61.

Jahr, Christoph, Uwe Mai u. Kathrin Roller (Hrsg.): Feindbilder in der deutschen Geschichte. Studien zur Vorurteilsgeschichte im 19. und 20.Jahrhundert. Berlin: Metropol 1994.

Jeismann, Michael: Das Vaterland der Feinde. Studien zum nationalen Feindbegriff und Selbstverständnis in Deutschland und Frankreich 1792–1918. Stuttgart: Klett-Cotta 1992. S. 375.

Kershaw, Ian: The Nazi Dictatorship: Problems and Perspectives of Interpretation. London: Edward Arnold Publishers 1993.

Klein, Peter K.: „Jud, dir kuckt der Spitzbub aus dem Gesicht!" Traditionen antisemitischer Bildstereotypen oder die Physiognomie des ‚Juden' als Konstrukt. In: Abgestempelt. Judenfeindliche Postkarten. Hrsg. von Helmut Gold u. Georg Heuberger. Frankfurt am Main: Umschau Braus 1999. S. 43–78.

Langmuir, Gavin I.: Toward a Definition of Antisemitism. In: Toward a Definition of Antisemitism. Hrsg. von Gavin I. Langmuir. Berkeley/Los Angeles: University of California Press 1990. S. 311–352.

Langmuir, Gavin I.: Tradition, History and Prejudice. In: Toward a Definition of Antisemitism. Hrsg. von Gavin I. Langmuir. Berkeley/Los Angeles: University of California Press 1990. S. 42–54.

Lewy, Guenter: The Nazi Persecution of the Gypsies. Oxford et al.: Oxford University Press 2000.

Lucassen, Leo: Zigeuner. Die Geschichte eines polizeilichen Ordnungsbegriffes in Deutschland 1700–1945. Köln/Weimar/Wien: Böhlau 1996.

Luchterhandt, Martin: Der Weg nach Birkenau. Entstehung und Verlauf der nationalsozialistischen Verfolgung der Zigeuner. Lübeck: Schmidt-Römhild 2000.

Mommsen, Hans: Auschwitz, 17. Juli 1942. Der Weg zur europäischen „Endlösung der Judenfrage". München: Deutscher Taschenbuch Verlag 2002.

Mosse, George L.: Towards the Final Solution. A History of European Racism. New York: Howard Fertig 1978 (2. Aufl. 1985).

Müller, Rolf-Dieter u. Hans-Erich Volkmann (Hrsg.): Die Wehrmacht. Mythos und Realität. München Oldenburg 1999.

Naimark, Norman M.: Fires of Hatred. Ethnic Cleansing in Twentieth-Century Europe. Harvard: Harvard University Press 2001.

Quack, Sibylle (Hrsg.): Dimensionen der Verfolgung. Opfer und Opfergruppen im Nationalsozialismus. München: Deutsche Verlags-Anstalt 2003.

Rohrbacher, Stefan u. Michael Schmidt: Judenbilder. Kulturgeschichte antijüdischer Mythen und antisemitischer Vorurteile. Reinbek bei Hamburg: Rowohlt 1991

Rürup, Reinhard: Emanzipation und Antisemitismus. Studien zur „Judenfrage" der bürgerlichen Gesellschaft. Göttingen: Vandenhoeck & Ruprecht 1975.

Rürup, Reinhard: Der moderne Antisemitismus und die Entwicklung der historischen Antisemitismusforschung. In: Antisemitismusforschung in den Wissenschaften. Hrsg. von Werner Bergmann u. Mona Körte. Berlin: Metropol 2004, S. 117–135

Satjukow, Silke u. Rainer Gries (Hrsg.): Unsere Feinde. Konstruktionen des Anderen im Sozialismus. Leipzig: Leipziger Universitätsverlag 2004.

Schoeps, Julius H. u. Joachim Schlör (Hrsg.): Antisemitismus. Vorurteile und Mythen. München: Piper 1996.

Wagner, Patrick: Volksgemeinschaft ohne Verbrecher. Konzeptionen und Praxis der Kriminalpolizei in der Zeit der Weimarer Republik und des Nationalsozialismus. Hamburg: Christians 1996.

Wehler, Hans-Ulrich: Nationalismus. Geschichte, Formen, Folgen. München: C. H. Beck 2001.

Weingart, Peter, Jürgen Kroll u. Kurt Bayertz: Rasse, Blut und Gene. Geschichte der Eugenik und Rassenhygiene in Deutschland. Frankfurt am Main: Suhrkamp 1996.

Widmann, Peter: Späte Einsichten. Die Bundesrepublik und der Völkermord an den Sinti und Roma. In: Vorurteil und Rassenhass. Antisemitismus in den faschistischen Bewegungen Europas. Hrsg. von Hermann Graml, Angelika Königseder u. Juliane Wetzel. Berlin: Metropol 2001. S. 375–390.

Wyrwa, Ulrich: Heinrich von Treitschke. Geschichtsschreibung und öffentliche Meinung im Deutschland des 19. Jahrhunderts. In: Zeitschrift für Geschichtswissenschaft 51(9) (2003). S. 781–792.

Zimmermann, Michael: Rassenutopie und Genozid. Die nationalsozialistische „Lösung der Zigeunerfrage". Hamburg: Christians 1996

Vorurteile als Elemente Gruppenbezogener Menschenfeindlichkeit –
eine Sichtung der Vorurteilsforschung und ein theoretischer Entwurf

Andreas Zick, Beate Küpper und Wilhelm Heitmeyer

1. Einführung

Die Qualität und der Wert einer zivilen Gemeinschaft messen sich an ihrem Umgang mit sozial schwachen Gruppen und sie messen sich an der Qualität der Beziehungen zwischen den Gruppen. Auch deshalb ist im Artikel 13 des Amsterdamer Vertrags aus dem Jahr 1997 die grundlegende Annahme festgehalten, dass Vorurteile und Diskriminierung in allen europäischen Ländern zu bekämpfen sind:

> Unbeschadet der sonstigen Bestimmungen dieses Vertrags kann der Rat im Rahmen der durch den Vertrag auf die Gemeinschaft übertragenen Zuständigkeiten auf Vorschlag der Kommission und nach Anhörung des Europäischen Parlaments einstimmig geeignete Vorkehrungen treffen, um Diskriminierungen aus Gründen des Geschlechts, der Rasse, der ethnischen Herkunft, der Religion oder der Weltanschauung, einer Behinderung, des Alters oder der sexuellen Ausrichtung zu bekämpfen.[1]

In diesem Abkommen werden eine Reihe von Gruppen genannt, die potenzielle Adressaten von Vorurteilen und Diskriminierung sind. Diesen Diskriminierungen liegen in der Regel massive Vorurteile und rassistische Ideologien zugrunde. Um die Diskriminierung zu begreifen oder davor zu schützen, ist es notwendig, das Konzept der Vorurteile, seine Muster, Ursachen und Konsequenzen zu verstehen. Was sind Vorurteile? Wie drücken sie sich aus und was haben verschiedene Vorurteile gemeinsam? Welche Faktoren führen zur Übernahme von Vorurteilen? Wie führen Vorurteile wiederum zu diskriminierendem Verhalten?

Das sind keine einfachen Fragen und sie erfordern komplexe Antworten. Vorurteile haben nicht eine spezifische Ursache und sie führen auf den unter-

---

1 Europäisches Parlament: Perspektiven der Anti-Diskriminierungspolitik. Reihe Soziale Angelegenheiten, SOCI 105 DE (PE 168.637). April 2000. URL: http://www.europarl.europa.eu/workingpapers/soci/105_de.htm

schiedlichsten Wegen zur Diskriminierung. Der folgende Beitrag wird versuchen, einige Antworten aus einem sozialpsychologischen Blickwinkel zu geben. Er betrachtet die individuellen und sozialen Ursachen von Vorurteilen und stützt sich dabei auf aktuelle empirische Befunde. Dabei gehen wir davon aus, dass Vorurteile gegenüber verschiedenen Gruppen auf einer Ideologie der Ungleichwertigkeit von Gruppen basieren. Diese Ideologie konstituiert das Syndrom Gruppenbezogener Menschenfeindlichkeit (GMF), das viele unterschiedliche Vorurteile umfasst.[2]

Um diese Perspektive zu entwickeln, gehen wir in drei Schritten vor. Wir befassen uns zunächst mit der Definition von Vorurteilen als Elemente einer Gruppenbezogenen Menschenfeindlichkeit (GMF). Zweitens fragen wir nach den sozialen Funktionen von Vorurteilen für Gruppen. Dabei beziehen wir empirisch erprobte Theorien der Vorurteilsforschung ein. Auf der Grundlage dieser theoretischen und empirischen Charakterisierung geben wir dann einen Überblick über die wichtigsten Ursachen von Vorurteilen und wir erläutern deren Zusammenhänge mit der Diskriminierung.

2. Was sind Vorurteile und was bringen sie zum Ausdruck?

Sir Peter Ustinov hat vor seinem Tod ein lesenswertes Buch über den Alltag des Vorurteils veröffentlicht. In „Achtung! Vorurteile"[3] erzählt er, wie diese weltweit eine Renaissance in Geschichte, Politik, Erziehung, Bildung und Alltag erfahren haben und welche vielseitigen Ausdrucksformen zu beobachten sind. Vorurteile gegen Minderheiten, wie beispielsweise gegenüber Einwanderern, Muslimen oder Juden, sind in vielen Lebensbereichen so alltäglich geworden, dass sie uns gar nicht mehr als Vorurteile erscheinen. Dabei beobachtet Ustinov auch ein Merkmal, von dem Forschung immer wieder berichtet. Das Vorurteil gegenüber einer Gruppe geht in der Regel mit Vorurteilen gegenüber anderen Gruppen einher. Der oben zitierte Amsterdamer Vertrag hebt nicht umsonst hervor, dass sich Vorurteile nicht nur gegen Fremde richten, also zum Beispiel Menschen, die aus einer anderen Kultur stammen. Sie sind auch gegenüber vielen anderen Gruppen zu be-

---

2   Das Konzept wurde in der Langzeitstudie „Gruppenbezogene Menschenfeindlichkeit" in Deutschland entwickelt. Seit 2002 führt ein interdisziplinäres Forschungsteam jährlich eine repräsentative Umfrage durch. Zusätzlich wird eine Panelbefragung durchgeführt, in der dieselben Befragten wiederholt interviewt werden. Das Projekt wird von Wilhelm Heitmeyer geleitet und von einem Stiftungskonsortium unter Federführung der Volkswagen-Stiftung sowie unter Beteiligung der Freudenberg-Stiftung und Möllgaard-Stiftung gefördert.
3   Ustinov, Sir Peter: Achtung! Vorurteile. Hamburg: Hoffmann und Campe 2003.

obachten: beispielsweise gegenüber Frauen (Sexismus), Homosexuellen (Heterosexismus), Übergewichtigen (*fatism*, abgeleitet von dem englischen Wort *fat*), Obdachlosen, Menschen mit Behinderung, älteren Menschen (*ageism*, abgeleitet von dem englischen Wort *age*), Menschen unterschiedlicher Religionszugehörigkeit, Empfängern von Sozialhilfe oder Arbeitslosengeld und ganz allgemein gegenüber allen, die neu hinzugezogen sind; sie stellen also Etabliertenvorurteile dar, wie sie Elias und Scotson[4] bezeichnen. Die einzelnen Vorurteile haben darüber hinaus viele Facetten. Sie artikulieren traditionelle und zeitgemäße, moderne Vorstellungen von denjenigen, die durch Stereotypisierung, negative Emotionen und Mythen vorverurteilt werden; und das unabhängig davon, ob persönlicher Kontakt besteht oder nicht.

Aber was genau sind Vorurteile? Was drücken sie aus und was haben sie gemein? Die klare Definition eines Konstrukts, wie es das Vorurteil darstellt, ist äußerst wichtig, denn die Definition grenzt den Bereich des Erkennbaren ein und sie kann das Handeln gegen Vorurteile steuern. Definitionen richten ihr Augenmerk auf jeweils unterschiedliche Ursachen, Ausdrucksformen und Konsequenzen. Innerhalb der Forschung wurden bisher zahlreiche Definitionen von Vorurteilen vorgeschlagen.[5] Die bekannteste Definition hat Gordon Allport formuliert. In seinem Buch „The Nature of Prejudice"[6] argumentiert er, dass „Vorurteile eine Antipathie [zum Ausdruck bringen], die auf falschen und unflexiblen Generalisierungen beruht. Diese kann lediglich empfunden oder auch ausgedrückt werden, sich gegen eine Gruppe als Ganzes oder eine einzelne Person richten, weil sie dieser Gruppe angehört"[7]. In verschiedenen wissenschaftlichen Disziplinen herrscht Einigkeit über diese Definition, dennoch ist sie unvollständig und bedarf weiterer Präzisierung. Wir schlagen vor, Vorurteile anhand folgender fünf Merkmale zu charakterisieren: anhand ihrer Gruppenbezogenheit; ihrer kognitiven, affektiven und verhaltensbezogenen Dimension; ihrer offenen und verdeckten Ausdrucksformen; eines gemeinsamen Ursprungs in einer Ideologie der Ungleichwertigkeit und anhand des spezifischen Charakters einzelner Vor-

---

4 Elias, N. und J. L. Scotson: Etablierte und Außenseiter. Frankfurt/M.: Suhrkamp 2002.
5 Vgl. z. B. Dovidio, J. F., P. Glick und L. A. Rudman (Hrsg.): On the Nature of Prejudice: Fifty Years After Allport. Malden, MA: Blackwell 2005; Jackson, L.: The Psychology of Prejudice: From Attitudes to Social Action. Washington, DC: American Psychological Association 2011; Nelson, T. D.: The Psychology of Prejudice, 2. Aufl. Boston: Allyn and Bacon 2005; Zick, A.: Vorurteile und Rassismus – eine sozialpsychologische Analyse. Münster: Waxmann 1997.
6 Allport, G. W.: The Nature of Prejudice. Reading, MA: Addison-Wesley 1954.
7 Ebd., S. 9; Übersetzung durch die AutorInnen

urteile, der durch das Verhältnis der VorurteilsträgerInnen gegenüber AußenseiterInnen bestimmt wird.

2.1 Gruppenbezogenheit von Vorurteilen

Eine Kernaussage in Allports Definition lautet, dass wir Vorurteile nur verstehen können, wenn wir den sozialen Kontext derjenigen verstehen, die diese Vorurteile hegen und äußern. Vorurteile sind gruppenbezogen. Personen äußern Vorurteile gegenüber anderen auf der Grundlage ihrer eigenen Gruppenzugehörigkeit. Das Vorurteil ist Ausdruck einer sozialen Bindung zu einer *in-group,* und es wird gegenüber AußenseiterInnen geäußert, weil sie einer *out-group* (Fremdgruppe) zugewiesen werden. Der relevanteste psychologische Prozess, der zur Entstehung von Vorurteilen führt, ist die soziale Kategorisierung. Vorurteile, Stereotype, Rassismus und Diskriminierung stützen sich auf die Kategorisierung von Individuen in Gruppen. Die elementaren Kategorien sind die *in-group* und die *out-group* („wir und die anderen"). In ihrer experimentellen Studie der minimalen Bedingungen für die Differenzierung zwischen Gruppen und die Abwertung von Fremdgruppen konnten Henry Tajfel und Kollegen zeigen, dass allein das Zuordnen von ProbandInnen in (rein zufällige) Gruppen ausreicht, um stereotype Sichtweisen auf andere entstehen zu lassen.[8] Die Kategorisierung von Menschen in Rassen oder nach ihrer Hautfarbe ist ein einfaches Beispiel; sie geschieht alltäglich, egal, wie unsinnig die Rasse-Kategorie ist.[9] Die soziale Kategorisierung ist äußerst funktional für Individuen, da sie die Informationsüberflutung in sozialen Situationen reduziert, unsere Wahrnehmung und unser Verhalten lenkt und uns so Sicherheit gibt. Die Auswirkung sozialer Kategorisierung erklärt auch, warum einige Gruppen Stereotype und Vorurteile ausbilden, obwohl sie nicht einmal mit der betreffenden Gruppe interagieren, wie im Falle des Antisemitismus, der keiner Anwesenheit von Juden bedarf. Darüber hinaus nehmen John Turner und Kollegen auf Grundlage der Selbstkategorisierungstheorie an, dass die Einteilung von Individuen in soziale, gesellschaftlich definierte Kategorien mit einer Stereotypisierung des Selbst einhergeht.[10] In zahlreichen Studien

---

8 Tajfel, H., M. G. Billig, R. P. Bundy und C. Flament: Social Categorization and Intergroup Behaviour. In: European Journal of Social Psychology 1 (1971). S. 149–178.
9 Vgl. Jackson, Psychology of Prejudice, S. 33ff.
10 Turner, J. C., M. A. Hogg, P. J. Oakes, S. D. Reicher und M. S. Wetherell (Hrsg.): Rediscovering the Social Group: A Self-categorization Theory. Oxford: Blackwell 1987.

haben sie den Prozess und die Konsequenzen der Selbstkategorisierung und des Stereotypisierens untersucht.

Auch wenn Kategorisierung ein notwendiger Ausgangspunkt von Vorurteilen ist, vermag sie jedoch weder zu erklären, warum bestimmten Gruppen Vorurteile entgegengebracht werden, noch kann sie die inhaltliche Entwicklung, die Dimensionen und Konsequenzen von Vorurteilen hinreichend erläutern. Ein Blick auf die kategoriale Natur von Vorurteilen macht deutlich, dass diese kein individuelles Phänomen sind, das auf eine individuelle kognitive Disposition reduziert werden kann. Vorurteile repräsentieren Beziehungen und wahrgenommene Unterschiede zwischen Gruppen. Eine einseitige Betrachtung der bloßen kognitiven Kategorisierung übersieht affektive und verhaltensbezogene Bedingungen. Des Weiteren entwickeln Individuen Stereotype nicht in einem sozialen Vakuum; individuelle Wahrnehmung, Emotionen und Verhalten sind Folge von sozialen Einflüssen, denen Individuen ausgesetzt sind.

2.2 Kognitive, affektive und verhaltensbezogene Dimension von Vorurteilen

Vorurteile basieren auf Kognitionen wie Affekten. Der Affekt drückt sich in der Antipathie aus, die Allport als wesentliches Merkmal des Vorurteils verstand. Aktuelle Untersuchungen zeigen, dass diskriminierendes Verhalten insbesondere dann entsteht, wenn auf die Bewertung der Beziehung der Fremd- zur Eigengruppe eine emotionale Reaktion folgt. Angst, Wut, Bedrohung, Ekel, Hass, Mitleid und Schuld sind typische Manifestationen von Vorurteilen.[11] Diese Emotionen sind oft unbewusst und implizit. Menschen können explizit Vorurteile gegenüber einer Gruppe ablehnen, gleichzeitig aber implizit Antipathien gegenüber ihr haben.[12] Zweitens sind solche Affekte gruppenbezogen, was bedeutet, dass sie an die Zugehörigkeit bzw. Zuweisung zu Gruppen geknüpft sind. Unterschiedliche Fremdgruppen rufen unterschiedliche Emotionen hervor. Zum Beispiel können Asylbewerber Angst auslösen, Juden dagegen Ärger oder Schuld. Die verschiedenen Emo-

---

11 Cottrell, C. A. und S. L. Neuberg: Different Emotional Reactions to Different Groups: A Sociofunctional Threat-based Approach to „Prejudice". Journal of Personality and Social Psychology 88 (2005). S. 770–89; Mackie, D. M. und E. R. Smith (Hrsg.): Beyond Prejudice: From Outgroup Hostility to Intergroup Emotions. Philadelphia: Psychology Press 2002.
12 Vgl. Son Hing, L. S., G. A. Chung-Yan, L. K. Hamilton und M. P. Zanna: A Two-dimensional Model that Employs Explicit and Implicit Attitudes to Characterize Prejudice. Journal of Personality and Social Psychology 94 (2008). S. 971–987.

tionen haben auch unterschiedliche Auswirkungen auf die Motivation und das Verhalten. Ärger kann zum Beispiel Angriff, Angst dagegen Vermeidung nach sich ziehen. Cottrell und Neuberg vermuten in ihrem soziofunktionalen Ansatz[13], dass Vorurteile auf Bedrohung zurückzuführen sind. Die Wahrnehmung verschiedenartiger Bedrohungen, zum Beispiel des wirtschaftlichen Vermögens, der wirtschaftlichen Sicherheit oder der Moral, rufe primäre emotionale Reaktionen des Ärgers, Ekels, Mitleids, von Angst und Schuld hervor. Diese Emotionen könnten dazu motivieren, Hindernisse zu beseitigen, Belastungen zu minimieren, sich und andere zu schützen oder die eigene Stellung als Mitglied einer moralisch höherwertigen Gruppe zu festigen – dieses Verhalten rufe dann wiederum sekundäre Emotionen hervor. Die Vorurteile resultierten also aus unterschiedlichen Affekten, die aus der subjektiv wahrgenommenen Bedrohung enstehen und die unterschiedliche Reaktionen zur Statuserhaltung hervorrufen.

Die zweite Kerndimension sind die bereits genannten Kognitionen. Die kategoriale Natur von Vorurteilen, die aus einem kognitiven Prozess resultiert, wurde bereits erläutert. Genauer gesagt sind Vorurteile Ausdruck von negativen Stereotypen – Zuschreibungen von Merkmalen zu einer Gruppe – und generellen, mangelhaft oder unbegründeten Meinungen über eine *out-group*.[14] Auch neuere Studien, die individuelle Stereotypisierungen und weniger Vorurteile im Sinne motivierter Abwertungen analysieren, zeigen, dass der Inhalt sozialer Stereotype durch die Bindung von Menschen an Gruppen geprägt ist. Vorurteile und Stereotype drücken dabei auch Kognitionen – also Überzeugungen, Ideologien etc. – über die Qualität der Beziehung zwischen Gruppen aus, weil sie die strukturellen Beziehungen widerspiegeln. Alexander und Kollegen führen in der Image-Theorie[15] drei Dimensionen der Intergruppenbeziehung an, die für die Entstehung von Stereotypen ausschlaggebend sind: den relativen Status, die relative Macht und die Zielkompatibilität. Jede Dimension repräsentiert aus Sicht der Eigengruppe eine Bewertung der spezifischen Beziehung zwischen Eigen- und Fremdgruppe; zum Beispiel ist der Status einer bestimmten Fremdgruppe höher, niedriger oder gleich im Verhältnis zur Eigengruppe. Folglich reflektieren Stereotype die Art der strukturellen Beziehung zwischen Gruppen und rechtfertigen zugleich Intergruppeneinstellungen und -verhalten. In

---

13 Cottrell/Neuberg, Emotional Reactions
14 Taylor, V. und T. Pettigrew: Prejudice. In: Encyclopedia of sociology, 2. Aufl. (Hrsg.) von E. F. Borgatta u. R. J. V. Montgomery. New York: Macmillan 2000. S. 2242–2248.
15 Alexander, M. G., M. B. Brewer und R. W. Livingstone: Putting Stereotype Content in Context: Image Theory and Interethnic Stereotypes. Personality and Social Psychology Bulletin 31 (2005). S. 781–794.

Studien lassen sich bislang fünf Gruppen von *images* (Bildern) über *outgroups* nachweisen und unterscheiden. Es gibt die „Alliierten", die als kooperativ, vertrauensvoll und demokratisch vorgestellt werden, die „Feinde", die als feindlich, manipulativ, opportunistisch und vertrauensunwürdig gedacht werden, die „Barbaren" (gewalttätig, rücksichtslos, irrational und mutwillig zerstörerisch), die „Abhängigen" (faul, ohne Disziplin, naiv, inkompetent und verletzlich) und die „Imperialisten", denen Stereotype wie arrogant, paternalistisch, kontrollierend und ausbeutend zugeschrieben werden. Diese Bilder hängen eng mit spezifischen Emotionen, aber auch mit Verhaltensweisen gegenüber Gruppen zusammen.

Einigen anderen Forschungsansätzen zufolge haben Vorurteile neben der affektiven und kognitiven Dimension eine dritte Facette, die als konative oder Verhaltensdimension beschrieben wird. Vorurteile sind demnach ein Ausdruck von Verhaltensabsichten. Beispielsweise bringen Individuen oder Gruppen ihre Vorurteile gegenüber Menschen mit Behinderungen möglicherweise nicht über Meinungen oder Affekte zum Ausdruck, sondern vielmehr über ein distanziertes Verhalten. Es ist keine Antipathie oder negative Meinung im Bezug auf Behinderte vorhanden, aber eine soziale Distanz, die sich z. B. darin ausdrückt, dass wir uns nicht zu nah neben eine Person mit einer Behinderung setzen. Viele Vorurteilstheorien unterscheiden Vorurteile als negative Einstellungen von offenen Verhaltensweisen, aber der Zusammenhang zwischen der inneren Haltung und dem nach außen gerichteten Verhalten ist komplex und kompliziert. Nicht jede vorurteilslastige Einstellung führt zu einer diskriminierenden Verhaltensweise. Die Theorie des „Geplanten Verhaltens" nach Ajzen und Madden[16] ist der bekannteste Ansatz zur Analyse des Zusammenhangs zwischen Einstellung und Verhaltensweisen, weil er vielen Studien zugrunde gelegt wird. Der Theorie zufolge führt eine Einstellung zu einem spezifischen Objekt, also z. B. ein Vorurteil, zu einem spezifischen Verhalten, wenn entsprechende soziale Normen (meine Eigengruppe unterstützt mich), die wahrgenommene Verhaltenskontrolle (es ist in einer Situation möglich, jemanden zu diskriminieren) und Verhaltensintentionen (ich beabsichtige, das Verhalten zu zeigen) vorhanden sind.

2.3 Offene und verdeckte Ausdrucksformen von Vorurteilen

Vorurteile können offensichtlich oder subtil sein. Sozialpsychologische Untersuchungen zeigen, dass zwei wesentliche Ausdrucksformen zu unter-

---

16 Ajzen, I. und T. J. Madden: Prediction of Goal-directed Behavior: Attitudes, Intentions, and Perceived Behavioral Control. Journal of Experimental Social Psychology 22 (1986). S. 453–474.

scheiden sind: der traditionelle und der moderne Rassismus (bzw. traditionelle und moderne Vorurteile).[17] Unter traditionellen Vorurteilen (in diesem Sinne) versteht die empirische Vorurteilsforschung die „altmodische" direkte und offene Abwertung von Fremdgruppen. Subtile Vorurteile, die in der amerikanischen Forschung auch als modern bezeichnet werden, versuchen die Norm in modernen Gesellschaften, andere nicht zu diskriminieren, zu unterlaufen, indem sie sich zum Beispiel in politisch korrekten Überzeugungen verbergen. Sie sind versteckt und schwer als direkte Abwertung erkennbar. Pettigrew und Meertens[18] unterscheiden zwei Ausdrucksformen von traditionellen und modernen Vorurteilen in Europa: „Offene Vorurteile sind heiß, nah und direkt. Subtile Vorurteile sind kalt, distanziert und indirekt."[19] Offene Vorurteile würden zwei Komponenten beinhalten: die Wahrnehmung der Bedrohung durch eine Fremdgruppe und die Ablehnung bzw. Zurückweisung von privatem und/oder intimem Kontakt zu Mitgliedern der Fremdgruppe. Offene Vorurteile würden durch das ideologische Muster eines unverhüllten Rassismus repräsentiert. Demgegenüber seien subtile Vorurteile verborgene ideologische Strukturen, die durch drei Dimensionen bestimmt würden: die Verteidigung traditioneller Werte, die Übertreibung kultureller Unterschiede und die Verleugnung positiver Emotionen gegenüber der Fremdgruppe.

Diese Unterschiede zwischen offenen und subtilen Vorurteilen erklären, warum Gruppen manchmal keine offensichtlichen Vorurteile, wohl aber ein diskriminierendes Verhalten zeigen. Anhand der Daten der repräsentativen Eurobarometer-Umfrage des Jahres 1989 zeigen Pettigrew und Meertens[20], dass die dabei befragten Niederländer weniger offene Vorurteile zum Ausdruck brachten als die französischen, britischen oder deutschen Befragten. Dies lässt sich auf die Tradition einer multikulturellen Ideologie in den Niederlanden zurückführen. Hingegen äußerten Niederländer im Vergleich zu Franzosen, Briten und Deutschen stärker verdeckte, subtile Vorurteile. Sie halten mehr als die Befragten der anderen Länder *out-groups* positive Emotionen wie Bewunderung vor. Wagner und Zick[21] finden in Umfragen

---

17 Die Unterscheidung geht zurück auf psychologische Forschungen zu voreingenommenen Meinungen, zum Beispiel zu Ausdrucksformen innerhalb des gegenwärtigen Rassismus.
18 Pettigrew, T. F. und R. W. Meertens: Subtle and Blatant Prejudice in Western Europe. European Journal of Social Psychology 25 (1995). S. 57–75.
19 Ebd., S. 58, Übersetzung nach Zick, A.: Vorurteile und Rassismus: Eine sozialpsychologische Analyse, Münster: Waxmann 1997.
20 Pettigrew/Meertens, Subtle and Blatant Prejudice.
21 Wagner, U. und A. Zick: The Relation of Formal Education to Ethnic Prejudice: Its Reliability, Validity and Explanation. European Journal of Social Psychology 25 (1995). S. 41–56.

und experimentellen Studien, dass zwar hoch gebildete Befragte sehr viel weniger offene Vorurteile als weniger gebildete Befragte äußern, jedoch die Differenz zwischen den Bildungsgruppen in verdeckten, subtilen Vorurteilen zwar weiterhin vorhanden, aber deutlich geringer ist. In weiteren Studien zur sogenannten impliziten Stereotypisierung wurde zudem gezeigt, wie ProbandInnen am Computer Fremdgruppen nicht unbedingt mehr negative Stereotype zuschrieben. Vielmehr brachten sie Personen aus der Eigengruppe weniger schnell mit negativen Adjektiven in Verbindung, bei Personen aus der *out-group* waren sie hingegen bei der Zuschreibung positiver Eigenschaften zurückhaltender. Dies weist darauf hin, dass hier subtile Prozesse der Diskriminierung ablaufen.

Ein typisches Beispiel für subtile Vorurteile sind neue Formen des Antisemitismus. Einige Umfragen zeigen, dass der offene, traditionelle Antisemitismus in den meisten westeuropäischen Ländern nicht besonders häufig vorkommt.[22] Weit verbreitet sind aber subtile Formen, die sich nicht direkt, sondern in Meinungen zeigen, die beanspruchen, nicht antisemitisch zu sein. Zick und Küpper[23] argumentieren, dass traditionelle Vorurteile und Mythen über Juden und die jüdische Kultur, beispielsweise Verschwörungsmythen oder rassistische Ideologien, transformiert werden können, wenn sich anti-jüdische Empfindungen mit einer Kritik an der israelischen Politik als „die jüdische Politik in Palästina" verbinden. In den Studien zur Gruppenbezogenen Menschenfeindlichkeit in Europa aus dem Jahr 2008 zeigen Zick, Küpper und Hövermann[24], dass 35,6 Prozent einer repräsentativen Stichprobe der Deutschen der Aussage zustimmen: „Bei der Politik, die Israel macht, kann ich gut verstehen, dass man etwas gegen Juden hat." In Polen stimmten der Aussage sogar 55,2 Prozent der Befragten zu (GB: 35,9 Prozent, NL: 41,1 Prozent, ITA: 25,1 Prozent, PT: 48,8 Prozent, HU: 45,6 Prozent). Noch höher war insgesamt die Befürwortung der Aussage: „Israel führt einen Vernichtungskrieg gegen die Palästinenser." 47,7 Prozent der Deutschen bejahen das und wieder stimmten mit 63,3 Prozent polnische Befragte am stärksten zu (GB: 42,2 Prozent, NL: 38,7 Prozent, ITA: 37,6 Prozent, PT 48,8 Prozent, HU: 41 Prozent).[25] Nicht die Kritik an der israelischen Politik an sich, sondern die Rückschlüsse auf einen „jüdischen Charakter"

---

22 Vgl. Zick, A., B. Küpper und A. Hövermann: Die Abwertung der Anderen. Eine europäische Zustandsbeschreibung zur Intoleranz, Vorurteilen und Diskriminierung. Berlin: Friedrich-Ebert Stiftung 2011. (In Englisch).
23 Zick, A. und B. Küpper: Transformed Anti-Semitism – a Report on Anti-Semitism in Germany. International Journal of Conflict and Violence Research 7 (2005). S. 50–92.
24 Zick/Küpper/Hövermann, Abwertung.
25 Nicht die einzelne Zustimmung zu derartigen Äußerungen weist auf Vorurteile hin, sondern die Abwertung von Juden wird durch die Kombination verschiedener Meinungen angezeigt.

und das Ziehen einer Parallele zu den deutschen Nationalsozialisten machen den Antisemitismus aus.[26]

2.4 Ideologie der Ungleichwertigkeit als gemeinsamer Ursprung von Vorurteilen

Unter Einbezug der kognitiven, affektiven, verhaltensbezogenen, subtilen oder offenen Dimension zeigt sich zudem, dass Vorurteile gegenüber unterschiedlichen Gruppen aus einem gemeinsamen Kern gespeist werden. Er bestimmt die unterschiedlichsten Vorurteile. Zick u. a. sowie Zick, Küpper und Hövermann zeigen anhand von repräsentativen Umfragen, dass dieser Kern im Wesentlichen durch eine generelle Ideologie der Ungleichwertigkeit zu beschreiben ist.[27] Vorurteile arbeiten darauf hin, Ungleichheit zu etablieren, indem Fremdgruppen eine geringere Geltung und Wertigkeit zugeschrieben wird, markierte Gruppen als schwächer bezeichnet und so als Sündenböcke stigmatisiert werden.

2.5 Spezifischer Charakter einzelner Vorurteile

Die Annahme, dass alle Vorurteile einen gemeinsamen Kern besitzen, bedeutet keineswegs, dass auch deren Ausdrucksformen, beispielsweise der Antisemitismus oder die Islamfeindlichkeit, identisch sind. Die Struktur ist zwar die Gleiche, und insofern weisen sie Parallelitäten auf, der Inhalt jedoch nicht. Vorurteile haben eine jeweils spezifische Geschichte, diese beruht auf den Beziehungen zwischen der Gruppe, die Vorurteile hegt, und jener, gegen welche sie sich richten. Diese Beziehungsgeschichte wird durch Stereotype, Mythen, Affekte, diskriminierende Verhaltensweisen etc. repräsentiert.

Die Annahmen einiger AutorInnen, dass Vorurteile eine evolutionäre Grundlage haben,[28] Menschen für Vorurteile biologisch prädisponiert

---

26 Die Tatsache, dass diese Israelkritik voreingenommen ist, wird auch durch die signifikanten Zusammenhänge mit traditionellen Mustern des Antisemitismus bestätigt. Vgl. auch Zick, A.: Aktueller Antisemitismus im Spiegel von Umfragen – ein Phänomen der Mitte. In: Aktueller Antisemitismus – ein Phänomen der Mitte. Hrsg. von M. Schwarz-Friesel, E. Friesel u. J. Reinharz. Berlin: de Gruyter 2010. S. 225–245.
27 Zick, A., C. Wolf, B. Küpper, E. Davidov, P. Schmidt und W. Heitmeyer: The Syndrome of Group-focused Enmity: Theory and empirical test. Journal of Social Issues 64 (2008). S. 363–383 und Zick/Küpper/Hövermann, Abwertung
28 Z. B. Fishbein, H. D.: Peer Prejudice and Discrimination, 2. Aufl. Mahwah, NJ: Lawrence Erlbaum 2002.

sind[29] oder Ethnozentrismus ein allgemeines Merkmal von Gruppen ist, helfen aus unserer Sicht dagegen nicht, Vorurteile zu verstehen. Selbst wenn der Fokus auf individuellen Meinungen liegt, sollten Vorurteile stets als Ausdruck der jeweiligen Status- und Machtbeziehungen zwischen Eigen- und Fremdgruppen in einem gegebenen sozialen Kontext analysiert werden.[30]

Neben den fünf zentralen Merkmalen von Vorurteilen charakterisieren zwei weitere Eigenschaften das Vorurteil. Vorurteile spiegeln sich in den individuellen Kognitionen, Emotionen und Verhaltensweisen derjenigen wider, die Fremdgruppen und ihre Mitglieder vorverurteilen, sie sind jedoch nicht nur Ausdruck individueller Meinungen. Erstens können Vorurteile institutionalisiert werden und somit unabhängig von Einzelpersonen existieren. Fremdgruppen können in Gesetzen, Regeln der politischen und demokratischen Mitgestaltung, medialen Darstellungen, religiösen Praktiken, der Kunst und anderen kulturellen Ausdrucksformen vorverurteilt werden. Zweitens können Vorurteile (und Diskriminierung) durch jene begründet und aufrechterhalten werden, gegen die sich das Vorurteil eigentlich richtet. AdressatInnen von Vorurteilen können versuchen, sich in die dominierende Gesellschaft zu integrieren, indem sie den Stereotypen der Etablierten Folge leisten. Selbst-Stigmatisierung ist nur ein Aspekt. Unter bestimmten Umständen bewahrheiten die AdressatInnen von Vorurteilen ihr Stigma nicht nur selbst (zum Beispiel, indem sie sich in Bezug auf das Stigma selbst beschneiden), sondern sie geben sich auch selbst die Schuld am Vorurteil (zum Beispiel wenn erfolgreiche Einwanderer andere Immigranten beschuldigen, an altmodischen Traditionen festzuhalten) oder äußern gar rassistische Vorurteile gegenüber anderen statusniedrigen Gruppen.[31] Sie versuchen auf diese Weise, den Stress aufzulösen, der aus der ständigen Konfrontation mit Stereotypen resultiert,[32] und sie kämpfen auf diese Weise darum, ein Teil der Mehrheitsgesellschaft zu sein und Akzeptanz zu erlangen, was wir in Abschnitt 3 genauer darlegen werden.

Die verschiedenen Charakteristika von Vorurteilen weisen bereits auf mögliche Ursachen hin. Kategorisierungen, spezifische Emotionen, soziale Normen, Verhaltenskontrolle der Beziehungen zwischen Eigen- und Fremdgruppe, das Verdecken von Vorurteilen und die Schaffung von Ungleichheit

---

29 Flohr, H.: Biological Bases of Prejudice. International Political Science Review 8 (1987). S. 183–192.
30 Brewer, M. B.: The Psychology of Prejudice: Ingroup Love and Outgroup Hate? Journal of Social Issues 55 (1999). S. 429–444.
31 Heatherton, T. F., R. E. Kleck, M. R. Hebl und J. G. Hull (Hrsg.): The Social Psychology of Stigma. New York: The Guilford Press 2000.
32 Vgl. z. B. Steele, C. M.: A Threat in the Air: How Stereotypes Shape Intellectual Identity and Performance. American Psychologist 52 (1997). S. 613–629.

sind nicht nur Merkmale, sondern auch Ursachen von Vorurteilen. Die enge Verbindung zwischen der Definition und der Ursachenanalyse mag als problematisch empfunden werden. Die Stärke von Definitionen und Theorien, die das genaue Verständnis von Konstrukten anstreben, liegt aber gerade darin, den Fokus der Analyse sinnvoll zu begrenzen. Um die Ursachen von Vorurteilen noch nachhaltiger zu ergründen, ist es hilfreich, ihre sozialen Funktionen in Kontext von Gruppenbeziehungen zu betrachten.

3. Die individuellen und sozialen Funktionen von Vorurteilen

Ein äußerst wichtiges Merkmal von Vorurteilen besteht darin, dass sie für eine Person und/oder eine Gruppe, eine Institution und/oder eine Kultur bestimmte Funktionen erfüllen.[33] Die Funktionen, d. h. der Nutzen, den Vorurteile für Gruppen haben, üben einen starken Einfluss auf die Bereitwilligkeit und Anfälligkeit von Individuen und Gruppen aus, sich Vorurteile aus ihrem eigenen Kontext anzueignen oder sich durch diese beeinflussen zu lassen. Ehe die wichtigsten Funktionen skizziert werden, sei betont, dass Vorurteile mehrere Funktionen zugleich erfüllen können und die Funktionen eng miteinander zusammenhängen. In gewissem Sinne sind Vorurteile für Beziehungen zwischen Gruppen multifunktional.

Eine essenzielle Funktion wurde schon in Bezug auf den Kern aller Vorurteile genannt. Vorurteile etablieren Ungleichheit, indem sie die Abwertung und Minderwertigkeit von Gruppen und deren Mitgliedern legitimieren und erklären. Vorurteile markieren und etablieren Differenz durch Zuordnung ungleicher Werte. Sidanius und Pratto[34] entwickelten die Theorie der Sozialen Dominanz, in der sie argumentieren, dass Vorurteile wie auch andere gesellschaftliche Ideologien (protestantische Arbeitsethik, Leistungsgesellschaft etc.) hierarchiestärkende und legitimierende Mythen sind. Während Mythen wie der Multikulturalismus Hierarchien schwächten, würden mittels der erstgenannten Mythen soziale Hierarchien unter Gruppen aufrechterhalten und etabliert sowie Diskriminierung von statusniedrigeren Gruppen gerechtfertigt. Es scheint offensichtlich, dass Vorurteile gegenüber statusniedrigeren Gruppen wahrscheinlicher sind als gegenüber statushöheren Gruppen. In jeder Gesellschaft gibt es eine Form ethnischer Hierarchie, die meistens durch beiderseitiges Einverständnis getragen wird. Vorurteile ent-

---

33 Levin, J. und W. Levin: The Functions of Discrimination and Prejudice. New York: Harper and Row 1982.
34 Sidanius, J. und F. Pratto: Social Dominance: An Intergroup theory of Social Hierarchy and Oppression. New York: Cambridge Univ. Press 1999.

wickeln sich vor dem Hintergrund kulturell geteilter Stereotype und in jeder Kultur besteht eine Einigkeit über die soziale Hierarchie und die Möglichkeit, bestimmte Gruppen zu stereotypisieren.[35] Natürlich wissen auch die toleranten Mitglieder einer Gesellschaft, welche Gruppen einen hohen und welche einen niedrigen Status haben. Vorurteile halten Gruppen, wie Blumer in den 1960er Jahren schon annahm, in niedriger gesellschaftlicher Position.[36] Sie legitimieren die jeweilige soziale Position und damit die gesellschaftliche Hierarchie insgesamt. Diese Legitimierungsfunktion erfüllen Vorurteile nicht nur für statushohe Gruppen. In vielen Studien wurde das sogenannte *poor white racism*-Phänomen – ein Rassismus der Arbeiterschichten – nachgewiesen.[37] Seit 2002 wird innerhalb der GMF-Umfrage jedes Jahr von Neuem beobachtet, dass statusniedrige, wirtschaftlich benachteiligte Gruppen und jene, die sich wirtschaftlich bedroht fühlen, ein höheres Ausmaß an Gruppenbezogener Menschenfeindlichkeit sowie stärker diskriminierende Verhaltensintentionen gegenüber statusniedrigeren Gruppen zeigen als andere Gruppen. Mitglieder einer Gesellschaft hätten das Bedürfnis, das soziale System als fair, legitim und „gut" wahrzunehmen, meinten Jost und Banaji in ihrer Theorie der Systemrechtfertigung.[38] Dies gelte auch für Menschen, die einer statusniedrigeren Gruppe angehören. Diese würden zuweilen statushöhere Gruppen favorisieren, sich mit ihnen identifizieren und statusniedrigere Gruppen ablehnen.[39] Um die Feindseligkeit statusniedriger oder desintegrierter Gruppen zu verstehen, sollten wir uns die wesentlichen Funktionen von Vorurteilen noch einmal vergegenwärtigen. Für jede Gruppe, ob mit niedrigem oder hohem Status, erfüllen Vorurteile dieselben Funktionen und bedienen sie grundsätzlich das Bedürfnis nach Zugehörigkeit und positivem Selbstwert, abgeleitet aus der jeweiligen Gruppenzugehörigkeit. Dieses Bedürfnis ist verständlich und hängt eng mit einer weiteren wesentlichen Funktion von Vorurteilen zusammen, die im Folgenden betrachtet wird.

---

35 Hagendoorn, L.: Intergroup Biases in Multiple Group Systems: The Perception of Ethnic Hierarchies. European Review of Social Psychology 6 (1995). S. 199–228.
36 Blumer, H.: The Future of Color Line. In: The South in Continuity and Change. Hrsg. von J. C. McKinney und E. T. Thompson. Durham, NC: Seeman 1965. S. 35–59; Bobo, L. und V. L. Hutchins: Perceptions of Racial Group Competition: Extending Blumer's Theory of Group Position to a Multiracial Social Context. American Sociological Review 61 (1996). S. 951–972.
37 Wagner/Zick, Formal Education
38 Jost, J. T. und M. R. Banaji: The Role of Stereotyping in System-justification and the Production of False Consciousness. British Journal of Social Psychology 33 (1994). S. 1–27.
39 Vgl. auch Jost, J. T. und D. Burgess: Attitudinal Ambivalence and the Conflict Between Group and System Justification Motives in Low Status Groups. Personality and Social Psychology Bulletin 26 (2000). S. 293–305.

Die zweite soziale Funktion ist die selbstwertdienliche Funktion von Vorurteilen. Vorurteile erhalten und stärken das Selbstbewusstsein von Individuen, das durch ihre Gruppenzugehörigkeit bestimmt ist. Nach der Theorie der Sozialen Identität von Tajfel und Turner[40] ist ein Teil des Selbstkonzeptes einer Person durch die Identifikation mit einer sozialen Gruppe bestimmt. Aus diesem Teil der Identität wird ihr kollektiver Selbstwert abgeleitet, der von positiven Vergleichen zu anderen Gruppen bestimmt wird. Um den kollektiven Selbstwert aufrechtzuerhalten oder gar zu stärken, werten Individuen und Gruppen unter Umständen Fremdgruppen durch Vorurteile ab. Das ist insbesondere dann der Fall, wenn die Identität bedroht ist und alternative Möglichkeiten der Selbstwertschöpfung nicht wahrgenommen werden. Einige andere Ansätze argumentieren ähnlich und eine Vielzahl empirischer Studien hat bewiesen, dass Vorurteile den gruppenbezogenen Selbstwert stärken.[41] Es wurde zum Beispiel gezeigt, dass Nationalstolz als eine Ausdruckform kollektiven Selbstwerts eng mit Vorurteilen gegenüber Immigranten verknüpft ist.[42] Mit Blick auf die kollektive, d. h. auf Gruppen bezogene, Funktion von Vorurteilen für die soziale Identität von Personen ist auch der Rechtsextremismus und -populismus verständlich.[43] Eine genauere Betrachtung des Rechtsextremismus macht den Zusammenhang der Identitätsfunktion mit einer dritten wesentlichen Funktion von Vorurteilen deutlich, die Gruppenmitglieder mit ihrer Eigengruppe verbindet.

Vorurteile sind Normen und sie können aufgrund ihrer maßgebenden normativen Funktion auch eine adaptive soziale Funktion erfüllen. Vorurteile integrieren Individuen in Gruppen und in die Gesellschaft und sie dienen der Kohäsion von Gruppen. Dies ist leicht erkennbar, wenn wir Vorurteile betrachten, die in Stammtischrunden oder extremistischen Gruppen geäußert

---

40 Tajfel, H. und J. C. Turner: An Integrative Theory of Intergroup Conflict. In: The Social Psychology of Intergroup Relations. Hrsg. von W. G. Austin u. S. Worchel. Monterey, CA: Brooks/Cole 1979. S. 33–47.

41 Prentice, D. A. und D. T. Miller (Hrsg.): Cultural Divides: Understanding and Overcoming Group Conflict. New York: Russell Sage Foundation 1999.

42 Für einen europäischen Vergleich vgl. Pettigrew, T. F., J. S. Jackson, J. Ben Brika, G. Lemaine, R. W. Meertens, U. Wagner und A. Zick: Outgroup Prejudice in Western Europe. In: European Review of Social Psychology, Bd. 8. Hrsg. von W. Stroebe u. M. Hewstone. Chichester: Wiley and Sons 1998. S. 241–273; Zick/Küpper/Hövermann, Abwertung.

43 De Weerdt, Y., H. de Witte, P. Castellani und P. Milesi: Turning Right? Socio-economic Change and the Receptiveness of European Workers to the Extreme Right. Leuven: Hoger Inst. voor de Arbeid (HIVA) 2004; Rydgren, Jens: Meso-level Reasons for Racism and Xenophobia: Some Converging and Diverging Effects of Radical Right Populism in France and Sweden. European Journal of Social Theory 6 (2003). S. 45–68.

werden. Grundsätzlich dienen Vorurteile der Integration durch Exklusion anderer, insbesondere derjenigen, die sich subjektiv ausgeschlossen fühlen oder es auch objektiv sind. In gewissem Sinne sind Vorurteile ein soziales Kapital, das durch ihre überbrückende und verbindende Kraft bestimmt ist, und sie legitimieren das eingeschränkte Kapital derjenigen, die Vorurteilen ausgesetzt sind. Daraus wird auch der enge Zusammenhang zwischen Vorurteilen sowie Rassismus und gruppenbezogenem Autoritarismus erklärbar, der Konformität und sozialen Zusammenhalt in Gruppen einfordert.[44]

Eine vierte wichtige Funktion hängt eng mit der kognitiven Dimension von Vorurteilen zusammen. Vorurteile erfüllen eine Wissensfunktion, sie bieten ein Verständnis, eine Weltanschauung oder Meinung über soziale Gruppen und ihre Beziehungen. Menschen glauben an Vorurteile als eine Art etabliertes Wissen („Immigranten belasten das Sozialsystem"), gleichzeitig beinhalten Vorurteile die Illusion, dass wir über die Dinge Bescheid wissen und verstehen, warum soziale Ereignisse geschehen („weil Einwanderer das Sozialsystem belasten"). Auf diese Weise erhalten sich die Vorurteile selbst. Wie bereits erwähnt, fungieren Vorurteile als legitimierende Mythen für die Eigengruppe (Gesellschaft, Kultur usw.). Auch deshalb werden Vorurteile nur selten durch einzelne Äußerungen oder Behauptungen repräsentiert.[45] Einzelne Vorurteile sind Äußerungen, die in einen Vorurteilsdiskurs über Fremdgruppen und deren Diskriminierung eingebettet sind.[46] Dies bewahrheitet sich sowohl in Umfragen sowie kleineren Experimenten oder nicht-experimentellen Studien, die verschiedene Einstellungen gegenüber Fremdgruppen messen, als auch in Analysen des öffentlichen und medialen Diskurses.[47] Vorurteile sind eingebettet und entfalten ihren Einfluss, wenn sie erklären können, warum Dinge geschehen. Die soziale Kognitionsforschung hat das in vielen empirischen Studien nachgewiesen. Zum Beispiel lässt sich zeigen, dass Individuen und Gruppen automatisch und unbewusst das Bedürfnis haben, ein Ereignis durch eine Ursache zu er-

---

44 Duckitt, J.: The Social Psychology of Prejudice. New York: Praeger 1992.
45 Das ist wichtig für ein Verständnis der Ergebnisse empirischer Studien, insbesondere für Erhebungen. Häufig schauen RezipientInnen von Erhebungen auf einzelne Items (Aussagen) und kritisieren, dass Vorurteile noch nicht unterstellt werden können, wenn jemand z. B. der Aussage zustimmt: „Es leben zu viele Ausländer hier." Sicherlich sagt die Zustimmung zu einem einzelnen Item nicht viel aus. Fast alle Studien zeigen jedoch, dass die Zustimmung zu mehreren, einzelnen Items korreliert und die Kombination der Zustimmungen zuverlässig Vorurteile aufzeigt.
46 Essed, P.: Understanding Everyday Racism: An Interdisciplinary Theory. Newbury Park, CA: Sage 1991.
47 Markus, A. und R. Rasmussen (Hrsg.): Prejudice in the Public Arena: Racism. Victoria, Australia: Centre for Migrant and Intercultural Studies 1987.

klären.[48] Selten verarbeiten sie Informationen, wie es WissenschaftlerInnen tun. Stattdessen schreiben sie Effekten eine irrationale Ursache zu, die ihrer Welt Sinn verleiht und ihren Bedürfnissen gerecht wird, zum Beispiel ihren positiven Selbstwert stärkt. Individuen und Gruppen sind anfällig für verzerrte Zuschreibungen. Das ist vor allem bei der Sündenbockfunktion von Vorurteilen von Bedeutung. Beispielsweise ist die Wahrnehmung, dass in der Gesellschaft die Dinge schlechter werden – etwa die Wirtschaft, die soziale Ordnung, die Moral etc. –, häufig mit der Attribution verknüpft, dass diese Veränderungen auf AußenseiterInnen (zum Beispiel Immigranten) zurückzuführen sind. Wenn Vorurteile als Gruppenphänomene analysiert werden, sind solch verzerrte Zuschreibungen von großer Bedeutung. Pettigrew zeigte, dass Gruppen dazu neigen, einen ultimativen Attributionsfehler zu begehen.[49] Sie führen „schlechtes oder falsches" Verhalten von *out-groups* auf interne Ursachen wie die Rasse oder einen unveränderlichen Charakter der ganzen Gruppe zurück und „gutes, richtiges oder positives" Verhalten auf externe Umwelteinflüsse oder Glück. Diese verzerrte Wahrnehmung hält Vorurteile am Leben, insbesondere in interkulturellen Begegnungen. Vorurteile tendieren dazu, eine selbstimmunisierende Natur zu entwickeln und aufrechtzuerhalten.[50] Sie werten Fremdgruppen ab, schreiben diesen Schuld zu und erklären gleichzeitig, warum Fremdgruppen weniger wert sind. Und genau das ist wesentlich, wenn Gruppen zum Sündenbock gemacht werden. Fremdgruppen werden in die Wüste verbannt, nehmen dabei alle Sünden auf sich, was wiederum erklärt, warum genau sie verbannt wurden.

Unter Bezug auf die letzten beiden Funktionen und die Charakteristika spezifischer Vorurteile (Antisemitismus, Heterosexismus etc.) können wir aus einer soziofunktionalen Perspektive folgendes Spezifikum von Vorurteilen annehmen: Sie sind einflussreich, sobald sie eine bestimmte soziale Funktion erfüllen. Diese besteht darin, Gruppen einen geringeren Wert zuzuschreiben. Zweitens können wir annehmen, dass Vorurteile gegenüber einer Gruppe nicht nur eine einzelne Funktion, sondern eine Kombination spezifischer Funktionen erfüllen können. Vorurteile gegenüber Muslimen können zum Beispiel deren Ausgrenzung legitimieren, die Identität der Eigengruppe aufwerten und die Wissensfunktion („Wir kennen die Wahrheit über sie")

---

48 Hewstone, M.: Causal Attribution: From Cognitive Processes to Collective Beliefs. Oxford: Blackwell 1989.
49 Pettigrew, T. F.: The Ultimate Attribution Error: Extending Allport's Cognitive Analysis of Prejudice. Personality and Social Psychology Bulletin 5 (1979). S. 461–476.
50 Zick, A. und B. Küpper: „Die sind doch selbst schuld, wenn man was gegen sie hat!" – oder Wie man sich seiner Vorurteile entledigt. In: Deutsche Zustände, Folge 3. Hrsg. von W. Heitmeyer. Frankfurt a.M.: Suhrkamp 2005. S. 129–143.

bedienen. Wenn Vorurteile als legitimierende Mythen bestehen, können die verschiedenen Mythen nach ihren Funktionen unterschieden werden und dadurch etwas über die Beschaffenheit der Beziehung zwischen Eigen- und Fremdgruppe aussagen. Vorurteile können als weit verbreitete („normale, korrekte") Überzeugungen innerhalb einer Gesellschaft verstanden werden.[51] Die genauere Betrachtung populistischer Ideologien macht deutlich, dass Vorurteile eine Affinität zu anderen Ideologien haben. Verschiedene Studien über den Rechtspopulismus in Europa zeigen beispielsweise, dass insbesondere der Antisemitismus und die Fremdenfeindlichkeit eng mit einer Recht-und-Ordnung-Mentalität (Autoritarismus) verbunden sind.[52]

Dies geht mit einem weiteren entscheidenden Merkmal einher, das in der empirischen Forschung – und zu einem gewissen Ausmaß auch in Programmen zur Bekämpfung von Vorurteilen – bisher nicht beachtet wurde. Viele empirische Studien zu Vorurteilen berichten, dass Vorurteile gegenüber unterschiedlichen Gruppen miteinander so eng verknüpft sind, dass sie ein Syndrom bilden. Das bedeutet, dass Menschen, die Vorurteile beispielsweise gegenüber Juden hegen, auch gegenüber Einwanderern, Muslimen und anderen markierten Fremdgruppen voreingenommen sind. Dies ist Ausdruck einer generellen Feindseligkeit.

4. Das Syndrom Gruppenbezogener Menschenfeindlichkeit

Schon 1954 stellte Allport fest: „Eine der Tatsachen, derer wir uns am sichersten sind, lautet, dass Menschen, die eine Fremdgruppe ablehnen, auch dazu tendieren, andere Fremdgruppen abzulehnen. Wenn eine Person anti-jüdisch eingestellt ist, wird sie wahrscheinlich auch anti-katholisch, gegen Schwarze oder jeder anderen Fremdgruppe gegenüber feindselig eingestellt sein."[53]

Die Annahme wird durch viele empirische Studien untermauert, in denen unterschiedliche Vorurteile erfasst wurden. Sie zeigen, dass Individuen, die dazu neigen, Vorurteile gegenüber einer bestimmten sozialen Gruppe zu hegen, zugleich auch anderen Gruppen gegenüber voreingenommen sind. Das gilt sowohl gegenüber ähnlichen oder sich überschneidenden Gruppen (wie Einwanderern und Muslimen) als auch gegenüber sehr unterschiedlichen Gruppen wie zum Beispiel Menschen mit Behinderungen,

---

51 Bar-Tal, D.: Shared Beliefs in a Society: Social Psychological Analysis. Thousand Oaks, CA: Sage 2000.
52 De Weerdt et al., Turning Right?
53 Allport, Nature of Prejudice, S. 68, Übersetzung durch die AutorInnen.

Obdachlosen, Frauen oder Menschen mit gleichgeschlechtlicher sexueller Orientierung.[54]

Was bedeutet das nun für ein umfassendes Verständnis von Vorurteilen? Zunächst gibt die korrelative Beschaffenheit Grund zu der Annahme, Vorurteile gegenüber einer spezifischen Gruppe als Elemente eines Syndroms zu verstehen. Zweitens sind diese Elemente eng miteinander verknüpft. Drittens zeigen die Analysen der Zusammenhänge der Elemente zu anderen Überzeugungen, dass sich das Netz der Abwertungen auf eine allgemeine Ideologie der Ungleichwertigkeit von Gruppen gründet. Individuen, die solch eine Ideologie vertreten, neigen dazu, spezifische Vorurteile zu entwickeln und aufrechtzuerhalten, die in ein Syndrom Gruppenbezogener Menschenfeindlichkeit (GMF) eingebettet sind.[55]

Welche Elemente können Bestandteil dieses Syndroms werden? Das ist von der kulturellen Tradition und vom sozialen Kontext abhängig. Prinzipiell nehmen wir an, dass in jeder Kultur die folgenden zusammenhängenden Faktoren bestimmen, ob eine Gruppe anfällig dafür ist, zum „Sündenbock" gestempelt zu werden: (1) Bedrohung des sozialen Status (zum Beispiel durch Frauen oder Juden), (2) Verunsicherung (zum Beispiel durch den Islam, Obdachlosigkeit oder Arbeitslosigkeit) und ein Angriff auf die Normalität (zum Beispiel durch „abartige" sexuelle Orientierungen) sowie (3) Änderungen im Machtverhältnis von Gruppen (zum Beispiel durch Immigranten). Die Verbindung zwischen den aufgelisteten Faktoren ist das Bedürfnis, soziale Ordnung als einen Normalitäts- und Sicherheitsstandard aufrechtzuerhalten und Überlegenheit, sprich: Ungleichwertigkeit, zu etablieren.

Gemäß der funktionalen Natur von Vorurteilen nehmen wir an, dass erstens die Gruppenbezogene Menschenfeindlichkeit keine individuelle Antipathie oder Feindlichkeit repräsentiert, sondern eine Beziehung zu Fremdgruppen, die zweitens auf einer allgemeinen Ideologie der Ungleichwertigkeit basiert. Darüber hinaus können wir zeigen, dass drittens die verschiedenen Elemente der Gruppenbezogenen Menschenfeindlichkeit durch die gleichen Faktoren vorhergesagt werden können. So werden beispielsweise nicht nur die Vorurteile gegenüber Zuwanderern durch die Relative Deprivation, also ein Gefühl wirtschaftlicher Benachteiligung im Vergleich zu anderen Gruppen, bestimmt, sondern auch andere Vorurteile.[56] Theorien aus der Vorurteils- und Rassismusforschung nennen viele weitere plausible Prädiktoren für die Gruppenbezogene Menschenfeindlichkeit (zum Beispiel Intergruppenkontakt, Bedrohung durch Fremdgruppen, Eigengruppenidentität,

---

54 Zick et al., Group-focused Enmity; Zick/Küpper/Hövermann, Abwertung.
55 Diese Merkmale zeigen sich beim strukturellen Modellvergleich der Daten der GMF-Umfrage in Zick et al., Group-focused Enmity.
56 Zick et al., Group-focused Enmity.

politischen Konservatismus, Anomie etc.). Außerdem können viertens Vorurteile gegenüber ganz unterschiedlichen Gruppen (wie Antisemitismus, Islamfeindlichkeit, Sexismus etc.) die Diskriminierung einer spezifischen Gruppe nach sich ziehen. Das bedeutet aber fünftens nicht, dass ein spezifisches Syndrom universal für alle Kulturen und Gruppen gültig ist. Gruppen können spezifische Syndrome ausbilden, die unterschiedliche Komponenten beinhalten. Dennoch ist die syndromatische Natur von Vorurteilen ausschlaggebend. Sie erfordert, einen partikularistischen Blick auf bestimmte Vorurteile aufzugeben und sich auf den funktionalen Kern von Vorurteilen zu konzentrieren.

Darüber hinaus beinhaltet diese Perspektive wichtige Implikationen sowohl für den Versuch, Vorurteile und ihre Ursachen und Konsequenzen zu verstehen, als auch für die Vorurteilsbekämpfung. Beispielsweise kann eine Strategie zur Bekämpfung eines bestimmten Vorurteils ineffektiv sein, wenn eine Person oder Gruppe dieses eine Vorurteil unterdrückt, dann aber zu einem anderen wechselt, das ebenfalls ein Element des Syndroms darstellt. Wir nehmen an, dass die wichtigsten Erklärungsfaktoren von Vorurteilen sich aus den sozialen Funktionen ableiten, die im jeweiligen Kontext relevant sind für das Ziel, Differenz zu einer *out-group* herzustellen, um Ungleichheit aufrechtzuerhalten und zu etablieren.

Dennoch ist die spezifische Analyse von Vorurteilen wie Antisemitismus oder Sexismus damit nicht obsolet. Wie oben umrissen hat jedes Vorurteil seinen eigenen historischen und soziofunktionalen Charakter. Das Konzept der Gruppenbezogenen Menschenfeindlichkeit impliziert dabei die Notwendigkeit, den Fokus zu erweitern und die Analyse der Ursachen, Ausdrucksformen und Folgen nicht zu vereinfachen. Mit Blick auf das Syndrom müssen wir uns fragen, was die allgemeinen und spezifischen Prädiktoren, Ausdrucksformen und Folgen eines bestimmten Vorurteils im Vergleich zu anderen Vorurteilen sind und auf welche spezifische Weise das betrachtete Vorurteil auf eine allgemeine Ideologie der Ungleichwertigkeit hinarbeitet.

5. Erklärungsfaktoren und Grundannahmen zu einer Theorie des Vorurteils

Betrachten wir Vorurteile als Elemente eines Syndroms, sind folgende Fragen zu stellen: Welches sind die wichtigsten Erklärungsfaktoren dafür, dass eine Person oder eine Gruppe Vorurteile gegenüber einer Fremdgruppe und deren Mitgliedern hegt? Vorurteile sind in Normalität eingebettet, sie sind Ausdruck von Normalität und Konformität. Als gruppenbezogenes Phänomen können sie außerdem normativ sein. Zick und Küpper zeigten in den

Daten einer repräsentativen Umfrage für Deutschland[57], dass sich Menschen, wenn sie Vorurteilen zustimmen, darauf berufen, „normal" zu sein, sich also korrekt zu verhalten und wie andere in der Gesellschaft zu denken. Selbst wenn Vorurteile von vielen Mitgliedern einer Gesellschaft geächtet werden und an den extremen politischen Rändern deutlich erkennbar sind, sind sie institutionell oder individuell in der Mitte einer Gesellschaft verhaftet.

Es gibt viele andere Ursachen dafür, dass Vorurteile als zur Normalität gehörig erlebt werden. Bei der Erläuterung von Vorurteilen wurden bereits einige Ursachen erwähnt. Vor allem werden Vorurteile durch eine Identifikation mit sozialen Gruppen bestimmt. In Studien über rechtsextreme Gruppen ist das augenfällig. Ihre gemeinsame Identität wird durch Rassismus und Gewalt definiert. Soziale Identitäten legen jene Unterschiede fest, die Gruppen definieren. Sind die Identifikationen durch einen niedrigeren kollektiven Selbstwert gekennzeichnet, ist die Identität sozusagen bedroht, sollte sich darüber hinaus Gruppenbezogene Menschenfeindlichkeit steigern, egal ob die Bedrohung real oder eingebildet ist.

Zweitens sollten objektive und subjektive Machtunterschiede, die z. B. durch den sozialen Status von Gruppen definiert sind, die Bereitschaft bestimmen, Vorurteile auszubilden. Vorurteile sind in diesem Zusammenhang als hierarchiestärkende und -legitimierende Mythen zu verstehen, die bestimmten Gruppen einen niedrigeren Wert und so anderen Gruppen Macht beimessen. Paradoxerweise erfüllen viele gesellschaftliche Vorurteile die Funktion der sozialen Integration ihrer TrägerInnen dadurch, dass sie Fremdgruppen – zumindest ideologisch – ausschließen.

Drittens tragen alle Faktoren, die die oben genannten psychologischen Funktionen und Bedürfnisse befriedigen, die Bereitschaft zur Übernahme von Vorurteilen. Die oben genannten Definitionen beschreiben schon einige Ursachen. Es gibt darüber hinaus zahlreiche weitere Ursachen, die erklären, warum ein Individuum als Mitglied einer bestimmten Gruppe Vorurteile in bestimmten Kontexten gegenüber bestimmten Fremdgruppen übernimmt und zum Ausdruck bringt.

Um die komplexen Wechselwirkungen zwischen möglichen individuellen, gruppenbezogenen und kontextuellen Ursachen und Einflussfaktoren zu verstehen, ist es sinnvoll, eine Theorie zu formulieren. Theorien definieren nicht nur Phänomene und ihre Ursachen, sondern beschreiben auch die Beziehungen der Ursachen und dessen, was zu erklären ist, durch Annahmen, die ihrerseits geprüft werden können. Die Suche nach einer umfassenden Vorurteilstheorie ist aber enttäuschend. Es gibt weder eine universelle Theorie zu den Ursachen von Vorurteilen noch einen systematischen Ansatz, der

---

57 Zick, A. und B. Küpper: Politische Mitte: Normal feindselig. In: Deutsche Zustände, Folge 4. Hrsg. von W. Heitmeyer. Frankfurt a.M.: Suhrkamp 2006. S. 115–134.

die zahlreichen verschiedenen Theorien verbindet und dabei die Ergebnisse aus qualitativen und quantitativen Studien berücksichtigt.[58] Es ist unmöglich, all diese Theorien und Annahmen, die sich auf verschiedene Faktoren und Ausdrucksformen von Vorurteilen konzentrieren, vollständig aufzulisten und zu beschreiben (für einen Überblick siehe die anschließende Bibliographie mit ausgewählten Beiträgen). Allerdings ist es möglich, einige der wichtigsten Faktoren aufzugreifen, die sich für die Bestimmung von Vorurteilen aus empirischen Untersuchungen ergeben haben.

Bei der Sichtung der Wurzeln von Vorurteilen ist die Frage hilfreich, welche Ursachen wir erklären möchten. Aus welcher Perspektive betrachten wir Vorurteile? Dabei können verschiedene Ebenen der Erklärung der Ursachen unterschieden werden.[59] Auf einer ersten Ebene können intra-individuelle Ursachen bestimmt werden. Hierzu gehören spezifische Kognitionen und/oder kognitive Kapazitäten, Affekte, Emotionen und emotionale Zustände sowie Persönlichkeitsmerkmale eines Menschen. Zweitens können Vorurteile von interpersonellen Faktoren abhängen, etwa von Personenbeziehungen, sozialen Netzwerken, interpersonellen Interaktionen und Kommunikationsstilen. Drittens werden Vorurteile von Intergruppenfaktoren verursacht, also von Faktoren, die die Bindung von Menschen an Gruppen betreffen. Dazu gehören vor allem die soziale Identifikation und Motive der Abgrenzung von Fremdgruppen, intergruppale Kontakte und Konflikte oder ein Gefühl der Relativen Deprivation zwischen Gruppen. Auf einer vierten Erklärungsebene können kontextuelle Faktoren identifiziert werden, die gewissermaßen „außerhalb" der Individuen oder Gruppen liegen. Dazu gehören z. B. die ökonomische und die demographische Situation, Wettbewerb von Gruppen um Ressourcen, aber auch Normen, Gewohnheiten und Bräuche, die Individuen und Gruppen lernen und automatisch übernehmen. Unter Berücksichtigung von Lehrbüchern, Reviews und Untersuchungen skizzieren wir im Folgenden einige der relevantesten Ursachen auf jeder der Ebenen.

Die wichtigsten intra-individuellen Ursachen von Vorurteilen sind Verzerrungen in der Informationsverarbeitung (Kognitionen), stereotypisierte Affekte sowie Dispositionen (Persönlichkeit). Insbesondere Untersuchungen zu Stereotypen haben gezeigt, dass implizit (unbewusst und automatisch)

---

58 Zick schlägt eine Systematik vor, die mehr als zweihundert Vorurteilstheorien auflistet (Zick, Vorurteile und Rassismus).
59 Die folgende analytische Unterscheidung ist in modifizierter Form aus Doises Systematisierung von Erklärungsebenen übernommen: Doise, W.: Levels of Explanation in Social Psychology. Cambridge: Cambridge Univ. Press (Paris: Editions de la Maison des Sciences de l'Homme) 1986.

gespeicherte Stereotype sowie starres und unflexibles Denken Individuen anfällig dafür macht, Vorurteile zu entwickeln, andere stereotyp wahrzunehmen und eine Perspektivenübernahme zu verringern. Chronische und episodische affektive Reaktionen auf andere Ethnien (*racial affect*) bringen Individuen automatisch dazu, auf Fremdgruppen mit negativen Gefühlen zu reagieren (Angst, Wut, Sorge, Hass). Insbesondere Autoritarismus, soziale Dominanzorientierung (die generelle Befürwortung sozialer Hierarchien), Anomie (Desorientierung), mangelnde Offenheit für Erfahrung sowie mangelnde Verträglichkeit können Vorurteile zu einem gewissen Anteil erklären.

Besonders relevante interpersonelle Ursachen sind voreingenommene homogene Netzwerke und Referenzgruppen (Familie, Peer-Gruppen, Parteien etc.), die auf eine normative und vorurteilslastige Weise interagieren und kommunizieren. Die Theorie des Sozialen Vergleichs[60] von Leon Festinger geht davon aus, dass Individuen, die unsicher in Einstellung und Verhalten sind, sich mit anderen vergleichen, die ihnen ähnlich sind. Sind diese anderen voreingenommen und setzen sie andere herab, kann das die Übernahme von Vorurteilen fördern, da ein normativer Konsens angestrebt wird. Wir nehmen an, dass intra-individuelle und interpersonelle Faktoren Vorurteile verursachen können, wenn sie mit dem Kontext von Gruppen in Verbindung stehen.

Es wurden bereits einige gruppenbezogenen Ursachen erwähnt. Dazu gehören auf jeden Fall die soziale Kategorisierung („ich", „wir" und „die anderen") und die Identifikation mit Gruppen, die mit einer Stereotypisierung des Selbst und des Anderen sowie der Abgrenzung von Fremdgruppen einhergeht. Laut der Kontakthypothese wird auch ein negativer oder fehlender Kontakt zwischen Gruppen Vorurteile verstärken und erhalten. Soziale Identitäten hängen mit der Selbsteinschätzung von Gruppen, ihren Symbolen, Stereotypen und Ressourcen zusammen. Diese können subjektiv und/oder objektiv durch Fremdgruppen gefährdet werden, was zu Vorurteilen und Abgrenzung führt. Identitäten sind zudem mit gruppenbezogenen Kognitionen und Emotionen verbunden, die Vorurteile verursachen und Intergruppenbeziehungen lenken. So kann beispielsweise wahrgenommen werden, dass Fremdgruppen homogen sind, oder es werden grundlegende Gruppenemotionen wie Wut, Angst, Missgunst, Unbehagen, Stolz, Scham, Neid, Geringschätzung, Furcht, Ekel und Schuld ausgelöst. Des Weiteren wirken sich Gruppenvergleiche auf Vorurteile aus. Es konnte gezeigt werden, dass die Relative Deprivation zwischen Gruppen, also das Gefühl „Uns geht es schlechter als ihnen", Vorurteile erklärt. Einige Theorien nehmen an, dass Macht- und Statusunterschiede zwischen Gruppen und der Wettkampf um

---

60 Festinger, L.: A Theory of Social Comparison Processes. Human Relations 7 (1954). S. 117–140.

knappe Ressourcen Vorurteile und Diskriminierung verursachen. Auf der Grundlage der vorliegenden Evidenz nehmen wir dagegen an, dass Interessenkonflikte und Statusdifferenzen, die Diskriminierung erzeugen, von der Identifikation mit einer Gruppe abhängen. Ressourcenunterschiede führen nur zu Vorurteilen, wenn sie als Gefährdung der Gruppe und deren Identität wahrgenommen werden.

Auf der Kontextebene können wir beobachten, dass Gesellschaften (und Kulturen) durch menschenfeindliche und diskriminierende Normen, Gesetze und Institutionen geprägt sein können. Das Vorurteil ist quasi in die gesellschaftliche Struktur und den Grundstein der Kultur eingebrannt. Eine vorurteilsgeprägte soziale Ungleichheit manifestiert sich beispielsweise in der Verteilung von ökonomischem und sozialem Kapital und wird u. a. durch die Homogenität von Gruppen und Institutionen (wie z. B. die Zusammensetzung von Arbeitsteams oder Entscheidungsträgern), wirtschaftliche und soziale Regeln und grundlegende soziale Normen erzeugt, verstärkt und aufrechterhalten. Wie eng der Zusammenhang ist, erweist sich auch darin, dass kulturell heterogene Gesellschaften weniger voreingenommen sind als homogene Gesellschaften. Insbesondere kulturell verankerte Normen und Ideologien der Diversität, Toleranz und des Multikulturalismus sind Hürden für Vorurteile und Diskriminierung. Ideologien der Ungleichwertigkeit und Vorurteile gegenüber Gruppen, die sich um Gleichheit bemühen, werden dagegen durch geschlossene, hegemoniale, nationale und rigide Systeme, die Macht durch Merkmale der Eigengruppe definieren, begünstigt. Zusätzlich können soziale Strukturen die Ursachen für Vorurteile auf der Makro-, Meso- und Mikroebene fördern. So ist beispielsweise eine ethnische Segregation der Wohnbevölkerung auch eine Ursache dafür, dass sich Kategorisierungen und Stereotypisierungen erhalten. Die Analyse von Mikro-Makro-Verbindungen der Erklärungsfaktoren ist eine der wichtigsten Aufgaben zukünftiger Forschung.

Die hier angeführten Ursachen sind selbstverständlich nicht vollständig, aber sie repräsentieren die wichtigsten Befunde und können als Grundlage für die Diskussion dienen. Um zu erklären, wie Vorurteile analysiert werden können, zog Gordon Allport die Metapher einer Linse heran.[61] Die Linse der Kontextebene ermöglicht einen weiten Blickwinkel auf Vorurteile. Die Linse der Gruppen- und Individualebene reduziert die Brennweite und schärft sie zum Erkennen psychologischer Ursachen. Die Ebenen- und Linsenmetapher hilft bei der Entscheidung, welche Ursache von Vorurteilen beobachtet und welche ausgeklammert wird. Die genannten Ursachen können dabei helfen, sich der Perspektive, die bei der Aufdeckung und Erklärung von Vorurteilen eingenommen wird, bewusst zu sein. Sehr oft werden Dar-

---

61 Allport, Nature of Prejudice

stellungen uneinheitlich und undeutlich, weil viele Ebenen und multiple Gründe gleichzeitig angesprochen werden. Zum Beispiel ist eine naive Frustrations-Vorurteils-Hypothese im öffentlichen Diskurs weit verbreitet: Menschen mit Vorurteilen seien durch ihre Lebensumstände (Wirtschaft, Arbeit, soziale Beziehungen etc.) frustriert, weswegen sie ihre Stimmung auf Sündenböcke projizierten. Die oben genannten und in der Forschung identifizierten Ursachen fordern all jene, die an solch einfache Annahmen glauben, dazu heraus, ihre Hypothese zu spezifizieren. Ist Frustration eine individuelle Disposition, die sich aus einer Gruppenzugehörigkeit ergibt, oder ein soziales oder gar kulturelles Merkmal? Wie genau ist Frustration mit einem spezifischen Vorurteil verbunden? Warum führt Frustration zum Vorurteil und nicht zur Solidarität?

Erstens lassen sich Vorurteile nach Befunden der empirischen Studien nicht monokausal erklären, und es ist zunächst davon auszugehen, dass die meisten Faktoren miteinander verbunden sind und sie durch eine gegenseitige Beeinflussung Vorurteile verursachen. Außerdem müssen wir uns dessen bewusst sein, dass Ursachen von einer Ebene auf eine andere Ebene übertragen werden können und umgekehrt. Der individuelle Affekt kann sich an Identitäten heften und die Gruppenidentität kann den persönlichen Kontakt zu Mitgliedern einer sogenannten Fremdgruppe beeinflussen.

Zweitens gehen wir davon aus, dass die Ebene der Gruppenbeziehungen die wichtigste grundlegende Ebene ist, weil Vorurteile immer Ausdruck von Gruppenbindungen und Beziehungen zwischen Gruppen sind. Die Mechanismen der Übertragung zwischen den Ebenen sind kompliziert, aber mit Blick auf die Gruppenebene angemessener zu bestimmen. Interpersonelle Beziehungen, die an individuelle Dispositionen geknüpft sind (durch Ähnlichkeit, alltägliche Erfahrungen, Erfüllung individueller Bedürfnisse etc.) können Individuen formen (durch Sozialisation). Vorurteile werden dann als Gemeinsamkeit sich nahestehender Personen verfestigt. Soziale Kategorisierung und Gruppenzugehörigkeit können also individuelle und interpersonelle Ursachen in gruppenbezogene umwandeln. Gesellschaften, die Gruppen organisieren und unterstützen, können Fremdgruppen und vorurteilsbelastete Gruppen als Adressaten von Vorurteilen institutionalisieren und legitimieren. Dadurch wiederum können Vorurteile integraler Bestandteil einer Kultur werden. Vorurteile entwickeln sie auf all den genannten Ebenen aber nur, wenn sie die Bedürfnisse von Individuen, Gruppen und der Gesellschaft erfüllen.

Drittens ist davon auszugehen, dass die stärksten gesellschaftlichen Vorurteile jene sind, die auf allen Ebenen Unterstützung finden. Viertens können wir annehmen, dass Vorurteile, die durch einen oder mehrere der genannten Faktoren verursacht werden, insbesondere dann übernommen werden, wenn sie die Geringschätzung einer Gruppe legitimieren und erklären,

Identität und kollektiven Selbstwert herstellen, die „Täter" mit einbinden und als Alltagswissen angesehen werden. Fünftens gehen wir davon aus, dass die Ursachen von Vorurteilen Alarmsignale sind, indem sie darauf hinweisen, wo Prävention und Intervention ansetzen sollten.

6. Konsequenzen, Kosten und Intervention

Kennen wir den Charakter und die Ursachen von Vorurteilen, dann können wir ihre Konsequenzen und die Möglichkeiten der Prävention und Intervention sorgfältig abwägen. Die wohl wichtigste Folge von Vorurteilen wurde bereits genannt: Vorurteile, ob offen oder subtil, verursachen Stigmatisierung und Diskriminierung von Individuen und Gruppen, indem sie Ungleichwertigkeit manifestieren und erklären. Vorurteile verursachen Feindseligkeit zwischen Gruppen, manifest oder latent, in Vorstufen der Interaktion und Kommunikation oder mit der Konsequenz physischer Gewalt. Sie werten AußenseiterInnen ab, die häufig keine Chance haben, sich dagegen zu wehren.[62] Vorurteile sind maßgebliche Vorbedingungen von Diskriminierung, Konflikten und Gewalt zwischen Gruppen. Sie bringen Sündenböcke hervor, die zuweilen ihre eigene Diskriminierung durch Selbststigmatisierung und Formen kooperativer Diskriminierung fördern, indem sie sich den Vorurteilen entsprechend verhalten oder ihre eigene Ungleichheit bekräftigen.

Die Diskriminierung hat viele Facetten und Ausdrucksformen. Sie kann offen, verdeckt oder institutionalisiert sein und sich verbal oder nonverbal äußern. In Europa hat man gerade erst damit begonnen, einige der bedeutendsten Diskriminierungen zu definieren und zu benennen. Wie bereits dargelegt, ist der Zusammenhang zwischen Vorurteilen in Form von Einstellungen oder Überzeugungen einerseits und dem Verhalten andererseits (Konflikte, Aggression, Gewalt, Diskriminierung etc.) kompliziert. Einige Theorien betonen daher vermittelnde Faktoren wie die Kontrollüberzeugung (Ist es möglich, zu diskriminieren? Wird es Auswirkungen haben?), soziale Normen und diskriminierende Absichten.[63] Zudem können wir annehmen, dass Diskriminierung wahrscheinlich ist, wenn sie die sozialen Funktionen von Vorurteilen begünstigt; wichtige Vermittlungsfaktoren haben wir oben hervorgehoben.

---

62 Für einen kurzen Überblick siehe Dion, K. L.: Prejudice, Racism, and Discrimination. In: Handbook of Psychology: Personality and Social Psychology, Bd. 5. Hrsg. von T. Millon und M. J. Lerner. New York: John Wiley and Sons 2003. S. 507–536.

63 Eagly, A. H. und S. Chaiken: The Psychology of Attitude. Orlando, FL: Harcort Brace Jovanovich 1993.

Vorurteile hängen auch deshalb eng mit einer manifesten Diskriminierung zusammen, weil sie Vorteile bieten und Gruppen nützen. Jemanden durch Vorverurteilung und eine verallgemeinerte Abwertung zum Sündenbock zu machen, hilft, Machtverhältnisse zu erhalten und die soziale Ordnung aufrechtzuerhalten. Durch Vorurteile werden Nationen definiert, gewinnen Gruppen und Individuen an Macht, Identität und Selbstwert, wird die Informationsvermittlung eingeschränkt, werden Emotionen und Bedürfnisse befriedigt, kann die Wirtschaft die Ausbeutung von Minderheiten legitimieren und so weiter. Es lassen sich viele „Vorteile" des Vorurteils auf noch zynischere Weise zitieren, wenn man sie als solche bezeichnen möchte. Wenn wir Vorurteile gegen andere richten und diese herabsetzen, dann fühlen wir uns als Mitglieder einer Gruppe besser und die Welt erscheint uns gerecht. Und das funktioniert, wie viele empirische Studien gezeigt haben. Aber ist das problematisch? Sollten wir nicht den kritischen und moralisierenden Unterton abstellen und nüchtern Kosten und Nutzen bestimmen?

Sicherlich kann man versuchen, aus einer ökonomischen Perspektive einer *rational choice*-Theorie, Kosten und Nutzen von Vorurteilen und Diskriminierungen gegeneinander aufzurechnen.[64] Aus einer gesellschaftlichen Perspektive und mit Blick auf die empirischen Befunde ist dabei aber anzuerkennen, dass Vorurteile in einer globalisierten Welt eine Gefährdung des Wohlstandes darstellen. Verbrechen aus Hass verursachen Kosten. Voreingenommene Interaktionen sind für eine aufrichtige Interaktion und Kommunikation hinderlich und eben kein Vorteil. Vorurteile verhindern wirtschaftliche Verträge, sie verringern effektive interkulturelle Zusammenarbeit und steigern Gemeinkosten, sie hemmen Innovation und Motivation und sie machen Mitglieder bestimmter Gruppen krank.[65] Mit Blick auf den zivilgesellschaftlichen Zustand von Gesellschaften greifen Vorurteile die Zivilisiertheit von Nationen an und zerstören deren demokratischen Charakter.

Will eine Gesellschaft Vorurteile und Diskriminierung vermindern, sieht sie sich vor einer großen Aufgabe. Mit Anstieg des Rechtsextremismus und den Übergriffen auf Asylbewerber wurden Anfang der 1990er Jahre in Europa immense staatliche und private Summen zur Prävention und Intervention investiert. Dabei wurde keine Wunderwaffe gegen Vorurteile entwickelt. Die meisten Interventionen verfolgen zwei grundlegende Strategien: die der Information und die des Kontakts. Erstere betrifft alle Präventionen und

---

64 Vgl. Wimmer, A.: Explaining Xenophobia and Racism: A Critical Review of Current Research Approaches. Ethnic and Racial Studies 20 (1997). S. 17–41.
65 Vgl. z. B. Williams, D. R., H. W. Neighbors und J. S. Jackson: Racial/Ethnic Discrimination and Health: Findings from Community Studies. American Journal of Public Health 98 (2008). S. 29–37.

Interventionen, die Menschen davon überzeugen möchten, ihre Vorurteile aufzugeben (Individuen, Gruppen, Gemeinden etc.). Letztere Strategie konzentriert sich dagegen auf den Effekt positiver Kontakte und Erfahrungen in der Interaktion und Kommunikation zwischen VorurteilsträgerInnen und AdressatInnen der Vorurteile. Im Großen und Ganzen zeigt die empirische Forschung, dass Kontaktprogramme effektiver sind als reine Informationskampagnen.[66] Dabei unterstützen bestimmte Bedingungen den Kontakt, effekt, wie zum Beispiel die Begegnung auf gleicher Augenhöhe, die Legitimation des Kontaktes oder die Verfolgung kooperativer Ziele.

Die Wissenschaft drängt immer stärker darauf, bei der Entwicklung von Interventionen die Ursachen zu beachten: Die Bekämpfung muss den übereinstimmend deklarierten Ursachen gerecht werden, die vom Zusammenspiel individueller, gruppenbezogener und kontextueller Faktoren abhängen. Hier kann die Forschung Hinweise geben, die dann in die Praxis umgesetzt werden sollten. Darin liegt eine bedeutende Chance für die Zukunft, da es auf diese Weise möglich ist, evidenzbasierte Strategien zu entwickeln. Diese Strategien müssen jedoch von der Gesellschaft auch legitimiert und unterstützt werden.

Einige KritikerInnen von Interventionsprogrammen verwenden das Argument, dass die Bekämpfung von Vorurteilen Verschwendung sei, weil der Mensch eben Vorurteile hätte. Sicherlich ließen sich Kosten reduzieren, wenn die Gesellschaft Vorurteile als zu akzeptierende Realität deklarierte. Das kann auch deshalb funktionieren, weil Menschen dazu neigen, sich gegen negative Selbstbilder – wer möchte schon gern als RassistIn dastehen – zu immunisieren, indem sie Vorurteile neu interpretieren, herunterreden oder als „normal" bezeichnen. Beschwerden darüber, dass leichtfertig Vorurteile geäußert werden, werden dann einfach dadurch legitimiert, dass „man das ja wohl noch sagen dürfe" und eine Kritik des Vorurteils der Meinungsfreiheit widerspräche. Genau das sind die Ausdrucksformen der Macht und die Niedertracht der Normalität. Die Bewertung von Vorurteilen ist eine ethische und moralische Aufgabe für eine zivile, demokratische und humane Gesellschaft. Demokratische Gesellschaften müssen sich ständig fragen: Sollen Vorurteile akzeptiert werden? Wenn das Kernstück einer zivilen Gesellschaft ihr Potenzial ist, sozial schwache Gruppen zu integrieren, dann ist die Antwort auf die Frage zu den Kosten von Vorurteilen und Diskriminierung evident.

Mit dem Blick auf Europa nehmen wir an, dass die Europäische Union eine große Chance für die Reduktion von Vorurteilen darstellt. Wenn ein

---

66 Paluck, E. L. und, D. P. Green: Prejudice Reduction: What Works? A Review and Assessment of Research and Practice. Annual Review of Psychology 60 (2009). S. 339–367.

Mitgliedsstaat Probleme mit Vorurteilen und Diskriminierung gegenüber schwachen Gruppen hat, kann die Gemeinschaft diesen Staat im Auge behalten und ihn dabei unterstützen, Probleme zu überwinden. Wenn Europa es jedoch verabsäumt, die Opfer von Vorurteilen und Diskriminierung anzuerkennen, geht das auf Kosten der eigenen Anerkennung.

Bibliographie

Ajzen, I. und T. J. Madden: Prediction of Goal-directed Behavior: Attitudes, Intentions, and Perceived Behavioral Control. Journal of Experimental Social Psychology 22 (1986). S. 453–474.

Alexander, M. G., M. B. Brewer und R. W. Livingstone: Putting Stereotype Content in Context: Image Theory and Interethnic Stereotypes. Personality and Social Psychology Bulletin 31 (2005). S. 781–794.

Allport, G. W.: The Nature of Prejudice. Reading, MA: Addison-Wesley 1954.

Bar-Tal, D.: Shared Beliefs in a Society: Social Psychological Analysis. Thousand Oaks, CA: Sage 2000.

Blumer, H.: The Future of Color Line. In: The South in Continuity and Change. Hrsg. von J. C. McKinney und E. T. Thompson. Durham, NC: Seeman 1965. S. 35–59.

Bobo, L. und V. L. Hutchins: Perceptions of Racial Group Competition: Extending Blumer's Theory of Group Position to a Multiracial Social Context. American Sociological Review 61 (1996). S. 951–972.

Brewer, M. B.: The Psychology of Prejudice: Ingroup Love and Outgroup Hate? Journal of Social Issues 55 (1999). S. 429–444.

Cottrell, C. A. und S. L. Neuberg: Different Emotional Reactions to Different Groups: A Sociofunctional Threat-based Approach to „Prejudice". Journal of Personality and Social Psychology 88 (2005). S. 770–89.

Dion, K. L.: Prejudice, Racism, and Discrimination. In: Handbook of Psychology: Personality and Social Psychology, Bd. 5. Hrsg. von T. Millon und M. J. Lerner. New York: John Wiley and Sons 2003. S. 507–536.

Doise, W.: Levels of Explanation in Social Psychology. Cambridge: Cambridge Univ. Press (Paris: Editions de la Maison des Sciences de l'Homme) 1986.

Dovidio, J. F., P. Glick und L. A. Rudman (Hrsg.): On the Nature of Prejudice: Fifty Years after Allport. Malden, MA: Blackwell 2005.

Duckitt, J.: The Social Psychology of Prejudice. New York: Praeger 1992.

Eagly, A. H. und S. Chaiken: The Psychology of Attitude. Orlando, FL: Harcort Brace Jovanovich 1993.

Elias, N. und J. L. Scotson: Etablierte und Außenseiter. Frankfurt/M.: Suhrkamp 2002.

Essed, P.: Understanding Everyday Racism: An Interdisciplinary Theory. Newbury Park, CA: Sage 1991.

Europäisches Parlament: Perspektiven der Anti-Diskriminierungspolitik. Reihe Soziale Angelegenheiten, SOCI 105 DE (PE 168.637). April 2000. URL: http://www.europarl.europa.eu/workingpapers/soci/105_de.htm

Festinger, L.: A Theory of Social Comparison Processes. Human Relations 7 (1954). S. 117–140.

Fishbein, H. D.: Peer Prejudice and Discrimination, 2. Aufl. Mahwah, NJ: Lawrence Erlbaum 2002.
Flohr, H.: Biological Bases of Prejudice. International Political Science Review 8 (1987). S. 183–192.
Hagendoorn, L.: Intergroup Biases in Multiple Group Systems: The Perception of Ethnic Hierarchies. European Review of Social Psychology 6 (1995). S. 199–228.
Heatherton, T. F., R. E. Kleck, M. R. Hebl und J. G. Hull (Hrsg.): The Social Psychology of Stigma. New York: The Guilford Press 2000.
Hewstone, M.: Causal Attribution: From Cognitive Processes to Collective Beliefs. Oxford: Blackwell 1989.
Jackson, L.: The Psychology of Prejudice: From Attitudes to Social Action. Washington, DC: American Psychological Association 2011.
Jost, J. T. und M. R. Banaji: The Role of Stereotyping in System-justification and the Production of False Consciousness. British Journal of Social Psychology 33 (1994). S. 1–27.
Jost, J. T. und D. Burgess: Attitudinal Ambivalence and the Conflict Between Group and System Justification Motives in Low Status Groups. Personality and Social Psychology Bulletin 26 (2000). S. 293–305.
Levin, J. und W. Levin: The Functions of Discrimination and Prejudice. New York: Harper and Row 1982.
Mackie, D. M. und E. R. Smith (Hrsg.): Beyond Prejudice: From Outgroup Hostility to Intergroup Emotions. Philadelphia: Psychology Press 2002.
Markus, A. und R. Rasmussen (Hrsg.): Prejudice in the Public Arena: Racism. Victoria, Australia: Centre for Migrant and Intercultural Studies 1987.
Nelson, T. D.: The Psychology of Prejudice, 2. Aufl. Boston: Allyn and Bacon 2005.
Paluck, E. L. und, D. P. Green: Prejudice Reduction: What Works? A Review and Assessment of Research and Practice. Annual Review of Psychology 60 (2009). S. 339–367.
Pettigrew, T. F.: The Ultimate Attribution Error: Extending Allport's Cognitive Analysis of Prejudice. Personality and Social Psychology Bulletin 5 (1979). S. 461–476.
Pettigrew, T. F. und R. W. Meertens: Subtle and Blatant Prejudice in Western Europe. European Journal of Social Psychology 25 (1995). S. 57–75.
Pettigrew, T. F., J. S. Jackson, J. Ben Brika, G. Lemaine, R. W. Meertens, U. Wagner und A. Zick: Outgroup Prejudice in Western Europe. In: European Review of Social Psychology, Bd. 8. Hrsg. von W. Stroebe u. M. Hewstone. Chichester: Wiley and Sons 1998. S. 241–273.
Prentice, D. A. und D. T. Miller (Hrsg.): Cultural Divides: Understanding and Overcoming Group Conflict. New York: Russell Sage Foundation 1999.
Rydgren, Jens: Meso-level Reasons for Racism and Xenophobia: Some Converging and Diverging Effects of Radical Right Populism in France and Sweden. European Journal of Social Theory 6 (2003). S. 45–68.
Sidanius, J. und F. Pratto: Social Dominance: An Intergroup Theory of Social Hierarchy and Oppression. New York: Cambridge Univ. Press 1999.
Son Hing, L. S., G. A. Chung-Yan, L. K. Hamilton und M. P. Zanna: A Two-dimensional Model that Employs Explicit and Implicit Attitudes to Characterize Prejudice. Journal of Personality and Social Psychology 94 (2008). S. 971–987.
Steele, C. M.: A Threat in the Air: How Stereotypes Shape Intellectual Identity and Performance. American Psychologist 52 (1997). S. 613–629.

Tajfel, H., M. G. Billig, R. P. Bundy und C. Flament: Social Categorization and Intergroup Behaviour. In: European Journal of Social Psychology 1 (1971). S. 149–178.
Tajfel, H. und J. C. Turner: An Integrative Theory of Intergroup Conflict. In: The Social Psychology of Intergroup Relations. Hrsg. von W. G. Austin u. S. Worchel. Monterey, CA: Brooks/Cole 1979. S. 33–47.
Taylor, V. und T. Pettigrew: Prejudice. In: Encyclopedia of Sociology, 2. Aufl. (Hrsg.) von E. F. Borgatta u. R. J. V. Montgomery. New York: Macmillan 2000. S. 2242–2248.
Turner, J. C., M. A. Hogg, P. J. Oakes, S. D. Reicher und M. S. Wetherell (Hrsg.): Rediscovering the Social Group: A Self-categorization Theory. Oxford: Blackwell 1987.
Ustinov, Sir Peter: Achtung! Vorurteile. Hamburg: Hoffmann und Campe 2003.
Wagner, U. und A. Zick: The Relation of Formal Education to Ethnic Prejudice: Its Reliability, Validity and Explanation. European Journal of Social Psychology 25 (1995). S. 41–56.
de Weerdt, Y., H. de Witte, P. Castellani und P. Milesi: Turning Right? Socio-economic Change and the Receptiveness of European Workers to the Extreme Right. Leuven: Hoger Inst. voor de Arbeid (HIVA) 2004.
Wimmer, A.: Explaining Xenophobia and Racism: A Critical Review of Current Research Approaches. Ethnic and Racial Studies 20 (1997). S. 17–41.
Williams, D. R., H. W. Neighbors und J. S. Jackson: Racial/Ethnic Discrimination and Health: Findings from Community Studies. American Journal of Public Health 98 (2008). S. 29–37.
Zick, A.: Vorurteile und Rassismus – eine sozialpsychologische Analyse. Münster: Waxmann 1997.
Zick, A.: Aktueller Antisemitismus im Spiegel von Umfragen – ein Phänomen der Mitte. In: Aktueller Antisemitismus – ein Phänomen der Mitte. Hrsg. von M. Schwarz-Friesel, E. Friesel u. J. Reinharz. Berlin: de Gruyter 2010. S. 225–245.
Zick, A. und B. Küpper: Transformed Anti-Semitism – a Report on Anti-Semitism in Germany. International Journal of Conflict and Violence Research 7 (2005). S. 50–92.
Zick, A. und B. Küpper: „Die sind doch selbst schuld, wenn man was gegen sie hat!" – oder Wie man sich seiner Vorurteile entledigt. In: Deutsche Zustände, Folge 3. Hrsg. von W. Heitmeyer. Frankfurt a.M.: Suhrkamp 2005. S. 129–143.
Zick, A. und B. Küpper: Politische Mitte: Normal feindselig. In: Deutsche Zustände, Folge 4. Hrsg. von W. Heitmeyer. Frankfurt a.M.: Suhrkamp 2006. S. 115–134.
Zick, A., B. Küpper und A. Hövermann: Die Abwertung der Anderen. Eine europäische Zustandsbeschreibung zur Intoleranz, Vorurteilen und Diskriminierung. Berlin: Friedrich-Ebert Stiftung 2011. (In Englisch)
Zick, A., C. Wolf, B. Küpper, E. Davidov, P. Schmidt und W. Heitmeyer: The Syndrome of Group-focused Enmity: Theory and Empirical Test. Journal of Social Issues 64 (2008). S. 363–383.

Die Sozialpsychologie des Vorurteils

Rhiannon N. Turner und Miles Hewstone

1. Die Sozialpsychologie des Vorurteils

Will man wirksame Strategien zum Abbau von Vorurteilen entwickeln, so ist es zunächst unerlässlich zu verstehen, wodurch diese grundlegend hervorgerufen werden. Die Faktoren, die ihnen zugrunde liegen, sind ebenso zahlreich wie vielfältig und umfassen ein weites Spektrum historischer, wirtschaftlicher, politischer und soziologischer Einflüsse. In diesem Kapitel beschäftigen wir uns schwerpunktmäßig mit der sozialpsychologischen Komponente von Vorurteilen. Dabei werden wir in einem ersten Schritt eine Definition liefern und in diesem Zusammenhang auch erörtern, wie sich das Verständnis des Begriffs im Laufe der Zeit gewandelt hat.

Wenn es um Vorurteile geht, denken die meisten wahrscheinlich in erster Linie an Rassismus. In der sozialpsychologischen Forschung wird freilich eine weitaus größere Bandbreite unterschiedlicher Vorurteilstypen untersucht, die von rassistischer, sexistischer und Altersdiskriminierung bis hin zu Vorurteilen reicht, die sich auf Klasse, Behinderung, Religion, Körpergewicht oder auch sexuelle Orientierung beziehen. In diesem Kapitel konzentrieren wir uns auf das Phänomen des Vorurteils in seiner grundsätzlichen Bedeutung, stützen uns dabei aber auch auf Untersuchungen, die sich mit einer ganzen Reihe besonderer Vorurteilstypen befasst haben.

Wir werden auf drei allgemeine Ansätze eingehen, die theoretische Erklärungen zur Frage anbieten, wie und weshalb Vorurteile entstehen. Die Theorie des realistischen Gruppenkonflikts bezieht sich dabei auf praktisch bedeutsame Aspekte in Beziehungen zwischen Gruppen, die Anlass für vorurteilhaftes bzw. diskriminierendes Verhalten sein können. Motivationstheorien – wie zum Beispiel die Theorien der sozialen Identität, der Selbstkategorisierung, der Unsicherheitsreduktion oder die so genannte „Terror-Management-Theorie" – versuchen zu erklären, warum auch ohne jede realistische Veranlassung zwischen Gruppen Vorurteile entstehen können. Emotionstheorien – wie zum Beispiel die Theorie der Intergruppenemotionen, Untersuchungen zur Entmenschlichung von Fremdgruppen oder das Stereotypeninhaltsmodell – befassen sich mit der Vorgeschichte und den zuweilen verhängnisvollen Konsequenzen unserer Gefühlsreaktionen gegenüber Fremdgruppen. Zusammenfassend soll schließlich gezeigt werden, wie ein besseres Verständnis der Psychologie des Vorurteils die Entwicklung von Strategien zum Abbau von Vorurteilen ermöglicht, bei denen positive Kontakte zwischen Gruppen begünstigt werden und wir die Art und Weise, wie wir Menschen einstufen, ändern können.

2. Was versteht man unter Vorurteilen?

Der Begriff des Vorurteils ist in der Soziologie und Psychologie, aber auch in den Medien und der breiteren Öffentlichkeit ohne weiteres geläufig. Aber was genau ist damit gemeint? Zunächst wollen wir nun eine Definition dieses wie auch verwandter Begriffe liefern – des Stereotyps, der Diskriminierung und des *inter-group bias* –, die von Sozialpsychologinnen und -psychologen, die Beziehungen zwischen Gruppen untersuchen, sehr häufig verwendet werden. *Vorurteil* kann als negative Einstellung oder Empfindung einer sozialen Gruppe und ihren Mitgliedern gegenüber definiert werden.[1] *Stereotype* sind gemeinsame Merkmale, die Mitgliedern einer bestimmten sozialen Gruppe (sei es auf individueller oder kollektiver Ebene) zugeschrieben werden. Obwohl man negative Stereotype als Ausdrucksform von Vorurteilen betrachten kann, können Stereotype in ihrer Wertigkeit sowohl positiv als auch negativ sein. *Diskriminierung* bringt die Verhaltenskomponente von Vorurteilen zum Ausdruck, das heißt das Ausmaß, in dem Menschen negative Verhaltensweisen gegen eine soziale Gruppe oder deren Mitglieder richten. Obwohl man annehmen könnte, dass diese drei Begriffe eng miteinander verwandt sind, ist zu beachten, dass sie auf der empirischen Ebene oft auseinanderfallen können. So haben etwa Victoria Esses, Geoffrey Haddock und Mark Zanna festgestellt, dass die Stereotype kanadischer Versuchspersonen über bestimmte Fremdgruppen keine Vorhersage über das Ausmaß von gegen diese Gruppen gehegten Vorurteilen erlaubten.[2]

Der Begriff des *inter-group bias* verweist auf die systematische Tendenz, die Gruppe, der man selbst angehört, (die Eigengruppe) oder deren Mit-

---

[1] Die Ausführungen unseres Kapitels stützen sich auf diese sehr einfache Definition. Dabei ist uns durchaus bewusst, dass es komplexere Formen von Vorurteilen geben kann, die von vielschichtigen Motiven herrühren. Vorurteile können zum Beispiel in der Form explizit (bewusst) positiver Einstellungen auftreten, während die betreffenden Menschen gleichzeitig eine implizit (unbewusst) negative Einstellung haben. Mit diesem Zusammenhang werden wir uns nachfolgend noch im Rahmen unserer Erörterung des so genannten „aversiven Rassismus" auseinandersetzen.

[2] Esses, Victoria M., Geoffrey Haddock und Mark P. Zanna: Values, Stereotypes, and Emotions as Determinants of Inter-group Attitudes. In: Affect, Cognition, and Stereotyping: Interactive Processes in Group Perception. Hrsg. von Diane M. Mackie und David L. Hamilton. San Diego: Academic Press 1993. S. 137–166.

glieder vorteilhafter zu beurteilen als eine Gruppe, der man nicht angehört, (die Fremdgruppe) bzw. auch deren Mitglieder.[3] Diese Tendenz zur Unterstützung der Interessen der Eigengruppe kann die Form der Bevorzugung der Eigengruppe (Eigengruppen-Favorisierung) wie auch der Beeinträchtigung der Fremdgruppe (Fremdgruppen-Abwertung) annehmen. Obwohl der Begriff des *inter-group bias* häufig gleichermaßen für die Beschreibung von Eigengruppen-Favorisierung wie von Fremdgruppen- Abwertung verwendet wird, hat Marilynn Brewer darauf hingewiesen, dass „Liebe zur Eigengruppe kein zwangsläufiger Wegbereiter für Hass auf Fremdgruppen ist".[4] *Inter-group bias* ist in erster Linie vom Wunsch getragen, den Zusammenhalt innerhalb der eigenen Gruppe zu fördern und zu entwickeln – und nicht so sehr den Gegensatz zur Fremdgruppe. Tatsächlich nehmen wir uns als anderen Mitgliedern der Eigengruppe ähnlich wahr, nehmen wir die Eigengruppe kognitiv in unser Selbst auf[5] und setzen auch unser Vertrauen in sie[6]. Brewer warnte allerdings auch davor, dass die Favorisierung der Eigengruppe durchaus zur Brutstätte von Vorurteilen werden kann, insofern sie mit einer Wahrnehmung vermeintlicher Überlegenheit anderen gegenüber einhergeht.

2.1 Alte und neue Vorurteile

Vorurteile sind alles andere als statisch; ihr Wesen hat sich im Laufe der Zeit gewandelt. In früheren Zeiten galt es ohne weiteres als akzeptabel, anderen Gruppen gegenüber – und speziell im Hinblick auf ethnische Minderheiten – Vorurteile offen zum Ausdruck zu bringen. Sie waren sogar nicht selten staatlich legitimiert. In den Südstaaten der USA war die Rassentrennung zum Beispiel bis 1964 gesetzlich verankert; in Südafrika war die *Apartheid* – ein System der Rassentrennung, in dem die schwarze Mehrheit von der weißen Minderheit als Menschen zweiter Klasse behandelt wurde – von 1948 bis 1993 in Kraft. In beiden Fällen handelte es sich um weit ver-

---

[3] Vgl. z.B. Hewstone, Miles, Mark Rubin und Hazel Willis: Inter-group Bias. In: Annual Review of Psychology 53 (2002). S. 575–604.

[4] Brewer, Marilynn B.: The Psychology of Prejudice: In-group Love or Out-group Hate? In: Journal of Social Issues 55 (1999). S. 429–444, hier S. 442.

[5] Vgl. z.B. Smith, Eliot R. und Susan Henry: An In-group Becomes Part of the Self: Response Time Evaluation. In: Personality and Social Psychology Bulletin 22 (1996). S. 635–642.

[6] Vgl. z.B. Insko, Chester A., John Schopler, Michael B. Pemberton, Jennifer Wieselquist, Stacy A. McIlraith, David P. Currey und Lowell Gaertner: Long-term Outcome Maximization and the Reduction of Interindividual Inter-group Discontinuity. In: Journal of Personality and Social Psychology 75 (1998). S. 695–711.

breitete und *althergebrachte Vorurteile*, um eine unverhohlene Äußerung negativer und unfairer Einstellungen und Stereotype, mit denen andere aufgrund ihrer Zugehörigkeit zu einer bestimmten Gruppe diskriminiert wurden.

Es steht außer Zweifel, dass es solche traditionellen Vorurteile auch heute noch gibt. Deutliche Belege dafür sind etwa die Aktionen von Neonazi-Gruppen in vielen Teilen Europas und die rassistisch motivierten *hate crimes*, über die wir in den Medien lesen. Es ist allerdings auch augenscheinlich, dass das Ausmaß an offen geäußerten Vorurteilen zwischen den 1940er und 1980er Jahren dramatisch zurückgegangen ist. So konnten Howard Schuman, Charlotte Steeh und Lawrence Bobo für die Vereinigten Staaten belegen, dass der Anteil der Befürworter von Rassenintegration in den Schulen von 32 Prozent im Jahre 1942 auf 90 Prozent im Jahre 1982 zunahm, während der Prozentsatz der Wählerinnen und Wähler, die bereit waren, für einen schwarzen Präsidentschaftskandidaten zu stimmen, von 37 im Jahre 1958 auf 81 im Jahre 1983 anstieg.[7]

In dem Maße, als die Einstellungen zu Fremdgruppen positiver geworden sind, haben die gesellschaftlichen Normen zunehmend demotivierende Wirkung auf Vorurteile und Diskriminierungen gegen ethnische Minderheiten und andere Randgruppen, und diejenigen, die sich diesen Normen nicht anpassen wollen, riskieren vermehrt Missbilligung, Zurechtweisung oder Strafe.[8] In den Vereinigten Staaten, Großbritannien und anderen europäischen Ländern gibt es zum Beispiel Gesetze zur Durchsetzung der Chancengleichheit für alle, unabhängig von ihrer Volksgruppenzugehörigkeit, Religion, ihrem Geschlecht oder ihrer sexuellen Orientierung. Es wäre aber gewiss falsch anzunehmen, dass es keine Vorurteile mehr gäbe, bloß weil es nicht mehr so salonfähig ist, entsprechende Haltungen offen zum Ausdruck zu bringen. Während sich viele Menschen nach außen hin zu positiven Einstellungen gegenüber Fremdgruppen bekennen, bringen sie ihre Vorurteile tatsächlich oft in indirekter, unterschwelliger oder verstohlener Weise zum Ausdruck.[9]

---

[7] Schuman, Howard, Charlotte Steeh und Lawrence Bobo: Racial Attitudes in America: Trends and Interpretations. Cambridge: Harvard University Press 1985.

[8] Vgl. z.B. Blanchard, Fletcher A., Teri Lilly und Leigh A. Vaughn: Reducing the Expression of Racial Prejudice. In: Psychological Science 2 (1991). S. 101–105; Monteith, Margo J., Nicole E. Deneen und Gregory D. Tooman: The Effect of Social Norm Activation on the Expression of Opinions Concerning Gay Men and Blacks. In: Basic and Applied Social Psychology 18 (1996). S. 267–288.

[9] Vgl. Crosby, Faye, Stephanie Bromley und Leonard Saxe: Recent Unobtrusive Studies of Black and White Discrimination and Prejudice: A Literature Review. In: Psychological Bulletin 87 (1980). S. 546–563; Gaertner, Samuel L. und John F. Dovidio: Prejudice, Discrimination, and Racism: Problems, Progress and Promise.

Angesichts dieser Diskrepanz zwischen offen bekundeten Einstellungen und verdeckt erkennbaren Verhaltensweisen gegenüber Fremdgruppen wurde in der sozialpsychologischen Forschung zunehmend die Frage diskutiert, ob sich Vorurteile heute in anderer, vor allem auch unauffälligerer Form äußern als in früheren Zeiten. Die *Modern Racism Scale*[10] war das erste Erhebungsverfahren für zeitgenössische Formen von Rassismus. Die Vertreterinnen und Vertreter dieser Forschungsperspektive argumentieren, dass eine direkte Äußerung rassistischer Einstellungen vielen Menschen inzwischen zu unbehaglich geworden ist und sie ihren Rassismus stattdessen lieber in der Form zum Ausdruck bringen, dass sie politische Orientierungen unterstützen, die Minderheiten indirekt benachteiligen, wie zum Beispiel durch die Ablehnung von gezielten Förderprogrammen (*Affirmative Action*) oder von Sozialleistungen zugunsten diskriminierter Gruppen. Auf diese Weise können moderne Rassisten ihre tatsächlichen Überzeugungen zur Geltung bringen, ohne offen gegen die egalitären Normen der Gesellschaft zu verstoßen.

Irwin Katz und Glen Hass konnten mit ihrer Konzeption eines *ambivalenten Rassismus* eine weitere Form von in unserer Zeit sehr verbreiteten Vorurteilen erfassen.[11] Viele Weiße haben dieser Sichtweise zufolge widersprüchliche Einstellungen zu Minderheitengruppen: Einerseits hätten sie durchaus das Empfinden, dass diese benachteiligt sind und daher Mitgefühl verdienen; andererseits fänden sie aber auch, dass sie sich nicht an die gesellschaftlichen Normen von harter Arbeit und individuellem Erfolgsstreben hielten. Je zwiespältiger in diesem Sinn die Haltungen einer Person zu Fremdgruppen seien, desto gegensätzlicher würden auch ihre Reaktionen auf sie ausfallen. So konnten Katz, Joyce Wackenhut und Hass zum Beispiel feststellen, dass mit der Intensität ambivalent-rassistischer Einstellungen die Tendenz zunimmt, Schwarze für altruistische Handlungen zu loben, sie aber gleichzeitig auch der Unfähigkeit zu bezichtigen.[12] Ein paralleler Ansatz

---

In: Prejudice, Discrimination, and Racism. Hrsg. von John F. Dovidio und Samuel L. Gaertner. Orlando: Academic Press 1986. S. 315–332; Sears, David O. und Donald R. Kinder: Whites' Opposition to Busing: On Conceptualizing and Operationalizing Group Conflict. In: Journal of Personality and Social Psychology 48 (1985). S. 1148–1161.

[10] McConahay, John B. und Joseph C. Hough: Symbolic Racism. In: Journal of Social Issues 32 (1976). S. 23–45.

[11] Katz, Irwin und Glen R. Hass: Racial Ambivalence and American Value Conflict: Correlational and Priming Studies of Dual Cognitive Structures. In: Journal of Personality and Social Psychology 55 (1988). S. 893–905.

[12] Katz, Irwin, Joyce Wackenhut und Glen R. Hass: Racial Ambivalence, Value Duality, and Behavior. In: Prejudice, Discrimination, and Racism. Hrsg. von John F. Dovidio und Samuel L. Gaertner. Orlando: Academic Press 1986. S. 35–59.

wurde auch zur Erfassung von *ambivalentem Sexismus* entwickelt, um zeitgenössische Vorurteile von Männern gegenüber Frauen erklärbarer zu machen.[13]

Samuel Gaertner und John Dovidio beschreiben eine ähnliche zeitgenössische Form von Vorurteilen, die sie als *aversiven Rassismus* bezeichnen.[14] Viele Weiße befürworten zwar moderne egalitäre Werte und schätzen sich selbst als unvoreingenommen ein, hegen aber gleichzeitig unbewusst negative Gefühle gegenüber Minderheiten, die vorwiegend von in der Gesellschaft verankerten negativen Stereotypen herrühren. Trotz guter Vorsätze bewirken die inneren Konflikte zwischen positiven und negativen Einstellungen zu Fremdgruppen bei aversiven Rassisten Unbehagen, Beklommenheit und Angst, was sie dazu bringt, den Umgang mit deren Angehörigen zu meiden. Gaertner und Dovidio stellten fest, dass es – im Gegensatz zu Rassisten alten Typs, die ihre Vorurteile und diskriminierenden Einstellungen durchwegs offen zum Ausdruck bringen – bei aversiven Rassisten kontextabhängig ist, ob oder inwieweit sie diskriminierendes Verhalten an den Tag legen. Die beiden Sozialpsychologen ließen weiße Versuchspersonen einen simulierten Notfall mit einem schwarzen bzw. weißen Opfer beobachten. Je nach Versuchsanordnung wurde ihnen dabei der Eindruck vermittelt, dass sie entweder allein oder in Gegenwart anderer Zeuge dieses Vorfalls würden. Hielten die Versuchspersonen sich für die einzigen Zeugen, erwies sich die Wahrscheinlichkeit, dass sie dem schwarzen ebenso wie dem weißen Opfer helfen würden, als gleich groß. Waren sie hingegen der Meinung, es gäbe noch andere Zeugen (und damit weitere mögliche Helfer), war die Wahrscheinlichkeit, dass sie dem weißen statt dem schwarzen Opfer helfen würden, doppelt so hoch.[15] Wenn aversive Rassisten also die Möglichkeit haben, ihr diskriminierendes Verhalten aufgrund eines Umstands zu rationalisieren, der nichts mit „Rasse" zu tun hat (dass sie etwa nicht persönlich für eine Hilfeleistung verantwortlich wären), werden ihre Vorurteile zum Tragen kommen.

Die Entwicklung einer Gesellschaft in Richtung des Ideals sozialer Gleichheit kann im Sinne einer Bewegung zwischen verschiedenen Stadien

---

[13] Glick, Peter und Susan T. Fiske: The Ambivalent Sexism Inventory: Differentiating Hostile and Benevolent Sexism. In: Journal of Personality and Social Psychology 70 (1996). S. 491–512.

[14] Gaertner und Dovidio, Prejudice, 1986; Gaertner, Samuel L. und John F. Dovidio: Understanding and Addressing Contemporary Racism: From Aversive Racism to the Common In-group Identity Model. In: Journal of Social Issues 61 (2005). S. 615–639.

[15] Gaertner, Samuel L. und John F. Dovidio: The Subtlety of White Racism, Arousal, and Helping Behavior. In: Journal of Personality and Social Psychology 35 (1977). S. 691–707.

verstanden werden, die in etwa den beschriebenen Vorurteilstypen entsprechen: vom alten unverhohlenen Vorurteil über modernere Vorurteilsformen bis hin zur konsequenten Umsetzung des Gleichheitsprinzips.[16] Bisherige Forschungsergebnisse weisen darauf hin, dass sich die westlichen Gesellschaften derzeit im mittleren Stadium – jenem der modernen Formen des Vorurteils – befinden, in dem wir zwar egalitäre soziale Normen befürworten, aber oft Schwierigkeiten haben, ihnen im täglichen Leben zu entsprechen. Es liegt auf der Hand, dass es uns in diesem Stadium besonders widerstrebt, unsere Vorurteile Sozialforschern gegenüber einzugestehen. Glücklicherweise erlauben uns Fortschritte in der Untersuchungsmethodik, nicht nur das zu erheben, was Versuchspersonen freiwillig über sich sagen, sondern auch ihre unwillkürlichen Reaktionen auf Fremdgruppen.

2.2 Explizite und implizite Vorurteile

Bis vor noch nicht so langer Zeit stützte sich die Vorurteilsforschung im Wesentlichen auf die Erfassung expliziter Einstellungen zu Fremdgruppen. *Explizite Einstellungen* sind bewusst, abwägend und kontrollierbar. Sie werden üblicherweise durch traditionelle Erhebungsmethoden erfasst, bei denen die Befragten angeben, wie positiv oder negativ ihre Einstellungen, Gefühle oder Stereotype den Mitgliedern einer anderen Gruppe gegenüber sind. Solche Methoden werden zwar seit langem generell zur Untersuchung von Vorurteilen eingesetzt, leiden aber unter dem unvermeidlichen Manko, dass sie vom Motiv sozialer Erwünschtheit beeinflusst werden.[17] Wir werden generell vom Wunsch geleitet, von anderen in einem positiven Licht gesehen zu werden; zugleich stehen wir unter dem Einfluss einer mächtigen zeitgenössischen Norm von Gleichheit und Toleranz zwischen sozialen Gruppen. Möglicherweise geben also viele Befragte nicht ihre tatsächlichen Einstellungen zu Fremdgruppen an, da ihnen bewusst ist, dass diese sozial verpönt sind. Diesem Problem versucht man teilweise dadurch beizukommen, dass die Befragten ihre Fragebögen anonym ausfüllen. Dabei bleibt allerdings immer noch die Möglichkeit bestehen, dass manche Menschen ihre Vorurteile nicht einmal sich selbst gegenüber eingestehen möchten.

In jüngerer Zeit setzt man die so genannte Reaktionszeit-Methode ein (bei der man misst, wie lange Versuchspersonen benötigen, um Fragen zu

---

[16] Kleinpenning, Gerard und Louk Hagendoorn: Forms of Racism and the Cumulative Dimension of Ethnic Attitudes. In: Social Psychology Quarterly 56 (1993). S. 21–36.

[17] Hewstone et al., Inter-group, 2002; Plant, Elizabeth Ashby und Patricia G. Devine: Internal and External Motivation to Respond without Prejudice. In: Journal of Personality and Social Psychology 75 (1998). S. 811–832.

beantworten), um implizite Maßstäbe zur Erhebung von Vorurteilen zu entwickeln. *Implizite Einstellungen* sind durch den Umstand gekennzeichnet, dass sie unbeabsichtigt durch die bloße (tatsächliche oder symbolische) Anwesenheit eines entsprechenden Objekts aktiviert werden, auf das sie sich beziehen. Man nimmt an, dass sie durch die wiederholte Paarung bzw. Verknüpfung einer Kategorie (zum Beispiel einer ethnischen oder geschlechtsbezogenen Gruppe) mit einer Bewertung (zum Beispiel positiv oder negativ) entstehen. Ihre Existenz und konkrete Wirksamkeit konnte mithilfe einer Reihe unterschiedlicher Testverfahren belegt und genauer erfasst werden, die von der Erhebung latenter Reaktionen über Priming- und Gedächtnisaufgaben bis zu physiologischen Messungen reicht.[18] Zwei Methoden, die dabei besonders häufig eingesetzt werden, sind der *Implizite Assoziationstest* (IAT)[19] und das Verfahren des *Evaluativen Primings*.[20]

Der IAT wird am Computer durchgeführt und umfasst fünf Aufgaben, zu deren Lösung die Versuchspersonen mit zwei Tasten Reize, die im Zentrum des Bildschirms gezeigt werden, einer von zwei Kategorien zuordnen sollen. Ein Beispiel für die Anwendung der Methode, bei der der implizite *intergroup bias* im Hinblick auf „schwarz" und „weiß" erhoben wird, läuft folgendermaßen ab: Die Versuchspersonen klassifizieren zunächst am Bildschirm präsentierte Wörter (zum Beispiel: Regenbogen, Sonnenschein, Übel, Schmerz) als positiv oder negativ. Eine zweite Aufgabe besteht darin, auf Fotografien abgebildete Gesichter als schwarz oder weiß einzustufen. Bei der dritten Aufgabe wird den Versuchspersonen eine Mischung aus positiven und negativen Wörtern sowie schwarzen und weißen Gesichtern dargeboten, die sie durch Tastendruck entweder als „weiß oder positiv" oder als „schwarz oder negativ" klassifizieren sollen. Die vierte Aufgabe besteht aus einer Wiederholung der zweiten, wobei die Bildschirm-Positionen für die Einstufung ausgetauscht sind, sodass die Versuchspersonen die schwarzen und weißen Gesichter nunmehr auf der jeweils entgegengesetzten Seite des Bildschirms zuordnen müssen. Bei der fünften Aufgabe handelt es sich um eine Wiederholung der dritten, nur dass die Versuchspersonen die Reize

---

[18] Dovidio, John F., Kerry Kawakami und Kelly R. Beach: Implicit and Explicit Attitudes: Examination of the Relationship between Measures of Inter-group Bias. In: Blackwell Handbook of Social Psychology: Inter-group Relations. Hrsg. von Rupert Brown und Samuel L. Gaertner. Malden: Blackwell 2001. S. 175–197.

[19] Greenwald, Anthony G., Debbie E. McGee und Jordan L. K. Schwartz: Measuring Individual Differences in Implicit Cognition: The Implicit Association Test. In: Journal of Personality and Social Psychology 74 (1998). S. 1464–1480.

[20] Fazio, Russell H., Joni R. Jackson, Bridget C. Dunton und Carol J. Williams: Variability in Automatic Activation as an Unobtrusive Measure of Racial Attitudes: A Bona Fide Pipeline? In: Journal of Personality and Social Psychology 69 (1995). S. 1013–1027.

dieses Mal entweder als „schwarz oder positiv" oder als „weiß oder negativ" klassifizieren müssen. Für die Erfassung von Indikatoren für implizite Einstellungen ist der dritte und fünfte Testabschnitt entscheidend. Typischerweise neigen Menschen dazu, ihre eigene Gruppe (im Vergleich zur Fremdgruppe) mit positiven Reizen und die Fremdgruppe (im Vergleich zur Eigengruppe) mit negativen Reizen zu verbinden, und bestätigen somit ihre Tendenz zu einem impliziten *inter-group bias*.[21] In diesem Sinne sind weiße Versuchspersonen im dritten Testabschnitt – wenn es darum geht, „weiß und positiv" bzw. „schwarz und negativ" zu paaren – im Allgemeinen schneller als bei der fünften Aufgabe, bei der sie „weiß und negativ" bzw. „schwarz und positiv" paaren sollen.

Bei der Methode des *Evaluativen Priming* werden den Versuchspersonen zunächst unterschwellige, entweder für die Eigen- oder die Fremdgruppe charakteristische Reize dargeboten (zum Beispiel Fotos von Angehörigen der Eigen- oder Fremdgruppe), bevor sie dann mit positiven oder negativen Reizen konfrontiert werden (zum Beispiel mit positiven oder negativen Begriffen oder Bildern), die sie so schnell wie möglich den entsprechenden Wertungen zuordnen müssen. *Inter-group bias* erweist sich in diesem Zusammenhang darin, dass Versuchspersonen im Allgemeinen nach einem Eigengruppen-Priming rascher auf positive Begriffe reagieren, nach einem Fremdgruppen-Priming hingegen rascher auf negative.

Insgesamt weisen implizite und explizite Einstellungen also mehrere wesentliche Unterschiede auf. Erstens ist bei der Erhebung impliziter Haltungen die Wahrscheinlichkeit geringer, dass ihre Ergebnisse vom Motiv sozialer Erwünschtheit beeinflusst werden, da die Versuchspersonen ihre Einstellungen nicht direkt zum Ausdruck bringen müssen. Entsprechende Verfahren sind daher besonders in Zusammenhängen von großem Interesse, in denen verpönte Vorurteile gegenüber bestimmten sozialen Gruppen untersucht werden. Zweitens sind implizite Haltungen – wie Timothy Wilson, Samuel Lindsey und Tonya Schooler erläutern – im Gegensatz zu expliziten Einstellungen, die sich relativ leicht wandeln, wie alte Gewohnheiten, die man nur mit weitaus größerer Mühe ablegen kann; demensprechend wären auf Einstellungsänderungen zielende Strategien auch auf expliziter Ebene mit höherer Wahrscheinlichkeit erfolgreich als auf impliziter Ebene.[22] Drittens beeinflussen explizite und implizite Vorurteile das Verhalten auf unterschiedliche Weise. Während sich Erhebungen expliziter Einstellungen zu Fremdgruppen auf abwägende Verhaltensweisen konzentrieren,[23] zielen

---

[21] Ein Demonstrationsbeispiel findet sich unter www.implicit.harvard.edu.
[22] Wilson, Timothy D., Samuel Lindsey und Tonya Y. Schooler: A Model of Dual Attitudes. In: Psychological Review 107 (2000). S. 101–126.
[23] Fazio et al., Variability, 1995.

Erhebungen impliziter Einstellungen auf die Erfassung subtiler, indirekter und spontan-nonverbaler Verhaltensweisen.[24]

Man nimmt an, dass das Ausmaß, in dem sich implizite und explizite Einstellungen ähneln, in systematischer Weise davon abhängt, ob oder inwieweit Versuchspersonen sowohl *motiviert* sind als auch *Gelegenheit* haben, ihre expliziten Einstellungen unter Kontrolle zu halten.[25] Bei Themen, bei denen die Motivation, die eigenen Einstellungen zu kontrollieren, schwach ausgeprägt ist, sollte die Übereinstimmung zwischen expliziten und impliziten Haltungen also größer sein als bei gesellschaftlich heiklen Fragen, bei denen es Versuchspersonen für notwendig erachten, auf sozial erwünschte Weise zu reagieren.[26] Im Einklang mit dieser Annahme haben Rhiannon Turner, Miles Hewstone und Alberto Voci festgestellt, dass impliziter und expliziter *inter-group bias* unter südasiatischen und weißen britischen Versuchspersonen nur dann übereinstimmte, wenn die Beziehungen zwischen den Gruppen extrem negativ waren und die Versuchspersonen es möglicherweise für gerechtfertigt hielten, explizit negative Einstellungen zur jeweiligen Fremdgruppe unverhohlen zum Ausdruck zu bringen.[27]

Zusammenfassend kann gesagt werden, dass Vorurteile unter mehreren unterschiedlichen Blickwinkeln begriffen werden können: als Einstellungen, Stereotype oder Verhaltensweisen, die entweder in einer unverhohlenen oder in einer subtileren, aversiven oder ambivalenten Form zum Ausdruck kommen können, wie auch als explizite oder implizite Phänomene. Dabei ist zu betonen, dass keines dieser besonderen Konstrukte den Anspruch erheben kann, Vorurteile in ihrem „eigentlichen Wesen" zu erfassen. Vielmehr kann jeder dieser Aspekte von unterschiedlichen Faktoren beeinflusst werden und sich unterschiedlich auf Beziehungen zwischen Gruppen auswirken.

---

[24] Vgl. z.B. McConnell, Allen R. und Jill M. Leibold: Relations among the Implicit Association Test, Discriminatory Behavior, and Explicit Measures of Racial Attitudes. In: Journal of Experimental Social Psychology 37 (2001). S. 435–442.

[25] Fazio, Russell H. und Michael A. Olson: Implicit Measures in Social Cognition Research: Their Meaning and Use. In: Annual Review of Psychology 54 (2003). S. 297–327; Wilson et al., Model, 2000.

[26] Swanson, Jane E., Laurie A. Rudman und Anthony G. Greenwald: Using the Implicit Association Test to Investigate Attitude-behaviour Consistency for Stigmatized Behaviour. In: Cognition and Emotion 15 (2001). S. 207–230.

[27] Turner, Rhiannon N., Miles Hewstone und Alberto Voci: Reducing Explicit and Implicit Out-group Prejudice via Direct and Extended Contact: The Mediating Role of Self-disclosure and Inter-group Anxiety. In: Journal of Personality and Social Psychology 93 (2007). S. 369–388.

3. Sozialpsychologische Ursachen von Vorurteilen

Aufzuzeigen und zu erklären, *warum* Menschen Vorurteile haben, ist seit langem einer der wichtigsten Schwerpunkte in der Theorie und Praxis sozialpsychologischer Forschung. Die Bedeutung dieses Anliegens liegt auf der Hand: Wenn wir nicht verstehen, warum Menschen überhaupt Vorurteile haben, sind Versuche, Strategien zum ihrem Abbau zu entwickeln, zum Scheitern verurteilt. Im vergangenen halben Jahrhundert sind zahlreiche Theorien entstanden, in denen eine Vielzahl von wissenschaftlichen Perspektiven zum Ausdruck kommt. Während die in den Anfängen dieser Forschungstradition entwickelten Theorien sich vor allem mit individuellen Unterschieden bei vorurteilshaften Einstellungen beschäftigten,[28] konzentrieren sich neuere Theorien mehr auf den Zusammenhang der Beziehungen zwischen Gruppen und beleuchten dabei realistische Konflikte, wesentliche Motivationen wie auch emotionale Prozesse, die Vorurteilen zugrunde liegen. In den nachfolgenden Abschnitten setzen wir uns mit diesen aktuellen Ansätzen und ihrem Beitrag zu unserem Verständnis von Vorurteilen auseinander.

3.1 Realistische Ursachen von Vorurteilen

Betrachtet man verschiedenste Gruppenbeziehungen in der heutigen Welt, so sind handfeste Ursachen für wechselseitige Antipathien zwischen so manchen Gruppen durchaus augenfällig. So gibt es in vielen Fällen einen geschichtlichen Hintergrund, der von Konflikten, Ungerechtigkeiten oder ungleichen Zugängen zu Macht und Ressourcen gekennzeichnet ist. Donald Campbell setzte sich mit den Auswirkungen handgreiflich-materieller Konflikte auf Vorurteile auseinander, die zwischen Gruppen bestehen, und er stellte fest, dass diese oft auf einem Wettstreit um knappe Ressourcen beruhten.[29] Für diesen Erklärungsansatz prägte er die Bezeichnung der realistischen Gruppenkonflikttheorie. Campbell vertrat die These, dass zwei Gruppen negativ aufeinander reagieren und einander mit Vorurteilen und Feindseligkeit begegnen, wenn sie unvereinbare Interessen verfolgen und eine Gruppe daher auf Kosten der anderen Vorteile für sich erringt.

---

[28] Vgl. z.B. Adorno, Theodor. W., Else Frenkel-Brunswick, Daniel J. Levinson und R. Nevitt Sanford: The Authoritarian Personality. New York: Harper & Row 1950.
[29] Campbell, Donald T.: Ethnocentric and Other Altruistic Motives. In: Nebraska Symposium on Motivation. Hrsg. von D. Levine. Lincoln: University of Nebraska Press 1965. S. 283–301.

Diese Theorie wurde in einer Reihe klassischer Feldstudien getestet, die von Muzafer Sherif und seinen Kollegen durchgeführt wurden und in deren Verlauf das Gruppenverhalten von Buben in einem amerikanischen Sommerlager beobachtet wurde.[30] Bei ihrer Ankunft im Ferienlager wurden die Jungen in zwei Teams aufgeteilt (wobei Freunde bewusst verschiedenen Teams zugeordnet wurden). In der Folge nahmen sie an einer Reihe von Wettkämpfen teil, bei denen die Siegerteams Preise erhielten und die Verlierer leer ausgingen („Nullsummen"-Spiele). Im Einklang mit den Annahmen der Theorie der realistischen Gruppenkonflikte zeigten die Jungen bald eine ausgeprägte Bevorzugung der Eigengruppe und waren auch fast ausschließlich mit Mitgliedern der Eigengruppe befreundet. Sie verhielten sich den Mitgliedern der Fremdgruppe gegenüber oft feindselig, wobei sie zum Beispiel das Banner des gegnerischen Teams verbrannten oder auch dessen Unterkünfte verwüsteten.

Nachdem sie somit festgestellt hatten, dass Wettbewerb und negative Wechselbeziehungen zu Konflikten zwischen den Gruppen führten, stellten Sherif und seine Kollegen den Jungen Aufgaben, die mit Kooperation und positiven Wechselbeziehungen verknüpft waren. Eine dieser Aufgaben war mit einer Panne ihres gemeinsam benützten Busses verbunden; nur mit vereinten Kräften konnten die beiden Teams den Bus durch Anschieben wieder in Gang bringen und so ihr Fahrziel erreichen. Erst nachdem ihnen eine ganze Reihe solcher „übergeordneten" Ziele vorgegeben worden war, wurden die Mitglieder der beiden gegnerischen Gruppen im Umgang zueinander freundlicher und legten auch weniger Bevorzugung der Eigengruppe an den Tag – womit gezeigt werden konnte, dass Konflikte zwischen Gruppen abgebaut werden können, wenn diese sich um die Erreichung von Zielen bemühen, die sich wechselseitig begünstigen statt vereiteln.

Diese Ergebnisse konnten auch in späteren Feldstudien und experimentellen Untersuchungen bestätigt werden. Marilynn Brewer und Donald Campbell erhoben die Einstellungen zu Fremdgruppen in dreißig ostafrikanischen Stammesgruppen und fanden, dass die gegenseitige Abwertung zwischen unmittelbar benachbarten Gruppen größer war als in anderen Fällen.[31] Sie stellten die Hypothese auf, dass sich darin eine schärfere Konkurrenz mit benachbarten Stämmen um knappe Ressourcen wie Weideland und Wasser spiegeln könnte. In einer experimentellen Untersuchung kamen Stephen

---

[30] Sherif, Muzafer und Carolyn W. Sherif: Groups in Harmony and Tension. New York: Harper 1953; Sherif, Muzafer, B. Jack White und O.J. Harvey: Status in Experimentally Produced Groups. In: American Journal of Sociology 60 (1955). S. 370–379.

[31] Brewer, Marilynn B. und Donald T. Campbell: Ethnocentricism and Inter-group Attitudes: East African Evidence. Oxford: Sage 1976.

Worchel, Virginia Andreoli und Robert Folger zum Ergebnis, dass Versuchspersonen, denen suggeriert wurde, sie stünden im Wettbewerb mit einer zweiten Gruppe, dieser gegenüber eine negativere Einstellung hatten als Versuchspersonen, die den Eindruck hatten, sie würden mit ihr kooperieren.[32]

Die Theorie des realistischen Gruppenkonflikts kann sich nicht nur auf empirische Belege stützen; sie bietet auch schlüssige Erklärungsansätze für konkrete Konflikte zwischen Gruppen, die häufig genug durch wirtschaftliche und politische Gegensätze ausgelöst werden. Bei diesem Erklärungsansatz wird allerdings auch eine wesentliche Einschränkung erkennbar. Bei ihren Sommercamp-Untersuchungen beobachteten Sherif und seine Kollegen, dass die Jungen, die einander vorher nicht gekannt hatten, unmittelbar ein von *inter-group bias* beeinflusstes Verhalten an den Tag legten, sobald sie in ihre Gruppen aufgeteilt waren – ungeachtet des Umstands, dass diese Aufteilung auf reinem Zufall beruhte. Schon vor dem Beginn der Phase der Wettkämpfe begannen die Gruppenmitglieder spontan, sich aneinander zu messen und sich jeweils als die bessere Gruppe darzustellen. Obwohl es also häufig realistische Erklärungen für Konflikte zwischen Gruppen gibt, scheint es demnach, dass Wettbewerb keine *unabdingbare* Vorbedingung für *inter-group bias* darstellt. Im folgenden Abschnitt werden wir systematische Hinweise erörtern, die dafür sprechen, dass allein schon die Einstufung von Personen in Gruppen ausreicht, um *inter-group bias* hervorzurufen, und werden uns mit den möglichen Ursachen für diese erstaunliche Wirkung auseinandersetzen.

3.2 Motivationale Ursachen von Vorurteilen

In den 1950er Jahren stellte Gordon Allport fest, dass Menschen dazu neigen, nicht nur Objekte, sondern auch Personen in Gruppen einzuteilen, und er meinte, dass diese Kategorisierung eine wesentliche Grundlage für Vorurteile gegen Fremdgruppen darstelle.[33] Henri Tajfel und seine Kollegen gingen in den 1970er Jahren mit ihren klassischen Forschungsarbeiten einen Schritt weiter und untersuchten die Frage, ob bereits die bloße Kategorisierung von Menschen – ohne dass zwischen Gruppen irgendwelche Unstimmigkeiten oder Konflikte bestünden – zu *inter-group bias* führen würde.[34] Zu diesem

---

[32] Worchel, Stephen, Virginia A. Andreoli und Robert Folger: Inter-group Cooperation and Inter-group Attraction: The Effect of Previous Interaction and Outcome of Combined Effort. In: Journal of Experimental Social Psychology 13 (1977). S. 131–140.
[33] Allport, Gordon W.: The Nature of Prejudice. Cambridge: Perseus 1954.
[34] Tajfel, Henri, Claude Flament, Michael Billig und R. F. Bundy: Social Categorization and Inter-group Behaviour. In: European Journal of Social Psychology 1 (1971). S. 149–178.

Zweck entwickelten sie das so genannte *Minimalgruppen-Paradigma*, eine experimentelle Anordnung, bei der Versuchspersonen auf einer willkürlichen Grundlage einer von zwei Gruppen zugeordnet werden.

Den Versuchspersonen wurden Dias mit einer Reihe abstrakter Gemälde zweier Künstler (Paul Klee und Wassily Kandinsky) gezeigt; anschließend wurden sie gebeten anzugeben, welcher ihnen besser gefalle. Danach wurde ihnen mitgeteilt, dass sie aufgrund ihrer persönlichen Vorliebe der „Klee-Gruppe" oder der „Kandinsky"-Gruppe zugeordnet worden seien, obwohl die Zuteilung in Wirklichkeit rein zufällig erfolgt war. Anschließend wurden die Versuchspersonen aufgefordert, Punkte an (durch Codenummern gekennzeichnete) Mitglieder der beiden Gruppen zu vergeben. Sie wurden darauf hingewiesen, dass die Punkte mit Geld vergütet und sie somit nach Erledigung dieser Aufgabe einen Betrag erhalten würden, der der jeweiligen Punktezahl entsprechen würde, die ihrer Codenummer von den anderen Versuchspersonen zugeteilt wurde. Die Punktevergabe war vollkommen anonym, da die Versuchspersonen nicht wussten, wer zu welcher Gruppe gehörte oder an wen sie die Punkte vergaben. Zudem war es nicht möglich, Punkte an sich selbst zu vergeben, womit eine Bedienung eigennütziger Interessen grundsätzlich ausgeschlossen war.

Obwohl es zwischen den beiden Gruppen keine erkennbaren Unterschiede gab, die Gruppenmitglieder einander nicht kannten und eine bevorzugte Zuteilung von Geldbeträgen an die Eigengruppe keinen persönlichen Vorteil bringen konnte, stellten Tajfel und seine Kollegen bei den Versuchspersonen eine durchgehende Tendenz fest, an die Mitglieder ihrer eigenen Gruppe mehr Punkte zu vergeben als an jene der anderen Gruppe. Die bloße Aufteilung in verschiedene Gruppen *genügte* also bereits, um einen *inter-group bias* zu erzeugen. Dieser Effekt konnte in der Folge auch unter weiteren experimentellen Arrangements bestätigt werden, bei denen Versuchspersonen unter anderen Vorzeichen in Gruppen eingeteilt und andere Auswertungsverfahren verwendet wurden.[35]

Dieses Ergebnis ist insofern von Bedeutung, als es zeigt, dass Vorurteile eine psychologische Komponente aufweisen, die auch jenseits von wirtschaftlichen, politischen oder historischen Faktoren wirksam ist. Es belegt, dass allein schon das Wissen, dass bestimmte Menschen einer anderen als der eigenen Gruppe angehören, dazu führt, ihnen gegenüber weniger positiv eingestellt zu sein, und dass uns sehr daran gelegen ist, zwischen Gruppen, denen wir angehören, und Gruppen, denen wir nicht angehören, einen Unterschied zu machen. Es gibt eine ganze Reihe von Theorien, die geltend

---

[35] Mullen, Brian, Rupert Brown und Colleen Smith: In-group Bias as a Function of Salience, Relevance, and Status: An Integration. In: European Journal of Social Psychology 22 (1992). S. 103–122.

machen, dass wir aktiv dazu motiviert sind, soziale Zuordnungen zu machen, und dass diese uns einen gewissen psychischen Gewinn verschaffen.

Nachfolgend stellen wir kurz die Theorien der sozialen Identität, der Selbstkategorisierung und der Unsicherheitsreduktion dar, von denen jede eine auf besonderen Motiven aufbauende Erklärung für soziale Kategorisierungen und die spezifischen Vorurteile liefert, die daraus erwachsen können. Anschließend erörtern wir die „Terror-Management-Theorie", die eine deutlich anders gelagerte Darstellung von hinter Vorurteilen stehenden Motiven liefert, welche von der menschlichen Angst vor dem Tod herrühren.

3.2.1 Die Theorie der sozialen Identität

Die Theorie der sozialen Identität[36] geht davon aus, dass wir nicht nur eine persönliche Identität haben, die spezifisch individuelle Aspekte unseres Selbstverständnisses spiegelt, sondern auch vielfache soziale Identitäten, die jene Aspekte unseres Selbstverständnisses wiedergeben, die sich aus unserer Zugehörigkeit zu sozialen Gruppen herleiten. Darüber hinaus verspüren wir eine generelle Neigung zu einer Sicht auf uns selbst, die eine positive Selbsteinschätzung bzw. ein hohes Selbstwertgefühl begünstigt. Der Theorie der sozialen Identität zufolge ist Diskriminierung gegen Fremdgruppen durch den individuellen Wunsch nach einer positiven sozialen Identität motiviert, wodurch ein hohes Selbstwertgefühl erreicht und aufrechterhalten werden soll. Wenn wir also einer Gruppe mit hohem Status und Wert angehören, so können wir uns – einfach gesagt – als Gruppenmitglieder auch selbst in einem positiven Licht sehen. So sind wir denn auch motiviert, unsere Eigengruppe gegenüber einer Fremdgruppe zu bevorzugen.

Die Theorie der sozialen Identität bietet sich speziell für eine Erklärung der Ergebnisse der Untersuchungen zum Minimalgruppen-Paradigma an. Wenn man keine anderen Gruppenmerkmale kennt, aus denen man ein positives Selbstwertgefühl ableiten könnte, so bleibt nur die Möglichkeit, der Eigengruppe mehr Punkte zuzuteilen als der Fremdgruppe und auf diesem Weg ihren Status zu erhöhen. Die Rolle des Selbstwertgefühls als Motivationsfaktor für Vorurteile ist ausgiebig untersucht worden. Michael Hogg und Dominic Abrams erörterten zwei logische Denkmöglichkeiten zum Verhältnis zwischen *inter-group bias* und Selbstwertgefühl: erstens, dass *inter-group bias* das Selbstwertgefühl hebt, und zweitens, dass ein niedriges Selbstwertgefühl zu erhöhtem *inter-group bias* führt.[37] Eine

---

[36] Tajfel, Henri und John C. Turner: An Integrative Theory of Inter-group Conflict. In: The Social Psychology of Inter-group Relations. Hrsg. von William G. Austin und Stephen Worchel. Monterey: Brooks-Cole 1979. S. 33–47.

[37] Hogg, Michael A. und Dominic Abrams: Social Identification, Self Categorization and Social Influence. In: European Review of Social Psychology 1 (1990). S. 195–228.

detaillierte Sichtung[38] und Meta-Analyse[39] der einschlägigen Forschungsliteratur ergab umfangreiche Belege zugunsten der ersten Hypothese. Penelope Oakes und John Turner führten zum Beispiel eine Minimalgruppen-Studie durch, bei der die Versuchspersonen entweder eine Punktevergabe-Aufgabe erfüllen oder bloß einen Zeitungsartikel lesen sollten. Unter den Experimentalbedingungen, bei denen die Versuchspersonen Gelegenheit zur Diskriminierung der Fremdgruppe hatten, ergaben die nachfolgenden Rückmeldungen ein signifikant höheres Selbstwertgefühl als unter den Kontrollbedingungen.[40] Für die zweite Hypothese gibt es allerdings relativ wenige Belege. Mark Rubin und Miles Hewstone konnten lediglich zwei Experimente ausfindig machen, aus denen hervorging, dass ein niedriges Selbstwertgefühl zu konkurrenzbetonter Diskriminierung führt.[41] Demgegenüber fanden sie immerhin acht weitere Experimente, deren Ergebnisse dieser Hypothese direkt widersprechen und denen zufolge *hohes* Selbstwertgefühl auf eine stärker konkurrenzbetonte Diskriminierung hinausläuft.[42]

Ein kritischer Einwand, der gegen die Theorie der sozialen Identität erhoben wird, weist darauf hin, dass die Ergebnisse der nach dem Minimalgruppen-Paradigma durchgeführten Untersuchungen möglicherweise unter keinen so minimalen Kriterien der Gruppenzugehörigkeit zustande gekommen sind wie Tajfel und seine Kollegen[43] dies anfänglich darstellten. Die Versuchspersonen wurden dabei auf der Grundlage ihrer Vorliebe für einen von zwei Künstlern den Gruppen zugeordnet. Obwohl diese Zuordnung weitgehend zufällig erfolgte, da die Werke beider Künstler den Versuchspersonen nicht vertraut waren, könnten diese – wie kritisch ins Treffen geführt wird – dennoch gefolgert haben, dass Personen, die der gleichen Gruppe zugeteilt worden waren wie sie, mit ihnen auch noch andere Überzeugungen teilten als die

---

[38] Rubin, Mark und Miles Hewstone: Social Identity Theory's Self-esteem Hypothesis: A Review and Some Suggestions for Clarification. In: Personality and Social Psychology Review 2 (1998). S. 40–62.

[39] Aberson, Christopher L., Michael Healy und Victoria Romero: In-group Bias and Self-esteem: A Meta-Analysis. In: Personality and Social Psychology Review 4 (2000). S. 157–173.

[40] Oakes, Penelope J. und John C. Turner: Social Categorization and Inter-group Behaviour: Does Minimal Inter-group Discrimination Make Social Identity More Positive? In: European Journal of Social Psychology 10 (1980). S. 295–301.

[41] Rubin und Hewstone, Social Identity, 1998.

[42] Vgl. z.B. Crocker, Jennifer, Leigh L. Thompson, Kathleen M. McGraw und Cindy Ingerman: Downward Comparison, Prejudice, and Evaluations of Others: Effects of Self-esteem and Threat. In: Journal of Personality and Social Psychology 52 (1987). S. 907–916; Seta, Catherine E. und John J. Seta: Observers and Participants in an Inter-group Setting. In: Journal of Personality and Social Psychology 63 (1992). S. 629–643.

[43] Tajfel et al., Social Categorization, 1971.

Bevorzugung eines Künstlers. Um diese Hypothese einer durch das Experimentalarrangement unbeabsichtigt suggerierten Ähnlichkeit in den Überzeugungen zu testen, wiederholten Michael Billig und Henri Tajfel das ursprüngliche Minimalgruppen-Experiment, wobei die Zuteilung der Versuchspersonen zu den Gruppen nun allerdings nicht mehr auf der Grundlage einer Bevorzugung von Künstlern, sondern durch Werfen einer Münze erfolgte – und somit unübersehbar auf glattem Zufall beruhte.[44] Verglichen mit der Gruppeneinteilung auf der Grundlage der Bevorzugung von Gemälden war der *inter-group bias* bei der Punkteverteilungs-Aufgabe unter der glatten Zufallszuteilung zwar weniger ausgeprägt, aber gleichwohl immer noch signifikant. Diese Ergebnisse weisen darauf hin, dass eine suggerierte Ähnlichkeit von Überzeugungen den *inter-group bias* zwar verstärken kann, aber keine notwendige Voraussetzung für sein Zustandekommen darstellt.

3.2.2 Die Theorie der Selbstkategorisierung

Im Allgemeinen legt die Theorie der sozialen Identität ihr Hauptaugenmerk auf die sozialen Vergleichs- und Aufwertungsprozesse, mit deren Hilfe Menschen ihr Selbstwertgefühl stärken. Der Frage, wie und warum wir uns selbst als Mitglieder von Gruppen einstufen, wie auch den daraus erwachsenden Konsequenzen schenkt sie hingegen relativ wenig Aufmerksamkeit.[45] Die Theorie der Selbstkategorisierung[46] baut zwar auf der Theorie der sozialen Identität auf, konzentriert sich jedoch auf die Selbsteinstufung von Menschen und ihre Auswirkungen. Sie vertritt die These, dass Selbstkategorisierungen immer dann ins Spiel kommen, wenn die Zugehörigkeit zu einer bestimmten Gruppe hervorstechende Bedeutung erlangt. Der Schwerpunkt verschiebt sich dabei von der individuellen Besonderheit eines Menschen zu seiner Selbstwahrnehmung als austauschbarem Gruppenmitglied, das von einer Modellvorstellung der Eigengruppenpersönlichkeit geleitet wird, die einen mächtigen Einfluss auf seine Einstellungen und Verhaltensweisen ausübt.[47] Man geht davon aus, dass Selbstkategorisierungen zu

---

[44] Billig, Michael und Henri Tajfel: Social Categorization and Similarity in Intergroup Behaviour. In: European Journal of Social Psychology 3 (1973). S. 27–52.

[45] Hogg, Michael A. und Barbara Ann Mullin: Joining Groups to Reduce Uncertainty: Subjective Uncertainty Reduction and Group Identification. In: Social Identity and Social Cognition. Hrsg. von Dominic Abrams und Michael A. Hogg. Malden: Blackwell 1999. S. 249–279.

[46] Turner, John C., Michael A. Hogg, Penelope J. Oakes, Stephen D. Reicher und Margaret S. Wetherell: Rediscovering the Social Group: A Self-categorization Theory. Cambridge: Blackwell 1987.

[47] Vgl. z.B. Jetten, Jolanda, Russell Spears und Anthony S. R. Manstead: Strength of Identification and Inter-group Differentiation: The Influence of Group Norms. In: European Journal of Social Psychology 27 (1997). S. 603–609.

typischen Verhaltensweisen zwischen Gruppen führen, wobei unter anderem die Ähnlichkeiten innerhalb der eigenen Gruppe und die Unterschiede zwischen Eigen- und Fremdgruppe betont werden sowie auch Stereotypisierung und *inter-group bias* stärker in den Vordergrund rücken.[48] Selbstkategorisierung und dementsprechend auch *inter-group bias* werden in dieser Theorie als kontextabhängig betrachtet und kommen dieser Sichtweise zufolge also nur dann zum Tragen, wenn die Zugehörigkeit zu einer bestimmten Gruppe hervorstechende Bedeutung gewinnt.

3.2.3 Die Theorie der subjektiven Unsicherheitsreduktion

Die Theorie der subjektiven Unsicherheitsreduktion[49] wurde in der Absicht entwickelt, eine Erklärung für die Motivation zu finden, die den Selbstkategorisierungen zugrunde liegt. Sie geht von der Annahme aus, dass das menschliche Überleben von unserer Fähigkeit abhängt, eine sinnvolle und vorhersehbare Welt zu konstruieren. Jede Verunsicherung über unser Selbst und die Anderen verursacht daher einen Zustand ausgeprägten Widerwillens, der wahrscheinlich mit Angst und Unbehagen einhergeht.[50] Aus diesem Grund sind wir hoch motiviert, diesbezügliche Unsicherheiten zu verringern, und eine Möglichkeit dazu besteht in der Identifikation mit einer bestimmten sozialen Gruppe. Die Selbsteinstufung als Gruppenmitglied klärt und definiert soziale Situationen, weil uns damit einerseits ein Hilfsmittel zur Verfügung steht, mit dem wir das Verhalten anderer Gruppen vorhersagen können, und sie uns andererseits einen Rahmen von sozialen Normen liefert, nach dem wir unser Verhalten ausrichten können. Hogg und Abrams argumentieren, dass eine durch Identifikation mit einer Eigengruppe erreichte Entlastung von subjektiver Unsicherheit dazu führe, jenen, die mit dieser Erleichterung in Verbindung gebracht werden (namentlich die Eigengruppe und somit auch das eigene Selbst), eine positive Wertigkeit beizumessen, was wiederum *inter-group bias* nach sich ziehe.[51]

---

[48] Oakes, Penelope J. und John C. Turner: Is Limited Information Processing Capacity the Cause of Social Stereotyping? In: European Review of Social Psychology 1. Hrsg. von Wolfgang Stroebe und Miles Hewstone. Chichester: Wiley 1990. S. 111–135.

[49] Hogg, Michael A.: Uncertainty-identity Theory. In: Advances in Experimental Social Psychology 39. Hrsg. von Mark P. Zanna. San Diego: Academic Press 2007. S. 69–126; Hogg, Michael A. und Dominic Abrams: Towards a Single-process Uncertainty-reduction Model of Social Motivation in Groups. In: Group Motivation: Social-psychological Perspectives. Hrsg. von Michael A. Hogg und Dominic Abrams. London: Harvester Wheatsheaf 1993. S. 173–190.

[50] Jetten, Jolanda, Michael A. Hogg und Barbara Ann Mullin: In-group Variability and Motivation to Reduce Subjective Uncertainty. In: Group Dynamics: Theory, Research, and Practice 4 (2000). S. 184–198.

[51] Hogg und Abrams, Single-process, 1993.

Dass Menschen sich mit Gruppen identifizieren, um damit Unsicherheit zu verringern, konnte von mehreren Untersuchungen belegt werden. Michael Hogg und Paul Grieve führten eine Minimalgruppen-Studie durch, bei der Versuchspersonen willkürlich einer von zwei Gruppen zugeteilt wurden, in der Annahme, dass damit ein hohes Maß an Unsicherheit erzeugt würde.[52] Wie erwartet legten die Versuchspersonen bei einer Punktevergabe-Aufgabe *inter-group bias* an den Tag. Wenn sie diese Aufgabe aber zuvor in einem Übungsdurchgang trainiert hatten und dadurch Sicherheit gewinnen konnten, wurde kein *inter-group bias* festgestellt. Anscheinend waren die Versuchspersonen in dieser Situation nicht motiviert, sich selbst zu kategorisieren, da sie sich nicht verunsichert fühlten, und sie zeigten dementsprechend auch keinen *inter-group bias*. Jolanda Jetten und ihre Kollegen zeigten allerdings die Kontextabhängigkeit dieses Ergebnisses auf.[53] Sie stellten fest, dass an Minimalgruppen-Experimenten teilnehmende Versuchspersonen sich nur dann selbst kategorisierten (bzw. auch *inter-group bias* zeigten und von den Meinungen der Mitglieder der Eigengruppe beeinflusst wurden), wenn sie die Eigengruppe als homogen wahrnahmen. Homogene Gruppen werden als einander ähnlicher,[54] als stärker zusammengehörig[55] und unverwechselbarer[56] wahrgenommen und bieten somit klarere Modellvorstellungen über die Eigengruppenpersönlichkeit als heterogenere Gruppen. Es scheint also, dass es nur dann zur Selbstkategorisierung kommt, wenn die Eigengruppe homogen ist, weil dann die Wahrscheinlichkeit größer ist, dass eine Gruppenzugehörigkeit zu einer Verringerung der Unsicherheit führt.

3.2.4 Die Terror-Management-Theorie

Der Terror-Management-Theorie[57] zufolge verfügen wir Menschen nicht nur über einen mächtigen Selbsterhaltungstrieb, sondern darüber hinaus – und im Unterschied zu anderen Tieren – auch über die intellektuelle Fähigkeit

---

[52] Hogg, Michael A. und Paul Grieve: Social Identity Theory and the Crisis of Confidence in Social Psychology: A Commentary, and Some Research on Uncertainty Reduction. In: Asian Journal of Social Psychology 2 (1999). S. 79–93.

[53] Jetten et al., In-group, 2000.

[54] Wilder, David A.: Perceiving Persons as a Group: Categorization and Inter-group Relations. In: Cognitive Processes in Stereotyping and Inter-group Behavior. Hrsg. von David L. Hamilton. Hillsdale: Erlbaum 1981. S. 213–258.

[55] Hogg, Michael A. und Elizabeth A. Hardie: Prototypicality, Conformity and Depersonalized Attraction: A Self-categorization Analysis of Group Cohesiveness. In: British Journal of Social Psychology 31 (1992). S. 41–56.

[56] Jetten et al., Strength, 1997.

[57] Greenberg, Jeff, Tom Pyszczynski und Sheldon Solomon: The Causes and Consequences of Self-esteem: A Terror Management Theory. In: Public Self and Private Self. Hrsg. von R. Baumeister. New York: Springer 1986. S. 189–212.

zu erkennen, dass wir eines Tages sterben werden. Der Ausblick auf unsere eigene Sterblichkeit kann in uns lähmende Angst auslösen. Die Terror-Management-Theorie geht davon aus, dass wir, um mit dieser Todesangst zu Rande zu kommen, uns eine kulturelle Weltanschauung und ein Wertesystem zu eigen machen – wie zum Beispiel einen religiösen Glauben und soziale Normen –, die der Welt Sinn verleihen und uns in der Überzeugung bestärken, dass unser Leben wichtig und bedeutsam ist. Unsere kulturelle Weltanschauung ist wichtig, weil sie uns ermöglicht, den Tod zu transzendieren – sei es im wörtlichen Sinne eines Glaubens an ein Leben nach dem Tod oder in der symbolischen Bedeutung, dass wir auf Grund bleibender kultureller Errungenschaften nicht der Vergessenheit anheimfallen würden. Der Terror-Management-Theorie zufolge haben Personen, die glauben, dass sie den Werten ihrer kulturellen Weltsicht gerecht werden, ein höheres Selbstwertgefühl, da sie eher darauf vertrauen, Unsterblichkeit zu erlangen.

Diese Theorie ist in zahlreichen Experimenten geprüft worden, in denen die überragende Bedeutung der eigenen Sterblichkeit in unterschiedlicher Form thematisiert wurde (indem die Wahrnehmung des Todes entweder unterschwellig oder auf bewusster Ebene verstärkt wurde). Falls also – der Theorie entsprechend – der Glaube an eine kulturelle Weltsicht einen Schutz vor Todesangst bietet, wird der Umstand, an die eigene Sterblichkeit gemahnt zu werden, das Verlangen nach dieser Weltsicht ebenso vergrößern wie das Bemühen, sie vor jenen in Schutz zu nehmen, die sie missachten. Unter diesen Umständen ist auch anzunehmen, dass Mitglieder der Eigengruppe positiver bewertet werden, da sie die persönliche Weltsicht bestätigen – während Mitglieder von Fremdgruppen negativer beurteilt werden, da sie sich von dieser Weltanschauung abgrenzen und daher als Bedrohung für sie gesehen werden.

Um diese Annahme zu prüfen, führten Jeff Greenberg und seine Kollegen ein Experiment durch, bei dem sie den Brennpunkt der Aufmerksamkeit auf die eigene Sterblichkeit richteten.[58] Versuchspersonen christlichen Glaubens wurden dabei gebeten, ihre Vorstellungen zu Papier zu bringen, was nach ihrem körperlichen Tod mit ihnen geschehen werde, und darüber hinaus auch die Gefühle zu beschreiben, die der Gedanke an den eigenen Tod in ihnen hervorrief. Anschließend wurden sie aufgefordert, subjektive Eindrücke über Personen christlichen und jüdischen Glaubens wiederzugeben. Im Vergleich zu Versuchspersonen einer Kontrollgruppe, die dieser die Auf-

---

[58] Greenberg, Jeff, Tom Pyszczynski, Sheldon Solomon, Abram Rosenblatt, Mitchell Veeder, Shari Kirkland und Deborah Lyon: Evidence for Terror Management II: The Effects of Mortality Salience on Reactions to Those Who Threaten or Bolster the Cultural Worldview. In: Journal of Personality and Social Psychology 58 (1990). S. 308–318.

merksamkeit auf die eigene Sterblichkeit richtenden Aufgabe nicht unterzogen wurde, sahen sie Personen christlichen Glaubens in positiverem und Personen jüdischen Glaubens in negativerem Licht. Eddie Harmon-Jones, Greenberg, Sheldon Solomon und Linda Simon führten ein ähnliches Experiment auf der Grundlage des Minimalgruppen-Paradigmas durch.[59] Versuchspersonen, die willkürlich zwei Gruppen zugeteilt wurden, wurden dabei gebeten, entweder ihre Gedanken über den Tod oder (im Fall der Kontrollgruppe) über ein neutrales Thema schriftlich zu formulieren, bevor ihnen eine Ressourcenzuteilungs-Aufgabe gestellt wurde. Die Experimentalgruppe, die sich auf die eigene Sterblichkeit konzentriert hatte, legte dabei einen höheren *inter-group bias* an den Tag als die Kontrollgruppe.

Trotz dieser experimentellen Belege werden zwei wesentliche Einwände gegen den Anspruch der Terror-Management-Theorie ins Treffen geführt, Vorurteile erklärbarer zu machen. Erstens gibt es auch andere Möglichkeiten, den Effekt der auf die eigene Sterblichkeit gerichteten Aufmerksamkeit zu deuten: Er könnte auch schlicht auf eine allgemeine Bedrohungswahrnehmung zurückgeführt werden (d.h. nicht auf eine speziell auf den Tod bezogene Wahrnehmung), woraus zu schließen wäre, dass er sich in keiner Weise von der Erklärung unterscheidet, die die Theorie der sozialen Identität anbietet. Künftige Forschungsarbeiten werden daher die wichtige Frage zu klären haben, ob Selbstwertgefühle von einem allgemeinen Bedürfnis herrühren, die Angst vor dem Tod zu verringern, oder ob das Bedürfnis nach einer Verringerung dieser Angst umgekehrt von einem allgemeinen Bedürfnis nach einem positiven Selbstwertgefühl herrührt.[60] Darüber hinaus gibt es Hinweise, dass eine auf eigene Unsicherheitsgefühle gerichtete Aufmerksamkeit einen besser belegten Einfluss auf die Reaktionen auf eine Missachtung der eigenen Weltsicht hat als eine auf die eigene Sterblichkeit gerichtete Aufmerksamkeit.[61] Ein zweiter Einwand bezieht sich auf die Beobachtung, dass sich negative Bewertungen von Fremdgruppen nur dann verschärfen, wenn die Aufmerksamkeit auf die eigene Sterblichkeit gerichtet wird, was bedeutet, dass es sich um einen kontextabhängigen Effekt handelt. Es ist allerdings nicht klar, ob wir sehr häufig an den Tod denken. Es ist also

---

[59] Harmon-Jones, Eddie, Jeff Greenberg, Sheldon Solomon und Linda Simon: The Effects of Mortality Salience on Inter-group Bias between Minimal Groups. In: European Journal of Psychology 25 (1996). S. 781–785.

[60] Hewstone et al., Inter-group, 2002.

[61] Van den Bos, Kees, P. Marijn Poortvliet, Marjolein Maas, Joost Miedema und Ernst-Jan van den Ham: An Enquiry Concerning the Principles of Cultural Norms and Values: The Impact of Uncertainty and Mortality Salience on Reactions to Violations and Bolstering of Cultural Worldviews. In: Journal of Experimental Social Psychology 41 (2005). S. 91–113.

nicht sicher, ob die Terror-Management-Theorie eine Erklärung dafür liefern kann, warum wir überhaupt Vorurteile haben. Sie kann eventuell nur aufzeigen, wie Vorurteile durch die Angst vor dem Tod verstärkt werden können.

3.3 Emotionstheoretische Ansätze zur Erklärung von Vorurteilen

Ein Großteil der sozialpsychologischen Vorurteilsforschung untersucht eher „mildere" Formen von Vorurteilen, die man unter experimentellen Bedingungen relativ einfach erheben kann (zum Beispiel *inter-group bias*, soziale Distanz oder Ressourcenzuteilungs-Aufgaben). Darüber hinaus bringt es der in der Psychologie seit den 1970er Jahren gelegte Schwerpunkt auf kognitive Gesichtspunkte mit sich, dass diejenigen, die sich für Beziehungen zwischen Gruppen interessieren, sich in erster Linie mit der Rolle von Stereotypen beschäftigen. Die bloße Antipathie gegenüber einer Gruppe oder die Bevorzugung einer Gruppe gegenüber einer anderen reichen allerdings nicht als Erklärung für extreme Ausprägungen von Vorurteilen aus, wie sie etwa in Hassverbrechen, Versklavung, ethnischen Säuberungen oder Völkermorden zum Ausdruck kommen.

Nehmen wir als Beispiel Ruanda, das im Jahr 1994 den plötzlichen Ausbruch eines Völkermords erlebte, der Gegenstand umfangreicher Medienberichterstattung war. Trotz ähnlicher Kultur und Traditionen hatte es eine Vorgeschichte von Spannungen zwischen den Gruppen der Hutu und Tutsi gegeben. Die belgischen Kolonialherren, die das Land ab 1916 regierten, waren der Meinung, dass die hochgewachsenen, hellhäutigeren Tutsi den Hutu überlegen seien, und gewährten ihnen bessere berufliche Positionen und Ausbildungsmöglichkeiten, was unter den Hutu Verbitterung hervorrief. Als Ruanda 1962 seine Unabhängigkeit von Belgien erlangte, übernahmen die Hutu das Ruder, und in den folgenden Jahrzehnten wurden die Tutsi in Krisenzeiten immer wieder zu Sündenböcken gestempelt. Nach der Ermordung des der Gruppe der Hutu angehörenden Staatspräsidenten im April 1994 wurde das Gerücht verbreitet, ein Tutsi-Anführer sei dafür verantwortlich. Dies löste eine Gewaltkampagne aus, die sich von der Hauptstadt über das ganze Land ausbreitete. Innerhalb von einhundert Tagen wurden etwa 800.000 Bürgerinnen und Bürger Ruandas getötet. Die meisten Opfer waren Tutsi, die von Hutu getötet wurden; aber auch gemäßigte Hutu, die den Völkermord nicht unterstützten, wurden ermordet.[62]

---

[62] Staub, Ervin: Reconciliation after Genocide, Mass Killing, or Intractable Conflict: Understanding the Roots of Violence, Psychological Recovery, and Steps Towards a General Theory. In: Political Psychology 27 (2006). S. 876–894.

Aus diesem Beispiel geht deutlich hervor, dass die Ursachen für die extremsten und verabscheuungswürdigsten Formen von Vorurteil und Diskriminierung höchst komplex sind. Die zahlreichen Faktoren, die dazu beitragen, reichen von historischem Unrecht über ungleiche politische Machtverteilungen bis hin zu sozialen Klassenkonflikten und angespannten wirtschaftlichen Verhältnissen. Aktuelle sozialpsychologische Theorien und Forschungsarbeiten beschäftigen sich allerdings schwerpunktmäßig mit der Bedeutung von Affekten für die Erklärung von Vorurteilen, um so einem Verständnis der Zusammenhänge näher zu kommen, unter denen es zu extremen Ausprägungen von Vorurteilen kommen kann. Die neuere Forschung hat den wissenschaftlichen Gewinn dieser Schwerpunktsetzung deutlich gemacht. So konnten John Dovidio und seine Kollegen zum Beispiel belegen, dass die Erhebung affektiver Vorurteile einen viel größeren Vorhersagewert für tatsächliche Diskriminierung hat als Stereotype über Fremdgruppen,[63] während Charles Stangor, Linda Sullivan und Thomas Ford zeigten, dass emotionale Reaktionen die Bewertung von Fremdgruppen stärker vorherbestimmen als Stereotype.[64] Nachfolgend beschäftigen wir uns mit drei Theorien, die zu einem besseren Verständnis beitragen können, wie es zwischen Gruppen zu besonders destruktiven Verhaltensweisen kommen kann. Die Theorie der Intergruppenemotionen liefert Erklärungen dafür, wie Gefühle einer Gruppe gegenüber entstehen und welche Auswirkungen sie haben können, während die Konzeption der „Infra-Humanisierung" und das Stereotypeninhaltsmodell einigen Aufschluss über Phänomene der Entmenschlichung im Zusammenhang von Gruppenbeziehungen geben können.

3.3.1 Die Theorie der Intergruppenemotionen

Die Theorie der Intergruppenemotionen[65] stützt sich auf eine Kombination aus zwei sozialpsychologischen Perspektiven: einerseits aus den Bewertungstheorien der Emotion, die die Auffassung vertreten, dass Emotionen aus Ereignissen hervorgehen, die sich auf das Individuum oder das persönliche

---

[63] Dovidio, John F., John C. Brigham, Barbara T. Johnson und Samuel L. Gaertner: Stereotyping, Prejudice and Discrimination: Another Look. In: Stereotypes and Stereotyping. Hrsg. von C. Neil Macrae, Charles Stangor und Miles Hewstone. New York: Guilford 1996. S. 276–319.

[64] Stangor, Charles, Linda A. Sullivan und Thomas E. Ford: Affective and Cognitive Determinants of Prejudice. In: Social Cognition 9 (1991). S. 359–380.

[65] Mackie, Diane M., Thierry Devos und Eliot R. Smith: Inter-group Emotions: Explaining Offensive Action Tendencies in an Inter-group Context. In: Journal of Personality and Social Psychology 79 (2000). S. 602–616; Smith, Eliot R: Social Identity and Social Emotions: Toward New Conceptualizations of Prejudice. In: Affect, Cognition, and Stereotyping: Interactive Processes in Group Perception.

Selbst beziehen;[66] und andererseits aus dem Ansatz der Theorie der sozialen Identität, der von der Annahme ausgeht, dass eine Gruppenmitgliedschaft von hervorstechender Bedeutung einen integralen Bestandteil des Selbst bildet, was zur Folge hat, dass sich Individuen anderen Gruppenmitgliedern gegenüber als relativ auswechselbar wahrnehmen.[67] Der Theorie der Intergruppenemotionen zufolge reagieren Menschen, wenn ihre Mitgliedschaft zu einer bestimmten Gruppe von hervorstechender Bedeutung ist, emotional auf Situationen oder Ereignisse, die sich auf diese Gruppe auswirken. Eliot Smith weist darauf hin, dass spezifische Bewertungen oder Stereotype, zu denen man als Gruppenmitglied im Rahmen einer Erfahrung mit einer Fremdgruppe gelangt, zu ebenso spezifischen Gefühlen über die Fremdgruppe und daraus erwachsenden Handlungstendenzen führen.[68]

Diane Mackie und ihre Kollegen untersuchten die Auswirkung, die die Stärke der Eigengruppe (im Vergleich zu einer Fremdgruppe) auf verschiedene Emotionen und Handlungstendenzen hat.[69] Sie vertraten insbesondere die These, dass eine im Vergleich zu einer Fremdgruppe starke Position der Eigengruppe Zorn hervorrufe und zu offensiven Handlungstendenzen der Fremdgruppe gegenüber führe. In drei Untersuchungen ordneten sich die Versuchspersonen – entsprechend ihrer Haltung zu einem gefühlsgeladenen Thema (zum Beispiel zur Frage einer Bestrafung für Drogenkonsum oder der Gleichberechtigung für homosexuelle Paare) – jeweils einer von zwei Gruppen zu. Anschließend wurde das im Vergleich zur Fremdgruppe zum Ausdruck kommende Ausmaß an Unterstützung für den Standpunkt der Eigengruppe erhoben (in der ersten Untersuchung) bzw. manipuliert wiedergegeben (in der zweiten und dritten Untersuchung). Mackie und ihre Kollegen stellten fest, dass eine im Verhältnis zur Fremdgruppe stärkere Position der Eigengruppe durchwegs Auslöser für größeren Zorn war und es in diesem Falle auch eine stärkere Neigung gab, gegen die Fremdgruppe Stellung zu beziehen oder sie anzugreifen.

Aus einem umgekehrten Blickwinkel untersuchten Lisa Silver, Daniel Miller, Mackie und Smith die Frage, ob die Erfahrung, sich in einer schwachen Gruppenposition zu befinden, Angst hervorruft und in der Folge eine

---

Hrsg. von David L. Hamilton und Diane M. Mackie. San Diego: Academic Press 1993. S. 297–315; Smith, Eliot R.: Affective and Cognitive Implications of a Group Becoming a Part of the Self: New Models of Prejudice and of the Self-concept. In: Social Identity and Social Cognition. Hrsg. von Dominic Abrams und Michael A. Hogg. Malden: Blackwell 1999. S. 183–196.

[66] Frijda, Nico H.: The Emotions. Cambridge: Cambridge University Press 1986.
[67] Tajfel und Turner, Integrative Theory, 1979; Turner et al., Rediscovering, 1987.
[68] Smith, Social Identity, 1993.
[69] Mackie et al., Inter-group, 2000.

Neigung zu Vermeidungshandlungen auslöst.[70] Dabei wurden Studentinnen aufgefordert, sich vorzustellen, sie wären spät nachts allein auf einer Straße in ihrem Ort unterwegs und würden zu Unrecht beschuldigt, den Außenspiegel eines Autos zerbrochen zu haben. Um Bewertungen des Ereignisses hervorzurufen, die Angst auslösen könnten, wurde der männliche Besitzer des Autos als bedrohlich und aggressiv beschrieben. Silver und ihre Kollegen kamen zum Ergebnis, dass die Probandinnen sich in dieser Situation als schwach einschätzten. Diese Einschätzung verschlimmerte sich noch, wenn sie sich als einziges Eigengruppenmitglied mehreren Fremdgruppenmitgliedern gegenübersahen. Sie brachten sowohl ein hohes Maß an Angst als auch den Wunsch zum Ausdruck, vor der Fremdgruppe das Weite zu suchen. Je schwächer sich die Probandinnen fühlten, desto mehr Angst empfanden sie und desto größer war auch ihr Bestreben, ihrem Gegner aus dem Weg zu gehen. Der Effekt der wahrgenommenen Schwäche auf die Neigung zu Vermeidungsreaktionen entsprach dem von den Probandinnen angegebenen Intensitätsgrad an Angst.

Zusammenfassend kann man sagen, dass Emotionen in Gruppenzusammenhängen – zum Beispiel geteilte Angst, Trauer, Zorn oder Schuldgefühle – dann auftauchen, wenn ein bestimmtes für die Beziehung zu einer Fremdgruppe bedeutsames Ereignis auf seine Konsequenzen für die Eigengruppe hin eingeschätzt wird. Die Theorie der Intergruppenemotionen besagt, dass negative Bewertungen einer anderen Gruppe negative Gefühle (zum Beispiel Abscheu, Zorn oder Angst) hervorrufen können, die in weiterer Folge zu einer negativen Behandlung der Fremdgruppe führen. Diese anfänglichen Bewertungen können sich aus zwischen Gruppen vorgefallenen Ereignissen ergeben, deren Auswirkungen für die Eigengruppe als negativ wahrgenommen werden, ebenso aber auch aus gegenüber der Fremdgruppe bereits bestehenden Stereotypen. So kann man etwa im Hinblick auf das Beispiel des Völkermords in Ruanda leicht Übereinstimmungen mit der Theorie der Intergruppenemotionen erkennen. Vor dem Völkermord hatte sich innerhalb der Gruppe der Hutu eine Sichtweise verbreitet, dass die Tutsi die Absicht verfolgen würden, wieder die Herrschaft über sie zu übernehmen, sie zu enteignen und gewaltsam gegen sie vorzugehen – was Gefühle von Verbitterung, Zorn und Angst auslöste.[71] Wird eine Fremdgruppe als Bedrohung für die Eigengruppe eingestuft, so führt dies zu negativen Emotio-

---

[70] Silver, Lisa A., Daniel A. Miller, Diane M. Mackie und Eliot R. Smith: The Nature of Inter-group Emotions. (Unveröffentlichtes Manuskript, 2001) University of California, Santa Barbara. Zitiert in: Devos, Thierry, Lisa A. Silver, Diane M. Mackie und Eliot R. Smith: Experiencing Inter-group Emotions. In: From Prejudice to Inter-group Emotions: Differentiated Reactions to Social Groups. Hrsg. von Diane M. Mackie und Eliot R. Smith. Philadelphia: Psychology Press 2002. S. 113–134.

[71] Staub, Reconciliation, 2006.

nen von Zorn und Verbitterung, die, wie bereits dargestellt, zum Wunsch führen können, aggressiv gegen die Fremdgruppe vorzugehen.[72] Demgegenüber geht Angst im Allgemeinen mit dem Wunsch einher, die Fremdgruppe zu meiden.[73] In Ruanda erzeugte der Kontext der Beziehungen zwischen den Gruppen allerdings *im selben Zuge* sowohl Gefühle der Angst als auch des Zorns. Und gerade solche zwischen Gruppen gleichzeitig auftauchende Emotionen scheinen eine entscheidende Rolle beim Übergang von relativ harmloseren Formen der Bevorzugung von Eigengruppen zu bösartiger Entwürdigung von Fremdgruppen zu spielen.[74]

3.3.2 Entmenschlichung

Obwohl zwischen Gruppen entstehende Gefühle zu Aggressionen führen können, erscheint es dennoch beinahe unfassbar, dass Menschen in so großer Zahl ihre Landsleute und in manchen Fällen sogar ihre ehemaligen Freunde ermorden können.[75] Der Prozess der Entmenschlichung, bei dem man Mitbürgerinnen und -bürger nicht mehr als einzigartige menschliche Wesen erkennen kann, mag dazu beitragen, solche Ereignisse zu erklären. Wenn wir andere – wie etwa Albert Bandura ausführt – als menschliche Wesen wahrnehmen, löst dies einfühlende Reaktionen aus, dies es schwer machen würden, sie zu misshandeln, ohne subjektives Leid zu empfinden.[76] Demgegenüber ermöglichst es die Entmenschlichung einer Person oder einer Gruppe einem Täter, sein Handeln zu legitimieren und etwaige Scham- oder Schuldgefühle zu beschwichtigen. Mitgliedern entmenschlichter Gruppen gegenüber kommen auch die moralischen Normen nicht zum Tragen, die unser Verhalten üblicherweise lenken, deren Anwendung aber freilich nur jenen vorbehalten bleibt, die wir als menschliche Wesen einstufen.[77] Die Entmenschlichung einer bestimmten Zielgruppe geht mit zunehmenden Aggressionen ihr gegenüber einher.[78] Dieser Prozess konnte auch im Zuge

---

[72] Mackie et al., Inter-group, 2000.
[73] Silver et al., Nature, 2001.
[74] Hewstone et al., Inter-group, 2002.
[75] Hewstone, Miles, Nicole Tausch, Alberto Voci, Jared Kenworthy, Joanne Hughes und Ed Cairns: Why Neighbours Kill: Prior Inter-group Contact and Killing of Ethnic Out-group Neighbours. In: Explaining the Breakdown of Ethnic Relations. Why Neighbours Kill. Hrsg. von Victoria M. Esses und Richard A. Vernon. Oxford, Malden: Blackwell 2008. S. 61–91.
[76] Bandura, Albert: Selective Activation and Disengagement of Moral Control. In: Journal of Social Issues 46 (1990). S. 27–46.
[77] Bar-Tal, Daniel: Causes and Consequences of Delegitimization: Models of Conflict and Ethnocentrism. In: Journal of Social Issues 46 (1990). S. 65–81.
[78] Bandura, Albert, Bill Underwood und Michael E. Fromson: Disinhibition of Aggression through Diffusion of Responsibility and Dehumanization of Victims. In: Journal of Research in Personality 80 (1975). S. 125–135.

des Völkermords in Ruanda beobachtet werden: Im April 2004 rief der populäre Rundfunksender *Radio Télévision Libre des Mille Collines* zu einem „endgültigen Krieg" auf, um „die Kakerlaken zu vernichten".[79] Unsere Tendenz, Mitgliedern von Fremdgruppen ihre Menschenwürde abzuerkennen, wird von zwei aktuellen Ansätzen unter die Lupe genommen.

3.3.3 Infrahumanisierung

In einigen neueren Untersuchungen konnte belegt werden, dass wir eine Tendenz zur Infrahumanisierung von Fremdgruppen an den Tag legen. Wir sprechen Fremdgruppen einige jener Merkmale ab, die unser Mensch-Sein grundlegend ausmachen. Während sowohl Menschen als auch Tiere *primäre Emotionen* wie Freude, Zorn, Zuneigung und Angst empfinden können, sind lediglich Menschen in der Lage, *sekundäre Emotionen* wie Liebe, Schuld, Hoffnung und Demütigung zu erleben. Es sind somit nicht die primären, sondern diese sekundären Emotionen, die dazu beitragen, das Wesentliche an der menschlichen Existenz zu definieren. Jacques-Phillipe Leyens und seine Kollegen vertreten die These, dass wir zwar allen Gruppen die Erfahrung primärer Emotionen zuerkennen, sekundäre Emotionen aber im Allgemeinen der Eigengruppe zuordnen und damit die Wesensmerkmale des Menschen für uns selbst vorbehalten.[80]

Leyens und seine Kollegen legten Versuchspersonen eine Liste mit primären und sekundären Emotionen verbunden mit der Frage vor, welche sie als charakteristisch für Mitglieder von Eigen- und Fremdgruppen betrachten würden.[81] Sie stellten fest, dass sekundäre Emotionen mit signifikant größerer Häufigkeit den Eigengruppen zugeordnet wurden, unabhängig davon, ob sie von positiver oder negativer Wertigkeit waren. Bemerkenswert ist dabei auch, dass diese Tendenz zur Infrahumanisierung nicht allen Fremdgruppen gegenüber zum Ausdruck kommt, sondern sich nur gegen Gruppen richtet, die eine in irgendeiner Weise bedeutsame Vergleichsbasis für die Eigengruppen abgeben.[82] Auf jeden Fall stellt diese Art von Infra-

---

[79] BBC Online: The Impact of Hate Media in Rwanda. 2003. http://news.bbc.co.uk/1/hi/world/africa/3257748.stm (13.07.2007).

[80] Leyens, Jacques-Philippe, Maria-Paola Paladino, Ramon Rodriguez-Torres, Jeroen Vaes, Stephanie Demoulin, Armando Rodriguez-Perez und Ruth Gaunt: The Emotional Side of Prejudice: The Attribution of Secondary Emotions to In-groups and Out-groups. In: Personality and Social Psychology Review 4 (2000). S. 186–197.

[81] Leyens, Jacques-Philippe, Armando Rodriguez-Perez, Ramon Rodriguez-Torres, Ruth Gaunt, Maria-Paola Paladino, Jeroen Vaes und Stephanie Demoulin: Psychological Essentialism and the Differential Attribution of Uniquely Human Emotions to In-groups and Out-groups. In: European Journal of Social Psychology 31 (2001). S. 395–411.

[82] Vgl. z.B. Cortes, Brezo P., Stephanie Demoulin, Ramon T. Rodriguez, Armando P. Rodriguez und Jacques-Philippe Leyens: Infrahumanization or Familiarity? Attribu-

humanisierung von Fremdgruppen eine ebenso subtile wie heimtückische Form von Vorurteilen dar, die nicht zuletzt auch Versöhnungsbemühungen nach der Beendigung von Konflikten behindern kann.[83]

3.3.4 Das Stereotypeninhaltsmodell

Das Stereotypeninhaltsmodell[84] geht von zwei Dimensionen aus, auf denen unsere Gruppenstereotype voneinander unterschieden werden können: einerseits von der Dimension der *Wärme*, auf der wir ableiten, ob eine Gruppe Gutes (oder Böses) im Sinn hat; andererseits von der Dimension der *Kompetenz*, auf der angezeigt wird, ob eine Gruppe in der Lage ist, ihre Absichten umzusetzen oder nicht. Daraus ergeben sich vier Typen von Gruppen, die deutlich unterscheidbare Gefühle auslösen. Während als „warm" und kompetent wahrgenommene Gruppen (wie zum Beispiel die Eigengruppe) Stolz und Bewunderung hervorrufen, lösen alle anderen Kombinationen ein gewisses Ausmaß an negativen Emotionen und Vorurteilen aus. Stereotype über Gruppen, die auf der einen Dimension hoch und auf der anderen niedrig eingestuft werden, gehen mit ambivalenten Gefühlen einher. Als „warm", aber inkompetent wahrgenommene Gruppen (wie zum Beispiel alte oder behinderte Menschen) rufen Mitleid hervor – was auf Anteilnahme, aber auch auf geringen Respekt hinausläuft –, wohingegen Gruppen, denen wenig Wärme, aber hohe Kompetenz zugesprochen wird (wie zum Beispiel finanzkräftigen Kreisen), Neidgefühle auf sich ziehen, in denen sich Respekt mit Abneigung paaren.

Die extremsten Formen von Vorurteilen bleiben allerdings Gruppen vorbehalten, die sowohl mit Stereotypen mangelnder Wärme als auch mangelnder Kompetenz belegt werden, wie zum Beispiel Obdachlosen oder Drogenabhängigen. Mitglieder dieser Gruppen rufen Abscheu und Verachtung hervor, da sie weder beliebt sind noch respektiert werden. Susan Fiske und ihre Kollegen argumentieren, dass Abscheu sich sowohl gegen Menschen als auch gegen nicht-menschliche Objekte richten kann.[85] Im Sinne des Stereotypeninhaltsmodells ist es also wahrscheinlich, dass solche Gruppen zu Opfern von Entmenschlichung werden. Lasana Harris und Fiske unter-

---

tion of Uniquely Human Emotions to the Self, the In-group, and the Out-group. In: Personality and Social Psychology Bulletin 31 (2005). S. 243–253.

[83] Tam, Tania, Miles Hewstone, Ed Cairns, Nicole Tausch, Gregory Maio und Jared Kenworthy: The Impact of Inter-group Emotions on Forgiveness in Northern Ireland. In: Group Processes and Inter-group Relations 10 (2007). S. 119–136.

[84] Fiske, Susan T., Amy J. C. Cuddy, Peter Glick und Jun Xu: A Model of (Often Mixed) Stereotype Content: Competence and Warmth Respectively Follow from Perceived Status and Competition. In: Journal of Personality and Social Psychology 82 (2002). S. 878–902.

[85] Fiske et al., Model, 2002.

suchten, was im Hirnareal des mittleren präfrontalen Cortex vor sich geht, wenn Personen auf soziale Gruppen reagieren, die nach verbreiteten Stereotypen im Hinblick auf „Wärme" und Kompetenz niedrig eingestuft werden.[86] Diese Hirnregion wird bei sozialen Wahrnehmungsfunktionen aktiviert, bei denen von Menschen ausgehende Reize eine Rolle spielen – nicht jedoch bei Wahrnehmungsprozessen, die auf sozial belanglose Reize wie zum Beispiel leblose Objekte gerichtet sind. Den Versuchspersonen wurden Bilder von Mitgliedern verschiedener sozialer Gruppen vorgelegt, woraufhin sie angeben sollten, welches Gefühl – Stolz, Mitleid, Neid oder Abscheu – sie empfanden, während ihr Gehirn einer funktionellen Magnetresonanztomographie (fMRT) unterzogen wurde. Aus dem Vergleich zwischen den Reaktionen auf jene Gruppen, die Stolz, Neid und Mitleid, und den Reaktionen auf jene, die Abscheu hervorriefen, ergab sich, dass im letzteren Fall die Aktivität im mittleren präfrontalen Cortex signifikant geringer war – was darauf hinweist, dass die Reize, die von den Bildern dieser Menschen ausgingen, nicht als soziale Reize wahrgenommen wurden.

4. Ansätze zum Abbau von Vorurteilen

Nachdem wir nun einige der Ursachen von Vorurteilen erläutert haben, wenden wir uns der Diskussion einiger Theorien zu, die Ansätze zum Abbau von Vorurteilen liefern. Wir sind uns bewusst, dass es zahlreiche verschiedene Theorien gibt, wollen uns hier jedoch auf zwei spezielle Ansätze konzentrieren. Die Theorie des Intergruppenkontakts befasst sich mit der Frage, wie man zur Verbesserung der Beziehungen zwischen Gruppen beitragen kann, indem man ihre Mitglieder miteinander in Kontakt bringt, während Untersuchungen zu multiplen (sich überschneidenden) sozialen Kategorisierungen aufzeigen, dass *inter-group bias* entschärft werden kann, wenn wir die Art und Weise ändern, wie wir uns und andere einstufen und zuordnen.

4.1 Die Theorie des Intergruppenkontakts

Die Kontakthypothese[87] geht davon aus, dass das Herstellen von Kontakten zwischen Mitgliedern verschiedener Gruppen unter angemessenen Bedin-

---

[86] Harris, Lasana T. und Susan T. Fiske: Dehumanizing the Lowest of the Low: Neuroimaging Responses to Extreme Out-groups. In: Psychological Science 17 (2006). S. 847–453.
[87] Allport, Nature, 1954.

gungen zu positiveren Einstellungen und harmonischeren Beziehungen zwischen Gruppen führen würde. Gordon Allport zufolge würde allerdings das bloße Vorhandensein von Kontakten noch keineswegs ausreichen, um diese Beziehungen zu verbessern. Es müssten erst bestimmte Grundvoraussetzungen gegeben sein, damit ein Zusammentreffen zwischen Gruppen zu einem Abbau von Vorurteilen führen kann. Allport vertrat die These, dass die Begegnung zwischen Gruppen im günstigsten Fall auf einem gleichen sozialen Status beruhen, mit einer Zusammenarbeit zur Erreichung gemeinsamer Ziele einhergehen und von maßgeblichen gesellschaftlichen Institutionen mitgetragen werden sollte. Im Laufe des vergangenen halben Jahrhunderts waren zahlreiche Forschungsarbeiten einer Überprüfung und besseren Feinabstimmung der grundlegenden Prinzipien der Kontakthypothese gewidmet, und der Kontakt-Ansatz hat sich mittlerweile zu einer der am häufigsten eingesetzten sozialpsychologischen Strategien zum Abbau von Vorurteilen und zur Verbesserung von Gruppenbeziehungen entwickelt.[88] Tatsächlich scheint die Aufnahme und Kultivierung von Kontakten zwischen Gruppen höchst wirksam zu sein. Eine in neuerer Zeit von Thomas Pettigrew und Linda Tropp durchgeführte Meta-Analyse von über 500 Studien zu diesem Thema ergab eine überaus nachhaltige und hoch signifikante Verringerung von Vorurteilen unter dem Einfluss von Kontakten.[89]

Bis vor kurzem befassten sich die diesbezüglichen Forschungsarbeiten vor allem mit den Auswirkungen der Quantität und Qualität von Kontakterfahrungen.[90] Neuerdings wurde nun auch die Rolle untersucht, die verschiedene *Typen* von Kontakten zwischen Gruppen beim Abbau von Vorurteilen spielen können. Eine außergewöhnliche Dimension von Kontakten stellen in diesem Zusammenhang *gruppenübergreifende Freundschaften* dar,

---

[88] Oskamp, Stuart und James M. Jones: Promising Practice in Reducing Prejudice: A Report from the President's Initiative on Race. In: Reducing Prejudice and Discrimination. Hrsg. von Stuart Oskamp. Mahwah: Lawrence Erlbaum 2000. S. 319–334.

[89] Pettigrew, Thomas F. und Linda R. Tropp: A Meta-analytic Test of Inter-group Contact Theory. In: Journal of Personality and Social Psychology 90 (2006). S. 751–783; vgl. auch Brown, Rupert und Miles Hewstone: An Integrative Theory of Intergroup Contact. In: Advances in Experimental Social Psychology 37. Hrsg. von Mark P. Zanna. San Diego: Academic Press. S. 255–343.

[90] Vgl. z.B. Islam, Mir R. und Miles Hewstone: Dimensions of Contact as Predictors of Inter-group Anxiety, Perceived Out-group Variability and Out-group Attitudes: An Integrative Model. In: Personality and Social Psychology Bulletin 19 (1993). S. 700–710; Voci, Alberto und Miles Hewstone: Inter-group Contact and Prejudice towards Immigrants in Italy: The Mediational Role of Anxiety and the Moderational Role of Group Salience. In: Group Processes and Inter-group Relations 6 (2003). S. 37–54.

die jenseits der Frage von Quantität und Qualität von Kontakten besondere Chancen für Beziehungen zwischen Gruppen eröffnen können. In einer Weiterführung dieser Erkenntnis hat man darüber hinaus festgestellt, dass auch schon die bloße Beobachtung gruppenübergreifender Freundschaften anderer, das heißt indirekter Kontakt, zum Abbau von Vorurteilen führen kann.

4.1.1 Gruppenübergreifende Freundschaft

Es gibt zwei Gründe, warum gruppenübergreifende Freundschaften mehr zum Abbau von Vorurteilen zwischen Gruppen beitragen dürften als andere Formen des Kontakts. Erstens stimmen die Faktoren, die mit optimalen Kontakten zwischen Gruppen in Verbindung gebracht werden, auch genau mit jenen überein, die sich für die Entwicklung persönlicher Freundschaften als förderlich herausgestellt haben: Kooperation, gemeinsame Ziele, Wechselseitigkeit und gleicher Status haben sich gleichermaßen auch als Triebfedern persönlicher Anziehung erwiesen.[91] Daraus folgt, dass Freundschaften im Kontext von Gruppenbeziehungen auch die Anziehungspotenziale zwischen den betreffenden Gruppen verstärken sollten. Zweitens haben bereits frühere Untersuchungen zum Kontakt zwischen Gruppen gezeigt, dass persönlich wertvoll empfundene Kontakte, die als wohltuend und erfreulich erlebt werden, auch mit positiveren Einstellungen zur jeweiligen Fremdgruppe einhergehen.[92] Da über Gruppengrenzen hinweg geknüpfte Freundschaften auf Kontakten aufbauen, die von den betreffenden Personen ungewöhnlich hoch geschätzt werden, leuchtet es bereits auf intuitiver Ebene ein, dass ihnen ein besonders großes Potenzial beim Abbau von Vorurteilen innewohnt.[93] Pettigrew wertete eine Stichprobe von über 3800 Versuchspersonen aus, die den Mehrheitsbevölkerungen zahlreicher europäischer Länder angehören, und stellte dabei fest, dass jene, die mit Mitgliedern von Fremdgruppen befreundet waren, auf fünf Skalen zur Erhebung von Vorurteilen signifikant niedrigere Ergebnisse aufwiesen.[94] Im Vergleich dazu erwies sich der Effekt von Kontakten zu Nachbarn oder Berufskollegen als wesentlich geringer. In ihrer bereits erwähnten meta-analytischen Sichtung der Forschungsliteratur über den Einfluss von Kontakten stellten Pettigrew und Tropp darüber hinaus auch fest, dass in jenen Untersuchungen, in denen über Gruppengrenzen hinweg geknüpfte Freundschaften zum Gradmesser

---

[91] Fehr, Beverley: Friendship Processes. Thousand Oaks: Sage 1996.
[92] Vgl. z.B. Voci und Hewstone, Inter-group, 2003.
[93] Pettigrew, Thomas. F.: Inter-group Contact: Theory, Research and New Perspectives. In: Annual Review of Psychology 49 (1998). S. 65–85.
[94] Pettigrew, Thomas F.: Generalised Inter-group Contact Effects on Prejudice. In: Personality and Social Psychology Bulletin 23 (1997). S. 173–185.

für Kontakte genommen wurden, ein wesentlich deutlicher ausgeprägter Abbau von Vorurteilen zu beobachten war als in anderen Untersuchungen.[95]

Neuere Forschungsarbeiten konnten zwei wichtige Faktoren ermitteln, die eine vermittelnde Rolle beim Zustandekommen von gruppenübergreifenden Freundschaften spielen. Stefania Paolini, Miles Hewstone, Ed Cairns und Alberto Voci führten eine Querschnittuntersuchung von Freundschaften durch, die zwischen Angehörigen der katholischen und protestantischen Religionsgemeinschaft in Nordirland geknüpft worden waren, und kamen dabei zum Ergebnis, dass der positive Zusammenhang zwischen gruppenübergreifenden Freundschaften und offeneren Einstellungen zu Fremdgruppen unter anderem über einen Abbau der *zwischen den Gruppen bestehenden Ängste* zustande kommt[96] – das heißt, über eine Erleichterung der negativen Anspannung, die von Personen vor einem Kontakt mit Mitgliedern einer Fremdgruppe empfunden wird, mit der sie wenig Erfahrung haben.[97] Rhiannon Turner und ihre Kollegen untersuchten gruppenübergreifende Freundschaften zwischen südasiatischen und weißen Bevölkerungsgruppen in Großbritannien und stellten dabei fest, dass der positive Zusammenhang zwischen diesen Freundschaften und aufgeschlosseneren Haltungen zur jeweiligen Fremdgruppe durch Erfahrungen von wechselseitiger *Selbstoffenbarung* vermittelt wurde, bei denen zwei Menschen einander Einblick in ihre persönliche Gefühlswelt gewähren.[98] Es erwies sich, dass Selbstoffenbarung – die einen zentralen Bestandteil näherer persönlicher Beziehungen bildet[99] – im Rahmen gruppenübergreifender Freundschaften zum Abbau von Vorurteilen beiträgt, da sie in den Beziehungen zwischen Gruppen wechselseitige Einfühlung und Vertrauen begünstigen.

Der Bedeutung gruppenübergreifender Freundschaften für den Abbau von Vorurteilen steht allerdings eine unausweichliche Einschränkung gegenüber: Sie können nur dann im Sinne eines Abbaus von Vorurteilen wirksam sein, wenn sich den Mitgliedern verschiedener Gruppen auch *Gelegenheiten* bieten, miteinander überhaupt in Kontakt zu kommen, und mögen daher unter Bedingungen sozialer Absonderung keinen realistisch umsetzbaren

---

[95] Pettigrew und Tropp, Meta-analytic, 2006.

[96] Paolini, Stefania, Miles Hewstone, Ed Cairns und Alberto Voci: Effects of Direct and Indirect Cross-group Friendships on Judgements of Catholic and Protestants in Northern Ireland: The Mediating Role of an Anxiety-reduction Mechanism. In: Personality and Social Psychology Bulletin 30 (2004). S. 770–786.

[97] Stephan, Walter G. und Cookie W. Stephan: Inter-group Anxiety. In: Journal of Social Issues 41 (1985). S. 157–176.

[98] Turner et al., Reducing Explicit, 2007.

[99] Vgl. z.B. Altman, Irwin und Dalmas A. Taylor: Social Penetration: The Development of Interpersonal Relationships. New York: Holt, Rinehart & Winston 1973.

Ansatz bieten.[100] Eine mögliche Lösung dieses Dilemmas, die sich in solchen Situationen anbietet, besteht in einer indirekten Nutzbarmachung von gruppenübergreifenden Kontakten.

4.1.2 Indirekter Kontakt

Stephen Wright, Arthur Aron, Tracy McLaughlin-Volpe und Stacy Ropp gehen von der Annahme aus, dass die positiven Auswirkungen gruppenübergreifender Freundschaften auch von indirekten Kontakten herrühren könnten – das heißt vom bloßen *Wissen*, dass Mitglieder der Eigengruppe in der Fremdgruppe Freunde haben.[101] Bei einer Überprüfung dieser Hypothese stellten sie fest, dass weiße Versuchspersonen, die wenigstens ein Mitglied der Eigengruppe kannten, das mit einem Mitglied einer Fremdgruppe (d.h. einer Afro-Amerikanerin oder einem Afro-Amerikaner) befreundet war, weniger ausgeprägte Vorurteile gegen die Fremdgruppe bekundeten als Versuchspersonen, die keinen derartigen indirekten Kontakt hatten. Bei einer weiteren Untersuchung rief die genannte Forschungsgruppe durch die Einführung von Wettspielen Konflikte zwischen zwei kleinen experimentell geschaffenen Gruppen hervor. Anschließend wurde aus beiden Gruppen jeweils eine willkürlich gewählte Person aufgefordert, an einer Aufgabe teilzunehmen, die auf eine Annäherung zwischen den Gruppen zielte. Nachdem beide Versuchspersonen zu ihren ursprünglichen Gruppen zurückgekehrt waren, um ihre Erfahrungen zu diskutieren, beurteilten die Versuchspersonen, die an dieser Zusatzaufgabe nicht direkt beteiligt waren, die Beziehungen zwischen beiden Gruppen positiver und zeigten weniger *inter-group bias* als vor dieser Erfahrung mit einem indirekten Kontakt.

Auch im schulischen Kontext konnten die positiven Potenziale indirekter Kontakte fruchtbringend eingesetzt werden. Karmela Liebkind und Alfred McAlister stellten fest, dass Gespräche mit Gleichaltrigen über ihre Erfahrungen mit gruppenübergreifenden Freundschaften bei Oberschülerinnen und -schülern zu einer Abschwächung ihrer Vorurteile gegen Fremde führten,[102] während Lindsey Cameron und ihre Kollegen zum Ergebnis gelangten, dass das Lesen von Geschichten für Kinder im Grundschulalter, in denen ein Mitglied der Eigengruppe vorkommt, das mit einem Kind aus einer Fremdgruppe befreundet ist, zu einer Verringerung von Vorurteilen gegenüber

---

[100] Vgl. z.B. Turner et al., Reducing Explicit, 2007.
[101] Wright, Stephen C., Arthur Aron, Tracy McLaughlin-Volpe und Stacy A. Ropp: The Extended Contact Effect: Knowledge of Cross-group Friendships and Prejudice. In: Journal of Personality and Social Psychology 73 (1997). S. 73–90.
[102] Liebkind, Karmela und Alfred L. McAlister: Extended Contact through Peer Modelling to Promote Tolerance in Finland. In: European Journal of Social Psychology 29 (1999). S. 765–780.

Flüchtlingen[103] und behinderten Kindern[104] führt. Aus neueren Querschnittsstudien geht hervor, dass indirekter (ähnlich wie direkter) Kontakt die Einstellungen zu Fremdgruppen verbessert, indem er die zwischen Gruppen bestehenden Ängste verringert.[105] Es ist wahrscheinlich, dass die Wahrnehmung einer positiven Beziehung zwischen Mitgliedern der Eigen- und Fremdgruppe negative Erwartungen über zukünftige Begegnungen mit der Fremdgruppe entkräftet. Da es bei indirekten Kontakten darüber hinaus zu keiner persönlichen Begegnung kommt, können die betreffenden Menschen gruppenübergreifende Kontakte beobachten, ohne den Ängsten ausgesetzt zu sein, die im Allgemeinen beim ersten direkten Zusammentreffen zwischen sich bis dahin fremden Gruppen auftreten.

Indirekte gruppenübergreifende Freundschaften können sich besonders in Situationen als hilfreich erweisen, in denen wenig Gelegenheit zur Kontaktaufnahme besteht, da es nicht nötig ist, ein Mitglied einer Fremdgruppe *persönlich zu kennen*, um von den positiven Auswirkungen direkter gruppenübergreifende Freundschaften anderer zu profitieren. Turner und ihre Kollegen haben festgestellt, dass das Leben in einem gemischten Wohnumfeld und der Besuch derselben Schule wie Mitglieder der Fremdgruppe zwar direkte gruppenübergreifende Freundschaften begünstigten, jedoch keinen Einfluss auf Erfahrungen mit indirekten Kontakten hatten.[106] Die Wirkung indirekter Kontakte ist jedenfalls geringer als jene von gruppenübergreifenden Freundschaften. Gruppenübergreifende Freundschaften begünstigen im Hinblick auf Fremdgruppen entschiedenere und gefestigtere Einstellungen, die auch mit höherer Wahrscheinlichkeit Einfluss auf Wertungen und Verhaltensweisen in der Beziehung zu ihnen haben[107] – was auf indirekte Kontakte nicht zutrifft.[108] Zusammengefasst scheint es also vor allem sinnvoll, das Zustandekommen direkter gruppenübergreifender Freund-

---

[103] Cameron, Lindsey, Adam Rutland, Rupert Brown und Rebecca Douch: Changing Children's Inter-group Attitudes towards Refugees: Testing Different Models of Extended Contact. In: Child Development 77 (2006). S. 1208–1219.

[104] Cameron, Lindsey und Adam Rutland: Extended Contact through Story Reading in School: Reducing Children's Prejudice toward the Disabled. In: Journal of Social Issues 62 (2006). S. 469–488.

[105] Paolini et al., Effects, 2004; Turner et al., Reducing Explicit, 2007.

[106] Turner et al., Reducing Explicit, 2007.

[107] Vonofakou, Christiana, Miles Hewstone und Alberto Voci: Contact with Out-group Friends as a Predictor of Meta-attitudinal Strength and Accessibility of Attitudes towards Gay Men. In: Journal of Personality and Social Psychology 92 (2007). S. 804–820.

[108] Christ, Oliver, Nicole Tausch, Miles Hewstone, Ulrich Wagner, Joanne Hughes und Ed Cairns: The Benefits and Limitations of Direct and Indirect Inter-group Contact. (Eingereichtes Manuskript, 2010).

schaften in Situationen zu begünstigen, in denen verschiedene Gruppen zusammenleben und Gelegenheit zur Kontaktaufnahme besteht, während Strategien zum Abbau von Vorurteilen vor allem unter Bedingungen sozialer Absonderung auf die Chancen des indirekten Kontakts setzen sollten.[109]

4.2 Multiple soziale Kategorisierung

Inter-group bias ist die Folge der Kategorisierung von Personen nach Gruppen.[110] Dementsprechend liegt eine der Möglichkeiten, wie Vorurteile abgebaut werden können, darin, die Art und Weise zu verändern, wie Menschen sich selbst und andere zuordnen. Nachfolgend werden wir uns auf den Nutzen konzentrieren, der sich ergeben kann, wenn man Menschen dazu motiviert, andere gleichzeitig zwei oder mehreren kategorischen Dimensionen zuzuordnen. Erste Forschungsarbeiten zu dieser Fragestellung untersuchten die Wirkung von sich überschneidenden Kategorien, bei denen Personen dazu angeregt werden, andere auf zwei Dimensionen gleichzeitig einzuordnen. In neuerer Zeit wurde dieser Forschungsansatz insofern erweitert, als nunmehr die Wirkung einer gleichzeitigen Zuordnung entlang einer größeren Zahl von verschiedenen Dimensionen ins Auge gefasst wird.[111]

4.2.1 Multiple Kategorisierung

Neuere von Richard Crisp und seinen Kollegen durchgeführte Untersuchungen konnten zeigen, dass Vorurteile zwischen Gruppen abgebaut werden können, wenn man Menschen veranlassen kann, über die Vielzahl von Kategorien nachzudenken, denen Mitglieder von Fremdgruppen zugeordnet werden können. Crisp, Miles Hewstone und Mark Rubin forderten Universitätsstudierende auf, sich fünf verschiedene Kategorien einfallen zu lassen, die sich dafür anboten, Angehörige einer konkurrierenden Universität

---

[109] Turner, Rhiannon N., Miles Hewstone, Alberto Voci, Stefania Paolini und Oliver Christ: Reducing Prejudice via Direct and Extended Cross-group Friendship. In: European Review of Social Psychology 18 (2007). S. 212–255; Vonofakou, Christiana, Miles Hewstone, Alberto Voci, Stefania Paolini, Rhiannon N. Turner, Nicole Tausch, Tania Tam, Jake Harwood und Ed Cairns: The Impact of Direct and Extended Cross-Group Friendships on Improving Intergroup Relations. In: Improving Inter-group Relations: Building on the Legacy of Thomas F. Pettigrew. Hrsg. von Ulrich Wagner, Linda R. Tropp, Gillian Finchilescu und Colin G. Tredoux. Oxford: Blackwell 2008. S. 107–123.

[110] Vgl. z.B. Tajfel et al., Social Categorization, 1971.

[111] Crisp, Richard J. und Miles Hewstone: Multiple Social Categorization. In: Advances in Experimental Social Psychology 39. Hrsg. von Mark P. Zanna. San Diego: Academic Press 2007. S. 163–254.

(abgesehen von ihrer Mitgliedschaft in besagter Universität) zu beschreiben.[112] Es stellte sich heraus, dass die Bewertung der Studierenden jener Universität signifikant positiver ausfiel, wenn die Aufmerksamkeit gleichzeitig auf fünf weitere Gruppenzugehörigkeiten gerichtet wurde, als wenn nur diese eine Zugehörigkeit zu einer Fremdgruppe in Betracht gezogen wurde. In einer ähnlichen Untersuchung forderten Natalie Hall und Crisp Versuchspersonen auf, sich sowohl Personen vorzustellen, die an ihrer Universität studierten, als auch Personen, auf die dies nicht zutraf.[113] Anschließend wurden sie gebeten, sich andere Gruppenzugehörigkeiten einfallen zu lassen, über die sich Universitätsstudierende definieren könnten. Im Gefolge dieser Konzentration auf mehrere alternative Kategorisierungen war der *inter-group bias* signifikant niedriger als unter Kontrollbedingungen.

Man nimmt an, dass die Konzentration der Aufmerksamkeit auf mehrfache Gruppenzugehörigkeiten den *inter-group bias* vermindert, da die wahrnehmenden Personen angesichts der erhöhten Komplexität des Kontexts von Gruppenbeziehungen nicht mehr in der Lage sein könnten, soziale Kategorien in irgendeiner als sinnvoll erlebten Weise anzuwenden oder zu kombinieren. Möglicherweise könnten dabei auch zu viele Dimensionen von Gruppenzugehörigkeit in Betracht kommen, um zwischen den Kategorien noch sinnvolle Verknüpfungen herstellen zu können. Die Versuchspersonen mögen es zum Beispiel noch schaffen, kognitive Verbindungen zwischen Zuordnungen wie „alleinerziehende Mutter" oder „berufstätiger Elternteil" herzustellen, aber mit der Zusammenführung der Kategorien „alleinerziehende, schwarze, gebildete und berufstätige Mutter" überfordert sein. Im Einklang mit dieser Annahme haben Hall und Crisp gezeigt, dass ein Nachdenken über mehrere alternative Kategorisierungen einen *inter-group bias* nur dann verringert, wenn die entsprechenden Kategorien nichts mit der ursprünglich ins Auge gefassten Dimension von Zuordnungen zu tun haben.[114] Wenn Universitätsstudierende zum Beispiel an Zuordnungen zu kleineren Gruppeneinheiten – wie „Studierende eines Studentenheims" oder „Studierende eines Studienfachs" – denken, so würde dies nicht zum Abbau eines *inter-group bias* beitragen, da diese Zuordnungen bereits von der Ausgangskategorie abgedeckt werden und daher keine größere Komplexität mit sich bringen; fügt man hingegen die Kategorien „Nationalität"

---

[112] Crisp, Richard J., Miles Hewstone und Mark Rubin: Does Multiple Categorization Reduce Inter-group Bias? In: Personality and Social Psychology Bulletin 27 (2001). S. 76–89.

[113] Hall, Natalie R. und Richard J. Crisp: Considering Multiple Criteria for Social Categorization Can Reduce Inter-group Bias. In: Personality and Social Psychology Bulletin 31 (2005). S. 1435–1444.

[114] Hall und Crisp, Considering, 2005.

oder „Geschlecht" hinzu, so würde dies die Verringerung eines *inter-group bias* begünstigen. Wenn die Kategorien zu komplex werden, um sie als Signalbegriffe für wertende Urteile zu verwenden, kann man sich genötigt sehen, nach Alternativen Ausschau zu halten, um sich ein Bild von einer Person zu machen. Die Theorien über die Eindrucksbildung[115] gehen von der Annahme aus, dass es – trotz einer allgemeinen Neigung zu pauschalisierender Verarbeitung von Informationen – zu einem Umdenken in Richtung einer individuell feiner abgestimmten Informationsaufbereitung kommt, wenn sich zwischen einer kategorisierenden Zuordnung und ihrem wahrgenommenen Objekt eine deutliche Diskrepanz auftut.[116] Dies führt zu einem *Abbau von Kategorisierungen*, zu einer umfassenderen und differenzierten Wahrnehmung von Individuen und im selben Zuge auch zu einer Abschwächung von Stereotypen und *inter-group bias*.[117]

Dieser Zusammenhang wird in ähnlicher Weise auch im Rahmen des von Sonia Roccas und Marilynn Brewer entwickelten Komplexitätsmodells sozialer Identität thematisiert.[118] Die beiden Forscherinnen vertreten die These, dass die Vorstellungen von Individuen über ihre vielfachen Gruppenzugehörigkeiten entlang einer von ihnen als *Komplexität* bezeichneten Dimension variieren können. Die Komplexität der sozialen Identität bezieht sich auf die subjektive Vorstellung von den Wechselbeziehungen zwischen den mehrfachen Gruppenidentitäten einer Person. Sie verweist auf das Ausmaß an Überschneidungen, die zwischen den Gruppen wahrgenommen werden, denen eine Person gleichzeitig angehört. Wenn diese Vorstellungen einen geringen Grad an Komplexität aufweisen, deutet dies auf einen hohen

---

[115] Brewer, Marilynn B.: A Dual Process Model of Impression Formation. In: Advances in Social Cognition. Hrsg. von Thomas K. Srull und Robert S. Wyer Jr. Hillsdale: Lawrence Erlbaum 1998. S. 1–36; Fiske, Susan T. und Steven L. Neuberg: A Continuum of Impression Formation, from Category-based to Individuating Processes: Influences of Information and Motivation on Attention and Interpretation. In: Advances in Experimental Social Psychology 23. Hrsg. von Mark P. Zanna. New York: Academic Press 1990. S. 1–74.

[116] Fiske, Susan T., Monica Lin und Steven L. Neuberg: The Continuum Model: Ten Years Later. In: Dual Process Theories in Social Psychology. Hrsg. von Shelley Chaiken und Yaacov Trope. New York: Guilford 1999. S. 231–254.

[117] Vgl. z.B. Brewer, Marilynn B. und Norman Miller: Beyond the Contact Hypothesis: Theoretical Perspectives on Segregation. In: Groups in Contact: The Psychology of Desegregation. Hrsg. von Norman Miller und Marilynn B. Brewer. Orlando: Academic Press 1984. S. 281–302; Miller, Norman und Hugh Jordan Harrington: A Situational Identity Perspective on Cultural Diversity and Teamwork in the Classroom. In: Cooperative Learning: Theory and Research. New York: Praeger 1990. S. 39–75.

[118] Roccas, Sonia und Marilynn B. Brewer: Social Identity Complexity. In: Personality and Social Psychology Review 6 (2002). S. 88–106.

Grad an Überschneidungen hin, die eine Person sowohl zwischen den typischen Merkmalen der verschiedenen sozialen Gruppen, denen sie angehört, als auch zwischen den konkreten Mitgliedern dieser Gruppen wahrnimmt. Geringe Komplexität verweist in diesem Sinne also auf ein hohes Maß an Überschneidungen zwischen den Zugehörigkeiten zu verschiedenen Gruppen und ihren typischen Merkmalen. Im Gegensatz dazu weist ein hoher Grad an Komplexität darauf hin, dass die sich Vorstellungen über die einzelnen Eigengruppen-Kategorien sowohl im Hinblick auf ihre typischen Merkmale als auch auf ihre Mitglieder ausgeprägt voneinander unterscheiden. Brewer und Kathleen Pierce konnten zeigen, dass ein höherer Grad an Komplexität der sozialen Identität – und damit ein höheres Maß an unterschiedlichen Zugehörigkeiten, welche herkömmliche Gruppengrenzen überschreiten – mit größerer Toleranz gegenüber Fremdgruppen einhergeht, was auch eine stärkere Befürwortung gezielter Förderprogramme für Minderheiten (*Affirmative Action*) und des Multikulturalismus mit sich bringt.[119]

Der Ansatz der multiplen sozialen Kategorisierung wurde auch im Schulunterricht eingesetzt, um Vorurteile in den Beziehungen zwischen den Geschlechtern abzubauen. Rebecca Bigler und Lynn Liben haben eine Aufgabe entwickelt, mit der Grundschulkindern die Fähigkeit vermittelt wird, auf mehreren Dimensionen zu klassifizieren.[120] Im Laufe einer Woche wurde fünf- bis zehnjährigen Kindern täglich eine Reihe von zwölf Bildern vorgelegt, auf denen Frauen und Männer in Tätigkeiten gezeigt werden, die den herkömmlichen Stereotypen „weiblicher" und „männlicher" Berufe entsprechen (wie zum Beispiel als Friseurin oder Sekretärin bzw. als Bauarbeiter oder LKW-Fahrer). Anschließend übten die Kinder, diese Bilder sowohl auf der Dimension der Geschlechter als auch der Berufe zuzuordnen. Während vor dieser Übung weniger als drei Prozent der Kinder imstande waren, Kategorien auf multiplen Dimensionen zuzuordnen, waren es danach 95 Prozent. Kinder, die diese Fähigkeit erworben hatten, zeigten auch eine signifikant geringere Neigung zu Geschlechterstereotypen als jene, denen dies nicht gelungen war.

---

[119] Brewer, Marilynn B. und Kathleen P. Pierce: Social Identity Complexity and Out-group Tolerance. In: Personality and Social Psychology Bulletin 31 (2005). S. 428–437.

[120] Bigler, Rebecca S. und Lynn S. Liben: Cognitive Mechanisms in Children's Gender Stereotyping: Theoretical and Educational Implications of a Cognitive-based Intervention. In: Child Development 63 (1992). S. 1351–1363.

5. Schlussfolgerungen

In diesem Kapitel haben wir Schlaglichter auf einige der wichtigsten Ergebnisse der sozialpsychologischen Vorurteilsforschung geworfen. In der Hauptsache hat diese Forschung zeigen können, dass sich Vorurteile ihrem Wesen nach im Laufe der Zeit gewandelt haben, was dazu geführt hat, dass sie heute überwiegend in ihren subtileren Varianten zu beobachten sind, aber das Verhalten zwischen sozialen Gruppen freilich immer noch entscheidend beeinflussen. Die Forschung konnte auch aufzeigen, dass sich unser Verständnis, wie und warum es überhaupt zu Vorurteilen kommt, auf eine ganze Reihe unterschiedlicher Faktoren stützen kann.

Auf realistische Faktoren verweisende Vorurteilstheorien erläutern, wie die Konkurrenz um knappe Ressourcen *inter-group bias* und Gruppenkonflikte verschärfen kann. Der vielleicht wichtigste Beitrag, den die Sozialpsychologie zu unserem Verständnis von Vorurteilen geleistet hat, besteht allerdings in der Erkenntnis, dass – sogar ohne das Vorliegen irgendwelcher sachlichen Gründe – bereits die bloße Zuordnung von Menschen zu verschiedenen Gruppen ausreicht, um Vorurteile auszulösen. Auf dieser Grundlage hat die Forschung eine Reihe von Theorien entwickelt, die darauf verweisen, dass wir aktiv motiviert sind, unsere Eigengruppe gegenüber anderen Gruppen zu bevorzugen, um so die Sicht auf unsere soziale Welt verständlicher und einfacher zu machen, ein positives Selbstwertgefühl zu behaupten und uns vor der unausweichlichen Furcht vor dem Tod abzuschirmen. Während sich diese wissenschaftlichen Bemühungen im Allgemeinen auf experimentelle Untersuchungen stützen und auf eine relativ milde Form von Vorurteilen – den *inter-group bias* – konzentrieren, geht man davon aus, dass extremere Formen von Vorurteilen teilweise durch die Erfahrung intensiver negativer Gefühlsregungen über Fremdgruppen zu erklären sein dürften. Die Intergruppen-Emotionstheorie erläutert, warum es dazu kommen kann, und liefert einen Beitrag zur Erklärung extremer Gruppenkonflikte wie Völkermorde oder ethnischer Säuberungen.

Wir haben außerdem dargelegt, wie unser Verständnis der Ursachen für das Entstehen negativer Vorurteile zur Entwicklung von Strategien geführt hat, die dieses Problem entschärfen sollen: einerseits durch den Ansatz, Mitglieder verschiedener Gruppen zu positiven Formen der Begegnung und Zusammenarbeit in Kontakt zu bringen; andererseits durch Neuorientierungen in der Art und Weise, wie Menschen sich und andere klassifizieren. Die Betonung der Wichtigkeit sozialpsychologischer Prinzipien bei der Entwicklung von Strategien zum Abbau von Vorurteilen, ebenso wie auch die Nutzbarmachung von Kontakten zwischen verschiedenen Gruppen und der Ansatz multipler sozialer Kategorisierungen im Bildungsbereich haben sich im Bemühen um einen Abbau von Vorurteilen als wirksam erwiesen.[121] Im Gegensatz dazu sind von pädagogischen Fachleuten entwickelte Strategien, die im Allgemeinen darauf abzielen, interkulturellen Wissensdefiziten mit multikulturellen Bildungsangeboten zu begegnen, häufig in ihrem Anliegen gescheitert, die zwischen verschiedenen Gruppen bestehenden Einstellungen zu verbessern.[122]

Abschließend ist es noch wichtig anzuerkennen, dass Vorurteile gewiss nicht durchwegs durch sozialpsychologische Prozesse erklärt werden können. Die einschlägigen Untersuchungen setzen sich zum Großteil mit eher schwach ausgeprägten Formen von Vorurteilen auseinander – das heißt, eher mit *inter-group bias* als mit Hass gegen Fremdgruppen. Während diese Forschungsorientierung gewiss von wesentlicher Bedeutung ist, um die grundlegenden Prozesse zu erfassen, auf denen Vorurteile beruhen, und während die dabei erkennbar gewordenen Prozesse unzweifelhaft auch zu den extremeren Formen von Vorurteilen beitragen, ist es auf jeden Fall auch notwendig, den sehr komplexen Charakter von Gruppenkonflikten im Auge zu behalten. Die Mehrzahl dieser Konflikte wird auf einer großen gesellschaftlichen Arena ausgetragen und zieht sich über lange Zeiträume hin, was sie von jenen Phänomenen unterscheidet, die üblicherweise Gegenstand sozialpsychologischer Untersuchungen sind.[123] Vorurteile müssen unter einem multidisziplinären Blickwinkel erklärt werden, unter dem historische ebenso wie politische, wirtschaftliche oder auch sonstige Einflüsse zu berücksichtigen und bei dem sowohl die gesellschaftliche Analyse von Macht und Ideologie als auch die psychologische Analyse von Kognition, Affekt und Motivation einzubeziehen sind. Sozialpsychologische Prozesse sollten auf jeden Fall eine wesentliche Rolle in jeder umfassenden Analyse von Vorurteilen spielen – wegen des Beitrags, den sie zur Klärung der Fragen leisten können, wie Vorurteile überhaupt entstehen und was man tun kann, um sie zu überwinden.

Literaturverzeichnis

Aberson, Christopher L., Michael Healy und Victoria Romero: In-group Bias and Self-esteem: A Meta-Analysis. In: Personality and Social Psychology Review 4 (2000). S. 157–173.

Adorno, Theodor. W., Else Frenkel-Brunswick, Daniel J. Levinson und R. Nevitt Sanford: The Authoritarian Personality. New York: Harper & Row 1950.

---

[121] Vgl. z.B. Bigler und Liben, Cognitive, 1992; Cameron et al., Changing, 2006.
[122] Bigler, Rebecca S.: The Use of Multicultural Curricula and Materials to Counter Racism in Children. In: Journal of Social Issues 55 (1999). S. 687–705.
[123] Hewstone et al., Inter-group, 2002.

Allport, Gordon W.: The Nature of Prejudice. Cambridge: Books 1954.
Altman, Irwin und Dalmas A. Taylor: Social Penetration: The Development of Interpersonal Relationships. New York: Holt, Rinehart & Winston 1973.
Bandura, Albert: Selective Activation and Disengagement of Moral Control. In: Journal of Social Issues 46 (1990). S. 27–46.
Bandura, Albert, Bill Underwood und Michael E. Fromson: Disinhibition of Aggression through Diffusion of Responsibility and Dehumanization of Victims. In: Journal of Research in Personality 80 (1975). S. 125–135.
Bar-Tal, Daniel: Causes and Consequences of Delegitimization: Models of Conflict and Ethnocentrism. In: Journal of Social Issues 46 (1990). S. 65–81.
BBC Online: The Impact of Hate Media in Rwanda. 2003. http://news.bbc.co.uk/1/hi/world/africa/3257748.stm (13.07.2007).
Bigler, Rebecca S.: The Use of Multicultural Curricula and Materials to Counter Racism in Children. In: Journal of Social Issues 55 (1999). S. 687–705.
Bigler, Rebecca S. und Lynn S. Liben: Cognitive Mechanisms in Children's Gender Stereotyping: Theoretical and Educational Implications of a Cognitive-based Intervention. In: Child Development 63 (1992). S. 1351–1363.
Billig, Michael und Henri Tajfel: Social Categorization and Similarity in Inter-group Behaviour. In: European Journal of Social Psychology 3 (1973). S. 27–52.
Blanchard, Fletcher A., Teri Lilly und Leigh A. Vaughn: Reducing the Expression of Racial Prejudice. In: Psychological Science 2 (1991). S. 101–105.
Brewer, Marilynn B.: A Dual Process Model of Impression Formation. In: Advances in Social Cognition. Hrsg. von Thomas K. Srull und Robert S. Wyer Jr. Hillsdale: Lawrence Erlbaum 1998. S. 1–36.
Brewer, Marilynn B.: The Psychology of Prejudice: In-group Love or Out-group Hate? In: Journal of Social Issues 55 (1999). S. 429–444.
Brewer, Marilynn. B. und Donald T. Campbell: Ethnocentrism and Inter-group Attitudes: East African Evidence. Oxford: Sage 1976.
Brewer, Marilynn B. und Norman Miller: Beyond the Contact Hypothesis: Theoretical Perspectives on Segregation. In: Groups in Contact: The Psychology of Desegregation. Hrsg. von Norman Miller und Marilynn B. Brewer. Orlando: Academic Press 1984. S. 281–302.
Brewer, Marilynn B. und Kathleen P. Pierce: Social Identity Complexity and Out-group Tolerance. In: Personality and Social Psychology Bulletin 31 (2005). S. 428–437.
Brown, Rupert und Miles Hewstone: An Integrative Theory of Inter-group Contact. In: Advances in Experimental Social Psychology 37. Hrsg. von Mark P. Zanna. San Diego: Academic Press. S. 255–343.
Cameron, Lindsey und Adam Rutland: Extended Contact through Story Reading in School: Reducing Children's Prejudice toward the Disabled. In: Journal of Social Issues 62 (2006). S. 469–488.
Cameron, Lindsey, Adam Rutland, Rupert Brown und Rebecca Douch: Changing Children's Inter-group Attitudes towards Refugees: Testing Different Models of Extended Contact. In: Child Development 77 (2006). S. 1208–1219.
Campbell, Donald T.: Ethnocentric and Other Altruistic Motives. In: Nebraska Symposium on Motivation. Hrsg. von D. Levine. Lincoln: University of Nebraska Press 1965. S. 283–301.
Christ, Oliver, Nicole Tausch, Miles Hewstone, Ulrich Wagner, Joanne Hughes und Ed

Cairns: The Benefits and Limitations of Direct and Indirect Inter-group Contact. (Eingereichtes Manuskript 2010).

Cortes, Brezo P., Stephanie Demoulin, Ramon T. Rodriguez, Armando P. Rodriguez und Jacques-Philippe Leyens: Infrahumanization or Familiarity? Attribution of Uniquely Human Emotions to the Self, the In-group, and the Out-group. In: Personality and Social Psychology Bulletin 31 (2005). S. 243–253.

Crisp, Richard J. und Miles Hewstone: Multiple Social Categorization. In: Advances in Experimental Social Psychology 39. Hrsg. von Mark P. Zanna. San Diego: Academic Press 2007. S. 163–254.

Crisp, Richard J., Miles Hewstone und Mark Rubin: Does Multiple Categorization Reduce Inter-group Bias? In: Personality and Social Psychology Bulletin 27 (2001). S. 76–89.

Crocker, Jennifer, Leigh L. Thompson, Kathleen M. McGraw und Cindy Ingerman: Downward Comparison, Prejudice, and Evaluations of Others: Effects of Self-esteem and Threat. In: Journal of Personality and Social Psychology 52 (1987). S. 907–916.

Crosby, Faye, Stephanie Bromley und Leonard Saxe: Recent Unobtrusive Studies of Black and White Discrimination and Prejudice: A Literature Review. In: Psychological Bulletin 87 (1980). S. 546–563.

Dovidio, John F., John C. Brigham, Barbara T. Johnson und Samuel L. Gaertner: Stereotyping, Prejudice and Discrimination: Another Look. In: Stereotypes and Stereotyping. Hrsg. von C. Neil Macrae, Charles Stangor und Miles Hewstone. New York: Guilford 1996. S. 276–319.

Dovidio, John F., Kerry Kawakami und Kelly R. Beach: Implicit and Explicit Attitudes: Examination of the Relationship between Measures of Inter-group Bias. In: Blackwell Handbook of Social Psychology: Inter-group Relations. Hrsg. von Rupert Brown und Samuel L. Gaertner. Malden: Blackwell 2001. S. 175–197.

Esses, Victoria M., Geoffrey Haddock und Mark P. Zanna: Values, Stereotypes, and Emotions as Determinants of Inter-group Attitudes. In: Affect, Cognition, and Stereotyping: Interactive Processes in Group Perception. Hrsg. von Diane M. Mackie und David L. Hamilton. San Diego: Academic Press 1993. S. 137–166.

Fazio, Russell H., Joni R. Jackson, Bridget C. Dunton und Carol J. Williams: Variability in Automatic Activation as an Unobtrusive Measure of Racial Attitudes: A Bona Fide Pipeline? In: Journal of Personality and Social Psychology 69 (1995). S. 1013–1027.

Fazio, Russell H. und Michael A. Olson: Implicit Measures in Social Cognition Research: Their Meaning and Use. In: Annual Review of Psychology 54 (2003). S. 297–327.

Fiske, Susan T., Amy J. C. Cuddy, Peter Glick und Jun Xu: A Model of (Often Mixed) Stereotype Content: Competence and Warmth Respectively Follow from Perceived Status and Competition. In: Journal of Personality and Social Psychology 82 (2002). S. 878–902.

Fiske, Susan T., Monica Lin und Steven L. Neuberg: The Continuum Model: Ten Years Later. In: Dual Process Theories in Social Psychology. Hrsg. von Shelley Chaiken und Yaacov Trope. New York: Guilford 1999. S. 231–254.

Fiske, Susan T. und Steven L. Neuberg: A Continuum of Impression Formation, from Category-based to Individuating Processes: Influences of Information and Motivation on Attention and Interpretation. In: Advances in Experimental Social Psychology 23. Hrsg. von Mark P. Zanna. New York: Academic Press 1990. S. 1–74.

Frijda, Nico H.: The Emotions. Cambridge: Cambridge University Press 1986.
Gaertner, Samuel L. und John F. Dovidio: The Subtlety of White Racism, Arousal, and Helping Behavior. In: Journal of Personality and Social Psychology 35 (1977). S. 691–707.
Gaertner, Samuel L. und John F. Dovidio: Prejudice, Discrimination, and Racism: Problems, Progress and Promise. In: Prejudice, Discrimination, and Racism. Hrsg. von John F. Dovidio und Samuel L. Gaertner. Orlando: Academic Press 1986. S. 315–332.
Gaertner, Samuel L. und John F. Dovidio: Understanding and Addressing Contemporary Racism: From Aversive Racism to the Common In-group Identity Model. In: Journal of Social Issues 61 (2005). S. 615–639.
Glick, Peter und Susan T. Fiske: The Ambivalent Sexism Inventory: Differentiating Hostile and Benevolent Sexism. In: Journal of Personality and Social Psychology 70 (1996). S. 491–512.
Greenberg, Jeff, Tom Pyszczynski und Sheldon Solomon: The Causes and Consequences of Self-esteem: A Terror Management Theory. In: Public Self and Private Self. Hrsg. von R. Baumeister. New York: Springer 1986. S. 189–212.
Greenberg, Jeff, Tom Pyszczynski, Sheldon Solomon, Abram Rosenblatt, Mitchell Veeder, Shari Kirkland und Deborah Lyon: Evidence for Terror Management II: The Effects of Mortality Salience on Reactions to Those Who Threaten or Bolster the Cultural Worldview. In: Journal of Personality and Social Psychology 58 (1990). S. 308–318.
Greenwald, Anthony G., Debbie E. McGee und Jordan L. K. Schwartz: Measuring Individual Differences in Implicit Cognition: The Implicit Association Test. In: Journal of Personality and Social Psychology 74 (1998). S. 1464–1480.
Hall, Natalie R. und Richard J. Crisp: Considering Multiple Criteria for Social Categorization Can Reduce Inter-group Bias. In: Personality and Social Psychology Bulletin 31 (2005). S. 1435–1444.
Harmon-Jones, Eddie, Jeff Greenberg, Sheldon Solomon und Linda Simon: The Effects of Mortality Salience on Inter-group Bias between Minimal Groups. In: European Journal of Psychology 25 (1996). S. 781–785.
Harris, Lasana T. und Susan T. Fiske: Dehumanizing the Lowest of the Low: Neuroimaging Responses to Extreme Out-groups. In: Psychological Science 17 (2006). S. 847–453.
Hewstone, Miles, Mark Rubin und Hazel Willis: Inter-group Bias. In: Annual Review of Psychology 53 (2002). S. 575–604.
Hewstone, Miles, Nicole Tausch, Alberto Voci, Jared Kenworthy, Joanne Hughes und Ed Cairns: Why Neighbours Kill: Prior Inter-group Contact and Killing of Ethnic Out-group Neighbours. In: Explaining the Breakdown of Ethnic Relations. Why Neighbours Kill. Hrsg. von Victoria M. Esses und Richard A. Vernon. Oxford, Malden: Blackwell 2008. S. 61–91.
Hogg, Michael A.: Uncertainty-identity Theory. In: Advances in Experimental Social Psychology 39. Hrsg. von Mark P. Zanna. San Diego: Academic Press 2007. S. 69–126.
Hogg, Michael A. und Dominic Abrams: Social Identification, Self Categorization and Social Influence. In: European Review of Social Psychology 1 (1990). S. 195–228.

Hogg, Michael A. und Dominic Abrams: Towards a Single-process Uncertainty-reduction Model of Social Motivation in Groups. In: Group Motivation: Social-psychological Perspectives. Hrsg. von Michael A. Hogg und Dominic Abrams. London: Harvester Wheatsheaf 1993. S. 173–190.

Hogg, Michael A. und Paul Grieve: Social Identity Theory and the Crisis of Confidence in Social Psychology: A Commentary, and Some Research on Uncertainty Reduction. In: Asian Journal of Social Psychology 2 (1999). S. 79–93.

Hogg, Michael A. und Elizabeth A. Hardie: Prototypicality, Conformity and Depersonalized Attraction: A Self-categorization Analysis of Group Cohesiveness. In: British Journal of Social Psychology 31 (1992). S. 41–56.

Hogg, Michael A. und Barbara Ann Mullin: Joining Groups to Reduce Uncertainty: Subjective Uncertainty Reduction and Group Identification. In: Social Identity and Social Cognition. Hrsg. von Dominic Abrams und Michael A. Hogg. Malden: Blackwell 1999. S. 249–279.

Insko, Chester A., John Schopler, Michael B. Pemberton, Jennifer Wieselquist, Stacy A. McIlraith, David P. Currey und Lowell Gaertner: Long-term Outcome Maximization and the Reduction of Interindividual Inter-group Discontinuity. In: Journal of Personality and Social Psychology 75 (1998). S. 695–711.

Islam, Mir R. und Miles Hewstone: Dimensions of Contact as Predictors of Inter-group Anxiety, Perceived Out-group Variability and Out-group Attitudes: An Integrative Model. In: Personality and Social Psychology Bulletin 19 (1993). S. 700–710.

Jetten, Jolanda, Michael A. Hogg und Barbara Ann Mullin: In-group Variability and Motivation to Reduce Subjective Uncertainty. In: Group Dynamics: Theory, Research, and Practice 4 (2000). S. 184–198.

Jetten, Jolanda, Russell Spears und Anthony S. R. Manstead: Strength of Identification and Inter-group Differentiation: The Influence of Group Norms. In: European Journal of Social Psychology 27 (1997). S. 603–609.

Katz, Irwin und Glen R. Hass: Racial Ambivalence and American Value Conflict: Correlational and Priming Studies of Dual Cognitive Structures. In: Journal of Personality and Social Psychology 55 (1988). S. 893–905.

Katz, Irwin, Joyce Wackenhut und Glen R. Hass: Racial Ambivalence, Value Duality, and Behavior. In: Prejudice, Discrimination, and Racism. Hrsg. von John F. Dovidio und Samuel L. Gaertner. Orlando: Academic Press 1986. S. 35–59.

Kleinpenning, Gerard und Louk Hagendoorn: Forms of Racism and the Cumulative Dimension of Ethnic Attitudes. In: Social Psychology Quarterly 56 (1993). S. 21–36.

Leyens, Jacques-Phillipe, Maria-Paola Paladino, Ramon Rodriguez-Torres, Jeroen Vaes, Stephanie Demoulin, Armando Rodriguez-Perez und Ruth Gaunt: The Emotional Side of Prejudice: The Attribution of Secondary Emotions to In-groups and Out-groups. In: Personality and Social Psychology Review 4 (2000). S. 186–197.

Leyens, Jacques-Phillipe, Armando Rodriguez-Perez, Ramon Rodriguez-Torres, Ruth Gaunt, Maria-Paola Paladino, Jeroen Vaes und Stephanie Demoulin: Psychological Essentialism and the Differential Attribution of Uniquely Human Emotions to In-groups and Out-groups. In: European Journal of Social Psychology 31 (2001). S. 395–411.

Liebkind, Karmela und Alfred L. McAlister: Extended Contact through Peer Modelling to Promote Tolerance in Finland. In: European Journal of Social Psychology 29 (1999). S. 765–780.

Mackie, Diane M., Thierry Devos und Eliot R. Smith: Inter-group Emotions: Explaining Offensive Action Tendencies in an Inter-group Context. In: Journal of Personality and Social Psychology 79 (2000). S. 602–616.
McConahay, John B. und Joseph C. Hough: Symbolic Racism. In: Journal of Social Issues 32 (1976). S. 23–45.
McConnell, Allen R. und Jill M. Leibold: Relations among the Implicit Association Test, Discriminatory Behavior, and Explicit Measures of Racial Attitudes. In: Journal of Experimental Social Psychology 37 (2001). S. 435–442.
Miller, Norman und Hugh Jordan Harrington: A Situational Identity Perspective on Cultural Diversity and Teamwork in the Classroom. In: Cooperative Learning: Theory and Research. New York: Praeger 1990. S. 39–75.
Monteith, Margo J., Nicole E. Deneen und Gregory D. Tooman: The Effect of Social Norm Activation on the Expression of Opinions Concerning Gay Men and Blacks. In: Basic and Applied Social Psychology 18 (1996). S. 267–288.
Mullen, Brian, Rupert Brown und Colleen Smith: In-group Bias as a Function of Salience, Relevance, and Status: An Integration. In: European Journal of Social Psychology 22 (1992). S. 103–122.
Oakes, Penelope J. und John C. Turner: Social Categorization and Inter-group Behaviour: Does Minimal Inter-group Discrimination Make Social Identity More Positive? In: European Journal of Social Psychology 10 (1980). S. 295–301.
Oakes, Penelope J. und John C. Turner: Is Limited Information Processing Capacity the Cause of Social Stereotyping? In: European Review of Social Psychology 1. Hrsg. von Wolfgang Stroebe und Miles Hewstone. Chichester: Wiley 1990. S. 111–135.
Oskamp, Stuart und James M. Jones: Promising Practice in Reducing Prejudice: A Report from the President's Initiative on Race. In: Reducing Prejudice and Discrimination. Hrsg. von Stuart Oskamp. Mahwah: Lawrence Erlbaum 2000. S. 319–334.
Paolini, Stefania, Miles Hewstone, Ed Cairns und Alberto Voci: Effects of Direct and Indirect Cross-group Friendships on Judgements of Catholic and Protestants in Northern Ireland: The Mediating Role of an Anxiety-reduction Mechanism. In: Personality and Social Psychology Bulletin 30 (2004). S. 770–786.
Pettigrew, Thomas F.: Generalised Inter-group Contact Effects on Prejudice. In: Personality and Social Psychology Bulletin 23 (1997). S. 173–185.
Pettigrew, Thomas. F.: Inter-group Contact: Theory, Research and New Perspectives. In: Annual Review of Psychology 49 (1998). S. 65–85.
Pettigrew, Thomas F. und Linda R. Tropp: A Meta-analytic Test of Inter-group Contact Theory. In: Journal of Personality and Social Psychology 90 (2006). S. 751–783.
Plant, Elizabeth Ashby und Patricia G. Devine: Internal and External Motivation to Respond without Prejudice. In: Journal of Personality and Social Psychology 75 (1998). S. 811–832.
Roccas, Sonia und Marilynn B. Brewer: Social Identity Complexity. In: Personality and Social Psychology Review 6 (2002). S. 88–106.
Rubin, Mark und Miles Hewstone: Social Identity Theory's Self-esteem Hypothesis: A Review and Some Suggestions for Clarification. In: Personality and Social Psychology Review 2 (1998). S. 40–62.
Schuman, Howard, Charlotte Steeh und Lawrence Bobo: Racial Attitudes in America: Trends and Interpretations. Cambridge: Harvard University Press 1985.

Sears, David O. und Donald R. Kinder: Whites' Opposition to Busing: On Conceptualizing and Operationalizing Group Conflict. In: Journal of Personality and Social Psychology 48 (1985). S. 1148–1161.

Seta, Catherine E. und John J. Seta: Observers and Participants in an Inter-group Setting. In: Journal of Personality and Social Psychology 63 (1992). S. 629–643.

Sherif, Muzafer und Carolyn W. Sherif: Groups in Harmony and Tension. New York: Harper 1953.

Sherif, Muzafer, B. Jack White und O.J. Harvey: Status in Experimentally Produced Groups. In: American Journal of Sociology 60 (1955). S. 370–379.

Silver, Lisa A., Daniel A. Miller, Diane M. Mackie und Eliot R. Smith: The Nature of Inter-group Emotions. (Unveröffentlichtes Manuskript, 2001) University of California, Santa Barbara. Zitiert in: Devos, Thierry, Lisa A. Silver, Diane M. Mackie und Eliot R. Smith: Experiencing Inter-group Emotions. In: From Prejudice to Inter-group Emotions: Differentiated Reactions to Social Groups. Hrsg. von Diane M. Mackie und Eliot R. Smith. Philadelphia: Psychology Press 2002. S. 113–134.

Smith, Eliot R: Social Identity and Social Emotions: Toward New Conceptualizations of Prejudice. In: Affect, Cognition, and Stereotyping: Interactive Processes in Group Perception. Hrsg. von David L. Hamilton und Diane M. Mackie. San Diego: Academic Press 1993. S. 297–315.

Smith, Eliot R.: Affective and Cognitive Implications of a Group Becoming a Part of the Self: New Models of Prejudice and of the Self-concept. In: Social Identity and Social Cognition. Hrsg. von Dominic Abrams und Michael A. Hogg. Malden: Blackwell 1999. S. 183–196.

Smith, Eliot R. und Susan Henry: An In-group Becomes Part of the Self: Response Time Evaluation. In: Personality and Social Psychology Bulletin 22 (1996). S. 635–642.

Stangor, Charles, Linda A. Sullivan und Thomas E. Ford: Affective and Cognitive Determinants of Prejudice. In: Social Cognition 9 (1991). S. 359–380.

Staub, Ervin: Reconciliation after Genocide, Mass Killing, or Intractable Conflict: Understanding the Roots of Violence, Psychological Recovery, and Steps Towards a General Theory. In: Political Psychology 27 (2006). S. 876–894.

Stephan, Walter G. und Cookie W. Stephan: Inter-group Anxiety. In: Journal of Social Issues 41 (1985). S. 157–176.

Swanson, Jane E., Laurie A. Rudman und Anthony G. Greenwald: Using the Implicit Association Test to Investigate Attitude-behaviour Consistency for Stigmatized Behaviour. In: Cognition and Emotion 15 (2001). S. 207–230.

Tajfel, Henri, Claude Flament, Michael Billig und R. F. Bundy: Social Categorization and Inter-group Behaviour. In: European Journal of Social Psychology 1 (1971). S. 149–178.

Tajfel, Henri und John C. Turner: An Integrative Theory of Inter-group Conflict. In: The Social Psychology of Inter-group Relations. Hrsg. von William G. Austin und Stephen Worchel. Monterey: Brooks-Cole 1979. S. 33–47.

Tam, Tania, Miles Hewstone, Ed Cairns, Nicole Tausch, Gregory Maio und Jared Kenworthy: The Impact of Inter-group Emotions on Forgiveness in Northern Ireland. In: Group Processes and Inter-group Relations 10 (2007). S. 119–136.

Turner, John C., Michael A. Hogg, Penelope J. Oakes, Stephen D. Reicher und Margaret S. Wetherell: Rediscovering the Social Group: A Self-categorization Theory. Cambridge: Blackwell 1987.

Turner, Rhiannon N., Miles Hewstone und Alberto Voci: Reducing Explicit and Implicit Out-group Prejudice via Direct and Extended Contact: The Mediating Role of Self-disclosure and Inter-group Anxiety. In: Journal of Personality and Social Psychology 93 (2007). S. 369–388.

Turner, Rhiannon N., Miles Hewstone, Alberto Voci, Stefania Paolini und Oliver Christ: Reducing Prejudice via Direct and Extended Cross-group Friendship. In: European Review of Social Psychology 18 (2007). S. 212–255.

Van den Bos, Kees, P. Marijn Poortvliet, Marjolein Maas, Joost Miedema und Ernst-Jan van den Ham: An Enquiry Concerning the Principles of Cultural Norms and Values: The Impact of Uncertainty and Mortality Salience on Reactions to Violations and Bolstering of Cultural Worldviews. In: Journal of Experimental Social Psychology 41 (2005). S. 91–113.

Voci, Alberto und Miles Hewstone: Inter-group Contact and Prejudice towards Immigrants in Italy: The Mediational Role of Anxiety and the Moderational Role of Group Salience. In: Group Processes and Inter-group Relations 6 (2003). S. 37–54.

Vonofakou, Christiana, Miles Hewstone und Alberto Voci: Contact with Out-group Friends as a Predictor of Meta-attitudinal Strength and Accessibility of Attitudes towards Gay Men. In: Journal of Personality and Social Psychology 92 (2007). S. 804–820.

Vonofakou, Christiana, Miles Hewstone, Alberto Voci, Stefania Paolini, Rhiannon N. Turner, Nicole Tausch, Tania Tam, Jake Harwood und Ed Cairns: The Impact of Direct and Extended Cross-Group Friendships on Improving Intergroup Relations. In: Improving Inter-group Relations: Building on the Legacy of Thomas F. Pettigrew. Hrsg. von Ulrich Wagner, Linda R. Tropp, Gillian Finchilescu und Colin G. Tredoux. Oxford: Blackwell 2008. S. 107–123.

Wilder, David A.: Perceiving Persons as a Group: Categorization and Inter-group Relations. In: Cognitive Processes in Stereotyping and Inter-group Behavior. Hrsg. von David L. Hamilton. Hillsdale: Erlbaum 1981. S. 213–258.

Wilson, Timothy D., Samuel Lindsey und Tonya Y. Schooler: A Model of Dual Attitudes. In: Psychological Review 107 (2000). S. 101–126.

Worchel, Stephen, Virginia A. Andreoli und Robert Folger: Inter-group Cooperation and Inter-group Attraction: The Effect of Previous Interaction and Outcome of Combined Effort. In: Journal of Experimental Social Psychology 13 (1977). S. 131–140.

Wright, Stephen C., Arthur Aron, Tracy McLaughlin-Volpe und Stacy A. Ropp: The Extended Contact Effect: Knowledge of Cross-group Friendships and Prejudice. In: Journal of Personality and Social Psychology 73 (1997). S. 73–90.

Wissenschaft im Banne des Vorurteils?
Überlegungen am Beispiel der Biowissenschaften

Dietmar Mieth

> Wenn sich mithin in [...] vielen [...] Fällen der Glaube als diejenige Kraft erweist, die das gesammelte wissenschaftliche Einzelmaterial erst zur richtigen Wirksamkeit bringt, so darf man sogar noch einen Schritt weiter gehen und behaupten, daß schon beim Sammeln des Materials der vorausschauende und vorfühlende Glaube an die tieferen Zusammenhänge gute Dienste leisten kann. Er zeigt den Weg und er schärft die Sinne. Einem [...] Experimentator, der im Laboratorium seine Versuchsanordnung aufbaut und die gemachten Aufnahmen unter die Lupe nimmt, wird in vielen Fällen der Fortschritt der Arbeit [...] erleichtert durch eine gewisse, mehr oder weniger klar bewußte besondere Gedankeneinstellung, mit welcher er seine Untersuchungen einrichtet und die gewonnenen Ergebnisse betrachtet und deutet."[1]
>
> Max Planck

1. Einleitung: Wissenschaft zwischen Vertrauen und Verunsicherung in einer mediatisierten Gesellschaft

Unsere Gesellschaft lebt aus einem Bündnis für Fortschritt und Wohlergehen, das sie mit Wissenschaft, Technik und Ökonomie geschlossen hat.[2] Dieses Bündnis ist nicht mehr auflösbar, ohne dass der Schaden für alle größer wäre als der Nutzen. Es gibt keine verantwortbare Option für den Rückschritt, nur die Möglichkeit der Zurücknahme einzelner „Fortschritte", die sich

---

1   Planck, Max: Vorträge und Erinnerungen. Darmstadt 1959, S. 248.
2   Vgl Mieth, Dietmar: Wissenschaft, Technik, Ökonomie – Was können wir verantworten. In: Ethik ohne Chance? Erkundungen im technologischen Zeitalter. Hrsg. von Jean Pierre Wils u. Dietmar Mieth. Tübingen: Attempto 1992. S. 210–224.

nicht als Förderung des Wohlergehens erweisen, und die Wahl zwischen verschiedenen Optionen im Fortschritt. Inwieweit es diese Wahl gibt, woran sie sich verantwortlich orientiert und wie sie einen universalen Konsens findet, ist eine der größten Fragen des 21. Jahrhunderts. Fortschritt soll sein, aber Fortschritt ist auch ambivalent. Diese Ambivalenz ist nur zu beschränken, wenn an der wissenschaftlichen Quelle des Fortschritts das Lebensförderliche vom Lebenszerstörenden geschieden wird. Die Wahl ist im Nachhinein schwer zu vollziehen, wie wir an der Zurücknahme von umweltbelastenden Techniken und Ökonomien ebenso erkennen wie an der Debatte um die Atomkraft. Daher ist diese Wahl als präventive Maßnahme zu bevorzugen. Nutzen, so zeigt die Fortschrittsgeschichte, bringt auch Risiken und Nachteile hervor. Aber welche sind erträglich oder werden es in Zukunft sein?

Das intensive präventive Vertrauen in der Fortschrittsgesellschaft gilt der Wissenschaft, innerhalb des wissenschaftlichen Fortschrittes vor allem dem Fortschritt im Bereich der Medizin, weil viele der Meinung sind, dass zwar Gesundheit nicht alles, aber ohne Gesundheit alles nichts sei. Letztere Meinung hält zwar der empirischen Nachprüfung im Leben von Behinderten, Kranken und Alten nicht stand, aber sie drückt die Mischung von Präferenz und Abwehr aus, die mit diesem präventiven Vertrauen verbunden ist. Am Vertrauen der Wissensgesellschaft nimmt vor allem der mediatisierte öffentliche Transfer von Informationen und Meinungen teil.[3] Dabei kann durchaus der heute bejubelte Fortschritt das bekämpfte Ungeheuer von morgen sein. Das Gedächtnis der NachrichtenträgerInnen ist schlecht und ihr Interesse an der Kohärenz der Nachrichten ist oft gering. Sie bedienen jedoch RezipientInnen, für welche das Gleiche gilt.

So wird, darauf werden wir noch zu sprechen kommen, die öffentliche Meinung oft von scheinbar wissenschaftlich gestützten Erkenntnissen und Errungenschaften getragen, in welchen Optionen wie Wahrheiten gehandelt werden. An dieser Stelle muss zurückgefragt werden, inwieweit dies am mediatisierten Transfer der Wissenschaft oder inwieweit es an ihr und in ihr selbst liegt, einen solchen gesellschaftsrelevanten Zustand mit hervorzubringen, der manche Potemkin'schen Dörfer enthält. Damit wird nicht nach publizistischen Vorurteilen gefragt, die es zur Genüge geben mag, sondern nach dem Vorurteil in der Wissenschaft selbst, das ihren Betrieb

---

3   Vgl. Graumann, Sigrid: Die Rolle der Medien in der Debatte um die Biomedizin. In: Kulturelle Aspekte der Biomedizin. Hrsg. von Silke Schickdanz, Christoph Tannert u. Peter M. Wiedemann. Frankfurt a.M.: Campus 2003. S. 212–143; dies.: Situation der Medienberichterstattung zu den aktuellen Entwicklungen in der Biomedizin und ihren ethischen Fragen. Gutachten im Auftrag des Max-Delbrück-Centrums für Molekulare Medizin. Berlin 2002.

innerhalb des erwähnten gesellschaftlichen Bündnisses mitbestimmt. Dabei räumt Wissenschaft unter der Vorgabe ihres aufgeklärten Skeptizismus und Kritizismus gern mit Vorurteilen in der Gesellschaft auf. Immer wieder erscheinen Bücher, die im Namen der Wissenschaft religiöse, anthropologische und moralische Vorurteile bekämpfen. Vorurteile werden in der Wissenschaft ebenso bekämpft wie überflüssige Pfunde in der Schlankheitskur.

Aber Doping wird im Sport ebenfalls bekämpft und scheint doch unausrottbar dazuzugehören. Der drastische Vergleich mag respektlos erscheinen, aber er ist, wie die Berichtigungen seriöser Wissenschaftsjournale zeigen, nicht unseriös.

Ein völlig unverfängliches Beispiel mag dies verdeutlichen. Es gehört zu den Erfahrungen des Eierkochens, die von Generation zu Generation weitergereicht werden, dass Eier nach den Kochen mit kaltem Wasser „abgeschreckt" werden, damit sich die Schale besser vom inneren Ei löst. Nun konnte man in der Zeitung lesen, man habe diese Erfahrung wissenschaftlich überprüft und sei zu dem Ergebnis gekommen, dass das Abschrecken zwecklos sei, also das Lösen der Schale davon unabhängig betrachtet werden müsse. Damit erscheint die Methode des Abschreckens von Frühstückseiern als vorurteilsgebunden. Erfahrene Eierkocher wissen natürlich, dass das Abschrecken unterschiedlichen Erfolg hat, je nachdem, wie dick die Eierschale ist, je nachdem, wie jung das Ei ist. Junge Eier halten die Innenhaut stärker fest, das kalte Abschrecken braucht länger und ist weniger erfolgreich. Aber jeder und jede kann hier seine oder ihre Erfahrung im Küchenlabor selbst überprüfen und zwei Dinge feststellen:

- Es hängt von der Versuchsanordnung und ihren genau erfassten Rahmenbedingungen (Dicke der Schale, Alter des Eies, Dauer der Behandlung usw.) ab, mit welchen Erfolgen man rechnen kann.
- Ein wissenschaftlich begründetes Urteil über Traditionen der Erfahrung hängt davon ab, was man überprüfen und beweisen will, welches Moment die Skepsis gegenüber den Traditionen hervorgerufen hat.

Vermutlich hat man irgendwann schlechte Erfahrungen mit der Tradition gemacht, sie hielt nicht, was sie versprach. Daraus entsteht ein Vorausurteil, das dem Vorausurteil der Tradition entgegensteht. Statt eines präventiven Diskurses, in welchem man mögliche veränderbare Konstellationen klärt, steigt man aber direkt in den Laborversuch ein und erhält im Sinne der *self-fulfilling prophecy* das Ergebnis, das man erwartet. Nun werden umsichtige WissenschaftlerInnen mit Recht sagen, dass eben dies noch keine umsichtige Wissenschaft sei, die den selbst auferlegten Prüfungen standhalte. Das mag in vielen Fällen so sein, aber es ist in der Wissenschaftspraxis nicht selbstverständlich. Es geht dann nach dem Motto: „Was du willst, ist machbar", und nicht nach dem Motto: „Was du sollst, begrenzt die Machbarkeit." Bevor wir aber auf das Vorurteil in der Wissenschaftspraxis genauer eingehen, sollten wir die gesellschaftlichen Bedingungen des Vorurteils als spezifische Form des unvermeidlichen Vorausurteils verstehen, denn diese reichen auch, wie wir zeigen werden, in die Wissenschaftspraxis hinein.

2. Die sozialpsychologischen Bedingungen des Vorurteils

2.1 Das Vorurteil – konstruktive und destruktive Bedeutung

Das Vorurteil wurde insbesondere in der Aufklärung zum Thema der rationalen Wissenschaft.

Man war der Meinung, wenn man sich seiner Vernunft angemessen bediene und mit genauen und nachprüfbaren Methoden Erkenntnisse sammle, könne man mit alten Vorurteilen aufräumen. Diese hätten ihre Ursache im Mangel an Mut, sich des eigenen Verstandes gründlich zu bedienen. Dabei dachte man insbesondere an religiöse Vorurteile, aber auch an Vorurteile gegenüber Menschen. In einem zweiten Schritt der Aufklärung wird stärker entfaltet, was die Aufklärung, insbesondere Immanuel Kant, auch wollte: die Kritik der Vernunft. Dabei sah man immer mehr, dass man auch im rationalen Diskurs Vorurteile beachten müsse.

Zunächst geht es um die Aufklärung über die Unterscheidung von konstruktiven und destruktiven „Vorausurteilen", damit von aufbauenden und zerstörerischen Vorurteilen.

Diese Aufklärung kann durch eine phänomenologische Analyse erreicht werden. Eine solche ermöglicht den Einblick in spezifische anthropologische Grundmuster: Der Mensch ist ein antizipierendes Wesen, das Situationen dadurch besteht, dass es nicht einfach in ihnen aufgeht, sondern sie durch Vorwegnahme im Bewusstsein kreativ gestaltet. Wenn aber Antizipation zum Menschen gehört und ihn weitgehend vom Tier unterscheidet, dann trägt er Verantwortung sowohl vor seiner als auch für seine Antizipation. Max Planck war der Meinung, dass der Mensch ohne vorausentwerfende Phantasie und ohne vorauseilenden Glauben nicht wissenschaftlich erfolgreich tätig sein könne.

Vorurteil meint, im Gegensatz zu Endurteil, die vorgefasste Meinung oder die Voreingenommenheit. Beides ist zunächst einmal vom reinen Wortsinn her noch kein negativ besetzter Begriff.

Das Vorurteil in seiner negativen, das heißt Polemik und Ausgrenzung produzierenden und reproduzierenden, Bedeutung ist eine vorreflexive Voreingenommenheit gegenüber Sachverhalten oder gegenüber Personen, die sich ihres Vorurteiles selbst nicht kritisch bewusst sind und die deshalb korrekturunfähig bleiben und die sich auch unter widrigen Umständen stets bestätigt fühlen. Wir wissen, dass wir alle Vorurteile haben. Der Umgang mit der Vorurteilsstruktur unseres Bewusstseins ist geradezu ein Kennzeichen für einen humanen Reifeprozess. Denn der Umgang mit der Vorurteilsstruktur unseres Bewusstseins heißt, philosophisch gesehen, Selbstreflexion. Selbstreflexion ist das emanzipatorische Grundwort schlechthin, das aus der Aufklärung stammt. Die Menschen, die Vorurteile im Sinne vorreflexiver Voreingenommenheit haben, welche nicht mehr überprüft werden, und die deswegen korrekturunfähig bleiben, sich ständig bestätigt fühlen, sind Menschen, die zur Selbstreflexion in ihrem zentralen Sinne nicht oder nicht mehr vordringen können.

2.2 Selektive Wahrnehmung

Selektive Wahrnehmung ist die Erfahrung, die man mit Menschen machen kann, wenn sie sich, um die Schreckensnachrichten des Tages zu hören, vor dem Fernsehen versammeln und miteinander dann über diese Nachrichten diskutieren. Jeder hat etwas anderes gehört und jede ist durch eine Nachricht in irgendetwas bestätigt worden.

Selektive Wahrnehmung gehört zur Aufrechterhaltung des Vorurteils. Durch unsere Wandlung der Werte in Waren und durch die informelle Aufarbeitung dieser Waren, zugänglich für alle und für jeden, wird die vorreflexive Voreingenommenheit des Vorurteils, d. h. die Korrekturunfähigkeit, die Selbstbestätigung, ständig gestärkt. Man kann innerhalb des Wählbaren stets das wählen, was einen bestätigt. Ein Beispiel dafür sind die schier unendlichen Wahlmöglichkeiten der Fernsehprogramme, ob über Kabel oder über Satelliten, die den Menschen dazu ermuntern, immer nur das zu sehen, was er immer schon sehen wollte. Die Menschen werden auf ihre Voreingenommenheit, auf ihr Vorurteil, durch ihre eigene Wahl fixiert.

Ich möchte damit darauf aufmerksam machen, dass der Mensch einen Gegenhalt braucht, mit dem er sich nicht einfach identifizieren kann, mit dem er sich auseinandersetzen muss. Unser Vorausurteil muss also ständig überprüft werden.

Das Vorurteil im engeren, negativen Sinne ist gegenüber dem humanen Grundmuster, das wir nicht hintergehen können, ein Verfallsphänomen. Wer das Leben ständig so vorwegnimmt, dass er seiner eigenen Wirklichkeit gegenüber blind wird, dass er keine andersartigen Erfahrungen und keine störenden Argumente mehr aufnehmen kann, der lebt nicht mehr selbst, sondern er wird gelebt. Vorurteil in diesem Sinne ist eine destruktive Potenz von großer Wirksamkeit. Das Vorurteil schafft Despoten und Märtyrer, Erfüllungsgehilfen und Mitläufer.

2.3 Vorurteilslosigkeit – eine Illusion

Eines der gefährlichsten Vorurteile ist die Verkoppelung des eigenen Vorurteils mit der behaupteten eigenen Vorurteilslosigkeit. Die negative Figur der „autoritären Persönlichkeit" ergibt dieses Bild. Sie ist häufig eine Gefahr bei WissenschaftlerInnen, PolitikerInnen, LehrerInnen, ÄrztInnen usw. – ist also in den Bereichen, in denen die Selbstbestätigung zu den Notwendigkeiten des Berufes gehört, zu finden. Die Bewältigung der Neigung zum Vorurteil im Sinne seiner negativen Potenz, also im Sinne der Korrekturunfähigkeit, besteht erstens in der Annahme der unausweichlichen Vorurteilsstruktur des eigenen Bewusstseins, zweitens in einem offenen Erfahrungsprozess, der sich selbst ständig mit aufs Spiel setzt. Die richtige Einstellung ist die vorurteilskritische, nicht die vorurteilsfreie, so wie man ja vorsichtig das richtige Verhalten gegenüber der Gewalt nicht in der Illusion der Gewaltfreiheit, sondern in der Beförderung der Gewaltarmut suchen muss.[4]

2.4 Projektionen und Rationalisierungen

Wenn wir mit Vorurteilen so umgehen wollen, dass sie nicht zu Aggressionen und Feindseligkeiten führen, dann müssen wir die Vorurteilsstruktur reflexiv vollziehen. Wir müssen sehen, dass das Vorurteil der Vorwegnahme des eigenen Handelns und der Entlastung des eigenen Denkens und Handelns entspricht. Vorwegnahme und Entlastung sind nicht zu beseitigen, sie sind menschlich gut. Problematisch hingegen sind die durch Vorurteile bedingten Projektionen und Rationalisierungen. Projektion findet dort statt, wo innere Konflikte, Spannungen und Ängste nach außen an die Peripherie verdrängt werden.

Rationalisierung ist eine Einpassung der eigenen Erfahrung in vorgefertigte Denkmuster und Konventionen der entlastenden Gruppe, der man angehört. Lange Zeit hat als ein solches Denkmuster der Rationalisierung der „Antikommunismus" funktioniert (etwa: Kommunismus als „Reich des Bösen"). Inzwischen wird dieses Muster durch die Rationalisierung der Islamophobie abgelöst (Gleichsetzung von Fundamentalismus und Terrorismus). Formal ähnlich wird der Antipluralismus im totalitären Denken rationalisiert. Man redet von Einheit und Geschlossenheit im Kampf gegen den Terror, um damit individuelle Rechte und unterschiedliche Lebensformen einzuschränken. Projektionen und Rationalisierungen werden durch Gruppen-

---

4 Vgl. dazu Habermas, der Gadamer vorwirft, Vorurteilskritik zu behindern. Diese Kritik fängt jedoch beim eigenen Vorausurteil an. Siehe Habermas, Jürgen: Hermeneutik und Ideologiekritik. Frankfurt a. M.: Suhrkamp 1971.

verhalten gefördert. Das kann man auch im Verhältnis zur Religion gut beobachten. Verallgemeinerungen werden z. B. gegenüber der Kirche ständig ins Spiel gebracht, obwohl sie bei einem näheren Blick der Analyse keineswegs standhalten würden. Andererseits tendiert die religiöse Gruppe durch sozialen Druck zu Konformität des eigenen Denkens und Verhaltens. Es ist schwer, in dieses Gruppenbewusstsein einzubrechen und einzelne Nachdenklichkeiten zu erzielen. Das setzt ja bei den einzelnen Gliedern der Gruppe voraus, dass sie zur Selbstreflexion, zu einem eigenständigen Urteil, das heißt zum Überprüfen ihrer Vorurteile, gelangen.

2.5 Vorurteil, Polemik und Ausgrenzung

Es liegt nahe, eine Koppelung zwischen dem Vorurteil, das korrekturunfähig bleibt und sich selbst nur ständig bestätigt, und aggressivem Verhalten zu sehen. Zwar beruht solches Verhalten auch auf einem anderen anthropologischen Grundmuster, etwa überhaupt der kämpferischen Struktur konkurrenzierenden Handelns, man kann aber auch davon ausgehen, dass Vorurteile Erkenntnisse blockieren, Wirklichkeitswahrnehmung reduzieren, Auffassungen und Optionen selektieren und die Neigung verstärken, gegen diejenigen zu polemisieren bzw. sie auszugrenzen, die sich nicht im Banne des gleichen Vorurteils befinden. Vorurteil ist also am polemischen Überhang, wenn auch nicht ausschließlich und hinreichend, erkennbar.

Man könnte sagen, Polemik in ihrer anthropologischen Bedeutung vor jeder Wertung ist unsere Fähigkeit zu Widerstand und zu Aufbegehren. Im Mittelalter hat man vom *appetitus irascibilis* gesprochen, von einem aufbegehrenden, zürnenden Trieb, und die mittelalterlichen Psychologen wie Thomas von Aquin waren weit davon entfernt, diesen zürnenden Trieb als Ausdruck der Negativität des Menschen, also der Erbsünde etwa, zu diagnostizieren. Sie sprachen eher davon, dass er richtig geordnet werden solle.[5] Richtig geordnet wird er im Mut des Menschen. Diese Befriedigung der aufbegehrenden Fähigkeiten des Menschen im Menschen setzt ja auf der einen Seite voraus, dass es durchaus richtig sein kann, kritisch, ja in einem gewissen Sinne widerständig, widerborstig, auch analytisch destruktiv zu sein, indem man Gedankengebäude auseinandernimmt, die durch den Kitt des Vorurteils zusammengehalten werden. Vieles davon geschieht durch Ironie und Satire als Mittel der Polemik bzw. der polemisch gewürzten Rhetorik.

Bei diskriminierenden und ausgrenzenden Methoden handelt es sich jedoch nicht um ein dem Werturteil entzogenes humanes Grundmuster.

---

5 Vgl. Thomas von Aquin: Summa theologiae, Band 2,2, quaestio 158, Artikel 2 ad 4.

Gegenüber der Fähigkeit des Menschen zu Konkurrenz und Widerstand erscheint das selektierende Vorurteil als Verfallsphänomen. Die Definition des Vorurteils lautet dann: Eine vorreflexive polemische Einstellung gegenüber Sachverhalten bzw. Personen, die (erstens) aufgrund von Vorurteilen als vorreflexive Voreingenommenheiten entsteht, die (zweitens) als Einstellung sich selber gegenüber unkritisch bleibt, die daher (drittens) korrekturunfähig ist und die (viertens) zusätzlich durch das Verhalten der eigenen Gruppe nicht nur legitimiert, sondern sogar belohnt wird.

Die beschriebenen negativen Möglichkeiten scheinen nun gerade im Raum der Wissenschaft gegen die erkenntnistheoretischen Voraussetzungen der Wissenschaft gerichtet. Denn Wissenschaft beruht auf überprüfbarer Präzision, auf grundsätzlichem Kritizismus, auf Transparenz und fairem Diskurs. Wissenschaftliche Erkenntnis hat in sich selbst ethische Implikationen, die vor Vorurteilen schützen. Dies soll hier keineswegs bestritten werden. Es ist jedoch notwendig, die Ambivalenz der Vorurteilskritik in der Wissenschaft ebenfalls zu sehen: Wo immer sie zwar behauptet, aber nicht geleistet wird, schlägt, wie schon angedeutet, die Vorurteilsfreiheit statt in Selbstprüfung in Selbstbehauptung und in Polemik um. Dafür gibt es in der gegenwärtigen Wissenschaftspraxis Gründe, denen wir uns im Folgenden zuwenden.

3. Moderne (Natur-)wissenschaftliche Praxis und ihre Vorurteilsgefährdung

3.1 Isolierung von Problemen

Exakte Wissenschaft ist daran erkennbar, dass sie Probleme aus ihren Kontexten herauslösen und isolieren kann. Das Problem der Geisteswissenschaften gegenüber diesem Anspruch auf „Exaktheit" besteht oft darin, dass sie diese Laborisierung ihrer Erkenntnisstrategien nur sehr begrenzt vornehmen können und dass sie immer wieder gezwungen werden, ihre „Laborergebnisse" erneut in die multifaktorielle Realität einzubetten. Paradoxerweise sind empirische Methoden gerade darin nicht empirisch, als sie nicht die faktische Gegebenheit rezipieren, sondern dieser erst einmal eine Fassung anlegen, in welcher sie als Ausschnitt erscheint. Die Versuchung ist groß, diese Teilerkenntnisse für das Ganze zu nehmen. Man kann dies auch die Pars-pro-Toto-Versuchung nennen. Solange der wissenschaftliche Diskurs innerhalb seiner Grenzen bleibt und seine Rahmenbedingungen als Begrenzung von Aussagen durchschaubar hält – und dies ist durchaus übliche Praxis –, ist diese Versuchung nicht gegeben. Wenn aber dieser Diskurs in den gesellschaftlichen Diskurs eingebettet wird, muss er die vorgegebenen Vorurteilsstrukturen beachten, sonst verliert er seine Präzision.

Genauigkeit wird also durch Reduktion der Problemkonstellationen und durch methodische Einrahmung erreicht.

3.2 Wissenschaft bedarf der Vorausurteile und präjudiziert Endurteile

Max Planck hat in seinen Vorträgen darauf hingewiesen, dass Wissenschaft der Phantasie bedarf.[6] Wer eine Erkenntnis sucht, muss eine Hypothese formen. Wer vom Bündnis der Wissenschaft mit dem Wohlergehen der Gesellschaft beseelt ist, wird darüber hinaus eine starke Motivation verspüren, dieses Wohlergehen zu befördern. In beiden Fällen bedarf es eines Voraus, das selbst nicht wissenschaftlich ist, aber Wissenschaft in Bewegung setzt und in Bewegung hält. Gelegentlich wird hier auch vom „wissenschaftlichen Glauben" gesprochen. Dieser Glaube ist nicht unbeeinflusst, aber formal frei. Seine Überprüfung geschieht auf der Ebene von Einzelpersonen und von ihrem institutionalisierten Fachdiskurs, von der *scientific community*. Freilich muss man sich darüber im Klaren sein, dass die Erkenntnismittel in dieser Art des Diskurses nicht die gleichen sind wie innerhalb der wissenschaftlichen Praxis selbst. Zudem werden personale Qualitäten wie Aufrichtigkeit, Verantwortungsfähigkeit und Interessenskontrolle in diesem Diskurs verlangt. Dabei kann durch Übung erlangte Erfahrung in solchen Diskursen helfen. Aber schon der Blick auf die ethischen Implikationen zeigt deutlich, dass eine Ausbildung in den philosophischen Grundlagen ethischen Reflektierens eine vorurteilskritische Differenzierung erreichen kann.[7]

Die wird besonders bedeutungsvoll, wenn der innerwissenschaftliche Diskurs in den gesellschaftlichen Diskurs übergeht.[8] Hier kommt der Wissenschaft, z. B. bei der Verteilung von Forschungsgeldern und bei der Erstellung von Forschungsprioritäten sowie von Prozeduren der Vergabe von Mitteln,

---

6 Vgl. Planck, Max: Vorträge und Erinnerungen. Darmstadt 1959, zu „Wissenschaft und Glaube", S. 246–249.

7 Das Tübinger Beispiel der „Ethik in den Wissenschaften" lehrt seit etwa 25 Jahren, dass es möglich ist, biowissenschaftliche und ethische Qualifikation gemeinsam zu erwerben.

8 Vgl. Graumann, Sigrid: Bioethik oder Biopolitik? Die öffentliche Debatte über die „Selektion" und „Manipulation" menschlichen Lebens. In: Medizin, Ethik und Behinderung. Hrsg. von Sigrid Graumann u. Katrin Grüber. Frankfurt a.M.: Mabuse-Verlag 2003. S. 15–45.

eine gewichtige Rolle zu. Auch Ethik-Kommissionen funktionieren de facto nicht ohne Wissenschaft, sind sogar meist mehrheitlich von WissenschaftlerInnen besetzt. Die Verantwortung der Wissenschaft für die Gesellschaft ist in gesellschaftlichen Diskursen besser etabliert als die Verantwortung der Gesellschaft für die Wissenschaft. Daher hat Wissenschaft auch Einfluss auf gesellschaftliche „Endurteile", d. h. in der Regel auf die rechtliche Fassung der technischen, ökonomischen und sozialen Implementierung wissenschaftlicher Ergebnisse. Oft wird dabei Wissenschaftlichkeit mit Unabhängigkeit gleichgesetzt. Dabei wird Unabhängigkeit ebenso oft mit persönlicher Integrität verwechselt, die trotz bestehender Abhängigkeiten möglich ist.

3.3 Verwechslung von konkreten Vorgängen in der Wissenschaft mit dem Idealtyp der Wissenschaft

Die wissenschaftstheoretische Kontrolle der Wissenschaftspraxis kann in ihrer Bedeutung nicht überschätzt werden. Eine Gefahr besteht nämlich paradoxerweise darin, dass die reflektierte Genauigkeit der Wissenschaftstheorie und ihre vorurteilskritischen Implikationen ohne Prüfung auf die Wissenschaftspraxis übertragen werden. Das wäre so, um beim Thema eines vorher herangezogenen Vergleichs zu bleiben, als würde man den olympischen Code mit der Sportpraxis gleichsetzen. Es geht dabei freilich nicht um rechtserhebliche Verfehlungen in der Wissenschaft, die es auch geben mag. Es geht vielmehr um die Durchschaubarkeit von Handlungen, die wie andere mit der menschlichen Kontingenz und Fehlerfähigkeit ausgestattet sind. Die perfekte Theorie, von der wir wissen, dass sie immer noch im strittigen Diskurs ist, kann nicht für die Praxis einstehen. Das Vorurteil besteht in der Behauptung der eigenen Vorurteilslosigkeit bzw. genauer in der Übertragung einer theoretischen Systemvoraussetzung auf die praktische Implementierung des Systems. In der Praxis ist die „Reinheit" der idealtypischen Funktionsweise nicht gegeben. Den eigenen Idealtyp mit den schlechten Konkretionen anderer zu vergleichen, verwechselt die Ebenen. So kann paradoxerweise die vorurteilskritische Haltung der Wissenschaft vorurteilsgebundene Haltungen im Einzelnen überdecken.

3.4 Abhängigkeit vom Paradigma und vom Paradigmenwechsel: die Vernachlässigung von Alternativen

Am Beispiel der Biowissenschaften und der Biomedizin lässt sich zeigen, dass bestimmte, von wissenschaftlichen Erwartungen und gesellschaftlichen Hoffnungen bewegte Paradigmen sich in den Vordergrund schieben und eine parallele oder alternative Forschung zurückdrängen. Das Thema der 1980er Jahre war neben der assistierten Reproduktion „in vitro" die Gentherapie. An ihre Seite gesellte sich an der Wende zu den 1990er Jahren die Xenotransplantation. In beiden Fällen wurden, ähnlich wie das, freilich mit einem festen Resultat, für die In-vitro-Fertilisation ablief, von Kommissionen mögliche Implementierungen auf ihren rechtlichen und sozialen Handlungsbedarf hin untersucht. Doch bevor die wesentlichen Hindernisse auf diesen Feldern überwunden waren, traten neue Paradigmen auf, insbesondere seit 1997 das Forschungsklonen (siehe dazu unten) und seit 1998 die Stammzellforschung, darüber hinaus immer mehr die Nanotechnologie. Je mehr diese Bereiche gleichsam Erwartungen auf sich konzentrieren konnten, je weniger retardierende Momente sichtbar wurden, umso mehr wurden solche Forschungen zum Mittelpunkt von Ausschreibungen, Ausbau von Hightech-Laboratorien und entsprechendem Mitteleinsatz. Das System Wissenschaft scheint auf diese Weise zu funktionieren: beschleunigte Überholvorgänge, Zweitrangigkeit gerade noch führender Paradigmen, seismographisches Reagieren der Forschungspolitik und der mediatisierten Öffentlichkeit. Die Erfahrung eines Menschenalters im Umgang mit diesen Paradigmenwechseln kann einen leicht lehren, an die Stelle der Begeisterung die Ernüchterung zu setzen, da auf alle Aufbrüche mit Sicherheit auch die Relativierung der Hoffnungen gefolgt ist und auch in Zukunft folgen wird. Dies gehört zur Struktur des Systems Wissenschaft mit seinen kommunizierenden Röhren zu Technik und Ökonomie. Man kann sich schwer für etwas anderes qualifizieren als für das, was gerade en vogue ist. Man kann sich schwer für etwas anderes bewerben als für das, was ausgeschrieben ist. Nur wenige in der Wissenschaft vermögen diesen Prozess mitzusteuern. Deren wissenschaftliche Leistung mag ebenso unbestritten sein wie ihre Fähigkeit, damit die Werbetrommel zu rühren. Klappern gehört zum wissenschaftlichen Geschäft. Dies ist ein Düngemittel für Vorurteile, also für Vorausurteile, deren Reflexion beschränkt ist und deren Korrigierbarkeit nicht im Interesse technischer und wirtschaftlicher Verwertung liegt. Die Wissenschaft bewegt sich dabei nur in adäquater Komplexität zu ihrem gesellschaftlichen Umfeld. Daher muss auch der gesellschaftliche Zwang betrachtet werden.

3.5 Gesellschaftlicher Zwang zur Mitteleinwerbung und zur Propaganda (Lobbyismus, Patentierung usw.)

In Deutschland wird der Diskurs der Forschungsfreiheit, die im deutschen Grundgesetz hochrangig abgesichert ist, sehr gepflegt. Die hochrangige rechtliche Einschätzung der Forschungsfreiheit kann dazu führen, dass z. B. eine Universität es unterlässt, sich einen speziellen forschungsethischen Code zu geben, um nicht in Rechtsstreitigkeiten zu geraten.[9] Sie kann auch dazu führen, dass Forschungsfreiheit und Lebensschutz im Falle von Versuchen an embryonalen Zellen konfliktuell diskutiert werden. Im europäischen Rahmen ist das, wie sich am Bericht der Protokollgruppe der Bioethik-Kommission des Europarates zeigen lässt, nicht in gleicher Weise virulent.[10] Dies hängt mit den deutschen Erfahrungen mit der Ideologisierung und Gängelung der Forschung im Dritten Reich zusammen. Das Thema „Wissenschaft und Gesellschaft" wird im europäischen Zusammenhang eher von der Einbindung der Wissenschaft in Fortschritt und Wohlergehen der Gesellschaft her gesehen und dieser Gesichtspunkt beeinflusst auch die deutsche Forschungspraxis und Forschungspolitik. Er versucht, das Prinzip der Forschungsfreiheit paradoxerweise mit Aspekten erhoffter Nützlichkeit zu verbinden. Libertäre Freiheitskonzepte und utilitaristische Konzepte befinden sich zwar auf theoretischer Ebene in einem sich wechselseitig ausschließenden Widerspruch, schließen aber in der Praxis oft Interessensbündnisse, wenn es darum geht, ethisch bedenkliche Forschungsprozesse zu etablieren.

Ist die Freiheit der Wissenschaft in der Praxis eine Illusion? Nüchtern betrachtet zehrt das Prinzip davon, dass es auf Dauer auch nützlich ist, Forschung nicht in linearen Paradigmen zu betreiben. Auch in der industriellen Forschung geht man davon aus, dass, je weniger die Forschung durch Vorgaben fokussiert ist, umso mehr neue Erkenntnisse und neue technische Wege zu erwarten sind. Das Erfolgsrezept der Offenheit auf lange Sicht steht so dem Erfolgsrezept der paradigmengebundenen „linearen" Forschung auf kurze Sicht gegenüber. Je größer der ökonomische Druck ist, umso mehr müssen langfristige Perspektiven als kurzfristige Aussichten „verkauft" werden. Dies führt zum Lobbyismus und zur Propaganda für die

---

9 Dies war 1995 an der Universität Tübingen der Fall, die im Unterschied zur Universität Ulm keinen eigenen Forschungscode installierte.

10 Vgl. Report to the European Biomedical Convention (verabschiedet 1997) of the Working-Group of the CdBI (Commission directoire de Bioéthique Internationale) „Embryo Protection" (fertiggestellt 2003). http://www.google.at/url?q=http://www. coe.int/t/dg3/healthbioethic/texts_and_documents/CDBI-CO-GT3(2003)13E.pdf& sa=U&ei=dvsjTtrrDYyWOoOdpPEO&ved=0CBAQFjAA&usg=AFQjCNGasdAP 8oyl7hFIxSxFhG414aMznA (18.07.2011).

Mitteleinwerbung bzw. für günstige Rahmenbedingungen, um an Forschungsergebnissen möglichst schnell zu verdienen. Dies kann am Beispiel der Implementierung der Biopatentierung für die Biowissenschaften bzw. die Biotechnologie gezeigt werden. Die Gleichsetzung von physikalisch-chemischen Materialien mit „biologischem Material" (so der rechtliche Fachausdruck), wenn auch unter einigen Vorbehalten, wie sie in der EU-Richtlinie zur Biopatentierung (1998) vorgenommen und in Europa nach dem Vorbild der USA weitgehend implementiert ist, führt zu einem Run auf Biopatente, bei dem es schwer ist, die Wiedergabe des Forschungsstandes und die Plausibilität der gewerblichen Nutzung adäquat zu prüfen.[11] Im Zuge immer stärkerer Gleichsetzung von Hochschulen mit Betrieben dominiert die Mitteleinwerbung in einem Maße, dass es schwierig wird, sich selbst in der Forschung Ziele zu setzen, statt auf die jeweils anfahrenden Züge sofort aufzuspringen, bevor überhaupt geklärt ist, ob sie gut fahrbar sind und ob sie ihr Ziel erreichen können. Dies könnte man als die große Versuchung zur Virtualität der Forschung bezeichnen, an der nichtsdestotrotz ähnlich verdient wird wie an Aktienkursen in einer virtuellen Finanzwelt, in welcher die reale Produktivität eine immer geringere Rolle spielt.

Es geht darum, diese Umstände durchschaubar zu machen. Das heißt keineswegs, zu behaupten, dass sie überall die gleiche Durchschlagskraft hätten. Aber die Verkennung oder gar Leugnung dieser Umstände befestigt eine Vorurteilsstruktur, die den ursprünglich kritizistischen Charakter der Wissenschaft entscheidend schwächen kann. Dies wird noch dadurch verstärkt, dass Grundlagen- und Anwendungsforschung sich immer weniger trennen, ja sogar kaum noch unterscheiden lassen.

3.6 Grundlagen- und Anwendungsforschung lassen sich nicht trennen

Wer intensiv und extensiv im naturwissenschaftlichen Bereich forscht, bedarf immer mehr der entsprechenden apparativen Ausrüstung. Diese Ausrüstung muss bezahlt werden und sich bezahlbar machen. Sicherlich spielt bei diesen Vorgängen – wie auch bei der Mitteleinwerbung und Mittelverteilung – die öffentliche Hand eine große Rolle, aber die Ökonomie reicht in diesen Prozess durch entsprechende Angebote und durch Bedienung von Nachfragen hinein. Man kann das beforschen, wofür man die Anlagen bekommt, und andersherum: Wenn man die Anlagen hat, die sich für ein Forschungsparadigma eignen, dann ist man auch weitgehend darauf festgelegt, sie zu nutzen. Gerade in der biomedizinischen Forschung lässt sich dort, wo sie besonders

---

11 Vgl. Baumgartner, Christoph u. Dietmar Mieth (Hrsg.): Patente am Leben? Paderborn: mentis 2003.

umstritten ist, zeigen, dass die Aussichten auf Anwendung die Suche nach der Erkenntnis von Grundlagen beherrschen. Auch dies ist nicht in jeder Hinsicht zu unterstellen, weil vieles an dieser Forschung noch ein Stochern im Nebel und eine Suche nach geeigneten Hypothesen, Methoden und Paradigmen ist. Aber inzwischen wird der Zusammenhang von Grundlagenforschung mit Anwendungsaussichten gerade in der Biotechnologie nicht mehr bestritten. Dies liegt auch daran, dass man eine verbrauchende Embryonenforschung, in welcher es nur um Grundlagenerkenntnisse der menschlichen Reproduktion, Zelldifferenzierung und Vererbung ginge, nicht so gut bewerben kann. Denn sie stieße in der ethischen Debatte auf die Frage: Wozu soll es gut sein, etwas zu tun, das ethische Bedenken erregt? (Die Frage kann man auch stellen, wenn man diese Bedenken nicht teilt.) Ferner stieße sie auf die Frage: Was wird man in der Anwendung können, wenn man die Grundlagen kennt, und wird man das dann auch tun – oder lässt es sich dann verhindern? Hier wird wiederum deutlich, dass nur eine Durchschaubarkeit dieser Prozesse Vorurteilsstrukturen durchschaubar machen kann.

Wird die Trennbarkeit von Grundlagen- und Anwendungsforschung weiter behauptet, führt dies zu dem Vorurteil, WissenschaftlerInnen seien nur für Erkenntnisse und nicht für deren Implementierung verantwortlich. Auf dem Boden dieser Auffassung wird zwar die Verpflichtung zur methodischen Genauigkeit und zur Redlichkeit in den immanenten wissenschaftlichen Verhaltensregeln anerkannt, nicht aber die Verantwortung für die Folgen des wissenschaftlichen Erkenntnisfortschrittes. Erkenntnisse erscheinen außerdem sowohl gegenüber den Optionen, die sie mit veranlassen, als auch gegenüber den Interessen, die sie befördern, als neutral. Damit wird zwischen Wissenschaftsverantwortung und Bürgerverantwortung unterschieden, so, als gäbe es einen gesellschaftsfreien Raum des reinen Erkenntnisinteresses, das nur für sich selbst besteht. Solche Illusionen sind ein guter Nährboden für Vorurteile.

3.7 Das Vorurteil im Risikokalkül

Die Abwägung von Chancen und Risiken (*benefits and risks*) ist eine in der Begleitung der Wissenschaftspraxis übliche Formel für die Überprüfung von Nutzen und Schaden wissenschaftlicher Erkenntnisse. Diese Formel enthält aber auch ein Vorausurteil für die utilitaristische Prüfung, ohne dass der Utilitarismus als Vorbedingung einer solchen Fragestellung durchschaubar gemacht wird. Damit werden andere, moralisch belangvolle, Gesichtspunkte der Prüfung leicht übersehen, insbesondere die Prüfung an Prinzipien wie den Menschenrechten, die nicht aufgrund einer kollektiven

Nützlichkeit legitimiert werden können. Erfolg ist keine ethische Legitimation, denn er kann auch ohne Wahrung dieser Prinzpien zustande kommen, wie zur Zeit etwa in China. Menschenrechte werden daher ethisch aus der Menschenwürde abgeleitet, nicht aus dem Vorteil für die größtmögliche Zahl von Menschen. Gewiss ist es auch sinnvoll, Chancen und Risiken eines wissenschaftlichen Fortschritts, seiner technischen Implementierung, seiner ökonomischen Nutzung und seiner rechtlichen Rahmung abzuwägen, aber im Ansatz führt dies leicht zu der Frage, welche Risiken man bereit sei, für eine begrenzte Zahl an Menschen in Kauf zu nehmen, wenn man bestimmte Vorteile für viele, ja für die Menschheit damit erzielen könne.

Das berühmte Beispiel für diese Art der Abwägung ist die Atomkraft. Die Vorteile bestehen hier in der (möglichst preisgünstigen) Energieversorgung und in der Vermeidung von Schadstoffen durch konventionelle Energieformen. Die von Anfang an bekannten Nachteile bestehen im ungelösten Problem der Entsorgung im Sinne einer Endlagerung, in der zwar geringen, aber im Einzelfalle dramatische Ausmaße annehmenden Unfallgefahr und in der Nutzung nicht regenerierbarer Energien. Hatte man für den letzten Fall noch angenommen, man werde bessere Techniken entwickeln, die ein atomares Recycling gestatten – bisher ist das nicht eingetreten –, so war die positive Einstellung zu den beiden anderen bekannten Risiken nur dadurch zu rechtfertigen, dass man eine noch nicht sichtbare Lösung für ungelöste Probleme erhoffte. Man hielt sich also nicht an die in meinen Augen analytisch evidente Abwägungsregel für die Folgen, die auch einem Utilitaristen einleuchten sollte: Man soll Probleme nicht so lösen, dass die Probleme, die durch die Problemlösung entstehen, größer sind als die Probleme, die gelöst werden. Zwar ist es hier unvermeidlich, sich über den Komparativ – was ist größer? – zu streiten, aber es gibt Fälle genug, wo sich dies von Anfang an zeigt oder dann später schmerzhaft bemerkbar macht.

Biotechnologische Probleme ähnlicher Art gibt es – mutatis mutandis – ebenfalls. Ein solches Problem ist die landwirtschaftliche Nutzung gentechnisch veränderter Pflanzen bzw. sie steuernder Mikroorganismen. Hier handelt es sich um zwei bekannte Risiken, die zumindest im Modus der Ungewissheit über ihr Ausmaß existieren: zum einen um die Auskreuzung des genetisch veränderten biologischen Potenziales; zum anderen um die Risiken der Einspeisung der gentechnisch veränderten Nahrung in den Nahrungskreislauf von Tier und Mensch. Gewiss werden solche Probleme gesehen, und man versucht, darauf mit Sicherheitsabständen (gegenüber der Auskreuzung) und mit Kennzeichnungen für Nahrungsmittel zu reagieren. Damit lässt sich das Problem freilich nicht beseitigen. Wenn zudem aufrichtige WissenschaftlerInnen deutlich machen, wie viel an Nichtwissenskenntnis, die durch die neuen Kenntnisse entstanden ist, erst einmal aufzu-

380 Dietmar Mieth

arbeiten wäre, wird die Vorurteilsstruktur der Chancen-Risiken-Abwägung deutlich. Dies gilt vor allem auch deshalb, weil die behauptete Chance, durch eine bessere Ernährungskapazität die Kluft zwischen Arm und Reich zu verkleinern, die Vernichtung kleinbäuerlicher Strukturen, die Erpressung mit Saatmitteln und die Einbettung dieser Techniken in das Gewinnstreben übersieht.

Es mag ein Vorurteil sein, dass der Mensch alles macht, was er kann, und dass Bedenken demgegenüber keine Chance haben. Immerhin ist der Mensch auch lernfähig, wenn ihm die Folgen seines Handelns transparent werden. Aber sorgt die Wissenschaft selbst ausreichend dafür? Es ist z. B. kein Geheimnis, dass durch die Kombination von In-vitro-Manipulation von Keimzellen und durch Klontechniken Menschenzüchtung machbarer wird. Ist man bereit, dieses Risiko zu tragen? Oder wird seine Wahrnehmung durch das begrenzt, was ich „Fortschrittsmentalität" nenne (s. u.)?

3.8 Bildung von quasi-priesterlichen Zirkeln

Wissenschaftliche Erkenntnisse werden durch die Akzeptanz der *scientific community*, die dafür bestimmte Prüfverfahren entwickelt hat, verbreitet. Diese Verfahren sind, wie die gelegentlichen Fehlberichterstattungen berühmter Zeitschriften wie „Science" und „Nature" zeigen, durchaus kontingent. Da Wissenschaft im Teamwork und in der Vernetzung mit technischer Herstellung (schon für die Laboratorien) und ökonomischer Nutzung betrieben wird, bilden sich hier schnelle Verständigung, gemeinsame Grundhaltung und kombinierte Reaktionen heraus. Es entsteht eine Art Insider-Gebundenheit, die bisher nur von Religionsgemeinschaften bekannt war. Eine besondere Anschaulichkeit erhielt dieser Eindruck für mich anlässlich des Besuches einer deutschen Delegation nach Einladung der amerikanischen Botschaft 1998 zum Kennenlernen der amerikanischen Biotechnologie in der Landwirtschaft. Bei einem Gespräch mit Monsanto in St. Louis standen die Monsanto-WissenschaftlerInnen im Kreis um einen größeren runden Tisch, an dem wir saßen, beobachteten unsere Reaktionen und beantworteten unsere Fragen. Dabei wurde sogar ein biblischer Beweis für die Anwendung von Gentechnik vorgetragen, der auf einer Erwähnung des Baum-Pfropfens (als Metapher in einer theologischen Erörterung bei Paulus in Röm 11) beruhte. Die ökumenisch kompetente Widerlegung dieses Argumentes hinterließ keine Wirkung. Auf der anderen Seite verstärkte sich der Eindruck, dass hier geschlossene Lob- und Preisgemeinschaften am Werke sind. Dass man bestimmte Einstellungen, die zumindest Vorausurteile, wenn nicht aufgrund der mangelnden Reflexion sogar Vorurteile sind, akzeptieren muss, um in diesem Wissenschaftsbereich gleichsam als „geschäftsfähig" zu gelten, scheint mir offenkundig, und Beispiele dafür ließen sich beliebig erweitern. Vieles davon fällt freilich unter die offensive Strategie wissenschaftlicher Lobbyisten. Zwischen Labor und Lobby muss man unterscheiden. Leider lässt sich dies im Auftreten oft nicht trennen.

3.9 „Etsi Deus non daretur"

Dass moderne Wissenschaft nach eigener Auffassung nicht unter religiösen Voraussetzungen steht, bedeutet nicht, dass sie nicht der vorauseilenden Phantasie oder einer bis zum „Glauben" ausgeformten Option bedarf (vgl. dazu das Eingangszitat von Max Planck). Dies hat freilich kritische Grenzen und muss reflektiert vollzogen werden (vgl. unten die normative Kraft des Fiktiven). Insbesondere aber ist der areligiöse Ausgangspunkt der Wissenschaft von einer unnötigerweise vorausgesetzten Religionskritik zu unterscheiden. Diesen Unterschied hat der Literaturwissenschaftler Peter von Matt prägnant zusammengefasst:

> Auch dort, wo die Sache am eindeutigsten scheint, im Bereich der strengen Wissenschaften, für die es theologische Implikationen schlechthin nicht geben darf, ist der Abschied vom theologisch heilsgeschichtlichen Weltverständnis ursprünglich durchaus nicht als Akt des Unglaubens vollzogen worden, sondern als rein wissenschaftliche Verfahrensregel. Diese Regel lautete, es sei die Natur zu erforschen unter Absehen von der Frage nach einem Schöpfer. Das heißt, man hat Wissenschaft zu treiben, als ob es ihn nicht gäbe – „etsi Deus non daretur" –, nicht aber „quia non datur", weil es ihn nicht gibt.[12]

Diese Unterscheidung ist zu beachten, wenn es unter dem Thema „Vorurteil" zu Auseinandersetzungen zwischen Wissenschaft und Weltanschauung kommt. Es mag sein, dass diese Auseinandersetzung, zumal sie immer wieder neu aufgelegt wird, genügend Motive auf beiden Seiten findet, aber notwendig ist sie nicht. Es ist besser, wenn man Wissenschaft und Glaube auseinanderhält. Dies bedeutet, dass man Voraussetzungen, wenn sie Glaubensstärke annehmen, kritisch überprüfen muss. Dies bedeutet nicht, dass man Glaubensvoraussetzungen, welche die Eigenständigkeit der wissenschaftliche Methode nicht tangieren, bekämpfen muss.

Im Folgenden werde ich auf wiederholte Beobachtungen im Austausch zwischen wissenschaftlichen und gesellschaftlichen Diskursen anlässlich ethisch exponierter biowissenschaftlicher Erkenntnisse und Optionen eingehen.

---

12 Von Matt, Peter: Die Intrige. München: Hanser 2006, S. 245.

4. Offensive Wissenschaftspolitik als Sprachpolitik

Wie sehr das Vorurteil die Sprache der Verhandlung über den wissenschaftlichen Fortschritt zu beeinflussen versucht, lässt sich seit 1997 am Beispiel des „reproduktiven" Klonens zeigen. Das Verbot des „reproduktiven" Klonens steht sogar in der Charta der Grundrechte der Europäischen Union. Der Hintergrund ist folgender: Diese spezifische Verwendung des Ausdrucks „reproduktiv" ist erst 1997, als alle Räte über „Dolly", das geklonte Schaf, sprachen, entstanden. Sie enthielt eine Sprachverschiebung. Bis 1997 war klar, dass Eizelle und Samenzelle jeweils zu den sogenannten „reproduktiven", biologischen „Substanzen" gehören. Das Wort „reproduktiv" fing also bei Ei und Samenzelle an, so wie es heute noch im Ausdruck „reproduktive Medizin", die ja eine Basistechnik der Biotechnik darstellt, enthalten ist. Denn wenn wir von Reproduktionsmedizin oder „Fortpflanzungsmedizin" sprechen, meinen wir die Beihilfe zur Verschmelzung von Ei- und Samenzelle „in vitro". Also sind Ei und Samenzelle reproduktiv. Hinter dem Ausdruck „reproduktives" Klonen steht aber die implizite Annahme, dass Ei und Samenzelle nicht mehr als reproduktiv verstanden werden. „Reproduktives" Klonen meint nämlich nur das Austragen nach Einpflanzung in den Uterus, ein geklonter Embryo wird nach Einpflanzung bis zur Geburt ausgetragen. Ein Verbot des „reproduktiven" Klonens wie z. B. in der UNESCO-Deklaration „Zum Schutz des menschlichen Genoms und der Menschenwürde" (1998) umfasst also nicht den In-vitro-Bereich. Ist also reproduktives Klonen verboten, dann muss man den Subtext mitlesen: Das sogenannte „nicht-reproduktive" Klonen „in vitro" ist nicht darin eingeschlossen. „Nicht-reproduktives" Klonen ist das Klonen von Embryonen ohne Einpflanzung, z. B. zum Zweck der verbrauchenden Embryonenforschung. Wenn also in der Charta der Grundrechte der Europäischen Union steht, reproduktives Klonen sei verboten, dann ist zugleich in einem Subtext das Lebensrecht der Embryonen zur Disposition gestellt.

Oft findet man in Diskursen, die den wissenschaftlichen Fortschritt begleiten, den Ausdruck „Respekt für das Leben" (*respect for life*). Dabei denken manche unwillkürlich an Albert Schweitzer: „Ehrfurcht vor dem Leben". Aber mit „Respekt für das Leben" ist es nicht ausgeschlossen, dieses Leben in der Forschung zu verbrauchen. Respekt für das Leben statt Respekt vor dem Leben ersetzt nämlich das individuelle Lebensrecht, das hier nicht als einschlägig gilt, durch die allgemeine Pietät gegenüber menschlichen Lebewesen. Auch hier hat sich ein pseudowissenschaftlicher Sprachgebrauch in die wissenschaftliche Verantwortung ebenso wie in die rechtliche Regulierung (z. B. ins britische Embryonenschutzgesetz von 1990) eingenistet.

Vorurteilsstrukturen sind auch im Ausdruck „therapeutisches" Klonen enthalten. Man benutzt in der biomedizinischen Wissenschaftskommunikation gern den Ausdruck „Therapie", obwohl es noch keine Therapie gibt. „Therapeutisches" Klonen ist ein Klonen mit einer bestimmten Forschungsabsicht, möglicherweise mit späteren Folgen für Therapiemodelle. Dabei sind die Schritte, die zu diesem Ziele führen, als solche aber noch nicht geklärt. Man sagt nicht, was man weiß, sondern was man wissen will, aber so, als ob man es wisse. Das Klonen selbst ist keine Therapie, sondern ein Forschungsweg. Der Ausdruck „therapeutisches" Klonen hat also einen hohen Grad an Unaufrichtigkeit. Dies wird in Kauf genommen, weil man so auf mehr Akzeptanz hoffen kann. Die Möglichkeit, sich mit einer Entwicklung auseinanderzusetzen, ist dann gering. Aus diesem Grunde hat die Bioethik-Kommission des US-Präsidenten trotz großer Unterschiede in der ethischen Bewertung in einer Erklärung von 2002 den Ausdruck „therapeutisches Klonen" verworfen und durch „Forschungsklonen" ersetzt.

Sprachliche Unterscheidungen sind oft ebenso bedeutsam wie richtige Bilder. Das zeigt sich auch an der Unterscheidung zwischen „in vitro" und „in vivo". Man unterscheidet nämlich „in vitro", also im Reagenzglas oder in der Petrischale, wo der Embryo exponiert ist, und „in vivo", also „im Leben", aber damit unterstellt man, dass „in vitro" kein lebendiges Wesen wäre. Ein anderes Beispiel: In der Patentrichtlinie Europas ist konsequent immer nur vom „biologischen Material" die Rede, aber es handelt sich um „Leben". Tiere und auch menschliche Gene sind Teil dieses Lebens, also kein biologisches „Material". Die totale Materialisierung des Lebensbegriffs greift um sich. Für viele ist das nur eine „methodologische" Materialisierung, weil sie anders die Verhältnisse von Ursache und Wirkung nicht erkennen und beschreiben können. Wenn man fragt, welche Definition denn den Lebenswissenschaften zugrunde liege, dann heißt es: die Forschung an lebendigen Systemen oder an Organismen. Da wird nicht tiefer gefragt: Wodurch unterscheiden sich Organismen? Solange diese systemtheoretische Sprache der Lebenswissenschaften methodologisch ist, solange sie ihre eigene Relativität im Kontext der verschiedenen Disziplinen und Ansätze anerkennt, besteht kein Problem. Aber wenn diese Sprache zu einem herrschenden Paradigma für die Sprache über „Leben" wird und wenn wir unser Lebensverständnis im Allgemeinen davon ableiten, haben wir Grund, darüber nachzudenken.

5. Urteile über die Entstehung individuellen menschlichen Lebens oder das Problem des „Zellhaufens"

Wenn man eine „transzendentale" Auffassung vom individuellen Menschsein hat, die jeder Bewertung und jeder empirischen Qualifizierung vorausgeht, dann wird die Frage, ob man dem Embryo etwas davon ansehen kann, zweitrangig. Entscheidend sind vielmehr Argumente der Potenzialität, Kontinuität und Identität des einzelnen menschlichen Lebens. So fragen Menschen: Wie steht dieser Embryo, aus dem ich geworden bin, zu mir? Ein Behinderter, dem man erzählt, man wolle einen Embryo auswählen, weil er oder sie die gleiche Behinderung habe, sagt: Dann wäre ja „ich" ausgewählt worden. Diese Kontinuität wird rein intuitiv überall anerkannt. Befragt zur Immunabwehr gegenüber der Einpflanzung embryonal abgeleiteter Stammzellen meinte ein Stammzellforscher: „Da tritt natürlich die Immunabwehr des Menschen auf, es handelt sich ja um ein fremdes Individuum." (Gemeint sind die genetischen Bestände einer fremden Eizellhaut.) Das ist eine intuitiv spontane Sprache, daher ist sie auch erhellend. Wenn jedes menschliche Lebewesen als *human being* in den Bereich der Menschenwürde gehört, können sich EthikerInnen immer noch über gradualistische Positionen streiten, sodass man hier nicht mit einem in jeder Hinsicht schlagenden Argument rechnen kann; aber man kann ausschließen, dass man von einem Embryo, der eine so hohe Differenziertheit hervorbringen kann, als von einem „Zellhaufen" sprechen darf. Das ist auch unter Voraussetzungen nicht richtig, die sich jeder metaempirischen Bestimmung des Menschen versagen. Wenn ein Embryologe auf die Frage, wann der Mensch beginne, etwa flapsig antwortet: „When I can see the nose", dann hat er die biologischen Gegebenheiten auf einen äußeren Anschein reduziert. Dazu gibt es eine große vor-wissenschaftliche Tradition.[13]

6. Fortschrittsmentalität als Allmachtsphantasie

In einer vereinfachenden Darstellung[14] sieht der bekannte amerikanische Bioethiker Tristram Engelhardt „tief verwurzelte Differenzen" in der amerikanischen Gesellschaft. Die puritanische Ethik der Pilgerväter im Osten sei stärker von „Gerechtigkeit, Fairness und Anstand" geprägt, und für sie „gibt die Gentechnik Anlass zu Bedenken, wie die Neuordnung der Natur richtig vorzunehmen sei". Für das ethische Gewissen der Eroberer des

---

13 Vgl. Willam, Michael: Mensch von Anfang an? Eine historische Studie zum Lebensbeginn im Judentum, Christentum und Islam. Freiburg i.Br./Fribourg (CH): Academic Press Fribourg 2007; vgl. auch Rager, Günter: Die Person, Wege zu ihrem Verständnis. Freiburg/Schw./Freiburg i.Br.: Herder 2006 sowie Hilpert, Konrad u. Dietmar Mieth: Kriterien biomedizinischer Ethik. Freiburg i. Br.: Herder 2006

14 Vgl. Engelhardt, Tristram: America and the Genetic Revolution: Puritans, Cavaliers and Cowboys, in: „Future" Nr. 2. Special Edition: Biotechnology. Hrsg. vom Pharmazieunternehmen Hoechst. Frankfurt-Hoechst 1997. S. 32–33, hier 32 (dt. Ausgabe, hrsg. v. Thomas Quinn, seitengleich).

Westens hingegen gelte, dass es „im Gegensatz zum Puritaner hinsichtlich Gerechtigkeit und Fairness Kompromisse eingehen" könne. Der Deontologe stellt sich die Frage, ob eine Lösung richtig ist, eine Vorreiterin des Fortschritts hingegen interessiert, ob sie funktioniert. Daher werden die Herausforderungen der Genrevolution „als lösbares Problem" eingestuft.

Damit meint Engelhardt nicht, eine teleologische Moral, wonach der Zweck die Mittel heilige, habe kein Verantwortungsbewusstsein. Die Idee der Gemeinnützigkeit hat einen starken Einfluss. Freilich verbalisiert er auch

> [...] die Tendenz, falls nötig Gewalt und Macht anzuwenden. In einem solchen kulturellen Umfeld muss die Natur gezähmt werden und Gentechnologien sind lediglich neue Werkzeuge dazu. Die Natur ist nicht romantisch, unangreifbar, mysteriös, heilig oder wichtiger als Familie, Freunde, Gemeinschaft oder die Aussicht auf eine bessere Zukunft. Die Natur ist wie ein Pferd, dessen Wille gebrochen werden muss. Sogar an der Schwelle zum 21. Jahrhundert hat diese Siedlermoral noch die Macht, neue wissenschaftliche und technische Herausforderungen als neue Grenzen zu definieren, die überschritten werden müssen [...]. Die Natur, einschließlich der genetischen Natur, muss unter Berücksichtigung der voraussichtlichen Resultate neu gestaltet werden." [15]

Demgegenüber unterstelle der puritanische, aber auch deutsch-kontinentaleuropäische „Ethik-Standpunkt [...] der Natur eine Integrität, die die kühnen Erwartungen der genetischen Revolution als blasphemisch erscheinen lassen"[16]. Auf beiden Seiten gibt es Extreme: die Mystifikation der Natur auf der einen, die bloßen Fortschritts-Möglichkeiten auf der anderen Seite:

> Sie [die am Fortschritt Orientierten] sehen darin neue Möglichkeiten und Profite. Sie erkennen grundsätzlich keine Grenzen an. Obwohl sie eingestehen, dass unvorhergesehene Kosten entstehen können, sehen sie auch die Wahrscheinlichkeit unvorhersehbarer Vorteile. Für diese Amerikaner hat die Genrevolution einen pragmatischen Ansatz: Sie bietet sowohl Vorteile als auch Risiken. Man sollte behutsam vorgehen, jedoch wenige absolute Verbote formulieren. Diese Amerikaner wären sogar bereit, eine neue Grenze zu überschreiten, die die Medizin, Landwirtschaft und unsere Kulturen endgültig verändern wird [...][17]

Die Beschreibung der amerikanischen gentechnischen Fortschrittskultur durch Tristram Engelhardt macht in ihrer Pointierung deutlich, dass die Integration einer interkulturellen Ethik bereits in westlichen Kulturen Schwierigkeiten macht. Die Exponenten in der Ethik können mit einem Kantianismus oder einer Deontologie (= Pflichtenethik) auf der einen Seite und mit den

---

15 Ebd., S. 33.
16 Ebd.
17 Ebd.

Formen des Utilitarismus bzw. der teleologischen Urteilsfindung (von den Folgen her) auf der anderen Seite gekennzeichnet werden.

Angesichts des Empfangs einer schon erwähnten deutschen Delegation, die 1998 zur Besichtigung amerikanischer Biotechnologie in der Landwirtschaft eingeladen war, kam der Vorsitzende des Senatsausschusses für Landwirtschaft, Mr. Luggar, auch auf Probleme zu sprechen. Er sagte: „Probleme werden möglicherweise entstehen. Aber wenn diese Probleme entstehen, werden wir sie lösen." Angesichts der Umweltprobleme, die wir schon haben, scheint eine solche Äußerung realitätsfremd. Sie enthält eine Allmachtsphantasie, die der geschichtlichen Erfahrung menschlicher Kontingenz nicht standhält.

7. Fortschrittsverantwortung in den Wissenschaften

7.1 Was ist eigentlich ein Fortschritt?
Die Fortschrittsfrage in jedem Einzelfall verantwortlich klären

In schwungvollen Vorträgen eröffnen WissenschaftlerInnen und manchmal auch PhilosophInnen Möglichkeiten der Zukunft. Auf der anderen Seite steht ein wissenschaftlich abgestütztes Warnsystem, insbesondere die Technikfolgenabschätzung. Es bleibt aber gegenüber dem Zukunftsdrive der wissenschaftlichen Innovationen eher ein schwaches Instrument der Regulierung.

Von einzelnen „Fortschritten" zu reden, ist ein Fingerzeig, noch einmal gründlich zu bedenken, was Fort-„Schritt" eigentlich bedeutet. Unter der Perspektive, dass im Grunde alles Neue besser ist als das Alte, ist der Fortschritt gleichsam zu einem globalen Modell geworden. In dieses Modell ist vieles hineingepackt, z. B. das Bündnis der modernen Gesellschaft mit Wissenschaft, Technik und Ökonomie.[18] Es scheint fast, als sei dieses Bündnis unhintergehbar. Denn es ist die Vorbedingung für den so verstandenen Fortschritt und das Mittel, das diesen Fortschritt hervorbringt. Aber gibt es den Fortschritt in dieser verallgemeinernden Einzahl wirklich? Gibt es nicht vielmehr nur einzelne Fortschritte im Plural? Der Fortschritt im Singular ist womöglich ein Versprechen der Neuzeit, in dem technischer Fortschritt stets zugleich als ein sozialer und kultureller Fortschritt gedacht war. Es gibt aber genügend Anlass, dieses Versprechen erinnernd zu überprüfen. Und zwar in der Form, dass einzelne Fort-Schritte jeweils auf ihre gesamtgesellschaftlichen Wirkungen hin befragt werden.

---

18 Vgl. Mieth, Wissenschaft.

Das häufigste Beispiel ist die Entwicklung der modernen Medizin: Hier wurden unbestreitbar enorme Fortschritte erzielt. Menschen werden daher im Schnitt sehr viel älter als vor 100 Jahren. Es gelingt uns freilich nicht immer, diese Fortschritte auf die ganze Welt gleichermaßen zu übertragen. Jeder wird einsehen, dass es ein gutes Ziel ist, die Menschen gesünder und älter zu machen und dabei das Verbundsystem von Wissenschaft, Technik und Ökonomie zu nutzen. Das Problem besteht jedoch darin, dass gerade das Älterwerden der Menschen uns vor Probleme stellt, die es vorher in dieser Form nicht gab. Dass Menschen länger leben, heißt ja nicht, dass sie auch in einem Zustand leben, der ihnen wünschenswert erscheint, obwohl dies für die Mehrzahl der Älteren im Unterschied zur Zeit vor 100 Jahren gelten mag. Probleme entstehen oft als Folgeprobleme von Problemlösungen. An dieser Stelle möchte ich die oben erwähnte Regel nochmals erwähnen, die den Fortschritt begleiten und zur Bewertung von Fortschritten führen könnte: Man soll Probleme nicht so lösen, dass die Probleme, die aus der Problemlösung entstehen, größer sind, als die Probleme, die gelöst werden. In der Vergangenheit hat man offenbar öfter gegen diese Regel verstoßen. Freilich ist es auch schwer, diese Regel umzusetzen, weil es in der Folgenabschätzung viele Ungewissheiten gibt. Insofern zeigt diese Regel zunächst ein Problem aller Problemlösungen auf. Ihre Anwendung stößt dagegen, obwohl unumgänglich, auf Grenzen.

Eben diese Problemanzeige führt uns zu der Frage: Welcher einzelne Fortschritt verdient eigentlich Fortschritt genannt zu werden? Woran ist messbar, was ein Fortschritt ist? Gelten hier als Kriterien die Erkenntnisfortschritte in einem vorher aufgestellten Rahmen eines Wissenschaftsparadigmas? Oder gelten die Kriterien der technischen Machbarkeit oder die Kriterien der wirtschaftlichen Umsetzbarkeit? Oder aber die Kriterien der Verträglichkeit mit humanen, sozialen, geistigen Errungenschaften? Dieses Thema ist bereits universell im Zeichen des Zentralbegriffs Nachhaltigkeit wichtig geworden. Daher ist es besser, das Paket mit dem Etikett „Fortschritt" aufzuschnüren und nicht zu fragen, ob es um den Fortschritt als solchen im Sinne eines allgemeinen Fortschrittsvertrauens oder gar Fortschrittsglaubens geht, sondern wie die Bewertung von vorgeschlagenen bzw. schon initiierten Fortschritten im Einzelnen aussehen könnte. Der Übergang von den einzelnen Fortschritten in problematische Verallgemeinerungen ist dabei jeweils zu prüfen.

7.2 Wahrhaftigkeit und Transparenz statt der normativen Kraft des Fiktiven

Wer wissenschaftlich genau arbeitet, verleugnet nicht die Ungewissheit, Optionen der Erkenntnis und der Anwendung zu erreichen, nicht die mit dem genaueren Wissen zugleich fortschreitende Nichtwissenskenntnis und nicht die lange Distanz, bis dieses ungewisse Ziel erreicht wird. Wie sehr dies jedoch im Schwung eines neuen Paradigmas übersehen wird, wurde mir am Beispiel der „Gentherapie" schon 1989 klar, als ich mit einer Gruppe von Vertretern katholischer Universitäten im NIH in Washington die Möglichkeit hatte, über „gentherapeutische" Versuche mit dem renommierten Hämatologen French Anderson zu sprechen. Dabei fiel uns die Differenz auf zwischen den Postern, die von Therapien für AIDS, Krebs und Immunschwäche sprachen, und den Laborversuchen, in deren Zentrum Mäuseblut stand. Also versuchte ich mir als Laie ein Szenarium vorzustellen, das eine Skala von 0 bis 100 ansetzt, wobei auf der Stufe 100 eine Therapie erreicht sei. Mir schienen damals hinsichtlich der sogenannten Gentherapie – wie heute hinsichtlich der Stammzellforschung – noch gewaltige Abenteuer auf die Wissenschaft zu warten. Die Frage war also, inwiefern und mit welcher Genauigkeit im Bereich von Laborversuchen auf der Skala 1 bis 5 eine Voraussage für das Erreichen der Stufe 100 getroffen werden könne. Die Antwort lautete damals: „Das weiß ich nicht, aber ich glaube daran." Hier fällt ein merkwürdiger Widerspruch auf zwischen den Glaubensvoraussetzungen, welche die Wissenschaft kritisiert, und den Glaubensvoraussetzungen, die sie als für ihren Erkenntnisfortschritt notwendig erachtet. Ein Kritizismus, der nicht vor der eigenen Haustüre kehrt, sondern auf die Vor-Urteile anderer deutet, kann nicht überzeugend sein.

Eigentlich ist klar, dass auch eine mögliche Entwicklung der Klonforschung am Menschen unter großen Vorbehalten steht: Bei der spekulativen Übertragung von Tierversuchen auf den Menschen können wir nicht voraussagen, dass die gesunde Zelle, wenn wir sie in ein krankes Organ einsetzen, dieses gesund macht. Die große Hoffnung auf therapeutische Zelltransplantation steht also möglicherweise auf einem sehr tönernen Fuß, der immer wieder zerbrechen kann. Können wir in einem Zeitraum, in dem wir Anfangsversuche im Bereich von Tierzellen oder Anfangsversuche im Bereich von Menschenzellen durchführen, voraussagen, dass wir eine „Therapie" erreichen? Und dass dieser Weg alternativlos wäre?[19] Offenbar nicht.

---

19 Vgl. Bentele, Katrin: Morbus Parkinson, Forschungsethik und Medizinethik. Münster: LIT 2007 (Mensch – Ethik – Wissenschaft).

Hinsichtlich der Frage des Fortschritts mit Werten ist es sehr wichtig, dass wir die Sprache daraufhin untersuchen, ob sie tatsächlich wahrhaftig ist oder ob wir uns nicht auf etwas einlassen, das nur als Paradigma im Sinne der normativen Kraft des Fiktiven gedacht ist. Gerade weil wir den Fortschritt (im verallgemeinerten Sinne) in Richtung einer besseren Welt so stark internalisiert und auch säkularisiert haben, ist eine große Zustimmung zu erreichen, wenn ein einzelner Fortschritt angemeldet wird, den die folgenden Generationen möglicherweise, aber keinesfalls mit Sicherheit genießen werden. Dass dieser Fortschritt als Schub in eine neue Dimension, etwa die Bekämpfung von Krankheiten, als Möglichkeit anvisiert wird, erscheint beinahe wie eine religiöse Befriedigung. Aber wir können uns täuschen. Es gibt viele Innovationen, die als entscheidende Fortschritte betrachtet worden sind und die uns enttäuscht haben. Seit 1985 wird die Gentherapie als neue Hoffnung für unheilbar Kranke bereits ethisch diskutiert. Seither gab es in über 20 Jahren keinen durchschlagenden Erfolg. Ein Biologe vermutete mir gegenüber, dass man die Gentherapie erfunden habe, bevor es sie als Reihe von Versuchsanordnungen gegeben habe. Die Fortschritte-ErfinderInnen meinten, Antibiotika schafften zu viel Resistenz, wir bräuchten ein anderes Paradigma: die Gentherapie. Geraten die realen Fortschritte und die Erfindungen von Fortschrittshoffnungen durch Paradigmenwechsel, die an Versprechungen gebunden werden, in Widerstreit? Nachdem die Gentherapie in den USA, wo sie besonders stark betrieben wurde, durch Folgeprobleme klinischer Untersuchungen in Schwierigkeiten geraten war, hat man – folgt man dieser Beobachtung vom forschungspolitischen Paradigmenwechsel – 1998 die „Stammzellen" erfunden. Dieses Zauberwort stieg damals wie der Phönix aus der Asche und ersetzte das alte Paradigma Gentherapie. Hier versuchen die Worte, die Wirklichkeit zu verschleiern. Wie oft werden Gesellschaften im Namen behaupteter, aber nicht unbedingt erreichbarer Güter, insbesondere des Gutes Gesundheit, in einzelne „Fortschritte" hineingezogen, die vielleicht gerade nicht die Fortschritte sind, die wir unter den dargelegten vielseitigen ethischen Perspektiven und Kriterien anstreben: Fortschritte, die von Werten begleitet und überprüft werden. Deshalb ist die Transparenz der Forschungsarbeit und der öffentlichen Diskurse über Forschung ein wichtiges Kriterium. Im Falle dieser Forderung befinden wir uns im Ethos der Wissenschaft, d. h. in einem Set von Maximen oder Bewertung, das innerhalb dieses Ethos allgemein anerkannt wird. Wir sprechen auch von der *scientific community*, aus der wir diese Werte schöpfen. Wie sieht es aber allgemein in der Gesellschaft aus? Aus welchen Quellen schöpfen wir unsere Werte?

7.3 Freiheit und Verantwortung der Wissenschaft[20] angesichts des Vorurteils-Problems

Die Freiheit der Forschung sowie des einzelnen Forschers, der einzelnen Forscherin vor externer Einflussnahme muss sichergestellt werden. Freiheit entbindet nicht von Verantwortung, sondern ist eine wesentliche Voraussetzung für deren Übernahme. Deshalb ist die Frage berechtigt, wie frei Forschung ist oder überhaupt sein kann, wenn sie von teuren Apparaturen und Einrichtungen sowie von der Selektion dessen abhängt, wofür man Geld bekommen kann. Man kann nicht eine abstrakte Vorstellung von Forschungsfreiheit mit konkreten Vorstellungen von ethischen Bindungen der Forschung vergleichen. Vielmehr müssen die Bindungen in vielerlei Hinsicht durchleuchtet werden, um zu prüfen, welche Bindung dieser Art gegen welche Bindung jener Art steht. Man wird einwenden, dass bei technischen und finanziellen Bindungen der Forschung mehr Wahl bestehe als bei der Befolgung von ethischen Einschränkungen, die sich durch Gesetze auferlegen lassen. Auch diese Wahl ist jedoch im Hinblick auf ihre Abhängigkeiten zu hinterfragen. Und die Zugkraft emotionaler und quasimetaphysischer Forschungserwartungen stellt auch eine beträchtliche Bindung dar.

Verantwortung in der Forschung besitzt eine interne und eine externe Dimension. Interne wissenschaftliche Verantwortung bedeutet, dass die Regeln der Unabhängigkeit, der Fairness und der wissenschaftlichen Redlichkeit eingehalten und von der *scientific community* durch interne Regeln kontrolliert werden. Dabei sollte die Gewissensfreiheit des oder der Einzelnen, auch des abhängigen Forschers oder der Forscherin gewahrt bleiben. Externe wissenschaftliche Verantwortung bedeutet, dass Mittel und Folgen der Forschung gegenüber allen direkt und indirekt Betroffenen ethisch vertretbar sind und für eine Überprüfung durch die Gesellschaft offenstehen. Die externe Verantwortung kann aber kaum innerdisziplinär in der Forschung allein wahrgenommen werden. Auch bei transdisziplinärer Forschung fehlt es oft an begleitender Kompetenz, weshalb Forschungsprogramme in der EU und in Nationalstaaten gegebenenfalls mit ethischer, rechtlicher und sozialer Begleitung (das ELSI-Konzept: *ethical, legal, and social implications*) ausgeschrieben werden. Diese Begleitung bedarf jedoch der Vereinigung von hoher fachlicher und zugleich ethisch reflexiver Kompetenz. Zu

---

20 Vgl. den Bericht der Enquete-Kommission des Deutschen Bundestages „Recht und Ethik in der modernen Medizin" zur Forschungsethik vom 6.9.2005. Bundestagsdrucksache 15/5980. Vgl. auch: http://opus kobv.de/volltexte2009/2006_heft2_on line_2009_10_23 pdf (18.07.2011) und dazu Rothhaar, Markus: Bericht über den Stand der Arbeiten in der Enquete-Kommission, in: MenschenRechtsMagazin 2 (2006). S. 181–190, hier 184–186.

dieser Kompetenz auch die reichhaltige Erfahrung der Religion mit ihrer eigenen Vorurteilsstruktur hinzuzufügen – ein Vorschlag einer EU-Konferenz über Bioethik in Amsterdam Anfang 2005[21] –, erscheint nach diesen Ausführungen durchaus als sinnvoll.

8. Zusammenfassung: Mangel an Selbsthinterfragung und Korrekturunfähigkeit überwinden

Vorurteil im negativen Sinn bedeutet Vorreflexivität und Korrekturunfähigkeit. Die Therapie kann nicht darin bestehen, dass Vorurteile und Aggressionen als solche radikal abgelehnt werden, sondern nur darin, dass die Verfallsstrukturen des Vorurteils, die korrekturunfähig sich ständig selbst bestätigen, auf ihre anthropologischen Grundmuster befragt und kontrolliert zurückgenommen werden. Die Therapie kann daher nur so ansetzen, dass wir einerseits unsere Vorurteilsstruktur anerkennen, uns aber andererseits gegen das korrekturunfähige und selbstbestätigende Vorurteil wenden, es durchschaubar und damit wirkungslos machen bzw. zumindest seine Wirkung abschwächen.

Die moderne Wissenschaft ist mit dem Bemühen verbunden, Vorurteile zu bekämpfen und durch den Zwang zu methodisch-transparentem Vorgehen gar nicht erst entstehen zu lassen. Die Modelle, mit denen dieses Bemühen wissenschaftstheoretisch ausformuliert wurde, verdienen Respekt, wenn auch der Diskurs um Verifizierung und Falzifizierung wissenschaftlicher Erkenntnisse weitergehen wird. Das Problem des Vorurteils hat jedoch mit dieser kontrollierten Wahrheitssuche der Wissenschaft nichts zu tun und wird dadurch auch nicht ausgeräumt. Es findet sich jedoch in der Wissenschaftspraxis, deren Übereinstimmung mit den wissenschaftstheoretischen Voraussetzungen, auf welche man sich beruft, zu den ethischen Auflagen verantworteter Wissenschaft gehört.

Das Zentrum der Vorurteilsgebundenheit in der Wissenschaftspraxis beruht auf der Behauptung, weil die Wissenschaft als solche nicht im Banne des Vorurteils stehe, könnten auch in ihrem Namen Optionen und Prognosen verkündet werden, die – indem sie die Vorausurteilsgebundenheit anderer an einer eingebildeten eigenen Vorausurteilslosigkeit messen – entweder eher einen selektiven und diskriminierenden oder eher einen prophetischen

---

21 Vgl. Mieth, Dietmar: Religious, Ethical, Legal and Social Implications of Biotechnology. In: Festschrift Sean Freyne. Hrsg. von Werner G. Jeanrond. Dublin: Columba Press 2006; vgl. ders.: „Biopower". Ethical and Theological Condiderations. In: GenEthics and Religion. Hrsg. von G. Pfleiderer, G. Brahier u. K.Lindpaintner. Basel u.a.: Karger 2010. S. 82–100.

als einen wissenschaftlichen Charakter haben. Da aber Antizipation zur Erkenntnis gehört, ist nicht nur die Kohärenz zu prüfen, mit welcher Erkenntnisse in diesem Rahmen entstehen, sondern auch die Kontingenz des eigenen antizipatorischen Paradigmas. Wissenschaft, die sich aus der Gebundenheit ihrer Aussagen herauslöst und diese Aussagen mit anderen Mitteln als denen der wissenschaftlichen Erkenntnis extrapoliert, begeht Kategorienfehler, vor allem, wenn sie damit gesellschaftliche Verhältnisse und deren Verantwortung zu beeinflussen versucht.

Bibliographie

Baumgartner, Christoph u. Dietmar Mieth (Hrsg.): Patente am Leben? Paderborn: mentis 2003.
Bentele, Katrin: Morbus Parkinson, Forschungsethik und Medizinethik. Münster: LIT 2007 (Mensch – Ethik – Wissenschaft).
Braun, Edmund u. Hans Rademacher: Wissenschaftstheoretisches Lexikon. Graz/Wien/Köln: Styria 1978.
Düwell, Marcus, Christoph Rehmann-Sutter u. Dietmar Mieth (Hrsg.): The Contingent Nature of Life. Bioethics and the Limits of Human Existence. Dordrecht: Springer 2008.
Enquete-Kommission des Deutschen Bundestages: Bericht „Recht und Ethik in der modernen Medizin" zur Forschungsethik vom 6.9.2005. Bundestagsdrucksache 15/5980. Vgl. http://opus kobv.de/volltexte2009/2006_heft2_online_2009_10_23.pdf (18.07.2011)
Engelhardt, Tristram: America and the Genetic Revolution: Puritans, Cavaliers and Cowboys, in: „Future" Nr. 2. Special Edition: Biotechnology. Hrsg. vom Pharmazieunternehmen Hoechst. Frankfurt-Hoechst 1997. S. 32–33 (dt. Ausgabe, hrsg. v. Thomas Quinn, seitengleich).
Faulhaber, Theo u. Bernhard Stillfried (Hrsg.): Auf den Spuren einer Ethik von morgen. Freiburg i.Br.: Herder 2001.
Gadamer, Hans Georg: Wahrheit und Methode. 2. Aufl. Tübingen: Mohr 1965.
Gräfrath, Bernd: Es fällt nicht leicht, ein Gott zu sein. Ethik für Weltenschöpfer von Leibniz bis Lem. München: C.H. Beck 1998.
Graumann, Sigrid: Situation der Medienberichterstattung zu den aktuellen Entwicklungen in der Biomedizin und ihren ethischen Fragen. Gutachten im Auftrag des Max-Delbrück-Centrums für Molekulare Medizin. Berlin 2002.
Graumann, Sigrid: Bioethik oder Biopolitik? Die öffentliche Debatte über die „Selektion" und „Manipulation" menschlichen Lebens. In: Medizin, Ethik und Behinderung. Hrsg. von Sigrid Graumann u. Katrin Grüber. Frankfurt a. M.: Mabuse-Verlag 2003. S. 15–45.
Graumann, Sigrid: Die Rolle der Medien in der Debatte um die Biomedizin. In: Kulturelle Aspekte der Biomedizin. Hrsg. von Silke Schickdanz, Christoph Tannert u. Peter M. Wiedemann. Frankfurt a.M.: Campus 2003. S. 212–143.
Habermas, Jürgen: Hermeneutik und Ideologiekritik. Frankfurt a. M.: Suhrkamp 1971.

Habermas, Jürgen: Glauben und Wissen. Rede zum Friedenspreis des Deutschen Buchhandels 2001. Frankfurt a.M.: Suhrkamp 2001.

Hauskeller, Christiane, Wolfgang Liebert u. Heiner Ludwig (Hrsg.): Wissenschaft verantworten. Soziale und ethische Orientierung in der technischen Zivilisation (Wolfgang Bender zum 70. Geburtstag). Münster: Agenda Verlag 2001.

Hilpert, Konrad u. Dietmar Mieth: Kriterien biomedizinischer Ethik. Freiburg i. Br.: Herder 2006

Honnefelder, Ludger u. Peter Propping (Hrsg.): Was wissen wir, wenn wir das menschliche Genom kennen? Köln: DuMont 2001.

Jüngel, Eberhard: Der Schritt des Glaubens im Rhythmus der Welt. In: Das Problem des Fortschritts – heute. Hrsg. von Rudolf W. Meier. Darmstadt: WBG 1969. S. 143–163.

Kaufmann, Bernhard: Der Mensch im Banne des Vorurteils. Wuppertal: Brockhaus Wuppertal 1965.

Krüger, Oliver, Refika Sariönder u. Anette Deschner (Hrsg.): Mythen der Kreativität. Das Schöpferische zwischen Innovation und Hybris. Frankfurt a.M.: Lembeck 2003.

von Matt, Peter: Die Intrige. München: Hanser 2006.

Mieth, Dietmar: Grundhaltungen unserer Gesellschaft in der Charakter-Lehre Erich Fromms und in theologisch-ethischer Reflexion. In: Erich Fromm und die Frankfurter Schule. Hrsg. von Michael Kessler u. Rainer Funk. Tübingen: A. Francke 1992. S. 181–196.

Mieth, Dietmar: Wissenschaft, Technik, Ökonomie – Was können wir verantworten. In: Ethik ohne Chance? Erkundungen im technologischen Zeitalter. Hrsg. von Jean Pierre Wils u. Dietmar Mieth. Tübingen: Attempto Verlag 1992. S. 210–224.

Mieth, Dietmar: Die Diktatur der Gene. Freiburg i.Br.: Herder 2001.

Mieth, Dietmar: Was wollen wir können? Ethik im Zeitalter der Biotechnik. Freiburg i.Br./München/ Wien: Herder 2002.

Mieth, Dietmar, Aggression und Vorurteil – die sozialpsychologischen Bedingungen des Rassismus in sozialethischer Sicht. In: Europa, Religion und Kultur angesichts des Rassismus. Hrsg. von Marie-Jo Thiel. Münster: LIT 2004. S. 85–96 (Forum Religion und Sozialkultur 11).

Mieth, Dietmar: Religious, Ethical, Legal and Social Implications of Biotechnology. In: Festschrift Sean Freyne. Hrsg. von Werner G. Jeanrond. Dublin: Columba Press 2006.

Mieth, Dietmar: „Biopower". Ethical and Theological Condiderations. In: GenEthics and Religion. Hrsg. von G. Pfleiderer, G. Brahier u. K. Lindpaintner. Basel u.a.: Karger 2010. S. 82–100.

Pfleiderer, Georg, Gabriela Brahier u. Klaus Lindpaintner (Hrsg.): GenEthics and Religion. Basel u.a.: Karger 2010.

Planck, Max: Vorträge und Erinnerungen. Darmstadt 1959.

Rager, Günter: Die Person, Wege zu ihrem Verständnis. Freiburg/Schw./Freiburg i.Br.: Herder 2006.

Rehmann-Sutter, Christoph, Marcus Düwell u. Dietmar Mieth (Hrsg.): Bioethics in Cultural Contexts. Reflections on Methods and Finitude. Dordrecht: Springer 2006.

Report to the European Biomedical Convention (verabschiedet 1997) of the Working-Group of the CdBI (Commission directoire de Bioéthique Internationale) „Embryo

Protection" (fertiggestellt 2003). http://www.google.at/url?q=http://www.coe.int/t/dg3/healthbioethic/texts_and_documents/CDBI-CO-GT3(2003)13E.pdf&sa=U&ei=dvsjTtrrDYyWOoOdpPEO&ved=0CBAQFjAA&usg=AFQjCNGasdAP8oyl7hFIxSxFhG414aMznA (18.07.2011)

Rothhaar, Markus: Bericht über den Stand der Arbeiten in der Enquete-Kommission, in: MenschenRechtsMagazin 2 (2006). S. 181–190.

Roy, David J., Barry E. Wynne u. Roger W. Old (Hrsg.): Bioscience-Society: report of the Schering Foundation Workshop on Bioscience-Society, Vol. 1. Chichester u.a. 1991.

Thomas von Aquin: Summa theologiae, Band 2,2, quaestio 158, Artikel 2 ad 4.

Willam, Michael: Mensch von Anfang an? Eine historische Studie zum Lebensbeginn im Judentum, Christentum und Islam. Freiburg i.Br./Fribourg (CH): Academic Press Fribourg 2007

Der Beitrag der Rechtsordnung zum Abbau von Vorurteilen

Marta Hodasz, Manfred Nowak und Constanze Pritz-Blazek

1. Einleitung

Im Allgemeinen arbeiten die Rechtswissenschaften nicht mit dem Begriff „Vorurteil", da innere Vorgänge in der Regel nicht normiert werden. Nur wenn Vorurteile tatsächlich zu einer unterschiedlichen Behandlung führen, werden diese in der einen oder anderen Form von Rechtsordnungen erfasst. Moderne demokratische Staaten zeichnen sich dadurch aus, dass sie bestrebt sind, diskriminierende Bestimmungen aus ihrem Rechtsbestand zu beseitigen und gesellschaftliche Diskriminierungen zu bekämpfen. Sie haben gewisse Rechtsgrundsätze und Grundrechte entwickelt; dazu zählen die Rechtsstaatlichkeit, das Recht auf Gleichheit vor dem Gesetz und durch das Gesetz und das Recht auf Nichtdiskriminierung sowie bestimmte institutionelle Rahmenbedingungen, die dem Schutz vor Diskriminierung dienen sollen. Diesen Regeln entsprechend sollten Staaten ständig bestrebt sein, die Annahmen, auf deren Grundlage sie ihre Gesetze verabschieden oder anhand derer sie andere Entscheidungen treffen, zu überprüfen. Zudem sind Staaten aber auch angehalten, Diskriminierungen zwischen privaten Akteuren und Akteurinnen zu bekämpfen und zu verhindern. Das sollte speziell dort geschehen, wo die Machtverhältnisse nicht ausgeglichen sind, wie dies etwa im Arbeitsverhältnis der Fall ist, oder aber auch im Zugang zu oder bei der Versorgung mit bestimmten Gütern und Dienstleistungen. Systematische Diskriminierungen zu ignorieren würde zu Segregation, zu weiterer sozialer Ausgrenzung und schlussendlich wiederum zu Diskriminierung führen.

Das zweite Kapitel dieses Aufsatzes soll einen Überblick über die Entwicklung des Prinzips der Rechtsstaatlichkeit und des Gleichheitsgrundsatzes, beginnend mit der Antike, verschaffen. Beschrieben werden nicht nur die wesentlichen historischen gleichheitsrechtlichen Fortschritte, sondern auch die darauf oftmals folgenden Rückschritte bis zum Zweiten Weltkrieg. Es wird versucht aufzuzeigen, welche Gruppen von diesen Grundsätzen in den unterschiedlichsten geschichtlichen Perioden nicht erfasst waren. Das dritte Kapitel konzentriert sich auf die Periode nach dem Zweiten Weltkrieg und veranschaulicht die Verankerung des Rechts auf Gleichheit und Nichtdiskriminierung in den internationalen und regionalen Menschenrechtsschutzsystemen. Es liefert einen Abriss der entsprechenden Gesetzgebung und Judikatur, die in Reaktion auf bestimmte gesellschaftlich verankerte Ungleichheiten ab der zweiten Hälfte des letzten Jahrhunderts erfolgte. Untersucht werden dabei der Rahmen der Vereinten Nationen, der europäische Kontext sowie bestimmte Entwicklungen in Nordamerika.

2. Die Entwicklung des Gleichheitsgrundsatzes

Das Konzept der Gleichheit vor dem Gesetz hat seine Wurzel im antiken Griechenland. Die Griechen sprachen in diesem Zusammenhang von *isonomia* – Gleichheit. In der Zeit nach 1200 v. Chr. erlebten die Griechen eine Souveränitätskrise, aufgrund derer die politische Macht kollektiviert wurde. Entscheidungen wurden vom Monarchen auf das Volk übertragen und ein Forum für Auseinandersetzungen entstand. In solch einer Gesellschaft gewannen moralische Werte und die Universalität des Arguments mehr und mehr an Macht über die Frage des sozialen Status derjenigen Person, die sich des Arguments bediente. Aus diesem Grund begannen sich die Menschen zunehmend als gleich vor dem Gesetz, nämlich als *is oï*, und als Gleiche, als *homoïoï*, zu sehen.[1] Dieser Grundsatz war jedoch nicht auf die Mehrheit der Bevölkerung anzuwenden, sondern lediglich auf männliche griechische Bürger.

Aristoteles war der Erste, der das Prinzip der Rechtsstaatlichkeit in den Naturgesetzen verwurzelt sah. Er argumentierte, „dass es in der Natur im Allgemeinen den Grundsatz der Herrschaft und der Unterordnung gibt". Dieser Logik folgend wurden Frauen und Sklaven als Besitz gesehen. Aristoteles definierte es so: „Die Frau ist eine Frau, weil es ihr an männlichen Eigenschaften mangelt. Sie müssen als etwas gesehen werden, das von ihrer Natur her minderwertig ist."[2] Barbaren, Nicht-Griechen, sah er von ihrer Natur her als Sklaven an. Er war der Ansicht, dass ihre Physis sie für Handwerksarbeiten prädestiniere und dass ihre geistigen Fähigkeiten derart eingeschränkt seien, dass sie sogar von der Sklaverei profitierten, weil ihr Besitzer sie anleiten könne.[3] Das Ideal des philosophischen Konzepts von

---

1 Nemo, P.: Qu'est-ce que l'Occident? Paris: Collection Quadrige 2004; Sprich, C.: Equality Before the Law and its Role for Transition to Capitalism. Thoughts from Hayekian Epistemology and Social Theory. 2005. URL: http://www.independent.org/students/garvey/essay.asp?id=1607 (30.04.2007).
2 Schmölzer, Hilde: Die verlorene Geschichte der Frau. Edition Tau 1991, S. 70.
3 Aristoteles [350 v. Chr.]: Politics. Übers. von B. Jowett. Dover Thrift Edition 2000, I.13.1260.112.

Gleichheit war dem Vergessen preisgegeben, als aufgrund von ständigen Kriegen und Invasionen die freien Bauern ihre wirtschaftliche Grundlage verloren und gezwungen waren, Schutz bei Schutzherren zu suchen. In den Zeiten des Feudalismus war jeder Person von Geburt an eine Rolle in der streng hierarchisch strukturierten Gesellschaft zugewiesen. Abgeleitet vom römischen Konzept des *pater potestas* unterstanden Frauen, Kinder, Sklaven, Tiere und Besitz in der germanischen Rechtsordnung der Verfügungsgewalt – der *munt* – des Familienvaters. Gerichtliche Schritte zu setzen, war Frauen nicht möglich. In vielen europäischen Gesellschaften lebte ein Großteil der Bevölkerung in ländlichen Gebieten. Bauern, die Leibeigene waren, waren der Gerichtsbarkeit ihres Lehensherrn unterworfen. Dieser konnte unter anderem entscheiden, wen sie heiraten und ob sie die Gemeinschaft verlassen konnten. Er konnte Personen, die in seinem Machtbereich lebten, kaufen und austauschen. Er war aber auch verpflichtet, militärischen und gerichtlichen Schutz zu gewähren. Die Situation in den Städten, die aufgrund des wachsenden Handels immer mehr aufblühten, war anders. Der „Ein Jahr und ein Tag"-Regel folgend kam ein Leibeigener nach einem Jahr und einem Tag frei. Immer mehr Sklaven flüchteten in die Städte, wo sie von ihren Lehensherrn nicht gefunden werden konnten. Die Situation in den Städten begünstigte auch die Frauen. Abgesehen von dem Umstand, dass sie dort nicht mehr der Verfügungsgewalt ihrer Lehensherren ausgesetzt waren, boten ihnen die Städte mehr an wirtschaftlichen Möglichkeiten, ihren Lebensunterhalt zu verdienen, was zu ihrer stärkeren wirtschaftlichen Unabhängigkeit führte. Diese korrespondierte aber nicht notwendigerweise mit einem formellen Beteiligungsrecht z. B. in den Zünften. Unterprivilegiert und ausgeschlossen war zu dieser Zeit auch die jüdische Bevölkerung. Unter den Karolingern wurden gegen die Entrichtung spezieller Gebühren Schutz gewährt und gewisse Privilegien eingeräumt. Im Hochmittelalter wurden sie in Gettos segregiert und wurden immer wieder Opfer von Pogromen.

Mit dem 14. und 15. Jahrhundert begann die mittelalterliche Weltsicht, die durch geburtsbedingte Rollenverteilung und durch den starken Einfluss der Religion in allen Lebensbereichen charakterisiert war, zu schwinden. Mit Aufkommen des Kapitalismus entwickelten sich Ansätze von individueller Gleichheit. Im in der Renaissance fußenden Humanismus,, der sich auf die intellektuellen Errungenschaften der Antike bezog, entwickelte sich das Prinzip der menschlichen Würde und der von Gott abgeleiteten Größe. Der Mensch wurde als autonomes Subjekt, das am bürgerlichen Gemeinschaftsleben teilnimmt, gesehen.

In Reaktion auf die Konsolidierung des französischen Absolutismus und die mit diesem einhergehende industrielle Entwicklung formte sich eine neue Geisteshaltung, die den Glauben an alte Autoritäten in Frage stellte.

Intellektuelle dieser Zeit nannten diesen Zeitgeist „Aufklärung". Kant definierte ihn als

> die Befreiung des Menschen aus seiner selbstverschuldeten Unmündigkeit. Unmündigkeit ist das Unvermögen, sich seines Verstandes ohne Leitung eines anderen zu bedienen. Selbstverschuldet ist diese Unmündigkeit, wenn die Ursache derselben nicht am Mangel des Verstandes, sondern der Entschließung und des Mutes liegt, sich seiner selbst, ohne Leitung eines andern, zu bedienen.[4]

Er forderte „sapere aude!" – „Habe Mut, deinen eigenen Geist zu nutzen!" (1784).

Inspiriert durch andere große Denker seiner Zeit wie Leibniz, Newton und Locke hatte der große Dramatiker und Philosoph Voltaire 20 Jahre zuvor einen Artikel zum „Vorurteil" in seinem „Dictionnaire philosophique portatif" verfasst. Er definierte Vorurteil als „Meinung ohne Urteil". Voltaire war einer der berühmtesten Kritiker der Kirche im 18. Jahrhundert; darüber hinaus kämpfte er aktiv in mehreren Fällen gegen willkürliche Gerichtsurteile. In Reaktion auf die Entscheidung Calas, in der ein Herr Calas zu Tode verurteilt wurde, obwohl er zu Unrecht bezichtigt wurde, seinen Sohn getötet zu haben, schrieb er seinen „Traité sur la tolerance", in welchem er für eine Totalreform des Strafprozesses plädierte. Er forderte den Zugang der Öffentlichkeit zu den Prozessen und eine stärkere Kontrolle der Richter.[5]

Die Philosophen der Aufklärung betrachteten die Menschen als natürlich – im Sinne des Naturrechts und der Sozialvertragstheorien – gleich. Locke argumentierte, dass „jeder Mensch Eigentum an sich selber hat"[6]. Rousseau erklärte 1755 soziale Ungleichheit als den Abfall der menschlichen Rasse von der natürlichen Gleichheit im harmonischen Naturzustand und 1785 formulierte Kant seinen kategorischen Imperativ. Während diese Philosophen ohne Zweifel Wegbereiter für die idealistischen Errungenschaften der Französischen Revolution und für die modernen Konzepte von Demokratie und Menschenrechten gewesen sind, waren sie zugleich auch in der Weltsicht ihrer Zeit gefangen. Als Mitglieder einer prosperierenden bürgerlichen Schicht handelten sie in ihrem eigenen Interesse, während sie andere von ihren Konzepten *per se* ausnahmen. Locke etwa hat kein Problem damit, die Familie als „Herr mit all seinen unterstellten Beziehungen zu Frau,

---

4 Kant, I.: Beantwortung der Frage: Was ist Aufklärung? In: Vermischte Schriften. Bd. 2, Halle: 1799 [1784], keine Seitennummerierung vorhanden.
5 Schmidt, O.: Voltaire und der Fall Calas – „Informationsethik und Aufklärung". 2001. URL: http://v.hdm-stuttgartde/seminare/ie2001/docs/voltaire.doc (03.12.2006).
6 Locke, John: Two Treatises of Government. Whitefish, MT: Kessinger Publishing 2004, S. 12.

Kinder, Diener und Sklaven"[7] zu beschreiben. Rousseau wiederum definierte die Frau im Verhältnis zum Mann:

> Die gänzliche Erziehung der Frau muss daher auf die Männer Bezug nehmen. Ihnen gefallen und nützlich sein, ihnen liebenswert und achtenswert sein; sie in der Jugend erziehen und im Alter umsorgen, sie beraten und trösten und ihnen das Leben angenehm machen und versüßen. Das sind zu allen Zeiten die Pflichten der Frau, das müssen sie von Kindheit an lernen.[8]

Kant war ähnlicher Meinung. Er argumentiert an einer Stelle, dass Frauen naturgegeben gleich seien, dass Frauen aber ihre natürliche Gleichheit zugunsten des gemeinsamen Haushalts aufgeben müssten, an einer anderen Stelle, dass Männer aufgrund ihrer Natur höher stünden als Frauen. Unabhängig von dem Umstand, dass er alle Männer aufgrund ihrer Natur als frei und gleich bezeichnete, sprach er moralische Persönlichkeit nur denjenigen zu, die ökonomisch frei waren.[9] Weiters sollte nicht vergessen werden, dass er einer der ersten Rassentheoretiker war: Überzeugt von der Überlegenheit der Europäer hielt er 1755 fest: „Die Menschheit ist in ihrer größten Vollkommenheit in der Rasse der Weißen. Die gelben Indianer haben schon ein geringeres Talent, die Neger sind weit tiefer, aber am Tiefsten steht ein Teil der amerikanischen Völker."[10]

Die philosophischen Konzepte dieser Denker wurden erstmals dargelegt in der englischen „Bill of Rights" von 1689, in der „Virginia Bill of Rights" von 1776, in der französischen „Déclaration des droits de l'homme et du citoyen" von 1789 und in der „United States Bill of Rights" von 1789. Die englische „Bill of Rights" begründete das Recht des Gesetzgebers gegenüber dem Souverän und ergänzte damit die „Magna Charta" von 1215, welche den König, den Umgang mit der Kirche und den Adel betreffend, bereits an bestimmte Regeln band und diesen gewisse bürgerliche Freiheiten gewährleistete. Die US-„Bill of Rights" übernahm gewisse Grundsätze der englischen „Bill of Rights" und öffnete diese einem weiteren Adressatenkreis. Diese ersten zehn Zusatzartikel zu der Verfassung der Vereinigten Staaten beschränken die Macht der Bundesregierung und begrenzen den

---

7 Locke, John: A letter Concerning Toleration. Übers. von John Popple. 1689. URL: http://www.constitution.org/jl/tolerati.htm (30.04.2007), S. 29
8 Lange, Lynda: Feminist interpretations of Jean-Jacques Rousseau. University Park, Pa.: Pennsylvania State University Press 2002, S. 243.
9 Moser, S.: Kant über die „natürliche" Unterlegenheit der Frau: Eine feministische Kritik. In: Labyrinth, Bd. 3. 2001. URL: http://labyrinth.iaf.ac.at/2001/Moser.html (30.04.2007).
10 Kant, I.: Anthropology from a Pragmatic Point of View. Übers. von Mary J. Gregor. The Hague: Nijhoff 1974.

Kongress in seiner Möglichkeit, die Meinungsfreiheit, Pressefreiheit, die Versammlungsfreiheit, das Recht auf Religionsausübung und die Gewissensfreiheit einzuschränken, während sie zugleich auch unberechtigte Durchsuchungen und Festnahmen, grausame und ungewöhnliche Bestrafung sowie Selbstbezichtigung verbieten und einen schnellen Prozess vor einem unparteiischen Gericht vorsehen.

Das Recht auf Gleichheit wurde bereits in der „Declaration of Independence" von 1776 reklamiert, festhaltend „daß alle Menschen gleich erschaffen wurden, daß sie von ihrem Schöpfer mit gewissen unveräußerlichen Rechten begabt wurden, worunter sind Leben, Freyheit und das Bestreben nach Glückseligkeit".

Inspiriert durch die US-„Bill of Rights" zielt die französische „Déclaration des droits de l'homme et du citoyen" auf die Überleitung von einer absoluten zu einer konstitutionellen Monarchie ab. Sie wendet sich gegen die Institutionen und die Praktiken des *ancien regime* des vorrevolutionären Frankreich. Diese Erklärung richtete sich nicht nur an französische Bürger, sondern an alle Menschen, und hält fest, dass „[die] alle frei und gleich an Rechten geboren [werden] und bleiben. Gesellschaftliche Unterschiede dürfen nur im allgemeinen Nutzen begründet sein". In Art. 6 wird festgeschrieben, dass

> [...] das Gesetz der Ausdruck des allgemeinen Willens [ist]. Alle Bürger haben das Recht, persönlich oder durch ihre Vertreter an seiner Gestaltung mitzuwirken. Es muss für alle gleich sein, mag es beschützen oder bestrafen. Da alle Bürger vor ihm gleich sind, sind sie alle gleichermaßen, ihren Fähigkeiten entsprechend und ohne einen anderen Unterschied als den ihrer Eigenschaften und Begabungen, zu allen öffentlichen Würden, Ämtern und Stellungen zugelassen.[11]

Obwohl die „Déclaration des droits de l'homme et du citoyen" als eine der Mütter moderner Menschenrechtskataloge bezeichnet werden kann, wird in ihr ein weiteres Mal die Unterordnung von Frauen niedergeschrieben. 1791 schrieb Olympe de Gouge ihre Erklärung der Rechte der Frau und stellte damit die durch die französische „Erklärung" angenommene Minderwertigkeit von Frauen in Frage:

---

11 Assemblée Nationale: Déclaration des droits de l'homme et du citoyen de 1789. URL: http://www.assemblee-nationale.fr/histoire/dudh/1789.asp (13.07.2011). Der Text im Original: „La Loi est l'expression de la volonté générale. Tous les Citoyens ont droit de concourir personnellement, ou par leurs Représentants, à sa formation. Elle doit être la même pour tous, soit qu'elle protège, soit qu'elle punisse. Tous les Citoyens étant égaux à ses yeux, sont également admissibles à toutes dignités, places et emplois publics, selon leur capacité, et sans autre distinction que celle de leurs vertus et de leurs talents."

> Man alone has raised his exceptional circumstances to a principle. Bizarre, blind, bloated with science and degenerated – in a century of enlightenment and wisdom – into the crassest ignorance, he wants to command as a despot a sex which is in full possession of its intellectual faculties; he pretends to enjoy the Revolution and to claim his rights to equality in order to say nothing more about it.[12]

Sie wurde nur zwei Jahre später durch die Guillotine exekutiert, nachdem sie wegen Hochverrats verurteilt worden war. Aber auch das Konzept von natürlich angeborenen Rechten in der amerikanischen „Declaration of Independence" zielte tatsächlich nicht darauf ab, auf alle Menschen angewendet zu werden. Frauen wurden als Besitz des Mannes gesehen, denen bis 1920, als das 19. Zusatzprotokoll zur Verfassung ratifiziert wurde, verwehrt war zu wählen. Die amerikanischen indigenen Völker wurden als „fremd" definiert und es wurde ihnen erst 1924 die amerikanische Staatsbürgerschaft zuerkannt. 74 Jahre lang wurde sogar Sklaverei als verfassungskonform erachtet. Im Anschluss an die Französische Revolution von 1789 wurden einige Verfassungen verabschiedet und wieder verworfen. Die Werte der Revolution wurden im Zuge dessen stückweise wieder eliminiert. Mit der französischen Verfassung von 1795 wurde der Menschenrechtskatalog beschränkt und durch eine *déclaration des devoirs* – einen Katalog der Verpflichtungen – ergänzt. Das allgemeine Wahlrecht (für Männer) wurde abgeschafft und das Zensuswahlrecht eingeführt, das die Stimmen dem Einkommen der Wähler gemäß gewichtete. Die Abschaffung der Sklaverei wurde beibehalten, diese aber 1802 zugunsten der Kolonien wieder zugelassen. Napoleon kam an die Macht und gewann schrittweise Kontrolle über große Teile Europas. Als er 1815 geschlagen wurde, erlebte Europa die Zeit der Restauration, die die vorrevolutionäre Ordnung wieder einführte. Diese Politik der Unterdrückung war allerdings nur bis 1830 erfolgreich. Die Ersten, die revoltierten, waren wiederum die Franzosen; dies führte in mehreren Ländern zu einer ersten Welle an Unruhen und zu einer Bestätigung der liberalen und demokratischen Ideen. 1848 folgten Revolutionen, die demokratische Reformen und die nationale Vereinigung von Deutschland forderten. Die Revolutionen wurden einmal mehr unterdrückt, führten aber schrittweise zur Annahme von Verfassungen und Grundrechtskatalogen. Nicht nur Europa, auch die USA waren konfrontiert mit Bürgerkrieg und damit einhergehend anschließenden politischen Reformen. Die Sklaverei wurde schlussendlich durch die Ratifizierung des 13. Zusatzprotokolls 1865 abgeschafft. Mit einem weiteren Zusatzprotokoll wurde der Grund-

---

12 Olympe de Gouges' Deklaration in: Ishay, Micheline (Hrsg.): The Human Rights Reader: Major Political Essays, Speeches and Documents from Ancient Times to the Present. Routledge 2007, S. 176.

satz des gleichen Schutzes durch das Gesetz zum ersten Mal grundrechtlich verankert, der nicht nur die gleiche Anwendung der Gesetze durch die Gerichtsbarkeit und die Exekutive vorsah, sondern auch erstmals den Gesetzgeber an den Gleichheitsgrundsatz band.[13] Selbst wenn der US Supreme Court erst Mitte der 1950er Jahre in der Entscheidung *Brown v. Board of Education* zur Überwindung der *separate but equal*-Doktrin beitrug, welche die Einrichtung von getrennten Schulen für Schwarze und Weiße durch die weite Auslegung des Gleichheitsgrundsatzes ermöglichte, trug er im Generellen bei zu einem Wandel im Verständnis von Gleichheit als bloß formales Prinzip zu einem materiellen Ansatz, der sich an der Gleichheit im Ergebnis orientierte. Das Verständnis von materieller Gleichheit im politischen und sozialen Sinne formt einen der wesentlichen Grundsätze moderner demokratischer Staaten und lässt zugleich das Konzept des 19. Jahrhunderts im Sinne eines liberalen und bürgerlichen Ansatzes hinter sich zurück.[14] Erwähnenswert ist, dass dieser substanzielle Zugang nicht in allen Ländern gleichermaßen erfolgreich war. Nach 1918 begannen die meisten europäischen Staaten das allgemeine Wahlrecht für ihre Bürger und teilweise auch Bürgerinnen, zumeist als Zensuswahlrecht, welches schrittweise auf Frauen ausgedehnt wurde, einzuführen. Gleichzeitig fielen am Anfang des 20. Jahrhunderts viele der großen Reiche auseinander. Zeiten der politischen Radikalisierung folgten. Menschen versuchten, ihr Heil in extremen faschistischen und kommunistischen Ideen zu finden.

3. Vorurteilsbekämpfung durch Antidiskriminierungsgesetze?

Das Recht auf Gleichheit vor dem Gesetz und durch das Gesetz bildet einen wesentlichen Eckpfeiler einer – von den politischen Theorien Rousseaus und Kants inspirierten – demokratischen Rechtsordnung.[15] Doch bis weit in das 20. Jahrhundert war der Gleichheitsgrundsatz, wie oben dargestellt, ambivalenter sowie exklusiver Natur. Tief verwurzelte Vorurteile gegenüber Frauen, ethnischen und religiösen Minderheiten, Homosexuellen oder Menschen mit Behinderung führten zum Ausschluss dieser Gruppen vom

---

13 Nowak, Manfred: U.N. Covenant on Civil and Political Rights, CCPR Commentary, 2nd revised edition. Kehl/Strasbourg/Arlington: N.P. Engel 2005, S. 598.
14 Ebd.
15 Dupuy, Pierre-Marie: Equality under the 1966 Covenants and in the 1948 Declaration. In: Gleichheit und Nichtdiskriminierung im nationalen und internationalen Menschenrechtsschutz. Hrsg. von Rüdiger Wolfrum. Heidelberg: Springer 2003. S. 149–160, hier S. 129.

Genuss des Gleichheitsrechts und zu diskriminierender Behandlung.[16] Erst nach dem Zweiten Weltkrieg entwickelte sich das Diskriminierungsverbot – das Verbot, Menschen wegen bestimmter persönlicher Merkmale ungleich zu behandeln – zu einem wichtigen Element des Gleichheitsgrundsatzes. Die Liste der verpönten Diskriminierungsgründe umfasst mittlerweile Merkmale wie „Rasse"[17], Hautfarbe, Religion, Geschlecht sowie seit jüngerer Zeit Behinderung, Alter und sexuelle Orientierung.

3.1 Regelungen zur Bekämpfung von Diskriminierung auf internationaler Ebene

Die Gründung der Vereinten Nationen stand unter dem Eindruck der systematischen Verfolgung und Vernichtung von Juden, aber auch anderen Gruppen wie etwa Roma, Homosexuellen oder Menschen mit Behinderungen durch den Nationalsozialismus. Bemerkenswerten Ausdruck findet dies in der Präambel der Verfassung der Organisation der Vereinten Nationen für Bildung, Wissenschaft und Kultur (UNESCO), welche am 16. November 1945 unterzeichnet wurde. In dieser heißt es,

> daß der große und schreckliche Krieg, der soeben zu Ende gegangen ist, nur dadurch möglich wurde, daß das demokratische Ideal der Würde, der Gleichheit und der gegenseitigen Achtung des Menschen verleugnet wurde, um an seine Stelle, unter Ausbeutung von Unwissenheit und Vorurteilen, die Lehre von der Ungleichheit der Rassen und der Menschen zu setzen[18].

Von Beginn an verschrieben sich die Vereinten Nationen im Rahmen ihrer Menschenrechtsaktivitäten der Bekämpfung aller Formen von Diskriminierung. Das Recht auf Nichtdiskriminierung als grundlegende Voraussetzung des Menschenrechtsschutzes schlägt sich in zahlreichen Dokumenten nieder. Die Satzung der Vereinten Nationen unterstreicht mehrfach, „die Achtung der Menschenrechte und Grundfreiheiten für jedermann ohne Unterschied

---

16 Fredman, Sandra: Discrimination Law. New York: Oxford University Press 2002, S. 30.
17 In internationalen und europäischen (Menschen-)Rechtsdokumenten wird der englische Begriff *race* in deutschen Versionen regelmäßig mit „Rasse" übersetzt. Der Begriff „Rasse" wird in diesem Beitrag lediglich im juristischen Sinne unter der Setzung von Anführungszeichen verwendet.
18 Verfassung der Organisation der Vereinten Nationen für Bildung, Wissenschaft und Kultur (UNESCO), dt. Fassung: Bundesgesetzblatt für die Republik Österreich (im Folgenden: BGBl.) Nr. 49/1949. http://www.ris.bka.gv.at/Dokumente/BgblPdf/1949_49_0/1949_49_0.pdf (14.03.2011).

von Rasse, Geschlecht, Sprache oder Religion zu fördern und zu festigen"[19]. In Artikel 7 der Allgemeinen Erklärung der Menschenrechte wird der allgemeine Gleichheitssatz verankert: „Alle Menschen sind vor dem Gesetz gleich und haben ohne Unterschied Anspruch auf gleichen Schutz durch das Gesetz."[20] Zum Schutz bestimmter Gruppen wurden in eigenen Menschenrechtskonventionen spezifische Diskriminierungsverbote festgelegt.

Vor dem Hintergrund des Nationalsozialismus, des Apartheid-Systems in Südafrika und des Prozesses der Dekolonisation in Afrika rückte das Thema Rassismus verstärkt in das Blickfeld der internationalen Staatengemeinschaft, was nicht zuletzt in die Annahme des Internationalen Übereinkommens über die Beseitigung aller Formen rassistischer Diskriminierung im Jahre 1965 mündete.[21] Dieses Übereinkommen geht über das reine Diskriminierungsverbot hinaus und sieht auch die Möglichkeit der vorübergehenden Bevorzugung von benachteiligten Gruppen vor, um deren gleichberechtigte Teilhabe am öffentlichen Leben – beispielsweise in Universitäten, Parlamenten oder in der öffentlichen Verwaltung – zu erreichen. Um die Einhaltung der nach diesem Übereinkommen eingegangenen Verpflichtungen zu überwachen, wurde der sogenannte Rassendiskriminierungsausschuss, die erste Einrichtung der Vereinten Nationen zur Überwachung von Verpflichtungen nach einer Menschenrechtskonvention, geschaffen. Vor diesem können sowohl Individualbeschwerden, also Beschwerden von Gruppen oder Einzelpersonen, als auch Staatenbeschwerden eingebracht werden. Während Staaten bislang keine Menschenrechtsverletzungen von anderen Staaten vor den Ausschuss brachten, wurden bis Juli 2010 45 Individualbeschwerden erhoben, wobei in zehn Fällen eine Konventionsverletzung festgestellt wurde, in 14 Fällen wurde eine solche verneint, 17 wurden für unzulässig erklärt und vier waren noch anhängig.[22] Trotz der geringen Zahl an Beschwerden hat sich die Rechtsprechung des Ausschusses insbesondere im Hinblick auf die Interpretation der Vertragsbestimmungen und deren Umsetzung in den Vertragsstaaten als bedeutsam herausgestellt.[23]

---

19 Satzung der Vereinten Nationen, dt. Fassung: BGBl. 120/1956. http://www.ris.bka.gv.at/Dokumente/BgblPdf/1956_120_0/1956_120_0.pdf (14.03.2011).
20 Resolution 217 A (III) der Generalversammlung vom 10. Dezember 1948.
21 Resolution 2106 (XX) der Generalversammlung vom 21. Dezember 1965.
22 Statistische Übersicht über Individualbeschwerden vor dem Rassendiskriminierungsausschuss, s. Internet: http://www2.ohchr.org/english/bodies/cerd/procedure.htm (abgerufen am: 14. März 2011).
23 Für eine skizzenhafte Rechtsprechungsübersicht siehe: Makkonen, Timo: Hauptursachen, Formen und Folgen von Diskriminierung. In: Handbuch zur rechtlichen Bekämpfung von Diskriminierung. Hrsg. von der Internationalen Organisation für Migration. Vammala: Vammalan Kirjapaino Oy 2003. S. 8–28.

Als die Vereinten Nationen im Jahr 1945 gegründet wurden, gab es das Frauenwahlrecht lediglich in 30 der 51 Gründerstaaten.[24] Gleiche politische Rechte für Frauen und Männer wurden folglich in der Allgemeinen Erklärung der Menschenrechte, im Übereinkommen über die politischen Rechte der Frau aus dem Jahr 1952[25] und im Internationalen Pakt über bürgerliche und politische Rechte aus dem Jahr 1966 bekräftigt. Einen Meilenstein im Kampf gegen die Frauendiskriminierung stellt das Übereinkommen zur Beseitigung jeder Form von Diskriminierung der Frau (1979) dar.[26] Die Konvention verpflichtet die Vertragsstaaten explizit dazu, Maßnahmen zu treffen, „die einen Wandel in den sozialen und kulturellen Verhaltensmustern von Mann und Frau bewirken und so zur Beseitigung von Vorurteilen sowie von herkömmlichen und allen sonstigen auf der Vorstellung von der Unterlegenheit oder Überlegenheit des einen oder des anderen Geschlechts oder der stereotypen Rollenverteilung von Mann und Frau beruhenden Praktiken führen". Die Verpflichtung der Staaten, positive Maßnahmen zu setzen, um die Herstellung der Gleichbehandlung von Mann und Frau zu erreichen, ist ebenso vorgesehen wie die Möglichkeit, unterschiedliche Sachverhalte unterschiedlich zu behandeln (z. B. Berücksichtigung des Alters oder der Staatsbürgerschaft beim Wahlrecht oder der Schutz von schwangeren Frauen).

Ein weiteres internationales Rechtsdokument, das den Gleichheitsgrundsatz und das Recht auf Nichtdiskriminierung als tragendes Element des Menschenrechtsschutzes festlegt, ist der Internationale Pakt über bürgerliche und politische Rechte aus dem Jahr 1966. Die Rechtsprechung des – als Überwachungsinstrument eingerichteten – Menschenrechtsausschusses hat trotz ihrer rechtlichen Unverbindlichkeit beachtenswerten Einfluss auf nationale Rechtsprechung und die Politik erlangt. So hat er beispielsweise 1994 in einer Beschwerde, die sich gegen Australien richtete, festgestellt, dass Gesetze, die sexuelle Kontakte unter homosexuellen Erwachsenen unter Strafe stellen, menschenrechtswidrig sind.[27] Ebenso hat der Menschenrechtsausschuss niederländische Bestimmungen, die verheiratete Frauen, nicht jedoch verheiratete Männer von Arbeitslosenunterstützungsleistungen ausgeschlossen haben, als diskriminierend erachtet.[28] Diese Entscheidungen führten in den jeweiligen Staaten zu entsprechenden gesetzlichen Änderungen.

24　Siehe hinsichtl. der VN-Gründungsstaaten http://www.un.org/en/members/growth.shtml (14.03.2011) und hinsichtlich des Frauenwahlrechts http://de.wikipedia.org/wiki/Zeittafel_Frauenwahlrecht (14.03.2011).
25　Resolution 640 (VII) der Generalversammlung vom 20. Dezember 1952.
26　Resolution 34/180 der Generalversammlung vom18. Dezember 1979.
27　Toonen vs. Australia, 4. April 1994, Communication No. 488/1992.
28　Brooks vs. The Netherlands, 9. April 1987, Communication No. 172/1984; Zwaan-de Vries vs. The Netherlands, 9. April 1987, Communication No. B 182/1984.

Es besteht kein Zweifel, dass die internationalen Menschenrechtskonventionen die Entwicklung des Menschenrechtsschutzes auf der ganzen Welt wesentlich vorangetrieben und damit auch beträchtlich zum rechtlichen Schutz gegen Diskriminierung beigetragen haben. Es wurden Monitoring- und Überwachungsmechanismen geschaffen, um die Einhaltung der Menschenrechte zu überwachen. Aber da es keine „Weltpolizei" gibt, die für die Durchsetzung der menschenrechtlichen Verpflichtungen zuständig ist, liegt es in der Verantwortung und am Wohlwollen der einzelnen Nationalstaaten, die internationalen Menschenrechtsstandards in nationales Recht umzusetzen und so für die Bürgerinnen und Bürger zugänglich zu machen.

3.2 Die Rechtsprechung des Europäischen Gerichtshofs für Menschenrechte

In Europa entwickelte sich die Europäische Menschenrechtskonvention (EMRK) aus dem Jahre 1950 zu einem wertvollen Instrument des Menschenrechtsschutzes im Allgemeinen und der Diskriminierungsbekämpfung im Besonderen. Sie enthält einen umfassenden Katalog an politischen und bürgerlichen Rechten, wie beispielsweise das Recht auf Leben, das Recht auf persönliche Freiheit und Privatheit, das Verbot der Folter und der Sklaverei sowie die Religionsfreiheit, die Meinungsfreiheit und die Versammlungsfreiheit. Menschen, die sich in ihren von der EMRK garantierten Rechten verletzt fühlen, können sich nach Ausschöpfung der innerstaatlichen Instanzen direkt an den Europäischen Gerichtshof für Menschenrechte (EGMR) wenden.[29] Die Arbeit des Gerichtshofes hat sich mit der Zeit als außerordentlich effizienter Durchsetzungsmechanismus der Konventionsrechte herausgestellt: Seit seiner Einsetzung hat der Gerichtshof mehr als 10 000 Urteile erlassen und es langen mittlerweile mehr als 30 000 Beschwerden jährlich beim Gerichtshof ein.

Das Recht auf Nichtdiskriminierung ist in Artikel 14 EMRK verankert und lautet:

> Der Genuß der in der vorliegenden Konvention festgelegten Rechte und Freiheiten ist ohne Benachteiligung zu gewährleisten, die insbesondere im Geschlecht, in der Rasse, Hautfarbe, Sprache, Religion, in den politischen oder sonstigen Anschau-

---

[29] Bis 1998 entschied die Europäische Kommission für Menschenrechte über die Zulässigkeit von Beschwerden. Erst danach wurde der Gerichtshof tätig. Mit dem 11. Zusatzprotokoll zur EMRK, das im Juni 1994 angenommen wurde und am 1. November 1998 in Kraft trat, wurde die Kommission abgeschafft.

ungen, in nationaler oder sozialer Herkunft, in der Zugehörigkeit zu einer nationalen Minderheit, im Vermögen, in der Geburt oder im sonstigen Status begründet ist.[30]

Der EGMR befasste sich in seiner bisherigen Tätigkeit mit einer Vielzahl an Fällen von Diskriminierung aufgrund von Geschlecht, ethnischer Herkunft, Nationalität, Behinderung und sexueller Orientierung. Die folgenden ausgewählten Fälle veranschaulichen die ambivalente Rechtsprechung des Gerichtshofes zum Thema Diskriminierung, die einerseits weitreichend und tabubrechend ist, andererseits selbst Vorurteile gegenüber bestimmten benachteiligten Gruppen zum Vorschein bringt.

Um beurteilen zu können, ob das Recht auf Gleichbehandlung in Zusammenhang mit einem Konventionsrecht verletzt wurde oder nicht, hat der Gerichtshof in seiner Rechtsprechung – beginnend mit dem *Belgischen Sprachenfall*[31] – folgende Kriterien entwickelt: Eine Unterscheidung oder Maßnahme ist nicht diskriminierend, wenn ein objektiver und angemessener Rechtfertigungsgrund vorliegt und diese mit Blick auf Zweck und Wirkung der Maßnahme verhältnismäßig ist. 1979, im Fall *Marckx*,[32] erweiterte der Gerichtshof die Verhältnismäßigkeitsprüfung um das Kriterium der Vergleichbarkeit: „Art. 14 schützt Einzelpersonen in vergleichbaren Situationen" beim Genuss der in der EMRK anerkannten Rechte und Freiheiten vor jeder Diskriminierung. In diesem Fall ging es um die unterschiedliche Behandlung von ehelichen und nichtehelichen Kindern im belgischen Erbrecht, die vom Gerichtshof als nicht gerechtfertigt und diskriminierend qualifiziert wurde; dieses Urteil stellte im Hinblick auf die Beseitigung der minderen Stellung unehelicher Kinder in der Rechtsordnung eine richtungsweisende Entscheidung dar.

Im Fall *East African Asians gegen Vereinigtes Königreich* beschäftigte sich der Gerichtshof mit Einreisebestimmungen für britische BürgerInnen aus ehemaligen Commonwealth-Staaten, die im Besonderen darauf abzielten, die Einreise von Bürgern und Bürgerinnen afrikanischer und asiatischer Abstammung einzuschränken. In diesem Fall stellte der Gerichtshof unmissverständlich klar, dass das „öffentliche Herausgreifen einer Gruppe, um diese ausschließlich aufgrund ihrer Rasse unterschiedlich zu behandeln, eine besondere Form der Verletzung der Menschenwürde darstellen kann"[33].

---

30   Konvention zum Schutze der Menschenrechte und Grundfreiheiten vom 4. November 1950, dt. Fassung: BGBl. 210/1958; Internet: http://www.ris.bka.gv.at/Dokumente/BgblPdf/1958_210_0/1958_210_0.pdf (15.03.2011).
31   Belgischer Sprachenfall, 23. Juli 1968, Serie A Nr. 6.
32   Marcks gegen Belgien, 13. Juni 1979, Serie A Nr. 31
33   East African Asians gegen Vereinigtes Königreich, 15. Dezember 1973.

Im Hinblick auf Diskriminierung aufgrund von Homosexualität war der Gerichtshof eine der ersten internationalen Menschenrechtseinrichtungen, die Homophobie verurteilte. Seit den 1980er Jahren hat der Gerichtshof wiederholt entschieden, dass Bestimmungen, die homosexuelle Beziehungen unter Erwachsenen unter Strafe stellten, das Recht auf Privatleben verletzten. Argumente wie jene Irlands, dass solche Verbote notwendig seien, um die (katholische) Moral zu wahren, hat der Gerichtshof zurückgewiesen.[34] Ebenso erachtete der Gerichtshof das unterschiedliche Schutzalter von weiblichen (16 Jahre) und männlichen Jugendlichen (18 Jahre) für sexuelle Kontakte mit erwachsenen Männern als diskriminierend und als Verletzung des Rechts auf Privatleben.[35] Diese Rechtsprechung bestätigte der Gerichtshof u.a. in zwei Beschwerden, die sich gegen Österreich richteten.[36] Bekämpft wurde jeweils eine Bestimmung des Strafgesetzbuches, die „gleichgeschlechtliche Unzucht" zwischen volljährigen Männern und Jugendlichen zwischen 14 und 18 Jahren untersagte (das Schutzalter für sexuelle Kontakte zwischen volljährigen Männern und weiblichen Jugendlichen lag bei 14 Jahren). Die Republik Österreich hat sich in diesen Fällen auf eine Entscheidung des Verfassungsgerichtshofes aus dem Jahr 1989 berufen, dessen Argumentation für sich selbst spricht: „Die angefochtene Strafnorm zählt zu jener Gruppe von Unrechtstatbeständen, die dem Schutz des heranreifenden jungen Menschen vor sexueller Fehlentwicklung – im unumgänglich befundenen Umfang – dient."[37] Darauf antwortete der Gerichtshof: „Soweit [die bekämpfte Strafnorm] einem Vorurteil der heterosexuellen Mehrheit gegenüber einer homosexuellen Minderheit Ausdruck verleiht, kann diese negative Einstellung für sich allein ebenso wenig eine ausreichende Rechtfertigung für die unterschiedliche Behandlung darstellen wie ähnliche Vorurteile gegenüber jenen mit unterschiedlicher Rasse, Herkunft oder Hautfarbe."[38] Die besagte Norm wurde mit einem Erkenntnis des Verfassungsgerichtshofes aus dem Jahr 2002 schließlich aufgehoben.[39] Weitere Urteile des EGMR führten zur Aufhebung des Ausschlusses von Homosexuellen aus dem Militär,[40] zur Anerkennung von bestimmten Rechten von gleichgeschlechtlichen Paaren,[41]

---

34 Norris gegen Irland, 26. Oktober 1988, Serie A Nr.45; Dudgeon gegen Vereinigtes Königreich, 22. Oktober 1981, Serie A Nr. 142; Modinos gegen Zypern, 22. April 1993, Serie A Nr. 259.
35 Sutherland gegen Vereinigtes Königreich, 27. März 2001.
36 S.L. gegen Österreich, 9. Jänner 2003; L. und V. gegen Österreich, 9. Jänner 2003.
37 Verfassungsgerichtshof, VfGH 3. Oktober 1989, G 227/88, G 2/89.
38 S.L. gegen Österreich, 9. Jänner 2003; L. und V. gegen Österreich, 9. Jänner 2003.
39 VfGH 21. Juni 2002, G 6/02.
40 Smith and Grady gegen Vereinigtes Königreich, 27. September 1999.
41 Karner gegen Österreich, 24. Juli 2003.

nicht jedoch zur Anerkennung von gleichgeschlechtlichen Ehen. Ebenso hielt es der Gerichtshof für diskriminierend, Vätern nach einer Scheidung ausschließlich aufgrund ihrer Homosexualität das Sorgerecht für ihre Kinder zu verweigern.[42]

Demgegenüber weigerte sich der Gerichtshof zunächst, zugunsten von transsexuellen Beschwerdeführerinnen und Beschwerdeführern zu entscheiden, mit dem Argument, dass es keinen Konsens unter den Konventionsstaaten hinsichtlich moralischer, sozialer und rechtlicher Fragen in Bezug auf Transsexualität gebe.[43] Erst mit den Urteilen *Goodwin gegen Vereinigtes Königreich*[44] und *I gegen Vereinigtes Königreich*[45] ging der EGMR von seiner bisherigen Rechtsprechung zu ähnlich gelagerten Fallkonstellationen ab und anerkannte das Recht auf Änderung des Geschlechts im Personenstandsbuch nach einer operativen Geschlechtsumwandlung und damit das Recht, eine Person des Geschlechts zu ehelichen, der die transsexuelle Person vor der Operation angehörte. Der Gerichtshof führte begründend aus, dass „ein eindeutiger internationaler Trend zunehmender gesellschaftlicher Akzeptanz transsexueller Personen und rechtlicher Anerkennung von Geschlechtsumwandlungen" zu beobachten sei.[46]

Roma, die in vielen Lebensbereichen am häufigsten von Rassismus und Diskriminierung betroffen sind,[47] haben bislang eher wenig Unterstützung durch den EGMR erfahren. Im Fall *Buckley gegen Vereinigtes Königreich*[48] hat der Gerichtshof zwar anerkannt, dass das Wohnmobil als „Zuhause" in den Schutzbereich des Rechts auf Privat- und Familienleben fällt, gleichzeitig jedoch das öffentliche Interesse eines geordneten Raumplanungswesens höher gewertet als das Recht von Roma (*travellers*) auf ein Wohnmobil. In einem Fall von umfassend belegter Segregation zwischen Schulkindern, die der Mehrheit, und Schulkindern, die der Minderheit der Roma angehörten, wobei Letztere ausschließlich in Sonderschulen untergebracht wurden, verneinte der Gerichtshof zunächst das Vorliegen einer Diskriminierung mit dem Argument, es läge in der Verantwortung der Eltern, dass ihre Kinder in die Sonderschulen und nicht in die „ordentlichen Schulen" kämen. Erst die Große Kammer des Gerichtshofes stellte – nach heftiger Kritik durch

---

42 Salguerio da Silva Mouta gegen Portugal, 21. Dezember 1999.
43 Siehe Sheffield and Horsham gegen Vereinigtes Königreich, 30. Juli 1998 sowie X, Y and Z gegen Vereinigtes Königreich, 20. März 1997.
44 Goodwin gegen Vereinigtes Königreich, 11. Juli 2002.
45 I gegen Vereinigtes Königreich, 11. Juli 2002.
46 Goodwin gegen Vereinigtes Königreich, 11. Juli 2002.
47 EUMC: Rassismus und Fremdenfeindlichkeit in den EU-Mitgliedstaaten. Trends, Entwicklungen und bewährte Praktiken. Jahresbericht 2005, S. 9–17.
48 Buckley gegen Vereinigtes Königreich, 26. August 1996.

europäische sowie amerikanische JuristInnen – eine Diskriminierung durch die tschechischen Behörden fest.[49]

Der Gerichtshof hat in vielen Fällen die Staaten wegen Diskriminierung (teilweise zu hohen Schadenersatzzahlungen) verurteilt und damit zum Umdenken und zu entsprechenden Änderungen in Gesetzgebung und Vollziehung bewegt. Doch wie die Menschenrechtskonventionen auf internationaler Ebene verpflichtet auch die Europäische Menschenrechtskonvention lediglich die Staaten, die Grundsätze der Gleichheit und Nichtdiskriminierung einzuhalten, d. h., sie können auf das Verhalten von Staaten gegenüber ihren Bürgerinnen und Bürgern – das sich in den Gesetzen und in den Handlungen von Gerichten und Behörden ausdrückt –, nicht jedoch auf das Verhalten von Einzelpersonen gegenüber ihren Mitmenschen direkt Einfluss nehmen. Diesbezüglich brachte die Europäische Union (EU) weitreichende Änderungen.

3.3 Maßnahmen zur Bekämpfung von Diskriminierung in der Europäischen Union

Obwohl die Europäische Union (EU) ursprünglich als Wirtschaftsorganisation und nicht etwa als politische, geschweige denn als Menschenrechtsorganisation konzipiert war, entwickelte sie sich zu einem weiteren, sehr wichtigen, regionalen Akteur im Kampf gegen Diskriminierung. Bereits im Gründungsvertrag, im Vertrag von Rom aus dem Jahre 1957, war eine Gleichbehandlungsbestimmung, nämlich das Recht auf gleichen Lohn für gleiche Arbeit für Frauen und Männer, vorgesehen. Die Aufnahme dieser Bestimmung in den Vertrag von Rom war jedoch nicht sozial oder gleichbehandlungsrechtlich, sondern rein wirtschaftlich motiviert. Frankreich – dort gab es eine solche Bestimmung – befürchtete einen Wettbewerbsnachteil, wenn in den anderen Mitgliedstaaten Frauen bei der Entlohnung von gleicher Arbeit gegenüber Männern benachteiligt werden durften. Der entsprechende Artikel 119 des Vertrages über die Europäische Wirtschaftsgemeinschaft war über 20 Jahre totes Recht, bis der Europäische Gerichtshof (EuGH) in einer bahnbrechenden Entscheidung[50] die unmittelbare Anwendbarkeit dieser Vertragsbestimmung festlegte. Dies hatte zur Folge, dass Frauen vor nationalen Gerichten das Recht auf gleichen Lohn für gleiche Arbeit geltend machen konnten – unabhängig davon, ob eine entsprechende Bestimmung im nationalen Recht vorhanden war oder nicht. Damit war das erste individuelle

---

49 D.H. and others gegen die Tschechische Republik, 7. Februar 2006; Urteil der Großen Kammer vom 13. November 2007.
50 Defrenne gg. Sabena, Rechtssache Rs. C-43/75 (1976).

Recht auf Nichtdiskriminierung im Rahmen des Gemeinschaftsrechts geschaffen. In den folgenden Jahren hat sich der Europäische Gerichtshof in zahlreichen Rechtssachen mit Fragen der Geschlechterdiskriminierung beschäftigt und beachtliche Fortschritte insbesondere im Arbeitsleben der Frauen (z. B. in Bezug auf Gleichbehandlung von Teilzeitbeschäftigten) bewirkt. Im Zuge der Auseinandersetzung mit dem Thema Geschlechterdiskriminierung war der EuGH auch mit Fragen der Transsexualität konfrontiert und entschied – im Gegensatz zum EGMR – schon Mitte der 1990er Jahre zugunsten einer transsexuellen Person, die nach einer operativen Geschlechtsumwandlung entlassen wurde.[51]

Soziale Belange kamen erst im Laufe der 1990er Jahre auf die politische Agenda der EU; der damit beginnende Prozess in Richtung Bekenntnis zu und Anerkennung von Menschenrechten als wesentliches Fundament der EU gipfelte im Jahr 2000 in der Annahme der Europäischen Grundrechtecharta. Den Wendepunkt im Bereich Gleichbehandlung und Nichtdiskriminierung stellt die Einfügung von Artikel 13 in den Vertrag über die Europäischen Gemeinschaften durch den Vertrag von Amsterdam dar. Artikel 13 ermöglichte den EU-Institutionen, geeignete Maßnahmen zu treffen, „um Diskriminierungen aus Gründen des Geschlechts, der Rasse, der ethnischen Herkunft, der Religion oder der Weltanschauung, einer Behinderung, des Alters oder der sexuellen Ausrichtung zu bekämpfen"[52]. Bereits ein halbes Jahr nach Inkrafttreten des Vertrages von Amsterdam präsentierte die Europäische Kommission im November 1999 ein Paket an Vorschlägen zur Umsetzung des Artikels 13. Das Paket enthielt zwei Richtlinienvorschläge und einen eigenen Vorschlag für Begleitmaßnahmen. Nur einige Monate später wurde das Paket vom Rat beschlossen. Dieser außergewöhnlich schnelle Gesetzwerdungsprozess – immerhin mussten alle damaligen Mitgliedstaaten (15) zustimmen – wird in der Literatur nicht zuletzt auf die im Februar 2000 erfolgte Regierungsbeteiligung der von Jörg Haider geführten rechtsgerichteten Freiheitlichen Partei Österreichs zurückgeführt.[53] Die sogenannte Antirassismusrichtlinie[54] wurde im Juni 2000 beschlossen. Sechs Monate später, im November 2000, wurde die Rahmengleichbehandlungsrichtlinie an-

---

51 P. gg. S. und Cornwall County Council, Rs. C-13/94 (1996).
52 Amtsblatt der Europäischen Union (vormals Gemeinschaften), ABl. 1997, C 340.
53 Tyson, Adam: The Negotiation of the EC Directive on Racial Discrimination. In: The Development of Legal Instruments to Combat Racism in a Diverse Europe. Hrsg. von Jan Niessen u. Isabelle, Chopin. Leiden: Martinus Nijhoff Publishers 2004. S. 111–130, hier S. 130.
54 Richtlinie der Rates vom 29. Juni 2000 zur Anwendung des Gleichbehandlungsgrundsatzes ohne Unterschied der Rasse oder der ethnischen Herkunft, 2000/43/EG, Amtsblatt der Europäischen Gemeinschaften (im Folgenden: Abl.) L 180/22, 19. Juli 2000.

genommen.[55] Im Rahmen des gleichzeitig beschlossenen Aktionsprogramms zur Bekämpfung von Diskriminierung 2001–2006[56] sollten Forschungs-, Sensibilisierungs-, Informations- und Aufklärungsprojekte durchgeführt werden.

Die Rahmengleichbehandlungsrichtlinie verbietet Diskriminierung aufgrund von Religion und Weltanschauung, Behinderung, Alter und sexueller Orientierung im Bereich Arbeitsleben (dieser umfasst u.a. die Einstellung, Arbeitsbedingungen, Weiterbildungsmaßnahmen, Mitgliedschaft bei Arbeitnehmerorganisationen und Arbeitgeberorganisationen sowie die Beendigung des Arbeitsverhältnisses). Sie basiert ebenso wie die Antirassismusrichtlinie auf der Rechtsprechung des EuGH und auf bereits bestehenden Richtlinien zur Geschlechterdiskriminierung im Arbeitsleben. Die Antirassismusrichtlinie verbietet Diskriminierung aufgrund von „Rasse" und ethnischer Herkunft im Arbeitsleben sowie – und das ist bemerkenswert – in Lebensbereichen wie Sozialschutz, Bildung, Wohnen, Zugang zu und Versorgung mit Gütern und Dienstleistungen. Die Richtlinien, die in den Mitgliedstaaten der EU in nationales Recht umzusetzen sind, verpflichten sowohl die Staaten als auch Private zur Einhaltung des Diskriminierungsverbotes.

Die EU hat damit einen wichtigen Grundstein für die Entwicklung eines weitgehenden und wirkungsvollen Diskriminierungsschutzes gelegt, und das nicht nur in fast allen Bereichen des Arbeitslebens, sondern auch in Bereichen des alltäglichen Lebens – beim Besuch eines Restaurants oder einer Disco, beim Einkaufen im Geschäft, beim Abschließen einer Versicherung oder beim Kauf oder beim Mieten einer Wohnung. Das erklärte Ziel ist, durch entsprechende rechtliche Rahmenbedingungen die gleichwertige und gleichberechtigte Teilhabe aller Menschen in der Gesellschaft zu erreichen. Der Weg dorthin bedarf jedoch weiterer Informations- und Bewusstseinsbildungsarbeit im Hinblick auf die bereits bestehenden Antidiskriminierungsbestimmungen sowie Überzeugungsarbeit gegenüber Entscheidungsträgern und -trägerinnen, um den rechtlichen Diskriminierungsschutz weiterzuentwickeln.

---

55 Richtlinie des Rates vom 27. November 2000 zur Festlegung eines allgemeinen Rahmens für die Verwirklichung der Gleichbehandlung in Beschäftigung und Beruf, 2000/78/EG, Abl. L 303/16, 2. Dezember 2000.
56 Beschluss des Rates vom 27. November 2000 über ein Aktionsprogramm der Gemeinschaft zur Bekämpfung von Diskriminierungen (2001–2006), 2000/750/EG, Abl. L 303/23, 2. Dezember 2000.

3.4 Bekämpfung von Rassismus in den Vereinigten Staaten – ein skizzenhafter Überblick

In den Vereinigten Staaten gibt es keine näher definierten Diskriminierungsverbote, auch keine Liste mit verpönten Diskriminierungsgründen. Grundlage zur Bekämpfung von Diskriminierung ist der im 14. Zusatzprotokoll zur Verfassung verankerte Gleichheitsgrundsatz, der allen Bürgern und Bürgerinnen gleichen gesetzlichen Schutz gewährleistet. Dieser wurde im Laufe der Zeit durch die Rechtsprechung der Gerichte näher konkretisiert und mit Inhalt gefüllt, wobei die Rechtsprechung den Wandel der Zeit anschaulich widerspiegelt. Im Jahr 1896 hat der US Supreme Court im Fall *Plessy vs. Ferguson*[57] das Konzept *separate but equal* (getrennt, aber gleich) geschaffen und in der Trennung von Schwarzen und Weißen in Zugwaggons keine Verletzung des Gleichheitsgrundsatzes gesehen. Erst ein halbes Jahrhundert später, im Jahr 1954, wurde dieses Konzept verworfen und die Trennung von schwarzen und weißen Schulkindern als „in sich ungleich" qualifiziert. Der US Supreme Court argumentierte, dass die Trennung von schwarzen Schulkindern „von anderen [Schulkindern] im gleichen Alter und mit ähnlichen Qualifikationen allein aufgrund der Rasse ein Gefühl der Minderwertigkeit im Hinblick auf deren Stellung in der Gemeinschaft hervorruft, was in einer wahrscheinlich nicht wieder gutzumachenden Weise deren Herz und Geist beeinträchtigen kann"[58].

In den darauffolgenden Jahrzehnten hat sich der US Supreme Court zunehmend mit positiven Maßnahmen (*affirmative action*) beschäftigt. In den USA wurden und werden positive Maßnahmen insbesondere in den Bereichen Arbeit und Bildung eingesetzt, um Segregation sowie einstige und heutige Diskriminierung zu überwinden und gleiche Chancen zu fördern. In einer richtungsweisenden Entscheidung im Jahr 1978 qualifizierte der US Supreme Court spezielle Programme, die Angehörige von benachteiligten ethnischen Gruppen bei der Zulassung zu Universitäten bevorzugten, als verfassungs- und gleichheitssatzkonform und wies die Beschwerde eines weißen Studenten ab.[59] 25 Jahre später bestätigte der US Supreme Court in einer ähnlichen Fallkonstellation diese Rechtsprechung und merkte in seiner Entscheidung an, dass es vermutlich weiterer 25 Jahre bedürfe, bis die Bevorzugung von Angehörigen von ethnischen Minderheiten nicht mehr notwendig sei, um Diversität und Chancengleichheit zu fördern.[60]

---

57 Plessy vs. Ferguson, 163 U.S. 537 (1896).
58 Brown vs. Board of Education, 347 U.S. 483, 495 (1954).
59 Regents of the University of California vs. Bakke, 438 U.S. 265 (1978).
60 Grutter vs. Bollinger, 539 U.S. 306 (2003).

3.5 Die Rolle von Gesetzen im Kampf gegen Diskriminierung

Gesetze bilden das wichtigste Werkzeug im Kampf gegen Diskriminierung. Sie reflektieren die Grundwerte einer Gesellschaft und legen fest, was gesellschaftlich akzeptiert wird bzw. verpönt ist. Gesetze sind nicht im Stande, die innere Haltung (Vorurteile) von Menschen von heute auf morgen zu ändern, aber sie können als nützliche Instrumente dienen, um Diskriminierung – also wenn Vorurteile in benachteiligendes Verhalten münden – zu begegnen. Gesetze auf dem Papier sind nicht genug, sie müssen vielmehr durchgesetzt und im täglichen Leben angewendet werden. Dies setzt voraus, dass die Gesetze den Bürgern und Bürgerinnen bekannt sind und von diesen verstanden werden. Außerdem spielen effiziente Durchsetzungsmechanismen eine wichtige Rolle: Menschenrechtseinrichtungen, Gerichte und Tribunale sowie Gleichbehandlungskommissionen oder Ombudseinrichtungen können wesentlich dazu beitragen, dass die Diskrepanz zwischen gewünschtem und tatsächlichem Verhalten reduziert wird. Diese Institutionen konkretisieren zum einen abstrakte Normen, zum anderen räumen sie Diskriminierungsopfern die Möglichkeit ein, sich gegen Diskriminierung zu wehren und für den erlittenen Schaden – sei er materieller oder immaterieller Natur – entschädigt zu werden.[61] Damit Gesetzen diese Bedeutung zukommt, müssen öffentliche Informationskampagnen durchgeführt und Bildungsarbeit in Schulen geleistet werden; Menschen müssen wissen, was ihre Rechte und Pflichten sind, und ein entsprechendes Bewusstsein dafür entwickeln. Der effektive Zugang zu Gerichten oder zu anderen rechtsprechenden Institutionen muss für alle Menschen beispielsweise durch Gewährung von (kostenloser) Rechtsberatung und Rechtsbeistand gewährleistet sein; Sanktionen als Folge von Diskriminierung müssen wirksam sein. Nur so können Gesetze das Verhalten von Einzelnen lenken und vielleicht bis zu einem gewissen Grad zum Überdenken der eigenen Einstellungen und Vorurteile anregen.

4. Abschließende Beobachtungen

Vorurteile sind tief verwurzelte persönliche Anschauungen, Überzeugungen und Urteile über andere Menschen auf der Grundlage ihres Zugehörigseins zu einer bestimmten sozialen Gruppe. Individuen werden oftmals nicht

---

61 Makkonen, Timo: Hauptursachen, Formen und Folgen von Diskriminierung. In: Handbuch zur rechtlichen Bekämpfung von Diskriminierung. Hrsg. von der Internationalen Organisation für Migration. Vammala: Vammalan Kirjapaino Oy 2003. S. 8–28, hier S. 25.

aufgrund ihrer persönlichen Eigenschaften oder ihres Verhaltens beurteilt, sondern als Mitglieder einer bestimmten sozialen Gruppe, der gewisse Stereotype zugeordnet werden. Diese Stereotype sind in unseren Herzen und Seelen gespeichert aufgrund jahrhundertealter Traditionen in der Erziehung und durch Traditionen, die oftmals auf religiösen oder ideologischen Überzeugungen basieren. Sich von Vorurteilen leiten zu lassen, macht es uns leichter, die Komplexität menschlichen Verhaltens zu verstehen, sowohl im Hinblick auf die soziale Gruppe, der wir angehören, als auch im Hinblick auf diejenigen, von denen wir uns abgrenzen wollen. Sich mit einer Gruppe zu identifizieren, der wir angehören (je nach nationaler Herkunft, Religion, sozialer Klasse, Geschlecht, sexueller Orientierung, Hautfarbe oder Alter) oder angehören wollen (im Hinblick auf Parteizugehörigkeit, Gewerkschaft, soziale Bewegung), gibt uns ein Gefühl von Sicherheit. Je mehr wir an die im Allgemeinen positiven Stereotype unserer eigenen Gruppe glauben, desto stärker unterscheiden wir uns von anderen Gruppen, denen wir entsprechende negative Stereotype zuschreiben. Rassistische, sexistische, homophobe, nationalistische und ähnliche Ideologien, die auf kollektiven Identitäten basieren, beginnen meist positive Stereotypen über die eigene Gruppe zu entwickeln („wir" und „uns") und messen andere Gruppen in ihrem kollektiven Verhalten anhand dieser Standards. Niemand ist davor gefeit, in solchen Stereotypen zu kategorisieren, und meist sind wir uns dessen nicht einmal bewusst. Die Art und Weise, wie das geschieht, hängt aber stark davon ab, in welchem Ausmaß wir uns selbst als Mitglied einer Gruppe definieren. Viele unserer Gruppenidentitäten wie nationale Herkunft, Hautfarbe, Geschlecht, sexuelle Orientierung sind Tatsachen, die wir kaum oder nur unter den größten Schwierigkeiten zu verändern vermögen. Aber wir können durch Vernunft, rechtliche Reformen, Antidiskriminierungstrainings und Menschenrechtserziehung den Einfluss von sozialen Stereotypen auf unser Denken und das Gewicht, das wir Gruppenidentitäten zugestehen, steuern. In der ehemals Sozialistischen Föderativen Republik Jugoslawien war die Tatsache, dass jemand der ethnischen bzw. religiösen Gruppe der Kroaten/Katholiken, Serben/Orthodoxen, Bosnier/Muslime oder Kosovo-Albaner angehörte, ein allgemein bekannter Umstand (unter anderem aufgrund des Namens oder der religiösen Bräuche), aber es wurde dieser Gruppenidentität nicht viel Gewicht beigemessen. Politische Parteien, die sich nach diesen ethnischen oder religiösen Gesichtspunkten zusammensetzten, waren verboten. Mit Anwachsen des Nationalismus in den späten 1980er und frühen 1990er Jahren wurden diese Gruppenidentitäten entscheidender Anlass für Diskriminierungen, Vertreibungen, bewaffnete Konflikte, „ethnische Säuberungen" und Völkermord. Sie wurden so selbstverständlich, dass die internationale Gemeinschaft sie schlussendlich als gegeben annehmen musste, als sie die Verfassung für Bosnien-Herzegowina als Teil des Dayton-Friedensvertrages

1995 entwarf. Nachhaltiger Friede wird nur dort erreicht, wo Individuen aufhören, dieser Gruppenzugehörigkeit Bedeutung beizumessen, und wenn nationale Parteien wieder verboten werden. Dasselbe kann über den Konflikt zwischen Hutus und Tutsis in Ruanda, Singalesen und Tamilen in Sri Lanka, Schwarzen und Weißen in Südafrika während des Apartheid-Regimes, Araber und Juden im Mittleren Osten, Sunniten und Schiiten im Irak und über viele andere ethnische und/oder religiöse Konflikte gesagt werden.

Aber Diskriminierung beginnt viel früher. Der verlässlichste Indikator für eine diskriminierungsfreie Einstellung einer Gesellschaft ist einerseits das Ausmaß, in dem Gruppen von Minderheiten im weitesten Sinne (nicht nur ethnische, religiöse und sprachliche Minderheiten) friedlich nebeneinander mit der Mehrheitsbevölkerung leben, ohne dass ihrem Anderssein viel Bedeutung beigemessen würde, und auf der anderen Seite das Ausmaß, in welchem umfassende Antidiskriminierungsgesetze beschlossen und umgesetzt werden.

Soziale Muster zu verändern und Vorurteile sowie Stereotype durch Erziehung oder Normen zu beseitigen kann Jahrhunderte dauern. Niemand bezweifelt, dass Frauen und Männer unterschiedlich sind, aber Menschen stimmen in den rechtlichen, sozialen und kulturellen Konsequenzen, die aus diesen Unterschieden gezogen werden, nicht überein. In traditionellen Gesellschaften bestimmt der Umstand, als Mädchen oder Bub geboren zu werden, jeden Aspekt des Lebens. Wie im zweiten Kapitel beschrieben, wurden bis zum 18. Jahrhundert Frauen wie Diener, Sklaven und Kinder als nicht „frei" eingeordnet. Die Französische „Déclaration des droits de l'homme et du citoyen" aus dem Jahr 1789 meinte – ihre revolutionäre Rolle für die Entwicklung der Menschenrechte in Europa nicht unterschätzend –, was sie sagte: Frauen wie Sklaven und Diener wurden schlichtweg nicht als genug wert erachtet, Träger und Trägerinnen von Menschenrechten zu sein. Es geschah erst am Ende des 19. Jahrhunderts und während des 20. Jahrhunderts, dass die Stereotype zu Frauen und Männern sich schrittweise veränderten und die *droits de l'homme* so interpretiert wurden, dass sie auch Frauen umfassten. Legislative Reformen spielten eine wichtige Rolle in dieser Hinsicht, indem sie Frauen den Zugang zu Bildung, politische Rechte (unabhängig von der Signifikanz von *égalité* in den fanzösichen Verfassungen wurde Frauen das Wahlrecht erst 1948 zuerkannt) und Gleichheit im Hinblick auf Eigentums- und Besitzrechte einräumten. Die unterschiedliche Behandlung von Frauen und Männern in der Sozialversicherungsgesetzgebung wurde sogar in den hochentwickelten europäischen Ländern des späten 20. Jahrhunderts noch immer gerechtfertigt und als nicht diskriminierend angesehen. Allgemein bekannt sind etwa die niederländischen Sozialversicherungsfälle vor dem UNO-Menschenrechtsausschuss, einige Seiten früher beschrieben. Unterschiede hinsichtlich der Stereotype über Frauen und Männer konnten auch zum Nachteil der Männer ausfallen. Das österreichische Pensionsversicherungsrecht sah bis 1985 für diese einen vollen Anspruch nur unter der Bedingung vor, dass es keine andere Einkommensquelle gab, wohingegen diese Voraussetzungen nicht auf Witwen angewandt wurden. Der Menschenrechtsausschuss sah auch diese geschlechtsspezifischen Unterschiede als diskriminierend an. Einige der Leistungen für Frauen, obwohl sie auf stereotypischen Familienrollen wie einem früheren Pensionsalter basierten, wurden neu interpretiert und für eine Übergangsphase als positive Maßnahme gerechtfertigt. Dieser kurze Beitrag zeigt, dass wir zumindest in der industrialisierten Welt einen langen Weg gegangen sind, was die Eliminierung geschlechtsspezifischer Stereotype und Vorurteile durch rechtliche, kulturelle, wirtschaftliche und erzieherische Mittel sowie aufgrund sozialer Veränderungen betrifft. Unter modernen internationalen Menschrechtsstandards hält kaum eine geschlechtsspezifische Unterscheidung der Verhältnismäßigkeitsprüfung stand. Offensichtliche Ausnahmen können im Arbeits- und Sozialrecht gefunden werden, die Frauen gewisse mutterschutzbedingte Vorteile einräumen. Diese normative Unterscheidung basiert aber nicht auf Stereotypen, sondern auf tatsächlichen biologischen Unterschieden zwischen Frauen und Männern und kann daher als angemessen und nicht diskriminierend bezeichnet werden.

In vielen traditionelleren und religiöseren Gesellschaften werden Frauen nach wie vor Opfer von Beschneidung, Ehrenmorden und anderen traditionellen Bräuchen, die auf der stereotypen Rollenverteilung von Frauen und Männern basieren. Während die internationale Menschenrechtsbewegung einen gewissen Einfluss auf den Abbau solcher Bräuche selbst in den traditionellsten Gegenden der afrikanischen und arabischen Welt hat, wird dieses langsam sich entwickelnde Menschenrechtsbewusstsein durch religiösen Fundamentalismus, der die Universalität der Menschenrechte in Frage stellt, untergraben.

Der Abbau von Vorurteilen und Diskriminierungen aufgrund der sexuellen Orientierung begann zu einem wesentlich späteren Zeitpunkt und wird auch in nördlichen Gesellschaften bis heute kontroversiell diskutiert, wie die Debatten rund um gleichgeschlechtliche Lebensweisen zeigen. In vielen afrikanischen Gesellschaften ist Homosexualität noch immer strafrechtlich verboten, und wenig wurde erreicht, um diese Haltungen aufzubrechen. Als die internationalen Menschenrechte nach dem Zweiten Weltkrieg entwickelt wurden, wurde sexuelle Orientierung so wie Alter und Behinderung noch nicht in den Katalog von Diskriminierungsgründen aufgenommen. Wie vorher dargestellt, kommt dem Europäischen Gerichtshof für Menschenrechte eine wichtige Rolle in der Weiterentwicklung der Europäischen Menschenrechtskonvention als lebendes Instrument in diesem Aspekt zu.

Diskriminierende Strafrechtsbestimmungen, die Homosexualität verboten, wurden erst nach mehreren Entscheidungen des Gerichtshofes aufgehoben. Trotz des Umstandes, dass Homosexualität in vielen Ländern und Regionen aus moralischen, religiösen und kulturellen Gründen noch immer verpönt ist, folgte der Menschenrechtsausschuss in einer wichtigen Entscheidung (*Toonen gegen Australien*) der Judikatur des Europäischen Gerichtshofes für Menschenrechte.

Das Recht, zu heiraten und eine Familie zu gründen, welches gemäß internationaler Menschenrechtskonventionen ausdrücklich Frauen und Männern zukommt, wurde bisher gleichgeschlechtlichen LebenspartnerInnen verwehrt. Von Staaten aufrechterhaltene unangemessene Unterscheidungen zwischen verheirateten heterosexuellen Paaren und gleichgeschlechtlichen LebenspartnerInnen im Wohnbereich, Sozialrecht, bei Pensionen oder im Erbrecht werden zunehmend als auf Vorurteilen basierend und damit als diskriminierend angesehen.

Der Kampf gegen rassistische Vorurteile und Stereotype in Europa und Nordamerika fand zur selben Zeit wie jener gegen geschlechtsspezifische Diskriminierung statt. Bis zum Amerikanischen Bürgerkrieg in den 1860er Jahren wurde sogar Sklaverei als eine extreme Form rassistischer Diskriminierung nicht als Menschenrechtsverletzung im Sinne der amerikanischen Verfassung gesehen. Wenn eine Gesellschaft Mitglieder einer sozialen Gruppe entmenschlicht, stellt sich die Frage nach Gleichheit und Nichtdiskriminierung nicht mehr. Entmenschlichung kann zum Verlust der Rechtspersönlichkeit führen. Am Ende des 19. Jahrhunderts sah der US Supreme Court die Praxis der rassischen Segregation z. B. in Zügen aufgrund der Einführung der *separate but equal*-Doktrin als nicht diskriminierend an. Als der Supreme Court von dieser Judikatur in seiner *Brown versus Board of Education*-Entscheidung abwich, war die amerikanische Gesellschaft damit konfrontiert, Segregation mit erzwungener Integration zu überwinden, z. B. indem schwarze Schulkinder mit Bussen von schwarzen Wohnvierteln in weiße Schulen und umgekehrt chauffiert wurden, oder durch die Gewährleistung des Zugangs zu Universitäten durch sogenannte „positiv diskriminierende" Maßnahmen. Die südafrikanische Gesellschaft ist mit einer gleichermaßen herausfordernden Aufgabe konfrontiert, nachdem das Apartheid-Regime während der 1990er Jahre auch mit Unterstützung der internationalen Gemeinschaft gestürzt wurde.

Während der Abbau geschlechtsspezifischer und homophober Vorurteile und Stereotype zumindest in der industrialisierten Welt einen mehr oder weniger kontinuierlichen Prozess darstellt, wurde der bisher erzielte Erfolg im Kampf gegen rassistische, ethnisch und religiös argumentierte Vorurteile und Stereotype durch das Wiedererwachen rassistischer Bewegungen im Norden und im Süden wieder in Frage gestellt. In Europa führten Faschismus und Nationalsozialismus in den 1930er Jahren zum Holocaust an Juden und Roma sowie zur massenhaften Ermordung von Homosexuellen und anderen vom Regime so genannten „Untermenschen". Nur ein halbes Jahrhundert später führten der serbische und kroatische Nationalismus sowie „ethnische Säuberungen" zu einem weiteren Völkermord in Europa, diesmal mehrheitlich gegen muslimische Bosnier gerichtet. Die meisten europäischen Staaten leiden an Gewalt gegenüber Migranten und Asylwerbern. Die rechtliche Unterscheidung zwischen StaatsbürgerInnen und Fremden wird in den meisten Ländern noch in vielen Lebensbereichen als legitim und natürlich und daher als gerechtfertigt angesehen – so wie bis vor nicht allzu langer Zeit auch bei uns die Unterscheidung zwischen Frauen und Männern, Schwarzen und Weißen, heterosexuellen und homosexuellen Menschen. Eine der großen Herausforderungen des 21. Jahrhunderts wird der Kampf gegen Fremdenfeindlichkeit sein, in dem schrittweise rechtliche Privilegien und Diskriminierungen aufgrund der Staatsbürgerschaft abgebaut werden.

Rassismus und Fremdenfeindlichkeit sind natürlich nicht auf Europa beschränkt. Spannungen zwischen ethnischen und religiösen Gruppen, basierend auf tief verwurzelten Vorurteilen und Stereotypen, scheinen der Hauptgrund für bewaffnete Konflikte in Afrika und Asien während der zweiten Hälfte des vergangenen Jahrhunderts gewesen zu sein. Manchmal entwickeln sich diese Spannungen zu Völkermorden, wie bereits in Nigeria (Biafra), Kambodscha, Ruanda und zuletzt im Sudan (Darfur) geschehen. Es kann Jahrhunderte dauern, die den Spannungen zugrunde liegenden Vorurteile abzubauen. Aufrufe zu ethnisch und religiös motivierter Gewalt durch verantwortungslose Politiker, religiöse Führer und Journalisten führen friedliche Länder binnen weniger Jahre und Monate in bewaffnete Konflikte und zum Völkermord, wie wir es in Ex-Jugoslawien und Ruanda beobachten mussten. Die Lehre, die wir daraus ziehen müssen, ist, wachsam zu sein und jede Form der Unterstützung von nationalem, ethnischem oder religiösem Hass so früh wie möglich und mit allen Mitteln zu bekämpfen, einschließlich mittels Strafrecht und des Verbotes rassistischer und nationalistischer politischer Parteien und religiöser Gruppen, welche zu religiösem Hass und Gewalt aufrufen. Hassreden können nie mit dem Recht auf freie Meinungsäußerung gerechtfertigt werden. Darüber hinaus müssen Rassismus, Fremdenfeindlichkeit und religiöse Intoleranz eine zentrale Rolle in Antidiskriminierungsgesetzen und Erziehungsprogrammen spielen, die auf den Abbau von tief verwurzelten Vorurteilen abzielen.

Bibliographie

Aristoteles: Politics [350 v. Chr.]. Übers. von B. Jowett. Dover Thrift Edition 2000
Assemblée Nationale: Déclaration des droits de l'homme et du citoyen de 1789. URL: http://www.assemblee-nationale.fr/histoire/dudh/1789.asp (13.07.2011).
Dupuy, Pierre-Marie: Equality under the 1966 Covenants and in the 1948 Declaration. In: Gleichheit und Nichtdiskriminierung im nationalen und internationalen Menschenrechtsschutz. Hrsg. von Rüdiger Wolfrum. Heidelberg: Springer 2003. S. 149–160.
EUMC: Rassismus und Fremdenfeindlichkeit in den EU-Mitgliedstaaten. Trends, Entwicklungen und bewährte Praktiken. Jahresbericht 2005.
Fredman, Sandra: Discrimination and Human Rights. New York: Oxford University Press 2001.
Fredman, Sandra: Discrimination Law. New York: Oxford University Press 2002.
Frowein, Jochen u. Wolfgang Peukert: EMRK-Kommentar. Kehl/Strasbourg/Arlington: N.P. Engel 1996.
Ishay, Micheline (Hrsg.): The Human Rights Reader: Major Political Essays, Speeches and Documents from Ancient Times to the Present. Routledge 2007.
Kant, I.: Beantwortung der Frage: Was ist Aufklärung? In: Vermischte Schriften. Bd. 2, Halle: 1799 [1784], keine Seitennummerierung vorhanden.
Kant, I.: Anthropology from a Pragmatic Point of View. Üvbers. von Mary J. Gregor. The Hague: Nijhoff 1974.
Lange, Lynda: Feminist interpretations of Jean-Jacques Rousseau. University Park, Pa.: Pennsylvania State University Press 2002.
Locke, John: A letter Concerning Toleration. Übers. von John Popple. 1689. URL: http://www.constitution.org/jl/ tolerati.htm (30.04.2007).
Locke, John: Two Treatises of Government. Whitefish, MT: Kessinger Publishing 2004.
Makkonen, Timo: Hauptursachen, Formen und Folgen von Diskriminierung. In: Handbuch zur rechtlichen Bekämpfung von Diskriminierung. Hrsg. von der Internationalen Organisation für Migration. Vammala: Vammalan Kirjapaino Oy 2003. S. 8–28.
Mooney Cotter, Anne-Marie: Race Matters, an International Legal Analysis of Race Discrimination. Hampshire: Ashgate Publishing 2006.
Moser, S.: Kant über die „natürliche" Unterlegenheit der Frau: Eine feministische Kritik. In: Labyrinth, Bd. 3. 2001. URL: http://labyrinth.iaf.ac.at/ 2001/Moser.html (30.04.2007).
Nemo, P.: Qu'est-ce que l'Occident? Paris: Collection Quadrige 2004.
Nowak, Manfred: U.N. Covenant on Civil and Political Rights, CCPR Commentary, 2nd revised edition. Kehl/Strasbourg/Arlington: N.P. Engel 2005.
Schmidt, O.: Voltaire und der Fall Calas – „Informationsethik und Aufklärung". 2001. URL: http://v.hdm-stuttg Artde/seminare/ie2001/docs/voltaire. doc (03.12.2006).
Schmölzer, Hilde: Die verlorene Geschichte der Frau. Edition Tau 1991.
Sprich, C.: Equality Before the Law and its Role for Transition to Capitalism. Thoughts from Hayekian Epistemology and Social Theory. 2005. URL: http://www.independent.org/students/garvey/essay.asp?id=1607 (30.04.2007).
Tyson, Adam: The Negotiation of the EC Directive on Racial Discrimination. In: The Development of Legal Instruments to Combat Racism in a Diverse Europe. Hrsg. von Jan Niessen u. Isabelle, Chopin. Leiden: Martinus Nijhoff Publishers 2004. S. 111–130.

EU-Dokumente

Amtsblatt der Europäischen Union (vormals Gemeinschaften), ABl. 1997, C 340.
Richtlinie der Rates vom 29. Juni 2000 zur Anwendung des Gleichbehandlungsgrundsatzes ohne Unterschied der Rasse oder der ethnischen Herkunft, 2000/43/EG, Amtsblatt der Europäischen Gemeinschaften (im Folgenden: Abl.) L 180/22, 19. Juli 2000.
Richtlinie des Rates vom 27. November 2000 zur Festlegung eines allgemeinen Rahmens für die Verwirklichung der Gleichbehandlung in Beschäftigung und Beruf, 2000/78/EG, Abl. L 303/16, 2. Dezember 2000.
Beschluss des Rates vom 27. November 2000 über ein Aktionsprogramm der Gemeinschaft zur Bekämpfung von Diskriminierungen (2001–2006), 2000/750/EG, Abl. L 303/23, 2. Dezember 2000.

UNO-Dokumente

Resolution 217 A (III) der Generalversammlung vom 10. Dezember 1948.
Resolution 640 (VII) der Generalversammlung vom 20. Dezember 1952.
Resolution 2106 (XX) der Generalversammlung vom 21. Dezember 1965.
Resolution 34/180 der Generalversammlung vom18. Dezember 1979.
Satzung der Vereinten Nationen, dt. Fassung: BGBl. 120/1956. http://www.ris.bka.gv.at/Dokumente/BgblPdf/1956_120_0/1956_120_0.pdf (14.03.2011).
Statistische Übersicht über Individualbeschwerden vor dem Rassendiskriminierungsausschuss. http://www2.ohchr.org/english/bodies/cerd/procedure.htm (abgerufen am: 14. März 2011).
Verfassung der Organisation der Vereinten Nationen für Bildung, Wissenschaft und Kultur (UNESCO), dt. Fassung: Bundesgesetzblatt für die Republik Österreich (im Folgenden: BGBl.) Nr. 49/1949. http://www.ris.bka.gv.at/Dokumente/BgblPdf/1949_49_0/1949_49_0.pdf (14.03.2011).

Vorurteil, Rassismus und Diskurs[1]

Ruth Wodak

1. Definition der Grundkonzepte und -begriffe

> „Racial discrimination includes all acts – verbal, nonverbal, and paraverbal with intended or unintended negative or unfavourable consequences for racially or ethnically dominated groups. It is important to see that intentionality is not a necessary component of racism".[2]

Philomena Essed hat viele Aspekte moderner Diskriminierung in diesem ersten Zitat erfasst: Diskriminierende Handlungen können sich auf allen Sprachebenen manifestieren, in der Syntax, der Intonation, der Semantik bis hin zu Text oder Diskurs. Darüber hinaus ist Ausgrenzung mit Macht verbunden: Marginalisierte Gruppen werden eher diskriminiert. Und drittens können diskriminierende Handlungen intendiert oder unintendiert sein. Daher

---

1 Viele in diesem Kapitel vorgestellte Ergebnisse entspringen einem EU-Projekt (5. Forschungsrahmenprogramm), in welchem ich als Projektleiterin des österreichischen XENOPHOB-Teams (koordiniert von Masoud Kamali in Uppsala, 2003–2005) mitwirkte. Teil des österreichischen Teams waren weiters Michal Krzyżanowski und Fleur Ulsamer. Das Forschungsprojekt untersuchte sozialen Ausschluss und Diskriminierung in acht EU-Ländern. Die theoretischen Überlegungen in diesem Kapitel fußen einerseits auf einem während eines Projekt-Meetings gegebenen Vortrag, in Brüssel Jänner 2005, mit Gerard Delanty, andererseits auf umfangreicher Forschung in Zusammenarbeit mit Martin Reisigl (Reisigl, M. u. R. Wodak: Discourse and Discrimination. The Rhetorics of Racism and Antisemitism. London: Routledge 2001). Andere bedeutende Ergebnisse wurden in weiteren interdisziplinären und vergleichenden Projekten mit Teun van Dijk, gefördert durch das österreichische Ministerium für Wissenschaft 1996, erarbeitet. In diesem Projekt untersuchten wir Parlamentsdebatten über Immigration in sechs EU-Ländern (Wodak, R. u. T. A. van Dijk (Hrsg.): Racism at the Top. Klagenfurt: Drava 2000). Drittens stammen einige Resultate aus dem kürzlich abgeschlossenen Projekt „Asylumseekers and Migrants in the British Press", gefördert durch das ESRC. Projektleiter waren Paul Baker und Ruth Wodak; involvierte Forscher waren Costas Gabrielatos und Majid Khosravinik; Michal Krzyżanowski agierte als Berater.
2 Essed, P.: Everyday Racism. London: Sage 1991, S. 45

kann Diskriminierung sowohl gesetzlich legitimiert als auch strukturell begründet sein oder einfach im Vorübergehen geschehen. Obwohl Essed in ihrer bahnbrechenden Studie „Everyday Racism" den „alltäglichen Rassismus" in den Niederlanden und in Kalifornien darstellt, erfasst diese Definition damit weltweit viele rassistische und diskriminierende Phänomene.

Heutzutage wird ein neuer kultureller Rassismus oft als Bestandteil gesellschaftlichen Ausschlusses gesehen und steht, darüber hinausgehend, in Beziehung zu einem tiefer verwurzelten strukturellen Rassismus, der sich durch einige zentrale Einrichtungen der zeitgenössischen Gesellschaft zieht, insbesondere durch Politik, Medien, Arbeit, Bildung, Wohnungswesen und staatliche Dienstleistungen. Rassismus ist, so scheint es, trotz des Nichtvorhandenseins klar definierter oder definierbarer „Rassen" lebendig und wohlauf. Man fragt sich aber, welche Aussagen man über den Zusammenhang zwischen der augenscheinlichen Realität „rassischer" Ungleichheit und gesellschaftlicher Ausgrenzung machen kann, und andererseits, welches Ausmaß rassistische Diskriminierung in Politik, in den gesellschaftlichen Einrichtungen und im alltäglichen Leben annimmt.

In diesem Kapitel kann naturgemäß nicht auf alle diese komplexen Fragen eingegangen werden. Ich werde mich daher auf einen Überblick der wichtigsten theoretischen und methodologischen Ansätze konzentrieren, die der Analyse rassistischen Sprachverhaltens in den verschiedenen Bereichen der modernen Gesellschaften wie in den Medien (TV-Interviews und Debatten, Berichterstattung in der Presse usw.), der Politik (Reden, Parlamentsdebatten usw.) und den Gesprächen auf der Straße, in Fokusgruppen usw. dienen. Darüber hinausgehend beschränke ich mich auf Forschung zu fremdenfeindlichen, rassistischen und antisemitischen Diskurspraktiken und verweise zugleich auf offenkundige Interdependenzen mit anderen wichtigen Identitätskategorien wie Geschlecht, Alter und Religion.

Nach einer kurzen Definition der zentralen Begriffe „Differenz/Diskriminierung/Rassismus" werde ich erstens einen Überblick relevanter Ansätze zu „Diskurs, Sprache, Stereotypen, Vorurteile und Rassismus" vorlegen. Daran anknüpfend werde ich zweitens linguistische Indikatoren, die sich bei der Analyse diskriminierenden Sprachverhaltens als hilfreich erwiesen haben, zusammenfassen. Drittens werde ich einige dieser Ausgrenzungspraktiken anhand von Beispielen eines vor Kurzem durchgeführten Projekts, welches die Berichterstattung britischer Zeitungen über „Migranten" und „Asylwerber" der letzten zehn Jahre untersuchte, illustrieren. Aus Platzgründen verweise ich die LeserInnen für nähere Einzelheiten auf eine umfangreiche Bibliographie.

An dieser Stelle würde ich gerne eine Warnung aussprechen: Eine Möglichkeit, Diskurse über Differenz/Diskriminierung zu untersuchen, besteht in der Analyse rassistischer Diskriminierung, wie sie Minoritäten oder

Migranten in den europäischen Gesellschaften selbst erleben und berichten. Eine derartige Analyse vermittelt Wissen über viele Facetten rassistischer Diskriminierung aus der Perspektive marginalisierter Personengruppen – wir erhalten damit eine „Insider"-Perspektive[3].

Alternativ können Diskurse über Differenz/Diskriminierung von „außen" betrachtet werden, zum Beispiel durch die Analyse öffentlicher Arenen wie des Parlaments, von Wahlkampagnen, öffentlichen Reden, Medienberichten und so weiter. In diesen Fällen untersuchen wir Diskurse über Minoritäten sowie die häufig zu beobachtende positive Selbstdarstellung von PolitikerInnen, die sich *inter alia* in publizistischen Gegendarstellungen manifestiert. Wir sind damit notwendigerweise mit einer Kluft zwischen Selbsteinschätzung und Fremdeinschätzung konfrontiert, die nur graduell, aber niemals in ihrer Gesamtheit überbrückt werden kann (zum Beispiel durch Datentriangulation, trans- und interdisziplinäres Vorgehen und so weiter[4])

In diesem Kapitel halte ich mich an eine Arbeitsdefinition des Begriffs „Rassismus", die zumindest zwei Ebenen einbezieht: die Ebene der Ideologie und Meinungen (über Gruppen, Minoritäten, „Fremde") und die Ebene der gesellschaftlichen Praktiken (Wer ist einbezogen? Wer ist ausgegrenzt?). Um die multidimensionale Natur von Rassismus zu fassen, bietet sich das Konzept des „synkretischen Rassismus" an, das alltäglichen Rassismus, Xeno-Rassismus und andere Rassismuskonzepte umfasst. Unter synkretischem Rassismus verstehe ich die Konstruktion von „Unterschieden", die der ideologischen, politischen und/oder praktischen Diskriminierung auf allen gesellschaftlichen Ebenen dient. Alte und neue Stereotype und Vorurteile bilden eine Mischung ausgrenzender Praktiken, die eingesetzt werden, wann immer sie politisch opportun erscheinen – zum Beispiel, um Stimmen zu gewinnen.[5] Es handelt sich um einen „Rassismus ohne Rassen", das heißt ohne jede direkte Beziehung zu einer spezifischen, konstruierten „Rasse" (Juden, Schwarze, Roma); es handelt sich daher um einem Diskurs, in dem xenophobe Haltungen diskursiv mit rassistischen Stereotypen verbunden werden.

---

3   Siehe Delanty, Gerard, Ruth Wodak u. Paul Jones (Hrsg.): Migration, Identity, and Belonging. Liverpool: LUP 2008 (2. überarb. Ausgabe 2011), S. 1–14; Krzyżanowski, Michał u. Ruth Wodak: „Identities in-between" – Analyzing focus groups with migrants. In: Identity Politics. Hrsg. von R. Iedema u. C. Caldas-Coulthard. Basingstoke: Palgrave 2008. S. 40–72.
4   Weiss, Gilbert u. Ruth Wodak: Critical Discourse Analysis; Theory and Interdisciplinarity. Basingstoke: Palgrave Macmillan 2003.
5   Ich habe selbst diesen Begriff vorgeschlagen, in Analogie zu dem Konzept des synkretischen Antisemitismus, vgl.: Mitten, R: The Waldheim Phenomenon: The Politics of Antisemitism. Boulder, Co: Westview Press 1992.

Darüber hinaus ist es wichtig, zu betonen, dass der Begriff „Rassismus" unterschiedliche Bedeutungen in verschiedenen Sprachen besitzt: Die radikale „Rassentheorie" deutscher Antisemiten und Nationalsozialisten in der Tradition von Arthur de Gobineau, Houston Stewart Chamberlain und Georg Ritter von Schönerer verband auf synkretische Manier religiösen, nationalistischen, wirtschaftlichen, kulturalistischen und biologistischen Rassismus mit dem Antisemitismus, der dann als Ideologie zur Legitimierung des systematischen, industriellen Genozids diente. Es war dieser Gebrauch der „Rassentheorie", der eine fundierte kritische Bewertung und Hinterfragung des Konzepts einer sogenannten „Rasse" in Europa und Nordamerika und der Schaffung eines Rassismus-Konzepts in den 1930er Jahren auslöste.[6]

Seit 1945 ist der Gebrauch des Begriffs „Rasse" in Deutschland und Österreich für PolitikerInnen, AkademikerInnen und die weitere Öffentlichkeit streng tabuisiert und in Frankreich würde der Ausdruck *relations de race* als rassistisch betrachtet werden.[7] Andererseits ist der Begriff *race relations* im Vereinigten Königreich und den Vereinigten Staaten weiterhin üblich. Die Forschung zum Thema Rassismus muss diese Unterschiede im Sprachgebrauch berücksichtigen. Fehlinterpretationen können zu Schwierigkeiten bei Übersetzungen und sogar zu Fehlern bei der Erstellung relevanter analytischer Kategorien führen.[8] Ich muss hier allerdings eine eingehendere Diskussion der Terminologie vernachlässigen; in dieser historisch-semantischen Tradition liegt aber häufig eine Ursache für größere methodologische Schwierigkeiten im interkulturellen oder zwischenstaatlichen Vergleich früherer Studien[9].

2. Die diskursive Konstruktion von „wir" und „sie"

Rassismus existiert ohne konkrete oder wahrnehmbare „Rassen", während er nichtsdestotrotz in Sprache eingewoben ist und sich in unseren Gesellschaften auf allen Ebenen und in vielen subtilen Arten reproduziert. Es ist nicht die Existenz von Unterschieden oder Ungleichheiten, die zu Diskriminierung oder Rassismus führen, sondern die Verallgemeinerung dieser Unterschiede in Form einer negativen Kategorisierung ganzer Gruppen, wodurch es zu Stereotypisierungen kommt. Jede individuelle negative Er-

---

6 Vgl. Miles, Robert: Racism after „Race Relations". London/New York: Routledge 1993, S. 29.
7 Wievorka, Michel (Hrsg.): Racisme et xenophobie en Europe: une comparison internationale. Paris: la Decouverte 1994, S. 173. Miles, Racism.
8 Siehe Wievorka, Racisme, S. 173.
9 Für eine ausführliche Diskussion der Begrifflichkeiten siehe Reisigl/Wodak, Discourse.

fahrung mit einem „Ausländer, Juden, Homosexuellen usw." charakterisiert fortan die ganze Gruppe (während interessanterweise positive Erfahrungen mit Migranten, Juden, Fremden als Ausnahmen eingestuft werden).

Wie bei anderen diskriminierenden Praktiken ist es auch im Fall des Rassismus der Diskurs, in dem und durch den es zur Problematisierung, Marginalisierung, Ausgrenzung oder zu anderen Einschränkungen der Menschenrechte von ethnischen oder religiösen Gruppen oder Minderheiten kommen kann. Dies kann entweder durch explizit diskriminierenden Diskurs in der Interaktion mit „Fremden" oder indirekt durch negatives Schreiben oder Sprechen über „Fremde" der Fall sein.

Die diskursive Konstruktion von „wir" und „sie" ist daher die Grundlage von vorurteilsbehafteter und rassistischer Wahrnehmung und ebensolchen Diskursen. Diese diskursive Konstruktion beginnt mit der Etikettierung von gesellschaftlichen AkteurInnen, führt dann zu einer Verallgemeinerung der negativen Zuordnungen und verwendet schließlich Argumente, um die Ausgrenzung vieler und die Einbeziehung einiger zu rechtfertigen. Die diskursiven Realisierungen können mehr oder weniger verstärkt oder abgeschwächt, mehr oder weniger implizit oder explizit sein, abhängig von historischen Konventionen, Normen politischer Korrektheit und dem spezifischen Kontext.

Der Ausgangspunkt einer diskursanalytischen Herangehensweise an das komplexe Phänomen des Rassismus ist daher die Erkenntnis, dass sich Rassismus, als gesellschaftliche Praxis und Ideologie, diskursiv manifestiert. Einerseits werden rassistische Meinungen, Stereotype, Vorurteile und Ansichten mittels Diskurs erzeugt und verbreitet sowie diskriminierende, ausgrenzende Praktiken publik gemacht und legitimiert. Andererseits können Diskurse auch dazu dienen, rassistische Meinungen und Praktiken zu hinterfragen, zu delegitimieren und gegen sie zu argumentieren, also anti-rassistische Strategien einzusetzen.

Im Folgenden fasse ich die wichtigsten theoretischen Ansätze zum komplexen, dialektischen Zusammenhang von „Diskurs und Rassismus" zusammen. Diese Theorien stützen sich auf sehr verschiedene epistemologische Traditionen und akademische Disziplinen, wie kognitive Ansätze, Literaturwissenschaften, Anthropologie, Sozialpsychologie und die Diskursanalyse. Ihre Methodologien unterscheiden sich dementsprechend; die Analyseeinheit reicht von einem einzelnen Satz oder Nebensatz bis zu Argumentationsschemata und Textsequenzen. Darüber hinaus können auch phonologische oder phonetische Dimensionen sowie Intonation Stereotype manifestieren (zum Beispiel der Gebrauch von Jiddisch in antisemitischen Witzen).

2.1 Vorurteile und Stereotype

Uta Quasthoff[10] hat als eine der ersten Diskursanalytikerinnen vorurteilsbehaftete Diskurse untersucht und kategorisiert. Ihre erste große Analyse gesellschaftlicher Vorurteile aus dem Jahr 1973 überschreitet dabei nicht – mit einigen Ausnahmen – die Satzebene. Quasthoff unterscheidet zwischen „Einstellungen", „Überzeugungen" und „Vorurteilen". Sie definiert „Haltungen" als die affektive Position, die gegenüber einer Person eingenommen wird, auf die man sich bezieht und der gegenüber man Antipathie oder Sympathie bekunden kann. „Überzeugungen" schreiben anderen Eigenschaften zu und dienen zur Rationalisierung negativer Haltungen (zum Beispiel die Überzeugung, dass „Schwarze schlecht riechen"). „Vorurteile" sind schließlich mentale Zustände, die (normalerweise) als negative Haltungen (daher: als das affektive Element) gegenüber gesellschaftlichen Gruppen mit übereinstimmenden stereotypen Überzeugungen und Ansichten definiert werden.

Darüber hinaus definiert Quasthoff „Stereotyp" als den verbalen Ausdruck einer bestimmten Überzeugung oder einer Einstellung, gerichtet an eine gesellschaftliche Gruppe oder eine einzelne Person als Mitglied dieser gesellschaftlichen Gruppe. Stereotype sind typischerweise Elemente des Alltagswissens, die in hohem Maße in einer bestimmten Kultur allgemein vorhanden sind.[11] Sie nehmen die logische Form eines Urteils an, das einer bestimmten Personenklasse spezifische Eigenschaften oder Verhaltensmuster zuordnet oder abspricht und das entweder stark vereinfacht oder verallgemeinernde affektive Bewertungen aufweist.[12]

Um die Funktion gesellschaftlicher Vorurteile zu erklären, zieht Quasthoff verschiedene psychologische Ansätze heran, die einerseits das Vorurteil als integralen Bestandteil eines autoritären Systems beschreiben (innere psychische Funktionen von Stereotypen; siehe Adorno u. a.[13], Mit-

---

10 Quasthoff, Uta: Soziales Vorurteil und Kommunikation. Eine sprachwissenschaftliche Analyse des Stereotyps. Frankfurt am Main: Athenäum 1973; sowie Quasthoff, Uta: Stereotype in Alltagsargumentationen. Ein Beitrag zur Dynamisierung der Stereotypenforschung. In: Sprachliche und soziale Stereotype. Hrsg. von M. Heinemann. Frankfurt am Main: Lang 1998, S. 47–72.
11 Quasthoff, Uta: Linguistic Prejudice/Stereotypes. In: Sociolinguistics/Soziolinguistik. An International Handbook of the Science of Language and Society/Ein internationales Handbuch zu Sprache und Gesellschaft, Hrsg. von U. Ammon, N. Dittmar u. K. Mattheier. Berlin: De Gruyter 1987, S. 786.
12 Quasthoff, Soziales Vorurteil, S, 28.
13 Adorno, Theodor W., Else Fränkel-Brunswik, Daniel J. Levinson u. P. Nevitt Stanford: The Authoritarian Personality. New York, The American Jewish Committee 1950.

scherlich und Mitscherlich[14]) und andererseits eine Erklärung der Sündenbocktheorie anbieten (gesellschaftliche Funktionen von Stereotypen). Quasthoff betont weiters, dass die Externalisierung von Vorurteilen in Form von Stereotypen eine kohäsive und phatische Funktion für die Gruppe übernimmt. Darüber hinausgehend stellt sie fest, dass gesellschaftliche Vorurteile auch eine kognitiv-linguistische Funktion haben. Stereotype vereinfachen die Kommunikation innerhalb der eigenen Gruppe, stärken das Gefühl der Zugehörigkeit und ermöglichen Abgrenzung von anderen Gruppen. Das trifft besonders während Perioden internen Konflikts und in Zeiten raschen gesellschaftlichen Wandels zu.

Auf der Basis semantischer und formal-logischer Kriterien unterscheidet Quasthoff, je nach Grad der Explizitheit, vier Arten von Stereotypen:[15]

1. „Analytische" Sätze, die vorgeben, wahr zu sein, stellen die elementare Ausformung von Stereotypen dar. Hier wird eine Eigenschaft oder ein Verhaltensmuster einer Gruppe zugeschrieben.

2. Modifizierte (eingeschränkte) Aussagen sind in ihrer Kraft begrenzt, und zwar durch den Einsatz bestimmter linguistischer Merkmale (wie eine Verwendung des Konjunktiv, einer Frageform oder unpersönlicher Konstruktionen mit *verba dicendi* oder *sentiendi*) in der Oberflächenstruktur der Äußerungen (zum Beispiel, „Zigeuner sollen den Ruf haben, dass sie stehlen"; „Man glaubt, dass Türken nicht an anständigen Wohnungen interessiert sind").

3. Explizit verbalisierte Stereotype sind Äußerungen, in denen sich der Sprecher oder die Sprecherin ausdrücklich mit Hilfe des deiktischen Pronomens „ich" und eines Verbums des Glaubens (*verbum putandi*) oder eines Verbums des Denkens (*verbum cogitandi*) (zum Beispiel, „Ich glaube nicht, dass die Amerikaner mit unserer intellektuellen Reife überhaupt mithalten können") auf sich selbst bezieht.

4. Im Fall des „textlinguistischen Typs" wird das Stereotyp implizit realisiert (zum Beispiel, „Er ist Jude, aber er ist sehr nett"), und die vorurteilsbehaftete Bedeutung, dass „Juden normalerweise nicht nett sind", wird hier vorausgesetzt (präsupponiert) oder kann davon abgeleitet werden. Die Interpretation solcher „textlinguistischer" Stereotype beruht auf Kontextverständnis und transzendiert die Satzebene.

Quasthoff hat Stereotype in sehr unterschiedlichen Diskursen, unter anderem in der alltäglichen Argumentation[16] und in Erzählungen[17], analysiert.

---

14 Mitscherlich, Alexander u. Margarete Mitscherlich: Die Unfähigkeit zu trauern. Frankfurt am Main: Suhrkamp 1977.
15 Vgl. Fußnote 11 sowie Reisigl/Wodak, Discourse and Discrimination.
16 Quasthoff, Alltagsargumentationen.

2.2 Der sozio-kognitive Ansatz

Teun A. van Dijks Interesse liegt in der Entwicklung eines theoretischen Modells, das kognitive Diskursverarbeitungsmechanismen in Bezug auf die Erzeugung und Verbreitung von Rassismus zu erklären imstande ist. Seiner Ansicht nach spielt die Verbreitung gesellschaftlicher Repräsentationen, wie Wissen, Einstellungen, Ideologien, Normen und Werte, eine der Hauptrollen im Diskurs. Das bedeutet, dass der Diskurs die zentrale Schnittstelle zwischen den sozialen, emotionalen und kognitiven Dimensionen des Rassismus ist. Einerseits ist der Diskurs damit selbst eine diskriminierende gesellschaftliche Praxis, andererseits manifestiert er negative gesellschaftliche Einstellungen (Vorurteile usw.), und reproduziert diese damit. Es sind jedoch nicht alle Diskurse gleich relevant für die Reproduktion von Dominanzsystemen wie dem Rassismus. Öffentliche Diskurse besitzen in allen Gesellschaften größeren Einfluss als private Diskurse wie etwa in alltäglichen Gesprächen in der Familie, unter NachbarInnen oder FreundInnen.

Jene Gruppen, die die einflussreichsten öffentlichen Diskurse steuern, also symbolische Eliten wie PolitikerInnen, JournalistInnen, WissenschaftlerInnen, LehrerInnen und SchriftstellerInnen spielen für die Verbreitung hegemonialen Wissens und hegemonialer Ideologien in der Gesellschaft eine besonders wichtige Rolle.[18] Van Dijk behauptet, dass die Eliten zumindest den gängigen Rassismus vorformulieren, legitimieren oder stillschweigend dulden. Natürlich gelten dieselben Argumente für die Verbreitung antirassistischer Praktiken und Ideologien. Allerdings verfügen antirassistische Eliten in allen Bereichen der Gesellschaft – Politik, Medien, Bildung, Forschung usw. – meist über viel weniger Einfluss und werden oft selbst marginalisiert.

Nach van Dijk ist ein Vorurteil

> [...] not merely a characteristic of individual beliefs or emotions about social groups, but a shared form of social representations in group members, acquired during processes of socialisation and transformed and enacted in social communication and interaction. Such ethnic attitudes have social functions, for example to protect the interests of the in-group. Their cognitive structures and the strategies of their use reflect these social functions.[19]

---

17 Quasthoff, Uta: Erzählen in Gesprächen. Linguistische Untersuchungen zu Strukturen und Funktionen am Beispiel einer Kommunikationsform des Alltags. Tübingen: Narr 1980.
18 van Dijk, Teun A.: Contextual Knowledge Management in Discourse Production. A CDA Perspective. In: A new Agenda in CDA. Hrsg. von R. Wodak u. P.A. Chilton. Amsterdam: Benjamins 2005. S. 71–100.
19 Van Dijk, Teun A.: Prejudice in Discourse. Amsterdam: Benjamins 1984, S. 40.

Van Dijk richtet seine Aufmerksamkeit auf die „Rationalisierung und Rechtfertigung diskriminierender Handlungen gegen Minderheitengruppen" im Einzelnen. Er nennt die zur Rationalisierung des Vorurteils gegen Minderheitengruppen verwendeten Kategorien „die 7 Ds der Diskriminierung". Diese sind *dominance* (Dominanz), *differentiation* (Differenzierung), *distance* (Distanz), *diffusion* (Verbreitung), *diversion* (Ablenkung), *depersonalisation* (Depersonalisierung) oder *destruction* (Destruktion) und *daily discrimination* (alltägliche Diskriminierung). Diese Strategien legitimieren auf verschiedene Weise die Ausgrenzung „des Fremden", indem, zum Beispiel, die Minderheitengruppe dominiert und von gesellschaftlichen Aktivitäten ausgegrenzt, sogar vernichtet oder ermordet wird.[20]

Van Dijks anfängliche Annahme ist, dass jene Teile des Langzeitgedächtnisses, die direkt für die Erzeugung und Erhaltung von ethnischen Vorurteilen (Wahrnehmung, Kategorisierung und Speicherung von Erfahrungen) zuständig sind, in drei Gedächtnisstrukturen unterteilt werden können: semantisches Gedächtnis, episodisches Gedächtnis und Kontrollsystem. Ich werde dieses wichtige Modell im Folgenden kurz zusammenfassen:

Das semantische Gedächtnis ist das soziale Gedächtnis. Hier werden die kollektiv geteilten Überzeugungen einer Gesellschaft gespeichert. Diese werden als Einstellungen organisiert und als solche in Gruppenschemata eingebaut, die das kognitive Fundament unserer Informationsverarbeitung über Mitglieder von *out-groups* bilden. Van Dijk ist der Ansicht, dass die nationale Herkunft, der sozio-ökonomische Status und die soziokulturellen Normen und Werte, einschließlich Religion und Sprache, entscheidende Kategorien für ethnische Vorurteile sind. Bei sprachlichen Äußerungen erscheinen dann solche Einstellungen als allgemein akzeptierte und wahre Aussagen ohne Zusammenhang mit dem augenblicklichen Kontext (zum Beispiel „Juden sind gute Geschäftsleute").

Das episodische Gedächtnis speichert persönliche oder erzählte Erfahrungen und Ereignisse – ebenso wie von diesen Erfahrungen abstrahierte Muster. In seinem episodischen Gedächtnis konstruiert der Zuhörer eine inhaltliche Repräsentation einer Geschichte. Diese Repräsentation erlaubt es dem Zuhörer oder der Zuhörerin, das Gehörte sowie die Erzählweise wiederzugeben. Folglich wird aus einer widrigen Erfahrung des „Geschäftemachens mit einem jüdischen Kaufmann" ein Situationsmodell, das festlegt, dass „Geschäfte machen mit Juden" scheinbar notwendigerweise zu negativen Ergebnissen führen muss.

In seinem neuen Kontextmodell[21] unterscheidet van Dijk zwischen spezifischen Ereignismodellen und Kontextmodellen. Er sieht beide Modelltypen

---

20 Vgl. van Dijk, Prejudice, S. 40.
21 van Dijk, Contextual Knowledge; vgl. auch Fußnote 16.

als subjektive Modelle, nicht als gruppenspezifische Modelle an. In diesem
Sinn versteht van Dijk die dritte Struktur des Langzeitgedächtnisses, das
Kontrollsystem, als ein subjektives Modell der gesellschaftlichen Situation.
Die Aufgabe des Kontrollsystems ist es, die kommunikativen Absichten und
Interessen (zum Beispiel Überzeugung) mit den situativen und individuel-
len gesellschaftlichen Bedingungen zu verknüpfen (zum Beispiel Bildungs-
niveau, Geschlecht und die Beziehung zu der Person, die man anspricht).
Van Dijk nennt die an der Wahrnehmung, Interpretation, Speicherung,
Verwendung oder Rückgewinnung ethnischer Information über Minderheitengruppen und ihren Handlungen beteiligten Prozesse „Strategien". Das
Kontrollsystem koordiniert die verschiedenen Strategien und verfolgt
gleichzeitig den Informationsfluss vom Langzeitgedächtnis in das Kurzzeit-
gedächtnis und auch die Speicherung oder Aktivierung von Situationsmodel-
len im episodischen Gedächtnis.

Eine der Hauptstrategien des Kontrollsystems ist die Verknüpfung einer
positiven Selbstpräsentation mit einer bestehenden negativen Haltung gegenüber „präsumtiven Fremden". Positive Selbstpräsentationen werden mit
Phrasen wie „Persönlich habe ich nichts gegen Juden, aber die Nachbarn
sagen ..." (bezeichnet als „disclaimer") ausgedrückt. Die Wechselwirkung
zwischen den drei Gedächtnissystemen beeinflusst daher direkt und indirekt
die Entschlüsselung und Verschlüsselung von Äußerungen über Minderheiten.
Der Ansatz van Dijks erklärt darüber hinaus die kognitiven Prozesse der
RezipientInnen des Texts: Isolierte Erfahrungen, Aussagen und Symbole
werden auf allgemeine Schemata übertragen und bestätigen gegebenenfalls
bestehende Vorurteile.

Zuletzt legt van Dijk[22] einerseits eine umfassende Methodologie zur
Analyse diskriminierender Praktiken in den Medien und in Parlamentsdebatten vor[23] und präsentiert andererseits eine Zusammenfassung der Rassismusforschung in Südamerika und Spanien.

In den letzten Jahren wurden weitere kognitive Ansätze zur Analyse
von vorurteilsbehafteten Äußerungen vorgelegt,[24] welche die antisemitische
Ideologie, wie sie in Hitlers „Mein Kampf" zum Ausdruck kommt, mit dem
Hauptaugenmerk auf den Gebrauch von Metaphern (Krankheit, Parasiten
usw.), die der Entmenschlichung von Subjekten dienen, dekonstruieren. Im

---

22 van Dijk, Prejudice; ders., Contextual Knowledge.
23 Siehe auch Wodak, Ruth u. Teun A. van Dijk (Hrsg.): Racism at the Top: Parliamentary Discourses on Ethnic Issues in Six European States. Klagenfurt: Drava
2000.
24 Chilton, Paul: Missing Links in Mainstream CDA: Modules, Blends and the Critical
Instinct. In: A New Agenda in (Critical) Discourse Analysis. Hrsg. von R. Wodak u.
P. Chilton. Amsterdam/Philadelphia: Benjamins 2005. S. 19–52; Musolff, Andreas:
Metaphors and Metaphorical Scenarios. 2006. *Metaphor and Symbols,* S. 21–35.

Gegensatz zu van Dijks theoretischem und methodologischem Ansatz räumen Paul Chilton und Andreas Musolff kurzen Textsequenzen Priorität ein und schöpfen *inter alia* aus der „Blending-Theorie", die zu erklären versucht, wie verschiedene konzeptuelle „Frames" (Rahmen) kombiniert werden und dadurch Stereotype ermöglichen. Von besonderer Bedeutung in diesem Kontext ist Musolffs Konzept des „metaphorischen Szenarios":

> We can characterise a „scenario" as a set of assumptions made by competent members of a discourse community about „typical" aspects of a source situation; for example, its participants and their roles, the „dramatic" storylines and outcomes and conventional evaluations of whether they count as successful or unsuccessful, permissible or illegitimate, etc. These source-based assumptions are mapped onto the respective target concepts.[25]

Musolff fährt fort:

> These highly specific source scenarios [...] are ubiquitous and constitute an essential feature of metaphor use in public discourse registers. Scenarios appear to dominate public discourse not just in terms of overall frequency but also in that they help to shape the course of public debates and conceptualisations in the respective discourse communities.[26]

Daher sind solche Szenarien mit kollektiven Erfahrungen verknüpft und unterstützen die Konstruktion quasi kohärenter Repräsentationen von Ereignissen. Diese kognitiven Theorien und Konzepte erklären jedoch nicht die massenpsychologische, hochemotionale und illokutionäre Kraft solcher Bilder. Um zu erklären, warum spezifische Metaphern oder Stereotype „erfolgreich" sind und andere nicht, bedarf es einer stärker diskurs-historischen, interdisziplinären Analyse, die viele andere kontextuelle Faktoren mit der Analyse von linguistischen Merkmalen integriert.

2.3 Diskursstränge und kollektive Symbole

Siegfried Jäger und die Duisburger Gruppe können wahrscheinlich als die führenden (Sozio)-LinguistInnen in Deutschland bezeichnet werden, die zu Diskurs und Rassismus forschen. Ihre Studien wurde weitgehend durch die Anfang der 1990er Jahre einsetzende massive rassistische Gewalt ausgelöst, die sich im Zuge der Wiedervereinigung von Westdeutschland und dem früheren kommunistischen Ostdeutschland gegen Ausländer entlud. Diese

---

25 Musolff, Metaphors, S. 28.
26 Ebd.

Gewaltwelle ist weiterhin im Zusammenhang mit den kulturellen und wirtschaftlichen Problemen, die die Wiedervereinigung für die Deutschen aufwirft, zu sehen, wobei Ausländer einen bequemen Sündenbock für diese Probleme abzugeben scheinen.

In vielerlei Hinsicht folgt die Gruppe der Forschungsarbeit van Dijks und setzt diese fort. Unter anderem führt sie Interviews mit verschiedenen Gruppen von Menschen durch, in der Absicht, deren Haltung gegenüber Ausländern und Juden zu erfahren. Im Gegensatz zu üblichen Interviewmethoden lässt ihre Methode Menschen ihre persönliche Geschichte erzählen. Neben Alltagsrassismus analysiert die Duisburger Gruppe auch Medien, insbesondere das deutsche Boulevardblatt „Bild", das groß angelegte Kampagnen gegen Ausländer lanciert, sowie die konservative seriöse „Frankfurter Allgemeine Zeitung". Von primärem Interesse in der Analyse all dieser Zeitungen ist die Berichterstattung über Straftaten. Eine dieser Untersuchungen[27] zeigt, dass die meisten Zeitungen zur Hervorhebung und Individualisierung von (mutmaßlichen) deutschen Tätern und einer Kollektivierung von „Ausländern", die (mutmaßlich) eine strafbare Handlung begangen haben, neigen. Darüber hinaus werden „ausländische Straftäter" in der Hälfte der Zeitungsartikel, mit Ausnahme des „Spiegel", mit dem Verweis auf ihre nationale oder ethnische Herkunft kenntlich gemacht.

Das Hauptaugenmerk in vielen der Duisburger Studien ist auf die Diskurssemantik gerichtet. Hierbei steht die Analyse „kollektiver Symbole", die in „Diskurssträngen" gekoppelt sind und als thematisch zusammenhängende Sequenzen homogener „Diskursfragmente"[28] gedacht werden können, im Mittelpunkt. „Kollektive Symbole" erscheinen auf verschiedenen „Diskursebenen" (d. h. Wissenschaft, Politik, Medien, Bildung, Alltag, Geschäftsleben und Verwaltung) und dienen als „kulturelle Stereotype", die von Mitgliedern derselben Sprachgemeinschaft verstanden werden.[29] Beispiele für solche „kollektiven Symbole" sind „Wasser", Naturkatastrophen wie „Lawinen" und „Überschwemmungskatastrophen" und militärische Aktivi-

---

27 Jäger, Margret, Gabriele Cleve, Ina Ruth u. Siegfried Jäger: Von deutschen Einzeltätern und ausländischen Banden. Medien und Straftaten. Mit Vorschlägen zur Vermeidung diskriminierender Berichterstattung. Dissertation. Duisburg 1998. S. 167–236.

28 Ein „Diskursfragment" ist ein Text oder Teil eines Textes, der mit einem spezifischen Thema, zum Beispiel „Ausländer" oder „Ausländerfrage" (im weitesten Sinne) beschäftigt ist. Jäger, S. u. J. Link: Die vierte Gewalt. Rassismus und die Medien. Dissertation. Duisburg 1993, S. 181.

29 Siehe Link, Jürgen: Die Analyse der symbolischen Komponenten realer Ereignisse. Ein Beitrag der Diskurstheorie zur Analyse neorassistischer Äußerungen. In: Der Diskurs des Rassismus. Ergebnisse des DISS-Kolloquiums November 1991. Hrsg. von S. Jäger u. F. Januschek. Osnabrück: Redaktion Obst 1992. S. 37–52 (OBST 46).

täten wie „Invasionen", die überzeugend „Einwanderung" oder „Migranten" als etwas darstellen, das „verurteilt" werden muss. Einen ebensolchen Effekt hat die „Schiffs"-Metapher, welche die Auswirkungen der Einwanderung mit „das Boot ist voll" beschreibt, und die „Haus und Tür"-Metapher, die das Territorium der (zum Beispiel, nationalen) *in-group* als „Haus" oder „Gebäude" und das Einhalt-Gebieten der Einwanderung als „die Tür verriegeln" verbildlicht.

Die Ergebnisse der Duisburger Studien zeigen deutlich, dass sowohl latenter als auch manifester Rassismus in Deutschland im Wachsen begriffen sind und der „Interdiskurs" (die synchrone Totalität von interdiskursiven Elementen wie kollektiven Symbolen, die durch Sozialisierung erworben werden) zunehmend mit rassistischen Äußerungen und Anspielungen aufgeladen ist. Antisemitismus scheint weitgehend durch gegen in Deutschland lebende Türken gerichteten Rassismus ersetzt worden zu sein, und einige der rassistischen, in früheren Zeiten gegen Juden verwendeten Stereotype werden nun gegen „Ausländer" gerichtet. (Das heißt natürlich nicht, dass Deutschland frei von Antisemitismus ist.[30])

2.4 Die Loughborough-Gruppe

Die Sozialpsychologen Margaret Wetherell und Jonathan Potter[31] (beide wichtige Mitglieder der sogenannten Loughborough-Gruppe neben Michael Billig und Charles Antaki) lehnen kognitive Ansätze ab, die der kognitiven Dimension in der Analyse des Rassismus Priorität einräumen und dazu tendieren, Bedingungen für Rassismus zu verallgemeinern. Von einem konstruktivistischen Standpunkt aus argumentieren sie, dass Einstellungen und Stereotype nicht bloß durch Kognition vermittelt werden, sondern dass Diskurse für gesellschaftliche und psychologische Prozesse, und damit auch für rassistische Vorurteile, konstitutiv sind. In der Tradition von Michael Billig[32] sowie Billig und seinen MitarbeiterInnen[33] postulieren Wetherell

---

30 Siehe Stern, Frank: Im Anfang war Auschwitz. Gerlingen: Bleicher 1991; sowie Bergmann, Werner, Rainer Erb u. Albert Lichtblau, Albert (Hrsg.): Schwieriges Erbe. Der Umgang mit Nationalsozialismus und Antisemitismus in Österreich, der DDR und der Bundesrepublik Deutschland. Frankfurt a.M./New York: Campus 1995.
31 Wetherell, Margaret u. Jonathan Potter: Mapping the Language of Racism. Discourse and the Legitimation of Exploitation. New York et al.: Harvester Wheatsheaf 1992.
32 Billig, Michael: Discrimination in Discourse. In: Elsevier Encyclopedia for Language and Linguistics. Oxford: Elsevier 2005.
33 Billig, Michael, Susan Condor, Derek Edwards, Mike Gane, Dav Middleton u. Alan Radley: Ideological Dilemmas. A Social Psychology of Everyday Thinking. London: Sage 1988

und Potter[34], dass Rassismus als eine Abfolge von ideologischen Einflüssen mit flexiblen und uneinheitlichen Inhalten zu sehen ist. Rassistische Diskurse sollten daher nicht als statisch und homogen, sondern als dynamisch und widersprüchlich gesehen werden. Ein und dieselbe Person kann widersprüchliche Meinungen und ideologische Fragmente im selben diskursiven Ereignis äußern. Folglich greifen Wetherell und Potter Billigs Denkbild des „ideologischen Dilemmas" auf. Weiters lehnen sie auch das Konzept einer statischen Identität ab.[35]

Wetherell und Potter[36] übernehmen die Konzepte der „Politik der Repräsentation" postmoderner TheoretikerInnen[37] und sind in ihrem Ansatz weiters durch einige Foucault'sche Thesen zu Diskurs, Macht und Wahrheit wie auch durch neo-marxistische Theorien beeinflusst.

Die Loughborough-Gruppe betont darüber hinaus die Kontextabhängigkeit rassistischer Diskurse. In Interviews mit Menschen aus Neuseeland – aus sozialpsychologischer, ethnographischer und post-strukturalistischer Perspektive – wurden Diskurse mittels einer detaillierten Methode analysiert, wobei die Dynamik rassistischer Ideologien durch die Einbeziehung von Kontextinformation deutlich gemacht werden konnte. Wie bereits erwähnt, richtet die Loughborough-Gruppe ihr Hauptaugenmerk auf ideologische Dilemmata und manifeste wie latente Begründungsmuster,[38] wobei Rassismus gleichzeitig durch diskursive Bedeutungs- und Repräsentationsmuster charakterisiert ist:

> We do not want to argue that racism is a simple matter of linguistic practice. Investigations of racism must also focus on institutional practices, on discriminatory actions and on social structures and social divisions. But the study of these things is intertwined with the study of discourse. Our emphasis will be on ways in which a society gives voice to racism and how forms of discourse institute, solidify, change, create, and reproduce social formations.[39]

---

34 Wetherell/Potter, Mapping.
35 Betr. einer dynamischen Konzeptionalisierung von „Identität" siehe auch Wodak, Ruth, Rudolf de Cillia, Martin Reisigl, u. Karin Liebhart: The Discursive Construction of National Identity. Edinburgh: Edinburgh University Press 2009 [1999].
36 Wetherell/Potter, Mapping, S. 70.
37 Hall, Stuart: Rassismus und kulturelle Identität. Ausgewählte Schriften 2. Hamburg/Berlin: Argument 1994.
38 Wetherell/Potter, Mapping, S. 178 ff und 208 ff.
39 Ebd., S. 4.

2.5 Der Diskurs-historische Ansatz

Der Diskurs-historische Ansatz in der Kritischen Diskursanalyse folgt der sozialphilosophischen Orientierung der Kritischen Theorie[40]. Ein weiteres wichtiges Merkmal dieses Ansatzes ist der Versuch, interdisziplinär, multimethodisch und mittels einer Vielfalt verschiedener empirischer Daten und Hintergrundinformationen zu forschen.

Abhängig vom jeweiligen Untersuchungsobjekt wird die rein linguistische Dimension transzendiert und die historische, soziologische und/oder psychologische Dimension in die Analyse und Interpretation eines spezifischen diskursiven Ereignisses oder Phänomens einzubeziehen.[41]

Der Diskurs-historische Ansatz nimmt sowohl die geschriebene als auch die gesprochene Sprache als eine Form gesellschaftlicher Praxis an.[42] Daraus folgt notwendigerweise eine dialektische Beziehung zwischen bestimmten diskursiven Praktiken und spezifischen Handlungsfeldern, in die diese diskursiven Praktiken eingebettet sind: Diskurse werden damit als soziale Praktiken definiert, die sowohl materielle wie diskursive gesellschaftliche Praktiken konstituieren und gleichzeitig von ihnen konstituiert werden.

Diskursive Praktiken sind mehrfach gesellschaftlich konstitutiv: Erstens spielen sie eine entscheidende Rolle für den Ursprung und die Produktion gesellschaftlicher Bedingungen. Das bedeutet, dass Diskurse dazu dienen können, kollektive Subjekte wie „Rassen", Nationen, Ethnien usw. zu konstruieren. Zweitens können Diskurse einen gesellschaftlichen *Status quo* (und damit in Beziehung stehende „rassische", nationale und ethnisierte Identitäten) perpetuieren, reproduzieren oder rechtfertigen. Drittens sind sie für die Transformation des *Status quo* (und damit in Beziehung stehender „rassistischer Konzepte", Nationalitäten oder Ethnizitäten) entscheidend. Viertens können diskursive Praktiken einen Einfluss auf die Dekonstruktion

---

40 Vgl. Reisigl/Wodak, Discourse
41 Vgl. Wodak, R., P. Nowak, J. Pelikan, H. Gruber, R. de Cillia u. R. Mitten: „Wir sind alle unschuldige Täter". Diskurshistorische Studien zum Nachkriegsantisemitismus. Frankfurt a.M.: Suhrkamp 1990; Wodak, Ruth, Florian Menz, Rudolf Mitten u. Frank Stern: Die Sprachen der Vergangenheiten. Frankfurt a. M.: Suhrkamp 1994; Matouschek, Bernd, Ruth Wodak u. Franz Januschek: Notwendige Maßnahmen gegen Fremde? Genese und Formen von rassisteischen Diskursen der Differenz. Wien: Passagen Verlag 1995; Wodak, Ruth, Teun van Dijk, Ineke van der Valk, Martin Reisigl, Jessica ter Wal, Lena Jones, Philomena Essed u. Tigrelle Uijttewaal: „Racism at the Top". A Comparative Discourse Analysis of Parliamentary Debates on Migration, Integration and (Anti-)Discrimination in Seven European States. Interim Report. Vienna/Amsterdam April 1998
42 Fairclough, Norman u. Ruth Wodak, Ruth: Critical Discourse Analysis. In: Discourse as Social Interaction. Hrsg. von Teun A. van Dijk. London: Sage 1997. S. 256–284.

oder sogar Destruktion des *Status quo* (und damit auch rassistischer, nationalistischer und ethnizistischer Konzepte) ausüben. Dementsprechend kann man zwischen konstruktiven, perpetuierenden, transformierenden und destruktiven gesellschaftlichen Makro-Strategien von Diskursen[43] unterscheiden.

Der Diskurs-historische Ansatz fußt auf einem multi-dimensionalen Verständnis (*triangulation*) von „Kontext". Dieses berücksichtigt erstens den unmittelbaren, sprach- oder textinternen Ko-Text, zweitens die intertextuelle und interdiskursive Beziehung zwischen Äußerungen, Texten, Genres und Diskursen (Diskurs-Repräsentation, Anspielungen/Evokationen usw.), drittens die sprach-externen sozial/soziologischen Variablen und institutionellen Rahmen eines spezifischen „Situationskontexts" und viertens den umfassenderen sozio-politischen und historischen Kontext der diskursiven Praktiken, in den sie eingebettet sind und mit dem sie in Beziehung stehen.

Der Diskurs-historische Ansatz wurde im Kontext der österreichischen Präsidentschaftskampagne von Kurt Waldheim 1986 entwickelt, um die Konstruktion eines antisemitischen „Feindbildes" im öffentlichen Diskurs explizit nachvollziehen.zu versuchen[44]

Die Studie zur „Affäre Waldheim" thematisierte das Problem des „antisemitischen Sprachverhaltens" im Österreich der Nachkriegszeit und belegte, dass der Kontext der diskursiven Praktiken einen signifikanten Einfluss auf die Struktur, Funktion und den Inhalt von antisemitischen Vorstellungen hatte, insbesondere auf die explizit und implizit realisierten Feindseligkeiten gegenüber Juden. Während der Spruch „Tötet Juden", auf das Denkmal Sigmund Freuds in Wien gemalt, einen eindeutigen, wenn auch anonymen Aufruf zu gewalttätigen Aktionen gegen Juden enthielt, ermöglichte die österreichische politische Kultur seit 1945 antisemitische Vorurteile, besonders in öffentlichen und halböffentlichen Bereichen, in viel subtileren, kodierten und indirekten Formen.

Der Diskurs-historische Ansatz ist in einigen neueren Publikationen weiter ausgearbeitet worden, zum Beispiel in einer Studie über rassistische Diskriminierung von Einwanderern und Einwanderinnen aus Rumänien,[45] in einer Arbeit zum Diskurs über Nation und nationale Identität in Österreich[46] sowie in einer Untersuchung über das Bild der Deutschen Wehrmacht in der österreichischen Presse seit 1945[47]. Ähnliche Muster wurden auch in anderen Ländern und deren Medien gefunden (siehe J. E. Richard-

---

43 Siehe genauer bei Wodak et al., Discursive Construction.
44 Vgl. Wodak et al., „Unschuldige Täter"
45 Matouschek et al., Notwendige Maßnahmen
46 Wodak et al., Discursive Construction;
47 Heer, Hannes, Walter Manoschek, Alexander Pollak u. Ruth Wodak (Hrsg.): „Wie Geschichte gemacht wird". Erinnerungen an Wehrmacht und Zweiten Weltkrieg. Wien: Czernin 2003.

son's[48] ausführliche Analyse der Rhetorik über Muslime in der britischen Presse, der viele Merkmale des van Dijk'schen Modells mit dem Diskurshistorischen Ansatz kombiniert).

Der Diskurs-analytische Ansatz ist dreidimensional, indem nach der Analyse der spezifischen Inhalte oder Themen eines Diskurses mit rassistischen, antisemitischen, nationalistischen oder ethnizistischen Elementen die diskursiven Strategien (einschließlich der Argumentationsstrategien) untersucht werden. Darauf folgt die systematische Analyse der linguistischen Strategien und der spezifischen, kontext-abhängigen linguistischen Realisierungen der jeweiligen diskursiven Praktiken.

Martin Reisigl und Ruth Wodak[49] definieren „Topoi" als Teile der Argumentation, die zu den obligatorischen, entweder expliziten oder ableitbaren, Prämissen gehören. Topoi sind inhalts-bezogene „Konklusionsregeln", die die Behauptung mit der Schlussfolgerung verbinden. Als solche rechtfertigen sie den Übergang von der Behauptung zur Schlussfolgerung. Topoi sind in der Analyse von Trugschlüssen, wie sie in vorurteilsbesetzten Diskursen weitgehend zu finden sind,[50] von wesentlicher Bedeutung:

Häufige Topoi im Diskurs über Migration und MigrantInnen

1	Nützlichkeit, Vorteil	9	Finanzen
2	Nutzlosigkeit, Nachteil	10	Realität
3	Definition, Namensinterpretation	11	Zahlen
4	Gefahr und Bedrohung	12	Gesetz und Recht
5	Humanität	13	Geschichte
6	Gerechtigkeit	14	Kultur
7	Verantwortung	15	Missbrauch
8	Beschwernis, Gewichtung		

In ähnlicher Weise existiert eine mehr oder weniger klar umrissene Menge von Metaphern, die im rassistischen und xenophoben Diskurs eingesetzt werden,[51] zum Beispiel „Migration als Naturkatastrophe", Einwanderung/ Einwanderer als „Lawinen oder Überschwemmung", illegale Einwanderung als „Schleppen oder Schleifen" und so fort.

---

48 Richardson, J. E.: (Mis)representing Islam. The Racism and Rhetoric of British Broadsheet Newspapers. Philadelphia, PA: Benjamins 2004.
49 Reisigl/Wodak, Discourse
50 Kienpointner, Manfred: Vernünftig argumentieren: Regeln und Techniken der Diskussion. Hamburg: Rowohlt 1996, S. 562.
51 Reisigl/Wodak, Discourse

Weiters greifen Reisigl und Wodak[52] auf die zehn „Streitregeln" rationaler Debatten von van Eemeren und Grootendorst[53] sowie Kienpointner[54] zurück. Zu den geläufigen Trugschlüsse, die dazu dienen, Vorurteile zu transportieren, gehören das *argumentum ad baculum*, das aus „der Drohung mit dem Stock" besteht und – statt plausible Argumente einzusetzen – mittels Verweis auf physische oder andere Formen der Gewalt Einschüchterung zu erzeugen versucht. Ein anderer häufig verwendeter Trugschluss ist das *argumentum ad hominem*, eine Verbalattacke auf die Persönlichkeit und den Charakter des Gegners (auf ihre oder seine Glaubwürdigkeit, Integrität, Ehrlichkeit, Kompetenz usw.). Das *argumentum ad populum* spielt mit den Emotionen des Vorurteils, den Meinungen und Einstellungen einer spezifischen Gruppe oder der *vox populi*, statt rationale Argumente zu verwenden. Schließlich sei auch das *argumentum ad verecundiam* erwähnt, bei dem es sich um einen Aufruf zu Ehrerbietung gegenüber Autoritäten handelt. Der Trugschluss besteht hier darin, dass der eigene Standpunkt mittels Verweis auf Autoritäten gestärkt wird.

Van Dijk[55] stimmt mit der allgemeinen Liste der Trugschlüsse überein, wenn er vier Manipulationsprozesse im Diskurs vorstellt, durch welche Vorurteile transportiert oder angesprochen werden:

(a) Unvollständiges oder nicht vorhandenes einschlägiges Wissen, sodass keine Gegenargumente gegen falsche, unvollständige oder tendenziöse Behauptungen vorgebracht werden können.

(b) Grundlegende Normen, Werte oder Ideologien, die nicht geleugnet oder ignoriert werden können.

(c) Starke Emotionen, Traumata usw., die die Menschen verletzlich machen.

(d) Gesellschaftliche Positionen, Berufsstand, Status usw., die Menschen dazu bewegen, Diskurse, Argumente usw. von elitären Personen, Gruppen oder Organisationen eher zu akzeptieren.[56]

---

52 Ebd.
53 Van Eemeren, Frans H. u. Rob Grootendorst: Argumentation, Communication and Fallacies: A Pragma-Dialectical Perspective. Hillsdale, NJ: Lawrence Erlbaum 1992; van Eemeren, Frans H. u. Rob Grootendorst: Rationale for a Pragma-Dialectical Perspective. In: Studies in Pragma-dialectics. Hrsg. von dens. Amsterdam: International Center for Study of Argumentation (Sic Sat) 1994. S. 11–28.
54 Kienpointner, Vernünftig argumentieren
55 Van Dijk, T.: Racism in the Press in South America. Amsterdam: Benjamins 2006.
56 Vgl. ebd., S. 375.

3. Anwendungsgebiete: Medien, Bürokratien und Politik – Vorurteil, Stereotype und Rassismus

3.1 Medien und Rassismus

Paul Hartmann und Charles Husband[57] stellen in ihrer bahnbrechenden Untersuchung über Vorurteile in den Medien einige Fragebögen und Techniken zur Messung von Einstellungen vor, um den Einfluss von Berichterstattung auf ein breites Publikum nebst einer Inhaltsanalyse von einwanderungsbezogenen Themen aufzuschlüsseln. Sie räumen ein, dass ihre Beschreibung kognitiver Prozesse, hinsichtlich der Darstellung von Einwanderern in den Nachrichten, nicht ausreichend sei, und sprechen sich für weitere Rezeptionsstudien aus. Hartmann und Husband konzentrieren sich insbesondere auf politische Debatten im Zusammenhang mit „Rasse" und farbigen Menschen, wobei sie darauf hinweisen, dass „race in Britain has been portrayed as being concerned mainly with immigration and control of entry of coloured people to the country"[58].

Im Anschluss daran vergleichen sie die offen antisemitische Repräsentation in den Nachrichten im Jahr 1920 mit Argumenten und Strategien, mit denen gegen Einwanderung aufgetreten wird. Die Autoren behaupten, dass in beiden Fällen ähnliche Argumente und Techniken angewandt werden, die sich typischer Trugschlüsse bedienen – wie jenes Trugschlusses, dass mehr Einwanderung (jüdische im Jahr 1920, farbige im Jahr 1972) Antisemitismus bzw. Rassismus verursachen würde. Diese – typische – Umkehrung des Opfer-Täter-Verhältnisses ist in heutigen antisemitischen und xenophoben Diskursen noch immer gängig. Hartmann und Husband schließen ihre Studie mit der Behauptung ab, dass die britische Presse Großbritannien als eine weiße Gesellschaft porträtiere und „farbige" Menschen als Außenseiter, als „Problem" marginalisiere:

> The perspective within which coloured people are presented as ordinary members of society has become increasingly overshadowed by a news perspective in which they are presented as a problem. […] the press continued to project an image of Britain as White society in which the coloured population is seen as some kind of aberration, a problem, or just an oddity, rather than as „belonging" to the society.[59]

---

57 Hartmann, P. G. u. C. Husband: Racism and the Mass Media: A Study of the Role of the Mass Media in the Formation of White Beliefs and Attitudes in Britain. London: Davis-Poynter 1974.
58 Ebd., S. 27.
59 Ebd., S. 144–145.

John Flowerdew und Sarah Tran[60] analysieren diskriminierende diskursive Praktiken einer führenden liberalen Hongkonger Zeitung, der „South China Morning Post", gegenüber Festlandchinesen. Sie analysieren 80 Artikel, die sich auf Chinesen vom Festland beziehen, die zwischen 30. Jänner 1999 und 19. August 2000 das Bleiberecht in Hongkong beantragten. Hongkong, heute ein offizieller Teil Chinas, verfolgt einen anderen gesellschaftlichen, wirtschaftlichen und kulturellen Kurs, wobei Hongkonger Medien versuchen, durch die Konstruktion von „Fremden" (als Bezeichnung für Festlandchinesen) eine neue nationale Identität zu gestalten. Obwohl Sprache und ethnischer Hintergrund nicht divergieren, werden Menschen, die vor kurzer Zeit in Hongkong eingewandert sind, derart stigmatisiert. Die AutorInnen argumentieren, dass Massenmedien, wie etwa Sitcoms und Seifenopern, eine entscheidende Rolle bei der Konstruktion einer spezifischen Hongkonger Identität spielen. Letztere bestünde, so meinen sie, aus einer Mischung hoch entwickelter lokaler Praktiken und westlicher Werte – in Abgrenzung von „plumpen, lächerlichen" festlandchinesischen Verhaltensweisen. Festlandchinesen werden als „unzivilisierte" AußenseiterInnen stigmatisiert, gegen die sich moderne, kosmopolitische Hongkonger abgrenzen könnten. Da die meisten Hongkonger ethnische Chinesen sind, funktioniert das diskursive „Fremdmachen" der Festlandchinesen als Strategie, durch die sich eine einzigartige lokale Identität Hongkongs entwickelte.

Sari Pietikainen[61] analysiert die Repräsentation einer indigenen Minderheitengruppe in Finnland, der Samen, in der führenden finnischen Tageszeitung „Helsingin Sanomat" und beschäftigt sich dabei mit drei Fragestellungen. Erstens: Wie verwerten JournalistInnen die ihnen zur Verfügung stehenden inhaltlichen und linguistischen Ressourcen? Zweitens: Inwiefern sind journalistische Praktiken eingeschränkt und wie wird eine bestimmte Auswahl an „news" getroffen? Und drittens: Wie trägt diese spezifische Auswahl zu ideologisch beeinflußten Repräsentationen bei? Das Material umfasst 51 Zeitungsmeldungen, die in der „Helsingin Sanomat" zwischen 1985 und 1993 über die Samen veröffentlicht wurden. Diese Zeitspanne fängt eine Übergangsphase im Aufbau der samischen Identität ein; sowohl die Stärkung der samischen Widerstandspolitik als auch die zunehmende Anfechtung ihrer Rechte und ihres indigenen Status. Der Autor wählt unter Bezugnahme auf frühere Untersuchungen eine Reihe von inhaltlichen Charakteristika in den Meldungen der „Helsingin Sanomat" aus, die dazu dienen, Samen im Wesentlichen zu repräsentieren. Diese Kategorien sind: (i) Themen,

---

60 Flowerdew, John u. Sarah Tran: Discriminatory news discourse: some Hong Kong data. In:Discourse and Society, Vol. 13(3) (2002). S. 319–345.
61 Pietikainen, Sari: Indigenous identity in print: representations of the Sami discourse. In: Discourse and Society, Vol. 14 (5) (2003). S. 581–609.

(ii) Themenreihenfolge, (iii) Formen der Zitierung, und (iv) Auswahl lexikogrammatischer Mittel zur (Be)Nennung und Verteilung grammatisch-semantischer Rollen:

> News topics form the context of representation and give some indications as to what journalists find newsworthy in writing about the Sami. Topics order highlights, the textual structures of the news reports and the prioritisation of different topics. Quotation patterns indicate whom the journalist finds a relevant and trustworthy source of information. And lexico-grammatical choices regarding the labelling and distribution of grammatical roles shed light on how the „Helsingin Sanomat" journalists positioned the Sami as regards their socio-political agency.[62]

Die Ergebnisse veranschaulichen, dass die Abwesenheit samischer Stimmen im Mainstream der Berichterstattung ihre Positionen und ihre Partizipation in der Gesellschaft auf vielerlei Arten schwächt. Da Samen ausgegrenzt sind, ist es für sie infolgedessen viel schwieriger, ihre Anliegen und Ansichten einer breiteren Öffentlichkeit zu präsentieren.

Nick Lynn und Susan Lea[63] beschäftigen sich mit der gesellschaftlichen Konstruktion der Identitäten von Asylwerbern durch eine diskursive und rhetorische Analyse von Leserbriefen in britische Zeitungen. Die AutorInnen bemühen sich um Antworten auf die Fragen, „how social identities are manifested in the discourse and how social relations are exercised in and through these identities"[64]. Sie kategorisieren Diskursthemen in drei Hauptgruppen: Diskurse der Ausgrenzung des Fremden in und durch verschiedene negative Attribute, die explizit oder implizit mit Asylwerbern assoziiert werden; Diskurse der Abgrenzung des Selbst durch die Grenzen zwischen „uns" und „den anderen", durch die Betonung des „wir" und durch die Festlegung, wie das „Fremde", das „uns" schadet, festgeschrieben wird; und Diskurse über den angeblichen „Feind in unserer Mitte", durch welche „sie" mit Terrorismus und Kriminalität in Verbindung gebracht werden. Lynn und Lea folgern daraus, dass diese Diskurse zu einer Art Apartheid führen, in der Menschen unterschiedlich definiert und in denen Diskriminierungspraktiken legitimiert werden.

Otto Santa Ana[65] untersucht die metaphorischen Repräsentationen von Einwanderern im amerikanischen öffentlichen Diskurs. Der Autor analysiert

---

62 Ebd., S. 590.
63 Lynn, Nick u. Susan Lea: A Phantom Menace and the New Apartheid: the Social Construction of Asylum-seekers in the United Kingdom. In: Discourse and Society, Vol. 14 (4) (2003). S. 425–452.
64 Ebd., S. 427.
65 Santa Ana, O.: Like an Animal I Was Treated: Anti-immigrant Metaphor in US Public Discourse. In: Discourse and Society, Vol. 10 (2) (1999). S. 191–224.

relevante Meldungen in der „Los Angeles Times" (ausgewählt wegen ihrer weiten Verbreitung) von 1993 bis 1994, also einer Zeit, in der die Einwanderung vermeintlich schlagartig zunahm. Der Autor fasst zunächst die Geschichte der Einwanderung in die USA zusammen und greift auf George Lakoffs theoretische Kategorisierung und Paul Chiltons politische Metaphern zurück, wenn er behauptet,

> [...] metaphors of political domains operate in the same way that they do in matters of LOVE. They facilitate listeners' grasp of an external, difficult notion of society in terms of a familiar part of life. [...] in media discourse the use of metaphors is an important part of making problematic political and moral concepts, such as the political and economic nature of international migration forces and host country ethical responsibilities to its workers, readily accessible for evaluation to the voting public.[66]

Santa Ana schließt daraus, dass eine bestimmte Metapher zur Charakterisierung von Einwanderern dominiert: „Einwanderer sind Tieren gleichzusetzen bzw. verhalten sich wie Tiere". Weniger häufig finden sich Metaphern wie „Einwanderer sind minderwertige Menschen, Unkraut oder Waren" usw. In beiden Fällen gilt, dass diese Metaphern Einwanderer abwerten. Hingegen bekräftigt eine biblische Metapher konsequent die „Würde der Einwanderer als menschliche Wesen".[67]

3.2 Eine Fallstudie: „Migranten" und „Asylwerber" in der britischen Presse

In einem vor Kurzem durchgeführten Projekt zur Berichterstattung über Migranten und Asylwerber in der britischen Presse (1995–2005) konnten Paul Baker, Ruth Wodak, Majid KhosraviNik und Costas Gabrieletos[68] ein neues Muster ausfindig machen: die Verschmelzung („merging") der semantischen Konzepte „Migranten" und „Asylwerber". Ein typisches Beispiel aus der links-liberalen Qualitätszeitung „The Guardian" verdeutlicht den vielfältigen Gebrauch dieser beiden Konzepte, ohne dass, aus Platzgründen, die systematische, quantitative wie qualitative Analyse im Detail wiedergegeben werden kann.

---

66 Ebd., S. 195–196.
67 Ebd., S. 198.
68 Baker, Paul, Ruth Wodak, Majid KhosraviNik u. Costas Gabrieletos: Refugees and asylum seekers in the British Press. 2008.

HEADLINE: Leading article: Tunnel escape routes: Asylum needs a European approach

BODY:

There can be few more notorious examples of the way European nations „pass the parcel" in handling asylum seekers than events in the Channel tunnel in the last five days. When 44 asylum seekers were caught six miles into the tunnel, they were detained and interviewed by the French police but then let go rather than prosecuted. [...] In reality, French prosecutors have been systematically refusing to press charges against illegal migrants caught in the Calais docks or tunnel entrance.

There is only one way to stop France turning a blind eye to illegal refugees and that is a common European approach. European Union member states in the Schengen group do have a common policy but UK, Ireland and Denmark opted out. [...] This is the only way "pass the parcel" will be stopped. The EU moves are in line with yesterday's call from Ruud Lubbers, former Dutch prime minister and now UN high commissioner for refugees, for a more generous regional approach by the developed world: both in accepting more asylum seekers and in supporting third world countries like Pakistan and Iran which have large camps. Both moves are needed. One reason for the rise in illegal refugees is tighter restrictions in the west. But a more regional approach must not supersede the obligation on all states to consider individual asylum applications on an individual basis.[69]

Zusammenfassend kann man aus diesem Text schließen, dass die Begriffe „Migranten", „illegale Migranten", „illegale Flüchtlinge" und „Asylwerber" größtenteils austauschbar sind. Es wird also in diesem Zeitungsartikel vorausgesetzt, dass alle Ausländer scheinbar bedrohlich sind. Es findet sich keine systematische Differenzierung der Bedeutungen bzw keine explizite Begründung dafür, warum und wann das eine oder andere Konzept eingesetzt wird. Dabei sind bereits die Konzepte „illegale Asylwerber" und „illegale Flüchtlinge" paradoxer Natur: Solange Menschen um Asyl ansuchen, kann nicht bewiesen werden, ob sie vor Gewalt und Folter in ihre Gastländer fliehen oder ob sie freiwillig auf der Suche nach einem besseren Leben auswandern. Im obigen Artikel werden darüber hinaus verschiedene offizielle und institutionelle Stimmen laut: Einerseits wird eine „liberalere Vorgangsweise" befürwortet, andererseits werden „strengere Restriktionsmaßnahmen" unterstützt. Diese Art der Berichterstattung überwiegt überraschenderweise sowohl in der Boulevardpresse als auch in den seriösen Blättern wie „The Guardian", „The Daily Telegraph" und „The Observer" (wiewohl in verschiedenen linguistischen Realisierungen und unterschiedlicher Häufigkeit).

In diesem Forschungsprojekt wurden korpuslinguistische Methoden mit dem Diskurs-historischen Ansatz kombiniert. Bei der Untersuchung der

---

69 The Guardian vom 3.9.2001, S. 17.

systematisch gebrauchten „Kollokate"[70] in dem umfangreichen Korpus von Meldungen über Flüchtlinge, Asylwerber, Einwanderer und Migranten, die nach den verwendeten dominanten Topoi geordnet wurden, zeigte sich u.a:

1. Diskurse über Flüchtlinge, Asylwerber, Einwanderer und Migranten scheinen um eine kleine Zahl von Topoi/Themen/Kategorien zu kreisen – die meisten davon bezeichnen eine negative Grundhaltung.

2. Es gibt eine große Zahl von Topoi, die in Argumentation über die notwendige Ausgrenzung/Einschränkung von Flüchtlingen, Asylwerbern und Einwanderern immer wieder vorkommen; das trifft bei der Verwendung des Konzepts „Migranten" weniger zu.

3. Der Anteil ähnlicher oder sogar derselben Kollokaten ist sozusagen „richtungsgebunden" (d. h., es hängt von der relativen Anzahl der Kollokate jedes Begriffs in jeder Kategorie ab). Zum Beispiel, ist beim Vergleich zwischen Flüchtlingen und Asylwerbern „Notlage" („terrible plight") kein gemeinsames Kollokat, weil bei Berichten über Flüchtlinge 16 verschiedene Kollokate vorkommen können, die allesamt eine Notlage bezeichnen, bei Asylwerbern hingegen nur drei – dies bedeuet, dass nur 20 Prozent Überlappungen zu verzeichnen sind. Umgekehrt ist „Notlage" dann eine gemeinsame Kategorie, wenn Asylwerber im Mittelpunkt stehen, da alle drei dort zu verzeichnenden „Notlage"-Kollokate auch für Flüchtlinge gelten – dies bedeutet, dass zu 100 Prozent Überlappungen bestehen. In anderen Worten: die Diskurse über Flüchtlinge und Asylwerber ähneln zwar einander, weisen aber doch signifikante Unterschiede auf. Dies bedeutet letztlich, dass scheinbar Unterschiede zwischen Asylwerbern und Flüchtlingen durch die Differenzierung des Wortschatzes aufgebaut werden, obwohl die genauen Definitionen den meisten LeserInnen sicherlich nicht geläufig sind.

Zuletzt zeigen einige Ergebnisse der quantitativen Analyse der verwendeten Phraseologie, dass die Begriffe, die klare Einstellungen ausdrücken, allesamt eine negative Konnotation enthalten. Die Grafik zeigt die Vorkommenshäufigkeit der Begriffe „illegale Flüchtlinge/Asylwerber" in 12 nationalen und drei regionalen britischen Tageszeitungen.

Bei einigen Tageszeitungen handelt es sich eindeutig um Boulevardblätter („Sun", „Star", „People", „Express"), während andere in Richtung Qualitätszeitung tendieren („Guardian", „Observer", „Independent", „Times", „Daily Herald", „Business", „Liverpool Echo"). Dazwischen ist eine dritte Gruppe angesiedelt („Daily Mail", „Mirror", „Daily Telegraph", „Evening Standard"), wobei „Daily Mail" jene Zeitung zu sein scheint, die ganz in der Mitte liegt, da sie nur leicht über dem Durchschnitt im wortbezogenen

---

70 Kollokate („collocates") liegen dann vor, wenn zwei oder mehr Lexeme durchgehend im Text gleichzeitig und sequentiell verbunden vorkommen.

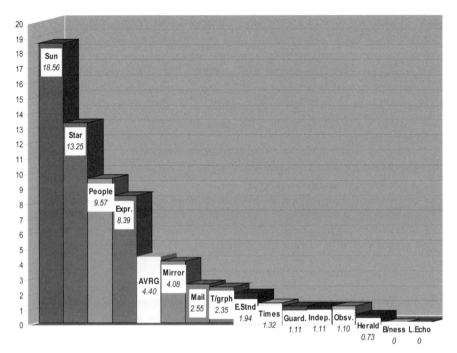

Illegale Flüchtlinge/Asylwerber: Gesamthäufigkeit pro Millionen Wörtern (vgl. Baker et al. 2008, S. 280).

Vergleich, aber leicht unter dem Durchschnitt im artikelbezogenen Vergleich liegt. (Die Zahl der Vorkommen wurde aufgrund der Gesamtzahl der Wörter ermittelt, die sich natürlich von der Gesamtzahl der Artikel unterscheidet – einige Artikel sind sehr kurz, andere lang, und diese können daher mehrere unserer Indikatoren enthalten). Es muß jedoch betont werden, dass, abgesehen von „Business" und „Liverpool Echo", die keine Vorkommen aufweisen, und den vier Tageszeitungen, bei denen eine signifikant überdurchschnittliche Frequenz des Gebrauchs zu bemerken ist, der Rest Häufigkeiten aufweist, die auf einem Merkmalsgefälle nahe beisammen liegen.

Nur wenn die zwölf nationalen Tageszeitungen nach Qualitätsblättern und Boulevardzeitungen geordnet werden, sind die Unterschiede doch statistisch signifikant. Nicht nur, dass Boulevardzeitungen das Wort „illegal" häufiger verwenden, sie verwenden es auch signifikant häufiger, wenn sie auf Flüchtlinge, Migranten und Asylwerber im Allgemeinen und in Argumentationen auf spezifische Topoi im Besonderen verweisen. Dieses diskursive Muster manifestiert also sowohl Produktion wie Verbreitung von Vorurteilen und Einstellungen in der gesamten britischen Presse. Es veranschaulicht auch, wie der öffentliche Diskurs durch das beinahe monolithische System der Meinungsbildung Einstellungen und Stereotype beeinflussen kann.

3.3 Migranten und Bürokratien – institutionalisierter Rassismus

Jan Blommaert[71] thematisiert Ungleichheit in den Prozessen der Asylansuchen in Belgien, in denen die narrative Kompetenz der Asylwerber eine entscheidende Rolle spielt. Wie ein Asylwerber/eine Asylwerberin seine oder ihre Lebensgeschichte im Einzelnen erzählt, spielt eine zentrale Rolle für die bürokratische Entscheidungsfindung. Blommaert untersucht die involvierten Mißverständnisse:

> My aim in this article is to document and discuss autobiographical stories told by African asylum seekers in Belgium. I will try to highlight aspects of the structure and functions of narratives in an attempt to show they represent crucial communicative resources for asylum seekers. Without resources to the long and detailed narratives about home, escape and travelling, asylum seekers cannot make their motives and causes for seeking asylum fully understood. […]the problem I wish to address through an analysis of these stories is that of narrative inequality in the context of asylum applications in Belgium. The asylum procedure involves a complex set of discursive practices and language ideologies that are, in practice, being used as criteria for „truth", „trustworthiness", „coherence", and „consistency". Such discursive practices require access to communicative resources that are often far beyond the reach of African asylum seekers not only linguistically but also normatively and stylistically.[72]

Blommaert charakterisiert in seiner Studie zwei Hauptursachen für Ungleichheit. Einerseits setzt ein solches Verwaltungsverfahren voraus, dass KlientInnen in einer demokratischen Gesellschaft wie Belgien die Kontrolle über die grundlegenden linguistisch-kommunikativen Ressourcen verfügen, die für ein vollständiges Mitwirken an den Verfahren benötigt werden, um Gerechtigkeit zu erfahren und die ihnen zustehenden Leistungen zu erhalten. Diese Seite des Problems kann als technisches Problem angesehen werden und könnte u.a. durch Ausbildungsprogramme für Dolmetscher gelöst werden.

Andererseits liegt der Grund, warum Asymmetrien und Machtkonflikte unsichtbar bleiben, wie Blommaert behauptet, in deren Eingebettetsein in einem Verwaltungsverfahren, das an sich für gut ausgebildete Angehörige einer Mittelschicht geschaffen wurde. In einem solchen Arrangement kommt es in jeder durch Vorfälle rund um Asylwerber verursachten politischen Krise zu einer erneuten Bestätigung des Vertrauens in „unsere Justiz" sowie zu einer weiteren Straffung des Verwaltungsverfahrens. Dementsprechend sollten mehr Menschen angestellt, das Verfahren sollte beschleunigt

---

71 Blommaert, Jan: Investigating Narrative Inequality: African Asylum Seekers in Belgium. In: Discourse and Society, Vol. 12 (4) (2001). S. 413–449.
72 Ebd., S. 414.

und handgeschriebene Formulare sollten durch genormte, in Computer eingespeiste Texte ersetzt werden. Die Text-orientierte Maschinerie der Verwaltung selbst wird aber niemals hinterfragt; im Gegenteil, sie wird aufgewertet und ständig erweitert.

Durch eine solche Verlagerung der Informationserhebung vom Kontext einer Interaktion zwischen Personen zu Computer-Formularen wird eine andere Art der Disziplinierung entwickelt: die Machtasymmetrie hinsichtlich der Erzeugung, Behandlung und des Verstehens der Erzählungen der Migranten wächst. Blommaert behauptet nun, dass eine solche Verlagerung in modernen Gesellschaften vorrangig ist – in unterschiedlichem Ausmaß je nach gesellschaftlichem Bereich – und dass individuelle Lebenserfahrungen aufgrund von Erzählungen aus zweiter Hand beurteilt werden:

> As soon as we enter worlds in which talk and written text are seen as replicas of one another (and in which someone else's notes of what is said can be offered to me as „my" story), we enter a world of differential power relations, which needs to be scrutinised in great detail. […] The apparently small shifts our stories undergo as soon as they enter institutional text-making systems are instances of such practices of Foucauldian *savoir* in which social issues become individual, yet standardised „cases".[73]

Theo van Leeuwen und Ruth Wodak[74] analysieren offizielle Schreiben des Wiener Magistrats, mit denen Asylanträge potenzieller Einwanderer und Einwanderinnen abgelehnt werden. Die AutorInnen integrieren den Diskurs-historischen Ansatz mit der systemisch-funktionalen Grammatik, um wesentliche Phänomene gesellschaftlicher Ausgrenzung zu definieren, zum Beispiel in der offiziellen Korrespondenz hinsichtlich Ansuchen ausländischer Arbeitskräfte in Österreich um Familienzusammenführung. Die Studie zeigt die diskursiven Strategien der Legitimierung und Rationalisierung auf Seiten der Exekutive auf und illustriert darüber hinaus, wie diese scheinbar legalen Rechtsakte systematisch als vorurteilsbehaftete diskursive Praktiken gegen Ausländer und Ausländerinnen wirken.

4. Schlussbemerkungen

Obwohl dieses Kapitel – aus Platzgründen – nur einen Teil der wichtigsten Forschung zu „Vorurteil und Sprache" wiedergeben kann, ist deutlich geworden, dass alle Dimensionen von Sprache und Kommunikation für die

---

73 Ebd., S. 446.
74 van Leeuwen, Theo u. Ruth Wodak: Legitimizing Immigration Control: A Discourse-historical Analysis. In: Discourse Studies 1(1) (1999). S. 83–118.

Inklusion oder Exklusion sogenannter „Fremder" funktionalisiert werden können. Die Konstruktion von *in-groups* und *out-groups* ist für die Erzeugung und Verbreitung von Rassismus, Xenophobie und Antisemitismus in allen ihren expliziten und impliziten Formen konstitutiv. Die vielfältigen Muster diskursiver Ausgrenzung stellen oft den ersten Schritt zu wesentlich gewalttätigeren Formen von Diskriminierung dar. Daher versucht dieses Kapitel – abgesehen von der Definition relevanter Konzepte und kritischer Diskussion bisheriger Forschung – mehr Bewusstsein für die „Macht des geschriebenen und gesprochenen Wortes" in allen öffentlichen und privaten Bereichen unseres Lebens zu schaffen. Während unverhohlen rassistische Meinungen und Äußerungen leicht zu durchschauen sind, bedarf es des sorgfältigen und kritischen Lesens/Zuhörens und Betrachtens, um indirekte und „verschlüsselte" Formen von Diskriminierung zu verstehen.

Bibliographie

Adorno, Theodor W., Else Fränkel-Brunswik, Daniel J. Levinson u. P. Nevitt Stanford: The Authoritarian Personality. New York, The American Jewish Committee 1950.

Baker, Paul, Ruth Wodak, Majid KhosraviNik u. Costas Gabrieletos: „Refugees and Asylum Seekers" in the British Press. Project Report (ESRC), Lancaster University, 2008.

Bergmann, Werner, Rainer Erb u. Albert Lichtblau, Albert (Hrsg.): Schwieriges Erbe. Der Umgang mit Nationalsozialismus und Antisemitismus in Österreich, der DDR und der Bundesrepublik Deutschland. Frankfurt a.M./New York: Campus 1995.

Billig, Michael: Discrimination in Discourse. In: Elsevier Encyclopedia for Language and Linguistics. Oxford: Elsevier 2006.

Billig, Michael, Susan Condor, Derek Edwards, Mike Gane, Dav Middleton u. Alan Radley: Ideological Dilemmas. A Social Psychology of Everyday Thinking. London: Sage 1988

Blommaert, Jan: Investigating Narrative Inequality: African Asylum Seekers in Belgium. In: Discourse and Society, Vol. 12 (4) (2001). S. 413–449.

Chilton, Paul: Missing Links in Mainstream CDA: Modules, Blends and the Critical Instinct. In: A New Agenda in (Critical) Discourse Analysis. Hrsg. von R. Wodak u. P. Chilton. Amsterdam/Philadelphia: Benjamins 2005. S. 19–52

Delanty, Gerard, Ruth Wodak u. Paul Jones (Hrsg.): Migration, Identity, and Belonging. Liverpool: LUP 2008 (2. überarb. Ausgabe 2011).

van Dijk, Teun A.: Prejudice in Discourse. Amsterdam: Benjamins 1984.

van Dijk, Teun A.: Racism and the Press. London: Routledge 1991.

van Dijk, Teun A.: Contextual Knowledge Management in Discourse Production. A CDA Perspective. In: A new Agenda in CDA. Hrsg. von R. Wodak u. P.A. Chilton. Amsterdam: Benjamins 2005. S. 71–100.

van Dijk, Teun A.: Racism in the Press in South America. Amsterdam: Benjamins 2006.

Downing, J. u. C. Husband: Representing Race. Racisms, Ethnicities and Media. London: Sage 2005.

van Eemeren, Frans H. u. Rob Grootendorst: Argumentation, Communication and Fallacies: A Pragma-Dialectical Perspective. Hillsdale, NJ: Lawrence Erlbaum 1992.
van Eemeren, Frans H. u. Rob Grootendorst: Rationale for a Pragma-Dialectical Perspective. In: Studies in Pragma-dialectics. Hrsg. von dens. Amsterdam: International Center for Study of Argumentation (Sic Sat) 1994. S. 11–28.
Essed, P.: Everyday Racism. London: Sage 1991.
Fairclough, Norman u. Ruth Wodak: Critical Discourse Analysis. In: Discourse as Social Interaction. Hrsg. von Teun A. van Dijk. London: Sage 1997. S. 256–284.
Flowerdew, John u. Sarah Tran: Discriminatory News Discourse: Some Hong Kong Data. In: Discourse and Society, Vol. 13(3) (2002). S. 319–345.
„The Guardian" vom 3.9.2001.
Hall, Stuart: Rassismus und kulturelle Identität. Ausgewählte Schriften 2. Hamburg/Berlin: Argument 1994.
Hartmann, P. G. u. C. Husband: Racism and the Mass Media: A Study of the Role of the Mass Media in the Formation of White Beliefs and Attitudes in Britain. London: Davis-Poynter 1974.
Heer, Hannes, Walter Manoschek, Alexander Pollak, u. Ruth Wodak (Hrsg.): „Wie Geschichte gemacht wird". Erinnerungen an Wehrmacht und Zweiten Weltkrieg. Wien: Czernin 2003.
Jäger, Margret: „Feministische" Argumente zur Untermauerung von Rassismus: Warum liegt Deutschen die Stellung der Einwanderinnen so am Herzen? In: Rassimus in Europa. Hrsg. von C. Butterwegge u. S. Jäger. Köln: Bund 1993. S. 248–261.
Jäger, Margret, Gabriele Cleve, Ina Ruth u. Siegfried Jäger: Von deutschen Einzeltätern und ausländischen Banden. Medien und Straftaten. Mit Vorschlägen zur Vermeidung diskriminierender Berichterstattung. DISS Verlag: Duisburg 1998. S. 167–236.
Jäger, S. u. J. Link: Die vierte Gewalt. Rassismus und die Medien. DISS Verlag: Duisburg 1993.
Kienpointner, Manfred: Vernünftig argumentieren: Regeln und Techniken der Diskussion. Hamburg: Rowohlt 1996.
Krzyżanowski, Michal u. Ruth Wodak: „Identities in-between" – Analyzing Focus Groups with Migrants. In: Identity Politics. Hrsg. von R. Iedema u. C. Caldas-Coulthard. Basingstoke: Palgrave 2008.
van Leeuwen, Theo u. Ruth Wodak: Legitimizing Immigration Control: A Discourse-historical Analysis. In: Discourse Studies 1(1) (1999). S. 83–118.
Link, Jürgen: Die Analyse der symbolischen Komponenten realer Ereignisse. Ein Beitrag der Diskurstheorie zur Analyse neorassistischer Äußerungen. In: Der Diskurs des Rassismus. Ergebnisse des DISS-Kolloquiums November 1991. Hrsg. von S. Jäger u. F. Januschek. Osnabrück: Redaktion Obst 1992. S. 37–52 (OBST 46).
Lynn, Nick u. Susan Lea: A Phantom Menace and the New Apartheid: the Social Construction of Asylum-seekers in the United Kingdom. In: Discourse and Society, Vol. 14 (4) (2003). S. 425–452.
Matouschek, Bernd, Ruth Wodak u. Franz Januschek: Notwendige Maßnahmen gegen Fremde? Genese und Formen von rassisteischen Diskursen der Differenz. Wien: Passagen Verlag 1995
Miles, Robert: Racism after ‚Race Relations'. London/New York: Routledge 1993.
Mitscherlich, Alexander u. Margarete Mitscherlich: Die Unfähigkeit zu trauern. Frankfurt am Main: Suhrkamp 1977.

Mitten, R: The Waldheim Phenomenon: The Politics of Antisemitism. Boulder, Co: Westview Press 1992.
Musolff, Andreas: Metaphors and Metaphorical Scenarios. In: Metaphor & Symbol, Vol. 21 (1) (2006). S. 28–38.
Pietikainen, Sari: Indigenous Identity in Print: Representations of the Sami Discourse. In: Discourse and Society, Vol. 14 (5) (2003). S. 581–609.
Prieto Ramos, F.: Media & Migrants. A Critical Analysis of Spanish and Irish Discourses on Immigration. Oxford: Lang 2004.
Quasthoff, Uta: Soziales Vorurteil und Kommunikation. Eine sprachwissenschaftliche Analyse des Stereotyps. Frankfurt am Main: Athenäum 1973.
Quasthoff, Uta: Erzählen in Gesprächen. Linguistische Untersuchungen zu Strukturen und Funktionen am Beispiel einer Kommunikationsform des Alltags. Tübingen: Narr 1980.
Quasthoff, Uta: Linguistic Prejudice/Stereotypes. In: Sociolinguistics/Soziolinguistik. An International Handbook of the Science of Language and Society/Ein internationales Handbuch zu Sprache und Gesellschaft. Hrsg. von U. Ammon, N. Dittmar u. K. Mattheier. Berlin: De Gruyter1987.
Quasthoff, Uta: Stereotype in Alltagsargumentationen. Ein Beitrag zur Dynamisierung der Stereotypenforschung. In: Sprachliche und soziale Stereotype. Hrsg. von M. Heinemann. Frankfurt am Main: Lang 1998, S. 47–72.
Reisigl, M. u. R. Wodak: Discourse and Discrimination. The rhetorics of racism and antisemitism. London: Routledge 2001.
Richardson, J. E.: (Mis)representing Islam. The Racism and Rhetoric of British Broadsheet Newspapers. Philadelphia, PA: Benjamins 2004.
Ruhrmann, G. (Hrsg.): Das Bild der Ausländer in der Öffentlichkeit. Eine theoretische und empirische Analyse zur Fremdenfeindlichkeit. Opladen: Leske und Budrich 1995.
Santa Ana, O.: Like an Animal I was Treated: Anti-immigrant Metaphor in US Public Discourse. In: Discourse and Society, Vol. 10 (2) (1999). S. 191–224.
Stern, Frank: Im Anfang war Auschwitz. Gerlingen: Bleicher 1991
ter Wal, J. (Hrsg.): Racism and Cultural Diversity in the Mass Media. An Overview of Research and Examples of Good Practice in the EU Member States, 1995–2000. Vienna: European Monitoring Center on Racism and Xenophobia 2002.
Weiss, Gilbert u. Ruth Wodak: Critical Discourse Analysis. Theory and Interdisciplinarity. Palgrave Macmillan 2003.
Wetherell, Margaret u. Jonathan Potter: Mapping the Language of Racism. Discourse and the Legitimation of Exploitation. New York et al.: Harvester Wheatsheaf 1992.
Wievorka, Michel (Hrsg.): Racisme et xenophobie en Europe: une comparison internationale. Paris: la Decouverte 1994, S. 173.
Wodak, R., P. Nowak, J. Pelikan, H. Gruber, R. de Cillia u. R. Mitten: „Wir sind alle unschuldige Täter". Diskurshistorische Studien zum Nachkriegsantisemitismus. Frankfurt a.M.: Suhrkamp 1990.
Wodak, Ruth, Florian Menz, Rudolf Mitten u. Frank Stern: Die Sprachen der Vergangenheiten. Frankfurt a. M.: Suhrkamp 1994.
Wodak, Ruth, Rudolf de Cillia, Martin Reisigl, u. Karin Liebhart: The Discursive Construction of National Identity. Edinburgh: Edinburgh University Press 1999 (2. überarb. Auflage 2009).
Wodak, Ruth, Teun van Dijk, Ineke van der Valk, Martin Reisigl, Jessica ter Wal, Lena Jones, Philomena Essed u. Tigrelle Uijttewaal: „Racism at the Top". A Compara-

tive Discourse Analysis of Parliamentary Debates on Migration, Integration and (Anti)-Discrimination in Seven European States. Interim Report. Vienna/Amsterdam April 1998.

Wodak, Ruth u. Teun A. van Dijk (Hrsg.): Racism at the Top: Parliamentary Discourses on Ethnic Issues in Six European States. Klagenfurt: Drava 2000.

Verzeichnis der Autorinnen und Autoren

Aleida Assmann, Studium der Anglistik und Ägyptologie; Promotion 1977, Habilitation 1992 (Heidelberg). Seit 1993 Lehrstuhl für Anglistik und Allgemeine Literaturwissenschaft an der Universität Konstanz. Zahlreiche Fellowships (Wissenschaftskolleg zu Berlin, Aby-Warburg-Haus Hamburg) sowie Gastprofessuren an den Universitäten Rice, Princeton, Yale, Chicago und Wien. Forschungsinteressen: Individuelles und kulturelles Gedächtnis, Gewalt, Trauma und seine Verarbeitung in der Geschichte, Struktur und Funktionen des Archivs, Formen des Vergessens. Aktuelle Publikationen: Einführung in die Kulturwissenschaft. Grundbegriffe, Themen, Fragestellungen (2006, 2011); Geschichte im Gedächtnis. Von der individuellen Erfahrung zur öffentlichen Inszenierung (2007); hrsg. mit S. Conrad: *Memory in a Global Age. Discourses, Practices and Trajectories* (2010).

Werner Bergmann, Dr. phil., Soziologe, seit 1999 Professor am Zentrum für Antisemitismusforschung der TU Berlin; Forschungsschwerpunkte: Soziologie und Geschichte des Antisemitismus und angrenzender Gebiete wie Rassismus und Rechtsextremismus; interethnische Gewalt. Jüngste Veröffentlichungen: Antisemitische Geschichtsbilder (hrsg. mit U. Sieg, 2009); Geschichte des Antisemitismus (3. Aufl. 2010); Antisemitismus in Zentraleuropa. Deutschland, Österreich und die Schweiz vom 18. Jahrhundert bis zur Gegenwart (gem. mit U. Wyrwa, 2011).

Wolfgang Benz, Historiker, bis März 2011 Professor und Leiter des Zentrums für Antisemitismusforschung der Technischen Universität Berlin, Gastprofessuren u.a. in Australien, Bolivien, Nordirland, Österreich und Mexiko, zahlreiche Publikationen zur deutschen Geschichte im 20. Jahrhundert, zu Nationalsozialismus, Antisemitismus und Problemen von Minderheiten, Herausgeber mehrerer Buchreihen, Geschwister-Scholl-Preis 1992, Mitglied im P.E.N. Aktuelle Publikation: Antisemitismus und „Islamkritik". Bilanz und Perspektive (2011).

Susan T. Fiske, Eugene Higgins Professorin für Psychologie an der *Princeton University*. Forschungen im Bereich soziale Kognition, besonders zu kognitiven Stereotypen und emotionalen Vorurteilen auf interpersoneller, kultureller und neurowissenschaftlicher Ebene. Autorin von über 250 Publikationen, mehrfache Auszeichnungen für die Forschungsarbeit. Aktuelle Publikationen: *Envy Up and Scorn Down: How Status Divides Us* (2011);

Handbook of Social Psychology (2010); *Social Beings: Core Motives in Social Psychology* (2010); *Beyond Common Sense: Psychological Science in the Courtroom* (2008) und *Social Cognition: From Brains to Culture* (2008).

Dietlinde Gipser, Prof. Dr., Universitätsprofessorin für Sonderpädagogische Soziologie an der Universität Hannover. Arbeitsschwerpunkte: Theaterpädagogik, insbesondere Theater der Unterdrückten, Psychodrama, Frauenforschung, Ess-Störungen, Kriminologie, Menschen mit Behinderungen, interkulturelle Kommunikation, Hochschuldidaktik. Aktuelle Publikationen: Bühne frei für Forschungstheater. Theatrale Inszenierungen als wissenschaftlicher Erkenntnisprozess (hrsg. gem. mit M. Bülow-Schramm, 2007); Theater, Macht, Politik (Zeitschrift für Theaterpädagogik, 2008).

Wilhelm Heitmeyer, Direktor des Instituts für Interdisziplinäre Konflikt und Gewaltforschung an der Universität Bielefeld. Experte für Desintegration, Rechtsextremismus und Gewalt, insbesondere mit einem Blick auf Jugendliche. Koautor des *International Handbook of Violence Research* und Herausgeber des *International Journal of Conflict and Violence*. Aktuelle Publikationen: Deutsche Zustände, Folge 1-10, 2002-2012; *Control of Violence: Historical and International Perspectives on Violence in Modern Societies* (gem. mit H.-G. Haupt, A. Kirschner und S. Malthaner, 2010).

Miles Hewstone, Professor für Sozialpsychologie an der Universität Oxford, davor Inhaber der Lehrstühle für Sozialpsychologie an den Universitäten Bristol, Mannheim und Cardiff. Zahlreiche Publikationen im Bereich der experimentellen Sozialpsychologie. Ausgewählte Publikationen: *Stereotypes and stereotyping* (herausgegeben mit C.N. Macrae und C. Stangor, 1995); *Understanding attitudes to the European Community: A social psychological study in four member states* (2010/1986). Forschungsschwerpunkte u.a. auf der Reduktion von Intergruppen-Konflikten via Intergruppen-Kontakt und Abbau von Stereotypen. Ehemaliger Herausgeber des *British Journal of Social Psychology* und Mitbegründer sowie Mitherausgeber des *European Review of Social Psychology*. *British Psychological Society's Spearman Medal* (1987), Preis für *Distinguished Contributions to Psychological Knowledge* (2001). Zweimal Fellow am *Center for Advanced Study in the Behavioural Sciences* in Stanford (1987–88, 1999–00).

Marta Hodasz, Juristin und derzeit wissenschaftliche Mitarbeiterin am österreichischen Verfassungsgerichtshof. Mehrjährige Tätigkeit am Ludwig Boltzmann Institut für Menschenrechte in Wien, Forschungsschwerpunkte im Bereich europäisches und österreichisches Antidiskriminierungs- und Asylrecht. Zahlreiche Trainings und Workshops im Rahmen von (trans-)

nationalen Projekten. Koautorin von diversen Publikationen zum Thema Antidiskriminierung und Vortragende an der Universität Wien. Aktuelle Publikationen: *Indicators and Monitoring Systems as Preventive Tools in the Area of Ethnic and Religious Discrimination* in: Kozma J./Nowak M./ Schmidt R. (Hrsg.); *Indicators and Monitoring Systems in External Policy-Making of the EU* (gem. mit K. Köhler u. B. Liegl, 2009); *Reflexive Governance in the Public Interest: Anti-discrimination* (gem. mit K. Wladasch u. B. Liegl, 2008).

Rainer Kampling, 1953 im Münsterland geboren, nach dem Zivildienst Studium der Katholischen Theologie, Lateinischen Philologie und Judaistik an der Westfälischen Wilhelms-Universität Münster, 1983 Promotion, 1991 Habilitation ebendort. Gastprofessor für Neues Testament in Saarbrücken, seit 1992 Professor für Biblische Theologie/Neues Testament an der Freien Universität Berlin. Forschungsschwerpunkte: Theologie und Geschichte der Jüdisch-Christlichen Beziehungen, Theologie der synoptischen Evangelien, Rezeptionsgeschichte der Bibel, Soziale Strukturen und *material culture* frühchristlicher Gemeinden. Aktuelle Publikationen: Grenzgebiete – Zu Strukturelementen des spätantiken Antijudaismus, in: H. Frankemölle, J. Wohlmuth (Hrsg.); Das Heil der Anderen. Problemfeld „Judenmission" (2010); Gegenwärtige Ansätze der Rekonstruktion der frühen Geschichte von Judentum und Christentum, in: Theologische Revue (gem. mit C. Leonhard, 2010).

Beate Küpper, Dr., Dipl. Psych., geb. 1968, derzeit Koordination des Projekts „Gruppenbezogene Menschenfeindlichkeit in Deutschland" am Institut für interdisziplinäre Konflikt- und Gewaltforschung der Universität Bielefeld. Zuvor Leitung einer gleichnamigen Studie über Europa geleitet. Promotion über pluralisierte Lebensformen an der Ruhr-Universität Bochum, danach Vertretung der Professur für Sozialpsychologie an der Technischen Universität Dresden. Forschungen über sozialen Status und Vorurteile, Integration, Diversity und Genderaspekte. Aktuelle Publikationen: Geschlecht und Vorurteile. Eine empirische Analyse, in: U. Birsl (Hrsg.); Rechtsextremismus und Geschlecht (gem. mit A. Zick, 2011); *Social Dominance Theory across Europe: A full model test*, in: *International Journal of Conflict and Violence* (gem. mit C. Wolf und A. Zick, 2010).

Dietmar Mieth, geboren1940 in Berlin, Studium der Theologie, Germanistik und Philosophie in Freiburg, Trier, München und Würzburg. Theologische Promotion in Würzburg (1969), Habilitation in Tübingen (Theologische Ethik, 1974). Interdisziplinäre Arbeiten zwischen Literaturwissenschaft und Theologie (Deutsche Mystik, Narrative Ethik), dann vor allem Ethik in den Wissenschaften. Professor für Moraltheologie an der Universität Fribourg (1974–81), Professor für Theologische Ethik/Sozialethik an der Katholisch-Theologischen Fakultät der Universität Tübingen (1981–2008). Aufbau des Interfakultären Zentrums „Ethik in den Wissenschaften" an der Universität Tübingen, 1994 und 2000 Mitglied der Beratergruppe „Ethik in den Wissenschaften und in den neuen Technologien" der Europäischen Kommission in Brüssel, Mitglied der Enquete-Kommission „Ethik und Recht in der modernen Medizin" des Deutschen Bundestages (2003–2005). Mitglied der Bioethik-Unterkommission der Deutschen Bischofskonferenz. Seit 2008 Präsident der Meister Eckhart Gesellschaft, seit 2009 Fellow am Max Weber Kolleg der Universität Erfurt als Mitglied der Kollegforschergruppe „Religiöse Individualisierung in historischer Perspektive". Aktuelle Publikationen: Grenzenlose Selbstbestimmung? Der Wille und die Würde Sterbender (2008); *The Contingent Nature of Life. Bioethics and the Limits of Human Existence* (gem. mit M. Düwell und Ch. Rehmann-Sutter, 2008).

Alyssa L. Norris, Studium der Psychologie (*magna cum laude*) an der *Princeton University* (*Bachelor of Arts*) und Sportpsychologie an der *University of Minnesota* (*Master*). Beschäftigung mit den Rahmenbedingungen von Sexismus und Heterosexismus sowie deren rechtlichen Rahmenbedingungen. *Sigma Xi Book Award* für herausragende Forschung. Tätigkeit am *State Psychiatric Institute* der *Columbia University*.

Manfred Nowak, Professor für Internationales Recht und Menschenrechte an der Universität Wien sowie Leiter des Ludwig Boltzmann Instituts für Menschenrechte in Wien. Verschiedenste Funktionen als internationaler Menschenrechtsexperte, z.B. als Richter an der Menschenrechtskammer für Bosnien-Herzegowina (1996–2003) oder als UNO Sonderberichterstatter über Folter (2004–2010). Leitung einer Besuchskommission des Menschenrechtsbeirats im österreichischen Innenministerium zur Kontrolle der Polizei, Mitglied des Monitoring-Ausschusses zur Umsetzung der UNO-Konvention über Rechte von Menschen mit Behinderung und Vize-Präsident der Österreichischen UNESCO-Kommission. UNESCO-Preis für die Lehre im Bereich Menschenrechte (1994) und Bruno-Kreisky Preis für Verdienste um die Menschenrechte (2007). Veröffentlichung von 500 Büchern und Artikeln in den Themenbereichen Menschenrechte, Öffentliches Recht und Politik.

Klaus Ottomeyer, geb. 1949 in Frankfurt a. M., Studium der Psychologie, Soziologie und Ethnologie. 1975 bis 1981 Assistenzprofessor am Psychologischen Institut an der FU Berlin. Seit 1983 Professor an der Universität Klagenfurt, Leiter der Abteilung für Sozialpsychologie, Ethnopsychoanalyse und Psychotraumatologie, Psychotherapeut, Obmann der Kärntner Einrichtung „Aspis. Forschungs- und Beratungszentrum für Opfer von Gewalt." Arbeitsschwerpunkte: Sozialpsychologie des Kapitalismus, Politische Psychologie, Psychodrama, Traumatherapie. Bücher u.a.: Ökonomische Zwänge und menschliche Beziehungen. Soziales Verhalten im Kapitalismus (1977); Jörg Haider – Mythos und Erbe. (2010); Die Behandlung der Opfer. Über unseren Umgang mit dem Trauma der Flüchtlinge und Verfolgten (2011).

Anton Pelinka, Professor in *Nationalism Studies* und Politikwissenschaft an der *Central European University* in Budapest und Direktor des Instituts für Konfliktforschung in Wien. Gastprofessuren u.a. an der Universität von New Orleans, *Harvard University, Stanford University,* der *University of Michigan, Ann Arbor*. Ausgewählte Publikationen: *Austria: Out of the Shadow of the Past* (1998), *Politics of the Lesser Evil. Democracy, Leadership and Jaruzelski's Poland* (1999), Das Haider-Phänomen in Österreich (herausgegeben mit R. Wodak, 2002), Demokratie in Indien: Subhas Chandra Bose und das Werden der Indischen Politischen Kultur (2005).

Constanze Pritz-Blazek, Jahrgang 1975, Studium der Rechtswissenschaften in Wien, Absolvierung des *European Master for Human Rights and Democratization* in Venedig. Mehrjährige wissenschaftliche Mitarbeiterin am Ludwig Boltzmann Institut für Menschenrechte in Wien. Spezialisierung auf Antidiskriminierungsrecht in einer Zeit, als die entsprechenden europäischen Grundlagen soeben geschaffen worden waren und die Mitgliedstaaten der Europäischen Union im Begriff waren, diese schrittweise umzusetzen. Seit 2006 Gleichbehandlungsanwältin in der beim österreichischen Bundeskanzleramt eingerichteten Gleichbehandlungsanwaltschaft. Beratung von DienstnehmerInnen, die von Diskriminierung aufgrund der ethnischen Zugehörigkeit, der Religion, der Weltanschauung, des Alters und der sexuellen Orientierung betroffen sind, und von UnternehmerInnen aus präventiver Sicht. Vorträge zu den unterschiedlichsten gleichbehandlungsrechtlichen Fragestellungen.

Saskia Sassen ist Robert S. Lynd Professorin für Soziologie und Co-Chair von *The Committee on Global Thought* an der Columbia Universität New York (USA). Ausgewählte Publikationen: *Territory, Authority, Rights: From Medieval to Global Assemblages* (2006)/ Das Paradox des Nationalen: Territorium, Autorität und Rechte im globalen Zeitalter (2008); Metropolen des Weltmarkts (2006); Machtbeben (2000); *A Sociology of Globalization* (W.W. Norton 2007); *Losing Control?* (1996). *The global city: New York, London, Tokyo* (updated 2nd ed. 2001, original 1991).

Rhiannon N. Turner, *senior lecturer* in Sozialpsychologie an der Universität Leeds. Studium in Cardiff (BSC), Kent (MSc) and Oxfort (DPhil). Forschungsinteressen im Bereich Intergruppen-Beziehungen, speziell Beschäftigung mit der Frage, wie in Intergruppen-Beziehungen am besten Vorurteile abgebaut werden können. Preis der *British Psychological Society* für hervorragende Forschung (2007), Robert B. Cialdini Preis für die Beiträge zur Feldforschung von der *Foundation for Personality and Social Psychology*. Aktuelle Publikationen: *Cognitive adaptation to the experience of social and cultural diversity*, in: Psychological Bulletin (gem. mit R.J. Crisp 2011); *Imagining intergroup contact reduces implicit prejudice*, in: British Journal of Social Psychology (gem. mit R. J. Crisp, 2010).

Peter Widmann, Politikwissenschafter, Fachlektor des Deutschen Akademischen Austauschdienstes für Politikwissenschaft und Deutschlandstudien an der *Istanbul Bilgi University*. Bis 2010 wissenschaftlicher Assistent am Zentrum für Antisemitismusforschung Berlin. Forschungen zu Migrations- und Minderheitenpolitik in Europa, zur politischen Rolle der Massenmedien und zu politischem Extremismus. Aktuelle Veröffentlichungen u.a. (mit V. Knaus): *Integration Subject to Conditions. A Report on the Situation of Kosovan Roma, Ashkali and Egyptian Children in Germany and after their Repatriation in Kosovo* (2010); *Der Feind kommt aus dem Morgenland. Rechtspopulistische „Islamkritiker" um den Publizisten Hans-Peter Raddatz suchen die Opfergemeinschaft mit Juden*, in: Jahrbuch für Antisemitismusforschung (2008).

Ruth Wodak, seit 2004 *Distinguished Professor of Discourse Studies* an der *Lancaster University,* davor Ordentliche Professorin für Angewandte Linguistik an der Universität Wien und Wittgenstein-Preisträgerin. Derzeit gewählte Präsidentin der *Societas Linguistica Europea,* Ehrendoktorat der Universität Örebro in Schweden. Forschungsinteressen in den Bereichen Gender Studies, Sprache und Politik, Vorurteilsforschung und Diskriminierung sowie ethnografische Methoden linguistischer Feldarbeit. Mitglied des *Editorial Board* bzw. Mitherausgeberin mehrerer linguistischer Zeitschriften: *Discourse and Society, Critical Discourse studies, Language and Politics, Society and Culture*. Gastprofessuren in Uppsala, an der *Stanford University,* der *University of Minnesota,* der *University of East Anglia* und *Georgetown University,* korrespondierendes Mitglied der Österreichischen Akademie der Wissenschaften (ÖAW). 2008/09 Inhaberin des *Kerstin Hesselgren Chair* des Schwedischen Parlaments an der Universität Örebro. Aktuelle Buchpublikationen: Ist Österreich ein ‚deutsches' Land? (mit R. de Cillia, 2006); *Qualitative Discourse Analysis in the Social Sciences* (mit M. Krzyzanowski, 2008); *Migration, Identity and Belonging* (mit G. Delanty und P. Jones, 2008); *The Politics of Exclusion* (mit M. Krzyzanowski, 2009).

Andreas Zick, Professor für Sozialisation und Konfliktforschung an der Fakultät für Erziehungswissenschaft an der Universität Bielefeld. Mitglied des Instituts für Interdisziplinäre Konflikt- und Gewaltforschung, Durchführung des Projekts *Group-Focused Enmity in Europe* ebendort. Studium der Psychologie und Evangelischen Theologie an der Ruhr-Universität Bochum, Promotion an der Philipps-Universität in Marburg in Psychologie, Habilitation an der Martin-Luther-Universität Halle-Wittenberg für das Fach Psychologie. Forschungsschwerpunkte: Vorurteilsforschung und Analyse von Konflikten zwischen Gruppen. Habilitationsschrift über die Psychologie der Akkulturation, also der Aneignung von neuen oder sich verändernden Umwelten durch Individuen.

Register

A

Adorno, Theodor W. 26, 39, 60, 118, 119, 138, 179, 182, 428
affirmative action XVI, 321, 354, 413
Aggression 13, 56, 61, 120, 124, 170, 182-184, 187, 193, 311, 342, 370, 391
AIDS 133, 134, 185, 190, 388
Aktionsprogramm der Gemeinschaft zur Bekämpfung von Diskriminierungen 412
Ali, Tariq 179
Allport, Gordon W. 1, 5, 23, 26, 71, 119, 138, 151, 189, 289-291, 303, 309, 329, 346
alte Menschen 122, 128, 136
Alltagsrassismus 434
Andere Religion 154, 162, 165
Anderson, Benedict 270
Anomie-Theorie 60-62
Antikommunismus 38, 370
Antidiskriminierungsgesetz 402, 416, 419
Antipathie 71-73, 80, 81, 289, 291, 293, 304, 327, 338, 428
Antipluralismus 370
antireligiös 159-161
Antizionismus 50, 53
Apartheid 180, 319, 404, 416, 418, 443
Arbeitsmarkt 135, 189, 222, 249, 250, 252
Arendt, Hannah 34, 35, 64
Aristoteles 396
Aron, Arthur 349
Assimilation 8, 216, 222
Asyl 230, 445
Asylwerber/Asylbewerber 169, 291, 312, 419, 424, 443-448
Aufklärung XIV, 60, 139, 149, 158-161, 164, 176, 202, 216, 225, 275, 368, 369, 398

Ausbeutung XIV, 10, 11, 14, 38, 45, 129, 175, 187, 235, 282, 312, 403
Auschwitz 50, 179, 190, 224, 227
Außenseiter 221, 254, 255, 290, 302, 311, 441, 442
Autoritäre Persönlichkeit XVI, 121
Autoritarismus 58, 301, 303, 308
Aversion 148, 149, 162
aversiver Rassismus 322

B

Barbaren 293, 396
Bauman, Zygmunt XIII, 61, 63, 116, 138-140, 179, 180
Behinderung 100, 105, 122-126, 129, 130, 139, 140, 235, 287, 289, 293, 303, 317, 384, 402, 403, 407, 411, 412, 417
Berelson, Bernard XVII
Bettelheim, Bruno 61
Bigler, Rebecca S. 354
Billig, Michael 435
Bioethik-Kommission des Europarates 376, 383
Biologisierung 277
Biomedizin 375
Biotechnologie 377, 378, 380, 386
Biowissenschaft 365, 375, 377
Blaschke, Olaf 279
Blommaert, Jan 448, 449
Blumer, Herbert 299
Bonhöffer, Dietrich 128
Bonhöffer, Karl 128
Bourdieu, Pierre 137, 238
Brähler, Elmar 171, 172, 183, 198
Brewer, Marilyn B. 319, 328, 353, 354
Burawoy, Michael 237

C

Cairns, Ed 348
Cameron, Lindsey 349

Campbell, Donald T. 58, 327, 328
Chamberlain, Houston Stewart 47, 177, 181, 278, 426
Chilton, Paul 433, 444
Christentum XX, 37, 41-43, 53, 58, 149, 150, 155, 156, 162, 217, 270
Claussen, Detlev 61, 62
Cottrell, Catherine A. 292
Crisp, Richard J. 351, 352

D

Darfur 419
Darwin, Charles 171, 181, 275
Dawkins, Richard 15
Dayton-Friedensvertrag 415
Dämonisierung 154, 158, 217, 225, 274
Decker, Oliver 171, 172, 183, 184, 198
Déclaration des Droits de l'Homme et du Citoyen 399, 400, 416
Declaration of Independence 400, 401
de Gouge, Olympe 400
Delanty, Gerard 461
Demagogie 181, 187, 202
Dialog 28, 143, 165, 167
Diaspora 58, 153, 254
Diktatur 172, 216
Diner, Dan 190
Dovidio, John 322, 339
Duisburger Gruppe 434
Durkheim, Emile 60, 61, 116, 184
Dysmorphophobie 198

E

Egalitarismus 75
Emanzipation 162, 210, 218, 222, 223, 269
Embryo 382-384
Empathie 20, 188, 221, 224, 225
Englische Bill of Rights 399
Entpersonalisierung 27
Enver Pascha 179
Erklärung der Rechte der Frau 400
Essed, Philomena 423
ethnische Herkunft 103, 122, 434
ethnische Säuberung 195, 415, 419
ethnische Gruppe 202, 225

ethnische Minderheit 69, 70, 101, 119, 319, 320
ethnische Segregation 309
Ethnozentrismus 1, 5, 297
Eugenik 276-278
Euthanasie 127, 128, 277

F

Faschismus 10, 27, 126, 129, 418
Flowerdew, John 442
Flüchtling 138, 174, 187, 191, 230, 350, 445-447
Folter 190, 191, 406, 445
Freire, Paulo 141, 142
Freud, Sigmund 18, 56, 61, 62, 64, 131, 188, 190-192, 200, 438
Fremdgruppe 56, 70, 290-292, 294-297, 300-310, 317-323, 325, 326, 328, 329, 331, 332, 334, 336, 337, 339, 340-344, 347-352, 354-356
Fromm, Erich 181, 182
F-scale 182
Fundamentalismus 27, 370, 417
Führer 58, 119, 128, 181, 182, 186, 188, 281, 419

G

Gaertner, Sam 322
Galen, Clemens August von 128
Gärtnerstaat 179-181
Gaudet, Hazel XVII
Gellner, Ernest 270
Gentherapie 375, 388, 389
Genozid 10, 11, 49, 178, 179, 227, 229, 265, 426
Gleichberechtigung 141, 162, 340
Gleichheitsprinzip/Gleichheitsgrundsatz 72, 323, 396, 402-405, 413
globale Klasse 239
globale Stadt 243, 253, 255, 256
globale Zivilgesellschaft 240
Globalisierung 38, 47, 52, 53, 235, 239, 243, 251, 253, 256
Gobineau, Arthur de 47, 177, 278, 426
Greenberg, Jeff 336, 337
Grieve, Paul 335
Grootendorst, Rob 440

Gruppenbezogene Menschenfeindlichkeit 304, 306
Gruppenidentität 19, 25, 27, 310, 353, 415
Gruppenverhalten 328
Gruppenpsychologie 58
Gruppensoziologie 137
Grusky, David 238

H

Hagedorn, John M. 243
Halbwachs, Maurice 3, 14
Hall, Natalie R. 352
Hamiten-Hypothese 178
Harris, Lasana T. 344
Hautfarbe 170, 171, 176, 178, 197, 290, 403, 407, 408, 415
Hegemonie 71, 242
Heiden 154, 156
Herder, Johann Gottfried 5, 177
Herero 179, 265
Heterosexismus 289, 302, 458
Heterosexualität 75, 76, 81, 99
Hilberg, Raul 279
Hitler, Adolf 128, 177, 181, 186, 190, 196, 273, 278, 280, 433
HIV siehe AIDS
Hobsbawm, Eric 270
Homophobie 97, 134, 161, 408
Homosexualität 71, 82-87, 90, 96, 97, 99, 103, 104, 162, 408, 409, 417, 418
Hutu 178, 179, 185, 338, 341, 416

I

In-group XII, 9, 12, 20, 24-28, 55, 60, 102, 104, 118, 119, 281, 282, 290, 430, 435, 450
Intergruppenemotionen, Theorie der I. 317, 339-341, 355
Intergruppenkontakt, Theorie des I. 105, 304, 345
Internationale Klassifikation der Funktionsfähigkeit, Behinderung und Gesundheit (ICF) 125
Internationale Klassifikation von Beeinträchtigungen, Behinderungen und Handikaps (ICIDH) 125

interpersonelle Beziehungen 310
interpersonelle Faktoren 307, 308
in-vitro-Fertilisation 375, 380, 382, 383
Israel 16, 28, 36, 41, 50-53, 210, 218, 270, 274, 295

J

Jung, Carl G. 18

K

Kant, Immanuel 177, 368, 385, 398, 399, 402
Kapitalismus 6, 10, 38, 45, 46, 48, 62, 63, 126, 175, 176, 180, 189, 192, 197, 201, 237, 397
Karikatur 11-13, 23, 192
Katholizismus 44, 159, 279
Katz, Irwin 321
Klonen 382, 383
Kolonialismus XIII, 27, 53, 253, 266
Kommunismus 10, 27, 38, 48, 160, 370
Kontakthypothese 308, 345, 346
Kontextmodell 431
Kreuzzüge 35, 43, 208
Kulturrassismus 206, 212

L

Langmuir, Gavin I. 34-36, 40, 274, 281, 282
lesbisch 85, 97, 99
Levine, Robert A. 58
Lewin, Kurt 140
Liebkind, Karmela 349
Loewenstein, Rudolph M. 188, 190
Loughborough Gruppe 435, 436
Luther, Martin 158, 208, 272

M

Mackie, Diane M. 340
Marx, Karl 62, 175, 236, 237, 241
marxistisch 138, 237, 436
McAlister, Alfred L. 349
McLaughlin-Volpe, Tracy 101
Medien 13, 38, 132, 135, 174, 181, 205, 211, 214, 225, 254, 271, 318, 320,

338, 424, 425, 430, 432, 434, 438, 441, 442
Meertens, Roel W. 294
Menschenrechte XII, XIII, XIX, 125, 130, 176, 216, 378, 379, 398, 403-406, 411, 416-418, 427
MigrantInnen 52, 138, 216, 230, 240, 245, 248-250, 253, 254, 297, 300, 301, 302, 304, 419, 424, 425, 427, 435, 439, 444-446, 448, 449
Migration XX, 216, 235, 249, 252, 256, 266, 439, 441, 444
Militär 82, 179, 207, 265, 280, 408, 434
Mittelalter 12, 34, 37, 42, 44, 46, 53, 131, 133, 156, 195, 207, 208, 225, 267, 371, 397,
Mittelklasse 101, 240
Mixophobie 180
Mohammed 12, 13
Motivationstheorien 317
Multikulturalismus 298, 309, 354
Muslime 43, 205, 206, 208, 210, 211-215, 218, 225, 288, 302, 303, 415, 439

N

nationale Herkunft 415, 431
nationale Identität 438, 442
Nationalsozialismus 51, 118, 171-173, 181, 182, 232, 403, 404, 419
Nationalismus 33, 48, 150, 179, 263, 271, 415, 419
Nationalität 103, 352, 407, 437
Neuberg, Steven L. 292
Nordirland 158, 348

O

Oakes, Penelope J. 332
Obdachlose 101, 254, 289, 304, 344
Out-group XII, 9, 11-13, 20, 21, 25, 27, 28, 36, 54, 58, 61, 102, 104, 118-120, 281, 282, 290, 292, 294, 295, 302, 305, 431, 450

P

Palästina 40, 53, 206, 295
Paolini, Stefania 348

Parsons, Talcott 60, 61
Paternalismus 75, 76, 79, 80, 86
Patriarchat 23, 75, 186
Pettigrew, Thomas F. 294, 302, 346, 347
Philosemitismus XIV, XV, 50, 51, 221
Pietikainen, Sari 442
Planck, Max 368, 373, 381
Pogrom 45, 179, 207, 397
Polanyi, Michel 6
political correctness 16, 212
Polizei 87, 190, 226, 227, 240, 254, 266-269, 278, 279, 406
postkolonial 161, 252, 253
postindustriell 244, 245, 247
Postone, Moishe 62
Potter, Jonathan 435, 436
Pratto, Felicia 298
Propaganda 12, 49, 127, 178, 187, 195, 198, 201, 210, 212, 218, 265, 273, 276
Protokolle der Weisen von Zion XVII, 48, 209, 215, 273
Psychoanalyse 4, 56, 182, 188, 195

Q

Quasthoff, Uta 428, 429

R

„Rassentheorie" 426
Radio Télévision Libre des Mille Collines 187, 195, 343
Rechtsordnung 395, 397, 402, 407
Rechtssystem 92, 254
Reich, Wilhelm 57, 182
Reisigl, Martin 423, 439, 440
relative Deprivation 59, 60, 62, 304, 307, 308
religiöse Gruppen 161, 162, 166
religiöse Minderheit 164
Renaissance 207, 288, 397
Repräsentation 3, 11, 430, 431, 433, 436, 438, 441-443,
Repression 120, 225
Reproduktion 71, 248, 375, 378, 430
Rechtsextremismus 52, 171, 172, 180, 182-184, 212, 213, 300, 312

Ritschl, Dietrich 6
Rivalität 170, 197
Robinson Crusoe 175
Roccas, Sonia 353
Roma 174, 221-233, 265, 268-270, 276, 278, 279, 403, 409, 419, 425
Rousseau, Jean-Jacques 398, 399, 402
Rubin, Mark 332, 351
Rürup, Reinhard 35, 269, 275

S

Sandj-Aufstand 176
Santa Ana, Otto 443, 444
Schooler, Tonya Y. 325
Schwarze 23, 24, 102, 119, 174, 182, 191, 281, 303, 319, 321, 402, 413, 416, 419, 425, 428
Segregation 70, 282, 309, 395, 409, 413, 418
selektive Wahrnehmung 369
Selbstkategorisierung, Theorie der S. 290, 291, 317, 331, 333-335
Selbstkonzept 300
Selbstreflexion 188, 369, 371
Selbstwertgefühl 119, 141, 183, 198, 201, 331-333, 336, 337, 355
semantisches Gedächtnis 431
Sexismus 57, 69, 81, 86, 87, 90, 92, 99, 100, 101, 105, 135, 156, 289, 305, 322
  – ambivalenter 69, 72, 73, 77
  – benevolenter 90, 92
  – hostiler 99
Sexualität 38, 81, 84, 87, 105, 182, 196, 197, 221
sexuelle Orientierung 100, 304, 317, 403, 415, 417
Shakespeare, William 19-21
Sherif, Muzafer 58, 328, 329
Sidanius, James 298
Silver, Lisa A. 340, 341
Simon, Linda 337
Sinti 221-223, 265, 268-270, 276, 278, 279
Sklaverei 154, 176, 396, 401, 406, 418
soziale Gruppe 241, 301, 318, 345, 415

soziale Identität, Theorie der s. I. 59, 300, 306, 308, 331-333, 337, 340, 353, 354
Sozialdarwinismus 47, 171, 172, 187, 206
Sozialpsychologie 1, 14, 55, 137, 181, 183, 188, 198, 263, 317, 355, 427
Sozialwissenschaft XI, XIII, 1, 63, 64, 118, 132, 134, 158
Sozialismus 48, 160
Soziologie 55, 63, 137, 184, 236, 318
Solomon, Sheldon 337
Sorensen, Jesper 238
Staatsbürgerschaft 169, 244, 253, 401, 405, 419
Stammzellen 384, 389
Stangor, Charles 339
Stereotype Content Model (SCM) 54
Stereotypisierung 12, 36, 54, 57, 59, 103, 289, 290, 292, 295, 308, 309, 334, 426
Sterilisation 127, 226, 277
Sublimierung 188
Sullivan, Linda A. 339
Sündenbock 60, 62, 119, 282, 296, 302, 304, 310-312, 338, 429, 434

T

Tabu 9, 51, 56, 62, 222
Tajfel, Henri 1, 11, 26, 27, 290, 300, 329, 330, 332, 333
Täter-Opfer-Umkehr 38, 191
Terror 49, 206, 210
Terrorismus 52, 218, 370, 443
Terror-Management-Theorie 317, 331, 335-338
Theater der Unterdrückten 141, 142
transnationale Gemeinschaften 240, 256
transnationale Klasse 240
transnationale Netzwerke 239
transnationale NGOs 242
Transnationalisierung 251, 252
Transsexualität 409, 411
Trauma 125, 185, 440
Treitschke, Heinrich von 269
Tropp, Linda R. 346, 347

Tutsi 178, 179, 185, 187, 195, 338, 341, 416

U

UNESCO-Deklaration „Zum Schutz des menschlichen Genoms und der Menschenwürde" 382
UNO-Übereinkommen über die politischen Rechte der Frau (1952) 405
UNO-Übereinkommen über die Beseitigung aller Formen rassistischer Diskriminierung (1965) 404
UNO-Übereinkommen zur Beseitigung jeder Form von Diskriminierung der Frau (1979) 405
Unterdrückung 23, 119, 120, 142, 159, 182, 207, 401
US Supreme Court 402, 413, 418
Überlegenheit 12, 22, 47, 171, 177, 191, 199, 244, 264, 275, 304, 319, 399, 405

V

van Dijk, Teun 430-434, 439, 440
van Eemeren, Frans H. 440
van Leeuwen, Theo 449
Vererbung 15, 276, 378
Verschwörungstheorie XVIII, 15, 149, 210, 215
Versklavung 175, 338
Vertrag von Amsterdam 411
Vertrag von Rom 410
Vertrag von Versailles 186
Vertreibung 45, 171, 174, 195, 227, 280, 282, 415
Voci, Alberto 326, 348
Volkov, Shulamit 52

W

Warburg, Aby 18
Weber, Max 236, 242
Weltgesundheitsorganisation WHO 125, 131
Wetherell, Margaret 435, 436
Wettbewerb 58, 61, 238, 241, 307, 328, 329, 410
Wirtschaftssystem 45, 235, 238, 244, 248, 249, 255
Woolf, Virginia 21-24

X

Xenophobie 37, 39, 41, 57, 63, 156, 170, 206, 450
Xeno-Rassismus 425
Xenotransplantation 375

Y

Yavetz, Zvi 40

Z

Zanna, Mark P. 318
Zeugen Jehovas 264
„Zigeuner" 127, 174, 180, 221-233